मैकॉले, ऐलफिन्सटन और भारतीय शिक्षा

मैकॉले, ऐलफिन्सटन और भारतीय शिक्षा

सम्पादक

हृदय कान्त दीवान

रमा कान्त अग्निहोत्री

अरुण चतुर्वेदी

वेददान सुधीर

रजनी द्विवेदी

वाणी प्रकाशन

वाणी प्रकाशन
4695, 21-ए, दरियागंज, नयी दिल्ली 110 002

फ़ोन:+911123273167 फ़ैक्स:+911123275710

शाखाएँ

अशोक राजपथ, पटना 800 004, बिहार

कॉफ़ी हाउस कैम्पस, महात्मा गांधी मार्ग, इलाहाबाद 211 001, उत्तर प्रदेश

महात्मा गांधी अन्तरराष्ट्रीय हिन्दी विश्वविद्यालय, वर्धा 442 001, महाराष्ट्र

www.vaniprakashan.in
marketing@vaniprakashan.in
sales@vaniprakashan.in

MACAULAY, ELPHINSTONE AUR BHARTIYA SHIKSHA
Edited by Hriday Kant Dewan, Rama Kant Agnihotri, Arun Chaturvedi, Ved Dan Sudhir, Rajni Dwivedi

ISBN : 978-93-86799-11-1
Education

संस्करण 2017

मूल्य : ₹ 750

सिटी प्रेस, दिल्ली-110 095 में मुद्रित

वाणी प्रकाशन का लोगो मक़बूल फ़िदा हुसेन की कूची से

अनुक्रम

प्रस्तावना

यह किताब *'मूल प्रश्न'* (उदयपुर से प्रकाशित) पत्रिका के 'मैकॉले और भारतीय शिक्षा विमर्श' के दो अंकों और अन्य आमंत्रित आलेखों का संग्रह है। थोड़ी सी बातचीत *मूल प्रश्न* के बारे में। यह पत्रिका समसामयिक सामाजिक मुद्दों पर हिन्दी लेखन को प्रोत्साहन देने का एक स्वैच्छिक तथा व्यक्तिगत प्रयास है। पत्रिका 35 साल से सामाजिक, आर्थिक व शैक्षणिक मामलों पर खुली बातचीत व स्वतन्त्र विमर्श का एक महत्त्वपूर्ण मंच रही है। ऐसा नहीं है कि *मूल प्रश्न* जैसी ही अन्य पत्रिकाएँ नहीं रही हैं, किन्तु *मूल प्रश्न* इनसे फरक है। इसमें विचार व विश्लेषण की एक निरन्तरता बनी रही है।

खैर, अब वापस इस पुस्तक के बारे में। यह किताब क्यों? इसका सम्बन्ध उस बातचीत से है जिसमें *मूल प्रश्न* के सन्दर्भ में हम कुछ लोग भारतीय संविधान, सामाजिक न्याय प्रशासन की प्रकृति व वायदों की पूर्ति के पहलू टटोल रहे थे। इसमें भारतीय संविधान की प्रस्तावना, उसका शेष संविधान से अन्तःसम्बन्ध व उस समय बहसों में रहे मुद्दे भी चर्चा में थे। इसी चर्चा में शामिल एक दलित साथी ने बहुत सादगी से कहा : ''यदि मैकॉले नहीं होता तो आज मैं इस तरह आपके साथ एक मेज़ पर बैठकर बातचीत नहीं कर सकता था और न ही हमारी बिरादरी का कोई और व्यक्ति उच्च शिक्षा प्राप्त कर पाता।'' उसने तो तर्कों के दौरान यह भी कह दिया कि उस परिस्थिति में हमारे देश में अंग्रेजों का अथवा राजाओं का शासन और भी देर तक चलता रहता और शायद आज भी रहता। एक और साथी जो वहाँ बैठे थे इस पर परेशान हो कर बोले, इस मैकॉले की शिक्षा ने तो लोगों को निकम्मा बना दिया है। हमारे देश में बहुत सारे स्कूल थे और वे सब अब नहीं रहे, इस सब की जड़ में मैकॉले ही है। इसी की वजह से बुनियादी शिक्षा जैसा सुलझा हुआ शिक्षा का विचार हमारे देश में नहीं चल पाया। यह तो इस पुस्तक के आरम्भ की बात थी।

एक और बात भी थी जिसने हमें इस किताब की बात को और आगे बढ़ाने

की आवश्यकता पर हमारी सोच को मजबूत किया। वह यह कि मैकॉले को शिक्षा महाविद्यालयों के लगभग हर सेमिनार में, कक्षाओं में व चर्चाओं में कोसा जाता है। इन सबसे हमें तो ऐसा लगता था कि मैकॉले ने कुछ ऐसा किया जिसने दूरगामी प्रक्रियाएँ शुरू कर दीं जो आज भी जारी हैं। इस पुस्तक के सम्पादक स्कूली शिक्षा, शिक्षक, शिक्षा व उच्च शिक्षा के अन्यान्य पहलुओं पर लगातार सोचते-विचारते रहे हैं। वे शिक्षा महाविद्यालयों के इस विमर्श और अधिकांश नीति विश्लेषणों से गहराई से परिचित हैं। हमने शिक्षक प्रशिक्षण महाविद्यालयों के प्रोफेसरों से पूछा कि क्या आप हमें बता सकते हैं कि मैकॉले ने ऐसा क्या किया जिसका असर आज भी है और जिसे हम आज तक नहीं बदल पाये? क्या आपने मैकॉले के मिनिट्स का दस्तावेज़ पढ़ा है? क्या आपने मिनिट्स को देखा है। जब इन प्रश्नों का असन्तोषजनक व नकारात्मक जवाब मिला तो हमें लगा कि सारी बहस को और अधिक सार्थक बनाने के लिए मूल स्रोत तक जाया जाये और नये सिरे से इस विमर्श को स्वरूप दिया जाय। मैकॉले से जुड़े मसले का महत्त्व है और यह सभी शिक्षा में काम करने वालों के लिए सिर्फ एक भावात्मक मुद्दा नहीं होना चाहिए। इस प्रश्न के बारे में अधूरी जानकारी व समझ से हम सब लोग अपनी जिम्मेदारी व भूमिका को नजरअंदाज कर उस अतीत का गुणगान कर रहे हैं, जो शायद कभी वैसा था ही नहीं एवं उनको नकार रहे हैं, जिन्होंने हमें शायद उससे उबारा। हालाँकि बहुत से लोग मैकॉले को विवादास्पद मानते हैं और उसकी भूमिका की आलोचना करते हैं, किन्तु इसकी बड़ी वजह तो मैकॉले और उसके दृष्टिकोण व कार्य के बारे में अज्ञानता से जुड़ी हुई है और कुछ मैकॉले के वक्तव्य की तल्खी से। जो कुछ भी हुआ वह अकेले मैकॉले ने नहीं किया था, न ही ऐलफिन्सटन ने, बल्कि उस प्रक्रिया में कई लोग सम्मिलित थे। जिसमें कई भारतीय भी जुड़े थे।

बात को आगे बढ़ाने से पहले एक छोटी टिप्पणी उस समय की शिक्षा व्यवस्था के बारे में अति आवश्यक है, क्योंकि बहस का आरम्भ तो वहीं से है। ऐसा बहुत बार सुनने में आता है कि उस समय भी बहुत से स्कूल थे या कई बार यह भी कहा जाता है कि आज जैसे स्कूल तो नहीं थे, किन्तु तब शिक्षक गाँव-गाँव में जाते और वहाँ पढ़ाते थे। इन सबके बारे में शायद और गहरी पड़ताल की आवश्यकता है फिर भी यह तो प्रतीत होता ही है कि शिक्षा के मौके सबके लिए नहीं थे। जहाँ ज्यादा बच्चों के लिए यह मौके उपलब्ध थे भी वहाँ सभी को इस तरह से शिक्षित नहीं किया जाता था। यह भी कहा जा सकता है कि ज्यादातर बच्चों को पढ़ने का अवसर मन्दिरों व मदरसों में ही मिलता था।

यहाँ जाहिर है कि स्कूल के समय का एक बड़ा हिस्सा धर्म सम्बन्धी जानकारी व कर्मकाण्ड के लिए था।

यह विचार करना भी आवश्यक है कि एक जैसी शिक्षा देने और लोकतंत्र की दृष्टि से मैकॉले शिक्षा का क्या आकलन है? इस सब को ले कर सभी के लिए एक सी शिक्षा को सम्भव बनाने व सुनिश्चित करने का कार्य कई शताब्दियों तक चला और यह अभी भी पूरा नहीं हुआ। यह पूरा प्रयास सामाजिक रूपान्तरण व ज्यादा लोकतांत्रिक व्यवस्थाएँ बनाने की तरफ बढ़ने का पहला कदम भी साबित हुआ। हालाँकि यह भी सही है कि ऐलफिन्सटन व मैकॉले के कदम ब्रिटिश शासन का फायदा देखते हुए सोचे व तय किये गये थे। वे जानते थे कि ब्रिटिश राज्य में बढ़ती पूँजीवादी व औद्योगिक जरूरतों के चलते ऐसे कर्मकारों की जरूरत है जो पढ़-लिख सकें। इस आवश्यकता ने पढ़ने-लिखने को भी और ज्ञान को आगे बढ़ाने व इसके सार्वजनीकरण को भी बढ़ावा दिया। शिक्षा व ज्ञान के साथ यह सब न सिर्फ भारत में और अन्य उपनिवेशों में हुआ बल्कि सभी तथाकथित पश्चिमी सभ्यता के स्रोत माने जाने वाले यूरोप के देशों में भी हुआ। ज्यादा लोगों तक ज्ञान के पहुँचने व उनके विमर्श में शामिल होने से सभी जगह नये ज्ञान की संरचना पहले की अपेक्षा ज्यादा तेजी से हुई और पुराना ज्ञान या तो उसमें समाहित हो गया या फिर बिसरा दिया गया। सार्वजनीकरण होने से ज्ञान के मानक माने जाने के लिए भी नयी कसौटियाँ विकसित हुईं। बढ़ती प्रौद्योगिकी व तकनीकी के कारण व नयी सामाजिक रचनाओं के विकास के कारण विमर्श के प्रश्न भी बदले व अध्ययन योग्य उपयोगी ज्ञान की समझ भी।

यह प्रश्न बहस का मुद्दा हो सकता है कि पुराने ज्ञान को बिसराना व कम आँकना सही था या नहीं, यह इसलिए भी महत्त्वपूर्ण है कि समाजों के बदलाव की प्रक्रिया ने औद्योगीकरण के बाद एक नये युग में प्रवेश किया। आज की परिस्थिति उस समय से बहुत फर्क है जिस समय मैकॉले व ऐलफिन्सटन यहाँ थे। आज के सन्दर्भों में उनके विचारों और निर्णयों का विश्लेषण करते समय यह आवश्यक हो जाता है कि सभी पक्षों पर विचार करें। इस सन्दर्भ में हमारे साथी की यह टिप्पणी कि अगर मैकॉले नहीं होता तो "मैं यहाँ आज आपके साथ बैठकर चाय पीते-पीते यह विमर्श नहीं कर रहा होता" यह बताती है कि यदि नया ज्ञान नहीं शामिल होता और शिक्षा के सार्वजनीकरण का प्रयास नहीं होता और बराबरी व लोकतंत्र के विचार को जगह नहीं मिलती तो फिर देश की वास्तविकता बहुत अलग होती।

मैकॉले की शिक्षा नीति पर बातचीत से पहले मैकॉले की पृष्ठभूमि को समझना भी आवश्यक है क्योंकि वही उसकी विरोधाभासी भूमिका को समझने के लिए हमें एक व्यापक समझ दे सकती है। एक तरफ़ तो वह ब्रिटिश शासक था और दूसरी तरफ़ वह एक पढ़े-लिखे जागरूक परिवार से था। उसके परिवार में लोकतांत्रिक मूल्यों, उदारवादिता, विज्ञान, तर्क एवं अंग्रेजी साहित्य और विज्ञान का बोल-बाला था। मैकॉले और उसके पिता दोनों ने दास-प्रथा के विरुद्ध लड़ाई लड़ी। भारत में प्रेस की सेन्सरशिप हटाने में और लेखकों और अखबारों की स्वतन्त्रता कायम करने में मैकॉले का बहुत बड़ा हाथ था। वह यह तो जानता ही था कि अंग्रेजी सरकार का काम भारत को स्वतन्त्रता देना नहीं है, पर अंग्रेजी राज्य में मानवता के मूल्यों पर आधारित एक अच्छा शासन देना शायद उसे अपनी जिम्मेदारी लगती थी। वह एक जाना-माना लेखक, वक्ता व इतिहासकार भी था। जिद्दी भी, विशेषकर जब उसे अपनी बात तर्कसंगत लगती। यह भी कहा जा सकता है कि वह मुट्ठी भर अंग्रेजों के लिए ही नहीं अपितु पूरे भारत के लोगों के बारे में सोचता था। उसके इंग्लैण्ड के जीवन से भी कुछ इसी जिद व सोच की झलक मिलती है। जैसे उसे लगा कि चुनाव जीतने के लिए नेता को घर-घर जाकर वोट नहीं माँगने चाहिए। यदि लोग किसी नेता को चाहते हैं तो स्वयं उन्हें अपनी इच्छा से वोट देना चाहिए। उसने अपने चुनाव क्षेत्र 'लीड्ज़' में जाकर लोगों से वोट माँगने के लिए बिल्कुल इनकार कर दिया। उसकी भारत आने की कोई विशेष इच्छा या प्रायोजन नहीं था। 'यदि' पिता द्वारा छोड़ा कर्ज अधिक नहीं होता तो 'वह' भारत नौकरी करने नहीं आता।

भाषा के प्रश्न का भी मैकॉले की दृष्टि से परीक्षण किया जाना आवश्यक है। मैकॉले का यह गहरा विश्वास था कि प्राचीन काल में मिस्र, भारत या ग्रीस की संस्कृतियाँ कितनी भी महान रही हों, आज के युग में पाश्चात्य ज्ञान व अंग्रेजी भाषा से बढ़कर कुछ नहीं। उसका मानना था कि "अंग्रेजी शासन का यह कर्तव्य है कि वह संस्कृत व अरबी आधारित दकियानूसी शिक्षा को हटाकर लोगों तक अंग्रेजी भाषा व पाश्चात्य ज्ञान व विज्ञान पहुँचाए।" उसका लक्ष्य भारत के आम लोगों तक शिक्षा पहुँचाना तो था किन्तु वह जानता था कि करोड़ों लोगों की शिक्षा का भार अंग्रेजी सरकार नहीं उठा सकती। उसका तर्क यह था कि उसकी नीति के अनुसार अलग-अलग भाषाओं के कुछ लोग अंग्रेजी भाषा एवं पाश्चात्य ज्ञान में पारंगत हो जाएँगे और उसके उपरान्त ये लोग वह सन्देश भारत के आम लोगों को उनकी भाषाओं में पहुँचाएँगे। इससे वैज्ञानिक ज्ञान का फैलाव भी होगा और भारतीय भाषाएँ भी फलें-फुलेंगी, लेकिन जो वास्तव में

हुआ वह हमारे सामने है। लगता है हम आज भी लगभग वहीं हैं जहाँ फरवरी 1835 में थे। मसले लगभग वैसे ही हैं और सुझाए हल भी।

यह महत्त्वपूर्ण है कि किसी भी समझ, विचार अथवा ज्ञान को पश्चिमी करार देना उचित नहीं है। विभिन्न सभ्यताओं में ज्ञान का आदान-प्रदान हमेशा से ही होता रहा है। जैसे-जैसे व्यापार बढ़ा, सामाजीकरण बढ़ा और लोगों में आपसी समझ बढ़ी तो उन्होंने एक-दूसरे से ज्यादा सीखना व घुलना-मिलना शुरू किया। इसलिए भाषा में, गणित में, तकनीक में, दर्शन में व यहाँ तक की दंतकथाओं में बहुत कुछ ऐसा है जो कुछ हद तक एक जैसा है। उदाहरण के लिए आज उपयोग की जा रही दशमलव अंक पद्धति जो इंडो-अरेबिक कहलाती है में कई संस्कृतियों का योगदान है। हमें यह भी ध्यान रखना होगा कि यातायात के साधनों के कारण लोगों के बीच जिस तरह की अन्तःक्रिया व आदान-प्रदान आज सम्भव है वह पहले जमाने में नहीं था। फिर भी भारत व अरब के बीच, केरल व पंजाब के बीच आदान-प्रदान होता ही था। अतः जहाँ यह खोजना महत्त्वपूर्ण है कि किसी विशेष ज्ञान का स्रोत क्या है व वह कैसे विकसित हुआ, उसके साथ-साथ यह समझना भी जरूरी है कि ज्ञान लगातार हस्तान्तरित होता रहा है और यह हस्तान्तरण सिर्फ पुस्तकों व बुद्धिजीवियों के बीच ही नहीं होता वरन् दस्तकारों, व्यापारियों, पर्यटकों आदि के आपसी व अन्य सामान्य जन के साथ मेल-मिलाप में स्वाभाविक तौर पर होता रहा है। इस सम्पर्क व विमर्श में उभरे विचार, तथ्यों व समझ के आदान-प्रदान को किसी एक समय व स्थान से पक्के तौर पर बाँध पाना मुश्किल है। अतः किसी भी खोज को क्षेत्रीयता व आन-बान से जोड़ना हमें उचित नहीं लगता। ज्ञान का उद्गम किस प्रकार और कहाँ हुआ वह हमें उस समय के हालात को समझने में तो मदद दे सकता है, किन्तु उससे आज की परिस्थिति व हमारे गौरव का कुछ लेना-देना नहीं है।

दो और बातों का जुड़ाव मैकॉले के सन्दर्भ में साफतौर पर उभर कर आता है। पहली तो यह कि जो उस समय था और बहुत उपयोगी था और अगर वह अंग्रेजों के आने के पहले से था तो वह एकदम विलुप्त कैसे हो गया? मैकॉले ने जो कदम उठाए वे सामान्य जन में जारी किसी भी प्रक्रिया को रोकने अथवा अत्यधिक बढ़ावा देने के लिए तो नहीं थे, तो फिर यह क्यों हुआ? दूसरा प्रश्न जिसका वर्णन कई जगह मिलता है, वह है मैकॉलेवादियों की पश्चिमी शिक्षा बनाम भारत की स्वयं की शिक्षा, ऐसी चर्चा के सन्दर्भ में गाँधी और टैगोर आते हैं और विवेकानन्द व दयानन्द सरस्वती भी। इस पश्चिम-पूर्व की खाई के बारे में बात करने से पहले एक और बात जो महत्त्वपूर्ण है वह यह है कि भारतीय

शिक्षा के सन्दर्भ में बहुत से और लोग, जिन्होंने शिक्षा के बारे में सोचा-लिखा व लोगों के बीच काम किया, उनके नाम इस विमर्श में नहीं आते। न तो हम कभी राजा राममोहन राय के बारे में बात करते हैं, न कभी ज्योतिबा फुले के बारे में, न ही अम्बेडकर के बारे में अथवा ऐसे ही अनेक और नामों के बारे में। इस बात को उठाने का कारण इन दो खेमों को बना कर कई तरह के अटपटे निष्कर्षों तक पहुँचने को रोकना है। टैगोर और गाँधी के विचारों में बहुत फर्क था और समानता भी थी। इनके विचार विवेकानन्द व दयानन्द की अपेक्षा डिवी व टालस्टाय के ज्यादा करीब थे। ऐसे में किस को भारतीय कहें और किसे पश्चिमी और किन आधारों पर?

यह सच है कि हमारी शिक्षा की दशा को सुधारने के लिए उसके बारे में सोचना जरूरी है और यह भी सही हो सकता है कि पहले जो भी अच्छा हुआ उसे देखकर और याद कर सुधारने का प्रयास किया जा सकता है, किन्तु यह खाइयाँ बनाने से व अतीत के गुणगान से नहीं होगा। यह किताब हमारे ऐसे परेशान करने वाले मसलों पर न केवल प्रकाश डालने का प्रयास करती है वरन् सही विकल्पों को चुनने की प्रक्रिया में भी मदद करने की कोशिश करती है।

हमें यह भी समझना होगा कि जिस बड़ी लहर ने इंग्लैण्ड व यूरोप को ऐसे राजनीतिक व सामाजिक बदलाव की ओर धकेला, जिसमें उत्पादन व व्यापार अन्धा-धुन्ध बढ़ने लगे और उससे कोई देश भी अछूता नहीं रहा वह थमी नहीं है। औद्योगिक फैलाव की यह लहर अब टैक्नॉलाजी के लगातार विकसित होने व बढ़ने के कारण और बढ़ी है। यह सवाल महत्त्वपूर्ण है कि वह राजनीतिक व सामाजिक बदलाव जिसने हमें बेपनाह व्यापार, अन्धा-धुन्ध उत्पादन व संचय व उपभोग की ओर धकेला है और जो हमें अन्ततः आज भूमण्डलीकरण व वैश्वीकरण के कगार पर ले आया है, क्या वह मैकॉले द्वारा निर्मित था? क्या जाति, सत्ता, शिक्षा, भूमि, पानी, लिंग आदि से जुड़ी अनेक खाइयों को मैकॉले ने बनाया था और गहरा कर दिया या फिर उसका कुछ और ही कारण हैं? क्या ऐसे में नयी तालीम साँस ले सकती है? क्या कोई वर्ग—मध्यम या दलित—ऐसी क्रान्ति शुरू कर सकता है, कि जिससे ऐसी नयी शुरुआत हो कि हर व्यक्ति चैन व इज्जत से जी सके और उसे अपने हर साथी के बारे में वही चिन्ता हो जो उसे अपने बारे में है? ये सब भी वे प्रश्न हैं जिनके बारे में सोचने की आवश्यकता इस पुस्तक के दौरान हमें महसूस हुई।

यूरोपीय व भारतीय शिक्षा के सन्दर्भ में और अंग्रेजों के भारत की शिक्षा में हस्तक्षेप के सन्दर्भ में मैकॉले व ऐलफिन्सटन के मिनिट्स के अलावा वुड्स

के दस्तावेज़ व जे.पी. नायक द्वारा सार्जेण्ट कमीशन के कार्य पर टिप्पणी का अनुवाद इस पुस्तक में संलग्न है। बुनियादी तालीम के बारे में बहुत बात होती है और यह कहा जाता है कि मैकॉलेवादी शिक्षा ने भारतीय भाषाओं के माध्यम से दी जा रही शिक्षा को खत्म किया और बुनियादी शिक्षा को भी। असल में तो स्थानीय भारतीय भाषाओं में शिक्षण ऐलफिन्सटन व मैकॉले की सोच को आगे बढ़ाने की दिशा में है। दोनों ने स्थानीय भाषाओं में लोगों तक ज्ञान पहुँचाने की बात की, व दोनों को शिक्षा की पाठ्यचर्या कैसी हो इस पर कोई बहुत निश्चित मत नहीं था। उनके मिनिट्स से बार-बार यही साफ होता है कि स्कूल कैसा हो, उसे कैसे चलाएँ, कैसे पढ़ाएँ आदि काम शिक्षा जानने वाली समितियों को करना चाहिए। उनका यह मत था कि स्कूल स्थानीय समितियाँ ही चलायें, वे तो केवल 'समर्थन' ही देंगे। इसलिए यह सोचना महत्त्वपूर्ण है कि मैकॉलेवादी शिक्षा को जिस ढंग से अकसर परिभाषित किया जाता है, उसे मैकॉले के कार्य, व्यक्तित्व व मिनिट्स से जोड़ना आसान नहीं है। मानकीकृत भारतीय भाषाओं में शिक्षा, स्थानीय सम्पर्क भाषा में शिक्षा, राज्यों की भाषा में शिक्षा, मातृभाषा में शिक्षा, अंग्रेजी में शिक्षा के साथ-साथ किन भाषाओं की शिक्षा दी जानी चाहिए, इन प्रश्नों पर आज भी बहस जारी है। इस बहस के दोनों पक्षों को सुने बिना निर्णय करना अथवा कोई भी फैसला सुनाना उचित नहीं है। यह बात और है कि सबके लिए शिक्षा का माध्यम क्या हो इस बहस का मैकॉले से कुछ लेना-देना नहीं है, क्योंकि जैसा उसके लेखन से साफ है कि वह अरबी व संस्कृत में धार्मिक ग्रन्थों के अध्ययन के स्थान पर कुछ ज्यादा समसामयिक मसले स्कूलों में लाना चाहता था और यह भी कि उसका ध्यान केवल उन कुछ लोगों के शिक्षण पर ही था जो सीखे हुए ज्ञान को बाकी सभी तक ले जाएँगे।

मैकॉले व ऐलफिन्सटन की भूमिका व रुख सिर्फ उनके दस्तावेज़ों को पढ़कर व उन्हें आज की परिस्थिति में विश्लेषित कर नहीं समझा जा सकता। इन्हें पूरे ऐतिहासिक सन्दर्भ में देखने की जरूरत है। आज शिक्षा के मान्य लक्ष्य और उसके फैलाव के बारे में जो सहमति है वह उस समय नहीं थी। किन्तु उस समय की असहमति की झलक आज के मसलों में फिर भी नज़र आती है। सरकारी ढाँचे में पदस्थ लोग, स्कूलों के शिक्षक, 'सम्भ्रान्त' परिवारों के माता-पिता, गरीब व पिछड़ी सामाजिक पृष्ठभूमि के बच्चों की सीखने की काबलियत और इच्छा दोनों पर भी प्रश्नचिह्न लगाते रहते हैं। सभी को शिक्षा और वह भी समग्र शिक्षा दी जाए यह विचार उन्नीसवीं सदी के अन्त से ही जोर पकड़ने लगा था। इस मुहिम में भारतीय भी थे व अंग्रेज भी। इसी के तहत 1890 से ही नयी तालीम का

खाका बनना शुरू हो गया था। इस खाके में बच्चों की मातृभाषाओं पर तो ज़ोर था, किन्तु संस्कृत व फारसी पर नहीं। हमारे विचार से इस प्रक्रिया को मैकॉले व ऐलफिन्सटन के कार्य के प्रतिपक्षी खेमे में नहीं रखा जा सकता।

मैकॉले के बारे में बहुत कुछ कहा जाता है और ऐलफिन्सटन की इतनी बात नहीं होती और न ही उसे उस तरह से कोसा जाता है। इसका एक कारण यह लगता है कि जहाँ ऐलफिन्सटन ने एक कुशल प्रशासक की तरह प्रभावशाली वर्गों का सीधा-सीधा विरोध नहीं किया व स्पष्ट रूप से शिक्षा को व्यापक स्तर पर फैलाने की बात से झिझका, वहीं दूसरी ओर मैकॉले ने साफ तौर पर यह कहा कि शिक्षा व ज्ञान उन चंद ग्रन्थों की धार पर आगे नहीं बढ़ सकते जो उस समय संस्कृत व फारसी में उपलब्ध होते थे। उसका और ऐलफिन्सटन का यह भी मानना था कि स्कूल का काम किसी भी तरह की धार्मिक शिक्षा देना नहीं हो सकता। इस मसले पर उन्होंने जो कहा वह सिर्फ भारतीय स्कूलों के लिए नहीं इंग्लैण्ड समेत सभी देशों के लिए था।

दूसरी महत्त्वपूर्ण बात जो मैकॉले व ऐलफिन्सटन विमर्श से निकलती है वह राज्य व शिक्षा के सम्बन्ध को लेकर है। अब यह स्पष्ट है कि शिक्षा व राजनीति का गहरा सम्बन्ध है। यह सम्बन्ध कई स्तरों पर है। उदाहरण के लिए एक लोकतांत्रिक देश, जिसमें सभी विचारों, मतों, पन्थों व धर्मों के लिए जगह है, उसमें शिक्षा का अर्थ और भूमिका किसी धर्म आधारित, तानाशाही अथवा राजशाही या अन्य किसी संकीर्ण विधि से परिभाषित राज्य व्यवस्था से बहुत फर्क होगी। राज्य सत्ता शिक्षा को चाहती भी है पर उसे शक की नज़र से भी देखती है। पढ़े-लिखे लोग ज्यादा सोच पाते हैं और बेहतर काम कर उत्पादन बढ़ा पाते हैं, यह राज्य के लिए उपयोगी है, किन्तु ज्यादा लोगों तक शिक्षा पहुँचने पर ज्यादा लोग समझने लगते हैं और गैर-बराबरी व प्रशासनिक ढाँचों पर भी सवाल उठाते हैं। अतः शिक्षा एक दुधारी तलवार है जो राज्य को आगे बढ़ने में, मजबूती देने में मदद भी करती है, पर साथ ही लोगों को सवाल उठाने का विवेक भी देती है।

जैसा कई लोगों का मानना है कि राज्य की प्रकृति उसमें बनने वाली शिक्षा व्यवस्था व शिक्षा में क्या होगा, इससे भी कुछ हद तक निर्देशित होगी। यह निर्देशन कैसा होगा व इसका स्वरूप कैसा रहेगा, राज्य किन चीजों में हस्तक्षेप करेगा, किन चीजों में मदद करेगा आदि, सभी पहलू ऐसे हैं जिन पर विमर्श व तर्क-वितर्क हो रहे हैं और होते रहे हैं। यह सिर्फ भारत अथवा चंद देशों में नहीं हुआ वरन् लगभग हर देश में इस पर सिर फुटौव्वल हुई है। यह बहस मैकॉले व ऐलफिन्सटन से पहले भी जारी थी और उनके बाद आज तक भी जारी है। मैकॉले

का अपराध केवल इतना है कि उसने राज्य की ओर से ज्ञान व शिक्षा पर खर्च होने वाली राशि के बारे में एक राय को फैसले में बदला व उसे पुरज़ोर तरीके से आगे बढ़ाया। किन्तु इसमें यह ध्यान देने योग्य है कि उसकी व ऐलफिन्सटन की स्पष्ट राय थी कि शिक्षा में राज्य की भूमिका एक सहयोगी की होनी चाहिए न कि नियामक और निर्देशक की।

उनका यह बहुत स्पष्ट विचार था कि शिक्षा के बारे में सोचने-विचारने व संस्थानों को खोलने व चलाने का काम शिक्षा समितियों को करना चाहिए। उनका यह भी मानना था कि जिस शिक्षा की व्यवस्था की जाए वह परिपक्व हो और सबसे बेहतर ज्ञान स्रोतों पर आधारित होने के साथ-साथ ऐसी भी हो जिससे पढ़नेवाले को और समाज को कुछ लाभ हो। मात्र पढ़ने के लिए पढ़ना व ज्ञान का स्थिर व जड़ कर्म काण्ड चलाते रहने का कोई औचित्य नहीं है। ऐसी शिक्षा का क्या लाभ जिसमें शिक्षार्थी का भरण-पोषण सरकार को पढ़ाई के दौरान और फिर पढ़ने के बाद भी करना पड़े? और वह समाज में कोई भी उपयोगी कार्य कर अपना भरण-पोषण न कर सके। ऐसी पढ़ाई को देने का क्या लाभ जिसे पाने के लिए शिक्षार्थी फीस नहीं देना चाहता वरन् वजीफा चाहता है? सवाल यह है कि अंग्रेजी का यह महत्त्व तब क्यों था और यह भी कि यह आज भी क्यों है? आज के प्रशासकों व उनके हस्तक्षेप के सन्दर्भ में, इन प्रशासकों की सब कुछ अपने हाथ में न लेने की सलाह महत्त्वपूर्ण व अनुकरण योग्य है।

इसी तरह से मैकॉले के लेखन में स्थानीय स्तर पर विकेन्द्रित निर्णय ले पाने की गुंजाइश प्रशासन को एक महत्त्वपूर्ण दिशा देती है, दोनों मैकॉले व ऐलफिन्सटन अपने बाहरी होने की पहचान से अवगत होने के कारण या फिर किसी अन्य कारण से शिक्षा में स्थानीय लोगों की भूमिका को भी महत्त्व देते हैं। यह बात और है कि इनकी आकांक्षाओं व सरोकारों का पता कैसे लगाया जाए। यह बात सोचने की है कि लोगों की भागीदारी का स्तर हम आज भी क्यों नहीं बढ़ा पाये। और जब भागीदारी पर विचार भी करते हैं और उसकी कोशिश भी करते हैं तो वह एक छोटी सी श्रेणी में आने वाले लोगों तक क्यों सीमित हो जाती है। चाहे जन भागीदारी हो और चाहे प्रशासकीय ढाँचे के जमीन के करीब के स्तरों पर कार्य कर रहे लोगों को निर्णय लेने की आजादी व जिम्मेदारी, क्यों इनका हस्तान्तरण सम्भव नहीं है? क्यों अपने अधीनस्थ कार्य कर रहे साथी कर्मचारियों पर प्रशासन का कोई भी अधिकारी विश्वास नहीं करता?

यह बात इसलिए भी हैरानी की है कि ये लोग तो बाहर से नहीं आये, तो क्या मैकॉले की योजना सचमुच में ही ऐसे लोगों को तैयार करने में सक्षम हो गयी जो

अंग्रेजों की तरह सोचते हैं? या फिर यह तो मैकॉले के बावजूद है और ऐतिहासिक तौर पर चली आ रही मठों, सामन्तों व अन्य महत्त्वपूर्ण लोगों की समझ व कार्य पद्धतियाँ का एक और परिलक्षण है? हमारी सभी ताबड़तोड़ मिशन मोड योजनाएँ केन्द्रीय स्तर पर तय प्राथमिकताओं, कार्य विवरण, पद्धति व यहाँ तक कि एक ही समय सारणी के आधार पर चलती हैं। ऐसी योजनाएँ जिनमें विकेन्द्रीकरण एक अहम हिस्से के रूप माना गया था, उनमें भी पैसे के खर्चे की आवश्यकता व अन्य परिस्थितियों के चलते ढाँचे को पहले से और भी ज्यादा केन्द्रीकृत कर दिया गया। इसके लिए तो मैकॉले जिम्मेदार नहीं माना जा सकता।

हमें यह याद रखना होगा कि शिक्षा, राजनीति व राज्य की अन्तःक्रिया एक लगातार संवाद व बहस का मसला है और यह आज भी जारी है। शिक्षा से यह भी अपेक्षा है कि वह राज्य व प्रशासन की बात लोगों तक पहुँचाये व राज्य की यथास्थिति बनाये रखे। प्रशासकों व राज्य के कर्णधारों में सामंजस्य व उसका असर हमेशा से रहा है। अतः हमें औपनिवेशिकता, उसके स्वरूप व कुल असर के मद्‌दे नज़र ही इन प्रशासकों की भूमिका पर विचार करना होगा। शिक्षा को सार्वजनिक करने व सभी को बराबरी से उपलब्ध कराने की दिशा में आजाद भारत में बहुत से कदम उठाये गये, कई आयोग बने व कई नये विचार आये। नयी-नयी योजनाएँ व नये कानून और ढाँचों के साथ-साथ कई अद्वितीय दस्तावेज़ बनाये गये। इनमें से कुछेक हैं : भारतीय संविधान, विश्वविद्यालय आयोग के दस्तावेज़, केब समितियों के मिनिट्स, मुदलियार आयोग रिपोर्ट, कोठारी कमीशन रिपोर्ट, एन.सी.एफ. 2005, निःशुल्क एवं अनिवार्य शिक्षा का कानून आदि। फिर भी, यह सब एक लम्बे लगातार चलने वाले प्रयास और उसके आकलन का हिस्सा है। यह किताब इसी संवाद को सार्थक दिशा में आगे बढ़ाने का प्रयास है।

किताब में जो आलेख हैं उनमें मैकॉले के व्यक्तित्व, उसके विचार, उनके निहितार्थ, भारतीय शिक्षा के लिए विपरीत परिणामों, भाषा, धर्म और शिक्षा से जुड़े कई पक्ष हैं, जो नयी दृष्टि से आकलन का अवसर देते हैं। यही नहीं इस पुस्तक में भारतीय शिक्षा में जुड़े चार दस्तावेज़ों को भी प्रस्तुत किया गया है, जो हमारी भारतीय शिक्षा से जुड़े कतिपय आयामों की समझ को प्रभावित करते हैं।

'ऐलफिन्सटन एवं मैकॉले के निहितार्थ' रमा कान्त अग्निहोत्री और हृदय कान्त दीवान का आलेख मुख्य रूप से ब्रिटिश कालीन भारत के शिक्षा परिदृश्य को समझने में सहायक है। ऐलफिन्सटन की टीप 1824 की है, और मैकॉले की, 1835 की। लेखक ये मानते हैं कि 1824 का दस्तावेज़ भारत में शिक्षा के

इतिहास में एक मील का पत्थर था, किन्तु इस पर गहराई से विचार नहीं हुआ है। ऐलफिन्सटन के विचार लेखक को स्पष्ट और काफी हद तक तर्क संगत लगते हैं और वर्तमान में भी उनकी प्रासंगिकता है। शिक्षा का काम कौन करे इस प्रश्न पर ऐलफिन्सटन की राय तो सटीक ही लगती है कि यह काम न तो केवल सरकार कर सकती है और न ही कुछ लोग अथवा संस्थाएँ, जो जन शिक्षा से जुड़ी हैं। वरन् यह कार्य तो दोनों को मिल-जुल कर ही करना होगा। लेखकों का एक आग्रह बहुत ही साफ है कि ऐलफिन्सटन और मैकॉले के कुछ कथनों को सन्दर्भ से काटकर बारबार प्रस्तुत करने से अन्ततः हम उनके स्रोत और सन्दर्भ को भूल जाते हैं या सोच समझ कर भुला देते हैं। वे यह भी कहते हैं कि हर बार आरोपित कथनों का निहितार्थ दस्तावेज़ों व उनके सन्दर्भों से मेल नहीं रखता। ऐसे सन्दर्भों से कटे प्रसंगों पर लेखकों का मत है कि ऐलफिन्सटन और मैकॉले की आड़ में हम अपनी अकर्मण्यता व ढकोसले को छिपाना चाहते हैं। गैर-बराबरी व गुणवत्ता की अधूरी परिभाषा की जिम्मेदारी का ठीकरा कहीं और फोड़ना चाहते हैं।

ऐलफिन्सटन और मैकॉले दोनों ही धर्म और शिक्षा से जुड़े प्रश्नों पर अपने विचार स्पष्ट रूप से रखते हैं। ऐलफिन्सटन के लिए यह महत्त्वपूर्ण था कि शिक्षा के नाम पर धन राशि का वितरण पुजारियों और मौलवियों को हो रहा था, जिसका आधार वंशानुगत था। और इन सब लोगों का योगदान ज्ञान के विस्तार में न केवल न के बराबर था वरन् ये लोग अन्धविश्वास और दकियानूसी विचारों का ही विस्तार कर रहे थे। इसलिए वे इस राशि के पुनर्वितरण की माँग करते हुए चाहते थे कि ज्यादा पैसा अध्यापकों और पाठशालाओं को मिले। लेखकों के अनुसार ऐलफिन्सटन यह भी आग्रह करते थे कि ईसाई मिशनरी गरीबों के धर्म परिवर्तन न करवायें। मैकॉले भी धार्मिक शिक्षा के पक्ष में नहीं थे। आलेख मैकॉले व ऐलफिन्सटन के शिक्षा में सरकार तथा स्थानीय संस्थाओं/लोगों की जिम्मेदारी के बारे में दृष्टिकोण पर भी प्रकाश डालता है। उनके अनुसार सरकार स्कूल चलाने की पहल तो करे लेकिन इसका तात्पर्य उसके स्वयं संचालन व नियन्त्रण से नहीं बल्कि स्कूल संचालित करने के लिए ऐसे ढाँचे बनवाने से है जो मिलजुलकर चल सकें। वे कहते हैं कि स्कूल संचालित करने हेतु संक्षिप्त विवरणिका, पुस्तकें बनवाना, छपवाना, वितरण, शिक्षक प्रशिक्षण, शिक्षा के तरीकों में सुधार, आदि सभी सरकार की जिम्मेदारी है। उस समय की भारत की स्थिति के सन्दर्भ में मैकॉले व ऐलफिन्सटन के विचारों का विश्लेषण करते हुए लेख न केवल इन दोनों महानुभावों के विचारों की गहरी पड़ताल की जरूरत सुझाता है

बल्कि आज जो शिक्षा तंत्र की स्थिति है उसका जिम्मेदार किसे ठहराया जाय यह प्रश्न भी सामने रखता है।

लेख इस सवाल को उठाता है कि क्या ऐसा कहा जा सकता है कि वे भारतीयों को शिक्षा रहित व पिछड़ा रखना चाहते थे? या फिर यह कि वे उस ज्ञान से लोगों को परिचित करवाना चाहते थे जो उनके पास था।

ऐलफिन्सटन और मैकॉले दोनों के ही भाषा पर दृष्टिकोण की चर्चा भी इस आलेख में की गयी है। मैकॉले मानते थे कि सभी उच्च वर्ग के इंडियन आसानी से अंग्रेजी सीख सकते हैं और उनका विरोध करते थे जो यह कहते थे कि इंडियन अंग्रेजी सीखने की क्षमता नहीं रखते। मैकॉले का मानना था कि अंग्रेजी पढ़ाई करने वाला समूह स्थानीय भाषाओं को समृद्ध बनायेगा और ज्ञान को आम आदमी तक ले जायेगा। यद्यपि उनका ये अनुमान गलत साबित हुआ फिर भी उनकी मंशा तो यही थी। संस्कृत और अरबी की जड़ता को पहचानते हुए वे अंग्रेजी में ज्ञान के विकास की बात कहते हैं। अंग्रेजी शिक्षा ही इस जकड़न को तोड़ेगी, यह दोनों नौकरशाहों का मत था, भारतीय शिक्षा व्यवस्था से जुड़े अन्य विवाद भी इस आलेख के प्रति आकर्षित करते हैं।

मैकॉले के प्रस्ताव की शायद सबसे कड़ी आलोचना अनिल सद्‌गोपाल ने की है। वे आज की शिक्षा की सभी बुराइयों और समाज के पिछड़ेपन के लिए मैकॉले व मैकॉलेवादियों को जिम्मेदार मानते हैं। यदि गाँधी, फुले, टैगोर व अम्बेडकर को छोड़ दें तो भारत के इतिहास में शिक्षा के क्षेत्र में शायद ही कोई दूसरा व्यक्ति हो जो मैकॉले जैसी दूरदृष्टि रखता हो। इतनी दूरदृष्टि कि भारत आज भी उसी रास्ते पर चल रहा है, जो मैकॉले ने हमें दिखाया था। यही नहीं हमने आज़ादी के बाद, सद्‌गोपाल के अनुसार उस रास्ते को और पुष्ट किया, मज़बूत किया और उस रास्ते पर मैकॉले से भी आगे बढ़ गये। सद्‌गोपाल मैकॉले की चार मुख्य बातों को रेखांकित करते हैं। पहली, मैकॉले ने भारत की सभी भाषाओं को बोलियों का दर्जा दे दिया और यह घोषित कर दिया कि उनमें से न तो किसी में कोई गम्भीर साहित्य या विज्ञान है और न ही हो सकता है। अंग्रेजी विकसित भाषा है, उसी में शिक्षा होनी चाहिए। दूसरी, यदि एशिया, भारत व अरबी साहित्य की ज्ञान-विज्ञान की सभी पुस्तकों को एकत्रित कर लिया जाये तो भी यूरोपीय साहित्य का केवल एक शैल्फ उन पर भारी पड़ेगा। तीसरी, नौकरी के लिए अंग्रेजी आवश्यक है। 1835 में इस बात की शुरुआत हुई। आज ये भारतवर्ष के मानस पर छा चुकी है। चौथी बात संसाधनों की। उस वक्त भी मैकॉले का तर्क यही था कि सभी इंडियन को शिक्षा देने के लिए सरकार के

पास पैसा नहीं है। आज भी हमारी सरकारों का तर्क यही है चाहे वह किसी भी राजनीतिक पार्टी की क्यों न हो।

सवाल यह है कि शिक्षा कैसी होनी चाहिए और मैकॉले ने हमें कैसी शिक्षा दी। शिक्षा का स्वरूप 'परिवर्तनकारी' हो या फिर 'सामाजिक पुनरुत्पादन' का। मैकॉले ने ऐसी शिक्षा की शुरुआत की जिससे पुनरुत्पादन ही सम्भव था, संघर्ष एवं क्रान्ति नहीं। शिक्षा का आधार श्रम व नैतिक उत्थान होना चाहिए न कि नौकरियाँ। 1835 के आस-पास जो शैक्षिक व्यवस्था हमने ऑक्सफोर्ड व कैम्ब्रिज से उधार ली वही आज तक हमारे देश में चली आ रही है जबकि यूरोपीय विश्वविद्यालय स्वयं उस शिक्षा को बहुत पीछे छोड़ आये हैं।

अपने लेख 'थॉमस बैबिंग्टन मैकॉले और भारतीय मध्यम वर्ग' में सी.एन. सुब्रमण्यम यह सवाल पूछते हैं कि मैकॉले ने ऐसा क्या कर दिया जो हर व्यक्ति आधुनिक भारतीय शिक्षा व समाज को लेकर उन्हें गाली देता है। वे तो भारत वर्ष में केवल चार साल ही रहे और उन्होंने तो केवल वही बात की जो भारत के प्रकांड विद्वान राजा राममोहन राय जैसे लोग एवं भारत का उस समय का मध्यम वर्ग चाहता था। फिर आधुनिक रटन्त प्रणाली, अंग्रेज-परस्त व शिक्षा के गिरते स्तरों को लेकर उन्हें बुरा-भला क्यों कहा जाता है। उनका कहना है कि मैकॉले ने अपना काम बहुत ही सहज व सटीक तरीके से किया। उन्नीसवीं सदी तक आते-आते ब्रिटिश साम्राज्यवाद व उसकी औपनिवेशी नीतियाँ पूरी तरह संसार पर छा चुकी थीं। अंग्रेजी साम्राज्य का सूर्य कभी अस्त नहीं होता था। स्वाभाविक था यह कहना कि जो ज्ञान अंग्रेजी में उपलब्ध है वही सत्य है। हारे हुए लोगों का ज्ञान तो अनुपयोगी ही होगा। अंग्रेजी सरकार का यह फर्ज बनता है कि वह भारतीय अज्ञानता के अन्धविश्वासों को मिटाए। औपनिवेशीकरण के लिए ये दो बातें ज़रूरी थीं—अंग्रेजी ज्ञान का वर्चस्व बनाना व स्थानीय संस्कृत व फारसी में उपलब्ध ज्ञान को अज्ञानता की श्रेणी में धकेलना। ये दोनों काम मैकॉले ने खूब चालाकी से किये। भारतीय मध्यम वर्ग ने भी अपना भविष्य सँवरता देखा—संस्कृत, अरबी व फारसी तो धार्मिक क्षेत्र में सुरक्षित रहेंगे, अंग्रेजी से नया ज्ञान मिलेगा व अच्छी नौकरियाँ भी।

मैकॉले ने एक और रामबाण चलाया जिससे उसने अपनी नयी स्कीम पर पक्की मोहर लगा दी। उन्होंने पूछा : आखिर शिक्षा के क्षेत्र में सरकारी पैसा किस बात पर खर्च किया जाये? इस बात पर कि बच्चों को संस्कृत व फारसी पढ़ने के लिए छात्रवृत्ति दी जाये और फिर वही बच्चे सरकार के पास संस्कृत व फारसी में नौकरी माँगने चले आये। इसी प्रसंग में मैकॉले ने एक और बात जोड़

दी—भारतीय भाषाओं की; संस्कृत व फारसी की नहीं अपितु स्थानीय भाषाओं की। उन्होंने कहा कि सब बच्चों को अंग्रेजी में नहीं पढ़ाया जा सकता, सो कुछ को पढ़ायेंगे। वे अंग्रेजी भाषा, ज्ञान व सभ्यता को आत्मसात कर लेंगे। वे लोग फिर स्थानीय भाषाओं में उस ज्ञान का अनुवाद करेंगे। इसी में भारत का एवं स्थानीय भारतीय भाषाओं का कल्याण है।

सबसे मज़ेदार बात यह है कि मैकॉले ने यह शिक्षा-नीति का सिक्का उस वक्त चलाया जब एनलाइटनमेन्ट से जुड़े कई पश्चिमी बुद्धिजीवी, संस्कृत व स्थानीय रीति-रिवाजों में कृषि, उपचार, कला, उद्योग, साहित्य, दर्शन आदि की बारीकियों को खोज रहे थे। भारतीय मध्यम वर्ग ने उस वक्त क्या किया और आज क्या कर रहा है?

'मैकाले की शिक्षा : भारतीय मानस का द्वन्द्व' लेख में विश्वम्भर ध्यान दिलाते हैं कि पुराने समय का विश्लेषण कठिन है। अध्ययन करने वाले लोग कई बार एक ही चीज़ या उसके एक ही पहलू को देख कर उनके बारे में अलग-अलग नतीजों पर पहुँचते हैं। यह मैकॉले के और कुछ हद तक उसके मिनिट व शिक्षा पर उसके असर के बारे में भी सही है, मैकॉले द्वारा शुरू की गयी अंग्रेजी शिक्षा को दलित मुक्तिदायी मानते हैं तो कई अन्य उसे गुलामी की मानसिकता निर्मित करने वाली। विश्वम्भर कहते हैं कि हालाँकि ब्रिटिश शासन ने अपने हित में शिक्षा का ढाँचा बनाया, परन्तु औपनिवेशिक शिक्षा के असर को सन्तुलित ढंग से देखना जरूरी है चूँकि इसके फायदे भी हुए। भारतीय समाज में औपनिवेशिक शिक्षा के पहले भी औपचारिक शिक्षा के लिए कुछ व्यवस्थाएँ मौजूद थीं लेकिन सम्पूर्ण भारतवर्ष में शिक्षा की कोई समान प्रणाली मौजूद नहीं थी। लम्बे समय से चली आ रही विकेंद्रित व्यवस्था थी। इसमें हिन्दू और मुस्लिम बच्चों के लिए अलग-अलग व्यवस्था थी और शिक्षा उच्च जाति के पुरुषों तक ही अधिकतर सीमित थी।

मैकॉले के समय अंग्रेजी शिक्षा के लिए कई तरह के दबाव थे। सिर्फ ब्रिटिश शासन ही इसे नहीं बढ़ा रहा था किन्तु भारतीयों ने भी इसके लिए जोर दिया। मैकॉले ने जन शिक्षा को बढ़ाने का काम किया। उसके पहले यह ब्रिटिश शासन के ध्यान में नहीं था चाहे मैकॉले का ऐसा करने के लिए तर्क शासन का खर्च कम करना भी रहा हो।

विश्वम्भर मानते हैं कि मैकॉले का मन्तव्य अंग्रेजी शिक्षा के हितों को पूरा करना रहा हो तो भी उसके समय शुरू हुई प्रक्रिया से शिक्षा के सन्दर्भ में सिद्धान्त स्तर पर यह स्वीकार हुआ कि सभी को शिक्षा मिलनी चाहिए व सरकार को ऐसे स्कूल और कॉलेज चलाने में मदद करनी चाहिए, जिसमें पढ़ने के लिए सभी आ सकें।

शरद चन्द्र बेहर का आलेख 'शिक्षा नीति निर्माता की खोज : मैकॉले के बहाने' यद्यपि लम्बा पर सार्थक बहस को आरम्भ करने वाला आलेख है। सर्व प्रथम बेहर, मैकॉले को लेकर कुछ स्थापनाएँ करते हैं जो 'महत्त्वपूर्ण हैं', जैसे उस पर भारतीय ज्ञान व साहित्य के बारे में बिना जाने मत देने का इल्जाम तो लगाया जा सकता है, किन्तु उसे खुले विचारों व ज्ञान को कुचलने वाले जालिम का तमगा देना उचित नहीं है। एक और स्थापना कि मैकॉले के विजन से मतभेद हो सकता है, किन्तु उसकी मंशा से नहीं और शिक्षा में जो हुआ वह सिर्फ उसकी वजह से नहीं था। यह सब अन्य जगहों में भी हुआ जहाँ मैकॉले नहीं था। अतः हमें उसके पूरे दस्तावेज़ व उसके असर को अलग ढंग से समझने की जरूरत है।

बेहर, मैकॉले के बारे में सही समझ विकसित करने का आग्रह करते हैं, उनकी राय है मैकॉले के व्यक्तित्व को समझना उसके कार्य के आधार को समझने में और उसकी मंशा को समझने में मदद करेगा। मैकॉले के पिता व मैकॉले, गुलामी व गैर-बराबरी के नियमों के खिलाफ थे। जैसा हमने कहा कि शिक्षा की दिशा/उद्देश्य व लक्ष्य वही तय करते हैं जो उसे निर्धारित करते हैं। मैकॉले और उनके पिता जाकरी दोनों ही खुले विचार के 'व्हिग' थे व इनसानी बराबरी पर विश्वास करते थे। बेहर इसके बारे में कहते हैं : "मैकॉले समानता, न्याय और स्वतन्त्रता के उदारवादी, लोकतांत्रिक सिद्धान्तों को पूरी तरह मानता था। उसी के अनुसार अपनी राय व्यक्त करता था, नीति निर्धारण और शासन का संचालन चाहता था। एक अर्थ में इन्होंने अनिवार्य व निःशुल्क शिक्षा की शुरुआत की और उसके लिए संघर्ष शुरू किया। शिक्षा के सम्बन्ध में उसके प्रसिद्ध मिनिट को इन्हीं मापदण्डों की कसौटी में कसना उचित होगा।" बेहर के अनुसार मैकॉले पर लगे आरोप जायज नहीं हैं और उन्हें सम्पूर्णता से आँकने की जरूरत है और उसके बहाने आज की शैक्षिक परिस्थितियों के सन्दर्भ में अपनी जिम्मेदारी छोड़ना उचित नहीं है। व्यापक स्तर पर पूरे विश्व में शिक्षा का स्वरूप बच्चों पर वयस्क साम्राज्यवादियों के मतों के आरोपण का ही रहा है। अनेक प्रयासों, कमीशनों के निष्कर्षों व सुझावों की पुरजोर वकालत के बावजूद शिक्षा पद्धति में कोई परिवर्तन नहीं आया है।

मैकॉले की पश्चिमी ज्ञान के प्रति धारणा सुनिश्चित थी और उसके प्रभावों का बेहर का आकलन सही प्रतीत होता है। बेहर कहते हैं कि "जहाँ एक ओर उदारवाद से प्रेरित राजनीतिक और सामाजिक आदर्शों पर गहरा विश्वास था, वहीं यह विश्वास भी था कि अंग्रेजी सभ्यता, साहित्य, संस्कृति और ज्ञान सर्वोत्तम है। यह स्व-समूह केंद्रित विश्वदृष्टि उसकी रग-रग में भरी थी।" यही उसके मतों व

कार्य का आधार था। वह यह भी कहते हैं कि मैकॉले की ज्ञान के बारे में यह समझ सिर्फ भारतीयों के लिए नहीं थी वह इंग्लैण्ड के सम्बन्ध में भी यही सोचता था। बेहर कहते हैं कि ''इंग्लैण्ड के सम्बन्ध में भी वह स्वीकार करता है कि यदि रोमन साम्राज्य के जमाने में इंग्लैण्ड ने रोम और ग्रीस की शिक्षा व्यवस्था को स्वीकार न कर अपनी पुरातन भाषा और व्यवस्था को जारी रखा होता तो इंग्लैण्ड भी असभ्य रह जाता।''

शिक्षा के उद्‌देश्यों को उसके संचालनकर्ता के हितों से जोड़कर देखने के लिए बेहर की यह टिप्पणी विशेष रूप से आकर्षित करती है, ''शिक्षा के उद्देश्यों को तय करने के आधार सदा ही विवादास्पद रहे हैं व संचालन कर्ताओं के हितों से उनका जुड़ाव सदा ही लगभग स्पष्ट दिखता है। प्रश्न यह है कि वे अपना हित लोगों के हित से कितना अलग मानते हैं व उनके कार्य से क्या मंशा सामने आती है?'' वे पूछते हैं कि आज यह शिक्षा प्रभुत्व रखने वाले लोगों द्वारा अपना वर्चस्व बनाये रखने का औजार तो नहीं बन गयी है? यदि ऐसा है तो मैकॉले को दोष दे कर हम कुछ हासिल नहीं कर रहे। सिर्फ अपनी आँखों पर पर्दा डाल रहे हैं। शिक्षा को निःशुल्क बनाने की शुरुआत के लिए संघर्ष को बेहर मैकॉले का अच्छा प्रयास मानते हैं।

कालू राम शर्मा अपने आलेख 'थॉमस बैबिंग्टन मैकॉले पर फतह कैसे पाये' में सबसे पहले मैकॉले के व्यक्तित्व पर बात करते हैं, उनके अनुसार मैकॉले खुला व्यक्ति था, जो बराबरी में विश्वास करता था। उसने अंग्रेजों व उनकी सरकार की जनशिक्षा व उच्च शिक्षा में अरुचि को बदला और दोनों शिक्षाओं को प्रोत्साहन दे कर अपने विश्वासों की ओर बढ़ाने का प्रयास किया। उसके विचारों के अनुसार भारत में पुनर्जागरण व परिवर्तन की आवश्यकता थी। यह उसके इस मत से प्रभावित था कि भारत में लोगों को तार्किकता पाने की व पुराने ढर्रे से निकलने की जरूरत है। किन्तु कालूराम यह भी कहते हैं कि मैकॉले और अंग्रेजी उपनिवेशवादियों की योजना, ऐसे भारतीयों को बनाने की थी जो अंग्रेजों की हाँ में हाँ मिलाएँ। कालू राम दूसरी बात नयी तालीम के सिलसिले में कहते हैं, जो विवेकशील, तर्कशील और वैकल्पिक दृष्टिकोण वाले नागरिक बना सकती थी, किन्तु मैकॉले की शिक्षा भारत में गहरी पैठ गयी है और इससे इसके विकल्प में आयी सभी प्रणालियों यथा नयी तालीम आदि को इसने खत्म कर दिया। कालू राम यह भी कहते हैं कि हालाँकि कहने को भारतीय भाषाओं में पुस्तकें बन रही हैं, किन्तु यह बच्चों की मातृभाषा से बहुत दूर हैं और इसलिए इनसे कोई लाभ नहीं है और यह नयी तालीम के सिद्धान्तों के भी अनुरूप नहीं हैं।

शिक्षक-प्रशिक्षण की नीरसता व निरर्थकता से भी शिक्षा में सुधार नहीं हो पाता। प्रशिक्षण में बहुत ज्यादा जानकारी व निर्देश दिये जाते हैं। अवधारणा विकास, समय व स्वयं की योजना बना पाने का मौका नहीं मिलता। पाठ्यपुस्तक केन्द्रित शिक्षा से नयी तालीम के सिद्धान्तों का भी गला घुटता है और रचनात्मकता समाप्त होती है। उनके अनुसार मैकॉले और उत्तर मैकॉले शिक्षा को नेस्तनाबूत कर हमें हाशिये पर खड़े समुदाय के बच्चों को भी शिक्षा-धारा में लाना चाहिए।

मदान यह सवाल उठाते हैं कि क्या किसी एक व्यक्ति को अकेले इतिहास का रुख तय करने के लिए जिम्मेदार बनाया जा सकता है? इसे वह अनुचित करार देते हुए कहते हैं कि मैकॉले के बारे में एकतरफा तल्खी पर विचार करने की जरूरत है।

स्वतन्त्रता के पिछले 70 साल से ही शिक्षा व्यवस्था की तमाम कमियों को मैकॉले के माथे, बगैर मैकॉले के बारे में कुछ जाने थोपा जाता है। उसका नाम बहुत बदनाम है और सबसे खराब उपनिवेशवादियों की श्रेणी में है। लोगों ने उन मिनिट्स को भी नहीं पढ़ा है जिनके आधार पर अधिकतर लोग उसे भारतीय संस्कृति के विध्वंस का कारण व आज की शिक्षा की स्थिति का जिम्मेदार बना देते हैं।

मैकॉले के मिनिट्स को और उसके विचारों को उस समय के सन्दर्भ में देखना होगा जब वह वयस्क हो रहा था और उसके स्वयं के विचार व अन्य परिस्थितियों में कदम क्या थे? क्या वह गैर-बराबरी व गुलामी के पक्ष में थे अथवा उसके विरुद्ध? हमें यह भी सोचना होगा कि उस समय इंग्लैण्ड में ऐसे राजनीतिक परिवर्तन हो रहे थे जिसमें गैर-कुलीन, जिसमें व्यापारी व उत्पादक शामिल थे, की भी नीति निर्धारण में जगह बन रही थी।

मदान मैकॉले की पारिवारिक पृष्ठभूमि व इंग्लैण्ड में उसके कार्य, उसके उदारवादी विचारों के सम्मान की ओर इशारा करते हैं। इन विचारों के चलते कर्मकाण्डों व अन्य गैर तार्किक विश्वासों का विरोध उसके कार्यलक्ष का प्रमुख पहलू था। इस मान्यता ने भी उसे भारत में भी अंग्रेजी शिक्षा को शुरू करने की ओर झुकाया। जिससे भारत को विज्ञान, तर्क व मानवतावाद जानने का मौका मिले।

उसे भारतीय साहित्य व शिक्षा की जानकारी तो न थी पर अपने अनुभव से यह जरूर ज्ञात हो रहा था कि एक ओर लोग पैसे दे कर अंग्रेजी शिक्षा पाना चाहते हैं और वहीं दूसरी ओर अरबी और संस्कृत पढ़ने के लिए वजीफे देने पड़ते हैं। इस कारण भी मैकॉले को अपने विचार व रास्ता सही लगता था याने मैकॉले ही नहीं, भारत में बच्चों को स्कूल भेजने वाले बहुधा अन्य लोग भी अन्यान्य

कारणों से अंग्रेजी शिक्षा पसन्द करते थे। उसका चर्चित कथन, ऐसे भारतीय जो स्वभाव में अंग्रेज होंगे, इस प्ररिप्रेक्ष्य में भी देखा जाना चाहिए।

'भारतीय शिक्षा में ऐलफिन्सटन का दखल' हृदय कान्त दीवान और रमा कान्त अग्निहोत्री का लेख एक तरफ़, दो नौकरशाहों मैकॉले और ऐलफिन्सटन के शिक्षा सम्बन्धी विचारों का विश्लेषण करता है दूसरी तरफ़ उस समय के शैक्षिक परिवेश को समझने का प्रयास करता है। और साथ ही वर्तमान सन्दर्भों में इन दोनों की व्याख्या पर पुनः दृष्टि डालता है। ये पक्ष इस लेख को पैनापन भी देते हैं। लेखक द्वय की यह मान्यता सही लगती है कि दोनों नौकरशाहों के विचार उन लोगों के विचार हैं जिनका मुख्य उद्देश्य प्रशासन चलाना रहा है और उन्हें इस दृष्टि से आँका जाना चाहिए। उनके विचारों को लेकर इतनी नकारात्मकता जायज नहीं क्योंकि तत्कालीन सन्दर्भों में यह साफ है कि ये दोनों नौकरशाह अपने समय के मुख्य विचार क्रम का ही प्रतिनिधित्व कर रहे थे। ऐलफिन्सटन के विचार स्पष्ट रूप से इस बात का समर्थन करते हैं कि सरकार को शिक्षा के विस्तार के लिए प्रयास करने चाहिए, किन्तु स्वैच्छिक प्रयासों के अभाव में शिक्षा को अधिक लोगों तक पहुँचाना सम्भव नहीं है।

इस आलेख की एक स्थापना है कि मैकॉले और ऐलफिन्सटन की नीतियों और वक्तव्यों में जिस तरह से स्थानीय ज्ञान को आगे बढ़ाने का चिन्तन दिखता है, उसके आधार पर उन्हें किसी साजिश का जिम्मेदार मानना, शायद अपने आपको भ्रमजाल में रखने के अलावा कुछ नहीं है, इस पर लम्बी किन्तु अन्तहीन बहस हो सकती है।

लेखकों को शिक्षा में सरकार की सहभागिता पर ऐलफिन्सटन की यह टीप रोचक लगती है कि अगर शिक्षा मुफ्त मिले तो उससे माँग कम हो जाती है। इसी तरह मुफ्त किताबों पर भी उसके यही विचार हैं। यदि लोग खुद पैसा दे रहे हैं तो उनकी भागीदारी अधिक सुनिश्चित हो जाती है। लेखक द्वय यह मानते हैं कि शिक्षा की आवश्यकता पर ऐलफिन्सटन के विचार उलझे हुए हैं। यह धारणा ऐलफिन्सटन के इस तरह के विचारों पर आधारित है कि शिक्षा अच्छे हालचाल प्राप्त करने का एक तरीका है; गरीबों की खुशी उनको मिली शिक्षा पर निर्भर है, शिक्षा उन्हें समझदारी, स्वतन्त्रता और आत्म सम्मान देती है और शिक्षा के द्वारा कुरीतियों से लड़ा जा सकता है; गरीबों के अधिकारों के लिए भी शिक्षा की आवश्यकता है। लेकिन वह इसे करने के लिए तत्पर नहीं हैं क्योंकि इससे प्रभावशाली व्यक्ति नाराज हो जाएँगे। लेखक यह मानते हैं कि सामाजिक व आर्थिक हालात एवं तात्कालिक परिस्थिति का नीति एवं विचार ढाँचे पर बहुत प्रभाव पड़ता है और ऐलफिन्सटन

ने अपनी परिस्थिति व उसके बारे में समझ के आधार पर अपनी रणनीति सुझाई है। और परिस्थितियों व उस समय के ज्ञान में जो भी जड़ और सड़ा-गला है उसी के आधार पर आगे बढ़ने की बात कही है और यहाँ वह मैकॉले से काफी फर्क प्रतीत होता है बाकी सभी मसलों पर सहमति होते हुए भी।

तीसरा व्यापक प्रश्न समकालीन अर्थों में ऐलफिन्सटन के मतों की तुलना आज से है। लेखक स्थानीयता और व्यवस्था के विकेन्द्रीकरण की चर्चा करते हैं। ऐलफिन्सटन स्थानीयता के विवेक पर संशय और स्थानीय स्तर पर कार्यरत लोगों का तिरस्कार करते हुए उन्हें अविश्वसनीय व अज्ञानी बताते हैं। वे यही सोच रखते हैं कि यूरोपियनों की देखरेख, उन्हीं की सक्षम निगरानी से व निर्देशों से काम ठीक रहेगा वरना नहीं। लेख में यह चिन्ता व्यक्त की जा रही है कि आज के ढाँचे में भी अधिकारियों का वही रवैया है वे अपने से नीचे के स्तर के अधिकारियों के लिए कोई सम्मान नहीं गाँठते।

वरदराजन नारायण अपने लेख में 2 फरवरी 1835 के मैकॉले के ऐतिहासिक दस्तावेज़ की पृष्ठभूमि खोजने का प्रयास करते हैं। जब भारत के गवर्नर जनरल को लगा कि 'ओरियेण्टिलिस्ट्स' व 'एंगलिसिस्ट्स' में शिक्षा के मुद्दे पर चल रही बहस को लेकर वे कुछ भी सुलझा नहीं पा रहे हैं तो उन्होंने मैकॉले से इस पर राय लिखने का आग्रह किया। बहस का एक प्रमुख मुद्दा 1813 के चार्टर के अनुसार वार्षिक कोष में बची राशि का शिक्षा में उपयोग के ढंग को लेकर था। जो विद्वान भारतीय ज्ञान, विज्ञान व भाषाओं में आस्था रखते थे, उनका कहना था कि सरकार को अपना पैसा भारतीय ज्ञान-विज्ञान व प्राच्य भाषाओं पर जुटी संस्थाओं व स्कूलों पर व्यय करना चाहिए। पाश्चात्य प्रवृत्ति से जुड़े लोगों का कहना था कि यह पैसा अंग्रेजी की शिक्षा व पाश्चात्य ज्ञान-विज्ञान की ख़ातिर खर्च होना चाहिए। बेंटिक के लिए मैकॉले का मिनिट बहुत उपयोगी रहा और वैसे यह लॉर्ड बेंटिक की सोच के अनुरूप भी था।

वरदराजन नारायण का कहना है कि इस बहस का सरलीकरण नहीं करना चाहिए और इसके खेमे स्पष्टता से श्रेणियों में नहीं बँट सकते। इस बहस को एक समय, एक क्षण, एक दस्तावेज़ और चंद लोगों तक नहीं सीमित कर सकते। यह बहस अपने-आपमें परिष्कृत होती हुई और निरन्तर बदलती हुई एक समृद्ध बहस थी। उस समय के सामाजिक वातावरण ने एवं एक-दूसरे की बातों ने इस बहस के दोनों पक्षों पर काफ़ी असर डाले। न तो अंग्रेजी शिक्षा का समर्थन करने वाले सभी व्यक्ति अंग्रेज थे और न ही प्राच्य भारतीय भाषाओं व ज्ञान का समर्थन करने वाले सभी भारतीय। इसमें कई अंग्रेज विश्वास के कारण और कई

रणनीति के कारण ऐसा करते थे। जैसे वारेन हेस्टिंग ने तो 1781 में ही मदरसों को पैसा देने का निर्णय कर दिया था और 1792 में जोनाथन डानकन ने बनारस में संस्कृत महाविद्यालय खोलने की अर्जी दी क्योंकि उस वक्त के जाने-माने भारतीयों को अपने साथ रखने का यही सबसे आसान तरीका था। ईस्ट इंडिया कम्पनी के अफ़सरों में भी शिक्षा के मुद्दे पर बहस होती रहती थी। उन्होंने 1823 में ही जनरल कमेटी फॉर पब्लिक इंस्ट्रक्शन का निर्माण कर दिया। अब शिक्षा के सभी काम यह कमेटी ही देखती। इन दोनों समूहों में भी दोनों तरह की बातें रखी जाती थीं। वरदराजन इस सब का खुलासा करते हैं।

वरदराजन कहते हैं कि इस बहस का एक छोर उन पादरियों में भी उलझा हुआ था जो भारतीय नागरिकों को ईसाई बनाना अपना परमोधर्म मानते थे। उनमें भी दो गुट थे एक तो क्लैपहैम सेक्ट का जिसके मुख्य प्रवक्ता थे चार्ल्स ग्रांट। उनका मानना था कि गँवार व असभ्य भारतीय नागरिकों का कल्याण केवल अंग्रेजी भाषा, और उसके माध्यम से यूरोपियन सभ्यता एवं ईसाई धर्म से ही हो सकता है। कम्पनी में भी कई लोग ऐसा ही मानते थे। दूसरा गुट सिरामपुर बेपटिस्ट्स का था जिसमें प्रमुख लोग थे, विलियम कैरी, जौशुआ मार्शमैन, व विलियम वार्ड। उनका मानना था कि हिन्दू धर्म व उसका अन्धविश्वासी ज्ञान भारतीयों को बर्बाद कर देगा। लेकिन वे यह मानते थे कि यूरोपीय ज्ञान भारतीयों तक अंग्रेजी में नहीं अपितु उनकी अपनी स्थानीय भाषाओं में पहुँचे। एक अनजानी भाषा उन्हें विमुख कर देगी और अपने पर्यावरण से भी उनके सम्बन्ध टूट जायेंगे।

इस बहस का एक और छोर कम्पनी के लन्दन ऑफिस में था जहाँ कि उपयोगवादिता का सिद्धान्त सर्वोपरि था। जेम्स स्टुअर्ट मिल का बहुत जोर से कहना था कि धर्म और सामाजिक जीवन को अलग-अलग रखना चाहिए। उन्हें हेस्टिंग की यह बात बिल्कुल पसन्द नहीं थी कि उन्होंने मदरसों को सहारा दिया। इससे क्या लाभ? वे इस तरह की सब संस्थाओं को बन्द कर देना चाहते थे हालाँकि वे भी यही चाहते थे कि स्थानीय भाषाओं को महत्त्व दिया जाये।

1823 में जब कलकत्ता में संस्कृत कॉलेज बनाने का प्रस्ताव सामने आया तो राजा राममोहन राय ने कहने को तो उसका स्वागत किया। लेकिन उनकी मंशा उससे साफ हुई जो उन्होंने साथ ही कहा कि इससे भारत अन्धकार में डूब जायेगा। लोग संस्कृत रटेंगे और आधुनिक ज्ञान से दूर रहेंगे। उन्होंने कहा हमें आवश्यकता है आधुनिक यूरोपीय विज्ञान, गणित, साहित्य एवं रसायन साहित्य की। इसके विपरीत उनके कुछ समकालीनों जो कलकत्ता के ही थे, ने उनके मतों के कारण उन्हें हिन्दू समाज का विरोधी बताया। इस गुट में भी सेन और

देव जैसे लोग थे जिन्होंने विल्सन के साथ मिलकर कमेटी में ओरियेण्टलिस्ट्स का साथ दिया। इतिहासकार ट्रेविलयन का कहना था कि भारत में ज्ञान केवल ब्राह्मणों के लिए है। आम आदमी को संस्कृत या फ़ारसी से क्या लेना-देना। ये भाषाएँ भी उनके लिए उतनी अजनबी हैं जितनी कि अंग्रेजी। अतः स्थानीय भाषाओं में अंग्रेजी की शब्दावली का प्रयोग करना चाहिए। सचमुच जटिल बहस थी। एक तरफ़ हिन्दू धर्म व सभ्यता, तो दूसरी तरफ़ यूरोपीय ज्ञान। एक तरफ फ़ारसी व संस्कृत तो दूसरी तरफ़ अंग्रेजी। एक तरफ़ मदरसों को मिलता पैसा तो दूसरी तरफ आधुनिक शिक्षा।

पूर्वी व पश्चिमी दोनों गुटों में कुछ-कुछ अपनी-अपनी बातों में अन्तर था। पूर्वी गुट वाले बहुत लोगों ने पश्चिमी-यूरोपीय ज्ञान के महत्त्व को पहचाना। उन्होंने कहा कि यह आवश्यक है, लेकिन इसकी पढ़ाई-लिखाई स्कूल में देर से शुरू की जायेगी। अंग्रेजी की शिक्षा भी देर से आरम्भ हो, और उच्च कोटि के ज्ञान के लिए संस्कृत व फ़ारसी का ही प्रयोग हो। इसी प्रकार, पश्चिमी गुट में भी कई रंग थे। उसमें भी लोग कहते थे कि ईसाई धर्म के स्थान पर उपयोगितावाद को ही बढ़ावा दिया जाय और अंग्रेजी के स्थान पर देशीय भाषाओं को।

'यह मैकॉलेवादी शिक्षा और वह गाँधीवादी शिक्षा : यह क्यों नहीं छूटी और वह क्यों नहीं चली' आलेख में दयाल चन्द्र सोनी औपनिवेशिक दौर में लागू मैकॉले की शिक्षा का मूल्यांकन करते हैं और वर्तमान भारत में चल रही शिक्षा को मैकॉलेवादी कहते हुए इसकी चरित्रगत विशिष्टताओं का आकलन करते हुए गाँधी की बुनियादी शिक्षा के मूल उसूलों, चरित्र निर्माण व स्वावलम्बन को उनकी शिक्षानीति की मुक्तिकामी भावना को स्थापित करने हेतु उद्धृत करते हैं। मैकॉले की शिक्षा का उन्होंने बिन्दुवार मूल्यांकन किया है। वे आज की गैर-बराबरी एवं शोषण को शिक्षा के स्वरूप के कारण बताते हैं और इस शिक्षा के लिए वो मैकॉले को जिम्मेदार मानते हैं और वे कहते हैं कि यह शिक्षा मैकॉले के अंग्रेजीदा लोग बनाने के उद्देश्य के अनुसार है।

सोनी अपने आलेख में देश की वर्तमान शिक्षा व्यवस्था को मैकॉले की शिक्षा पद्धति पर चलने वाली ही मानते हैं—जो शारीरिक श्रम से ग्लानि पैदा करती है। वह एक ऐसा वर्ग पैदा करती है कि जो शारीरिक श्रम करने वालों को हेय दृष्टि से देखता है और स्वयं को उनसे अलग अभिजात वर्ग समझता है। मैकॉले ने अपने समय अंग्रेजपरस्त वर्ग पैदा करने के लिए इसे लागू किया था, ताकि ब्रिटिश हुकूमत का कामकाज अनुकूल ढंग से चल सके। लेकिन मैकॉले ने यह कभी नहीं सोचा था या कहा था कि यही शिक्षा भारत की सार्वजनीन शिक्षा

बने। बल्कि वे मैकॉले की प्रशंसा इस मायने में करते हैं कि उसने कभी यह नहीं कहा कि, ''जिस अंग्रेजी व अंग्रेजपरस्त शिक्षा की वे स्थापना कर रहे हैं, वही शिक्षा भारतीय जनता की सार्वजनीन और अनिवार्य शिक्षा बनाई जा सकती है, या बनाई जानी चाहिए। समस्त भारतीय जनता को अंग्रेजियत में ढालने की बदनीयत तो अंग्रेजों की भी नहीं थी।''

वर्तमान में हम पाते हैं कि वही मैकॉलेवादी शिक्षा भारत की सार्वजनीन शिक्षा बन गयी है। सोनी मैकॉले को एक सचेत षड्यन्त्रकर्ता का खिताब देने के साथ-साथ यह कहते हैं कि उन्होंने अंग्रेजी की अनिवार्यता को शुरू किया। उनका यह भी आक्षेप है कि आज प्रचलित शिक्षा अथवा मैकॉले की शिक्षा लोगों को पंगु एवं इस कदर आश्रित बना देती है कि वह वेतन भोगी चाकर बन जाते हैं एवं व्यवस्था के नियमों का विरोध नहीं कर पाते एवं विकल्प नहीं सोच पाते अर्थात् वे व्यवस्था के गुलाम बन जाते हैं।

सोनी मातृभाषा का प्रश्न उठा कर बुनियादी शिक्षा का मैकॉले की शिक्षा से अन्तर बताते हैं एवं अंग्रेजी के बढ़ते महत्त्व पर चिन्ता व्यक्त करते हैं। वे कहते हैं कि मैकॉलेवादी शिक्षा का माध्यम अंग्रेजी था। इसका लक्ष्य अपनी भाषा व सांस्कृतिक विरासत के प्रति हीनता बोध पैदा करना था। सोनी इसे स्पष्ट करते हुए कहते हैं : ''बात यह है कि मनुष्य की सांस्कृतिक विरासत का अनमोल खजाना भी मनुष्य की मातृभाषा में ही सुरक्षित होता है। तो जब छात्रों की मातृभाषा शिक्षा के अभ्यासक्रम से बाहर छीन ली जाती है तो उस मातृभाषा में जो गीत, मुहावरे व कहानियाँ-कविताएँ हैं, वे भी बाहर धकेल दिये जाते हैं। इसके साथ ही छात्र की जो शक्ति अपनी मातृभाषा में आत्माभिव्यक्ति की है, वह अभिव्यक्ति शक्ति व सुविधा भी छात्र से छीन ली जाती है।''

मानव ने अब तक जो ज्ञान-विज्ञान, कला व शिल्प का विकास किया है उसका मूल कारण और स्रोत कर्म है। आदि काल से ही कर्म प्रधान होना जीवन निर्वाह के लिए अनिवार्य था। विभिन्न युगों में हुए ज्ञान विज्ञान व विकास का उदाहरण देते हुए यह आलेख बताता है कि इसका महत्त्वपूर्ण स्रोत कर्म ही था। लेकिन मैकॉलेवादी शिक्षा ने तो शिक्षा को जटिल, कठिन, भारी वजनदार व फैलने की क्षमता नहीं रखने वाली शिक्षा बना दिया। उसने शिक्षा को उसके सहज स्रोत व मूल सहज वाहन 'कर्म' से काट डाला ताकि शिक्षा में सरलतापूर्वक आगे बहने की तरलता न रहे और वह स्कूलों, किताबों, शिक्षकों एवं परीक्षा व प्रमाणपत्रों में कैद हो जाये।''

दयाल चन्द्र सोनी सवाल पूछते हैं कि, ''मैकॉले ने तो यह सारा अपराध

अपने जातीय साम्राज्य के लाभ के लिए किया था। लेकिन आजाद भारत में यह अपराध जारी क्यों है?" और वे वर्तमान शिक्षा प्रणाली का मूल्यांकन करते हुए इसे मैकॉलेवादी शिक्षा का विस्तार मानते हैं, जो खरीद और खैरात पर टिकी हुई है। जो समाज में शोषक व शोषित के बीच वर्गभेद पैदा कर रही है और जो ब्रिटिश गुलामी वाली शिक्षा को न केवल कायम रख रही है बल्कि उसका अन्धाधुन्ध विस्तार कर रही है। सोनी जी निष्कर्षतः कहते हैं कि, "यदि शिक्षा नीति में वर्गभेद एवं शोषणवाद का संरक्षण जारी रहे तो समाज को वर्गभेद, भ्रष्टाचार, शोषण तथा नैतिक पतन से बचाया नहीं जा सकता।"

वे आज की नौकरशाही को ब्रिटिश शासन की विरासत बताते हैं एवं उसे बुनियादी शिक्षा के खिलाफ साजिश का जिम्मेदार ठहराते हैं। वे कहते हैं कि ऐसा उन्होंने इसलिए किया क्योंकि उन्हें सरकार का आकार बड़ा रखना था जिससे उनका वर्चस्व बना रहे।

बुनियादी शिक्षा को वह स्वराज कल्पना का आधार बताते हैं और कहते हैं कि उसमें न इतने बड़े प्रबन्ध एवं शासन तंत्र की जरूरत होती है न ही जनता को इसका बोझ उठाना पड़ता है। वे पाठ्यक्रम एवं पाठ्यचर्या के सम्बन्ध में कहते हैं कि एक जैसा पाठ्यक्रम सभी जगह लागू करना अर्थहीन है। पाठ्यक्रम स्थानीय पर्यावरण परिवेश एवं स्थानीय समुदाय की दृष्टि सें सटीक होना चाहिए। अतः पाठ्यचर्या विकेन्द्रित हो और उसमें अपने परिवेश को ठीक करने हेतु कुछ अपेक्षाएँ भी हों, वहीं उत्पादक श्रम जीवन की आजीवन शिक्षा देगा। कुल मिलाकर यह उनकी भावनाओं व व्यक्तिगत अनुभवों से ओतप्रोत शक्तिशाली वक्तव्य है।

भारतीय शिक्षा बनाम अंग्रेजी शिक्षा की बहस को उसके सामाजिक और प्रभुत्ववादी अर्थों में व्याख्यायित करने का प्रयास डॉ. वेददान सुधीर की टिप्पणी 'मैकॉले और भारतीय शिक्षा : एक विश्लेषण' में साफतौर पर नज़र आता है। वेददान मैकॉले के विरोध को ब्राह्मणी संस्कृति के दावेदारों द्वारा हारे हुए सम्राटों के गुणगान व वर्ण व्यवस्था के समर्थन के अलावा कुछ नहीं मानते। वे बताते हैं कि 'इलीट' की अपनी परम्परागत प्रतिष्ठा, सामाजिक, धार्मिक व आर्थिक सत्ता पर पुनः प्रभुत्व की स्थापना चाहने का यह प्रयास संविधान सभा की लम्बी बहसों को दरकिनार कर देता है। वे बुनियादी शिक्षा व उसके साथ जुड़ी ग्रामीण गणराज्य की अवधारणा पर अम्बेडकर का आलोचनात्मक वक्तव्य रखते हैं और कहते हैं कि स्पष्ट है कि यह धारणा निरर्थक है। वह यह भी कहते हैं कि व्यक्ति को महत्त्व व दलित और शूद्र कही जाने वाली जातियों के लिए बराबरी का दर्जा नयी शिक्षा से ही निकलता है। उनकी यह शिकायत उचित प्रतीत होती है कि भारतीय

शिक्षा जिसे आश्रम, गुरुकुल तथा गुरु शिष्य परम्परा से जोड़ा जाता है वह मूलतः ब्राह्मणवादी है। और उन्होंने उसके ब्राह्मणवादी प्रभुत्व पर कई आपत्तियाँ की हैं, जिसे अधिक प्रामाणिक रूप देने के लिए वे अम्बेडकर का उदाहरण सामाजिक विद्रूपताओं को उजागर करने के लिए देते हैं। उनका यह कहना कि इस सारी बहस को वर्तमान सन्दर्भ से जोड़ना शिक्षा की उस सारी बहस व उसकी ऐतिहासिक पृष्ठभूमि के यथार्थ को बहुत ही सीमित करना है। नये सन्दर्भों में तो राज्य और उससे जुड़े शिक्षा के फैलाव के प्रश्न भी शिक्षा के निजीकरण से बहुत ज्यादा धुँधले हो गये हैं। तब की शिक्षा की बहस को उसी समय के सामाजिक सन्दर्भों में व उसके प्रभुत्ववादी और भेदभाव युक्त स्वरूप में समझना अधिक महत्त्वपूर्ण है। और वेददान सुधीर की यह टीप गम्भीर राजनीतिक मन्तव्य लिए है कि आप इतिहास की धारा बदलने के कितने दावे करें, मैकाले और अंग्रेजों को गरियायें, लेकिन उनकी देन को भुलाना बड़ी भारी कृतघ्नता होगी।

'उपनिवेशवाद, औपनिवेशिक शिक्षा और मैकॉले' मनीष जैन का यह निबन्ध विस्तार से उस पृष्ठभूमि और वक्त की चर्चा करता है जिसमें यह प्रारूप लिखा गया था। निबन्ध, शुरुआत में ही उन प्रश्नों को रेखांकित करता है जो इस सन्दर्भ में उठ सकते हैं व उठने चाहिए। लेख का पहला हिस्सा उपनिवेशवाद क्या है इस प्रश्न पर चर्चा करते हुए विभिन्न सन्दर्भों व उदाहरणों की मदद से यह समझने में मदद करता है कि अलग-अलग देशों में, एक ही देश में अलग-अलग समय पर व अलग-अलग हिस्सों में उपनिवेशवाद का स्वरूप, उसके उद्‌देश्य, फरक हो सकते हैं।

भारत में भी उपनिवेशवाद का अर्थ, स्वरूप, उद्‌देश्य व कार्य प्रणाली हमेशा एक से नहीं रहे। और साथ ही इंग्लैण्ड में होने वाले परिवर्तनों, विभिन्न भारतीय समूहों के मतों व भारत के विभिन्न हिस्सों में कम्पनी की पहुँच इत्यादि सभी की उपर्युक्त बातों को परिभाषित करने में कुछ न कुछ भूमिका थी। अतः इन सबको समझे बिना औपनिवेशिक भारत में लिए गये विभिन्न निर्णयों व उनकी प्रकृति के बारे में बात नहीं की जा सकती। वे कहते हैं कि शुरुआत में जब ब्रिटिश सत्ता की निरन्तरता अनिश्चित थी व कम्पनी भारत में अपनी जड़ें जमाने व फैलाने को प्रयासरत थी तब कम्पनी द्वारा भारतीय संस्कृति में रुचि दिखाई गयी। संस्कृत, अरबी व फारसी में ज्ञान को बढ़ावा देने हेतु मदरसे व संस्कृत कॉलेज खोले गये तथा अंग्रेजी ज्ञान का विरोध किया गया, लेकिन आगे के वर्षों में इस प्राच्यवादी दृष्टिकोण को आंग्लवादी विचारधारा के हिमायतियों ने चुनौती दी। ब्रिटिश सत्ता संस्कृति और धर्म की सर्वोच्चता में विश्वास रखने वाले ये

लोग भारत में ब्रिटिश विचारों को लाना चाहते थे उनका मानना था कि भारतीय समाज जो गतिहीन व पिछड़ा है, उसे सभ्य बनाने की जिम्मेदारी उन्हीं की है। इनके अलावा अन्य समूह भी थे : धार्मिक प्रचारक व उपयोगितावादी समूह और भारतीय समाज को किस तरह बदला जाय इस सन्दर्भ में इनके अपने विचार थे। आगे 1813 के चार्टर एक्ट और उसमें शिक्षा के प्रावधान पर हुई बहसों के दौरान विभिन्न समूहों के लोगों द्वारा सुझाये विभिन्न विकल्पों व पूरी प्रक्रिया के दौरान उठे प्रश्नों, आयी चुनौतियों के बारे में विस्तार से चर्चा करते हुई निबन्ध मैकॉले के प्रारूप का विश्लेषण प्रस्तुत करता है।

श्रीश चौधरी यह कहते हैं कि जितना गलत भारतीय शिक्षा एवं संस्कृति को मैकॉले ने समझा और उसके कारण उसे प्रभावित किया उतना किसी भी अन्य अभारतीय चिन्तक ने प्रभावित नहीं किया और जितना गलत मैकॉले को समझा गया उतना किसी अभारतीय को नहीं समझा गया। हममें से बहुत से लोगों की मैकॉले से शिकायत शिक्षा पद्धति बरबाद कर देने की, उसमें सभी देरसबेर उजागर हो रही कमियों की व व्यक्तित्वहीन बाबुओं की फौज तैयार करने की है। श्रीश कहते हैं कि हम यह नहीं कहते कि आजादी दिलाने वाली फौज भी इसी शिक्षा पद्धति की देन थी और मैकॉले पर अधिकांश टिप्पणियाँ बिना जाने की गयी हैं।

श्रीश चौधरी मैकॉले की पृष्ठभूमि में उन्हें समझने की कोशिश करते हैं, जो निम्न मध्यम वर्ग से थे। मैकॉले अच्छे विद्यार्थी थे, उनके गुरु बेन्थम उदारवादी विचारक थे, जो राज्य के लिए कम से कम कार्य और राज्य के निर्णय अधिक से अधिक लोगों को सुख दें, इस विचार के समर्थक थे। लार्ड बेंटिक भी बेन्थम के शिष्य थे। श्रीश कहते हैं कि बेंटिक ने बेन्थम से वायदा किया था कि वह कम्पनी की धर्म निरपेक्ष नीति के बावजूद ईसाइयत का प्रचार करेंगे व गरीबी हटाने के लिए भी प्रयास करेंगे। श्रीश की यह बात रोचक लगती है क्योंकि वे साथ ही यह भी कहते हैं कि बेन्थम उपयोगितावादी थे और उपयोगितावादी धर्म से बचकर चलने को उचित मानते थे।

भारत में 1813 में यह तय हुआ कि कम्पनी के लाभ में से एक लाख रुपये शिक्षा के लिए खर्च हों। इस सन्दर्भ में कई सुझाव थे यथा संस्कृत व फारसी पढ़ने वाले छात्रों को वजीफे देना, इन भाषाओं में सामग्री छापना और दूसरी ओर अंग्रेजी भाषा में शिक्षा देना आदि। इसी में पादरियों को आने-जाने व ईसाइयत के प्रचार की बात भी थी। एक लाख रुपये के खर्चे पर बहस में आये विभिन्न पक्षों को श्रीश छूते भर हैं। वे यह इंगित करते हैं कि कई भारतीय भी अंग्रेजी शिक्षा को लागू करने का समर्थन करते थे। श्रीश कहते हैं कि मैकॉले के मिनिट

और बेंटिक की उस पर अधिघोषणा के बाद अंग्रेजी शिक्षा का सरकारी समर्थन शुरू हो गया।

यही बहस सुधा चौधरी के लेख 'मैकॉले बनाम भारतीय शिक्षा' में और अधिक मुखर होती है। वे मैकॉले और अंग्रेजी शिक्षा पर दासत्व, साम्राज्यवादी हितों की पोषक और रंग रूप में भारतीय परन्तु रुचियों, विचारों, नैतिक आदर्शों तथा आधार व्यवहार में अंग्रेजी लोग तैयार करने के प्रयास का आरोप लगाती हैं। सुधा चौधरी व्यापक सन्दर्भों में शिक्षा को हमेशा सत्ताधारी वर्ग के हितों से जुड़ी मानती हैं और उन्हीं सन्दर्भों में वे अंग्रेजी शिक्षा और मैकॉले की शिक्षा व्यवस्था के निहित अर्थों को देखती हैं। किन्तु वह कहती हैं कि इनके विकल्प के रूप में प्राचीन भारतीय शिक्षा ब्रह्मवाद की पोषक ही थी, जिसमें मूल चेतना चैतन्यवादी/ भाववादी और ईश्वरवादी रही है। वे पूछती हैं कि यदि मैकॉले की शिक्षा खराब है तो क्या वह भारतीय शिक्षा जनाभिमुख, जनपक्षधर थी? क्या वह सामाजिक पराधीनता, वैचारिक दासत्व, सामन्ती जकड़बन्दी व वर्गीय कुरूपता को भेदने की दृष्टि प्रदान कर सकती है अथवा इसके विपरीत इन सबको पोषित ही करेगी? सुधा चौधरी कहती हैं कि भारतीय नव जागरण में भी भारतीय शिक्षा के यही आदर्श रहे हैं, जो आत्मोन्मुखी व आत्मसाक्षात्कार पर केन्द्रित हैं। इसमें वे अरविन्द, रवीन्द्रनाथ, राधाकृष्णन और गाँधी की शिक्षा दृष्टि की बात करती हैं। गाँधी के अनुसार : धार्मिक शिक्षा का प्रश्न बहुत कठिन है, लेकिन हम इसके बिना रह भी नहीं सकते। भारत कभी भी ईश्वर के बिना नहीं रह सकता। भारतीय शिक्षा वर्णाश्रम सामाजिक व्यवस्था की उत्पाद थी। यह तथ्य सुधा के इस निष्कर्ष को बल प्रदान करता है कि यह जीवन दृष्टि यथास्थितिवाद का मार्ग प्रशस्त करती है, जो सत्ता के लिए संजीवनी का कार्य करती है। सुधा कहती हैं कि इसमें कम से कम मैकॉले की शिक्षा समानता, स्वतन्त्रता, धर्मनिरपेक्षता जैसे जनतांत्रिक सामाजिक यथार्थ को तैयार करने वाली तो है चाहे वह अपने सत्तापरक साम्राज्यवादी हितों के कारण ही हो।

शिक्षा से ही जुड़ा एक अन्य प्रश्न शिक्षा के माध्यम का है, और अंग्रेजी द्वारा भारत में शिक्षा के विस्तार को नन्द चतुर्वेदी 'अंग्रेजी का आंतक' आलेख के अन्तर्गत देखते हैं, और उसकी गति को समझने के लिए एक सौ अठहत्तर वर्ष पीछे लौटना चाहते हैं। मैकॉले भारतीय शिक्षा पद्धति और भारतीय भाषाओं को नये ज्ञान की भाषा नहीं मानते थे। नन्द चतुर्वेदी के लिए यह जानना आवश्यक है कि मैकॉले जिस समय अपनी इस अवधारणा को स्थापित कर रहे थे, तब भारत लगातार आक्रमणों द्वारा विचलित था और उस समय इस सांस्कृतिक हमले पर

तीव्र प्रतिक्रिया न दे पाया। मैकॉले को समर्थन भारत के उन बौद्धिकों का रहा जो भारत के गरीब और शोषित नहीं थे। वैसे पूर्वी ज्ञान की मीमांसा में विवाद पर नन्द चतुर्वेदी का यह मन्तव्य स्पष्ट है कि यह मान्यता साम्राज्यवादियों की और गोरी दुनिया से जुड़े लोगों की रही ही है, साम्राज्यवादियों के प्रति नाराजगी होते हुए भी पूर्वी ज्ञान का आकलन तो मार्क्स का भी लगभग यही था। इस आलेख में गाँधी और लोहिया का विशेष रूप से उल्लेख है, जो अंग्रेजी राज और अंग्रेजी भाषा के बीच सम्बन्धों को स्पष्ट करता है। अंग्रेजी राज के शीर्ष स्वरूप के साथ अंग्रेजी के विस्तार से भारतीयों को गुलामी में डालने की बात गाँधी कहते हैं, गाँधी के लिए अंग्रेजी के आंतक से मुक्ति राष्ट्रीय निर्माण की विषय सूची में सबसे ऊपर रही, किन्तु आज भी अंग्रेजी का विस्तार नन्द चतुर्वेदी के लिए चिन्ता का विषय है।

धर्मवीर चन्देल की टिप्पणी 'लॉर्ड मैकॉले की अंग्रेजी शिक्षा और भारत का विकास' में खासतौर पर यह आग्रह है कि अंग्रेजी शिक्षा ने भारतीय समाज के खुलेपन, आजादी व नवजागरण में मदद की। इससे वे ज्यादा जानने व सोचने लगे व जो ठीक न लगे उसका विरोध भी करने लगे। यही नहीं अंग्रेजी ने उत्तर व दक्षिण के बीच सम्पर्क भाषा का काम किया, एक-दूसरे के विचार जानने व एक साथ विरोध व आन्दोलन करने की भूमि भी तैयार की। चन्देल ने यह भी कहा कि इसने सुधार व परिवर्तन को भी आधार दिया। जैसे इससे सती प्रथा का विरोध हो कर उसपर प्रतिबन्ध भी लगा। उनके अनुसार इससे दलितों व पिछड़ों को सीखने व गैर-बराबरी को समझने को विचारों में प्रस्तुत करने व उसे चुनौती देने के लिए भी आधार मिला। अंग्रेजी शिक्षा से निकले दलित व पिछड़े विचारकों ने इस विमर्श को तार्किक आधार व नेतृत्व भी दिया।

'मैकॉले बाधा और हिन्दी' में अपूर्वानन्द कहते हैं कि 'भारतीय शिक्षा और भारतीय भाषाओं की दुर्दशा के लिए 1835 के मैकॉले क्षण को जिम्मेदार माना जाता रहा है।' मैकॉले की यह दृष्टि, अपूर्वानन्द के अनुसार, तब बनी जब उन्होंने यहाँ आने के बाद यहाँ के राजे-रजवाड़ों का दीनतापूर्ण व्यवहार देखा और यूरोपीय सभ्यता में उनका यकीन पक्का हो गया। यहाँ के ईसाइयों में जाति आधारित भेदभाव देखकर भी वे इस नतीजे पर पहुँचे कि यहाँ की सामाजिक संरचना में ही कोई बुनियादी खोट है, और उसे दूर करना अंग्रेज शासकों का फर्ज है। मैकॉले के सन्दर्भ में एक और स्थापना उल्लेखनीय है। मैकॉले का तर्क साम्राज्य की सांस्कृतिक श्रेष्ठता और उसके चलते उसके बड़े दायित्व बोध के सिद्धान्त पर टिका था। साम्राज्य का काम हीनतर अवस्था

में पड़े पूर्वी समाज को प्रकाश दिखाना था और इसके लिए अंग्रेजी शिक्षा के अलावा कोई उपाय नहीं था।

इस लेख का दूसरा मुख्य तर्क अंग्रेजी के विस्तार को लेकर है, जिसे वर्तमान सन्दर्भ में एक ऐसा विस्तार माना जा सकता है जो विश्व के सांस्कृतिक स्वास्थ्य के लिए और खुद अंग्रेजी के लिए शुभ नहीं है। अंग्रेजी का प्रसार अब न केवल साहित्य ही में है वरन् ज्ञान के प्रत्येक क्षेत्र में है। बहुत पहले ही बिस्मार्क ने उत्तरी अमेरिका में अंग्रेजी के बोले जाने को अपने समय की निर्णायक घटना माना था। अपूर्वानन्द इस घटना का उल्लेख करते हैं। उनके लिए यह महत्त्वपूर्ण है कि द्वितीय विश्व युद्ध के बाद अमरीका ही ऐसी महाशक्ति था जिसकी अर्थव्यवस्था और बौद्धिक और भौतिक ढाँचा लगभग युद्ध से अप्रभावित रहा था। एक पाकिस्तानी व्याख्याकार के अनुसार 'पूरी दुनिया में अंग्रेजी पढ़ाना अरबों डालर का धन्धा बन गया है, जिसकी तुलना सिर्फ नशीले पदार्थों के व्यापार के प्रसार से की जा सकती है।'

अपूर्वानन्द के आलेख में इस बात पर बहुत गहराई से विचार किया गया है कि क्या हिन्दी ने मैकॉले बाधा को दूर कर लिया है। इस सिलसिले में अपूर्वानन्द यह चर्चा शुरू करते हैं कि हिन्दी का जन्म मैकॉले के गुजर जाने के काफी बाद हुआ। भारतीय स्वाधीनता आन्दोलन में हिन्दी का आन्दोलन राष्ट्रीय भावना के प्रसार के साथ जुड़ा था। लेकिन अभी भी यह पता लगाना आवश्यक है कि इस दौर में साहित्य के अलावा अन्य ज्ञान के क्षेत्रों में क्या-क्या कार्य हुए हैं। उनके लिए यह जानना आवश्यक है कि राष्ट्रवादी वैज्ञानिकों और समाज वैज्ञानिकों ने हिन्दी जैसी ज्ञानहीन भाषा का प्रयोग कैसे और कितना किया। हिन्दी के प्रश्न पर अपूर्वानन्द का यह कथन कि हिन्दी को लेकर जो भी माँग है वह भावना की दुहाई देकर की जाती है। यह भी कहा जाता है कि हिन्दी इस देश की बहुलांश आबादी की भाषा है और लोग यह भूल जाते हैं कि जिसे वे हिन्दी क्षेत्र कहते हैं उसमें ब्रज, भोजपुरी, मैथिली, बुन्देली व सन्थाली जैसी अनेक भाषाएँ बोली जाती हैं। अपूर्वानन्द की इस नयी मान्यता के लिए यह मानना पर्याप्त है कि हिन्दीवादी मन ही मन हिन्दी क्षेत्र में बोली जाने वाली इन सभी भाषाओं की मृत्यु की कामना करते आये हैं जिससे हिन्दी का मार्ग निष्कंटक हो जाय। लेकिन वह अब तक नहीं हो पाया है। अब राजकीय संसाधनों पर एकाधिकार का प्रश्न और भी जटिल हो गया है।

अपूर्वानन्द का यह अहसास सही है कि हिन्दी की दावेदारी तब तक मजबूत नहीं होगी जब तक उसमें ज्ञान विज्ञान का सृजन नहीं होगा। इस दृष्टि से हिन्दी

की प्रगति नगण्य है। कृषि और विज्ञान के क्षेत्र में हिन्दी अभी सृजन की भाषा नहीं बन पायी। समाज विज्ञानों में भी स्थिति अधिक सन्तोषजनक नहीं है और भाषा विज्ञान के क्षेत्र में भी काम नहीं हुआ है। जब तक हिन्दी में ज्ञान सृजन की परम्परा आरम्भ नहीं होती तब तक हिन्दी मैकॉले की बाधा दूर नहीं कर पायेगी। अपूर्वानन्द भारतीय विश्वविद्यालयों में अज्ञेय की परम्परा देखना चाहते हैं। जिन्होंने हिन्दी गद्य की सृजनात्मकता को स्थापित किया और उसे ज्ञान की भाषा में बदलने का प्रयास किया। अपूर्वानन्द एक और टिप्पणी करते हैं कि कठिनता से पलायन भाषा को विपन्न करता है और भाषायी सहजता, लम्बे और कठोर अभ्यास का परिणाम है। यदि हमारे विद्वान व विश्वविद्यालय अज्ञेय जैसा साहस कर पायें तो इसमें कोई सन्देह नहीं कि हिन्दी स्वस्थ व समृद्ध होगी, और उसमें ज्ञान-विज्ञान की संरचना सम्भव होगी।

हृदय कान्त दीवान और रमा कान्त अग्निहोत्री के आलेख 'मैकॉले की शिक्षा : एक विमर्श', मूलतः मैकॉले की शिक्षा के गन्तव्य, तत्कालीन शिक्षा परिदृश्य और भारतीय ज्ञान, समाज एवं शिक्षा की स्थिति पर एक पैनी दृष्टि देता है। लेखक इस बात से आरम्भ करते हैं कि भारत में शिक्षा के स्वरूप के लिए मैकॉले को जिम्मेदार माना जाता है। ऐसा माना जाता है कि भारत में शिक्षा का वर्तमान स्वरूप में विस्तार, उसकी भारत के प्रति दुर्भावना थी और उसने जानबूझ कर भारत की शिक्षा की व्यवस्था को नष्ट किया ताकि वह अंग्रेजी शिक्षा को लागू कर सके और भारत में लोगों की विचारधारा को प्रभावित कर सके। यह भी कहा जाता है कि मैकॉले की शिक्षा व भारत में विकास का आपसी अन्तरंग सम्बन्ध है व मैकॉले की शिक्षा ही औद्योगीकरण, तकनीकी विकास और शोषण के लिए उत्तरदायी है। लेखक यह कहते हैं कि यह तर्क व कथन बेबुनियाद हैं। यह उचित नहीं है कि सारे विचार-विमर्श को एक ही खाँचे में रखकर विचार किया जाये। मैकॉले को ब्रिटिश कम्पनी के हितों को जमाने वाला माना जाना तो गलत नहीं है क्योंकि वह उसी कम्पनी का कुशाग्र और कुशल अधिकारी तो था ही किन्तु वह किसी बड़ी साजिश का प्रणेता नहीं था। मैकॉले के दृष्टिकोण को तत्कालीन भारतीय उदारवादियों और सुधारवादियों का समर्थन प्राप्त था, जो भारत में दकियानूसी विचारों से लड़ रहे थे। ऐसी स्थिति में लेखकों का यह निष्कर्ष है कि मैकॉले के प्रयास अन्य प्रशासकों के प्रयासों में ही एक कड़ी थे। लेखकों ने इस स्थापना पर गहरा चिन्तन माँगा है कि मानो मैकॉले के प्रयासों से ही भारत में पूँजीवाद, शोषण व सभी प्रकार की समस्याओं का आरम्भ हुआ है। और इस स्थापना पर भी कि मैकॉले की वजह से एक खास प्रकार का विकासात्मक ज्ञान

दुनियाभर में हावी हो गया। वे कहते हैं कि ऐसा करना मैकॉले के दर्जे को बहुत बड़ा कर देना है। सही तो यही है कि यह समझा जाय कि मैकॉले ने सरकार द्वारा शिक्षा पर किये जाने वाले व्यय को अपनी दृष्टि में सही तरह से उपयोग करने के लिए ही अपने तर्क को विकसित किया था। उसी सिलसिले में अरबी और संस्कृत और इन्हीं दोनों भाषा में विकसित ज्ञान और उसकी उपयोगिता के प्रश्न को मैकॉले ने उठाया था।

इसी सन्दर्भ में भाषा से जुड़े विवाद पर मैकॉले के तर्क को विस्तार से समझने की आवश्यकता है क्योंकि वह मैकाले की शिक्षा विमर्श का आधार है। मैकॉले यह मानते हैं कि यदि अरबी, संस्कृत और अंग्रेजी की बात की जाये तो तीनों ही भाषाएँ अधिकांशतः भारतीयों के लिए परायी सी थीं। क्योंकि जिन भाषाओं का सामान्यजन प्रयोग करते थे वे न तो इनके करीब थी और न ही वे उसे समझते थे। संस्कृत और अरबी में उस ज्ञान का विकास नहीं हुआ जो आधुनिक आवश्यकताओं के लिए अनिवार्य है। मैकॉले अंग्रेजी ज्ञान को भारतीय ज्ञान के मुकाबले अधिक समृद्ध मानते थे और इसलिए उसकी पढ़ाई-लिखाई पर आग्रह करते थे।

इसी सन्दर्भ में मैकॉले का एक और आग्रह शिक्षा के प्रयोग से बराबरी के भाव व उदार दृष्टिकोण का विस्तार था। मैकॉले शिक्षा को अर्थव्यवस्था के लिए भी उपयोगी मानते थे। वे इस बात से परेशान थे कि संस्कृत व फारसी से ओत-प्रोत भारतीय शिक्षा, जिस पर हो रहे खर्चे के विरोध पर उनका मिनिट केन्द्रित है, मूलतः एक वर्ग विशेष तक ही सीमित थी और उसका सामान्य लोगों व सामान्य जन जीवन से कुछ लेना-देना नहीं था। संस्कृत तथा अरबी में ज्ञान के और अर्थव्यवस्था के भी विस्तार की सम्भावना बहुत ही कम थी। ऐसे में अंग्रेजी ही बराबरी और तत्कालीन आवश्यकताओं को पूरा करने में सहयोगी हो सकती थी और मैकॉले ने इस विकल्प के लिए आग्रह किया। मैकॉले का ज़ोर इस बात पर भी रहा कि नया ज्ञान अधिक से अधिक लोगों को उपलब्ध कराया जाय। उसके अनुसार स्थानीय ज्ञान और भाषा में गणित व विज्ञान जैसे विषयों की अमूर्तता को समझाने की क्षमता नहीं है। इस पर मैकॉले की प्रशासनिक दृष्टि यह थी कि यह मानकर कि कुछ ताकतवर लोगों को बुरा लगेगा, नये ज्ञान से लोगों को वंचित रखा जाय, उचित नहीं है।

यह स्पष्ट है कि अंग्रेजी की उस समय वकालत के पीछे आर्थिक, राजकीय व अन्य सुविधा के तर्क थे। मैकॉले, उसका एकमात्र वकील नहीं था, और आज के अंग्रेजी के प्रभुत्व के लिए उसे जिम्मेदार नहीं ठहराया जा सकता। यह सोचना

होगा कि स्वतन्त्र हिन्दुस्तान के निर्माण के बाद राजकीय कार्य के लिए क्यों हम ऐसी भाषा को नहीं चुन सके व ज्ञान को क्यों किसी एक ऐसी भाषा में अनूदित नहीं कर पाये जो जनसाधारण की भाषा हो? क्यों हिन्दुस्तानी को नकार कर ऐसी संस्कृतनिष्ठ हिन्दी को थोपने का प्रयास किया गया जो न तो जनसाधारण में रम सकी और न ही पठनीय बन सकी। आज के अंग्रेजी के प्रभुत्व का असली जिम्मेदार वह हठ है, जो अतीत की ओर ही देखता है और भाषा को जड़ व ग्रन्थों द्वारा निर्धारित मानता है। भाषा अस्मिता व पहचान का अस्त्र तो है किन्तु उपयोग की दृष्टि से इस को आधुनिकता, असलियत व उन्नति के आड़े नहीं आने देना चाहिए। सभी भाषाएँ इनसानों के उपयोग से जनित हैं, खुशबू की तरह फैलती हैं और एक-दूसरे में सम्मिलित होती हैं। वे इनसानों द्वारा उपयोग व परिस्थितियों के अनुसार बदली और विकसित की जाती हैं। अति शुद्धता व अति मानकीकरण पर ज़ोर व सत्यता की कसौटी का ग्रन्थों व हाथी दाँत की मीनारों में रहना भाषा को अनुपयोगी बनाकर मारता ही है। हमारे देश में अंग्रेजी के प्रभुत्व के लिए जिम्मेदार यही धारा है जो आज भी हमें पीछे धकेलना चाहती है और अतीत में ही जीना चाहती है।

विकास गुप्ता उस समय और उस पर हाल ही में दिये वक्तव्यों, व किये गये शोधों का विश्लेषण करते हुए अध्येताओं को मैकॉले को दोषी मानने वाले और मैकॉले को दोषी न मानने वाले दो श्रेणियों, में बाँट कर चर्चा करते हैं। और आखिर में वह इस पूरे प्रश्न का विश्लेषण मैकॉले को उसके अपने सन्दर्भ में रखकर करते हैं। यह लेख बहुत सारे ऐतिहासिक सन्दर्भों के आधार पर और उनके अध्ययन के बाद बनाया गया है। और इसे देखने से न सिर्फ यह अहसास होता है कि यह उलझा हुआ मसला है बल्कि यह भी पता लगता है कि कहाँ से इस पर और अध्ययन करने की सम्भावनाएँ हो सकती हैं।

इन तीनों प्रकार के विश्लेषण को पढ़ कर इतिहासकारों के काम करने के ढंग व विश्लेषण की प्रक्रिया पर तो दृष्टि मिलती ही है, साथ-साथ यह भी समझ आता है कि इतिहास को लिपिबद्ध करने में दृष्टिकोण व समग्र स्रोतों की पहचान व उन तक पहुँच कितनी आवश्यक है। इतिहास लेखन, राजनीतिक विमर्श व लोगों को प्रभावित करने के आयामों के प्रभावों से किस तरह झूलता है यह भी सामने आता है। लेख को पढ़ते समय सभी पक्षों में निहित तार्किकता, उनके शुरुआती सिद्धान्तों व कारण भी काफी स्पष्टता से उभारते हैं। कुल मिलाकर वे कहते हैं कि यह मसला सरल नहीं है और प्रत्येक दृष्टिकोण के कम से कम कुछ पहलू और तथ्य तो ठीक हैं ही, फर्क उन्हें देखने के नजरिए का है। विकास

बताते हैं कि मैकॉले को दोषी मानने वालों में हर तरह के लोग हैं। राष्ट्रवादियों ने मैकॉले का उपयोग लोगों को ब्रिटिश साम्राज्य के खिलाफ संगठित करने के लिए प्रतीक के रूप में किया। किन्तु हाल के कुछ शैक्षिक व राजनीतिक विचारक भी और इतिहासकार भी मैकॉले को अंग्रेजी साम्राज्य के प्रतिनिधि के रूप में भी और व्यक्तिगत तौर पर भी अंग्रेजी, अंग्रेजी शिक्षा, सभ्यता व अंग्रेजियत लाद कर स्थानीय ज्ञान, भाषा, उद्योग व संस्कृति को नष्ट करने का जिम्मेदार मानते हैं।

जो लोग मैकॉले को इस सब का जिम्मेदार नहीं ठहराते वे भी समय, काल व स्थितियों में फैले हुए हैं। इसमें वे भी लोग हैं जो यह कहते हैं कि मैकॉले ने परिवर्तन व खुलेपन की खिड़की खोली और उसके वक्तव्य व उसके कार्य से ज्ञान पर से वर्चस्व व उस पर लगा ताला खुला व भारत को ज्यादा व्यापक ज्ञान तक पहुँचने का मौका मिला। और दूसरी ओर वे लोग हैं जो कहते हैं कि मैकॉले को जिम्मेदार मानना इसलिए गलत है क्योंकि जो भी हुआ उसमें अन्य लोगों व परिस्थितियों की महती भूमिका थी। मैकॉले को गलत नहीं मानने वाले अथवा जिम्मेदार नहीं मानने वालों में अन्तर है। यह हिस्सा यह जरूर उभारता है कि मैकॉले अंग्रेजी साम्राज्य को एक मुक्तिदाता के रूप में देखता था व उसकी भूमिका कथित तौर पर कल्याणकारी थी। इस हिस्से में भारतीयों की भूमिका व उनके बीच के पारस्परिक मतभेदों का भी उल्लेख है व सन्दर्भ दिये हैं। विकास अंजेलेसिस्ट, इवेंजेलिस्ट व उपयोगितावादी दृष्टिकोणों में इस पक्ष के लोगों को बाँट कर यह उभारते हैं कि इतने सारे पहलुओं के मद्‌देनज़र ही इस पक्ष के लोगों के मतों को समझा जा सकता है। हालाँकि इसमें वे इन लोगों के भारतीय ज्ञान व संस्कृति, समझ के नकारात्मक रवैये को भी उभारते हैं व इन सभी विचार शृंखला में मैकॉले की जड़ों को टटोलते हैं। वे यह भी दिखाते हैं कि हालाँकि उपयोगितावादी कई मामलों में एकमत थे किन्तु मैकॉले व बेंटिक के निर्णयों को ले कर उनकी सहमति नहीं थी।

विकास के पर्चे में जो एक नया बड़ा मसला जुड़ा है वह कम्पनी के बोर्ड ऑफ डॉयरेक्टर के असर का जिसे मैकॉले, बेंटिक व अन्य भारत में पदस्थ प्रशासकों ने तो प्रभावित किया ही किन्तु इन्होंने भी इन प्रशासकों को प्रभावित किया। अगले हिस्से में विकास उन अध्येताओं का विश्लेषण करते हैं जिन्होंने मैकॉले के काम को उसी के सन्दर्भ में रख कर देखा। इस हिस्से में इवेंजलिज्म व उपयोगितावादी समझ का विश्लेषण, बेंटिक व मैकॉले के वैचारिक विकास के स्रोत, उनमें अन्तःसम्बन्ध व उस समय की आर्थिक व राजनीतिक परिस्थिति व विचारधाराओं से जुड़े पहलुओं पर प्रमाण व आधारयुक्त विवेचन है। विकास

ब्रिटिश शासन व कम्पनी के भारत के बारे में बदलते दृष्टिकोण को भी उभारते हैं। वे कहते हैं कि मैकॉले व बेंटिक के निर्णयों के कई उद्देश्य थे जो एक साथ आधारों में सम्मिलित थे। वे यह भी दिखाते हैं कि मैकॉले व अन्य उपनिवेशवादी अफसरों ने एक बड़ी गलती इस नासमझी में की कि जिन लोगों को अंग्रेजी शिक्षा दी जाएगी वे अन्य भारतीयों को विभिन्न भारतीय भाषाओं में पढ़ाने का जिम्मा उठाएँगे। वे स्रोतों के माध्यम से बताते हैं कि इसके स्थान पर इन पढ़े लिखे लोगों ने अलग समूह बना लिया और बाकी लोगों से कट गये। आखिरी हिस्से में विकास अपनी राय रखते हैं। वे कहते हैं कि उन्नीसवीं शताब्दी के पहले तीन दशक में हुए तीन घटनाक्रम भारतीय शिक्षा के इतिहास में अति महत्त्वपूर्ण थे व इनसे नये आयाम खुले। इसीलिए यह गुस्से व आलोचना का केन्द्र बिन्दु भी बने। वैसे कई मायनों में इन्हें औपनिवेशिक शिक्षा की शुरुआत के प्रतीक भी माना जा सकता है। इस तरह के विश्लेषणों में निहित व इनसे उत्पन्न समस्याओं के बावजूद, इन्हें उस स्पष्ट बिन्दु के रूप में भी देखा जा सकता है जहाँ से मध्यकालीन निरंकुशता, बर्बरता और अँधेरे से स्वतन्त्रता पाने की शुरुआत हुई। किन्तु इस पूरी प्रक्रिया के और भी असर हुए। बंगाली बुद्धिजीवियों की अंग्रेजी शिक्षित जमात में धार्मिक पुनरुत्थान भी मैकॉले की औपनिवेशिकवादी शिक्षा के पेड़ पर लगा एक जहरीला फल था।

विकास कहते हैं कि अंग्रेजी माध्यम में स्कूल स्तर की शिक्षा कुछेक चुनिन्दा लोगों को ही मिलती थी जिससे एक सामाजिक दरार भी पड़ी और अंग्रेजी के बाकी भाषाओं से श्रेष्ठ होने की भावना पैदा हुई। अंग्रेजी शिक्षा प्रदान करने के नियमों से ज्यादा इसके वास्तव में न मिल पाने और इसके उच्च शिक्षा के एक मात्र माध्यम होने ने ही इसकी श्रेष्ठता की भावना, प्रभुत्व व बोध को मजबूत किया। प्रशासनिक व न्यायिक कार्यों के लिए अंग्रेजी को माध्यम बनाने से बाकी भाषाओं की निरर्थकता को और बढ़ाया। उनके अनुसार किन्तु अंग्रेजी की माँग को भारतीयों के मत्थे डालना गलत है। यह कुछ विशेष तौर से चुने हुए ऐतिहासिक प्रमाणों को पढ़कर किसी शोषित को अपने शोषण के लिए जिम्मेदार ठहराने जैसा है। शिक्षा के उपनिवेशवादी दायरे में अनेक आवाजें और लक्ष्य शामिल थे, और इसके बारे में कई तरह के प्रमाण अब तक शिक्षा के इतिहासकारों ने दिये हैं। इनमें तथ्यात्मक गलतियाँ निकालना बेहतर इतिहास लेखन के लिए जरूरी है, किन्तु फिर भी इससे पूरी सैद्धान्तिक तस्वीर धराशायी नहीं होती।

वे भाषा के बारे में भी कहते हैं कि औपनिवेशिकता ने कई नयी परिस्थितियों को जन्म दिया। यूरोपियन अध्येता, भाषाओं की जो समझ ले कर आये उसमें

सब भाषाएँ अलग-अलग मानी जा सकती थीं। उस समय यह भी माना जाने लगा था कि भाषा का वस्तुनिष्ठ अध्ययन लोगों और सभ्यताओं के बारे में भी बता सकता है। यह पहले के बहुभाषीय सन्दर्भ से बहुत फर्क था जिसमें भाषा सीखना विषय सीखने में ही निहित था। अब एक नयी सोच पद्धति आयी जिसने कहा कि स्थानीय भाषाओं का ऐतिहासिक विकास तथाकथित शास्त्रीय भाषाओं से हुआ है, और भाषा अलग से पढ़े जाने का विषय है। इसने आधुनिक भारत में भाषायी संघर्षों की पृष्ठभूमि को तैयार किया और भाषायी समूहों का अलग-अलग सीमाओं में बँटना और पुख्ता हुआ। मैकॉले के मिनिट का दस्तावेज़ भी इस परिवर्तन में एक कारक था और वह सिर्फ भाषायी माध्यम नहीं परन्तु ज्ञान और संस्कृति के ज्यादा बड़े प्रश्नों को भी सम्मिलित करता था। उपनिवेशवादी सरकार की स्तरीकृत भाषायी नीति से भारतीय समाज के अलग-अलग वर्ग में अंग्रेजी शिक्षा का गैर-बराबर वितरण हुआ और सामाजिक तनाव व संघर्ष बढ़ा। चूँकि मैकॉले का मिनिट एक समान व बराबर की शिक्षा नीति के विरुद्ध सबसे स्पष्ट अभिव्यक्ति में से एक है, इसलिए इसने अध्येताओं, एक्टिविस्ट और राजनेताओं को इस दृष्टिकोण के विपरीत अपने तर्कों को नियोजित करने के लिए प्रेरित किया है। मैकॉले के मिनिट को औपनिवेशिक फ्रेमवर्क का प्रमुख प्रतिनिधि मान कर विश्लेषण करने वालों द्वारा दर्शायी शैक्षिक और सामाजिक समस्याओं को नकारा नहीं जा सकता। फिर भी वे कहते हैं कि मैकॉले को एक व्यापक प्रक्रिया के हिस्से के रूप में देखना जरूरी है। और भारत में आधुनिक अथवा उपनिवेशिक शिक्षा के बढ़ने को एक प्रक्रिया के रूप में पहचान कर उस समय के औपनिवेशिक सन्दर्भ में समझने की जरूरत है न कि कुछेक उपनिवेशिक अफसरों के निर्णयों के नतीजे के रूप में। कुल मिलाकर विकास कहते हैं कि हालाँकि इस पूरी प्रक्रिया का फैलाव धीरे-धीरे हुआ किन्तु 1813 से 1835 के बीच हुई घटनाओं ने मिशनरी व कम्पनी सरकार को शिक्षा के क्षेत्र में यूरोपियन व एंग्लो यूरोपियन समुदाय से निकलने का दरवाजा खोला। इसलिए इन्हें राष्ट्रवादियों द्वारा निशाना बनाना उचित ही था। वे यह भी कहते हैं मैकॉले के मिनिट्स व उसके बाद के घटनाक्रम से जहाँ कुछ लाभ हुए वहाँ बहुत सी हानियाँ भी हुईं, इससे हिन्दू पुनरुत्थान का मार्ग भी शुरू हुआ। इसके अलावा मैकॉले व ऐलफिन्सटन पर जो दिक्कतें आरोपित की जाती हैं वह पूरी तरह से गलत नहीं हैं। वे यह भी स्पष्ट करते हैं कि कम्पनी सरकार मैकॉले के दृष्टिकोण से पूरी तरह सहमत नहीं थी फिर भी उनके साम्राज्यवादी व औपनिवेशिक हित स्पष्ट थे जिनके चलते उन्होंने अंग्रेजी व अंग्रेजी शिक्षा व यूरोपियन ज्ञान को बढ़ाया। उपनिवेशवादी सत्ता के

लोगों में आपस में कुछ अन्तर हो सकते हैं किन्तु कुल मिलाकर उनके ही निर्णय ने वह परिस्थितियाँ बनाईं जिससे अंग्रेजी का प्रभुत्व बना।

मैकॉले का मिनिट इन सब विचारों का औपचारिक एकत्रीकरण मात्र था। इसमें समेकित सब विचारों का इंजन व प्रक्रिया स्रोत अफसरशाही नहीं थी किन्तु बाहरी ताकतें, विचारधाराएँ व परिस्थितियाँ थीं। मिनिट में प्रस्तुत सभी तरह के व सभी विचारों को लोगों, अर्थव्यवस्था व हालात का बराबर का समर्थन न मिलने से शिक्षा व्यवस्था व विकास एक दिशा में आगे बढ़ गयी। परन्तु यह मात्र भारतीय महाद्वीप व अंग्रेजी साम्राज्यी जगह पर नहीं हुआ किन्तु और जगहों पर भी कुछ इसी तरह से हुआ।

भारतीय तकनीकी ज्ञान के कम हो जाने, आगे न बढ़ पाने के पीछे कुछ और स्वाभाविक कारण यथा भारतीय बाजार के उत्पाद पर कर व ब्रिटेन के उत्पाद पर कर छूट आदि जुड़ जाते हैं जो कि मैकॉले व बेंटिक के व्यक्तिगत निर्णयों, लेखों व पहल के भी आधार हैं। किन्तु औपनिवेशिक व साम्राज्यवादी सत्ता के आर्थिक व सामाजिक निर्णय व उस समय की सोच इसका एक और कारण थी। इसके अलावा कुछ अन्य कारण भारत में ज्ञान के उत्पन्न होने, संग्रहण व वितरण से भी शायद सम्बन्धित हैं। इनमें सबसे प्रमुख ज्ञान के अभिलेखीकरण, व्यापीकरण, अमूर्तिकरण व फैलाव की ओर अपर्याप्त प्रयास हैं। भारत में तकनीकी ज्ञान अकसर/परिवार या फिर जाति तक ही सीमित रह जाता था। ऐसे ज्ञान के विकास के लिए राजकीय अथवा अन्य प्रकार का समर्थन भी शायद नहीं था। यूरोपीय तकनीकी ज्ञान के आगे बढ़ने की वजह आर्थिक, सामाजिक व राजनीतिक पहलुओं से सम्बन्धित हैं और उन्हें कुछेक व्यक्तियों व उनके कुछेक मतों व उनके द्वारा लिखे मिनिट अथवा अन्य दस्तावेज़ों से जोड़कर नहीं देखा जा सकता। यह स्पष्ट है कि आगे बढ़ने की दिशा के बारे में, विदेशी व अन्दरूनी ज्ञान व उनके पारस्परिक सम्बन्ध के बारे में उतनी ही तीखी बहस उस समय थी, जैसी आज है। यह भी स्पष्ट है कि उन समुदायों व सभ्यताओं में विकास ज्यादा तेजी से हुआ है जिन्होंने सभी तरह के ज्ञान को जानने व समझने की कोशिश की। यह मानना कि ज्ञान को समझना सिर्फ उसे अंगीकार करना नहीं है, वरन् उसे देख परख कर उपयोग करना, उसमें सुधार भी करना व उसे आगे ले जाना भी है, यह समझ समाज में तकनीकी ज्ञान के विकास में मदद करती है। हालाँकि राष्ट्र के प्रति गौरव की भावना आवश्यक है किन्तु यदि वह खुलेपन, आत्मालोचन व सुधार के रास्ते में रोड़ा बनता है तो उसका बहुत नुकसान उस राष्ट्र व उसमें रह रही सभ्यताओं को होता है।

इस पूरे साम्राज्य की अवधि हमारे अन्दर आज भी रोष पैदा कर देती है। ऐसी इच्छा होती है कि हम अपनी सभी परेशानियों को, अव्यवस्थाओं को और हालातों को उस समय के माथे मढ़ दें। वैसे अतीत बहुधा रंगीन लगता है क्योंकि वहीं क्षण याद रहते हैं जो विशेष मायने वाले हों जब कि यथार्थ अपनी सभी आवश्यकताओं व दिक्कतों के साथ कुरेदता रहता है। और यह ऐसा अतीत है जिसमें हममें से कोई रहा नहीं इसका चित्रण कैसे करें? इस चित्रण में सतही तौर पर लगता है कि श्रेणियाँ विचारधाराओं, सामाजिक-आर्थिक सीढ़ी में स्थिति, नागरिकता, जातीयता आदि के आधार पर बनेंगी। किन्तु स्वतन्त्रता पूर्व का साहित्य खँगाले अथवा आज उस पर कार्य कर रहे विचारकों व अध्येताओं के लेखन में कुछ व्यापक पहलुओं पर सहमति के बाद और उसके बावजूद भी, विशेष पहलुओं व अहम मुद्दों पर गहरे अन्तर ही नहीं, विपरीत खेमे नज़र आते हैं। यह खेमे हर प्रकार की श्रेणी को तोड़ फोड़ कर बने हैं और यह दिखाते हैं कि इस समय के विश्लेषण में तथ्यों, तर्क के साथ-साथ भावना एक अहम भूमिका अदा करती है। यह विश्लेषण जिसमें बहुत से अध्येताओं ने योगदान दिया। हमारे सामने कुछ सामान्य सिद्धान्त व कुछ सवाल हमारे बारे में व आज के हालातों व उनके कारणों के बारे में छोड़ता है। इनसे जूझना हमारा कर्तव्य है। अतीत का रोना रो कर वर्तमान में निष्क्रियता से कुछ लाभ वैसे भी होने वाला नहीं है।

यह यात्रा हमारे लिए बहुत रोचक रही है क्योंकि हमने उस समय व आज के बारे में कई बातें जानीं व समझीं। हमें इनमें मजा आया और सीखा। उम्मीद है आप भी इन विभिन्न मतों को खँगाल कर अपनी राय बना पाएँगे बदल पाएँगे। हम सभी लेखकों को धन्यवाद देते हैं जिन्होंने बहुत मेहनत से इस कार्य को किया। उनमें से कुछ जिन्होंने व्यापक शोध करके इस मसले के विभिन्न पहलुओं को हमारे सामने प्रस्तुत किया। लेखों व दस्तावेज़ों का अनुवाद कई-कई बार करने की जरूरत महसूस हुई ताकि हम उसके मूल अर्थ के करीब रह सकें। यह इसलिए मुश्किल था क्योंकि कई प्रपत्र विशेष तौर पर दस्तावेज़ इस ढंग से लिखे गये थे कि उनका हिन्दी में प्रस्तुतीकरण उलझाने वाला था। वरदराजन को विशेष धन्यवाद जिन्होंने इस पुस्तक में प्रस्तुत दस्तावेज़ों को खोज-खोज कर निकाला व हमें उनका अंग्रेजी का मूल पाठ भेजा। हम रजनी द्विवेदी, जो हमारी साथी सम्पादक हैं, का भी विशेष धन्यवाद करते हैं जिन्होंने बहुत सी अहम कमियाँ पकड़ीं व पुस्तक को अन्तिम स्वरूप देने में महती भूमिका निभाई। इस पुस्तक के तैयार होने में हालाँकि राजेश सेन ने मदद की है किन्तु इसका प्रमुख भार भवानी शंकर पर था, जिन्होंने बखूबी इसे निभाया व आड़े-तिरछे,

स्पष्ट-अस्पष्ट, छोटे-बड़े हर तरह से लिखे मसौदे और उसके अन्तहीन सुधारों को बिना किसी शिकन के वापस ले कर कार्य को पूरा किया। हम विद्या भवन शिक्षा केन्द्र के भी शुक्रगुजार हैं कि उन्होंने अपनी सुविधाओं का व भवानी के समय का उपयोग हमें करने दिया। वाणी प्रकाशन को कृतज्ञता इसलिए कि न सिर्फ उनके इसमें रुचि दिखाने से हमें जोश मिला वरन् उन्होंने इसके लिए एक लम्बा समय इन्तजार किया। हमें इस बात का सन्तोष है कि यह हिन्दी में छप रही है और यह उम्मीद कि हिन्दी में इस छपाई के लिए यह प्रयास शायद और भी ऐसे प्रयासों को शुरू करे।

ऐलफिन्सटन एवं मैकॉले के निहितार्थ

रमा कान्त अग्निहोत्री / हृदय कान्त दीवान

माउंटस्टुअर्ट ऐलफिन्सटन (1779-1859) ने शिक्षा के क्षेत्र में विशेष रुचि ली। मैकॉले के 1835 के मिनिट्स से पूर्व ऐलफिन्सटन के 1824 के मिनिट्स, बुरे या अच्छे भारतीय शिक्षा के इतिहास में एक मील का पत्थर हैं : इस पर अभी तक शायद गहराई से चर्चा नहीं हुई है। इसमें कोई शक नहीं कि ऐलफिन्सटन को भारतीयों के चरित्र पर विश्वास नहीं था और वे अमीर व गरीब और जाति प्रथा की भयानक गहराइयों के बारे में कोई भी कदम उठाने से हिचकिचाते थे। फिर भी शिक्षा के क्षेत्र में हस्तक्षेप करने के बारे में कुछ मुद्दों पर ऐलफिन्सटन के विचार बहुत स्पष्ट थे और आज भी काफी हद तक तर्कसंगत लगते हैं। उनका मानना था कि शिक्षा का काम न तो सरकार ही अकेले कर सकती है और न ही चन्द ऐसे लोग जो जन-शिक्षा के बारे में बहुत उत्प्रेरित हों। वास्तव में दोनों को मिलजुल कर काम करना होगा। कुछ मुद्दे ऐसे हैं जिन्हें केवल सरकार ही सँभाल सकती है, विशेषकर ऐसे मुद्दे जो व्यवस्थागत हैं। लेकिन स्थानीय स्तर पर जन-साधारण को शिक्षा के प्रति प्रेरित करने का काम शायद व्यक्तिगत स्तर पर अधिक सफलता से हो सकता है।

इनके दस्तावेज़ शिक्षा के उद्देश्य, व्यवस्था व उसका संचालन, आर्थिक स्रोत, उसकी सामाजिक सरोकारों, हितों व प्रवृत्तियों के साथ अन्तःक्रिया कई ऐसे मामले उठाते हैं जो सदा प्रासंगिक रहेंगे। न सिर्फ यह मसले भारतीय शिक्षा में रह-रह कर सामने आये हैं वरन् दुनिया के हर देश की शिक्षा में इस तरह के पहलू देखे जा सकते हैं। इनमें से एक है शिक्षा को उपलब्ध करवाने में सरकार की भूमिका।

ऐसा प्रतीत होता है कि ऐलफिन्सटन या मैकॉले के कुछ कथनों को सन्दर्भ से काट कर बार-बार प्रस्तुत करने से हम उनके स्रोत व सन्दर्भ को भूल जाते हैं अथवा सोच समझ कर भुला देते हैं। लेकिन उन पर आरोपित कथनों का निहितार्थ उनके दस्तावेज़ों व उनके सन्दर्भों से मेल नहीं खाता। उनके मुख्य

वक्तव्यों का इन कथनों से नजदीकी रिश्ता तो नहीं है, हाँ कहीं वे शब्द जरूर दिख जाते हैं। इस किताब के लेख विभिन्न परिप्रेक्ष्य के लोगों द्वारा लिखे गये। सभी ने सन्दर्भित दस्तावेज़ों को देखा व समझा, किन्तु किसी भी लेख से ऐसा नहीं लगता कि मैकॉले व ऐलफिन्सटन को लेकर सामान्य तौर पर प्रसारित समझ में कुछ सत्यता है। ऐसा लगता है कि ऐलफिन्सटन/मैकॉले की आड़ में हम अपनी अकर्मण्यता व ढकोसले को छिपाना चाहते हैं। गैर-बराबरी व गुणवत्ता की अधूरी परिभाषा की जिम्मेदारी का ठीकरा कहीं और फोड़ना चाहते हैं। यह बात कई लेखकों के तर्कों से स्पष्ट झलकती है। हालाँकि किसी ने भी मैकॉले व ऐलफिन्सटन के वक्तव्यों व उनमें प्रयुक्त सभी कथनों को सही नहीं कहा और उनमें छिपे तिरस्कार को आलोचना रहित नहीं छोड़ा है। लेख कई तरह के प्रश्न भी उठाते हैं? हम ऐलफिन्सटन और मैकॉले की बातों को बढ़ा-चढ़ा कर अपनी शिक्षा व्यवस्था की दुर्दशा के लिए जिम्मेवार मानते हैं; हम निरन्तर अपनी शिक्षा की दुर्दशा के वास्तविक कारणों को छुपाने की कोशिश करते हैं।

ऐलफिन्सटन ने उस समय शिक्षा के कई पहलुओं पर गहरा विचार किया। उसके अनुसार शिक्षा में कई मसले ऐसे हैं जिसमें सरकार को पहल करनी चाहिए। किन्तु उसकी भूमिका हर पहलू से संचालित व नियंत्रित करने की न हो। उनका यह भी मानना था कि शिक्षा के विमर्श व उसके संचालन में व्यापक भागीदारी की आवश्यकता है। उनके अनुसार सरकार को शिक्षा हेतु अपने नियोजन को सोच समझ कर तय करना चाहिए। उदाहरण के लिए ऐलफिन्सटन के समय शिक्षा के लिए उपलब्ध धन राशि का काफी बड़ा हिस्सा फकीरों और ब्राह्मणों को धार्मिक पेंशन देने में जाता था। एक और बड़ा हिस्सा पुजारियों एवं ज्योतिषियों को भत्ता देने में जाता था। प्रथा यह थी कि यह भत्ता अनुवांशिक था यानी पिता को मिला तो पुत्र को भी मिलता ही रहेगा। इससे न तो भत्ता पाने वालों को नया सीखने की कोई लालसा थी और न ही नया ज्ञान बनाने की, वे पुराने ज्ञान को दोहराने में मशगूल थे और नये विचारों व नयी समझ को विदेशी बता रहे थे। इन कारणों की वजह से शिक्षा के लिए उपलब्ध धन राशि का छोटा-सा ही हिस्सा शिक्षकों एवं स्कूलों तक पहुँच पाता था। ऐलफिन्सटन का मानना था कि इस धन राशि का पुनर्वितरण होना चाहिए। लेकिन वे इस बात के बारे में भी जागरूक थे कि ब्राह्मणों और मिशनरियों की जहाँ भी जरूरत पड़े सहायता लेना आवश्यक होगा। स्थानीय संस्थाओं एवं समाज के साथ विचार-विमर्श करने के बाद इस धन का विकेन्द्रीकरण होना चाहिए और इस बात का ख़याल रखा जाना चाहिए कि पाठशालाओं और अध्यापकों को पर्याप्त मात्रा में पैसा मिल सके।

ऐलफिन्सटन के अनुसार सामाजिक व धार्मिक संवेदनशीलता में भी सरकार का सक्रिय होना आवश्यक है। एक तरफ तो अन्धविश्वासों एवं रूढ़िवादी परम्पराओं जैसे कि शिशु हत्या, बाल विवाह एवं आत्मदाह आदि से लड़ना आवश्यक है दूसरी तरफ यह भी उतना ही आवश्यक है कि विदेश से आये मिशनरी, जनजाति के गरीब लोगों को अलग-अलग तरीके से धर्म परिवर्तन करने के लिए मजबूर न करे।

ज्ञान का प्रसार भी सरकार की बहुत बड़ी जिम्मेवारी है। एक तो सरकार को ऐसी पुस्तिका बनानी चाहिए जिसमें स्कूल चलाने, किताबें लिखने एवं प्रशासनिक नियमों का संक्षिप्त विवरण हो। नयी किताबें बनवाने, छपवाने व उनका समय से वितरण करने की जिम्मेवारी भी सरकार की है। सरकार को यह कोशिश करनी होगी कि निम्न वर्ग के अधिक से अधिक लोग पाठशाला में आयें और शिक्षा प्राप्त करें। शिक्षक प्रशिक्षण व शिक्षा के तरीकों में सुधार लाना भी सरकार के काम का अनिवार्य हिस्सा है। ऐलफिन्सटन इस बात के लिए बहुत चिन्तित थे कि शिक्षा स्थानीय भाषाओं में होनी चाहिए। उनका मानना था कि स्थानीय भाषाओं में ज्ञान की रचना के लिए संसाधन जुटाना सरकार का ही काम है। जो लोग अंग्रेजी माध्यम से पढ़ना चाहते हैं, उन्हें अंग्रेजी माध्यम से पढ़ने की सहूलियत मिलनी चाहिए। चूँकि तब आधुनिक ज्ञान-विज्ञान स्थानीय भाषाओं में कम ही उपलब्ध था।

दूसरी तरफ बहुत से काम ऐसे हैं जो सरकार को स्थानीय संस्थाओं एवं लोगों के साथ मिलजुल कर करने होंगे। अपने 1824 के शिक्षा पर मिनिट में ऐलफिन्सटन ने इस बात पर बहुत ज़ोर दिया कि शिक्षा के क्षेत्र में घर-घर जाकर टीका लगाने वालों की अहम भूमिका हो सकती है। ये लोग हर परिवार को इस बात के लिए प्रेरित कर सकते हैं कि वे अपने बच्चों को स्कूल भेजें। यह काम स्थानीय टीकाकार एवं स्थानीय लोगों की मदद के बिना आगे नहीं बढ़ सकता।

इसी प्रकार स्कूलों के सुधार एवं आर्थिक हिसाब-किताब में स्थानीय लोगों एवं शिक्षा समिति के सदस्यों की आवश्यकता होगी। दिन-प्रतिदिन हर स्कूल का रख-रखाव, पठन-पाठन एवं परीक्षा आदि सरकार के बस की बात नहीं। यह सब बातें स्थानीय स्तर पर ही सम्भव हैं। यह जिम्मेवारी स्थानीय समुदाय को ही लेनी पड़ेगी कि वह अपने आस-पास के स्कूल में दिलचस्पी ले और निरन्तर उसके सुधार की चिन्ता करे।

यह स्पष्ट है कि मैकॉले की मंशा भारतीयों को शिक्षा रहित और पिछड़ा रखने की नहीं थी। मैकॉले उस ज्ञान-विज्ञान से भारतीयों को परिचित करवाना चाहते थे जिसके आधार पर वे और अन्य अंग्रेज खुद को भारतीयों से ज़्यादा

उन्नत मानते थे। यह भी महत्त्वपूर्ण है कि ऐलफिन्सटन जिस ढंग से शिक्षा के बारे में बात कर रहे हैं, ग्यारह वर्ष बाद लिखे मैकॉले के मिनिट्स उससे फर्क हैं। हालाँकि दोनों ने ही सभी भारतीयों को पढ़ाने की बात की है, किन्तु मैकॉले के मिनिट्स में ब्राह्मणवाद व जाति संकीर्णता पर बहुत ही तल्ख टिप्पणी है। जबकि ऐलफिन्सटन काफी हद तक ब्राह्मणवाद व जातिवाद से जूझना नहीं चाहते थे। उन्हें लगता था कि इससे छेड़खानी करना खतरे से खाली नहीं। उनका यह रुख इन प्रवृत्तियों के प्रति समर्थन अथवा संवेदना के कारण नहीं था वरन् एक प्रशासक के विरोध को सीमित करने की रणनीति थी। यह परखना आवश्यक है कि इस तरह की रणनीति स्वतन्त्र भारत के प्रशासकों ने कितने ही ढंग से चलाये रखी। बराबरी के सिद्धान्त को मानने व ठीक-ठीक व्याख्या के बाद भी नियमों में इतनी सारी यथास्थिति को पोषित करने के रास्ते क्यों खोल दिये गये कि यह पहचानना मुश्किल हो जाता है कि वास्तव में इन नियमों की मंशा क्या है? ऐलफिन्सटन बाहरी था वह एक कच्चे प्रतीत होने वाले शासन को पक्का करने का रास्ता खोज रहा था, उसका सशंकित होना जायज तो नहीं है किन्तु फिर भी उतना निन्दनीय नहीं है जितना स्वतन्त्रता के बाद और खासकर नव उदारवाद के बाद हमारी स्वतन्त्र सरकार व उसके प्रशासन का इन मसलों पर चुप्पी साधे रहना था। उससे भी अधिक चिन्ताजनक यह है कि उनका अर्थ ही बदल देना। हर सिद्धान्त के लागू करने में इतने पेंच, विपरीत नज़रियों व मान्यताओं से जूझने की तैयारी में कमी।

मैकॉले साफ कहता है कि भारतीयों के लिए अंग्रेज़ी सीखना मुश्किल नहीं है। इसमें वह भारतीयों को किसी हद तक तो बुद्धि से परिपक्व मानते थे। इसीलिए वे चाहते हैं कि उन्हें अंग्रेज़ी पढ़ाई जाये। अंग्रेज़ी शिक्षा से गुजरा वर्ग ही यहाँ की स्थानीय बोलियों को समृद्ध कर उनमें ज्ञान का विकास करेगा और इन भाषाओं में नया ज्ञान आ सकेगा। ज्ञान ना सिर्फ आम आदमी तक पहुँच सकेगा वरन् इससे अकादमिक विमर्श को भी नये आयाम मिलेंगे। इसमें जो खास बातें छिपी हैं वह हैं कि नये ज्ञान को संस्कृत व अरबी में सम्मिलित करने में रोड़े हैं जो पंडितों और मौलवियों की धार्मिक सत्ता के चलते हटाने कठिन हैं। इन दोनों भाषाओं को सार्वजनिक बनाने में व पुराने ज्ञान पर सवाल खड़ा करने में संस्कृत पंडितों व अरबी मौलवियों का बड़ा विरोध होगा। इन दोनों में ही जड़ता है। दूसरी बात इन भाषाओं में उपलब्ध ज्ञान की आम आदमी से दूरी की है। प्रस्तावित शिक्षा इस जकड़न को और आम व्यक्ति से ज्ञान की दूरी को कम कर पाएगी, इस बारे में ऐलफिन्सटन और मैकॉले लगभग एक ही सुर में बात करते हैं।

भारत में शिक्षा की वर्तमान स्थिति के लिए अक्सर मैकॉले को जिम्मेदार ठहराया जाता है। उनके मिनिट्स के अवलोकन से यह स्पष्ट है कि उस समय की भारतीय शिक्षा व ज्ञान के प्रति दृष्टिकोण पर गहरे चिन्तन की आवश्यकता है। यह भी स्पष्ट है कि शिक्षा का उस समय का स्वरूप कुछ ही लोगों तक सीमित था व अधिकांश बच्चों की उसमें भागीदारी नहीं थी। अक्सर यह तर्क दिया जाता है कि उस समय के परिवारों में व अलग-अलग समुदायों में, बच्चे को समाज का उपयोगी सदस्य बनाने के लिए व्यवस्था थी। लेकिन यह बात तल्खी से उभरती है कि सभी के लिए एक सी शिक्षा का विचार उस समय की भारतीय व्यवस्था में नहीं था। इस बात को अगर और ज़ोर से कहें तो शिक्षा के माध्यम से सभी के लिए एक जैसे मौके बनाने का जो संकल्प है, उसकी शुरुआत भारत की पुरानी स्कूली व्यवस्था से नहीं हुई।

शिक्षा के सन्दर्भ में बात करते समय यह कहना कि मैकॉले का बनाया हुआ ढाँचा हमारी शिक्षा व्यवस्था की दुर्दशा का कारण है, अपनी असक्षमता का बखान करना ही कहा जा सकता है। अगर हम यह मानते हैं कि मैकॉले से पहले भारत में एक जीवन्त व विकसित होने वाली शिक्षा का ढाँचा था तो यह बात समझ नहीं आती कि स्वतन्त्रता के इतने वर्ष बाद भी उसे पुनः विकसित क्यों नहीं कर पाये। स्वतन्त्रता के बाद देश में राजाओं और जमींदारों का शासन खत्म हुआ। उस सिद्धान्त का भी नीति के तौर पर अन्त हुआ जिसमें पुश्तैनी परम्परा व जन्म के आधार पर समाज में मिलने वाली जगह का निर्धारण शामिल था। इसके अलावा और भी बहुत से परिवर्तनों की बात हुई है, जो इनसानी रिश्ते, उनके व्यवहार, आर्थिक ढाँचा आदि सभी से सम्बन्धित हैं। फिर भी हमारी शिक्षा की जकड़न बरकरार क्यों है और वह मैकॉले व ऐलफिन्सटन की जिम्मेदारी क्यों है?

शिक्षा के उद्देश्यों के बारे में विचार करते समय यह समझना जरूरी है कि आज भी आर्थिक व सामाजिक रूप से सक्षम अधिकांश व्यक्तियों के मन में शिक्षा के लक्ष्यों व उद्देश्यों की क्या समझ है। सभी को शिक्षित क्यों होना चाहिए, इसके बारे में उनकी क्या मान्यताएँ हैं। यह स्पष्ट है कि यह समझ भी मैकॉले या ऐलफिन्सटन ने नहीं दी है। नीति में निर्धारित किये गये लक्ष्य तो यह अपेक्षा करते हैं कि हम सभी को बराबर मौके दे पाएँगे व उन्हें सोचने की स्वतन्त्रता व क्षमता देंगे। नीति यह भी बताती है कि किसी भी परिवेश से आने वाले व्यक्ति के लिए समान अधिकार नियत हैं। अपने अधिकारों को प्राप्त करने के लिए उसे न सिर्फ मौके दिये जाएँगे बल्कि ऐसी परिस्थिति बनाई जाएगी जिससे कि वह उन अड़चनों को हटा पाये जो उसके रास्ते में आती हैं। यदि हम आज की

शिक्षा व्यवस्था देखें तो बराबरी का यह प्रयास कहीं भी नज़र नहीं आता। शिक्षा का प्रशासन, शिक्षकों को भी शिक्षा के लक्ष्यों के साथ पूरी मनोवृत्ति के साथ जोड़ने में असक्षम रहा है। यह प्रश्न पूछा जा सकता है कि इस असक्षमता का कारण ढाँचे की कमज़ोरी है या फिर इच्छा शक्ति का अभाव? ऐसा क्यों नहीं है कि स्कूल में शिक्षण प्रक्रिया व किसी खास स्कूल तक पहुँचने की सम्भावना में कुछ हद तक बराबरी हो?

अक्सर देखा जाता है कि शिक्षकों पर व उनके प्रशिक्षणों पर नियोजित रूप से व्यय के स्थान पर ढाँचागत सुविधाओं को बढ़ाने में ज़्यादा रुचि है। जहाँ एक ओर यह बात है कि ढाँचागत सुविधाओं में कुछ भौतिक रूप में दिखाने योग्य होता है वहीं शायद यह भी है कि ढाँचागत खर्चे में अर्थव्यवस्था के साथ सीधे अन्तःक्रिया के मौके होते हैं। शिक्षकों के वेतन व प्रशिक्षण पर खर्चा बेमानी समझा जाता है। आधे-अधूरे मन से हुए नियोजन का नतीजा यही निकलता है कि उक्त खर्चे का कोई लाभ नहीं है। फिर निष्कर्ष निकाला जाता है कि शिक्षक पढ़ाना नहीं चाहते, मेहनत नहीं करना चाहते और सीखना नहीं चाहते। यह भी कहा जाता है कि यदि शिक्षकों का वेतन ठीक से निर्धारित कर दिया गया और उन पर तलवार लटका कर नहीं रखा गया तो वे अपना काम ठीक से नहीं करेंगे। यह अविश्वास क्यों है? ऐलफिन्सटन और मैकॉले से शुरू हुआ यह अविश्वास आज तक जारी क्यों है?

कुल मिलाकर लगता है कि मैकॉले और ऐलफिन्सटन दोनों के मिनिट का फिर से आलोचनात्मक विश्लेषण होना चाहिए। दो-चार जुमलों को उछालते रहने से कोई विशेष लाभ नहीं। यह साफ है कि स्थानीय भाषाओं में शिक्षा एवं किताबों की बात ऐलफिन्सटन ने बहुत पहले कर दी थी। इसी तरह उन्होंने इस बात को भी गहराई से सोचा था कि किताबें बनाने और वितरण की प्रक्रिया क्या होनी चाहिए और शिक्षक प्रशिक्षण कैसा होना चाहिए। शिक्षा को धर्म व जाति आदि की उलझनों से दूर रखने का सुझाव भी ऐलफिन्सटन का था। शिक्षा समिति व स्थानीय समुदायों की शिक्षा के क्षेत्र में किस तरह की भूमिका होनी चाहिए, इस पर भी उन्होंने विचार किया था।

आज बहुत कुछ बदल गया है। तकनीकी स्तर पर कम्प्यूटर, इण्टरनेट और मोबाइल आदि के कारण एक बहुत बड़ा बदलाव आ गया है और पारम्परिक कक्षा की जगह आज हम वर्च्युअल कक्षा की बात करते हैं। भूमण्डलीकरण एवं निजीकरण की प्रक्रिया के चलते शिक्षा का बहुत तीव्र गति से बाज़ारीकरण हो रहा है। फिर भी शिक्षा के क्षेत्र में सरकार, स्वैच्छिक संस्थाओं एवं स्थानीय

समुदायों की काफी बड़ी भूमिका है। इस परिप्रेक्ष्य में ऐलफिन्सटन की कुछ बातों को ध्यान देना शायद हमारे लिए लाभदायक होगा।

ऐलफिन्सटन और मैकॉले शासन करने वाले समूह का हिस्सा थे। उनके स्वभाव में व वक्तव्यों में स्थानीय समुदाय व उसके ज्ञान के बारे में छिपे हुए तिरस्कार की झलक मिलती है। वे दोनों उस समय की परिस्थिति में अपने आपको, अपने समाज के ज्ञान को व अपने समूह के अन्य सदस्यों को स्थानीय लोगों से श्रेष्ठ मानते थे। यह लोक जागरण का कार्यक्रम सिर्फ उनका ही नहीं बल्कि और बहुत से लोगों का भी लक्ष्य था। एक तरह से देखें तो आज भी लोगों को मुख्य धारा में शामिल करने का लक्ष्य, उन्हें अधूरा व कमतर मानकर ही पुरजोर किया जाता है। चाहे हम तथाकथित 'पश्चिमी' ज्ञान लें चाहे 'पूर्वी', दोनों के सन्दर्भ में सामान्य बहुसंख्यकजन तो अज्ञानी व पिछड़े ही प्रतीत होते हैं। इसमें यह ध्यान देने योग्य बात है कि इस प्रक्रिया के सकारात्मक प्रगति वाले पक्ष भी हैं। किन्तु ज्ञान की इस व्यवस्था में कुछ ढाँचे ज्यादा पुख्ता व बलशाली बन जाते हैं और कुछ कमजोर पड़ जाते हैं। वे मानते थे कि दोनों तरह की समझ अथवा अनेक तरह की समझ को एक साथ समावेशित करते हुए ज्ञान की रचना नहीं होती। इस सन्दर्भ में ऐलफिन्सटन की मान्यता भी थी कि स्थानीय लोग ज्ञान प्राप्त करें व ज्ञान के वर्धन में मदद करें यह उपयोगी होगा। इससे उन्हें शासन चलाने में मदद भी मिलेगी और ढाँचा बेहतर ढंग से चल पाएगा। किन्तु इस ढाँचे को वह उनके ज्ञान की बुनियाद पर शायद ही खड़ा करना चाहते थे। उनके लेखों में कहीं भी यह बात स्पष्ट नहीं दिखती कि वह यह चाह रहे हों कि कुछ ही भारतीयों को अंग्रेज़ी या यूरोपीय शिक्षा देकर अपने जैसा बना लिया जाये और अन्य स्थानीय लोगों से विमुख कर दिया जाये। जगह-जगह यह बात उभरती है कि वे अपने ज्ञान को उपयोगी मानते थे और चाहते थे कि जैसे यूरोप में सभी लोगों तक यह ज्ञान पहुँचता है वैसे ही यह भारत में भी पहुँचे। उनके कथनों में इन शिक्षित लोगों की भूमिका यही थी कि वह इस ज्ञान को स्थानीय भाषा में रूपान्तरित कर सब तक पहुँचाएँगे। हालाँकि यह ना उस समय हो पाया और ना ही स्वतन्त्रता के 70 साल बाद।

ऐलफिन्सटन और मैकॉले अपने दस्तावेज़ों में यूरोप के नवजागरण के समय की याद करते नहीं प्रतीत होते। हालाँकि वो यह जरूर मानते हैं कि हर समाज में विकसित होने व नये ज्ञान के सृजन में योगदान देने की महती सम्भावना है। धर्म व ज्ञान सृजन के बारे में यूरोप में हुए घटनाक्रम से सीख लेना उनके दस्तावेज़ों में नहीं प्रतीत होता। शायद वे अगर ऐसा कर पाते तो ज्यादा सशक्त

ढाँचे व प्रक्रियाएँ शुरू कर पाते व शिक्षा का रिश्ता व्यापक आर्थिक व तकनीकी अन्वेषणों से जोड़ पाते। पर यह न तो उस समय किसी अन्य समिति ने करने का प्रयास किया और न ही यह आज तक ठोस रूप में हो पाया। भारत में ज्ञान सृजन की प्रक्रिया धार्मिक संस्थानों व धार्मिक ठेकेदारों की साजिशों में उलझ कर अटक गयी थी और उपलब्ध ज्ञान को समाज ने बिसार दिया था। इस प्रक्रिया को ऐलफिन्सटन और मैकॉले के निर्णयों ने कुछ हद तक तो बदला और इसमें भारत में सामाजिक उत्थान व नवजागरण के लिए प्रतिबद्ध कई महत्त्वपूर्ण नेताओं ने योगदान दिया। चर्च द्वारा लगा अंकुश यूरोप में ज्ञान के विस्तार में बाधा बना रहा और उसे भी हटाने में बहुत समय लगा। भारत में भी यही संघर्ष बहुत देर तक चला। यह कहना तो मुश्किल नहीं है कि अगर अंग्रेज़ी शासन नहीं होता तो भी यह बदलाव हो पाता किन्तु यह स्पष्ट नहीं है कि यह इतने ही समय में और इस तरह से हो पाता या नहीं। मैकॉले और ऐलफिन्सटन की नीतियों और वक्तव्यों में जिस तरह से स्थानीय ज्ञान को बढ़ाने का चिन्तन दिखता है, उसके आधार पर उन्हें किसी साजिश के लिए जिम्मेदार मानना, शायद अपने आपको भ्रमजाल में रखने के अलावा कुछ नहीं है।

मैकॉले और उसके बाद : ऐतिहासिक लेखन पर मनन

विकास गुप्ता

परिचय

इस निबन्ध का विषय मैकॉले के 7 फरवरी 1835 के मिनट के ऐतिहासिक अध्ययन के सन्दर्भ में विभिन्न तथ्यात्मक व तार्किक धागों का सर्वेक्षण करना है। दूसरे शब्दों में यह मैकॉले के मिनिट की पृष्ठभूमि, प्रेरणाओं व असर की अलग-अलग ऐतिहासिक व्याख्याओं का एक विश्लेषण है। यह निबन्ध 5 भागों में है। पहला भाग; जो कि परिचय है, संक्षेप में बहस के केन्द्रीय प्रश्नों को सूचीबद्ध करने का प्रयास करता है। दूसरा भाग मैकॉले के अंग्रेजी भाषा व पाश्चात्य ज्ञान के माध्यम से भारत को गुलाम बनाने व उन पर हावी होने में योगदान के बारे में अलग-अलग तरह के तर्कों को संक्षेप में समेकित करता है। निबन्ध का तीसरा भाग नये ढंग के ऐतिहासिक पुनर्लेखन के तर्कों को उदाहरण सहित प्रस्तुत करता है, जो न सिर्फ मैकॉले को दूसरे भाग में लगाये गये आरोपों से बरी करता है बल्कि इसके योगदान का सकारात्मक आकलन करता है। चौथे भाग में इतिहास लेखन के कुछ ऐसे ढंगों पर चर्चा की गयी है, जो हमें मैकॉले से जोड़ी गयी सकारात्मक और नकारात्मक बातों को पहचानने, समझने, उनमें सन्तुलन बनाने और उन्हें बारीकी से परखने व जूझने में मदद करते हैं। पाँचवें व आखिरी भाग में मुख्य निष्कर्षों पर संक्षेप में कुछ विचार प्रस्तुत किये गये हैं, जिससे कि यह विषय ज्यादा बेहतर ढंग से समझ आ सकें।

इस व्यवस्था के बावजूद, विभिन्न इतिहासकारों ने अपने मतों के ढाँचों को इस प्रकार बनाया है जिनमें स्पष्ट विभेदीकरण नहीं किया जा सकता। उम्मीद की जाती है कि कुल मिलाकर यह निबन्ध पाठक को व्यक्तिगत दोष की समझ से परे जाकर अंग्रेजी शिक्षा की नीति को व्यापक ऐतिहासिक सन्दर्भ में समझने में मदद करेगा। साथ-साथ यह निबन्ध पाठक को उन अकादमिक व राजनीतिक

विमर्शों की तर्कसंगतता और महत्त्व को पहचानने में मदद करेगा, जिनमें मैकॉले के मिनिट को एक उदाहरणीय दस्तावेज़ के रूप में शैक्षिक समस्याओं व विकल्पों को अभिव्यक्त करने के लिए उपयोग किया गया है।

मैकॉले के 1835 के मिनिट और बेंटिक के 1835 के प्रस्ताव (resolution) से प्रेरित व संचालित अंग्रेजी शिक्षा की नीति के पीछे क्या था? क्या वह उपयोगितावादी विचारधारा की आर्थिक तर्कसंगतता थी या औद्योगिक इंग्लैण्ड का उदारवादी व सभ्यतावादी मिशन था, या फिर 1789 की फ्रांसीसी क्रान्ति के बाद के ब्रिटिश इवेंजलिकलवाद का बढ़ना था, सांस्कृतिक उपनिवेशवाद था, अथवा कुछ खास प्रशासकों का नस्लीय व सांस्कृतिक दम्भ था। भारत में शिक्षा के इतिहास के लिए मैकॉले का मिनिट कितना महत्त्वपूर्ण था? क्या इस मिनिट की वजह से पाश्चात्यवादी बनाम प्राच्यवादी बहस खत्म हो गयी, और शिक्षा का झुकाव प्राच्यवाद के प्रभाव से हट कर अंग्रेजी भाषा व पश्चिमी ज्ञान को बड़े पैमाने पर फैलाने की ओर गया? क्या वास्तव में ऐसा कोई मोड़ आया? क्या मैकॉले के मिनिट व बेंटिक के प्रस्ताव के बाद सभी क्षेत्रों में तत्काल प्रभाव से शिक्षा का एक खास स्वरूप व ढाँचा सभी क्षेत्रों में लागू किया गया या फिर अलग-अलग राज्यों में अलग-अलग तरह के प्रयोग किये गये। एक तरफ वे इतिहासकार हैं जिनके अनुसार मैकॉले के मिनिट का अपने लिखे जाने के तत्काल बाद के समय में नगण्य प्रभाव पड़ा। दूसरी तरफ वे इतिहासकार हैं जो व्यापक ऐतिहासिक पटल पर अंग्रेजी भाषा के प्रभुत्व व उसके सामाजिक व शैक्षिक निहितार्थों को दिखाते हैं। हम इन दोनों नजरियों के बीच कैसे सन्तुलन बनायें। मैकॉले व अन्य साम्राज्यवादी प्रशासकों के अलावा अन्य कारकों की भूमिका को समझना क्यों जरूरी है? कुछ एक व्यक्तियों के कार्यों के विश्लेषण पर आधारित इतिहास लेखन की पद्धति किस प्रकार साम्राज्यवादी इतिहास के बाकी पहलुओं के अध्ययन के लिए कम जगह छोड़ती है? इस सन्दर्भ में मैकॉले के विचार व भूमिका को समझने के साथ-साथ इतर जाने की जरूरत क्यों हैं?

मैकॉले के दोष को मानने वाले मत

बहुत से राष्ट्रवादियों ने मैकॉले को पश्चिमी या अंग्रेजी शिक्षा की बुराइयों का जिम्मेदार मानकर हमले किये। वे अंग्रेजी भाषा को केवल शिक्षा, प्रशासन, न्याय व व्यापार के भाषायी माध्यम के रूप में नहीं देखते बल्कि इसे सभ्यता व ज्ञान से सम्बन्धित प्रश्नों से भी जोड़ते हैं। सभी राष्ट्रवादी नेता अंग्रेजी शिक्षा के खिलाफ नहीं थे, क्योंकि वे इसे राष्ट्र के भौतिक (मैटिरियल) विकास के लिए जरूरी मानते

थे। इसलिए राष्ट्रीय शिक्षा में अंग्रेजी के स्थान का निर्धारण करने में हमें उन विचारों में अवश्य ही कुछ अन्तर मिलेंगे। दूसरे शब्दों में बहुत से अन्य मसलों की तरह भाषा भी एक ऐसा विषय था जिसके बारे में कई अलग-अलग राष्ट्रवादी मत थे। इसके बावजूद मातृ भाषाओं और अकसर कुछ विशेष भारतीय भाषाओं यथा हिन्दी, उर्दू, संस्कृत व तमिल के पक्ष में विचार प्रस्तुत किये गये। ये विचार अक्सर विशिष्ट सामुदायिक पहचानों को बचाने और मजबूत करने की अभिलाषा से जुड़ जाते थे। 1835 के मैकॉले मिनिट 19वीं शताब्दी के अन्त और 20वीं शताब्दी की शुरुआत तक शिक्षा में अंग्रेजी भाषा के औपनिवेशिक आरोपण के खिलाफ आग उगलने के लिए एक प्रतिनिधि प्रतीक बन गये थे। (भट्टाचार्य 2003, दस्तावेज़ संख्या 17, 24, 26, 67, 87, 95 और 171)।

1909 में शिक्षा पर अपने विचारों पर चर्चा करते हुए महात्मा गाँधी ने भी मैकॉले को निशाना बनाया और उन्होंने अपना यह मत 1939 तक भी बनाये रखा जब 'हिन्द-स्वराज' का दूसरा संस्करण प्रकाशित हुआ। ''लाखों लोगों को अंग्रेजी का ज्ञान देना उन्हें गुलाम बनाना है। मैकॉले ने शिक्षा की जो बुनियाद रखी उसने हमें गुलाम बना लिया है। मैं यह नहीं कह रहा हूँ कि उसकी ऐसी कोई मंशा थी लेकिन नतीजा यही निकला... यह ध्यान देने योग्य बात है कि अंग्रेजी शिक्षा ग्रहण करके, हमने देश को गुलाम बना लिया है... इसके लिए मैं अंग्रेजों को दोष दूँ अथवा स्वयं को? हम, अंग्रेजी जानने वाले लोगों ने ही भारत को गुलाम बनाया है। देश का श्राप अंग्रेजों को नहीं वरन् हमें ही लगेगा...। हम सभ्यता की बीमारी से इस कदर ग्रसित हैं कि हम अंग्रेजी शिक्षा के बिना बिल्कुल नहीं रह सकते... हमारी अपनी सभ्यता में स्वाभाविक तौर पर प्रगति, फिसलन (retrogression), सुधार व प्रतिक्रिया होगी; किन्तु एक प्रयास जरूरी है और वह पश्चिमी सभ्यता को बाहर खदेड़ने का है, बाकी सब फिर अपने आप हो जाएगा।'' (गाँधी, 2003 : 31-62)

यह ध्यान देने योग्य बात है कि हालाँकि महात्मा गाँधी ने छाँट कर मैकॉले का नाम भारतीय लोगों के बीच अंग्रेजी भाषा के जरिये गुलामी की नींव रखने के लिए लिया, लेकिन उन्होंने उसकी व्यक्तिगत मंशा या दोष पर अधिक चर्चा नहीं की। ऐसा करने का मतलब होता किसी व्यक्ति-विशेष की भूमिका व पहल को पूरे मसले के लिए जिम्मेदार ठहराना। जबकि गाँधी पूरी पश्चिमी सभ्यता को इसके लिए जिम्मेदार ठहराना चाहते थे।

1980 के दशक में धर्मपाल व जोसेफ डी बोना ने औपनिवेशिक ताकत द्वारा स्थानीय शिक्षा के सुन्दर पेड़ को नष्ट करने पर महात्मा गाँधी और फिलिप हारटोग

के बीच हुई बहस को पुनर्जीवित करते हुए मैकॉले के मिनिट को स्थानीय स्तर पर विकसित शिक्षा व्यवस्था को उखाड़ फेंकने के एक कारक के रूप में चिह्नित किया। धर्मपाल कहते हैं कि जहाँ ब्रिटिश राज की राजस्व (revenue) के लिए अकूत व असीमित भूख ने भारतीय व्यवस्था को अपने संसाधन आधार से विलग कर दिया, वहीं उसकी सांस्कृतिक व धार्मिक विषयवस्तु और ढाँचे ने स्थानीय शिक्षा को जानबूझकर जड़ से उखाड़ फेंका। इस दूसरे कारक-सांस्कृतिक प्रक्रिया के स्तर पर धर्मपाल को मैकॉले की भूमिका महत्त्वपूर्ण लगती है। मैकॉले व बेंटिक ने जानबूझकर विलियम एडम जैसे लोगों के द्वारा प्रस्तुत स्कूली शिक्षा व्यवस्था के विस्तार के सुझावों को यह कहते हुए नज़रअन्दाज़ किया कि पहले पाश्चात्य ढंग की उच्च शिक्षा के मजबूत ढाँचे को खड़ा करने की जरूरत है (धर्मपाल, 1983 : 75)। मैकॉले और उसके सहयोगियों के लिए भारत व भारतीयों का व्यवहार, रीति-रिवाज व सभ्यता नैसर्गिक तौर पर ही बर्बर व वहशी (barbarous) था। भारत सिर्फ अपनी भारतीयता त्याग कर और अंग्रेजीयत को अपनाकर ही सभ्य हो सकता था (धर्मपाल, 1983 : 77)।

जोसफ डी बोना के अनुसार बड़े-बड़े जमींदारों और स्थानीय व्यापारियों से मिलकर अंग्रेज अफसरों ने एक ऐसी विदेशी शिक्षा नीति चलाई जिसने बहुसंख्यक भारतीयों को नज़रअन्दाज़ किया। गवर्नर जनरल के समर्थन व सहयोग के साथ मैकॉले ने तय किया कि अंग्रेजी भाषा में पाश्चात्य शिक्षा को उप महाद्वीप की विविध संस्कृतियों पर थोपा जाये। यह नीति तब से जारी है और इससे दक्षिण एशिया के सभी आधुनिक देशों को बहुत नुकसान हुआ है। किसी भी अन्य नीतिगत निर्णय ने अधिकांश गरीब ग्रामीणों को सरकारी व औद्योगिक क्षेत्र के सबसे प्रतिष्ठित पदों से दूर करने में इस निर्णय से अधिक भूमिका नहीं निभाई (डी बोना, 1983 : ix)। डी बोना यह भी कहते हैं कि 1838 में जब एडम की बंगाल में स्थानीय शिक्षा पर रिपोर्ट को मैकॉले की टिप्पणी के लिए भेजा गया तो उसमें एडम के प्रयासों को अनुप्रयोगी व समय पूर्व कह कर बिल्कुल नकार दिया (डी बोना, 1983 : 3)। मैकॉले ने एडम की रिपोर्ट पर अपनी टिप्पणी में बंगाल की स्थानीय शिक्षा पर लिखा : "मैं नहीं समझ पा रहा कि आज की परिस्थिति में वर्तमान प्रारम्भिक ज्ञान वाले शिक्षकों को हम कैसे ज्यादा सक्षम बना सकते हैं अथवा उनकी जगह कैसे हम अभी ज्यादा उपयुक्त लोग दे सकते हैं।" डी बोना के अनुसार मैकॉले की इच्छा थी कि पूरी व्यवस्था को ब्रिटिश ढंग में प्रशिक्षित लोगों से बदल दिया जाये। मैकॉले बिना किसी लाग-लपेट अंग्रेजी का समर्थन करता था और भारत की पारम्परिक विरासत का तिरस्कार करता था।

यह दक्षिण एशिया में उपनिवेशवाद की असली शुरुआत थी। इसके पहले, ईस्ट इंडिया कम्पनी का एक मात्र मकसद आर्थिक लाभ था, पर अब उसने अपनी जिम्मेदारियों को बढ़ाते हुए उनमें जनकल्याण और लोगों की स्थिति में सुधार को भी शामिल कर लिया और इस नये प्रयास के लिए अंग्रेजी भाषा को माध्यम होना था (डी बोना, 1983 : 9)।

इसके साथ-साथ डी बोना यह भी स्पष्ट करते हैं कि हालाँकि 1830 से पहले सरकार बहुत हिचकिचाहट के साथ ही अंग्रेजी के उपयोग का समर्थन करती थी, फिर भी ऐसे पर्याप्त प्रमाण हैं कि इसके पहले भी अंग्रेजी भाषा की व्यापक जरूरत व उपयोग भी था और पुरस्कार भी। ईस्ट इंडिया कम्पनी एक व्यापारिक संगठन था, जिसे भारत से अपने कारोबार में लाभ दिखाना आवश्यक था। सरकारी अफसरशाही के मिनिट व प्रस्तावों/निर्णयों में नहीं, वरन् स्थानीय लोगों के साथ इन प्रारम्भिक लेन-देन से ही उपनिवेशिक उद्यम का प्रमुख रुझान (thrust) महसूस होने लगा था। मैकॉले से बहुत पहले ही मिशनरियों व निजी प्रयासों द्वारा अंग्रेजी भाषा को फैलाया जा रहा था, इसका सरकारी मंशा से कुछ लेना-देना नहीं था (डी बोना, 1983 : 28)। व्यापार व सरकार की इस जुगलबन्दी ने सफलतापूर्वक अंग्रेजी को पहले बंगाली भद्र लोगों और फिर पूरे भारत में सबसे असरकारी माध्यम (idiom) बना दिया।

हालाँकि डी बोना की किताब के लिए लिखी अपनी प्रस्तावना में, एस. सी. शुक्ला कहते हैं कि उन्होंने अपनी पुस्तक *एजूकेशन इन ब्रिटिश इंडिया डयूरिंग लेटर नाइनटिन सेंच्युरी* (ब्रिटिश भारत में उन्नीसवीं शताब्दी के उत्तरार्ध में प्रारम्भिक शिक्षा) (सी.आई.ई. 1959) में "इंगित किया था कि स्थानीय स्कूल न तो मैकॉले के मिनिट और न ही वुड के डिस्पैच के साथ खत्म हुए।" असल में वह अपने पुराने उद्देश्य के अनुसार बनते और चलते चले गये, जब तक और जिस हद तक स्थानीय उद्योग, व्यापार व सांस्कृतिक जीवन स्वयं ही विलुप्त नहीं हो गये। इसके अलावा कम्पनी राज्य के सुदृढ़ीकरण के बाद और उसके व्यापारिक वर्चस्व के स्थापित होने के बाद न केवल अंग्रेजी युक्त स्थानीय भाषाओं के नये स्कूल खोलने के प्रयोग हुए, वरन् यह प्रयास भी हुए कि सभी तरह की स्थानीय संस्थाओं को राज्य केन्द्रित नये ढाँचे के लिए पोषक संस्थाओं के रूप में शामिल कर लिया जाये। बंगाल में ईश्वरचन्द्र विद्यासागर और भूदेव मुखर्जी ने ज्यादा से ज्यादा पाठशालाओं की पाठ्यचर्या बदलकर सरकारी ढाँचे में शामिल करने का प्रयास किया। इस तरह सरकारी निरीक्षण की शर्तों के साथ स्कूलों का एक स्तरीकृत ढाँचा धीरे-धीरे आकार लेता गया। थोड़ी और देर बाद

मिदनापुर में 1870 से ऐसा प्रयास शुरू हुआ जिसमें प्राप्त नतीजों के आधार पर किताबें व आर्थिक अनुदान देकर स्थानीय स्कूलों को सरकारी ढाँचे के सहयोगी का रूप (auxiliary) दिया गया। उत्तर-पश्चिमी प्रान्तों (आज के पश्चिम उत्तर प्रदेश व हरियाणा), जो कि कलकत्ता शहर से दूर थे, वहाँ स्थानीय स्कूल ज्यादा मजबूत थे। इन प्रान्तों में जमीन की मिल्कियत व उपयोग का ढंग जमींदारी न होकर रैयतवारी था। अतः यहाँ ज्यादा बड़ी संख्या में किसान व कर्मचारी जमीन पर कर देने व इकट्ठा करने में लगे हुए थे। अतः यहाँ स्कूलीकरण के सरकारी प्रयासों का प्रयोजन भी अलग था। इस क्षेत्र में थॉमपसन के नये स्कूल खोलने व स्कूलों पर प्रभाव डालने के प्रयास, जमीन के कर को नियत करने, न्याय के लिए कनिष्ठ अधिकारियों को प्रशिक्षित करने व सिंचाई के विस्तार से जुड़े थे (डी बोना, 1983 : xiv)।

पोरोमेश आचार्य भी यह स्वीकारते हैं कि मैकॉले के मिनिट व बेंटिक के प्रस्ताव से पहले ही, कलकत्ता के भद्र लोगों ने अंग्रेजी शिक्षा के पक्ष में रुचि लेनी शुरू कर दी थी जब उन्होंने हिन्दू कॉलेज की स्थापना में उल्लेखनीय पहल की व रुचि दिखाई (आचार्य, 1988 : 1125)। राजा राममोहन राय द्वारा एमहर्स्ट को अंग्रेजी भाषा के पक्ष में दिये प्रख्यात वक्तव्य ने किसी भी और प्रभाव की तुलना में आंग्लवादियों के हाथ ज्यादा मजबूत किये (आचार्य, 1988 : 1125)। 1850 से पहले ही कलकत्ता में लगभग 65 अंग्रेजी स्कूल स्थापित हो गये थे। इसके बावजूद पोरोमेश आचार्य यह दलील देते हैं कि अंग्रेजी भाषा को लागू कर के मैकॉले ने भारतीय समाज को बाँट दिया। अंग्रेजी शिक्षा की शुरुआत ने अंग्रेजी शिक्षित सभ्य लोगों की एक नयी जाति पैदा की (आचार्य, 1988 : 1124)।

जब मैकॉले ने छनाई के सिद्धान्त (Theory of filtration) के जनक के रूप में, बंगाली भद्र लोगों के शैक्षिक हितों को बचाते हुए, जनसाधारण की शिक्षा के काम को रोक दिया, तो इससे अंग्रेजी शिक्षित भू मालिकों का ऐसा वर्ग पनपा जो अपनी खुद की संस्कृति से उखड़े व विमुख थे। इस वर्ग ने बंगाल में ऐसे शैक्षिक ढाँचे को आकृति व आकार दिया जो कुछ चुनिन्दा लोगों के लिए ही था। यही आज भी प्रचलन में है (आचार्य, 1988 : 1125)। वास्तव में भद्रलोगों ने बाद में मैकॉले द्वारा शुरू की गयी नीति में किसी प्रकार के परिवर्तन का विरोध किया। उदाहरण के लिए, मेयो, उच्च अंग्रेजी शिक्षा के लिए दी जा रही मदद को खत्म करके सरकारी पैसे को बुनियादी 3 'r' सिखाने वाले स्कूलों में लगाना चाहता था। खुलकर ज़ोर से बोलने वाले भद्रलोगों ने इस सरकारी नीति के खिलाफ बहुत शोर-गुल किया और देश भर में विरोध बैठकें कीं (आचार्य, 1988

: 1125)। इसके बाद कर्जन ने स्थानीय भाषा में शिक्षा की मुहिम को लिया। यह इसलिए क्योंकि वह अपनी भाषा पर महारथ हासिल करने से पहले अंग्रेजी पढ़ाने को उचित नहीं मानता था। उसकी प्राथमिक शाला की योजना में अंग्रेजी की कोई जगह नहीं थी। लेकिन प्राथमिक शाला से अंग्रेजी हटाने को भद्र लोगों ने (जिनके लिए प्राथमिक शिक्षा, उच्च शिक्षा की राह में मात्र एक छोटा कदम है) शिक्षा का विनाश माना (आचार्य, 1988 : 1125)।

अनिल सद्गोपाल (सद्गोपाल, 2013) मैकॉले के मिनिट में निहित औपनिवेशिक सत्ता के तर्क की तुलना गाँधी के शिक्षा के बारे में विचार व उनकी बुनियादी शिक्षा (नयी तालीम) को देश की स्वतन्त्रता की योजना के रूप में करते हैं। वह कहते हैं कि मैकॉले के मिनिट यह दिखाते हैं कि कैसे औपनिवेशिक हुकमरान, शिक्षा को ब्रिटिश साम्राज्य के निर्माण व उसे पुख्ता करने हेतु एक हथियार के रूप में कैसे इस्तेमाल करना चाहते थे। मैकॉले के मिनिट के अनुसार भारतीय उपमहाद्वीप में इस्तेमाल होने वाली सभी भाषाओं में उपलब्ध ज्ञान, यूरोपीय भाषाओं विशेषकर अंग्रेजी भाषा में उपलब्ध ज्ञान से कमतर है। उसने विशेष तौर पर भारतीय भाषाओं के मान को घटा कर उन्हें अक्खड़ व दरिद्र बोलियाँ करार कर दिया। आखिरकार भारत के शासक वर्ग को अंग्रेजी माध्यम के द्वारा निर्देश दिये जाने थे, शिक्षा नहीं। अंग्रेजी में दिये इन 'निर्देशों' का लक्ष्य उच्च वर्ग व जातियों का उनकी धार्मिक पृष्ठभूमि व मान्यताओं को नज़रअन्दाज़ करते हुए, उनका सहवरण कर उन्हें औपनिवेशिक राज्य के हितों के पक्ष में सोचने, बोलने व कार्य करने के लिए तैयार करना था और उनका उपयोग भारत के सामान्य जन को अधीन बनाने में करना था (सद्गोपाल, 2013)। सद्गोपाल यह भी रेखांकित करते हैं कि औपनिवेशिक शिक्षा व्यवस्था की सीमाएँ, मैकॉले के मिनिट्स में स्पष्ट रूप से व्यक्त हुई थीं। इस वजह से गाँधी के लिए मैकॉले के मिनिट एक प्रस्थान बिन्दु की तरह थे जिस पर उन्होंने सवाल उठाये, उसके खिलाफ विद्रोह व प्रतिरोध करते हुए नयी तालीम के रूप में भारत के लिए शिक्षा का एक नया रास्ता ढूँढ़ने का काम किया। इसके माध्यम से गाँधी एक ऐसा राष्ट्रीय शिक्षा ढाँचा बनाना चाहते थे जिसकी पहचान लोगों के लिए ज्यादा उपयोगी पाठ्यचर्या के रूप में हो। वे विदेशी तरीकों व लक्ष्यों तथा उद्देश्यों को हटा कर स्थानीयता का उपयोग, मातृभाषाओं का शिक्षा के माध्यम के रूप में उपयोग करने और उपयोगी कार्य को शिक्षा के साथ जोड़ने को, भारत को उनके द्वारा दिया सबसे बेहतर शिक्षा शास्त्रीय उपहार मानते थे। यह एक अजीब विडम्बना है कि इसे स्वतन्त्रता के बाद के राष्ट्र ने माना नहीं है, और भारत आज भी 175 साल पहले

शुरू हुए मैकॉलेवादी ढाँचे पर चल रहा है (सद्‌गोपाल, 2013)।

मैकॉले दोष का खंडन

राबर्ट ई फ्रायकेन्बर्ग के अनुसार भारत के हर स्कूली छात्र व छात्रा को मैकॉले के मिनिट का मिथक पढ़ाया जाता है। इस मिथक के अनुसार भारतीय लोगों के प्रति हिकारत युक्त दयाभाव वाले रवैये के साथ-साथ एक बहुत बड़ी अफसरशाही के लिए सस्ती दरों पर कर्मचारी हासिल करने के लिए विदेशी शासकों ने अंग्रेजी भाषा का शैक्षिक ढाँचा उपमहाद्वीप पर थोपा और इस तरह उन्होंने स्थानीय शैक्षिक संस्थाओं के नैसर्गिक विकास की ओर न सिर्फ ध्यान नहीं दिया वरन् उनका गला भी घोंट दिया। इसके अलावा अपने अतिवादी स्वरूप में मिथक यह भी मानता है कि या तो यह शासक नस्लीय दम्भ से भरे थे या फिर जानबूझकर अज्ञानी थे या फिर दोनों ही थे। कुल मिलाकर अन्त में इस मिथक की माँग यह है कि इस उपनिवेशवादी आज्ञा अथवा फतवे के अति नुकसानदेह नतीजे निकले, जो भारतीय लोगों को बड़ी संख्या में आगे बढ़ने व खुशहाल बनने में बाधक कारक के रूप में पेश आये (फ्रायकेन्बर्ग, 1988 : 305)।

फिर भी, फ्रायकेन्बर्ग के अनुसार, ऐतिहासिक सन्दर्भ का ध्यान से परीक्षण करने पर, विशेषतः मैकॉले के मिनिट का वास्तविक व तात्कालिक प्रभाव देखने पर, खासकर बाद के शैक्षिक संस्थानों की दिशा, स्वरूप व आकार पर इसके असर की पहचान, आधुनिक भारत के इतिहास में इसके महत्त्व के बारे में हमारी समझ को बिल्कुल अलग दिशा में ले जा सकता है (फ्रायकेन्बर्ग, 1988 : 305)। इसलिए वह तर्क देते हैं कि मैकॉले के मिनिट पर लगे बहुत से आरोप व उसके बारे में सामान्य मान्यताएँ झूठी हैं और आधुनिक भारत के इतिहास लेखन को इस मिथक से कि अंग्रेजी भाषा एक निस्सहाय व अभागे भारत पर एक 'औपनिवेशिक' आरोपण था, से मुक्त करवाने की जरूरत है। वह यह भी दलील देते हैं कि स्थानीय परिस्थितियों को सम्पूर्ण सन्दर्भ में देखने पर ज्ञात होता है कि अंग्रेजी भाषा का उच्च शिक्षा के माध्यम के रूप में, उच्च सरकारी स्तरों पर व जन विमर्श की भाषा के रूप में, उद्‌भव व उत्थान, 'स्थानीय जन' द्वारा शुरू किये प्रयासों व दबाव के कारण हुआ (फ्रायकेन्बर्ग, 1988 : 305-6)। यहाँ फ्रायकेन्बर्ग दक्षिण भारत में कम्पनी राज को कायम करने व 1639 में मद्रास शहर की स्थापना करने में स्थानीय जनता के स्वागतपूर्ण रवैये व सक्रिय भागीदारी के कई उदाहरण देते हैं। (फ्रायकेन्बर्ग, 1988 : 306-307)।

फ्रायकेन्बर्ग मानते हैं कि उन्नीसवीं शताब्दी के शुरू या मैकॉले के मिनिट

के लिखे जाने तक, नये ज्ञान की जड़ें पक्के तौर पर बोयी जा चुकी थीं। यह जड़ें लगभग एक सौ साल पहले उत्तरी जर्मनी से लाकर पुनः रोपित की गयी थीं। असल में आधुनिक शिक्षा की तकनीक के उद्गम को हाले विश्वविद्यालय तक पहचाना जा सकता है। 1706 में प्रोफेसर ऑगस्त फ्रेंके के छात्र एक नयी तरह की उच्च स्तरीय पाठ्यचर्या को, जिसमें बुनियादी पढ़ना-लिखना, प्रायोगिक विज्ञान व तकनीकी कौशल शामिल थे, टर्नकेबार लेकर आये। वहाँ से शुरू हो कर बाद में एक तमिल प्रिंटिंग प्रेस ने उस सामग्री को छापना शुरू किया और कोरोमंडल तट के साथ-साथ स्कूल का फैलाव शुरू हुआ। 1732 में ही राजा के एक अंगरक्षक की कोशिशों के कारण तंजौर के एक स्कूल को अनुदान मिला और 1780 तक आते-आते अंग्रेजी व आधुनिक विज्ञान पढ़ाने वाले स्कूलों को रामनाद, सिवागंगा और तंजौर के राजाओं का संरक्षण मिलने लगा था। और यहाँ तक कि 1799 तक अपनी मृत्यु से पहले तंजौर के जर्मन राज-गुरु (जो लगभग वहाँ के हाकिम ही थे) ने एक इतना बढ़िया अंग्रेजी माध्यम का स्कूल बना लिया कि ब्राह्मण व वेलेलार भद्रजन अपने लड़कों को इसमें भरती करवाने के लिए बेसब्री से तत्पर थे व इसके लिए जोरदार माँग कर रहे थे (फ्रायकेन्बर्ग, 1988 : 307)।

फ्रायकेन्बर्ग के अनुसार तंजौर में दी जा रही नयी शिक्षा की इतनी माँग थी कि 1787 में कम्पनी के संचालकों ने हर ऐसे स्कूल को न केवल वार्षिक अनुदान (सबसिडी) देने का फैसला किया पर यह कहा कि जो भी स्कूल यह कर पाएगा उसे भी यह अनुदान मिलेगा। 4620 रु. वार्षिक तक का अनुदान 40 साल बाद तक भी दिया जा रहा था (फ्रायकेन्बर्ग, 1988 : 307-308)। अंग्रेजी में आधुनिक शिक्षा की इतनी अधिक माँग थी और इसे पढ़ाने के लिए उपलब्ध सुविधाओं की इतनी कमी थी कि मद्रास के उच्च जाति के बहुत से परिवार, खासकर वे जिनकी आकांक्षाओं व आर्थिक परिस्थितियों का गठजोड़ उन्हें भविष्य के प्रति 'हताश' नहीं तो कम से कम चिन्तित तो करता ही था, प्रदूषण व धर्म परिवर्तन के खतरों के बावजूद वे मिशनरी शालाओं की ओर मुड़े (फ्रायकेन्बर्ग, 1988 : 311)।

फ्रायकेन्बर्ग के अनुसार इस मिनिट का दक्षिण पर कोई असर नहीं पड़ा। इस मिनिट का सरकारी अथवा गैर-सरकारी दस्तावेज़ों में कहीं भी जिक्र नहीं मिलता, न तो उस समय के आस-पास जब यह मिनिट लिखा गया था, न ही बाद के दशकों में (फ्रायकेन्बर्ग, 1988 : 312-313)। इस प्रख्यात मिनिट की वजह से मद्रास में कुछ असर हुआ ऐसी चर्चा कहीं नहीं मिलती, ईस्ट इंडिया कम्पनी के खत्म होने तक तो बिल्कुल नहीं। 1839 की शिक्षा याचिका दस्तावेज़ में नहीं, 1846 के मद्रास हिन्दू समुदाय की प्रार्थना में भी नहीं, न ही किसी तरह

से कम महत्त्वपूर्ण माने जा सकने वाले मद्रास स्थानीय संघ (मद्रास स्वदेशी भाव वाले संघ) के 1852 और 1858 के प्रार्थना पत्रों में (फ्रायकेन्बर्ग, 1988 : 315)।

अगर हम फ्रायकेन्बर्ग की बात मानें तो, मैकॉले के मिनट ने पुरानी नीति में कोई महत्त्वपूर्ण परिवर्तन नहीं किया। बल्कि ज्यादातर वैसा ही चलता रहा जैसा पहले था (फ्रायकेन्बर्ग, 1988 : 313)। 'ओरियंटल' (प्राच्यवादी) शिक्षा व अध्ययन को मदद जारी रही। (यह तो बीसवीं शताब्दी तक चलता रहा, हालाँकि पहले से कुछ कम जरूर हुआ, याने आज भी जारी है)। साथ ही अंग्रेजी में आधुनिक शिक्षा को भी पहले जैसा ही समर्थन मिलता रहा बिना किसी नाटकीय अथवा अचानक बढ़ी हुई राजकीय आर्थिक मदद के। वास्तव में, यदि किसी नीतिगत निर्णय को लागू करने को नीति का ही हिस्सा मानें तो गवर्नर जनरल द्वारा उठाये गये कदम किसी बड़े परिवर्तन को नहीं दिखाते। इसके स्थान पर यह मिनिट व इससे जनित कदम (कार्य) आधुनिक भारत के विकास की लम्बी सड़क पर हुए अनेक सतत परिवर्तनों में से मात्र एक और मील का पत्थर हैं (फ्रायकेन्बर्ग, 1988 : 314)। फ्रायकेन्बर्ग कहते हैं कि हमारे सामने जो प्रमाण हैं उनके अनुसार, मैकाले के मिनिट को उसमें निहित प्रत्यक्ष दम्भ और अज्ञानता के दृष्टिकोण के बावजूद मुख्यतः निम्न बिन्दुओं के रूप में देखना चाहिए (1) दूरदर्शी भद्रजनों के बीच पहले से विद्यमान अभिलाषा की स्वीकृति के लिए (2) उन लम्बी व लगातार चल रही मुठभेड़ों में एक और हमले के रूप में, जिनमें अक्सर कई पक्षकारों का पक्ष उससे ज्यादा धुँधला था जितना बाद की पीढ़ियों के इतिहासकारों ने उसे समझा और आँका है (फ्रायकेन्बर्ग, 1988 : 314) अंग्रेजी के पक्ष में बह रही धारा बहुत ही ताकतवर थी (फ्रायकेन्बर्ग, 1988 : 314)।

फ्रायकेन्बर्ग की आलोचना करते हुए कैनेथ बाल्हाचैट कहते हैं कि ऐसा लगता है कि मानो फ्रायकेन्बर्ग अधिकांश इतिहासकारों, जिन्होंने सामान्य नीति निर्धारण की प्रक्रिया का और उसमें मैकॉले की भूमिका का विश्लेषण किया है, के काम से अनभिज्ञ हैं (बाल्हाचैट, 1990 : 94)। लेकिन फ्रायकेन्बर्ग के तर्कों से असहमत होने के स्थान पर बाल्हाचैट वास्तव में पहले से ही प्रकाशित कामों से ऐसे प्रमाण देते हैं जो फ्रायकेन्बर्ग के दावों को और पुख्ता ही करते हैं। उदाहरण के लिए बाल्हाचैट हमें बताते हैं कि 1937 में भी, एडवर्ड थॉमपसन ने मैकॉले के मिनिट के महत्त्व पर प्रश्नचिह्न लगाया, "किसी भी अन्य घटना की तुलना में मैकॉले ने अपने एक काम से क्या कुछ कर दिया इसके बारे में सबसे अधिक सुनी-सुनाई बातों के आधार पर बकवास की जाती है।" थॉमपसन का मानना है कि निर्णायक बात वित्तीय अर्थव्यवस्था और भारतीयों की इच्छाओं से जुड़ी थी।

लोगों को अंग्रेजी पढ़ाना व सिखाना भारतीय भाषाओं के अनुवादों को सब्सिडाइज करने की तुलना में बहुत सस्ता था और फिर सजग व वाचाल बंगाली लोग भी थे जो अंग्रेजी शिक्षा की वकालत करते थे (थॉमपसन, 1937 : 302, बाल्हाचैट, 1990 : 91 में उद्धृत)।

1938 में परसिवल स्पीयर ने तर्क दिया कि मैकॉले के कलकत्ता आने के कई साल पहले ही गवर्नर जनरल बेंटिक ने भारत के लिए 'ब्रिटिश भाषा' के महत्त्व को स्वीकार लिया था। 'वे और मैकॉले' घटना के बाद के मददगारों जैसे हैं, किसी नयी योजना के जनक नहीं। वे इंग्लैण्ड व ईसाई मत प्रचारकों के बीच उठ रहे नये विचारों के सन्दर्भ में कार्य कर रहे थे, जिनमें ओरियंटल (पूर्वी) ज्ञान के प्रति तिरस्कार की भावना थी। कुछ लोग इसे गैर-ईसाई मानते थे और कुछ जो उपयोगितावादी थे, इसे बेकार मानते थे। याने मैकॉले का मिनिट, मात्र उस नीति जो पहले से ही सिद्धान्ततः स्वीकार्य व लागू थी, उसकी ओर बढ़ने का एक मौका ही था (स्पीयर, 1998 : 78-101, बाल्हाचैट, 1990 : 91 में उद्धृत)।

असल में 1951 में पहले छपे एक निबन्ध में, बाल्हाचैट स्वयं दलील देते हैं कि विवाद के दोनों पक्ष (प्राच्यवादी व आंग्लवादी) पश्चिमी ज्ञान पढ़ाये जाने की जरूरत पर सहमत थे। एक पक्के उपयोगितावादी, पूर्व भारतीय संस्था (ईस्ट इंडिया हाउस) के जेम्स मिल भी ऐसा सोचते थे और यह भी कि अंग्रेजी की जगह स्थानीय/देशीय भाषाओं का फायदेमंद ढंग से उपयोग किया जा सकता है। अंग्रेजी के स्थान पर संस्कृत, अरबी व फारसी के उपयोग को पहले ही दरकिनार कर दिया गया था। इस मान्यता को भी छोड़ दिया गया था कि इन दोनों भाषाओं की देशज भाषाओं को समृद्ध करने के लिए जरूरत है। तो मैकॉले के मिनिट में नया सिर्फ इसका अंग्रेजी भाषा पर माध्यम के रूप में ज़ोर देना था और यह न तो लन्दन द्वारा आदेशित था और न ही वहाँ से इसकी कोई सिफारिश ही हुई थी। असल में तो लन्दन से 1830 में आये एक डिस्पेच (डाक) ने 'उपयोगी ज्ञान' को स्थानीय भाषाओं में सिखाने पर ज़ोर दिया था। लन्दन के अधिकारियों ने यह भी कहा था कि यदि राजकीय कामकाज को फारसी में नहीं करना है तो इसके स्थान पर अंग्रेजी नहीं वरन् अन्य स्थानीय भाषाओं का उपयोग होना चाहिए। मैकॉले के मिनिट से निकले बेंटिक के 1835 के प्रस्ताव की इससे अगले वर्ष लन्दन से आये डिस्पेच में विशेषतौर पर भर्त्सना की गयी थी और इसे नीति में गैर अधिकृत परिवर्तन करार दिया गया था। हालाँकि इसे रद्द करने के लिए कुछ नहीं किया गया (कैनेथ बाल्हाचैट, 1951 : 224-9, बाल्हाचैट, 1990 : 91-92 में उद्धृत)। 1969 में डी.पी. सिन्हा ने इंगित किया

कि बेंटिक के उत्तराधिकारी ऑकलैण्ड ने 1835 के प्रस्ताव के तर्कों को स्वीकार करते हुए संस्कृत महाविद्यालयों और मदरसों के भत्तों को बन्द करने का आदेश देकर उनकी जगह मामूली वजीफे देना शुरू कर दिया (सिन्हा, 1969 : 67-82, बाल्हाचैट, 1990 : 93 में उद्धृत)।

1974 में जॉन रोस्सेली ने तर्क दिया कि मन से बेंटिक मैकॉले की अपेक्षा ज्यादा नरमपन्थी था। लेकिन उसे आर्थिक बचत का आदेश था और इसके लिए उसे अंग्रेजी शिक्षा के पक्ष में एक अतिवादी वक्तव्य चाहिए था। उस हद तक मैकॉले का मिनिट उसके लिए उपयोगी था। किन्तु प्राच्य पुस्तकों की छपाई के अनुदान को बन्द करने के अलावा उसने उस समय के संस्थानों जैसे संस्कृत कॉलेज व मदरसों को नहीं छुआ (रोस्सेली, 1974 : 214-25, बाल्हाचैट, में 1990 : 93 में उद्धृत)।

1972 में वी.जी. किरनेन ने कहा कि यदि मैकॉले ने अंग्रेजी शिक्षा की नहीं वरन् देशज शिक्षा की वकालत की होती, तो भी उस पर बेशक इसी प्रकार के हमले होते। ठीक वैसे ही जैसे इंडोनेशिया में इस तरह के शक व्यक्त किये गये कि डच लोगों ने वहाँ की देशज शिक्षा को इसलिए प्रोत्साहन दिया ताकि स्थानीय लोगों से पश्चिमी ज्ञान को छिपाया जा सके (किरॅनन, 1972 : 41, बाल्हाचैट, 1990 : 93 में उद्धृत) जॉन क्लाइव ने 1973 में यह जोड़ा कि मैकॉले खुद भी यह मानता था कि अंग्रेजी को भाषा के रूप में पढ़ाने से देशज भाषाओं के व्याकरणीय अध्ययन को बढ़ावा मिलेगा (क्लाइव, 1973 : 378-9, बाल्हाचैट, 1990 : 93 में उद्धृत)।

माइकल ऐडस (ऐडस, 1992) स्पष्ट करते हैं कि मैकॉले की अंग्रेजी भाषा शिक्षण की प्रमुखता और सरकार समर्थित पश्चिमी ज्ञान युक्त शिक्षा की वकालत के पीछे यह मान्यता थी कि भारतीय छात्र दिमागी तौर पर अंग्रेजी साहित्य को और यूरोपीय वैज्ञानिकों व गणितज्ञों की खोजों को समझने के काबिल थे। मैकॉले भारत को रूस के तुल्य देखता था, जहाँ पश्चिमी लेखन का आना एक पिछड़े और बर्बर (असभ्य) देश को आगे की ओर देखने वाले, प्रगतिशील व सभ्य देश में परिवर्तित करने का प्रमुख यंत्र हो सकता था। उसकी बहुचर्चित भविष्यवाणी कि अंग्रेजी शिक्षण के लिए सरकारी समर्थन, एक ऐसे लोगों की जमात तैयार करेगा जो खून व रंग में तो भारतीय हैं, किन्तु रुचियों, विचारों, मतों, मूल्यों, झुकावों व भावनाओं में अंग्रेज; अपने-आप में सबसे मुखरता से व्यक्त की गयी सम्मिलिन की भावना है, जो अंग्रेजों के शासकीय/राजकीय दस्तावेज़ों में मिलती है। उसकी यह अपेक्षा कि अंग्रेजी-शिक्षित हिन्दुस्तानी बाद में जाकर "पश्चिमी

शब्दावली से शब्द लेकर'', देशज अध्ययन को समृद्ध करेंगे, उसके दोनों विश्वासों को दिखाता है। एक तो यह कि हिन्दुस्तानी पश्चिमी ज्ञान पर अधिकार पा सकते हैं और यह भी कि यूरोपीयों की प्राकृतिक घटनाओं के बारे में बेहतर समझ को छन कर भारतीय समाज के हर स्तर तक पहुँचना चाहिए व इसे उनके जीवन को समृद्ध करना चाहिए (ऐडस, 1992 : 281)।

इसीलिए माइकल ऐडस मानते हैं कि भारत में अंग्रेजी शिक्षा की वकालत करने वाले इस मान्यता पर आगे बढ़े कि पश्चिमी वैज्ञानिक ज्ञान को उपमहाद्वीप के लोगों में फैलाने में कोई नैसर्गिक बाधाएँ नहीं हैं (ऐडस, 1992 : 283)। मैकॉले व उसके सहयोगियों ने यह माना था कि सभी इनसान मानसिक संरचना में तो बराबर थे, किन्तु बाद के 'विकासवादी दर्शन' के बढ़ने ने नस्लों की बौद्धिक क्षमता में बुनियादी अन्तर दिखाए थे (ऐडस, 1992 : 328)। ऐडस का कहना है कि मैकॉले के विचारों व मतों को अकसर श्वेतों के नस्लीय तौर पर बेहतर होने की वकालत करने वाले व्यक्तियों, जैसे रॉबर्ट नावस के साथ रखा जाता है, जिसका पुनः आकलन आवश्यक है। सांस्कृतिक अहंकार, जो मैकॉले में बहुत अधिक था, को नस्लीय तौर पर बेहतर व कमतर होने के विचारों से नहीं जोड़ा जाना चाहिए (ऐडस, 1992 : 341)।

इसी तरह, विलियम एच. प्रिचर्ड ने मैकॉले के मिनिट में निहित गैर-नस्लवादी और सभ्य बनाने की मंशा को रेखांकित किया है (प्रिचर्ड, 2010 : 90-99)। प्रिचर्ड के अनुसार, जिस प्रकार 'पारम्परिक दासता उन्मूलन विमर्श' की मान्यता थी कि गुलाम अफ्रीकी मुक्त होने के बाद, 'सभ्य इनसान बन पाएँगे', मैकॉले की उम्मीद थी कि भारतीयों को शिक्षित कर सभ्य बनाया जा सकता है (प्रिचर्ड, 2010 : 90)। मैकॉले जिस ब्रिटिश राज्य का प्रतिनिधि था, वह भाषा, अक्षरों व ज्ञान से जमा राज्य था न कि हिंसा और जबरदस्ती का (प्रिचर्ड, 2010 : 90)। 1835 के शिक्षा पर मिनिट का आधार, उसका अंग्रेजी संस्कृति के सभ्य बना पाने की ताकत में निहित विश्वास था। इसीसे तय हुआ था कि भारतीय अभिजन की शिक्षा का माध्यम अंग्रेजी ही होना चाहिए। अन्धकार से घिरी अनाड़ी दुनिया के लिए इंग्लैण्ड का सबसे बड़ा तोहफा उसका साहित्य व भाषा थी, जिसके केवल दो ताक (shelves) अरबी, संस्कृत व फारसी के पूरे ज्ञान के बराबर थे। अंग्रेजी ब्रिटिश साम्राज्य में वही भूमिका निभा सकती थी, जो लैटिन ने रोमन साम्राज्य में निभाई थी। यह साम्राज्यिक महानगरों और उनके अधीनस्थों के बीच एकीकरण की ऐसी कड़ी बन सकती है जो महानगरीय वर्चस्व को भी बनाये रखे।

ट्रेवेलियन, जो कि मैकॉले का प्रमुख सहयोगी था लिखता है कि ''भारतीय

हिन्दुओं से ज्यादा अंग्रेज बन जाएँगे, ठीक वैसे ही जैसे रोम के प्रान्तीय लोग, गॉल अथवा इटालियन बनने की जगह ज्यादा रोमन बने।'' शिक्षा के माध्यम से समायोजन की प्रक्रिया एक उदार साम्राज्य के उद्भव को सुनिश्चित करेगी (प्रिचर्ड, 2010 : 90)। लेकिन प्रिचर्ड के अनुसार मैकॉले और ट्रेवेलियन ने इस बात को नज़रअन्दाज़ किया कि भारत की हुकूमत किलाबद्ध सत्ता थी, जिसे चंदेक ब्रिटिश प्रशासक, सैनिक ताकत से स्थापित किये हुए थे (प्रिचर्ड, 2010 : 90)।

कृष्ण कुमार के अनुसार मैकॉले को भारतीय शिक्षा के वास्तु शास्त्री के रूप में प्रस्तुत करना सही नहीं है। और यह भी नहीं कि औपनिवेशिक शिक्षा का मुख्य उद्देश्य दफ्तरों के लिए बाबू व छोटे अफसर बनाना था (कृष्ण कुमार, 1991 : 8)। दफ्तर में काम करने वालों के लिए अंग्रेजी की पढ़ाई की व्यावहारिक उपयोगिता तो थी पर मैकाले व ट्रेवेलियन ने इसे साहित्य की ताकत के माध्यम से मूल्य विकसित करने के औजार के रूप में भी देखा (कुमार, 1991 : 61)। माध्यमिक स्कूल व कॉलेज के छात्रों के लिए उपयुक्त पाठों का चुनाव उनमें निहित नैतिक विचारों के आधार पर होता था। मैकॉले और ट्रेवेलियन, उन लोगों में शामिल थे जिन्होंने साहित्यिक पाठ्यचर्या का निर्माण किया और शेक्सपीयर को इसलिए लिया क्योंकि उसमें 'प्रोटेस्टेंट बाइबल के ठोस सिद्धान्त' शामिल थे, एडिसन के स्पेक्टेटर दस्तावेज़ उनकी गम्भीर साधुता के लिए और बैकन को 'शास्त्रीय नैतिकता' के लिए और ऐसे ही और भी लेखक चुने (कुमार, 1991 : 62)। साम्राज्यवादियों के शिक्षा में नैतिकता के विमर्श और आत्म पहचान की राष्ट्रवादी इच्छा के बीच कृष्ण कुमार समरूपता पाते हैं। इसीलिए वे कहते हैं कि अगर मैकॉले ने भारतीय संस्कृति और विरासत को नकारते हुए वह अतिवादी कथन न भी दिया होता तो भी औपनिवेशिक शिक्षा नीति और स्थानीय संस्कृति के बीच टकराहट का सामने आना तय था (कुमार, 1991 : 116)। कुमार कहते हैं कि मैकॉले के प्रख्यात मिनिट पर भारतीय शिक्षा के विकास के वर्णनों में अत्यधिक ध्यान उसमें निहित शब्दाडम्बर (अतिशयोक्ति) के कारण गया है (कुमार, 1991 : 146)।

एस.सी. घोष (घोष, 2000) तर्क देते हैं कि भारत में अंग्रेजी शुरू करने का श्रेय बेंटिक को दिया जाना चाहिए न कि मैकॉले को जैसा कि अकसर किया जाता है। बेंटिक ने ही अंग्रेजी में शिक्षा शुरू करने का सरकारी आदेश जारी किया था (घोष, 2000 : 33)। घोष, मैकॉले के मिनिट से पहले के कई उदाहरण देते हैं, जो बेंटिक के अंग्रेजी भाषा, उदारवाद और उपयोगितावाद के पक्ष में रवैये को दिखाते हैं। उदाहरण के लिए बेंटिक का दिसम्बर 1827 को

जेम्स मिल्स को यह कहना कि वे ही भारत के वास्तविक गवर्नर जनरल होंगे। उनका 1829 में मैटकाल्फ को कहना कि ब्रिटिश भाषा *(ऐसा ही लिखा है)* सारे सुधारों की चाबी है। उससे न्यायिक व राजस्व विभाग में कनिष्ठ पदों के लिए अंग्रेजी शिक्षित युवाओं के लिए दरवाजा खुला, हालाँकि यह कदम मुख्य रूप से बचत के लिए था। उसकी इच्छा थी, जैसा की जन शिक्षण की सामान्य समिति को लिखी चिट्ठी में उसने माना, कि पूरे देश में धीरे-धीरे किन्तु आखिर में पूरी तरह से अंग्रेजी, सरकारी कामकाज की भाषा बन जाये। उसने ऐलेक्जेंडर डफ से फरवरी 1833 की चर्चा में स्वीकारा कि सभी संस्थानों में अंग्रेजी पढ़ाना जरूरी है और धीरे-धीरे हर सरकारी कामकाज के विभाग में इसका फारसी के स्थान पर उपयोग होना चाहिए और कहा कि फारसी को जितनी जल्दी हो सके पूरी तरह हटा देना चाहिए (घोष, 2000 : 35-36)।

अतः घोष के अनुसार, बेंटिक ने अंग्रेजी शिक्षण की नीति पर मोहर इसलिए लगाई क्योंकि वह उपयोगितावादी सिद्धान्तों में पक्का विश्वास रखता था (घोष, 2000 : 37-38)। घोष हमें बताते हैं कि बेंटिक ने यह आदेश कोर्ट ऑफ डायरेक्टर्स के अनुमोदन के बिना ही जारी कर दिया था क्योंकि टौरी पार्टी के सत्ता में लौटने के कारण वह मार्च 1835 के अन्त तक भारत के गवर्नर जनरल के पद से सेवानिवृत्ति लेने के बारे में सोच रहा था। वह एक ऐसे विषय जो उसके दिल के इतना करीब था, को अपने उत्तराधिकारी के लिए नहीं छोड़ना चाहता था और इसीलिए तुरन्त आवश्यक कार्य कर मार्च 1835 को इसे तय कर दिया (घोष 2000, 34-37)। कोर्ट ऑफ डायरेक्टर्स ने दूसरी ओर लगभग यह निर्णय ले लिया था कि मार्च 7, 1835 के आदेश को एक ख़त कलकत्ता भेजकर निरस्त कर दिया जाये। इसका मजमून अक्टूबर 1836 तक लगभग तैयार हो गया था, किन्तु इसे कभी भेजा नहीं गया, क्योंकि बोर्ड ऑफ कंट्रोल के अध्यक्ष होबहाउस ने ऑकलैण्ड, जो कि भारत के गवर्नर जनरल थे, के दबाव के चलते, कारनाक, जो कि कोर्ट ऑफ डायरेक्टर्स के चेयरमैन थे, द्वारा दिये गये प्रारूप (ड्राफ्ट) को अस्वीकृत कर दिया (घोष 2000 : 37)। घोष के अनुसार बेंटिक के अंग्रेजी भाषा के शिक्षा समेत सभी सरकारी कार्यों में माध्यम बनने के प्रति पहले से ही प्रदर्शित लगाव के बावजूद, मैकॉले का मिनिट, 2 फरवरी 1835 को लिखे जाने के साथ ही, एक सचिवीय तहलका बन गया। इसने उसे इंग्लैण्ड और भारत में और ज्यादा महत्त्वपूर्ण बना दिया। चार साल के अन्दर ही मिनिट के बड़े हिस्से मैकॉले के बहनोई, चार्ल्स ट्रेवेलियन के जोश की मदद से सार्वजनिक हो गये और सौ साल के भीतर ही अर्थात 1935 तक, इसे पूरा का पूरा या हिस्सों

में नौ अलग-अलग मौकों पर प्रकाशित किया गया (घोष, 2000 : 38)। भारत में स्वतन्त्रता आन्दोलन के दौरान मैकॉले के अपने 2 फरवरी 1835 के मिनिट में भारतीय इतिहास, संस्कृति और सभ्यता को सिरे से खारिज करने व नाकारा बताने को उग्रपन्थी राष्ट्रवादी नेताओं ने भारतीयों में राज के खिलाफ भावनाएँ जगाने के लिए इस्तेमाल किया (घोष, 2000 : 38)। हालाँकि, घोष के अनुसार इस मिनिट ने कोई नयी नीति शुरू नहीं करवाई परन्तु यह पहले से चली आ रही बेंटिक द्वारा 1829 से उपयोग की जा रही नीति को आगे बढ़ाने का संकेत जरूर था (घोष, 2000 : 37)।

माइकल एस. डोडसन प्राच्यवाद की तुलना उदारवाद व संरचनात्मक प्राच्यवाद के साथ करते हैं। इस सन्दर्भ में वे मैकॉले के मिनिट व बेंटिक के प्रस्ताव की समीक्षा भी करते हैं। इस आधार पर डाडसन यह निष्कर्ष निकालते हैं कि 18वीं सदी के अन्त व आरम्भिक 19वीं शताब्दी के बीच महत्त्वपूर्ण निरन्तरताएँ देखी जा सकती है। इसलिए, वे उन सभी मान्यताओं पर सवाल उठाते हैं जो इस कालावधि में बुनियादी परिवर्तनों की बात करते हैं (डोडसन, 2010; 61-62)। बेशक मैकॉले ने भारतीय भाषाओं व ज्ञान को महत्त्वहीन बताकर नकारने की कोशिश की और बेंटिक ने भी नयी सरकारी नीति को आगे बढ़ा कर लागू करने के लिए कई तरीके प्रयोग किये। फिर भी, डोडसन के अनुसार शिक्षा नीति के परिवर्तनों को जड़ पकड़ने व विकसित होने में समय लगा। डोडसन इसे सिद्ध करने के लिए कई उदाहरण देते हैं। (डोडसन 2010; 79-84), उदाहरण के लिए बंगाल में 1835 से 1838 के बीच शिक्षा की स्थिति के लिए, विलियम एडम ने अपनी रिपोर्ट में संस्कृत शिक्षा को चालू रखने, उससे होने वाले तुष्टिकरण के लाभ, उसके सांस्कृतिक अधिकार और स्थानीय भाषाओं को सुधारने के लिए स्रोत के रूप में प्रयोग करने की अनुशंसा की। एडम ने कलकत्ता संस्कृत कॉलेज से जुड़े बहुत से पंडितों के और कई निजी संस्थानों के दस्तख़त इकट्ठे किये इससे इस मत (व्यवस्था) को पुष्ट करना था कि संस्कृत में अनूदित पश्चिमी ज्ञान 'रोजमर्रा के कार्यों' को संचालित करने में बहुत मददगार होगा और पारम्परिक भारतीय बुद्धिजीवियों को इस पर थोड़ी सी भी कोई आपति नहीं होगी (डोडसन, 2010 : 85)। इसी तरह बनारस में सार्वजनिक निर्देशन विभाग (Department of Public Instruction) की स्थानीय समिति के एक सदस्य, राजेन्द्र मित्र ने संस्कृत की बेहतरी और पश्चिमी ज्ञान का सन्दर्भ लेते हुए, संस्कृत आधारित पाठ्यचर्या के लिए आग्रह किया, क्योंकि, उनके अनुसार संस्कृत के आगोश में वे सारे विज्ञान हैं, जो अब इंगलिश में हैं (डोडसन, 2010 : 85)। उन्नीसवीं

शताब्दी के मध्य में बनारस महाविद्यालय के जेम्स आर बैलंटाइन ने अपने छात्रों के सामने पश्चिमी ज्ञान व ईसाइयत को संस्कृत के शास्त्रों में व्याप्त ज्ञान के स्वाभाविक विकास के रूप में प्रस्तुत कर पाने की कोशिश की। डोडसन इस कार्य प्रणाली को जो कि यूरोपियन ज्ञान को, ओरियंटल ज्ञान व परम्परा पर रोपित करती है, 'संरचनात्मक प्राच्यवाद' अथवा 'संस्कृत को प्रगति के पक्ष में जोड़ना' कहते हैं (डोडसन, 2010 : 87-117)। इसी तरह मैकॉले के मिनिट के विपरीत, फेलिस बोउटरोस की योजना के तहत अंग्रेजी पाठ्यपुस्तकों का उर्दू में अनुवाद हुआ, जिसे शीघ्र ही सरकारी समर्थन भी मिला। इससे दिल्ली में तैयार हुई उर्दू भाषा की पुस्तकों में जबरदस्त इजाफा हुआ। इन्हें या तो कॉलेज ने स्वयं छापा या फिर आगरा की स्कूल बुक सोसाइटी ने। इसके अलावा आगरा और दिल्ली, दोनों जगह 1840 के दशक के दौरान, सरकारी महाविद्यालयों द्वारा कई उर्दू के रिसाले, जिनमें किरान अल साद्दायेन भी शामिल है, छापे गये। इनमें उर्दू भाषा में विज्ञान व अन्य विषयों पर चर्चा होती थी और कोशिश की जाती थी कि हर तरह की उपयोगी यूरोपियन खोजों का ज्ञान फैले (डोडसन, 2010 : 131-133)।

इसी तरह, बकौल गेल मिनाउलट, गदर से पहले के दौर में दिल्ली कॉलेज जैसी संस्थाएँ मौजूद थीं जो पूर्वी व पश्चिमी ज्ञान के मिले-जुले रूप को अंग्रेजी अथवा प्राचीन शास्त्रीय (क्लासिक) भाषाओं के बजाय देशज भाषाओं (जैसे यहाँ उर्दू) में प्रसारित कर रही थीं। दिल्ली कॉलेज में शिक्षा दो तरह के वित्तीय संरक्षणों (Educational Patronage) पर आधारित थी, (वक्फ अथवा मुस्लिम धार्मिक उद्देश्यों के स्रोत और ब्रिटिश ईस्ट इंडिया कम्पनी द्वारा प्रदत अनुदान); यहाँ ज्ञान की दो परम्पराओं (पूर्वी व पश्चिमी) को साथ लाया गया, और संप्रेषण के दो तरीकों को (मौखिक व छपी पाठ्यपुस्तकों) (मिनाउलट, 2000)। हम यह भी पाते हैं कि बंगाल की तुलना में उत्तर-पश्चिमी प्रान्त में अंग्रेजी शिक्षा के प्रति आकर्षण कम था और काफी समय तक स्थानीय भाषाओं पर ज़ोर रहा (नायक और नुऊल्लाह, 2004)। 1857 (गदर) के पूर्व के समय में पश्चिमी भारत में ज़ोर, जन साधारण को पढ़ना-लिखना सिखाने और देशीय भाषाओं में शिक्षण पर था, जबकि, बंगाल में इसके विपरीत मैकॉले द्वारा प्रस्तावित अंग्रेजी शिक्षा व 'छनाई के सिद्धान्त' वाली नीति इस्तेमाल की जा रही थी (नारेगल, 2001)।

परिमला बी राव द्वारा लिखित समीक्षात्मक निबन्ध (राव, 2013 : 1-45) भी भारतीय अध्येताओं द्वारा लगाये गये विभिन्न आरोपों से मैकॉले को बरी करता है, क्योंकि, अंग्रेजी शिक्षा का प्रसार उसके फरवरी 1835 के मिनिट और बेंटिक के प्रस्ताव से पहले ही शुरू हो गया था। इसके अलावा अंग्रेजी शिक्षण शुरू करने

के लिए स्थानीय लोगों की भी माँग थी। यह माँग इतनी ताकतवर थी कि जब भी औपनिवेशिक अफसरों जैसे लार्ड हार्डिंग ने स्थानीय भाषाओं के माध्यम से शिक्षा को बढ़ाने का निर्णय लिया तो उन्हें माता-पिताओं के विरोध का सामना करना पड़ा, उन्होंने अपने बच्चों को स्थानीय भाषाओं के स्कूल में भेजने से मना कर दिया (राव, 2013 : 18)। राव कहती हैं कि इस समय शुरू हुआ अंग्रेजी माध्यम का प्रत्येक स्कूल भारतीयों द्वारा स्थापित किया गया था, अकसर इन्हें व्यक्तिगत तौर पर सहयोग कर रहे कुछ उदारवादी ब्रिटिश अफसरों और मिशनरियों की मदद मिली (राव, 2013 : 10)। इसीलिए वह इस तर्क से असहमत हैं कि अंग्रेजी को भारतीय लोगों पर औपनिवेशिक राज्य सत्ता के द्वारा थोपा गया। इसके विपरीत ब्रिटिश राज्य के दौरान बहुत कम लोगों को अंग्रेजी सिखाई गये, क्योंकि औपनिवेशिक राज्य सत्ता, भारतीय भाषाओं अथवा देशज भाषाओं में ही शिक्षा की हिमायत करती थी। यदि मुम्बई प्रेसीडेंसी में स्थापित स्कूल के अपवाद को छोड़ दें, तो बाकी जगह, जैसे उत्तर-पश्चिम प्रान्त में, मैकॉले द्वारा स्थापित ज्यादातर अंग्रेजी माध्यम के स्कूल, उसके वापस जाने के बाद तत्काल बन्द कर दिये गये। बेंटिक द्वारा पारित प्रस्ताव को भी लन्दन स्थित कम्पनी के निर्देशक मंडल (court of directors) ने तुरन्त अनुचित ठहराया (राव, 2013 : 14-15)।

औपनिवेशिक राज्य सत्ता की भारतीय भाषाओं में ज्ञानार्जन को संरक्षण देने की नीति मैकॉले के मिनिट और बेंटिक के प्रस्ताव के बाद भी समाप्त नहीं हुई। इसके अलावा राज्य सत्ता यह भी समझती थी कि अंग्रेजी शिक्षण भारतीयों को उस तरह के उग्र सुधारवादी (रेडिकल) यूरोपियन साहित्य तक पहुँचने का मौका देगा, जो उसकी सत्ता व स्थिति को कमज़ोर करेगा (राव, 2013 : 20)। राव कहती हैं कि भद्र जन व भूस्वामी पढ़ाई की तरफ कम ही जाते थे। अतः ज्यादातर अंग्रेजी शिक्षित भारतीय जिनसे नया मध्यम वर्ग बना मूलतः गरीब अथवा बहुत गरीब थे; और गौरी विश्वनाथन के मत के विपरीत इनकी पृष्ठभूमि विलासिता पूर्ण नहीं थी (राव, 2013 : 19)। राव न सिर्फ कुछ अध्येताओं के काम में तथ्यात्मक गलतियों को रेखांकित करती हैं बल्कि उनके द्वारा कम्पनी और ब्रिटिश राज के दौर की आधुनिक शिक्षा के विकास में साम्राज्यवादी उद्‌देश्य व प्रवृत्ति देखने पर भी सवाल करती हैं।

वह इस तर्क से भी परेशानी महसूस करती हैं कि साम्राज्यवादी शिक्षा ने पहले से चल रहे बेहतर ढाँचे को बर्बाद करके उखाड़ फेंका। इस सन्दर्भ में वह पूर्वाधुनिक या देशज शिक्षा की पुरुष प्रधान व जातिवादी प्रकृति और शिक्षकों के निष्ठुर व मनमाने व्यवहार को रेखांकित करती हैं (राव, 2013 : 27-29)। वह

यह नहीं मानतीं कि शिक्षा में मिशनरियों की भूमिका और बाइबल पढ़ाये जाने के खिलाफ कोई व्यापक चीख-पुकार थी। क्योंकि औपनिवेशिक राज्य सत्ता व ईसाई मिशनरियों के बीच कोई औपचारिक सम्बन्ध नहीं था। बल्कि वह, ऐसे उदाहरणों का उल्लेख करती हैं जिनसे औपनिवेशिक राज व ईसाई मिशनरियों के बीच तनाव का पता चलता है क्योंकि ईसाई मिशनरी सामाजिक सुधार व राष्ट्रीय आन्दोलन, दोनों ही के पक्षधर थे। लोग किसी भी अन्य धर्म ग्रन्थ की तरह, बाइबल पढ़ने की ओर भी उदार दृष्टि रखते थे; या फिर वे इसे बेहतर अंग्रेजी सीखने के अवसर के रूप में इस्तेमाल करते थे (राव, 2013 : 16-17)।

मैकॉले अपने सन्दर्भ में

निबन्ध के इस हिस्से में हम इतिहास लेखन की ऐसी तीन प्रवृत्तियों की चर्चा करेंगे जो अपनी-अपनी तरह से दीर्घकालिक अन्वेषण का रास्ता अपनाते हुए मैकॉले के मिनिट की पृष्ठभूमि और उसके महत्त्व को व्यापक ऐतिहासिक परिप्रेक्ष्य में देखने की कोशिश करती हैं– कट्स के इवेंजेलिकलवाद, स्टोक्स के उपयोगितावाद और नाइक व नूरूल्लहा के परिपक्व बहुकारक विश्लेषण की व्याख्या को समझने का प्रयास करती हैं।

इ.एच. कट्स इवेंजेलिकल मिशनरियों की मुहिम को मैकॉले के मिनिट की पृष्ठभूमि के सबसे महत्त्वपूर्ण कारक के रूप में देखते हैं। उदाहरण के लिए वह चार्ल्स ग्रांट, उसके सहयोगियों और उनके द्वारा स्थापित चर्च मिशनरी सोसाइटी द्वारा चलाये गये जोरदार प्रचार की भूमिका की चर्चा मैकॉले के मिनिट की पृष्ठभूमि तैयार करने के सन्दर्भ में करते हैं। वे कहते हैं कि ग्रांट ने अपनी और अपने बेटे की हाउस ऑफ कामन्स (इंग्लैण्ड की लोक सभा) की सदस्यता व ईस्ट इंडिया कम्पनी में संचालक के अपने पद का उपयोग अंग्रेजी शिक्षा कार्यक्रमों की जोरदार माँग के लिए किया (कट्स, 1953 : 40)। कट्स फ्रांसीसी क्रान्ति के बाद के समय में इवेंजेलिकलवाद के विस्तार के लिए सामान्य तौर पर मौजूद बेहतर माहौल की चर्चा करते हैं (कट्स, 1953 : 837-839)।

कट्स के अनुसार यह इवेंजलिक प्रभाव विलियम बेंटिक पर भी दिखता था। 1806 में मद्रास के गवर्नर के रूप में, बेंटिक ने मद्रास प्रेसिडेंसी में एक ऐसे मुफ्त अंग्रेजी स्कूलों के प्रस्ताव को स्वीकृति दी थी, जो लन्दन मिशनरी सोसाइटी के कैर नामक मिशनरी ने प्रस्तुत किया था। बैलोर विद्रोह के बाद बेंटिक को भारत से वापस बुलाये जाने के कारण यह योजना क्रियान्वित नहीं हो सकी। जब 1828 में उसे गवर्नर जनरल का पद मिला तब बेंटिक ने सम्पूर्ण भारतीय स्तर पर पुरानी

मिशनरी योजना को दोबारा शुरू किया, सती प्रथा को प्रतिबन्धित कर दिया और बंगाल की सरकारी भाषा फारसी के स्थान पर अंग्रेजी कर दी। आर्थिक किफायत के लिए भारतीय सिविल सेवा को चलाने के लिए उसने कम वेतन पर बहुत से भारतीयों और ज्यादा वेतन पर कुछेक अंग्रेजों को नियुक्त किया। इन दो नीतियों के मिले-जुले प्रभाव से सभी सरकारी मदद पा रहे उच्च शिक्षा संस्थानों में अंग्रेजी भाषा शिक्षण लगभग अनिवार्य हो गया (कट्स, 1953 : 829)। याने, मैकॉले के बदनाम मिनिट लिखे जाने से पहले ही बेंटिक ने अंग्रेजी शिक्षण के पक्ष में अपना मत स्पष्ट कर दिया था (कट्स, 1953 : 853)। कट्स उन्नीसवीं शताब्दी के दूसरे दशक में ईसाई इवेंजेलिकल संस्थाओं में अंग्रेजी शिक्षण आगे बढ़ाने के लिए दी मदद के रूप में हिन्दू परोपकारिता के कई उदाहरणों का जिक्र करते हैं (कट्स, 1953 : 826-827)।

अंग्रेजी भाषा शिक्षण को मदद के हिन्दू परोपकारिता के यह उदाहरण लार्ड बेंटिक के लिए बहुत महत्त्वपूर्ण थे। इनकी मदद से वह प्राच्यवादी (ओरियंटल) शिक्षा की जगह अंग्रेजी शिक्षा पर कम्पनी के पैसे को खर्च की अपनी मुहिम को आगे बढ़ा पाया (कट्स, 1953 : 827)।

मैकॉले पर इवेंजेलिकल असर को दिखाने के लिए, कट्स यह रेखांकित करते हैं कि शिक्षा पर अपने मिनिट में, वह हिन्दुइज्म को झूठा धर्म (False Religion) कहता है, जो उसके जीवन के शुरुआती 35 सालों में उसके परिवार, स्कूल व राजनीतिक सम्बन्धों के प्रभाव को दर्शाता है। मैकॉले का पालन क्लैपहैम में हुआ, जो कि इंग्लैण्ड के दो सबसे मजबूत इवेंजेलिस्ट केन्द्रों में से एक था। क्लैपहैम में रहने वाले जाने-माने इवेंजलिस्ट विलियम विल्बरफोर्स और चार्ल्स ग्रांट मैकॉले के पिता जैकरी मैकॉले के नजदीकी सहयोगी थे। ट्रिनिटी कॉलेज, कैम्ब्रिज में, जहाँ से 1818 में उसने मैट्रिक की परीक्षा पास की थी, मैकॉले इवेंजेलिकल से हट कर उपयोगितावाद की ओर बढ़ा। 1830 में व्हिग टिकिट पर वह संसद के लिए चुना गया (कट्स, 1953 : 29)।

अतः ई.एच. कट्स के अनुसार, मैकॉले के मत और बेंटिक के 1835 के प्रस्ताव को आकार देने के पीछे निर्णायक भूमिका उपयोगितावादियों की नहीं बल्कि इवेंजलिक ईसाई मिशनरियों की थी (कट्स, 1953 : 824 और 826)। क्योंकि, ज्ञान के प्रश्न पर तो उपयोगितावादी, प्राच्यवाद (ओरियंटलिस्ट) नीति के खिलाफ थे, लेकिन शिक्षा के माध्यम के सवाल पर वे देशज भाषाओं, न कि अंग्रेजी के समर्थक थे। उदाहरण के लिए मैकॉले, द्वारा 1835 में अंग्रेजी के समर्थन में दिये गये मत के ठीक विपरीत 1824 के एक पत्र, जो कहा जाता है

उपयोगितावादी जेम्स मिल ने लिखा, वह दिखाता है कि वह खासकर अंग्रेजी को शिक्षा माध्यम बनाने का समर्थक नहीं था। मिल ने मात्र उपयोगी ज्ञान के पक्ष में तर्क दिये हैं (कट्स, 1953 : 825)। इसके अलावा 1832 में हाउस ऑफ कॉमन की एक समिति के सामने मिल ने भारत को एक अंग्रेजी भाषीय देश में बदलने की सम्भावना व उपयोगिता पर शक जताया। उसने अपने समय की उस स्थापना से भी असहमति जताई जिसमें कहा जाता था कि 'एक भाषायी समुदाय होना' ब्रिटेन की भारतीय प्रजा को साम्राज्य के प्रति ज्यादा वफादार बना देगा और कहा कि 'एक भाषायी समुदाय होने से' आइरिश लोगों ने कभी अपने शासकों के साथ अपनी पहचान को नहीं जोड़ा (कट्स, 1953 : 825)।

लेकिन, शिक्षा में एंगलेसिस्ट नीति लागू होने की लम्बी प्रक्रिया और उसमें उपयोगितावादियों की भूमिका को रेखांकित करते हुए माइकल अदास कहते हैं कि भारतीय समाज और इतिहास पर मिल के विचारों ने सुधारवादी ब्रिटिश प्रशासकों जैसे लार्ड विलियम बेंटिक और थॉमस बी मैकॉले के नीति निर्णयों को बहुत प्रभावित किया। क्योंकि, अदास के हिसाब से शायद किसी भी और लेखक की तुलना में, ब्रिटेन में उन्नीसवीं शताब्दी के मध्य व अन्त तक विद्यमान भारत की छवि के लिए मिल सबसे अधिक जिम्मेदार था (अदास, 1992 : 171-172)।

सिर्फ इवेंजलिक प्रभाव को दिखाने के प्रयास से आगे जाते हुए, एरिक स्टोक्स हमें विचारधाराओं के ऐतिहासिक प्रभाव के अध्ययन के माध्यम से यह समझने में मदद करते हैं कि मैकॉले व उसके सहयोगियों द्वारा अंग्रेजी भाषा और संस्थानों की वकालत, साम्राज्य की जरूरतों, ब्रिटिश आर्थिक व्यवस्था और उन्नीसवीं शताब्दी की विचारधाराओं से जुड़ी थी। 1813 आते तक, मुक्त व्यापार के पक्षधर व एकाधिपत्य के खिलाफ व्यापारियों ने कम्पनी सरकार की सम्पूर्ण कार्य प्रणाली पर आक्रमण शुरू कर दिये थे। वे इस सरकार के भारतीय रीति-रिवाजों व संस्थाओं को न छेड़ने के नीतिगत सिद्धान्त के खिलाफ थे (स्टोक्स, 1959 : 40-41)। स्टोक्स कहते हैं कि 1820 तक भारत के नक्शे ने स्पष्टतः आधुनिक स्वरूप इख्तियार कर लिया था, और ब्रिटिश शासन का विस्तार लगभग पूरे प्रायद्वीप तक फैल गया था (स्टोक्स, 1959 : xiv-xv)।

कम्पनी के तीव्र क्षेत्रीय विस्तार के चलते अब यह जरूरी हो गया था कि इन बड़े इलाकों के लिए प्रभावी व किफायती प्रशासन की स्थापना की जाये (स्टोक्स, 1959 : xv)। इसीलिए इस समय भारत की ब्रिटिश सत्ता को नियमकायदे व कानून-व्यवस्था बनाये रखने के आवश्यक यंत्र के रूप में देखा जाने लगा, जिससे भारत का सम्भवतः बड़ा बाजार ब्रिटिश उद्योगों के लिए उपलब्ध करवाया जा

सके। इसे ही उपयोगितावाद कहते हैं। इसे सभ्यताकरण का मिशन भी कहा जाता है। इसके अन्तर्गत पूर्व और पश्चिम के बीच स्थानिक और मानसिक दूरी को वैज्ञानिक खोजों, व्यापारिक लेन-देन उत्तम अंग्रेजी शिक्षा और अंग्रेजी कानून लागू कर के मिटाया जाना था। मुक्त व्यापार, इवेंजेलिकलवाद और दार्शनिक आमूल परिवर्तनवाद, इस उदारवादी विचारधारा के तीन मुख्य हिस्से थे। लेकिन (आरम्भिक 19वीं सदी के ब्रिटेन में) सुधार के पहले चरण में उदारवाद को स्पष्टतः किसी भी एक के पर्याय के रूप में नहीं देखा जा सकता था (स्टोक्स, 1959 : xv)।

स्टोक्स के अनुसार, जेम्स और जॉन स्टुअर्ट मिल, बेन्थेम, मैइन, फिट्सजेम्स स्टीफन और मॉरले, मैकॉले की तरह उदारवाद के समर्थक थे और भारत के मसलों से गहरे रूप से जुड़े थे, लेकिन मैकॉले ब्रिटिश उदारवाद का सबसे सटीक प्रतिनिधि है (स्टोक्स, 1959 : xiii-xiv और 48)। मैकॉले, जो कि, मध्यवर्गीय व्यापारी परिवार का एक सच्चा प्रतिनिधि था, क्लैपहैम सम्प्रदाय में पला व बड़ा हुआ था और 1818 में कैम्ब्रिज में उपयोगितावादी सिद्धान्तों के प्रभाव में आया था, उसने इन सभी विचारधाराओं की सीमाओं को बहुत संकीर्ण पाया। उसने इनकी जड़ मान्यताओं को अलग करके और इनके व्यावहारिक लक्ष्यों व भावनाओं को मिला-जुला कर, अट्ठारह सौ बीस-तीस के दशकों के प्रखर, मुक्त व अनुभवजन्य उदारवाद को अभिव्यक्त किया (स्टोक्स, 1959 : xiii-xiv)। 1836 में अपने पिता को लिखते हुए, मैकॉले ने कहा कि यह उसका दृढ़ विश्वास है कि यदि अंग्रेजी शिक्षा की योजना पर काम हुआ तो, बंगाल के उच्च वर्गों में एक भी मूर्ति पूजक नहीं बचेगा और यह फुसलाने अथवा धर्मान्तरण के किसी भी प्रयास के बिना व बिना धार्मिक स्वतन्त्रता को किसी भी प्रकार छुए; हो सकेगा। यह सिर्फ ज्ञान के स्वाभाविक उपयोग व मनन से होगा (स्टोक्स, 1955 : 45)। अपने 1835 के मिनिट में मैकॉले ने अंग्रेजी शिक्षा के लक्ष्य के बारे में कोई शक नहीं छोड़ा। मैकॉले के मिनिट से पहले सम्मिलन के सिद्धान्त को इतने सपाट व दो टूक ढंग से कभी भी व्यक्त नहीं किया गया था (स्टोक्स, 1959 : 46)।

जैसा कि हमने ऊपर देखा मैकॉले को अकसर इस बात के लिए निशाना बनाया जाता है कि उसने अंग्रेजी शिक्षण की नीति कम्पनी के कार्य के लिए सेवक सुनिश्चित करने के लिए 'छनाई के सिद्धान्त' पर शुरू की, जिसकी वजह से शिक्षा का फैलाव उच्च वर्ग तक सीमित रहा। लेकिन नाइक और नुरूल्ला के अनुसार, उन्नीसवीं सदी के शुरुआती वर्षों के दस्तावेज़ों का अध्ययन दिखाता है कि ब्रिटिश शिक्षा नीति की जिन तीन बातों के लिए सबसे अधिक चर्चा हुई वे हैं; (क) पश्चिमी ज्ञान को फैलाना (ख) उचित ढंग से प्रशिक्षित अफसरों व कर्मचारियों

को जन प्रशासन के लिए तैयार करना और (ग) भारतीय प्रजा के द्वारा अपने शासक के प्रति उसकी जिम्मेदारी का निर्वाह करवाना। यह सभी दृष्टिकोण हर समय रहे हैं और इन पर अलग-अलग वर्ग के अफसरों व शिक्षा के कार्यकर्ताओं ने अलग-अलग स्तर तक ज़ोर दिया इन अफसरों व शैक्षिक कार्यकर्त्ताओं के मत व दृष्टिकोण इंग्लैण्ड के सामाजिक व सांस्कृतिक जीवन में परिवर्तन के साथ बदलते रहे हैं। उदाहरण के लिए पहला दृष्टिकोण मिशनरी व मिशनरी ऊर्जा से प्रेरित अफसरों के द्वारा अपनाया गया। दूसरा मुख्यतः कोर्ट ऑफ डायरेक्टर्स की चिट्ठियों में देखा जा सकता है, जो ज्यादातर कम्पनी के निवेशक थे और इसलिए चाहते थे कि देश के जन प्रशासन के लिए सस्ते व कुशल सेवकों की भर्ती का प्रायोजन हो। और तीसरा मैकॉले, मुनरो व मैटकाल्फ जैसे लोगों के लेखन में मिलता है। अगर हम समय विभाजन के आधार पर सोचें तो पायेंगे कि दूसरा मत 1823-33 के दौरान विमर्श में प्रमुख रहा, जबकि 1833-53 के दौरान पहले मत का बोलबाला था। पहले समय अन्तराल में कम्पनी की आर्थिक स्थिति ठीक नहीं थी और प्रशासन के खर्चे को कम करने के कड़े प्रयास किये जाने थे, जबकि दूसरे काल में, अंग्रेजों पर उदारवादी विचारों का प्रभाव सर्वोपरि था (नायक व नुरूल्लाह, 2004 : 97-98)।

मैकॉले के ज्ञान की छनाई के सिद्धान्त के बारे में अपनी समझ स्पष्ट करते हुए नायक और नुरूल्लाह कहते हैं कि कम्पनी को इस सिद्धान्त का अनुसरण करते हुए कुछ एक लोगों को ही (ये उच्च वर्ग से भी हो सकते थे या नहीं भी) अच्छी शिक्षा देनी थी (जिसका लाजमी तौर पर अर्थ अंग्रेजी माध्यम से शिक्षा था) और फिर व्यापक जन समुदाय को शिक्षित करने का काम इन पर छोड़ना था (आधुनिक भारतीय भाषाओं के माध्यम से) (नायक व नुरूल्लाह, 2004 : 101)। इस मत का सबसे पहला प्रस्तुतीकरण बम्बई की गवर्नर काउसिल के सदस्य वार्डन के लेखन में मिलता है। यही मत बाद में मैकॉले ने व्यक्त किया (नायक व नुरूल्लाह, 2004 : 101)। वे यह भी स्पष्ट करते हैं कि 'छनाई के सिद्धान्त' का इस रूप में स्वीकार किया जाना शिक्षा पर खर्चे के लिए उपलब्ध राशि के बहुत कम होने के कारण भी था और इसलिए उन्नीसवीं शताब्दी के प्रारम्भ के कुछेक प्रशासकों को थोड़े से लोगों को अच्छी शिक्षा देने के विचार को लक्ष्य के रूप में निर्धारित करने के लिए दोषी नहीं ठहराया जा सकता। उनके समक्ष एक अति विशाल कार्य था करोड़ों लोगों को अनेक भाषाओं के माध्यम से शिक्षित करने का, ऐसी भाषाएँ, जिनसे उनका परिचय भी नहीं था; उनके पास थोड़े ही काबिल लोग थे और बहुत ही कम संसाधन और इसलिए इस आदर्श को मानना

ही उनकी मुश्किलों का एकमात्र हल था (नायक व नुरूल्लाह, 2004 : 102)।

नायक और नुरूल्लाह के अनुसार, उपनिवेशवादी अधिकारियों का एक बड़ा अन्दाजा बहुत गलत निकला, जिसके लिए मैकॉले और बेंटिक को अपराधी माना जा सकता है। उनका यह अन्दाजा कि हर शिक्षित भारतीय, अंग्रेजी स्कूल व कॉलेज से बाहर निकलते ही तत्काल जाकर जन साधारण की शिक्षा के लिए कार्य करेगा व इसके लिए तत्पर होगा। इस असफलता के दो कारण थे। एक तो यह कि अंग्रेजी स्कूलों में पढ़े लगभग हर व्यक्ति को सरकारी नौकरी मिल गयी; और इस वजह से अपने देशवासियों को पढ़ाने का उसके पास कोई अवसर नहीं था। दूसरा यह कि अंग्रेजी स्कूल में पढ़ा हर व्यक्ति अपने ही लोगों से विचारधारा व संवेदना दोनों में कट गया। अंग्रेजी जानने वाला व्यक्ति अपने आप में ही एक अलग वर्ग बन गया और वह अंग्रेजी न जानने वाले जन सामान्य से पारिवारिक सम्बन्धों को स्वीकारने में हिचकिचाता और उनके प्रति कोई सहानुभूति का भाव भी नहीं रखता था। यह दुखद परिणाम कुछ तो इस वजह से था कि शिक्षा द्वारा पूर्वी सभ्यता की जगह पश्चिमी सभ्यता को लाने का प्रयास किया जा रहा था, और कुछ अंग्रेजी भाषा को शिक्षा के माध्यम के रूप में उपयोग के कारण। इसीलिए ज्ञान की छनाई का सैद्धान्तिक विचार बहुत लम्बे समय बाद तक भी जैसा उसके समर्थकों ने सोचा था उस हिसाब से ठीक-ठाक आगे नहीं बढ़ पाया (नायक व नुरूल्लाह, 2004 : 102)।

नायक और नुरूल्लाह के अनुसार मैकॉले के 'छनाई के सिद्धान्त' से जैसी अपेक्षा थी अन्ततः वैसा ही हुआ। बाद के वर्षों में इस अंग्रेजी माध्यम से शिक्षित छोटे समूह से ही देश को शिक्षित करने वाले ज्यादातर कार्यकर्त्ता आये। इससे ही निजी शिक्षा के उद्यम की शुरुआत व विकास हुआ और माध्यमिक व महाविद्यालयीन शिक्षा के उस ज्यादातर हिस्से का भी जो आज हमें अपने आस-पास दिखता है। इसके अलावा इन लोगों की मेहनत से ही भारतीय भाषाओं में आधुनिक साहित्य रचा गया और आधुनिक भारतीय प्रेस की उत्पत्ति हुई। किन्तु नायक और नुरूल्लाह मानते हैं कि यह नतीजे बहुत धीरे आये और बीसवीं शताब्दी के शुरू तक प्रखरता से नहीं उभरे (नायक व नुरूल्लाह, 2004 : 102-103)।

सार में

भारत में पश्चिमी शिक्षा 1835 से बहुत पहले ही शुरू हो चुकी थी; यानि मैकॉले के मिनिट और बेंटिक के प्रस्ताव के बहुत पहले, बल्कि 1813 के चार्टर एक्ट से भी बहुत पहले। फिर भी यह तीन घटना क्रम और विशेष तौर पर मैकॉले का

मिनिट भारत की शिक्षा के उपनिवेशीकरण को समझाने के लिए सामान्य चेतना व भावना का प्रमुख केन्द्र बन गये हैं। आखिर इन तीनों ने भारतीय शिक्षा के लिए एक औपचारिक नीति को उभारने और निश्चित रूप देने में तो मदद की ही थी। इसके पहले भी कम्पनी के प्रशासकों ने कुछ कोशिशें कीं। लेकिन उनके निर्णय प्रस्तुत परिस्थितियों के उनके अपने मूल्यांकन पर आधारित थे। इन तीन घटनाक्रमों के पहले, मिशनरियों की सीधी पहल भारत में रह रहे एंग्लो-यूरोपियन तथा यूरोपियन समुदायों की शिक्षा तक ही सीमित थी। कम से कम नीति के स्तर पर तो वे अन्य लोगों के बीच काम नहीं कर सकते थे। लेकिन 1813 के चार्टर एक्ट ने ईसाई मिशनरियों को हिन्दुस्तान में अपनी गतिविधियों को चलाने की कानूनी आज़ादी दे दी। इसलिए 1813 से 1835 के बीच के यह तीन घटनाक्रम भारतीय शिक्षा के इतिहास में एक महत्त्वपूर्ण मोड़ के रूप में देखे जाने लगे। राष्ट्रवादियों ने भी इसीलिए इन्हीं तीन को अपने गुस्से व आलोचना का केन्द्र बिन्दु बनाया। इससे उपनिवेशिक शिक्षा के शुरुआती बिन्दु के रूप में इन तीनों को मानकर चर्चा करने को और ज्यादा बल मिला। इन तीन बिन्दुओं का एक निहित आशय यह भी था कि यहीं से मध्यकालीन निरंकुशता, बर्बरता और अँधेरे से स्वतन्त्रता पाने की शुरुआत हुई। यह एक ऐसी बात है जिस पर उपनिवेशवादी और राष्ट्रवादी विमर्श अकसर एक-दूसरे में गुँथ जाते हैं। इसके अलावा यह इसलिए भी केन्द्र बिन्दु बने रहे क्योंकि हमें अट्ठारहवीं शताब्दी में शिक्षा के बारे में ज्यादा कुछ पता नहीं है। किन्तु भारत में आधुनिक अथवा उपनिवेशिक शिक्षा के बढ़ने को फिर भी एक प्रक्रिया के रूप में पहचान कर समझने की जरूरत है न कि कुछेक उपनिवेशिक अफसरों के निर्णयों के नतीजे के रूप में। इन तीन घटनाक्रमों अथवा इनसे जुड़े लोगों की भूमिका को उपमहाद्वीप में पश्चिमी, उपनिवेशिक अथवा आधुनिक शिक्षा विकास के ऐतिहासिक विश्लेषण में बुनियादी बिन्दुओं के रूप में रखने में कुछ फायदे हैं। फिर भी, अंग्रेजी शिक्षा की शुरुआत के प्रश्न व उससे जुड़े इतिहास लेखन को समझने में इस दृष्टिकोण की कुछ सीमाएँ हैं।

इस पर्चे के तीसरे खण्ड में दिये इतिहासकारों ने, दूसरे खण्ड में मैकॉले के मिनिट्स के बारे में उभरी खास स्थापना के संशोधन का प्रयास, एक छोटे समय के अन्तराल के गहरे अध्ययन के द्वारा किया। यह ऐतिहासिक रुख हमें 1835 में स्वीकृत अंग्रेजी शिक्षा की नीति की वास्तविकता या तात्कालिक असर को देख पाने में महत्त्वपूर्ण मदद करता है। यह मैकॉले से पूर्व के समय की उन घटनाओं को भी रेखांकित करता है जिनके कारण शिक्षा के अंग्रेजीकरण की

नीति को स्वीकार किया गया। यह संशोधनवादी व तथ्य आधारित ऐतिहासिक नज़रिया भाषाओं व ज्ञान की पुरातन संरचना से, नयी, आधुनिक या औपनिवेशिक आधिपत्य की संरचना की ओर हुए संक्रमण की बेहतर समझ बनाने के लिए बहुत ज़रूरी है। हालाँकि इन इतिहासकारों की व्याख्याओं में साम्राज्यवादी/आधुनिक ज्ञान के मूलतः लिबरल और प्रगतिशील होने की कुछ छिपी-बुनियादी मान्यताओं से सहमत होना मुश्किल हो सकता है। वास्तव में जैसा पार्थ चटर्जी बताते हैं कि उदार, धर्म-निरपेक्ष और विवेकसंगत नजरिये को धर्म शास्त्रीय या धार्मिक ताकतों को छूट दे कर, बार-बार कमजोर किया गया। उन्नीसवीं शताब्दी के अन्त में बंगाली बुद्धिजीवियों की अंग्रेजी शिक्षित जमात में धार्मिक पुनरुत्थान की चर्चा करते हुए वे कहते हैं कि मैकॉले के उपनिवेशवादी शिक्षा के पेड़ ने बहुत अलग-अलग तरह के 'फल' पैदा किये, और उनमें से कई बहुत जहरीले भी थे (चटर्जी, 1998 : 6-26)। मैंने कुछ अन्य लेखों में पाठ्यक्रम के खाकों और पाठ्यपुस्तकों से जुड़े औपनिवेशिक विमर्श का विश्लेषण करके इस तर्क को आगे बढ़ाया है (गुप्ता, 2007 और गुप्ता, 2012)। इसके अलावा तीसरे भाग में वर्णित, गहन दृष्टि अपने आप में कितनी भी उपयोगी क्यों न हो, वह अंग्रेजी भाषा और औपनिवेशिक ज्ञान के अपना आधिपत्य जमाने वाले ऐतिहासिक तर्क, जिसका इस पर्चे के दूसरे भाग में वर्णन है, को पूरी तरह अनुपयोगी नहीं बनाता। किन्तु वह कुछ अनछुए पहलुओं को सामने लाता है। यह हमें भारतीय समाज में अंग्रेजी के प्रभुत्व के विस्तार की जरूरत की ऐतिहासिक प्रक्रिया को बेहतर ढंग से समझने में मदद करता है।

दूसरी ओर मैकॉले के मिनिट के प्रभाव के विश्लेषण के लिए एक ज्यादा बड़ा ढाँचा उपयोग करने वाले अध्येताओं ने औपनिवेशिक राज्य सत्ता द्वारा उत्पन्न की गयी खराबियों की एक तस्वीर तैयार की है। इसमें वे मैकॉले के मिनिट को औपनिवेशिक ढाँचे और मनोस्थिति के व्यापक स्वरूप का सबसे प्रतिष्ठात्मक उदाहरण पाते हैं। यह हमें औपनिवेशिक राज्य सत्ता द्वारा शिक्षा के क्षेत्र में इस्तेमाल की गयी नीति के दूरगामी प्रभावों को समझने में भी मदद करता है। मैकॉले के मिनिट को औपनिवेशिक प्रवृत्ति का प्रमुख प्रतिनिधि मान कर विश्लेषण करने वालों द्वारा दर्शायी शैक्षिक और सामाजिक समस्याओं को नकारा नहीं जा सकता। समस्या तब आती है, जब एक व्यक्ति, यहाँ मैकॉले के हस्तक्षेप को उसके पूरे औपनिवेशिक सन्दर्भ से काट कर निकाला जाता है और उस व्यक्ति को व्यक्तिगत तौर पर जिम्मेदार मानकर निशाना बनाया जाता है। किन्तु जैसा कि ऊपर बताया गया है, यह मात्र तुलनात्मक ज़ोर का अन्तर है।

उपर्युक्त दूसरे मार्ग के अध्येता जिनकी चर्चा इस लेख के दूसरे भाग में की गयी है जो मैकॉले को जिम्मेदार बताते हैं, वे भी औपनिवेशिकता के निहितार्थ और उन सामाजिक-आर्थिक, सांस्कृतिक व राजनीतिक गठबन्धनों के प्रति सजग हैं जिन्होंने भारत को एन्जेलिस्म की ओर धकेला। किन्तु वह इस पर ज्यादा बात नहीं करते। हालाँकि मैकॉले के मिनिट मात्र को अपनी व्याख्या व अध्ययन (आक्रमण) का केन्द्र बना कर वह भारतीय शिक्षा के पूर्व आधुनिक से औपनिवेशिक शिक्षा की ओर बढ़ने की प्रक्रिया की बारीकियों को नज़रअन्दाज कर देते हैं।

साम्राज्यवादी राज्य सत्ता की वजह से आये (या नहीं आये) परिवर्तन की मात्रा समझने के लिए यह संख्यात्मक जानकारी जरूरी है कि आखिर कितने लोग असल में अंग्रेजी सीखे या नहीं सीखे। इस पर भी ज़ोर देने की आवश्यकता है कि उपनिवेशवादी राज्य सत्ता की नीति की वजह से कुछ भारतीय भाषाओं को आगे बढ़ाया गया, और यह कि निदेशक मंडल ने मैकॉले के मिनिट को अस्वीकृत कर दिया, और मैकॉले द्वारा स्थापित किये गये अधिकांश स्कूल भी उसके इंग्लैण्ड लौटने के बाद बन्द कर दिये गये। लेकिन यह तर्क प्रति-तर्क, समस्या की जटिलता को समझने के लिए पर्याप्त नहीं है। क्योंकि अंग्रेजी के मात्रात्मक, संख्यात्मक व स्तरीय विस्तार से भी ज्यादा मैकॉले के मिनिट, बेंटिक के प्रस्ताव, वुड्स डिस्पेच और इसी तरह के अन्य नीतिगत फैसलों ने अंग्रेजी के प्रभुत्वशाली वर्चस्व के एहसास को मजबूत किया। अंग्रेजी माध्यम में स्कूल स्तर की शिक्षा कुछेक चुनिंदा लोगों को ही दी जाती थी और बहुसंख्यकों को इससे वंचित रखा जाता था। इससे एक सामाजिक दरार उत्पन्न हुई और अंग्रेजी की बाकी भाषाओं से श्रेष्ठ होने की भावना भी पैदा हुई। अंग्रेजी शिक्षा प्रदान करने के प्रावधानों से ज्यादा इसके वास्तव में न दिये जाने ने ही इसकी श्रेष्ठता की भावना व प्रभुत्व को मजबूत किया। केवल अंग्रेजी माध्यम में उच्च शिक्षा दिये जाने से अंग्रेजी का वर्चस्व मजबूत हुआ। इसके साथ-साथ प्रशासनिक व न्यायिक कार्यों के लिए अंग्रेजी को माध्यम बनाने से बाकी भाषाओं की निरर्थकता को उभारकर अंग्रेजी की माँग को और अधिक बढ़ाया गया।

अंग्रेजी शिक्षा की माँग को इसे शुरू करने का कारण बताना, वैसा ही है जैसे कुछ चुने हुए ऐतिहासिक प्रमाणों को पढ़कर किसी शोषित को अपने शोषण के लिए जिम्मेदार ठहराना। अगर ऐसे लोग थे, जिन्होंने अंग्रेजी शिक्षण की माँग उठाई तो ऐसे भी लोग थे जो भारतीय भाषाओं के पक्ष में थे या फिर वे जो अंग्रेजी के प्रभुत्वशाली वर्चस्व से चुप हो गये। इन सभी आवाजों के बीच यह उपनिवेशवादी सत्ता ही थी, जिसने तय किया कि कौन सी आवाज सुनी जाएगी।

यह औपनिवेशिक सत्ता ही थी जिसने प्रशासनिक और न्यायिक कार्य का माध्यम अंग्रेजी को बनाकर अंग्रेजी के प्रभुत्व को स्थापित करने वाली परिस्थितियाँ बना दीं। ऐसे लोग थे जो पश्चिमी वैज्ञानिक ज्ञान की अंग्रेजी भाषा में माँग करते थे। किन्तु ऐसे भी थे जो कड़ी मेहनत के साथ इस ज्ञान को भारतीय भाषाओं में सम्मिलित व अनुकूलित कर रहे थे। बेशक इनमें कुछ प्रयासों को कुछ समय तक सरकारी मदद व स्वीकार्यता भी मिली। किन्तु इसमें से कोई भी उपनिवेशवादी राज्य सत्ता को अंग्रेजी के गैर-वाजिब प्रभुत्व को हटाने के लिए मजबूर नहीं कर पाया। इसलिए, अन्ततोगत्वा यह सारे प्रयास अपना तात्कालिक काम कर या कुछ थोड़े समय के लिए अस्थायी प्रभाव डालकर खत्म हो गये। भारतीय भाषाओं पर ज़ोर देने वाले शिक्षाशास्त्रियों जैसे मौलवी ज़ाका उल्लाह और राजा शिव प्रसाद-ने हिन्दी और उर्दू में बहुत बड़ी तादाद में मौलिक, अनूदित और संक्षेपित शैक्षिक साहित्य इसलिए तैयार किया कि स्थानीय भाषाओं को स्कूल व उच्च शिक्षा का माध्यम बनाया जा सके। इनके काम को भी कम ही सफलता मिली।

यह मानना तो ठीक है कि शिक्षा के उपनिवेशवादी दायरे में अनेक आवाजें और लक्ष्य शामिल थे, किन्तु इसमें शिक्षा के साम्राज्यवादी झुकाव और उद्देश्य भी शामिल थे। इसके बारे में शिक्षा के इतिहासकारों ने पहले ही बहुत से प्रमाण दे दिये हैं। इन व्याख्याओं में कुछेक तथ्यात्मक गलतियाँ निकालना प्रशंसनीय और बेहतर इतिहास लेखन के लिए जरूरी तो है, किन्तु इसका अर्थ यह नहीं है कि इन संशोधनवादी आलोचनाओं से पूरी पारम्परिक इतिहास लेखन की तस्वीर धराशायी हो गयी है। इतिहास लेखन में किसी भी सैद्धान्तिक (यानि विचारधारात्मक) पटल से बचकर तथ्यों का महज़ समयानुसार क्रमबद्ध वर्णन देने का सुझाव इतिहास लेखन के 'वस्तुनिष्ठतावादी' विमर्श के जैसा ही है। विचारधारात्मक खाकों का पहले से तयशुदा (यानि नियतात्मक) ढंग से ऐतिहासिक पटल पर लागू किया जाना इतिहास लेखन की सेहत के लिए बेशक नुकसानदेह है। लेकिन कुछ सोची समझी तर्कपूर्ण परिकल्पनाएँ प्रस्तुत कर उन्हें अनुभव अवलोकन द्वारा सिद्ध करना तथा अन्य लोगों को भी इन्हें जाँच कर सही तय करने अथवा नकारने को कहना, इतिहास में संवाद को बनाये रखने की सबसे महत्त्वपूर्ण ताकत है।

हालाँकि स्थानीय शिक्षा में भी यह बात थी कि अलग-अलग संस्थान अलग-अलग भाषाओं में शिक्षा देते थे, उपनिवेशवाद की शिक्षा में भाषा का मुद्दा पहचान व सभ्यता के पहलुओं से और ज्यादा करीबी से जुड़ गया। लिसा मिशैल के अनुसार, उपनिवेशी भारत में यूरोपियन अध्येता, अपने साथ भाषाओं की अपनी समझ ले कर आये। इनकी समझ के अनुसार सब भाषाएँ अलग-अलग

पहचानी जा सकती थीं और इनका वस्तुनिष्ठ तरीके से अध्ययन करके लोगों और सभ्यताओं को जाना जा सकता है। यह उपनिवेशवाद और आधुनिकता से पहले के भाषा सीखने व इस्तेमाल के बहुभाषीय परिवेश से बहुत फर्क था। पहले भाषा सीखना विद्यार्थियों द्वारा किसी भी ज्ञान को सीखने में ही निहित था। अब भाषा के अध्ययन को यूरोपियन विमर्श से एक नयी सोच पद्धति मिल गयी, जिसके तहत यह माना जाता था कि स्थानीय भाषाओं का ऐतिहासिक विकास तथाकथित शास्त्रीय भाषाओं से हुआ है। इसके फलस्वरूप अब भाषाएँ अलग से पढ़े जाने वाले विषय बन गयीं। इस बदले हुए परिवेश ने आधुनिक भारत के भाषायी संघर्षों की पृष्ठभूमि को तैयार किया, जिससे भाषायी समूहों का अलग-अलग समुदायों की सीमाओं में बँटना और ज्यादा पुख्ता हुआ। इस कारक के चलते बाद के समय में स्कूलों को एक भाषीय माध्यम वाली संस्थाएँ समझ कर उन्हें अलग-अलग बाँटे जाने का दबाव बना, बजाय बच्चे के आस-पास के माहौल में मौजूद बहुभाषिता को पहचानने के (मिशैल, 2009)।

मैकॉले के मिनिट ने भी इस परिवर्तन में मदद की, क्योंकि यह सिर्फ भाषायी माध्यम के बारे में नहीं था परन्तु ज्ञान और संस्कृति के व्यापक प्रश्नों को भी अपने में सम्मिलित करता था। मैकॉले ने जो ज्यादा व्यापक सभ्यता सन्दर्भित आलोचना अथवा परिप्रेक्ष्य प्रस्तुत किया वह प्राच्यवादी (ओरियंटलिस्ट) की प्राचीन भारतीय सभ्यता के बड़बोले प्रस्तुतीकरण के जवाब में था। यह एक विडम्बना है कि ओरियंटलिस्ट नीति पर आलोचनात्मक आक्रमण के लिए, मिल्स से लेकर मैकॉले तक सभी आंग्लवादी (एंजेलिसिस्ट) को उन्हीं प्राच्यवादी (ओरियंटलिस्ट) के लेखन का सहारा लेना पड़ा।

हम जानते हैं कि किसी विशेष भाषा को सीखना और उसका बाकी सभी विषयों को सीखने का माध्यम होना दो अलग-अलग बातें हैं। अंग्रेजी में दक्षता बिना उसे शिक्षा का माध्यम बनाये भी हासिल की जा सकती है, लेकिन, मैकॉले के मिनिट ने इस पर भी भ्रम उत्पन्न किया। अंग्रेजी के लिए भूख और पागलपन का एक कारण यह है कि कुछ बच्चों के अंग्रेजी माध्यम स्कूल में पढ़ने से बाकी सभी बच्चों में वंचित रहने, मना किये जाने या नकारात्मक विभेद की भावना पैदा हो जाती है। वे ये सोचते हैं कि इस तरह का फर्क उनके बच्चों के भविष्य पर खराब असर डालेगा। दिलीप चव्हाण कहते हैं कि उपनिवेशवादी सरकार ने विभिन्न संस्थानों में स्तरीकृत भाषायी नीति लागू की, जिसमें भारतीय समाज के अलग-अलग वर्ग में अंग्रेजी शिक्षा का गैर-बराबर वितरण हुआ (चव्हाण, 2013 : 187-226)। हालाँकि यदि सभी के लिए समतामूलक नीति स्वीकार और लागू

की जाती तो ये सामाजिक तनाव व संघर्ष कम किया जा सकता था। चूँकि मैकॉले का मिनिट इस समतामूलक नीति के विरुद्ध सबसे स्पष्ट अभिव्यक्तियों में से एक है, इसलिए इसने अध्येताओं, एक्टिविस्ट और राजनेताओं को इस दृष्टिकोण के विपरीत अपने तर्कों को नियोजित करने के लिए प्रेरित किया है। फिर भी मैकॉले को एक व्यापक प्रक्रिया के हिस्से के रूप में देखना जरूरी है।

मैकॉले बनाम फुले-गाँधी-अम्बेडकर का मुक्तिदायी शैक्षिक विमर्श

अनिल सद्गोपाल

(गुजरात विद्यापीठ, अहमदाबाद में 28 फरवरी से 6 मार्च 2011 तक 'नयी तालीम का परिवर्तनकारी नज़रिया : उपनिवेशवाद से लेकर नवउदारवाद तक ज्ञान की लड़ाई', विषय पर व्याख्यान माला आयोजित की गयी थी। नयी तालीम की इस सार्वजनिक व्याख्यानमाला में प्रो. अनिल सद्गोपाल ने सात व्याख्यान दिये। इन व्याख्यानों के विषय—मैकॉलेवाद बनाम फुले-गाँधी-आम्बेडकर का मुक्तिदायी शैक्षिक विमर्श, उत्पादक काम, भाषा और ज्ञान का शिक्षा शास्त्र, शिक्षा, विषमता और विविधता, शैक्षिक परिवर्तन-अनुभव विश्लेषण और सबक, शिक्षा पर नवउदारवादी हमला, शिक्षा नीति का राजनीतिक अर्थशास्त्र और शिक्षा के अधिकार के मायने, थे। मैकॉलेवाद बनाम फुले-गाँधी-अम्बेडकर का मुक्तिदायी शैक्षिक-विमर्श पर व्याख्यान यहाँ प्रस्तुत किया गया है।)

यह बड़ी विडम्बना है कि गाँधी, जिन्होंने जिन्दगी भर मैकॉलेवाद के खिलाफ और ब्रिटिश साम्राज्यवाद के खिलाफ झंडा उठा कर देश भर को लामबन्द किया, उस लड़ाई के लिए, मैकॉलेवाद से अपनी बात शुरू कर रहा हूँ, उनके नयी तालीम के नजरिए को पेश करने के लिए। यह अजीब तो लगता है, लेकिन इसलिए जरूरी है कि गाँधी ने जिस परिप्रेक्ष्य में, जिस पृष्ठभूमि में इन मुद्दों को उठाया, वे नहीं उठा पाते, अगर देश में मैकॉले की नीति उस समय लागू नहीं होती, मेरा पूरा विश्वास है। आप *हिन्द स्वराज* को पढ़िए और जैसे ही शिक्षा की बात आती है, वे मैकॉले का जिक्र करने लगते हैं, और मैकॉले की शिक्षा ने कैसे हमें गुलाम बनाया, इसका जिक्र करते हैं। मैकॉले-मैकॉले बहुत होता है, पर हम एक बार यह समझें कि ये है क्या? वह समझ लिया, तो बहुत कुछ मामला सरल हो जाएगा। गाँधीजी ने समझ लिया था उसे अच्छे तरीके से। कुछ हद तक महात्मा फुले ने समझ लिया था, इसलिए मैंने महात्मा फुले को जोड़ा है। बाबा साहेब अम्बेडकर ने शायद उस तरीके से नहीं समझा, जैसे महात्मा फुले और गाँधीजी

ने समझा, लेकिन अलग नजरिए से वे भी वही बात कर रहे थे, जो फुले और गाँधी कह रहे थे। उनमें फर्क था, फर्क की बात हम कर सकते हैं, पर उनके बीच में, जो एक सूत्र था शिक्षा में बदलाव लाने का, उसको भी हम समझ लें। वैसे गाँधी को फुले और अम्बेडकर के सन्दर्भ में देखने की, जो मैं हिम्मत कर रहा हूँ, शायद इस पर बहुत कम बात की गयी है। इस पर बात करते हुए मुझे डर भी लगता है। मैं जानता हूँ इस पर जो राजनीतिक विमर्श है, इस विषय में गाँधी को फुले और अम्बेडकर के साथ जोड़ कर देखना, देश में बहुत सारे तबकों के द्वारा ठीक नहीं माना जाता। लेकिन मैं जान बूझकर कोशिश कर रहा हूँ, यह बताने की कि, तीनों के बीच कहाँ एकता थी और कहाँ पर फर्क था।

सन् 1835 में ब्रिटिश राज के तहत भारत के प्रशासन को चलाने के लिए, भारत की जो काउंसिल ऑफ इंडिया बनायी गयी थी, लॉर्ड मैकॉले उसके एक सदस्य थे, और साथ ही सार्वजनिक शिक्षा के नाम पर जो बड़ा विभाग गठित किया गया था कलकत्ता में, जो राजधानी थी उस समय ब्रिटिश राज की, उसके वे अध्यक्ष थे। उनके सामने एक मसला था, जो ब्रिटेन की पार्लियामेंट से आया था। उन्होंने एक लाख रुपये का अनुदान दिया था। उस समय का एक लाख रुपया आज के शायद हजारों करोड़ रुपयों के बराबर है। एक लाख रुपये के अनुदान का, शिक्षा के लिए कैसे इस्तेमाल करना है, पर बहस शुरू हुई, उस काउंसिल ऑफ इंडिया के तहत। उसमें बहुत से लोगों ने अलग-अलग विचार दिये, उन सबको सुनकर मैकॉले साहब ने एक प्रतिवेदन तैयार किया, जिसको 'मैकॉले के मिनिट्स' के रूप में या 'मैकॉले के प्रतिवेदन' के रूप में याद किया जाता है। मैकॉले के मिनिट्स को मैं शायद बीस बार पढ़ चुका हूँ, अलग-अलग समय पर। और मुझे लगता है कि अगर मैं उसे 21वीं बार भी पढ़ूँगा तो गलती नहीं करूँगा। हर बार मुझे उसमें से कुछ नया मिल जाता है। मैकॉले चाहे ब्रिटिश साम्राज्यवाद के प्रतिनिधि के रूप में यहाँ पर थे, लेकिन मुझे यह कहने में आज कोई संकोच नहीं है कि उनके बराबर की दूर दृष्टि के व्यक्ति भारत की शिक्षा के क्षेत्र में बहुत कम हुए होंगे। गाँधी अपवाद हैं, फुले अपवाद हैं और अम्बेडकर अपवाद हैं। इन तीनों को छोड़ दें तो शायद इसमें कुछ हद तक विवेकानन्द भी हैं, अरविन्द भी हैं, टैगोर भी हैं। इन कुछ बड़े-बड़े नामों को छोड़ दें, तो वैसी दूरदृष्टि बहुत कम ही रही होंगी। मुझे इसे कहने में कोई झिझक नहीं है क्योंकि अपने दुश्मन की बुद्धिमत्ता को स्वीकार लेना बेहतर होता है, न कि दुश्मन को बेवकूफ मानते रहना। तो दुश्मन को स्वीकार लेना कि उसने बहुत दूर की सोच लिया। चूँकि उन्होंने दूर का सोचा, इसीलिए हिन्दुस्तान की आजादी के साठ साल

बाद भी हम उसी रास्ते पर चल रहे हैं। एक इंच इधर-उधर नहीं हुए। अगर कहीं हुए, तो उसको और पुष्ट किया, उसको और पुख्ता बनाया, जो मैकॉले ने खुद ने सोचा था उससे और आगे बढ़ गये हम, उससे पीछे नहीं हटे, उसी रास्ते पर आगे बढ़ते गये। उन्होंने जो बहुत-सी-बातें कहीं, उनमें से मैं आपके सामने चार बातें रखूँगा। उन्होंने एक बात यह रखी कि भारत में जो तमाम बोलियाँ बोली जाती हैं, जिसको अंग्रेजी में 'डायलेक्ट' बोलते हैं, उन्होंने उन्हें 'लैंग्वेज' नहीं कहा है। उन्होंने डायलेक्ट कहा है। उस समय चूँकि वे बंगाल में थे, तो कहा कि जो आस-पास बोलियाँ बोली जाती हैं, तो वे बंगाल की तमाम भाषाओं के बारे में बात कर रहे थे। उस समय का बंगाल बँटा हुआ नहीं था। उसमें वे इतनी कमजोर हैं कि उनमें कोई भी आधुनिक ज्ञान की बात न तो कही जा सकती है और न ही लिखी जा सकती है और न ही किसी और भाषा में (यूरोप की विकसित भाषाओं में) कही हुई बात का उसमें अनुवाद हो सकता है। अनूदित भी नहीं हो सकती हैं। भारत के वे लोग, जो उच्च शिक्षा में आगे बढ़ना चाहते हैं, उनके लिए आवश्यक होगा कि वे अपनी भाषाओं में नहीं बल्कि यूरोप की भाषाओं में उच्च शिक्षा को पाएँ। उन्होंने उसी प्रतिवेदन में अन्यत्र लिखा है कि दुनिया की जितनी विकसित भाषाएँ हैं, उनमें भारत की या एशिया की कोई भी भाषा नहीं है। न तो अरब देशों की, न अफ्रीका की और न ही लैटिन अमेरिका की। जो यूरोप की विकसित भाषाएँ हैं, उसमें सबसे महत्त्वपूर्ण स्थान अंग्रेजी का है। इसलिए अंग्रेजी में ही सीखें भारत के लोग, तो बेहतर होगा। दूसरी महत्त्वपूर्ण बात, उन्होंने कही कि अगर आप यूरोप के अच्छे ज्ञान के साहित्य को इकट्ठा करें और उसको एक दराज में लगा दें, एक शैल्फ में लगा दें, और दूसरी ओर अरब के मुल्कों और एशिया के मुल्कों और भारत और चीन जैसे मुल्कों के तमाम ज्ञान की किताबों और कविता, उपन्यास साहित्य की जितनी भी किताबें हैं, उन सबको अगर आप लगा दें और उनकी कई अलमारियाँ भर दें, तो भी यूरोप के एक शैल्फ की पुस्तकों में जो ज्ञान है, उससे भी वह कहीं पीछे रह जाएगा। उसके लिए एक शैल्फ ही काफी है। तीसरी बात, उन्होंने कहा कि आपकी मातृभाषा के जरिए तो कोई भी आगे नहीं बढ़ सकता है। इसीलिए अंग्रेजी सर्वोत्तम भाषा होगी। साथ में यह भी कहा कि 1835 में सरकारी दफ्तरों में, जो ऊँचे पदों पर भारतीय आकर बैठ गये हैं, जिनको ऊँचे पद मिल चुके हैं, वे तो अभी से ही अंग्रेजी को सब कुछ मान चुके हैं, इसलिए उसी को ही आगे बढ़ाना बेहतर होगा। यह आज भी देख लें, जो आज हो रहा है, वह 1835 में भी हो रहा था। आखिरी बात, जो उन्होंने कही कि हमारे जो सीमित संसाधन

हैं (1835 में कह रहे हैं) उनके मद्देनजर भारत के सब लोगों को शिक्षित करना तो हमारे लिए मुमकिन नहीं है। यही बात आज प्रधानमंत्री डॉ. मनमोहन सिंह भी कहते हैं। वे अपने बजट में सारे देश को कहते हैं : हमारे लिए देश में सब बच्चों के लिए पूर्व प्राथमिक शिक्षा की व्यवस्था करना, प्राइमरी और मिडिल स्कूल खोलना, सेकण्डरी स्कूल खोलना, हायर सेकण्डरी स्कूल खोलना, कॉलेज और यूनिवर्सिटी खोलना मुमकिन नहीं है। हमारे पास पैसा नहीं है। जो बात 1835 में लॉर्ड मैकॉले ने कही, ठीक वही बात आज आजाद हिन्दुस्तान की बारहवीं योजना के तुरन्त पहले प्रधानमंत्री डॉ. मनमोहन सिंह भी कह रहे हैं। इसके पहले के सभी प्रधानमंत्रियों ने यही बात कही। बिना किसी पार्टी के अन्तर को मानते हुए, सब प्रधानमंत्रियों ने यही बात कही। अगले वाले भी यही कहेंगे, अगर हम लोग उठ खड़े नहीं हुए तो। लॉर्ड मैकॉले ने एक बड़ी महत्त्वपूर्ण बात कही। उन्होंने कहा कि भारत के वे लोग जिनको हम शिक्षित करेंगे वे इस देश की जनता को हमारी बात समझाने के लिए 'व्याख्या' करेंगे, हमारे 'इंटरप्रेटर' बनेंगे। आज की ताजा राजनीतिक भाषा में हमारे दलाल बनेंगे। हम जो चाहते हैं, उसको देश भर को उनकी बोलियों में समझाते जाएँगे। हम अंग्रेजी में उन्हें समझाएँगे, उनकी बोलियों में वे देश को समझाएँगे। हम एक ऐसा वर्ग खड़ा करने जा रहे हैं हिन्दुस्तान में, जिसकी चमड़ी और खून का रंग तो वही होगा, जो भारतीयों का होता है, लेकिन उनकी अभिरुचियाँ, उनके मत, उनके नैतिक मूल्य और उनकी बुद्धि ब्रिटिश राज के अनुसार काम करेगी।

इसे आज के प्रचलित शब्दों में 'दलाल' कहा जाता है। आज आप ब्रिटिश राज के शब्द को बदलकर यदि उसे 'कॉरपोरेट राज' लिख दें, तो जो दुनिया का कॉरपोरेट राज चाहता है, आज उसके हिसाब से, पूरे भारत की शिक्षा चलाई जा रही है। बार-बार कहा जा रहा है कि हमारे पास संसाधन नहीं हैं। पैसा नहीं हैं, हम गरीब मुल्क हैं। दूसरी तरफ, हम कहते हैं कि हिन्दुस्तान की राष्ट्रीय आमदनी सकल राष्ट्रीय उत्पाद, जिसको अंग्रेजी में 'ग्रोस डोमेस्टिक प्रोडक्ट' बोलते हैं, जी.डी.पी. कहते हैं, वह नौ फीसदी की दर से घोड़े की चाल से दौड़ रही है, छलाँग लगा रही है। बड़े गर्व से हम दुनिया को सुनाते हैं और केवल आठ साल बाद हम दुनिया की महाशक्ति बनने का सपना देख रहे हैं। लेकिन बार-बार कहे जा रहे हैं, हमारे पास पैसा नहीं है। इसलिए विदेशी विश्वविद्यालय आएँगे, बाहर से पैसा लाया जाएगा, फॉरेन डायरेक्ट इन्वेस्टमेंट होगा। वह सब होगा क्योंकि हमारे पास पैसा नहीं है। लॉर्ड मैकॉले और हम आज एक ही बात कह रहे हैं। इस कॉरपोरेट दुनिया का जो कब्जा है, दुनिया भर के संसाधनों

पर, उस कब्जे को और मजबूत करने के लिए हम दलाल तैयार करेंगे। जो हमारी भाषा में सीखेंगे और उनकी भाषा में लिखेंगे। आप लोगों की बोलियों में, आपको समझाते जाएँगे। मीडिया यह काम करता है। ये है 'मैकॉलेवाद'। यह बात, उसके बाद, बहुत से शिक्षाशास्त्रियों ने, समाज विज्ञानियों ने स्थापित की है कि जो राज सत्ता होती है, वह हमेशा अपने पक्ष में लोगों का मानस, चिन्तन और ज्ञान तैयार करने के लिए शिक्षा देती है। वह राजसत्ता के खिलाफ आवाज खड़ी करने के लिए, विद्रोह करने के लिए शिक्षा नहीं देती है। हम उनके द्वारा दी गयी शिक्षा जो विद्यालयों, उनके कॉलेजों, विश्वविद्यालयों में फैली है से, किसी भी प्रकार अपने पक्ष की बात निकाल लें, तो वह हमारी जिम्मेदारी होगी, उनकी नहीं। वे तो आपको गुलाम बनाने की ही शिक्षा देंगे। इस बात को गाँधीजी ने 1909 में समझ लिया, जब *हिन्द स्वराज* लिखा। *हिन्द स्वराज* सबसे पहले गुजराती में लिखा गया। जब गुजराती में लिखा गया, तो उस पर प्रतिबन्ध लग गया। ब्रिटिश सरकार उसके लिखने और छपने से घबरा गयी। तब दक्षिण अफ्रीका में बैठकर गाँधीजी ने स्वयं उसका अंग्रेजी अनुवाद किया, उस पर भी प्रतिबन्ध लग गया। ब्रिटिश सरकार इतनी बौखलाई उस छोटे से दस्तावेज़ से, जो अभी भी शायद दस-बारह रुपये में रेलवे स्टॉल पर मिल जाता है। उसमें उन्होंने कहा, मैकॉले की शिक्षा हमको गुलाम बना रही है। आप पढ़ लीजिए *हिन्द स्वराज* में सब लिखा हुआ है। उन्होंने मैकॉले की शिक्षा और भारत में जो औपनिवेशिक सत्ता मौजूद थी ब्रिटिश साम्राज्य की, उसको एक सभ्यता के द्वन्द के रूप में देखा। 1909 के बाद गाँधीजी के विमर्श में यह बात बड़ी साफ-सुथरे रूप में आ गयी और आगे बढ़ती गयी। लेकिन इसके और पहले, सबसे पहले भारत में मैकॉले की शिक्षा में ज्ञान का जो चरित्र था, उसके खिलाफ आवाज महात्मा ज्योतिबा फुले ने खड़ी की। महात्मा ज्योतिबा फुले ने अपनी आवाज का यह प्रतिवेदन सन् 1882 में ब्रिटिश राज के द्वारा स्थापित हंटर आयोग के सामने पेश किया था।

यह बहुत लम्बा प्रतिवेदन है, जिसको उन्होंने मराठी में लिखा है और उसे अंग्रेजी में पेश किया। उसमें उन्होंने इस बात को लिखा कि, बहुत बड़ी विडम्बना है कि ब्रिटिश राज देशभर के मेहनतकश मजदूरों और किसानों के पसीने की गाढ़ी कमाई से राजस्व इकट्ठा करता है, रेवेन्यू बटोरता है। लेकिन जब वह उसको खर्च करता है, और जब शिक्षा के लिए खर्च करता है, तो उसका सारा फायदा उच्च वर्गों और उच्च वर्णों को मिलता है। 'अपर क्लासेज' एवं 'अपर कास्ट्स' को मिलता है। अगर महात्मा फुले आज जिन्दा होते, तो आज जो हो

रहा है, उसको फिर उन्हीं शब्दों में, उसी विश्वास के साथ लिख देते कि कमाई तो देश के तमाम गरीब लोग कर रहे हैं, जिनको माना जाता है 93 फीसदी भारत के लोग, जो असंगठित या अनऑर्गनाइज्ड क्षेत्र में काम करते हैं, उत्पादन करते हैं। केवल 7 फीसदी लोग, जो संगठित क्षेत्र में उत्पादन करते हैं, वह देश का यह सारा मध्यम वर्ग है, उसमें इनके फायदे के लिए सारी शिक्षा का इस्तेमाल होता है। याद करें, अर्जुन सेन गुप्ता आयोग की रिपोर्ट, जिसमें कहा गया कि 78 फीसदी लोग वे हैं, जो रोज महज 20 रुपये में गुज़र-बसर करते हैं। तो 78 फीसदी मायने जो 20 रुपये में गुज़र-बसर करते हैं या 93 फीसदी मायने जो असंगठित क्षेत्र के लोग हैं, उनके लिए शिक्षा की योजना नहीं बनती है। वह बनती है, एक उच्च मध्यम वर्ग के फायदे के लिए। महात्मा फुले ने दूसरी, जो बड़ी महत्त्वपूर्ण बात कही, वह मैं उन्हीं के शब्दों में रखूँगा। उन्होंने कहा कि "जो प्राथमिक विद्यालय मैं देख रहा हूँ, वे कतई ठीक नहीं हैं, भारत के लिए। उनसे न तो कोई उपयोगी ज्ञान मिलता है और न ही कोई व्यावहारिक ज्ञान जिसको प्राप्त करके भारत के बच्चे आगे बढ़ सकें अपनी जिन्दगी में।" आगे वे लिखते हैं, "ये जो शिक्षा देने की पूरी मशीनरी खड़ी कर दी गयी है, ये केवल नौकरी दे रही है। उसमें आमूलचूल तब्दीली की जरूरत है।" वे आगे एक बड़ी खूबसूरत बात कहते हैं। वे कहते हैं, "हमें तो ऐसे शिक्षक चाहिए, जो अपने हाथों में हल पकड़ सकेंगे या बढ़ई या सुथार की आरी को अपने हाथों में पकड़ कर इस्तेमाल कर सकें। उनमें यह भी क्षमता हो कि वे समाज के सबसे निचले तबकों के साथ दोस्ती कर सकें, इज्जत के साथ उनसे मिलजुल सकें।" उन्होंने यह बात, बड़े कष्ट के साथ लिखी। आज शिक्षा विभाग में जितने शिक्षक नौकरी पा रहे हैं, वे सब उच्च वर्गों, उच्च वर्णों के हैं। वे न तो हल पकड़ सकते हैं और न ही आरी और न ही समाज के निचले तबकों के साथ दोस्ती कर सकते हैं। हम सोचें, हम क्या बदल गये हैं, हममें कुछ फर्क है, उस समय से? महात्मा फुले ने फिर कहा कि ब्रिटिश सरकार एक ऐसी पाठ्यचर्या बनाये, जो खेती से जुड़ी हुई हो, श्रम आधारित हो और कुछ उपयोगी कलाओं को भी सिखा दे, जो हमारे बच्चों का नैतिक उत्थान करे। यह बहुत जरूरी है। तीसरी बात, उन्होंने कहा, "मैं बात जरूर प्राथमिक विद्यालयों की कर रहा हूँ, पर मैं यह बात साफ करना चाहता हूँ कि हमारी माँग केवल अच्छे प्राथमिक विद्यालयों की नहीं है, हमारी माँग अच्छी उच्च शिक्षा की भी है।" फुले का नाम जपने वाले बहुत कम लोग इस बात को पकड़ पाये। एक पैराग्राफ में उन्होंने कहा कि कोई भी मुल्क आगे नहीं बढ़ सकता, जिसकी उच्च शिक्षा पीछे रह जाये। साथ में यह भी कहा कि प्राथमिक

शिक्षा तभी आगे बढ़ेगी, जब उच्च शिक्षा आगे बढ़ेगी। क्योंकि प्राथमिक शिक्षा में जिस ज्ञान की जरूरत है, चाहे वह सामाजिक विज्ञान हो, मनोविज्ञान हो या विज्ञान, उसकी उत्पत्ति और उसकी तैयारी उच्च शिक्षा में ही होती है। ये तीन बहुत महत्त्वपूर्ण बातें 1882 में कही गयी, सवा सौ साल पहले। इस पृष्ठभूमि में, हम गाँधी के इस सवाल को देखें, जो उन्होंने कहा कि मैकॉले की शिक्षा हमें गुलाम बना रही है।

महात्मा फुले ने यह भी कहा कि जो पाठ्यचर्या और शिक्षा शास्त्र के विचार बुनियाद बने हुए हैं भारत की शिक्षा के, आधुनिक शिक्षा के, वे आयातित हैं ऑक्सफोर्ड और कैंब्रिज से, उनका भारत के हालात से कुछ लेना-देना नहीं है। आज तक वही चल रहा है। आज देश में शिक्षक-प्रशिक्षण या अध्यापक शिक्षा का जो मॉडल इस्तेमाल किया जाता है, जिसमें लेसन प्लानिंग होता है, इसका 1890 में जन्म हुआ था, ऑक्सफोर्ड और कैंब्रिज में। उन्होंने छोड़ दिया वह रास्ता। वह कुछ और रास्ते पर चल पड़े और हम उनके लेसन प्लान को आज तक हिन्दुस्तान में जिन्दा रखे हुए हैं, अध्यापक शिक्षण में। हमने उसे नहीं बदला। फिर फुले ने एक बड़ी महत्त्वपूर्ण बात रखी कि ऐसा लगता है कि भारत में जितनी शिक्षा ब्रिटिश सरकार दे रही है, उसका एक ही मकसद है। वह है, ब्रिटिश सरकार के द्वारा बनाए हुए विभिन्न सरकारी विभागों में और ईस्ट इंडिया कम्पनी में और ब्रिटेन के अन्य कम्पनियों में उनको नौकरियाँ मिलती जाएँ। इस शिक्षा का मकसद लोगों को नौकरी के लिए तैयार करना है। आज भी स्वतन्त्र भारत में वही हो रहा है।

महात्मा फुले ने कहा कि जो शिक्षा केवल रोजगार देने के लिए दी जाती है, उसको मैं शिक्षा मानने के लिए तैयार नहीं हूँ। उन्होंने यह नहीं कहा कि रोजगार के लिए शिक्षा नहीं होनी चाहिए बल्कि वे ब्रिटिश सरकार के तमाम विश्वविद्यालयों को चाहे वे प्राथमिक हों या उच्च शिक्षा के, जो केवल नौकरियाँ देने के लिए लोगों को तैयार कर रहे हैं, को शिक्षा देने वाले विद्यालय मानने को तैयार नहीं थे। शिक्षा को लेकर टैगोर और गाँधी के बीच में भी भारी मतभेद थे, लेकिन एक बात पर वे एक-मत थे कि शिक्षा केवल रोजगार या नौकरियों के लिए नहीं हो सकती। दोनों में मतभेद की वजह यह थी कि महात्मा गाँधी भारत की आजादी की लड़ाई का नेतृत्व कर रहे थे और साम्राज्यवाद के खिलाफ लड़ रहे थे, लामबन्द कर रहे थे लोगों को, तो उनका एक नज़रिया था कि शिक्षा कैसी हो। दूसरी ओर, टैगोर शिक्षा को सौन्दर्य बोध और भारत की प्राचीन संस्कृति से निकली हुई ललित कलाओं के साथ जोड़ कर, शिक्षा का और खास कर उच्च

शिक्षा का पुनर्निर्माण कर रहे थे। उनका शिक्षा को देखने का एक अलग नजरिया था। दोनों के बीच में बहुत सारी समान बातें भी थीं। गाँधीजी लगातार यह कहते रहे कि शिक्षा हमें अपनी जड़ों से काट रही है और जड़ों से काटने वाली शिक्षा सही नहीं होती। गाँधीजी ने आगे कहा हम अपनी जड़ों से तो जुड़े रहेंगे लेकिन आगे बढ़ेंगे और हमारी जड़ों में जो भी खामियाँ हैं, जो भी विसंगतियाँ हैं, जो भी उसमें दकियानुसीपन है, उन सबसे वैज्ञानिक दृष्टिकोण से लड़ेंगे, उनको बदलेंगे, लेकिन अपनी जड़ों से जुड़ कर लड़ेंगे न कि जड़ों से कट कर।

एक सवाल, बहुत विवादास्पद भी रहा है गाँधी के विमर्श में। लोगों ने उनसे कहा कि अगर आप पुराने भारत की बात कर रहे हैं तो पुराने भारत में खास कर गाँवों में जाति और वर्ग का भेद, औरत और मर्द का भेद और विकलांग और सामान्य लोगों में भी बहुत भेदभाव रहा। यह भेदभाव हमारे पुराने समाज की जड़ में है, बुनियाद में है। इसको गाँधीजी ने बार-बार माना और बार-बार इसका जिक्र किया। लेकिन उनका मानना था कि हम इस भेदभाव को खत्म करने के लिए इसी समाज में लड़ाई लड़ेंगे, इसी समाज को बदलेंगे। यहाँ से शुरू होती है, गाँधी और अम्बेडकर के बीच की वैचारिक लड़ाई। अम्बेडकर ने यह कहना शुरू किया कि गाँधीजी जब तक आप वर्णाश्रम स्वीकारेंगे, तब तक आपकी वे सारी बातें कि हम जाति का भेदभाव खत्म करेंगे, मुझे मान्य नहीं हैं। अम्बेडकर का मानना था कि जब तक वर्णाश्रम रहेगा, तब तक जाति का भेदभाव कायम रहेगा और तब तक हिन्दुस्तान में कभी भी बराबरी नहीं आ सकती। अम्बेडकर ने बड़े पुख्ता तरीके से इस बात को बौद्धिक और राजनीतिक स्तर पर भी पेश किया, गाँधीजी के सामने। मेरा मानना यह है कि जो पूना पैक्ट कहलाता है, जिसमें गाँधी और अम्बेडकर के बीच में एक अलग ढंग की बहस हुई कि चुनाव प्रणाली में क्या-क्या परिवर्तन होने चाहिए, उनके बीच में एक समझ बनी, एक तरह का समझौता हुआ। मुझे लगता है कि उसके बाद गाँधीजी के दृष्टिकोण में बहुत तेजी से परिवर्तन आया। गाँधीजी की खासियत थी कि वे लगातार सीखते थे। जो उनके विरोधी होते थे, उनसे शायद ज्यादा तेजी से सीख लेते थे और जो उनके पक्ष के होते थे, उनसे धीमे-धीमे सीखते थे। सीखते सभी से थे। बच्चे से भी सीखते थे, बड़ों से भी सीखते थे, हर एक से सीखते थे। इस बात को गाँधीजी ने बहुत ही खूबसूरत ढंग से लिखा है, जब 1931 में उन्होंने *हिन्द स्वराज* की नयी प्रस्तावना लिखी थी, उन्होंने लिखा कि जब लोग मुझे पढ़ते हैं, तो कहते हैं कि पहले तो आपने कुछ और कहा था, अब आप कुछ और कह रहे हैं। उन्होंने कहा, हाँ मैं लगातार नयी बात कहता हूँ, नयी बात सीखता जाता हूँ और उन सब

विद्वानजनों से मेरा अनुरोध है कि जब वे मुझे पढ़ें, तो मेरी लिखी हुई चीज की तारीख भी नोट कर लें और साथ में तारीख को देख कर मेरी व्याख्या करें, नहीं तो उलझ जाएँगे मेरी बातों में। क्योंकि पहले मैंने कुछ और कहा था। अम्बेडकर से उन्होंने बहुत कुछ सीखा। वर्धा में अखिल भारतीय शिक्षा सम्मेलन में, उन्होंने जो भाषण दिया, उसमें तो मुझे बिल्कुल अम्बेडकर का प्रभाव (1933-34 का विवाद) दिखता है। मुझे लगता है कि दोनों ने एक बात कही थी कि समाज में शिक्षा की भूमिका क्या होनी चाहिए। अम्बेडकर ने एक नारा दिया—"शिक्षित बनो, संगठित हो और संघर्ष करो।" तो उन्होंने केवल दलितों के संघर्ष को आगे बढ़ाने के लिए नारा नहीं दिया बल्कि यह नारा पूरे भारत के लिए है। क्योंकि ये मानना बहुत गलत होगा कि अम्बेडकर केवल दलितों के मसीहा थे, जिस रूप में उनको प्रस्तुत किया गया है। जब संविधान सभा में यह तय हुआ कि अम्बेडकर संविधान बनाने की ड्राफ्टिंग कमेटी के चेयरमैन बनेंगे, तब उन्होंने उस सन्दर्भ में चार बड़े भाषण दिये थे, वे पढ़ने योग्य हैं। उन भाषणों को अगर आप पढ़ें, तो आप भौचक्के रह जाएँगे। वे केवल दलितों की तो बात ही नहीं कर रहे हैं, वे तो पूरे हिन्दुस्तान की बात कर रहे हैं। नया हिन्दुस्तान, जो आजादी के बाद बनने वाला है। नया संविधान जो बनने वाला है, उसका वैचारिक, राजनीतिक, आर्थिक और सांस्कृतिक खाका क्या होगा, उसकी राजनीति क्या होगी, वे उसकी बात कर रहे हैं। उन्होंने जब यह नारा दिया, "शिक्षित बनो, संगठित हो और संघर्ष करो", तो वे क्या कह रहे हैं। अगर हम आपस में जाति के भेदभाव की बात करते हैं, तो दलितों के आपस में कम भेदभाव नहीं हैं। ऐसा नहीं है कि सारे दलित एक ही जाति के हैं। दलितों के बीच में भी भेदभाव है। उनके अन्दर भी खान-पान की, विवाह आदि की बन्दिशें होती हैं, अलगाव हैं। अम्बेडकर यह तो नहीं कह रहे थे कि ऐसी शिक्षा दें, जो हमें और छोटी-छोटी जातियों में बाँट दे और एक-दूसरे के खिलाफ खड़ा कर दे और न ही हमें कह रहे हैं कि आप ऐसी शिक्षा पाइए, जो आपको एक-दूसरे के खिलाफ कर दे। एक मजहब को दूसरे मजहब के खिलाफ, एक भाषा बोलने वाले को दूसरी भाषा के खिलाफ, एक अंचल के लोगों को दूसरे अंचल के खिलाफ, जो आज हिन्दुस्तान में हो रहा है। वे एक ऐसी शिक्षा की बात कर रहे हैं, जो हमारे बीच में अन्तर्निहित एकता है, उसको पुख्ता करे। आर्थिक और राजनीतिक व्यवस्था में जो हमारा बड़ा दुश्मन है, उसके खिलाफ संघर्ष करने के लिए हमें तैयार करे। यानि कि ठीक वही बात, जो गाँधी कर रहे थे, ठीक वही बात जो महात्मा ज्योतिबा फुले कर रहे थे। तीनों की बातों में यह एक समान सूत्र मैं ढूँढ़ रहा हूँ, जो मुझे दिखता है। शिक्षा ऐसी

हो, जो समाज और राजनीति में बदलाव के लिए हमें तैयार करे, न कि उसकी यथास्थिति को बरकरार रखने के लिए।

शिक्षाशास्त्र में दो शब्द हैं, और मैं जानबूझ कर इस सैद्धान्तिक शब्दावली का उपयोग कर रहा हूँ। क्योंकि सैद्धान्तिक शब्दावली पर अगर आप विचार करेंगे, तो बहुत कुछ खुद निकाल लेंगे। एक शब्द है, 'सामाजिक पुनरुत्पादन' अंग्रेजी में 'सोश्यल रिप्रोडक्शन' और दूसरा शब्द है ठीक इसके खिलाफ 'परिवर्तनकारी शिक्षा', 'ट्रांसफारमेटिव एजुकेशन'। 'सामाजिक पुनरुत्पादन' का वही मतलब है, जो आज की सामाजिक और राजनीतिक व्यवस्था, उसका सामाजिक तानाबाना, जो भेदभाव पर टिका हुआ है, गैर-बराबरी पर टिका हुआ है, लालच पर टिका हुआ है, मोह पर टिका हुआ है, अनैतिक मूल्यों पर टिका हुआ है, उस तमाम सामाजिक, राजनीतिक तानेबाने को बरकरार रखने वाली जो शिक्षा होगी, वह सामाजिक पुनरुत्पादन की होगी। जो इसी समाज का पुनरुत्पादन कर रही है। इसको बदलने वाली वह शिक्षा होगी, जो हमें सवाल पूछना सिखाएगी, हमारे अन्दर जिज्ञासा पैदा करेगी, हमें शोध करना सिखाएगी, हमें समीक्षा करना और प्रयोग करना सिखाएगी, नये रास्ते खोजने और उन पर चलने के लिए हिम्मत भी पैदा करेगी, जो हमारे ज्ञान के क्षेत्र में भी हमें नये रास्ते दिखाएगी और हमारी भावनाओं के क्षेत्र में भी हिम्मत पैदा करके, उन नये रास्तों पर चलने की हिम्मत पैदा करेगी और लगातार सृजन करने की क्षमता पैदा करेगी। ऐसी परिवर्तनकारी शिक्षा की वकालत महात्मा फुले ने की, गाँधीजी ने की और अम्बेडकर ने की। अगर मैं संविधान की बात नहीं करूँ, तो अम्बेडकर की बात अधूरी रह जाएगी। ऐसा नहीं है कि संविधान में जो कुछ भी लिखा है, वह बाबा साहेब अम्बेडकर की ही बात थी। संविधान में कई मोर्चे बाबा साहेब अम्बेडकर ने हारे हैं। अगर आप संविधान सभा की बहस को पढ़ें और उसके इतिहास को देखें, तो वे कई मोर्चे हारे हैं। लेकिन कई मोर्चे जीते भी हैं। कोई अकेले बैठ कर तो उन्होंने संविधान बनाया नहीं। एक बड़ी संविधान सभा थी और वह समाज, जो कभी एक औपचारिक रूप में 'राष्ट्र' नहीं बना था, उसमें हजारों रियासतें थीं, जो आप सब जानते हैं। पूरा देश रियासतों में बँटा हुआ था और ब्रिटिश इंडिया खुद उन रियासतों के बीच में छोटे-छोटे टापुओं के रूप में था। अनेक भाषाओं के बोलने वाले लोग जो कभी आपस में मिले-जुले नहीं थे। खास कर पूर्वांचल के लोग, नागालैंड, मिजोरम, अरुणाचल प्रदेश, मेघालय के बहुत सारे अंचल के लोग। खासी और गारो जाति के लोग तो जानते भी नहीं थे कि आजादी की लड़ाई कैसी है, बाकी हिन्दुस्तान में क्या हो रहा है। शायद गाँधीजी भी बहुत जगहों

पर नहीं पहुँच पाये थे। हालाँकि बहुत जगहों पर वे गये थे। ये हिस्सा भी शायद उनसे छूट गया। नागालैंड के लोग तो आज भी कहते हैं कि हम भी आजादी की लड़ाई लड़ रहे थे, ब्रिटिश साम्राज्यवाद के खिलाफ। वे अलग लड़ रहे थे, हमारे साथ मिल कर नहीं। मेघालय के खासी और गारो के इतिहास में लिखा हुआ है कि उन्होंने ब्रिटिश साम्राज्यवाद के खिलाफ कैसी लड़ाई लड़ी। क्या आपने कभी पढ़ा है कि मेघालय, जो हमारे देश का एक बहुत ही महत्त्वपूर्ण प्रदेश है, वहाँ के खासी और गारो लोगों ने और नागालैंड के सेमा लोगों ने ब्रिटिश साम्राज्यवाद के खिलाफ स्वतन्त्र रूप से अपनी लड़ाइयाँ लड़ीं। कभी इसका इतिहास आपने सीखा है, मैंने तो नहीं सीखा। आपकी पुस्तकों में यदि आज आ गया हो, तो जरूर बता दीजिए, मेरी पुस्तकों में तो कभी भी नहीं था। तो एक बिल्कुल अलग इलाका था, जो हमसे जुड़ने की कोशिश में था, भारत की इस मुख्य धारा में। जो भी मुख्य धारा हो, मुझे नहीं मालूम कि मुख्य धारा क्या थी। जिसको लोग आज मुख्य धारा बोलते हैं, उस समय भी बोलते थे कि ये भारत है, उसमें जोड़ने की कोशिश थी। उधर हिन्दू और मुसलमानों के बीच में द्वन्द्व बढ़ रहा था, वह भी बहस चल रही थी। अलग-अलग भाषाओं की लड़ाई थी। जैसे ही हमारी संविधान सभा में यह आग्रह, जिसको में दुराग्रह मानता हूँ (मुझे माफ करेंगे), कि हिन्दी ही भारत की राष्ट्र भाषा होनी चाहिए। मैं दुराग्रह बड़ी हिम्मत से बोल रहा हूँ, इस बात से। तो तमाम दक्षिण भारत के लोग खड़े हो गये कि तो फिर आप अपना हिन्दुस्तान बना लीजिए हमें छोड़ दीजिए क्योंकि हमारी तो भाषा हिन्दी नहीं है। क्या आप तमिल को मानेंगे, तेलुगू को मानेंगे, कन्नड़ और मलयालम को भारत की भाषा बनाएँगे। वे भी तो भारत की भाषाएँ हैं। ये तमाम विवाद जब खड़े हो रहे थे, उस समय बाबा साहेब अम्बेडकर ने यह बात कही कि हम ये याद कर लें कि आज हम इस संविधान सभा में नये भारत का निर्माण करने के लिए बैठे हैं। जो भारत पहले नहीं था, उसका संविधान बना रहे हैं। इस भारत में अलग-अलग तबके हैं, उनके बीच में अलग-अलग प्रकार की लड़ाइयाँ हैं। यह कहते हुए एक बहुत ही खूबसूरत बात उन्होंने कही कि कल हमें इकट्ठे एक मुल्क का हिस्सा बनना है। एक मुल्क का नागरिक बनना है। उस मुल्क का संविधान कैसा होगा, उसको बनाने के लिए हम बैठे हैं। अपने-अपने तबकों का हिन्दुस्तान बनाने के लिए नहीं बैठे हैं। एक नया हिन्दुस्तान गढ़ने बैठे हैं। इसलिए हमें आपस में बातचीत करना सीखना होगा। एक-दूसरे के डर से, आशंकाओं से और उनके सवालों से जूझना पड़ेगा। उनके दिल में अगर कोई डर बैठ गया है, एक-दूसरे मतों के लोगों को लेकर, तो उससे भी हमें जूझना होगा। तभी वे हमारे

साथ रहेंगे। उस संविधान को बनाने वाले बाबा साहेब अम्बेडकर की एक दृष्टि थी, जो संविधान में दिखती है। अम्बेडकर ने अनुच्छेद 45 लिखा। जब संविधान का यह अनुच्छेद प्रारूप समिति के द्वारा लिखा जा रहा था तो उसी समय मौलिक अधिकार क्या हों, यह तय करने के लिए मौलिक अधिकार की एक अलग कमेटी बनी थी। इस कमेटी के सामने प्रारूप समिति का एक प्रस्ताव गया कि शिक्षा के इस अनुच्छेद 45 को मौलिक अधिकार माना जाए। मौलिक अधिकार कमेटी ने अम्बेडकर की कमेटी के इस प्रस्ताव को मानने से इनकार कर दिया। इस कमेटी में देश के बहुत बड़े-बड़े राजनेता जो आजादी की लड़ाई के महान नेता थे, मौजूद थे, जिन्होंने इनकार किया। उन्होंने वही कहा, जो कि मैकॉले ने कहा था। उन्होंने कहा कि हम हर ऐरी-गैरी चीज को थोड़े ही मौलिक अधिकार बना लेंगे। यही शब्द थे कि हर ऐरी-गैरी चीज को हम थोड़े ही मौलिक अधिकार बना लेंगे। आखिरकार, हिन्दुस्तान एक गरीब मुल्क है, सबको शिक्षित करने के लिए हमारे पास संसाधन कहाँ हैं। क्या लिखा था अनुच्छेद 45 में, जिसको कि नकारा गया और जिससे डर गये मौलिक अधिकार कमेटी के लोग। उसमें यह लिखा था कि इस संविधान के बनने के दस साल के भीतर यानी कि 1950 से लेकर 1960 तक भारत के चौदह वर्ष तक की उम्र के सभी बच्चों को (एक-एक शब्द इसमें महत्त्वपूर्ण है, यह नहीं लिखा था कि छः से चौदह वर्ष की आयु के बच्चों को) मुफ्त और अनिवार्य शिक्षा दे दी जाएगी। इससे घबरा गयी हमारी मौलिक अधिकार कमेटी। अब तो ब्रिटिश लोगों की बात नहीं हो रही है, अब तो अपने लोगों की बात हो रही है, जिनकी चमड़ी का रंग वही है, जो हमारा है।

अनुच्छेद 46 भी शिक्षा के बारे में बात करता है। सब बच्चों को चौदह साल की उम्र तक की शिक्षा की। यानी कि आमतौर पर पाँच से छः साल तक उम्र के बच्चे पहली कक्षा में पहुँचते हैं और अगले आठ साल तक स्कूल में रहेंगे, तो आठ साल की शिक्षा पूरी कर लेंगे, जिसको आज की भाषा में प्रारम्भिक शिक्षा कहा जाता है। छः साल से नीचे वाले, कम से कम तीन साल से छः साल की उम्र के बच्चे, पूर्व प्राथमिक शिक्षा, जिसका कि गुजरात तो एक सबसे बड़ा प्रेरणादायक मॉडल है, पूरे हिन्दुस्तान के लिए। जहाँ बालवाड़ी का एक बड़ा आन्दोलन चला है। सौराष्ट्र, गुजरात के गिजुभाई ने तो पूरी दुनिया को बताया कि छोटे बच्चों के साथ कैसे काम किया जाये और पढ़ाई-लिखाई का स्वरूप क्या हो। उस गिजुभाई के प्रदेश में कह सकते हैं कि गाँधीजी ने यह बात रखी, अम्बेडकर ने उसको संविधान में अनुच्छेद 45 में डलवाया, कि तीन से छः साल की उम्र के बच्चों को भी शिक्षा के अधिकार में शामिल किया जाए। साथ ही

तीन साल से नीचे की उम्र के बच्चों के लिए उन्होंने कहा, (अनुच्छेद 39 को पढ़िए) कि इन सब बच्चों को एक ऐसा माहौल दिया जाये, ऐसा पोषण उपलब्ध हो, आहार उपलब्ध हो ताकि वे स्वस्थ जीवन जी सकें और एक सम्मान-जनक नागरिक बनने के लिए तैयार हो सकें। क्या इतना ही लिखा है उसमें, नहीं और बहुत कुछ लिखा है। अगर पूरी बात समझनी है, तो संविधान को और पलटिए। उसी अनुच्छेद 39 में ये वाक्य हैं, जिनको पढ़ने से हमारा सुप्रीम कोर्ट भी घबराता है। सुप्रीम कोर्ट के जज भी घबराते हैं। इसका जिक्र कभी भी उनके निर्णयों में नहीं आता है। अनुच्छेद 39 का उप-अनुच्छेद 'बी' और 'सी' यह कहता है कि भारत के तमाम भौतिक संसाधनों की मिल्कियत और नियन्त्रण इस प्रकार से स्थापित की जाये कि इससे अधिकतम लोगों का सार्वजनिक रूप से भला हो। तमाम संसाधनों में जमीन ही नहीं, जंगल, पानी, नदियाँ और ज्ञान व शिक्षा आते हैं, ये भी तो संसाधन हैं। इसका अगला उप-अनुच्छेद 'सी' कहता है कि भारत की अर्थव्यवस्था का संचालन इस प्रकार से किया जाये कि उसकी सम्पत्ति और उत्पादन के साधनों का फायदा देश भर के आम लोगों को मिल पाए। मुझे पूरा विश्वास है कि इन दोनों उप-अनुच्छेदों का लेखन बाबा साहेब अम्बेडकर की लेखनी से हुआ है।

संविधान का अनुच्छेद 14 कहता है कि हिन्दुस्तान का हर एक नागरिक, कानून के सामने बराबर होगा। अनुच्छेद 15 का उप-अनुच्छेद 'एक' कहता है कि भारतीय राज्य किसी भी नागरिक के साथ भेदभाव नहीं करेगा। चाहे वह किसी भी भाषा, मजहब, लिंग या अंचल का हो। गैर-बराबरी और भेदभाव को मिटाना भारतीय संविधान की नींव है। जिसके लिए आज हम पूरी तरह बाबा साहेब अम्बेडकर के प्रति शुक्रगुज़ार हैं, गाँधीजी उतनी ही तेजी के साथ बराबरी की बात करते हैं, जितनी तेजी के साथ अम्बेडकर करते हैं। दोनों में कोई फर्क मुझे नजर नहीं आता। फर्क इतना ही है कि गाँधीजी को लगता है कि वर्तमान सामाजिक तानेबाने में ही गैर-बराबरी खत्म करके बराबरी लाई जा सकती है और बाबा साहेब अम्बेडकर बार-बार कहते हैं कि ये सम्भव नहीं है। अम्बेडकर कहते हैं कि "आज 26 जनवरी 1950 को हम एक अन्तर्विरोधों से भरी जिन्दगी में प्रवेश कर रहे हैं।" राजनीति में तो हम बराबरी दे रहे हैं, लेकिन सामाजिक और आर्थिक जीवन में गैर-बराबरी बरकरार रख रहे हैं। राजनीति में हम ये सिद्धान्त मानेंगे कि हर इनसान को एक वोट का अधिकार होगा और हर वोट की वही कीमत होगी, जो दूसरे वोट की होगी। पर अपनी सामाजिक और राजनीतिक जिन्दगी में हम अपने सामाजिक और आर्थिक ढाँचे और उसकी संरचना के कारण,

लगातार हर इनसान के वोट की बराबरी की कीमत देने से पीछे हटते रहेंगे, उसको नकारते रहेंगे। हम कितनी देर तक इस बराबरी को सामाजिक-आर्थिक जीवन से नकारेंगे। अगर हमने बहुत देर तक इसको नकारा, तो हम जिस राजनीतिक लोकतंत्र को बना रहे हैं, वो बड़े खतरे में पड़ जाएगा। आज वह खतरे में पड़ चुका है। चाहे आप टू-जी स्पेक्ट्रम की, चाहे आप राष्ट्रमंडल खेलों में हुए घोटाले की बात करें, चाहे आदर्श कॉपरेटिव सोसायटी के घोटाले की बात करें या फिर तमाम तरह के घोटाले जो होते रहते हैं, वे सब जुड़े हैं, इस बात से कि हमने भारतीय संविधान में बाबा साहेब अम्बेडकर का बराबरी का जो सिद्धान्त था, आर्थिक व्यवस्था को बदलने का जो सिद्धान्त था, हमारे संसाधनों पर समाज के नियन्त्रण का जो सिद्धान्त था, और जो कि गाँधीजी का भी सिद्धान्त था, इसको हमने पूरी तौर पर नकारा है। ये उस विमर्श की पृष्ठभूमि है, जिसमें हम शिक्षा की बात कर रहे हैं।

विनोबा का लगभग 1967-68 का एक बयान है। वे कहते हैं कि मुझे वर्धा में 15 अगस्त 1947 को बुलाया गया, तो मैंने कहा कि देखो भाई स्वराज तो मिल गया, तो क्या पुराना झंडा एक दिन के लिए भी चलेगा? तब सब लोग मिल कर बोले कि नहीं चलेगा। विनोबा कहते हैं कि यदि पुराना झंडा चला, तो इसका अर्थ होगा कि पुराना राज्य जारी है। जैसे नये राज्य में नया झंडा होता है, वैसे ही नये राज्य में नयी तालीम चाहिए। यदि पुरानी तालीम ही जारी रही, तो समझ लेना कि पुराना राज्य ही जारी है, नया राज्य आया ही नहीं। विनोबा ने कहा कि गाँधीजी ने दूर-दृष्टि से नयी तालीम नाम की एक पद्धति सुझाई है। अगर मेरे हाथ में राज्य होता, तो मैं सारे विद्यार्थियों की आज छुट्टी कर देता और कहता कि तीन महीने की आपको छुट्टी है, खेल-कूद कीजिए, मजे कीजिए, जरा मजबूत बनिए। थोड़ी खेती-बाड़ी कर लीजिए। स्वराज्य मिला है, उसका आनन्द भी ले लीजिए। तब तक शिक्षाशास्त्रियों का सम्मेलन होगा और वे हिन्दुस्तान की नयी तालीम का एक ढाँचा तैयार करेंगे। तब तक छुट्टी। परन्तु उसके बदले में, हमने चार-चार पंचवर्षीय योजनाएँ बना ली हैं, लेकिन तालीम का पुराना ढाँचा अभी भी लागू है।

आप देख चुके हैं, राज्य के सामाजिक, आर्थिक और राजनीतिक चरित्र का क्या रिश्ता होता है शिक्षा के साथ। मैकॉले से लेकर आज तक, सामाजिक पुनरुत्पादन की बात भी जान चुके हैं। कैसे परिवर्तनकारी शिक्षा नकारी जाती है, दबाई जाती है। ये हुआ है और हो रहा है।

थॉमस बैबिंग्टन मैकॉले और भारतीय मध्यम वर्ग

सी.एन. सुब्रमण्यम

श्रीमान् थॉमस बैबिंग्टन मैकॉले और भारतीय मध्यम वर्ग के बीच एक गहरा राग-द्वेष का रिश्ता है। ईस्ट इंडिया कम्पनी के तमाम अफसरानों में से शायद मैकॉले को अपेक्षाकृत अधिक याद किया जाता है जबकि वह केवल चार साल भारत में रहा। आमतौर पर उसे भारतीय शिक्षा व्यवस्था की खामियों के लिए अधिक याद किया जाता है—अंग्रेज-परस्ती, व्यवहारहीन सैद्धान्तिकता, रटन्त प्रणाली आदि आदि बातों की जब चर्चा होती है तो कहीं न कहीं मैकॉले का जिक्र भी आ ही जाता है। एक बार मैंने शिक्षकों के साथ एक कार्यशाला में उनके समक्ष दो विकल्प रखे—एक तरफ एक ऐसी शाला जहाँ अंग्रेजी माध्यम से विज्ञान और गणित पढ़ाया जायेगा और दूसरी ओर एक ऐसी शाला जहाँ संस्कृत और फारसी का व्याकरण और साहित्य पर जोर होगा। जहाँ तक मुझे याद है किसी ने भी दूसरे विकल्प को अपने बच्चों के लिए नहीं चुना। भारतीय मध्यम वर्ग का जन्म औपनिवेशिक व्यवस्था को चलाने के लिए हुआ था और उसने बखूबी औपनिवेशिक मानसिकता को अपनी जीवन पहचान के रूप में अपनाया हुआ है। इस मध्यम वर्ग के प्रारम्भिक पितृपुरुषों में राजा राममोहन राय सम्मिलित थे जिन्होंने मैकॉले से पहले अंग्रेजी शिक्षा और आधुनिक विज्ञान आदि की शिक्षा की पैरवी की और स्पष्टता के साथ कहा कि हमें हिन्दुस्तान के पारम्परिक ज्ञान की जरूरत नहीं है। लार्ड अम्हर्स्ट को लिखे पत्र (11 दिसम्बर 1823) में वे कहते हैं—

"हमें पता चला है कि सरकार पंडितों के निर्देशन में एक संस्कृत पाठशाला खोल रही है जिसमें ऐसा ज्ञान दिया जायेगा जो भारत में पहले से ही चला आ रहा है। ऐसी पाठशाला युवाओं के दिमाग में सिर्फ व्याकरण के बारीक नियम और दूसरे लोक का ज्ञान भर सकती है और ऐसा कुछ नहीं दे सकती जो विद्यार्थी या समाज के लिए व्यावहारिक रूप से उपयोगी हो।

चूँकि सरकार का उद्देश्य स्थानीय लोगों को बेहतर बनाना है इसलिए वह गणित, दर्शन शास्त्र, रसायन शास्त्र, शरीर रचना शास्त्र और दूसरे उपयोगी विज्ञान को बढ़ावा दे। यह काम यूरोप में शिक्षित व्यक्तियों को नियुक्त करके और पुस्तकों व उपकरणों से सुसज्जित कॉलेज बनाकर पूरा किया जा सकता है।"

हमारे आधुनिक मध्यम वर्ग और राजा राममोहन राय में फर्क यह है कि वे संस्कृत और फारसी के प्रकाण्ड विद्वान थे।

इस आधुनिक मध्यम वर्ग के सृष्टिकर्ताओं ने इस नये वर्ग की रचना में उत्तर मुगल काल के कुलीन ब्राह्मण व अश्रफी पुरुषों का उपयोग किया। इन महानुभावों ने अपने पारम्परिक ज्ञान और साहित्य को पारिवारिक मार्गों से जारी रखना उचित समझा और सार्वजनिक जीवन में आधुनिक अंग्रेजी ज्ञान को प्रभुत्व देने की रणनीति को अपनाया। इस दुविधापूर्ण अस्तित्व ने कई विसंगतियों को पैदा किया— ब्राह्मणवाद और आधुनिकतावाद के बीच तथा आधुनिकता के ही अन्दर राष्ट्रवाद और औपनिवेशिक वफादारी के बीच आदि। इन्हीं दुविधाओं व विसंगतियों के साथ इस मध्यम वर्ग ने राष्ट्रीय आन्दोलन का नेतृत्व किया।

हमारे मध्यम वर्ग की इस रणनीति ने ज्ञान और उसकी वाहक भाषा के क्षेत्र में एक खासा प्रभाव डाला— वह यह था कि धार्मिक-आध्यात्मिक मामलों में संस्कृत-अरबी-फारसी को केन्द्रीय स्थान दिया गया और व्यावहारिक ज्ञान के विषयों में पाश्चात्य ज्ञान व अंग्रेजी को। इसका मतलब यह भी था कि उन्होंने स्वीकारा कि धार्मिक मामलों में ब्राह्मणवादी व अश्रफी ग्रन्थों को ज्ञान का भण्डार माना जायेगा और बाकी सब मामलों में आधुनिक पश्चिम को मानक ज्ञान का स्रोत माना जायेगा। इस तरह पारम्परिक भारतीय ज्ञान को धर्म में समेट दिया गया। यह ओरिएंटलिज़्म का प्रभाव था जिसने पूर्व को अध्यात्म और पश्चिम को भौतिकता व विज्ञान के स्रोत के रूप में स्थापित किया था।

मैकॉले, ज्ञान और भाषा

मैकॉले का तर्क सरल और सीधा था। पिछली दो शताब्दियों में पश्चिम में ज्ञान का विस्फोट हुआ है जिसने बाकी देशों के तमाम ज्ञान को अप्रासंगिक और गलत साबित कर दिया है। इसमें स्वतन्त्रता और लोकतन्त्र के सिद्धान्तों के साथ गणित, विज्ञान, कानून आदि भी शामिल थे। उनका मानना था कि पूरे विश्व को इस ज्ञान और सामाजिक मूल्यों को अपनाना होगा— उसी में उनकी मुक्ति है। इस ज्ञान का वाहक अंग्रेजी है, जिसे सीखने से उस पूरे कोष की चाबी हाथ लग जायेगी। ऐसे में दूसरी भाषाओं और उनमें संचयित ज्ञान को शिक्षा का

आधार बनाना व्यर्थ ही नहीं बल्कि अज्ञानता को बढ़ावा देना होगा। उन्होंने पूछा, "...क्या हम शासकीय पैसे से भारतीयों से उनके पुरातन व अन्धविश्वासी ग्रन्थों का अध्ययन करवाते रहें।"

अपने तर्क के पक्ष में मैकॉले के पास एक रामबाण भी था—उसने कहा कि जब हम संस्कृत या फारसी पढ़ाते हैं तो छात्रों को छात्रवृत्ति देनी पड़ती है और जब वे उत्तीर्ण हो जाते हैं, वे हम से ही नौकरी भी माँगते हैं। दूसरी तरफ अंग्रेजी सीखने के लिए छात्र खुद पैसे खर्च करने के लिए तैयार हैं और उन्हें नौकरियों की चिन्ता नहीं है।

मैकॉले की रणनीति भी स्पष्ट और सरल थी— हम सीमित उपलब्ध संसाधन से सारे भारतीयों को आधुनिक शिक्षा नहीं दे सकते हैं। इसलिए हम एक ऐसा तबका तैयार करें जो हमारी सोच और तौर तरीकों को आत्मसात कर लेगा और अपनी स्थानीय भाषाओं को परिष्कृत करके उन्हें आधुनिक ज्ञान का वाहन बनाएगा। फिर इन भाषाओं में आधुनिक साहित्य का अनुवाद करके अपने अन्य देशवासियों तक भी इस ज्ञान का लाभ पहुँचाएगा।

मैकॉले से पूर्व भारतीय ज्ञान की खोज

मैं यहाँ एक विचित्र परिवर्तन की ओर आपका ध्यान आकर्षित करना चाहता हूँ। अठारहवीं शताब्दी के अन्त तक भी यूरोप के बहुत से बुद्धिजीवी यह मानते थे कि ज्ञान और संस्कृति के मामले में भारत इंग्लैण्ड से कहीं आगे हैं और इंग्लैण्ड को भारत से सीखना होगा। वोल्तैर जो उद्दीपन (एनलाईटनमेंट) के प्रमुख फ्रांसीसी चिन्तक थे ऐसा ही मानते थे। (इसके पीछे फ्रांस और इंग्लैण्ड की पारम्परिक दुश्मनी भी हो सकती है)। अगर हम रायल एशियटिक सोसाइटी आदि पत्रिकाओं में दर्ज हजारों अध्ययनों को देखें तो पता चलेगा कि वोल्तैर के विचारों से शायद बहुत से अंग्रेजी अफसर भी सहमत थे। स्थानीय अफसरान जहाँ भी काम करते थे वहाँ के स्थानीय कृषि, उद्योग, दवाएँ, उपचार पद्धति, स्थापत्य, कला, साहित्य आदि का बारीक अध्ययन करके उसके परिणामों को इन पत्रिकाओं में प्रकाशित करते थे, या फिर स्थानीय गजेटियरों में दर्ज करते थे। उनका प्रयास था कि स्थानीय ज्ञान को आधुनिक शोध पद्धतियों के माध्यम से अध्ययन करके उनके उपयोगी तत्वों को आत्मसात करने में मदद करें। उनका रवैया कुछ हद तक 11वीं शताब्दी के यात्री अलबिरूनी की सोच से मेल खाता था। अलबिरूनी भी कहता था कि भारत में उच्च कोटि का ज्ञान कचरे के साथ मिला हुआ है और बहुत प्रयास से इनको अलग करना होगा। दोनों तरह के लोगों ने बहुत ही

विनम्रता के साथ अध्ययन किया और अपने शोधों के नतीजों को दर्ज किया। साथ में वे यह भी बताने में नहीं कतराते थे कि वे किसे खरा ज्ञान मानते हैं और किसे कचरा। इस प्रकरण में स्काटलैंड के उद्दीपन (स्काटिश एनलाईटनमेंट) से प्रभावित अफसरों की भागीदारी उल्लेखनीय थी। ये लोग अपने आप को इंग्लैण्ड द्वारा वंचित मानते थे और इंग्लैण्ड की मुख्यधारा सोच से कुछ हटकर सोचते थे।

इसी तारतम्य में एक ओर वे तमाम अंग्रेजी अफसर थे जिन्हें ओरियंटलिस्ट कहा जाता है, जो संस्कृत और फारसी साहित्य का अध्ययन कर रहे थे और यथा सम्भव उन्हें अनूदित करके प्रकाशित भी कर रहे थे। इस श्रेणी में वे लोग भी शामिल थे जो इंग्लैण्ड के औद्योगीकरण और उससे आये परिवर्तनों से त्रस्त थे और वैकल्पिक आदर्शों की खोज में थे। इन्हें इस तरह का एक आदर्श प्राचीन संस्कृत साहित्य में मिला। इन अध्ययनों ने यूरोप में उस दौर में उदय हो रहे रूमानी आन्दोलन के लिए मसाला उपलब्ध कराया। इन्होंने मैकॉले के विचारों का पुरजोर विरोध किया और एक मिली जुली रणनीति जिसमें अंग्रेजी के साथ-साथ स्थानीय भाषाओं व साहित्य को भी अध्ययन का विषय बनाने का आग्रह किया।

ब्रितानी औपनिवेशिक नीति

ब्रिटेन और भारतीय ज्ञान की इस जटिल अन्तःक्रिया को मैकॉले ने एक झटके से नकार दिया, यह कहते हुए कि तमाम भारतीय साहित्य में उपयोगी तत्त्व नगण्य है। इसमें आश्चर्य की बात यह है कि उसने बिना किसी हिचकिचाहट के यह घोषित भी किया कि उसने भारतीय साहित्य का अध्ययन नहीं किया है और जो भी कह रहा है वह दूसरों से सुनी बात है। यानी उसे अपने निष्कर्ष पर पहुँचने के लिए कोई तथ्य या अध्ययन की जरूरत नहीं पड़ी, वह स्वयंसिद्ध सत्य था। यह विचारधारा उभरते ब्रिटिश साम्राज्यवाद के लिए काफी उपयोगी सिद्ध हुई। चूँकि ब्रिटिश साम्राज्य विजयी है, यह खुद इस बात का सबूत है कि उसी का ज्ञानभण्डार सही है और वर्चस्व योग्य है, हारे हुए उपनिवेशों के लोगों का ज्ञान अनुपयोगी, अन्धविश्वासी व गलत है।

उन्नीसवीं सदी के उत्तरार्ध में इंग्लैण्ड के ज्ञान का वर्चस्व स्थापित करना औपनिवेशीकरण का अभिन्न अंग था—इसका दूसरा पक्ष यह था कि स्थानीय समुदायों व सभ्यताओं के संचित ज्ञान को अज्ञानता की श्रेणी में धकेलना। मैकॉले जाने अनजाने में इस कार्ययोजना में सम्मिलित हुआ और ऐसी सार्वजनिक शिक्षा व्यवस्था का निर्माण भारत में हुआ जिसने पाश्चात्य, विशेषकर अंग्रेजी ज्ञान को अपना आधार बनाया और स्थानीय अनुभवों व ज्ञान को शिक्षा के दायरे के

बाहर रखा। साथ ही उन्हें पूर्णतया अन्धविश्वास की श्रेणी में रखकर उन्हें नष्ट करने को प्रेरित भी किया।

मध्यम वर्ग और औपनिवेशिक सोच

हमारा मध्यम वर्ग इसी शिक्षा की उपज है। इसने इस विचार को बखूबी आत्मसात किया कि ज्ञान तो वह है जो अंग्रेजी के माध्यम से अंग्रेजों द्वारा कहा गया है। अन्य लोग चाहे वे दलित कारीगर हों या कृषक या आदिवासी या मुसलमान, वे अज्ञानी हैं जिनके बीच हमें ज्ञान की रोशनी फैलानी है। यहाँ एक उदाहरण देना प्रासंगिक होगा। अमेरिका में आदिवासी अमेरिकन लोगों को मुख्यधारा में शामिल करने के लिए यह तरीका अपनाया गया कि उनके बच्चों को उन समुदायों से दूर ले जाकर आवासीय शालाओं में भर्ती करें जहाँ वे यह सीखें कि उनके तौर तरीके असभ्य हैं, उनके देवता व पूजा पद्धति अन्धविश्वासी है, और उन्हें यूरोपीय भाषा, पोशाक और खानपान के तरीके अपनाने होंगे ताकि वे भी सभ्य बनें। इसी तर्ज पर हमारे देश में भी आदिवासी इलाकों में आश्रम शालाएँ खोली गयीं, लगभग इन्हीं उद्देश्यों को लेकर। ऐसी कई आश्रम शालाओं में बच्चों का नाम तक बदल दिया जाता है। अपेक्षा यह है कि बच्चे यह स्वीकार करने लगें कि उनके समुदायों की संस्कृति व जीवन शैली त्यागने योग्य है और उन्हें आधुनिक जीवन शैली और उससे जुड़ी मुख्यधारा की भाषा (मध्यम वर्गीय संस्कृति) को अपनाना चाहिए।

मेरा कहने का तात्पर्य यह है कि हमारा मध्यम वर्ग जो अपने आपको अंग्रेजी हुकूमत का उत्तराधिकारी मानता है, वही औपनिवेशिक सोच लेकर भारत के अन्य हाशिएकृत और वंचित समुदायों की शिक्षा की बात करता है।

ज्ञान और भाषा

ज्ञान से हमारा तात्पर्य क्या है और उसका संवाहन करने वाली भाषा की उसमें क्या भूमिका है? हर समाज और समुदाय अपने सदियों पुराने अनुभवों को संचित करके उनका निचोड़ निकालता है और उसे विभिन्न तरीकों से दूसरी पीढ़ियों तक हस्तान्तरित करता है। यह कहीं साहित्य के माध्यम से होता है तो कहीं लोकोक्तियों, कहावतों, बोलचाल में प्रयुक्त मुहावरों, गीत, चीजों को करने के तरीके आदि का रूप लेता है। यह संकलन और हस्तान्तरण की प्रक्रिया भी संघर्षों व वर्चस्व स्थापित करने के प्रयासों से प्रभावित होती है। हर समाज में अन्दरूनी विभेद व संघर्ष और बदलाव की प्रक्रिया जारी है और इसका प्रभाव उस समाज

में उपजे ज्ञान में भी दिखेगा। अतः किसी भी ज्ञान को सत्य या सर्वमान्य मानने की जगह हमें उसमें निहित संघर्षों व द्वन्द्वों को समझना होगा।

किसी भी ज्ञान को इस स्तर पर समझने के लिए उसका, उसकी ही जुबान में अध्ययन करना होगा। दरअसल किसी समाज की तमाम समझ और संघर्ष उसकी भाषा में ही समाहित होते हैं। जब ये भाषाएँ ही लुप्त हो जाती हैं तो उनके साथ वह ज्ञान और उसका इतिहास भी विलुप्त हो जाता है। यह सवाल जरूर उठेगा कि भूमण्डलीकरण के इस दौर में जब सारे समाज एक-दूसरे में विलय होते जा रहे हैं और एक वैश्विक संस्कृति की ओर हम बढ़ रहे हैं तो इन छोटे मोटे स्थानीय ज्ञान की उपयोगिता क्या है? हकीकत यह है कि यह वैश्वीकरण समानता पर आधारित वैश्वीकरण नहीं है, बल्कि बहुत गहरे रूप में कई प्रकार की असमानताओं पर आधारित है। अतः कौन सा समुदाय किन शर्तों पर इस विश्व में शामिल होता है, और उसे क्या लाभ होगा, यह तयशुदा नहीं है, बल्कि उस समुदाय की अन्दरूनी ताकत, संघर्षशीलता और साझी समझ पर निर्भर होगा। दूसरी ओर इस दौर में पूँजीकरण की प्रक्रिया के लिए उन तमाम संसाधनों की भी जरूरत है जिसे अब तक हमने हाशिए में रखा था (जिनमें वैकल्पिक ज्ञान भी शामिल है)। इन संसाधनों तक पहुँच विविध स्थानीय ज्ञान (और भाषा) के माध्यम से ही हो सकती है। आज अन्तर्राष्ट्रीय स्तर पर अगर बहुभाषीयता या बहुसंस्कृतियता की चर्चा गरम है तो इसके पीछे एक महत्त्वपूर्ण कारण पूँजी की यह जरूरत है।

एक वैकल्पिक शैक्षणिक सोच वास्तव में तभी सम्भव है जब हम मध्यमवर्ग के इस शैक्षणिक वर्चस्व को समाप्त करेंगे। इसी वर्ग ने गाँधी की नयी तालीम को ठुकराया और यही किसी प्रकार के विकल्प को इस देश में विकसित होने से रोकता रहा है। क्या यह सम्भव है कि भारत के हाशिएकृत समूह एक विकल्प खोज पायेंगे या फिर वे भी इस मध्यमवर्ग में शामिल होने की दौड़ में मैकॉले की सोच को सच साबित करेंगे—यह हमें देखना है।

मैकॉले की शिक्षा : भारतीय मानस का द्वन्द्व

विश्वम्भर

किसी भी समाज में किसी ऐतिहासिक घटना और उसके प्रभावों के बारे में किन्हीं ठोस नतीजों पर पहुँचना आसान नहीं है। समाज की जटिल बुनावट में किसी भी घटना पर समाज के अलग-अलग वर्गों की अलग-अलग प्रतिक्रियाएँ होती हैं। अतः प्रभाव भी समान रूप में दृष्टिगत नहीं होते। उदाहरण के लिए, भारत में ब्रिटिश शासन के द्वारा आरम्भ की गयी अंग्रेजी शिक्षा को दलित बुद्धिजीवी अपने लिए मुक्तिदायी मानते हैं वहीं भारतीय बुद्धिजीवियों का एक बड़ा वर्ग अंग्रेजी शिक्षा को गुलामी की मानसिकता निर्मित करने वाला मानता है। घटना समान है लेकिन नतीजे एकदम फ़र्क। यह सच है कि ब्रिटिश शासन ने अपने हित में शैक्षिक नीतियों और व्यवस्था को रचने के प्रयास किये जिसके दूरगामी प्रभाव आज तक भारतीय शिक्षा पर दिखाई देते हैं। इसके बावजूद औपनिवेशिक शिक्षा के मन्तव्यों और प्रभावों को सन्तुलित नजरिए से परखे जाने की जरूरत है।

हरेक समाज उसके द्वारा सृजित ज्ञान-विज्ञान, मूल्यों और कौशलों आदि में नयी पीढ़ियों को निपुण करने के लिए शिक्षा की व्यवस्था रचता है। भारतीय समाज में औपनिवेशिक शिक्षा व्यवस्था कायम होने से पहले औपचारिक शिक्षा की व्यवस्थाएँ मौजूद थीं लेकिन सम्पूर्ण भारतवर्ष में शिक्षा की कोई समान प्रणाली मौजूद नहीं थी। भारत में शिक्षा की लम्बे समय से चली आ रही देशज परम्पराएँ मौजूद थीं। आमतौर पर हिन्दू आबादी के लिए पाठशालाएँ और मुस्लिम के लिए मकतब की व्यवस्था थी। सामाजिक परिस्थिति के अलग-अलग सोपानों पर स्थित सभी जातियों तक देशज शिक्षा की पहुँच नहीं थी। सामान्यतया शिक्षा की पहुँच उच्च जातियों और पुरुषों तक सीमित थी।

भारत में औपनिवेशिक शासन और नीतियों के लागू होने से पहले एक विकेन्द्रीकृत शिक्षा व्यवस्था थी, अर्थात् शिक्षा व्यवस्था पर किसी तरह का केन्द्रीय नियन्त्रण नहीं था एवं पाठशालाओं अथवा मकतबों की शिक्षा पर राज्य का सीधे

नियन्त्रण नहीं था। इस मायने में शिक्षक के ऊपर किसी तरह की अफसरशाही नहीं थी और वे स्वायत्त थे। देशज शिक्षा व्यवस्था में केन्द्रीकृत पाठ्यक्रम और पाठ्यपुस्तकों का चलन नहीं था परिणामतः कोई समान परीक्षा व्यवस्था भी मौजूद नहीं थी। बच्चों से कोई फीस नहीं ली जाती थी, बच्चों के अभिभावक अपनी हैसियत के अनुसार जीवनयापन में मदद के लिए सामग्री अथवा फीस दिया करते थे।

भारत में व्यापार के मकसद से आयी ईस्ट इंडिया कम्पनी का आरम्भ में शिक्षा व्यवस्था में बदलाव का इरादा नहीं था। व्यापार से राज की महत्त्वाकांक्षा के साथ अन्य बाहरी कारकों ने शिक्षा में बदलाव के लिए प्रेरित किया। देशज शिक्षा के स्थान पर अंग्रेजी शिक्षा लागू करने के लिए बहुत से दबाव काम कर रहे थे। अलग-अलग समूह अपनी प्राथमिकताओं के चलते अंग्रेजी शिक्षा का प्रसार करने पर जोर दे रहे थे। सिर्फ ब्रिटिश शासन ही वह अकेली ताकत नहीं थी जो अंग्रेजी शिक्षा के प्रसार की माँग कर रही थी।

इसी तरह ईस्ट इंडिया कम्पनी का, आरम्भ में मकसद जनशिक्षा को बढ़ावा देना भी नहीं था। शुरुआत में उसने अपना समस्त ध्यान व्यापार और उसमें लाभ कमाने पर केन्द्रित किया। कम्पनी की आर्थिक स्थिति खराब होने पर कम्पनी के खर्च में कटौती के लिए उन्होंने अंग्रेजी शिक्षा लागू करने पर विचार आरम्भ किया। क्योंकि ब्रिटेन से भारत आने वाले ईस्ट इंडिया कम्पनी के अफसरों की तनख्वाह आदि के खर्च को तभी कम किया जा सकता था जब स्थानीय स्तर पर अधीनस्थ अफसरों/कर्मचारियों को कम वेतन पर नियुक्त किया जाये। लेकिन इसके लिए अंग्रेजी बोल पाना, पढ़ पाना और लिख पाना जरूरी था। इसलिए आरम्भ में कम्पनी ने अपना ध्यान उच्च शिक्षा पर केन्द्रित किया। इसके बाद व्यापार के स्थान पर भारत में शासन की पनपती महत्त्वाकांक्षा को पूरा करने के लिए भी अंग्रेजी शिक्षा को स्थायित्व प्रदान करने के एक औजार के रूप में देखा।

भारत में अंग्रेजी शिक्षा के आरम्भ को लेकर अनेक तरह के दबाव काम कर रहे थे। भारत में अंग्रेजी शिक्षा को लागू करवाने में ईसाई मिशनरी ने भी अपनी भूमिका निभाई। उनका मकसद भारतीय समाज को ईसाइयत के ज्ञान के आलोक में 'अन्धकार और अन्धविश्वासों' से मुक्ति दिलाना था। इसलिए उन्होंने अंग्रेजी शिक्षा के प्रसार के लिए दबाव बनाया। इसके अलावा अंग्रेज व्यापारी वर्ग ब्रिटेन में फैक्टरियों में उत्पादित माल की खपत के लिए भारत को एक बड़े बाजार और भारतवासियों को ग्राहक के रूप में देख रहा था। इसके लिए ब्रिटेन में उत्पादित माल के प्रति रुचि पैदा करने लिए उन्होंने वहाँ के रहन-सहन और

जीवन शैली से परिचित कराने के लिए अंग्रेजी शिक्षा को एक माध्यम के तौर पर देखा। अंग्रेजों के अलावा भारत में भी एक वर्ग था जो सामाजिक उन्नयन और रोजगार के लिए अंग्रेजी शिक्षा को आवश्यक मान रहा था। इन सभी दबावों ने अंग्रेजी शिक्षा की आधारभूमि तैयार की।

मैकॉले से पहले शिक्षा में बदलाव की बहसों में ब्रिटिश शासन एक तरह की दुविधा महसूस करता था। क्योंकि ब्रिटिश राज को यह डर था कि शिक्षा में बदलाव या सामाजिक मामलों में हस्तक्षेप भारतीय समाज को बगावत के लिए तैयार कर सकता है। इसलिए भारतीयों का विश्वास जीतने के लिए शुरू में उन्होंने भारतीय भाषाओं में साहित्य और शिक्षा के बढ़ावे के प्रयास किये। उन्होंने अरबी और संस्कृत में शिक्षा के लिए भी कुछ अनुदान दिये। साथ ही इन भाषाओं में किताबों के प्रकाशन के लिए आर्थिक मदद मुहैया करवाई।

ऐसा नहीं है कि भारत में अंग्रेजी शिक्षा लागू करने का विचार सर्वप्रथम मैकॉले के दिमाग में आया। फिर भी मैकॉले ने ही सर्वप्रथम भारतीय देशज शिक्षा पर सीधे प्रहार करते हुए अंग्रेजी शिक्षा की अनिवार्यता के पक्ष में तर्क दिये। मैकॉले ने सबसे पहले भारतीय देशज शिक्षा व्यवस्था को अनुपयोगी करार देते हुए भारतीय देशज ज्ञान की निरर्थकता और अंग्रेजी ज्ञान की श्रेष्ठता सिद्ध करने का प्रयास किया और उसने संस्कृत और फारसी भाषा के स्थान पर अंग्रेजी माध्यम से पढ़ाई की पैरवी की।

मैकॉले का बहु-उद्धृत अंश यह साबित करता है कि उसका मकसद यहाँ शिक्षा का प्रसार-प्रचार करना नहीं बल्कि अंग्रेजी राज की जड़ें पुख्ता करने, अधीनस्थ अफसरों और यूरोपीय सभ्यता की श्रेष्ठता सिद्ध करना था। इसलिए उसने अपनी भारतीय शिक्षा पर कार्यवाही (मिनिट्स ऑन इण्डियन एजुकेशन) में कहा, ''इस समय हमें अपनी भरसक कोशिश यह करनी चाहिए कि हम कुछ लोगों का एक वर्ग तैयार करें जो हमारे और करोड़ों लोगों के बीच, जिन पर हम शासन कर रहे हैं, व्याख्याकार का काम कर सके—व्यक्तिओं का एक वर्ग जो रक्त और रंग से भारतीय हो लेकिन रुचि, राय, नैतिकता और बुद्धि में अंग्रेज हो।'' मैकॉले का मन्तव्य अंग्रेजी शिक्षा के जरिए ब्रिटिश राज के हितों को पूरा करना था।

मैकॉले ने तर्क दिया कि देशज भाषाओं में भारतीय ज्ञान के प्रसार के लिए सरकारी खजाने से खर्च नहीं किया जाना चाहिए। देशज शिक्षा पर सरकारी खर्च का विरोध करते हुए उसने कहा, ''भारत में यह फैशन नहीं है कि छात्र अपने खर्च पर अध्ययन करें। दुनिया के किसी भाग में कभी भी यह जरूरी नहीं हो सकता कि लोगों को उसके लिए पैसा देना पड़े जिसे उनके लिए आनन्ददायक

और लाभदायक सोचा जाता है।" यह उद्धरण शिक्षा हासिल करने के लिए व्यक्तिगत स्तर पर पैसा खर्च करने और इस पर सरकारी व्यय को कम करने के लिए मील का पत्थर साबित हुआ।

इसके अलावा मैकॉले ने शिक्षा की पाठ्यवस्तु और संचालन पर सरकारी नियन्त्रण को ज्यादा पुख्ता करने की दिशा में कदम बढ़ाए। भारतीय देशज शिक्षा परम्परा के विपरीत शिक्षा पर राजकीय नियन्त्रण की परम्परा को भी ज्यादा मजबूत करने का वैचारिक आधार प्रदान किया। समान पाठ्यक्रम और पाठ्यवस्तु के आधार पर समान परीक्षा व्यवस्था को कायम करने में मैकॉले ने भूमिका अदा की। हम देख सकते हैं कि स्वतन्त्रता के बाद भी राज्य का नियन्त्रण, परीक्षा व्यवस्था आदि को मजबूत किया।

इन सभी परिणामों के साथ ही भारतीय मानस पर अंग्रेजी शिक्षा के प्रभाव को उपनिवेशित राज्य के नजरिए से समझने और विश्लेषण के प्रयास हुए हैं। अंग्रेजी भाषा के प्रचार ने न सिर्फ भारतीय साहित्य को निरर्थक साबित करने की कोशिश की बल्कि अंग्रेजी और अंग्रेजी साहित्य की श्रेष्ठता को साबित करने का प्रयास किया। यदि इसे भाषा के नजरिए से देखें तो किसी बच्चे के मस्तिष्क में दुनिया को समझने का तरीका भाषा होती है। यथार्थ के बारे में बिंब निर्माण करने का एक माध्यम भाषा होती है। व्यक्तिगत और सामूहिक रूप से एक जनसमूह के रूप में अपने होने की हमारी समूची अवधारणा उन बिम्बों और प्रतीकों पर आधारित होती हैं जो प्रकृति के साथ हमारे वास्तविक सम्बन्धों के अनुरूप होते हैं। भाषा व्यक्ति के 'स्व' और बाहरी दुनिया के बीच मध्यस्थ का काम करती है। आरम्भ में मातृ भाषाओं में इस स्व की निर्मिति होती है। लेकिन अंग्रेजी शिक्षा ने भाषा के इस मध्यस्थ की कड़ी को तोड़ने का काम किया जो कि भारतीय जनसमूह के लिए अन्ततः स्वयं की संस्कृति और परिवेश से कटते जाने का जरिया बना।

अंग्रेजी शिक्षा के अनेकानेक नकारात्मक प्रभाव भारतीय शिक्षा पर रहे हैं। लेकिन इसके साथ ही यह भी स्वीकारना होगा कि पहली बार सिद्धान्त के तौर पर यह स्वीकार किया गया कि समाज की सभी जातियों और वर्गों को समान रूप से शिक्षा प्राप्त करने का अधिकार है। ब्रिटिश शासन काल में ऐसे अनेक मामले आये जब उच्च जाति के लोगों ने निम्न जाति के लोगों को स्कूल में प्रवेश देने से मना कर दिया। लेकिन ब्रिटिश शासन ने यह माना कि सरकारी मदद से चलने वाले स्कूलों में सभी को शिक्षा हासिल करने का समान अधिकार है। अंग्रेजी शिक्षा ने पहली बार स्तरीकृत भारतीय समाज में सभी के लिए द्वार खोले।

शिक्षा नीति निर्माता की खोज : मैकॉले के बहाने

शरद चन्द्र बेहर

शिक्षा एक अजीब रहस्य है। उसे हर मनुष्य के विकास के लिए अनिवार्य शर्त समझा जाता है। इसलिए इसे मानव अधिकारों का अविभाज्य हिस्सा माना जाता है। भारत के संविधान में शिक्षा को वांछनीय अधिकार के रूप में मानने की पुरजोर कोशिश की जाती है। सन् 1882 में सर दादा भाई नौरोजी ने इस अनिवार्य और निःशुल्क शिक्षा की माँग भारतीय शिक्षा आयोग (हण्टर आयोग) से की थी। गोपाल कृष्ण गोखले ने इसे कानून का स्वरूप देने के लिए असफल प्रयत्न केन्द्रीय सभा (तत्कालीन सर्वोच्च विधि निर्मात्री सभा) में किया था। सभा में इस बात पर बड़ी लम्बी चर्चा हुई कि इसे मूल अधिकार माना जाये या केवल राज्य के नीति-निर्देशक तत्त्वों में ही शामिल किया जाये। अन्त में नीति-निर्देशक तत्त्वों में ही शामिल किया गया। कुछ वर्षों पूर्व जब उच्चतम न्यायालय ने उसे अपनी प्रगतिशील व्याख्या में मूल अधिकार का दर्जा दे दिया तो बड़ा उल्लास जाहिर किया गया। उसे मूर्त्त स्वरूप देने के लिए 1 अप्रैल, 2010 को अनिवार्य और निःशुल्क शिक्षा कानून लागू होना एक युगान्तरकारी घटना के रूप में देखा गया। इस लम्बे इतिहास को देखते हुए सच में कानून, 128 वर्षों बाद, लागू हो जाने को ऐतिहासिक घटना मानना तो सर्वथा उचित है। यहाँ यह याद कर लेना भी जरूरी है कि जिसके लिए इतना लम्बा संघर्ष किया गया वह उसी शिक्षा की माँग थी जिसकी मूल रूपरेखा थॉमस बैबिंग्टन मैकॉले ने 2 फरवरी 1835 के अपने मिनिट के द्वारा तैयार की थी।

एक ओर इसके लिए देशवासी संघर्षरत रहे, दूसरी ओर उसकी लगातार सर्व कटु आलोचना होती रही—न केवल विद्वानों और शिक्षाविदों द्वारा वरन् शिक्षा से जुड़े असंख्य लोगों के द्वारा। इसी के कारण *राग दरबारी* में श्रीलाल शुक्ल ने व्यंग्यात्मक टिप्पणी कर दी कि हमारी शिक्षा पद्धति सड़क की वह कुतिया है, जिसे हर कोई एक लात मार देता है।

यद्यपि इस शिक्षा व्यवस्था में बदलाव की अगणित कोशिशें हुई हैं, जिसकी चर्चा हम आगे करेंगे, पर उसकी बुनियादी रूपरेखा बरकरार है। गुन्नार मिर्डाल ने *एशियन ड्रामा* में भी यह निष्कर्ष निकाला है कि मैकॉले की शिक्षा नीति में ब्रिटिश उपनिवेश के अन्त तक कोई परिवर्तन नहीं हुआ (एशियन ड्रामा, पृष्ठ 1639)। इसके बाद भी नहीं हो सका है, यह हम आगे देखेंगे।

एक ओर इस शिक्षा की अदम्य लालसा, दूसरी ओर इसकी कटु आलोचना की विरोधाभासी प्रवृत्तियों के चलते यह विचारणीय है कि शिक्षा वास्तव में क्या इतनी अधिक वांछनीय है, इतना ऊँचा आदर्श है कि उसे अधिकार के रूप में स्थापित करने के लिए एक शताब्दी से अधिक का संघर्ष हो और उसकी प्राप्ति को उत्सव मान लिया जाये। सबसे दिलचस्प बात तो यह है कि इस शिक्षा नीति की बुनियाद रखने वाले मैकॉले को आमतौर से खलनायक के रूप में देखा जाता है, क्योंकि उसने देश में प्रचलित शिक्षा व्यवस्था को आगे बढ़ाने के बजाय पश्चिमी ज्ञान आधारित शिक्षा अंग्रेजी भाषा के जरिये अंग्रेजी सभ्यता और संस्कृति में सराबोर भारतीयों के एक वर्ग को शासकों और आम लोगों के बीच बिचौलिये के रूप में विकसित करने की नीति की नींव रखी। इसे भारतीय संस्कृति के विनाश और अंग्रेजी सभ्यता को भारत पर थोपने के षड्यन्त्र के प्रारम्भिक ठोस और स्थायी कदम के रूप में परिभाषित किया जाता है। इसीलिए मैकॉले की शिक्षा नीति को युग-प्रवर्त्तक और युगान्तकारी घटना निरूपित किया गया है। हम इस पर गहराई और बारीकी से चिन्तन करें तो बहुत सारे उलझे हुए सवाल सामने खड़े हो जाते हैं। उनमें से कुछ हैं :

(क) इतिहास मैकॉले की तरह के व्यक्तियों के कारनामों का लेखा-जोखा है अगणित ज्ञात, अज्ञात और अज्ञेय शक्तियों, प्रवृत्तियों, विचारधाराओं, विभिन्न हित-समूहों, वर्गों के पारस्परिक द्वन्द्वों, समझौतों, गठजोड़ों, संघर्षों, प्रतियोगिताओं से होने वाली जटिल प्रक्रियाओं के जरिये हो रहे निरन्तर परिवर्तनों को समझने का उपक्रम?

(ख) शिक्षा के इतिहास को किस नजरिये से देखा जाये—एक व्यक्ति या कुछ व्यक्तियों की मर्जी द्वारा निर्धारित या युग और समाज की शक्तियों द्वारा जटिल ढंग से बढ़ने वाली प्रक्रिया?

(ग) क्या भारतीय शिक्षा के इतिहास को शेष दुनिया के इतिहास से अलग कर देखा समझा जा सकता है?

(घ) शिक्षा और समाज के पारस्परिक सम्बन्धों की पड़ताल के बिना क्या शिक्षा के इतिहास का कोई अर्थ निकल सकता है?

शायद इतना पर्याप्त है। ये सभी सवाल उलझे हुए हैं। वे आपस में भी उलझे हैं। इन सवालों का सार है, इतिहास, शिक्षा और समाज के चरित्र और उनके आपसी सम्बन्धों की पड़ताल। इन सवालों की गुत्थियों को सुलझाना इस लेख की महत्त्वाकांक्षा नहीं है। इरादा है कि मैकॉले की शिक्षा नीति को उसके समूचे प्रसंग में, सम्पूर्ण पार्श्वभूमि और समकालीन प्रवृत्तियों से समझने का गम्भीर प्रयास किया जाये, जिससे उम्मीद है कि उक्त उलझे हुए सवालों की कुछ गुत्थियाँ खुलेंगी, शायद कुछ नयी गुत्थियाँ भी बन जायें। पुरजोर प्रयास यह भी रहेगा कि शिक्षा के चरित्र और समाज से उसके जटिल सम्बन्धों के कुछ आयामों की एक झाँकी मिल जाये।

मैकॉले द्वारा प्रतिपादित नीति में हम जिस षड्यन्त्र को निहित मानते हैं क्या वह हर शिक्षा का बुनियादी अपरिवर्तनीय चरित्र नहीं है? शिक्षा की नीति चाहे कुछ भी हो, शिक्षा की उत्पत्ति और उपयोगिता ही शिक्षा प्राप्त करने वाले को प्रभावित करने, बदलने और नियंत्रित करने में निहित है। शिक्षा को परिवर्तन के माध्यम के रूप में स्वीकार करते समय हम इस बात को नज़रअन्दाज़ कर देते हैं कि परिवर्तन का मतलब ही शिक्षित होने वाले को शिक्षा देने वाले की इच्छा के अनुरूप बदलना है, जिसमें प्रभावित करने और किसी सीमा तक नियंत्रित करने की इच्छा शामिल है।

औपचारिक संस्थागत शिक्षा व्यवस्था और इनसान द्वारा स्वभावजन्य सीखने की प्रवृत्ति के बीच एक द्वन्द्वात्मक रिश्ता है। गर्भ से मृत्यु (womb to tomb) तक सीखने की बात केवल एक मुहावरा नहीं है, अटल सत्य है। इस सीखने की प्रक्रिया और प्रवृत्ति को इनसान की पहल और परिस्थितियों पर न छोड़कर औपचारिक शिक्षा के द्वारा दिशा देने की कोशिश को वयस्क समाज द्वारा नयी पीढ़ी के स्वाभाविक विकास में अपनी मर्जी के हस्तक्षेप के अलावा कुछ नहीं माना जा सकता। शिक्षा के विचार चाहे कितने प्रगतिशील हों, आप कितने भी जोरदार ढंग से बाल केन्द्रित शिक्षा 'क्रिटिकल पैडागॉजी', शिक्षक की भूमिका सीखने में मददगार मात्र रहने की बात करें, सार तो यही है कि आप स्कूल में, जिसे शिक्षाविद् जेपी नायक ने 'आर्टीफीशियल हॉट हाउस' कहा था, शिक्षा व्यवस्था द्वारा निर्मित कृत्रिम वातावरण में कुछ खास विषयों की पढ़ाई कुछ खास ढंग से निर्धारित क्रम से और समय में करने के लिए बाध्य कर रहे हैं ताकि वह शिक्षा व्यवस्था निर्माताओं की अपेक्षा के अनुरूप ढल जाये। शिक्षा को समाज और दुनिया के बदलने के अस्त्र के रूप में भी देखा गया है। पर बदलाव की दिशा और परिवर्तित समाज का चित्र भी तो शिक्षा व्यवस्था के निर्धारक ही

तय करते हैं। मुक्तिदायिनी शिक्षा भी कल्पना के परे नहीं है, पर वहाँ भी मुद्दा बरकरार रहेगा कि ऐसा शिक्षा की व्यवस्था बनाने वालों की नजर में बन्धन क्या है, जिससे मुक्ति का उद्देश्य रखा गया है, और मुक्त अवस्था कैसे परिभाषित की गयी है। कहीं वह दूसरे प्रकार का बन्धन तो नहीं है। यह नहीं भूलना चाहिए कि हर निर्गम कहीं अन्यत्र प्रवेश है। मुक्ति और बन्धन, निर्गम और प्रवेश हमारी विश्व-दृष्टि, अवधारणा-जगत, हमारे आदर्शों और मूल्यों से परिभाषित होते हैं। पाश्चात्य दर्शन और विचारधारा के बुद्धिवादी अन्धविश्वासों से मुक्ति और तर्क आधारित विश्व-दृष्टि और जीवन शैली को मुक्ति मानेंगे। उपनिषदों में मुक्ति का अर्थ सांसारिक बन्धनों से—माया, मोह, काम, क्रोध, लोभ, मोह, मद से मुक्ति, या आवागमन संसार से मोक्ष-प्राप्ति मुक्ति है। हर स्थिति में, प्रत्येक शिक्षा पद्धति में शिक्षार्थी, शिक्षा-व्यवस्था निर्माता के उद्देश्यों से बँधा रहता है।

जब से औपचारिक शिक्षा का प्रादुर्भाव हुआ है तब से आज तक शिक्षा का यही बुनियादी चरित्र है। शिक्षा का उपयोग शिक्षा व्यवस्था स्थापित करने वाले समूह द्वारा अपने उद्देश्य की प्राप्ति के लिए होता रहा है। विश्व में शिक्षा के इतिहास पर बारीक नजर डालें तो हम पाएँगे कि शिक्षा का उपयोग मुख्य रूप से धार्मिक संगठनों द्वारा अपने धर्म को बनाये रखने और बढ़ाने के लिए होता रहा है। सभी धर्मों ने बिना अपवाद के यही किया है। राज्य ने भी शिक्षा का सहारा तभी लिया जब साम्राज्यों के प्रशासन के लिए कुशल, योग्य, प्रशिक्षित प्रशासकों की जरूरत हुई। राज्य और धर्म के गठजोड़ ने भी किसी सीमा तक राज्य को शिक्षा से जोड़ा परन्तु वह धर्म के उद्देश्यों की प्राप्ति के लिए ही रहा है। यूरोपीय देशों के उपनिवेशों में शिक्षा नीति को इसी व्यापक परिप्रेक्ष्य में समझा जा सकता है। मैकॉले और अंग्रेजों की भारत में शिक्षा नीति को भी इसी तारतम्य में देखना उचित होगा। शिक्षा के जिस चरित्र की ओर हम इशारा कर रहे हैं, उसे देखते हुए पहले हमें यह समझना जरूरी है कि मैकॉले ने किस प्रकार की शिक्षा प्राप्त की और उस पर किस तरह के प्रभाव उसके परिवार और समाज से पड़े, जिसने उसे इस तरह की शिक्षा नीति बनाने के लिए तैयार किया।

यद्यपि आम तौर पर भारत में ब्रिटिश राज के इतिहास में प्लासी की लड़ाई को युग प्रवर्तक घटना के रूप में देखा जाता है फिर भी मैं लार्ड मैकॉले की शिक्षा नीति के सम्बन्ध में लिखे गये मिनिट को उससे अधिक महत्त्वपूर्ण बात मानता हूँ। प्लासी की लड़ाई से अंग्रेजों के राज की शुरुआत हुई होगी जिसका अन्त 14 अगस्त 1947 की मध्य रात्रि को हो गया। मैकॉले की नीति ने जिस उपनिवेश की नींव रखी वह अभी भी कायम है। आज की भारतीय विचारधारा और विचार

पद्धति के विश्लेषक इसी निष्कर्ष पर पहुँचते हैं कि उसमें अभी भी पाश्चात्य विचारधारा और पाश्चात्य विचार पद्धति की तीव्र गन्ध मौजूद है। इसे वैचारिक गुलामी, मानसिक उपनिवेशवाद, उपनिवेशवादी मानसिकता जैसी अभिव्यक्तियों से विभूषित किया जाता है।

मैकॉले के सम्बन्ध में चिन्तन करते समय विवादों से बचने की कोशिश पूरी तरह निरर्थक है। मैकॉले भारत की शिक्षा पद्धति के प्रसंग में विवाद के समानार्थी हैं। मैकॉले को महानायक या खलनायक के रूप में अलग-अलग लोग देखते हैं। मैकॉले का प्रसिद्ध मिनिट तीव्र विवादों के बीच लिखा गया था। उसने अधिक तीव्र विवादों एवं विचार संघर्षों को जन्म भी दिया था। विभिन्न रूपों में वे आज भी मौजूद हैं।

यह बड़े आश्चर्य की बात है कि जिस मैकॉले के विचारों ने इस देश की मानसिकता, विचार पद्धति, मूल्यों, आदर्शों, शासन व्यवस्था और इतिहास पर इतना गहरा, व्यापक और दूरगामी प्रभाव डाला, उस व्यक्ति के सम्बन्ध में जानकारी कितनी नगण्य है। मेरा यह दावा गलत नहीं है कि उसके प्रशंसक और निन्दक दोनों में से बहुत कम लोग उसका पूरा नाम जानते होंगे। उसके जीवन, बचपन, उसकी उपलब्धियों-असफलताओं, गुणों-अवगुणों, राजनीतिक विचारधारा, प्रतिबद्धताओं, आदर्शों और मूल्यों के सम्बन्ध में तो जानकारी विरले लोगों ने ही प्राप्त की है।

यह बड़े आश्चर्य की बात है क्योंकि यह आम मान्यता है कि विचार और विचारक के बीच एक गहरा सम्बन्ध होता है और किसी भी विचार को समझने के लिए विचारक को एक व्यक्ति के रूप में समझना भी आवश्यक है। इसीलिए पुस्तकों में लेखक या लेखिका का परिचय देना आवश्यक माना जाता है। कोई विरली ही किताब होगी जिसमें लेखक के सम्बन्ध में कुछ न लिखा गया हो। जिस प्रकाशन में कई लोगों का योगदान होता है उसमें हर लेखक या लेखिका के सम्बन्ध में भी एक संक्षिप्त परिचय दिया जाता है। इस परम्परा को हम सहज रूप से स्वीकार कर लेते हैं। पता नहीं इसके कारण के विषय में कितने लोग सोचते हैं? यह विचार और व्यक्ति के बीच के गहरे और गूढ़ सम्बन्ध की ओर इंगित करता है। यदि आप किसी विचार को अच्छी तरह समझना चाहते हैं तो उस विचारक के सम्बन्ध में अधिकतम जानकारी बहुत मददगार होती है। इसलिए विविध साहित्यकारों, विचारकों, कलाकारों, कृतियों को समझने के लिए उनका परिचय, उनकी पृष्ठभूमि, उन पर पड़ने वाले प्रभावों को जानने की जरूरत भी होती है और जिज्ञासा भी।

पता नहीं लार्ड थॉमस बैबिंग्टन मैकॉले इसके अपवाद क्यों हो गये हैं? ऐसा लगता है उसके विचारों और नीति के लगभग सर्वव्यापी प्रभाव ने इतना विराट स्वरूप ग्रहण कर लिया कि यदि मुझे श्रीमद्भगवत गीता में कृष्ण द्वारा विराट स्वरूप प्रकट करने की घटना के, महाकवि व्यास द्वारा किये गये वर्णन की एक शब्दावली को लेने की इजाजत दें तो–"वह हजारों सूर्यों से अधिक जाज्वल्यमान हो गया और इस चकाचौंध ने उसके पीछे के व्यक्ति को आँखों से पूरी तरह ओझल कर दिया। चकाचौंध ने ऐसा चमत्कृत भी किया कि हम अपने होश गँवा बैठे। अर्जुन ने तो भयभीत होकर श्रीकृष्ण को अपने सहज स्वरूप में आने का निवेदन कर दिया ताकि आगे उनकी बात वह समझ सके।" ऐसा लगता है कि हमें होश सँभालने में बहुत समय लग रहा है और हम अब भी उस विचारक और नीति-निर्माता के व्यक्तित्व को समझकर उसके विचारों के बेहतर मूल्यांकन के लिए तैयार नहीं हो पाये हैं। जरूरी है कि हम थॉमस बैबिंग्टन मैकॉले को एक इनसान के रूप में समझें, उसके लालन-पालन, उस पर पड़ने वाले प्रभावों, उसके गुणों-अवगुणों, उपलब्धियों एवं असफलताओं के व्यापक परिप्रेक्ष्य में उसकी नीति और विचारों को समझने की कोशिश करें।

उसके भांजे सर जार्ज ओटो ट्रेविलियन ने एक किताब लिखी है जिसका नाम है, *दी लाइफ एंड लैटर्स आफ लार्ड मैकॉले*। मैकॉले के जीवन और व्यक्तित्व के सम्बन्ध में अधिकांश बातें इसी पुस्तक से ली गयी हैं।

यहाँ यथासम्भव या यथा आवश्यक सन्दर्भ के लिए पुस्तक की पृष्ठसंख्या का जिक्र किया जाएगा परन्तु पूरे उद्धरण के शाब्दिक अनुवाद के बजाय सम्बन्धित अंश ही पेश किया जाएगा।

भारत में मैकॉले को शिक्षा नीति के अलावा भारतीय 'दंड संहिता' कानून बनाने वाले विधिवेत्ता के रूप में ही जाना जाता है। यह बहुत कम लोग जानते हैं कि वह एक उत्कृष्ट साहित्यकार और सुप्रसिद्ध इतिहासकार भी था। उसने ब्रिटेन का इतिहास पाँच भागों में लिखा था जो बहुत लोकप्रिय हुआ। कई संस्करण हाथोंहाथ बिक गये।

जार्ज ने किताब की भूमिका में स्पष्ट किया है कि रिश्तेदार के रूप में जीवनी में केवल अच्छी बातों को पेश करने के संवरण को रोककर उन्होंने मैकॉले के जीवन की उन सारी बातों और घटनाओं, व्यक्तित्व के गुणों-अवगुणों और कमियों को रखने की कोशिश की है, जिसके सम्बन्ध में प्रश्न उठ सकते हैं या मैकॉले को दोषी ठहराया जा सकता है (पृष्ठ 3-4)।

मैकॉले की जीवनी लिखने की जरूरत और औचित्य को प्रतिपादित करते हुए

वे कहते हैं कि, 'जिस तरह शेक्सपियर को उनके कुछ नाटकों के जरिये नहीं जाना और समझा जा सकता वैसे ही मैकॉले को केवल उनके द्वारा लिखे गये इंग्लैंड के इतिहास या उनके द्वारा लिखे गये निबन्धों और साहित्यिक रचनाओं के द्वारा ही नहीं समझा जा सकता। मैकॉले साहित्यकार, इतिहासकार, विद्वान, विचारक होने के साथ-साथ एक विधिवेत्ता, एक सिद्धान्तवादी राजनेता, प्रभावशाली वक्ता और उच्चवर्ग के समाज में देदीप्यमान आभूषण थे।' (पृष्ठ 2)।

थॉमस मैकॉले के दादा जॉन मैकॉले थे। वे एक उदारवादी विचार के पादरी थे और उनके उपदेश बहुत लोकप्रिय होते थे। उनकी 13 सन्तानें थीं। एक पुत्र कॉलिन भारतीय फौज में भर्ती हो गया। टीपू सुल्तान के खिलाफ श्रीरंगपट्टन की लड़ाई में उसने महत्त्वपूर्ण भूमिका अदा की थी, जिसका नेतृत्व कर्नल वेलेजली ने किया था। कर्नल कॉलिन को त्रावणकोर जैसे महत्त्वपूर्ण राज्य में रेसिडेंट पदस्थ किया गया था। यह उल्लेखनीय है कि वह आज के केरल का हिस्सा है जो शिक्षा में देश का सबसे प्रगतिशील राज्य माना जाता है। वहाँ काम करते हुए कॉलिन ने वहाँ की पुस्तकों के भंडार का भरपूर उपयोग किया और उसके जरिए यूरोप की कई भाषाओं का ज्ञान प्राप्त कर लिया। जिनमें उन्होंने सशक्त लेखन भी किया (पृष्ठ 7)।

जॉन मैकॉले के कई पुत्रों ने दुनिया में अपना ऊँचा स्थान बनाया। उनके एक पुत्र जाकरी मैकॉले ने (जो थॉमस के पिता थे) एक अलग रास्ता चुना जिसमें न वह सम्पत्तिशाली बन सकता था न दुनिया की नजरों में सफल व्यक्ति बन सकता था, न उसे सांसारिक सुख मिल सकता था (पृष्ठ 8)।

16 साल की उम्र में वह वेस्ट इंडीज के जमैका द्वीप में स्काटलैंड के एक बड़े जमींदार का एकांउटेंट बनकर गया। अपनी योग्यता से वह शीघ्र ही वहाँ मुख्य प्रबन्धक बन गया। वहाँ उसने गुलामों के व्यापार को देखा। यह बड़ी दिलचस्प सी बात है कि ईसाई धर्म के बड़े पादरी अपने धर्म के सिद्धान्तों और गुलामों के व्यापार के बीच में किसी भी तरह की विसंगति नहीं देखते थे। जाकरी को यह बहुत आश्यर्चजनक लगा। उसने बाइबिल को जितना पढ़ा समझा था उसके मुताबिक सभी इनसान बराबर हैं। उसे गुलामों पर की जा रही क्रूरता तथा उनका व्यापार पूरी तरह जघन्य और असह्य लगा। उसे शीघ्र ही उसके संवेदनशील हृदय ने इस प्रथा के खिलाफ विद्रोह के लिए तैयार किया। कुछ वर्षों तक तो उसने सहृदयता से गुलामों के साथ व्यवहार करते हुए वहाँ काम करना जारी रखा, परन्तु 24 वर्ष की उम्र तक पहुँचते-पहुँचते उसे लगा कि यह काफी नहीं है। उसने अपनी नौकरी छोड़ दी। वह इंग्लैण्ड वापस लौट आया। उसके पिता जॉन

चाहते थे कि वह वहाँ काम करता रहे। उनकी समझ में अपने धार्मिक विश्वास को अपने व्यवसाय के साथ जोड़कर देखना एक सफल व्यक्ति के लिए अनुचित और अनावश्यक है। जाकरी को यह स्वीकार नहीं था।

यह वह दौर है जिसमें जाकरी की तरह और कई लोग गुलामीप्रथा के खिलाफ आवाज उठाने लगे थे। वास्तव में गुलामों के व्यापार का मामला इंग्लैण्ड की संसद में भी लाया गया। न्यायालयों की मदद से कुछ गुलाम मुक्त भी कराये गये थे। एक तरफ गुलामी का विरोध हो रहा था दूसरी तरफ वह व्यापार खूब फल-फूल रहा था। यहाँ यह रेखांकित करना जरूरी है कि समाज में हर काल में विरोधी प्रवृत्तियाँ और शक्तियाँ, विचारधाराएँ और आदर्श चलते रहते हैं और जोर आजमाते रहते हैं, इसलिए कोई भी घटना सरल सपाट नहीं होती। तलाश करें तो हर घटना की अनेक परतें और आयाम होते हैं। किसी देश की शिक्षा नीति एक व्यक्ति की लेखनी से निःसृत नहीं हो सकती। वह तत्कालीन अगणित शक्तियों, प्रवृत्तियों, विचारधाराओं एवं समूह-हितों का संयुक्त रासायनिक मिश्रण का परिणाम ही हो सकता है।

गुलामी को समाप्त करने के पक्ष में काम कर रहे लोगों ने यह निष्कर्ष निकाला कि इस व्यापार में इतना अधिक निहित स्वार्थ है कि व्यापार को कानून और न्यायालयों के निर्णय से नहीं समाप्त किया जा सकता। इसके लिए आवश्यक है कि जहाँ से गुलामों की खरीदी की जाती है, उस अफ्रीका के लोगों को 'सभ्य' और जागरूक बनाया जाये। काफी विचार-विमर्श कर यह निर्णय लिया गया कि इंग्लैण्ड में न्यायालय की मदद से स्वतन्त्र हुए अफ्रीका निवासी गुलामों को सियरालिवान में ले जाकर बसाया जाये और वहाँ के लोगों को सभ्य बनाने की कोशिश की जाये। इस उद्देश्य से एक कम्पनी की स्थापना की गयी। उसके अध्यक्ष ने जाकरी मैकॉले की प्रतिबद्धताओं और प्रसिद्धि की जानकारी प्राप्त कर उसे सियरालिवान कौंसिल का सदस्य बनाकर वहाँ भेजा, जहाँ शीघ्र ही वह गवर्नर बन गया (पृष्ठ 10-11)।

उल्लेखनीय है कि यूरोपीय लोगों की दृष्टि में केवल वे ही 'सभ्य' थे, एशिया, अफ्रीका, आस्ट्रेलिया, अमेरिका के लोग 'असभ्य' थे और इसलिए उनका दायित्व एवं नैतिक कर्तव्य था कि वे शेष दुनिया को सभ्य बनायें। इसी को 'White Man's Burden' गोरे लोगों का दायित्व कहा जाता है। यह विश्व-दृष्टि और विश्वास उनमें गहरा था। इसमें धर्म का भी एक कोण था। ईसाई धर्म स्वीकारने और सभ्य होने में कहीं सीधा सम्बन्ध भी था। उपनिवेशों की शिक्षानीति में इसका असर हम आगे देखेंगे।

सियरालिवान गुलामों का व्यापार करने वाले बड़े व्यापारियों का मुख्य अड्डा था। उनसे गवर्नर जाकरी को भीषण संघर्ष करना पड़ा जिसमें शुरुआत में तो स्थानीय अफ्रीकावासी भी उसके खिलाफ थे क्योंकि उन्हें अपने पड़ोसियों, बच्चों आदि को बेचने से जो लाभ होता था उससे वे वंचित होने लगे। एक बहुत विचारवान, विनम्र, सद्‌गुणी, आस्थावान व्यक्ति के रूप में उसने घनघोर विपरीत परिस्थितियों में भी गुलामी से मुक्त हुए नीग्रो के साथ अति सहृदयता द्वारा व्यवहार करते हुए अत्यधिक अनवरत, परिश्रम से एक बस्ती बसाने में सफलता प्राप्त की। इस तरह की विपरीत परिस्थितियों में नाम मात्र के पारिश्रमिक में इंग्लैण्ड से वहाँ आने को लोग तैयार नहीं थे। इसलिए जाकरी को गवर्नर के पद पर रहते हुए भी एकाउंटेंट, न्यायाधीश, स्कूल-शिक्षक, पादरी तथा राजदूत की भूमिका निभानी पड़ती थी। 'पीर बावर्ची भिश्तीखर' की कहावत पूरी तरह चरितार्थ हो रही थी।

धीरे-धीरे सभी संघर्षों से निपटकर वहाँ के स्थानीय लोगों का विश्वास प्राप्त कर बस्ती की स्थापना हो गयी। जिसका नाम फ्री टाउन था। शिक्षा के प्रचार के लिए न केवल स्कूल की स्थापना की गयी बल्कि ऐसी नीति भी बनायी गयी जिसके संशोधित रूप का भारत में अनुकरण किया गया। गवर्नर की नीति यह थी कि जो पढ़-लिख लेते थे उन्हें सबसे हल्का काम दिया जाता था। अशिक्षित लोगों को कठिन शारीरिक परिश्रम का काम मिलता था। इस कारण स्कूल में प्रवेश और शिक्षा बड़ी लोकप्रिय हो गयी। जाकरी को लगा कि कुछ वर्षों में ही फ्री टाउन का हर व्यक्ति इतना तो पढ़-लिख लेगा कि बाइबिल पढ़ ले और समझ ले (पृष्ठ 14)। जाकरी ने कम परिश्रम के काम को शिक्षा के आकर्षण के रूप में प्रस्तुत किया था। भारत में कम्पनी की बाबूगिरी का आकर्षण के रूप में सफलता से इस्तेमाल किया गया।

सितम्बर 1794 में फ्रांसीसी सेना की एक टुकड़ी ने निहत्थे फ्री टाउन पर आक्रमण कर भयंकर तबाही मचाई। जाकरी इस परिस्थिति से भी सफलता से निपटे। कुछ महीनों के लिए स्वास्थ्य सुधारने के लिए इंग्लैण्ड गये और वापस आकर फ्री टाउन का पुनर्निर्माण किया। स्थानीय लोगों से उन्हें सचमुच प्यार था। उन्होंने लिखा था कि "स्थानीय गरीब लोगों का जो सहज प्रेम है उसे देखते हुए उनके साथ प्रेम करने के अलावा कोई दूसरा चारा नहीं है। उनके प्रेम का आकर्षण अदम्य है।" (पृष्ठ 22)।

फ्री टाउन का पुनर्निर्माण कर वे वापस इंग्लैण्ड लौटे जहाँ वे कम्पनी के सेक्रेटरी बनाये गये। इस वापसी के बाद उनकी शादी हुई और 25 अक्टूबर

1800 को थॉमस बैबिंग्टन मैकॉले का जन्म हुआ (पृष्ठ 23)।

पढ़ने की प्रतिभा का उल्लेख करते हुए ट्रेविलियन ने लिखा कि जिस समय वे तीन वर्ष के थे, उसी समय वह आग के आगे कालीन पर लेट कर एक हाथ में किताब और दूसरे हाथ में माखन लगी डबल रोटी खाते हुए विपारू में पढ़ता रहता था। जार्ज ट्रेविलियन ने लिखा है, खिलौनों का उसे शौक नहीं था, पर बाहर घूमने जाने के लिए सदैव उत्सुक रहता था। जब स्कूल जाने की उम्र हुई तो स्कूल जाने में बड़ी आनाकानी करता था। थॉमस के माता-पिता ने बड़ी समझदारी, संवेदनशीलता और सावधानी से उसका लालन-पालन किया। उसे कभी यह अहसास नहीं होने दिया कि वह असाधारण प्रतिभावान या अनोखा बच्चा है। उसकी योग्यताओं को उन्होंने सहज भाव से स्वीकार किया और अपनी मित्र-मंडली या कहीं भी अन्यत्र उसका गौरवपूर्वक प्रदर्शन नहीं किया। यही वजह है कि जहाँ मैकॉले को एक ओर आत्मविश्वास था वहाँ दूसरी ओर घमंड का आभास नहीं था।

सितम्बर 1808 में अपनी जिठानी कॉलीन को पत्र में उसकी माँ ने लिखा है कि उस आठ साल की उम्र में ही विश्व का इतिहास लिखना तय किया और ईसाई धर्म के अनुरूप सृष्टि से लेकर तब तक का इतिहास बड़े व्यवस्थित ढंग से लिख डाला। उसने एक पर्चा लिखने की योजना बना ली थी जिसे मालाबार में उस समय काम कर रहे उसके ताऊ कॉलीन का लड़का उसका अनुवाद मालाबार की भाषा में करेगा ताकि त्रावणकोर के लोग ईसाई धर्म का आलिंगन करने को प्रेरित हों (पृष्ठ 28)।

जिसके दादा उपदेशक रहे और पिता ने अफ्रीका में गुलामी की समाप्ति की रणनीति के रूप में ईसाई धर्म का प्रचार किया हो, बचपन में उसके द्वारा ऐसी महत्त्वाकांक्षा अस्वाभाविक नहीं है। महत्त्वपूर्ण यह है कि भारत में अधिकार सम्पन्न शासक और शिक्षा नीति के रूप में उसने धर्म-निरपेक्षता का अनुकरणीय उदाहरण प्रस्तुत किया। आगे हम देखेंगे कि उपनिवेशों में धर्म प्रचारकों और धर्म-परिवर्तन के कार्य में लगे मिशनों की गतिविधियों को शासन का प्रश्रय मिलता था, परन्तु भारत में मैकॉले की शिक्षा नीति ने और शासन ने धर्म से लगातार दूरी बनाये रखी।

विश्वविद्यालय में पढ़ते समय भी उसका पुस्तकों के प्रति प्रेम बना रहा। वह कहानियाँ, उपन्यास और अन्य साहित्यिक कृतियों को पढ़ने में बहुत समय लगाता था इसलिए उसके पिता के मित्रों ने उसकी, पिता के पास शिकायत भी की कि वह बहुत सारा समय इसमें लगाता है। उसने अपना बचाव किया और

यह हिम्मत से कहा कि साहित्यिक पुस्तकों से उसे प्रेम है, उन्हें पढ़ने में आनन्द आता है और विश्वविद्यालय की शिक्षा में कोई व्यवधान इस वजह से नहीं होता (पृष्ठ 91)।

केम्ब्रिज विश्वविद्यालय में भी वह एक प्रतिभाशाली विद्यार्थी, बहुत कुशल वक्ता और एक विचारवान, बुद्धिजीवी व्यक्ति के रूप में जाना जाता था। यद्यपि उसका परिवार टोरी दल (कंजरवेटिव पार्टी) के साथ था, फिर भी उसकी स्वयं की विचारधारा व्हिग पार्टी (Whig party) की थी। उसके विचार उदारवादी थे, पर क्रान्तिकारी नहीं थे (पृष्ठ 65-68,109-113)।

जेम्स मिल और जेरीमी बेन्थम के उपयोगितावाद का वह कटु आलोचक था। उपयोगितावाद के खिलाफ लिखे गये उसके सशक्त तर्कपूर्ण लेखों ने उसे राजनीतिक विचारक के रूप में भी उभारा था। जिसके पिता ने गुलामी प्रथा और गुलामों के व्यापार के खिलाफ संघर्ष में अपनी युवा अवस्था का महत्त्वपूर्ण हिस्सा लगाया हो, उसके लायक बेटे ने अपेक्षा के अनुरूप इस मिशन में बहुत महत्त्वपूर्ण योगदान दिया। वह गुलामी की प्रथा और व्यापार का सशक्त विरोधी था (पृष्ठ 21, 88-89-103)।

केम्ब्रिज विश्वविद्यालय में कविताओं में उसे 2 साल चान्सलर का मेडल मिला अर्थात् उसकी कविताएँ सर्वोत्तम मानी गयीं। लेटिन और ग्रीक भाषा में भी उसे बहुत दिलचस्पी थी। ग्रीक भाषा की स्कालरशिप परीक्षा में वह प्रथम आया और उसे इसके लिए स्कालरशिप मिलने लगी। जिस विषय को मैकॉले पढ़ता था, उसमें पूरी तरह डूब जाता था। अपने गणित के अध्ययन और तैयारी के सम्बन्ध में उसने अपने पिता को लिखा था कि गणित का अध्ययन करते हुए मैं स्वयं बीज गणित बन गया हूँ, ट्रिग्नोमेट्री का चलता-फिरता स्वरूप हूँ। साहित्य में समय न दे सकने का खेद भी उसने प्रकट किया (पृष्ठ 82)।

1824 में मैथमेटिक्स ट्राईपोस की डिग्री केम्ब्रिज विश्वविद्यालय में प्राप्त की। ट्रिनिटी कॉलेज के फेलो के रूप में उसकी नियुक्ति हुई। 1826 में विधि की डिग्री मिली और कुछ समय उत्तर सर्किट में विधि के व्यवसाय में भी रहा (पृष्ठ 100,101)। 1825 में मिल्टन के ऊपर लिखा एक लेख प्रकाशित हुआ जिसकी बहुत प्रशंसा हुई और जिसने उसे साहित्य जगत में शीघ्र प्रसिद्ध बना दिया (पृष्ठ 109)।

नाइट्स क्वाटरली मैगजीन में मैकॉले नियमित रूप से लिखता था। उसकी लेखन की योग्यता ने *एडिनबर्ग रिव्यू* जैसी प्रतिष्ठित पत्रिका के सम्पादक को भी उसकी ओर आकर्षित किया। *नाइट्स क्वाटरली* मैगजीन तो कुछ साल बाद बन्द

ही हो गयी परन्तु, मैकॉले *एडिनबर्ग रिव्यू* में नियमित रूप से साहित्यिक रचनाएँ और आलोचना लिखता रहा। वर्षों बाद, भारत में काम करते समय भी इस साहित्यिक पत्रिका के लिए लगातार लिखता रहा। उसके सम्पादक से मैकॉले की घनिष्ठ मित्रता हो गयी थी। उसने सम्पादक से समझौता किया था कि भारत में उसे इंग्लैण्ड की प्रकाशित पुस्तकें तो मिलेंगी नहीं, इसलिए लेखों के पारिश्रमिक के बजाय वह अच्छी पुस्तकें भारत भेजता रहे। इतनी कम उम्र में साहित्य में इतनी अधिक और शीघ्रता से मिलने वाली प्रसिद्धि और सफलता ने उसके विरोधियों का भी एक बड़ा समूह तैयार किया जिसमें उसके राजनीतिक उदारवादी विचारों के विरोधी भी जुड़ गये। *ब्लैकवुड्स* मैगजीन इन विरोधियों का मुख्य मंच और हथियार बन गया। साहित्यकार के रूप में उसकी इतनी प्रसिद्धि हो गयी कि उसे आभिजात्य वर्ग में बुद्धिजीवी-समूहों और साहित्य प्रेमियों के बीच अपने विचार रखने के लिए लगातार आमंत्रण मिलता रहा। ऐसी गोष्ठियों और सभाओं ने यह भी सिद्ध कर दिया कि उसका ज्ञान भंडार बहुत व्यापक और गहरा था। वह किसी भी विषय में अधिकारपूर्वक अपने विचार रख सकता था (पृष्ठ 110)।

जनवरी 1828 में एक अन्तरिम सरकार जब कार्यरत थी, तो लार्ड लिंडहर्स्ट ने उसे दिवालियेपन (bankruptcy) के कमिश्नर पद पर नियुक्त किया। इस पद पर वह करीब 3-4 वर्ष रहा। इस दौरान उसकी राजनीतिक आकांक्षा भी बढ़ती गयी और उसके लिए आवश्यक वित्तीय स्थिति उसकी नहीं थी।

यद्यपि वह टोरी दल का समर्थक नहीं था, फिर भी उसकी योग्यता की वजह से उस दल की सरकार ने उसे बैंकरप्सी का कमिश्नर बनाया (पृष्ठ 129-130)।

उपयोगितावाद और जेम्स मिल के ऊपर लिखे गये आलोचनात्मक लेखों से लार्ड लैंस डाउन इतने अधिक प्रभावित हुए कि उन्होंने उससे संसद की खाली सीट से सांसद बन जाने का आग्रह किया ताकि राजनीति में उसे प्रवेश मिल जाये। वह वर्ष 1830 में सांसद बन गया। यह इतिहास का वह मोड़ था जहाँ बहुत विवादास्पद मुद्दे संसद के सामने आने वाले थे, ऐसे मुद्दे जिनमें पूरा देश विभाजित था। बहुत शीघ्र ही अपनी योग्यता से उसने सांसद के रूप में भी प्रसिद्धि प्राप्त कर ली। फ्रांस से इंग्लैण्ड के साथ हुई लम्बी लड़ाई की वजह से या लड़ाई के बहाने से 1790 से अनुदारवादी सरकारों ने आपातकाल की स्थिति देश में बनाकर रखी थी। प्रधानमंत्री पिट और उनके उत्तराधिकारियों ने जिस तरह स्वतन्त्रता को दबा रखा था, अत्याचार का माहौल पैदा कर रखा था और प्रतिगामी नीतियों से शासन का संचालन कर रहे थे। जनता परेशान थी और इसमें परिवर्तन करने के लिए अनुकूल माहौल बन रहा था। ऐसे मौके में संसद

में पहुँचकर मैकॉले ने जनता की स्वतन्त्रता और उदार विचारों के पक्ष में अपनी ताकत झोंक दी। लम्बे समय से त्रस्त और दबाये जा रहे कैथोलिक सम्प्रदाय के लोगों की मुक्ति के आन्दोलन का उसने जोरदार समर्थन किया। यहूदियों को राजनीतिक अधिकार दिलाने के आन्दोलन में सशक्त हस्तक्षेप कर सफलता प्राप्त की (पृष्ठ 146-147)।

संसद में दिये गये उसके प्रथम भाषण ने सबको प्रभावित किया। संसद सदस्य उसके हर भाषण को ध्यान से सुनते थे तथा वरिष्ठ सांसदों ने भी लगातार उसकी प्रशंसा की।

संसदीय सुधार देश को दो सशक्त धड़ों में बाँटने वाला एक बड़ा मुद्दा था। संसद की तब विद्यमान व्यवस्था में सामन्तों का कब्जा था। प्रणाली ही ऐसी थी कि उनका कब्जा बना रहेगा। उसे बदलने के लिए और संसद को सही ढंग से जनता की प्रतिनिधि-संस्था बनाने के लिए संसद में विधेयक रखा गया था जो सामन्तों के वर्चस्व और संख्या की वजह से हर बार अस्वीकृत किया जाता था। ऐसी स्थिति में मैकॉले की तरह उदारवादी राजनेताओं और विचारकों ने क्रान्तिकारी कदम उठाये जिसकी तुलना भारतीय स्वतन्त्रता के इतिहास के सविनय अवज्ञा आन्दोलन या असहयोग आन्दोलन से की जा सकती है (पृष्ठ 234)।

सुधार के सभी समर्थकों ने सारे कर देना बन्द कर दिया। कानून की परवाह किये बिना सरकार से असहयोग के विभिन्न कदम उठाये। इस स्थिति ने यह स्पष्ट कर दिया था कि कंजरवेटिव सरकार जनता का पूरा विश्वास खो चुकी है और उसके दिन लद गये हैं। मार्च 1831 में लार्ड जॉन रसेल ने फिर से संसद सुधार विधेयक प्रस्तुत किया जिसके मुताबिक लगभग 110 संसदीय क्षेत्रों को पूरी तरह या आंशिक रूप से समाप्त करने का प्रस्ताव था। इन्हीं क्षेत्रों को सामन्तशाहों के जेब का क्षेत्र (बरो) कहा जाता था जहाँ से सामन्त लोग अपनी इच्छा से किसी को भी सांसद बना सकते थे और इसी संख्या की वजह से पूरे संसद पर नियन्त्रण रखते थे। इस विधेयक पर चर्चा के दौरान मैकॉले ने कई बार हस्तक्षेप किया। इस सम्बन्ध में उसका पहला भाषण ही बहुत प्रभावशाली माना जाता है (पृष्ठ 158)। जून 1832 में यह विधेयक पारित हो गया। नयी सरकार ने उसे ईस्ट इंडिया कम्पनी के बोर्ड आफ कंट्रोल में कमिश्नर बनाया (पृष्ठ 235-36-37)।

नयी व्यवस्था के अन्तर्गत संसद के चुनाव में उसे लीड्ज़ से चुनाव लड़ने का आमन्त्रण मिला। वहाँ की जनता की सेवा के लिए मैकॉले ने अपनी सारी शक्ति और समय लगा दिया। परन्तु मतदाताओं से जाकर मत देने के लिए अनुरोध

करना या सांसद बन जाने पर अपने क्षेत्र के लिए विभिन्न काम करने के लिए वादा करने से उसने साफ तौर पर इनकार कर दिया। इस सम्बन्ध में उसके आदर्श और विचार जानने लायक हैं। वह मानता था कि सच्चे प्रतिनिधि लोकतन्त्र में मतदाताओं से मत का अनुरोध करना किसी मुकदमे में जूरी को अपने पक्ष में निर्णय देने के लिए कहना है। हर मतदाता अपने स्वतन्त्र विचार से सबसे उपयुक्त उम्मीदवार को मत दे यही उचित व्यवस्था है। उसने सांसद की तुलना डॉक्टर से भी की। उसका विश्वास था कि जिस तरह आप प्रसिद्धि के आधार पर सबसे अच्छे डॉक्टर को चुनते हैं और उससे इलाज कराते वक्त अपने को उस विशेषज्ञ के भरोसे छोड़ देते हैं, उसी तरह मतदाताओं को सबसे अच्छे प्रतिनिधि को अपनी मर्जी से चुनना चाहिए और उसके बाद उस प्रतिनिधि पर छोड़ देना चाहिए कि वह विभिन्न विषयों में उचित-अनुचित समझकर अपना निर्णय ले और क्षेत्र के लिए वह सब या जिसे वह ठीक समझता है करे। चुनाव के पहले उम्मीदवारों द्वारा क्षेत्र के लिए कुछ करने का वादा करना और उसके आधार पर मत माँगना तो रिश्वत की तरह है।

चुनाव में मैकॉले के समर्थकों को यह विचार बहुत अजीब लग रहा था। उन्होंने बहुत कोशिश की कि मैकॉले सिद्धान्त से हटकर लोक-लुभावन वादे करे और मत माँगने के लिए पूरे क्षेत्र में घूमे। मैकॉले ने इससे इनकार कर दिया। चुनाव प्रचार के अवसर को मैकॉले ने राजनीतिक चेतना और जागृति फैलाने का अवसर मानकर इस सम्बन्ध में सराहनीय काम किया। टोरी समर्थकों ने उसके खिलाफ भीषण प्रचार किया फिर भी उसी की जीत हुई जो उसके सिद्धान्तों की जीत थी (पृष्ठ 257-258)।

इसी दौरान ईस्ट इंडिया कम्पनी के बोर्ड आफ कंट्रोल के सचिव का पद रिक्त हुआ जिस पद पर उसकी नियुक्ति हो गयी। 29 जनवरी 1833 को नयी संसद की बैठक हुई। ईस्ट इंडिया कम्पनी के चार्टर में क्रान्तिकारी परिवर्तन किया गया। कम्पनी की सारी सम्पत्ति को ब्रिटिश क्राउन का ट्रस्ट मान लिया गया। भारतवर्ष के पूरे उपमहाद्वीप को ब्रिटेन का हिस्सा मान लिया गया जिसके जरिए वहाँ गुलामी को पूरी तरह समाप्त किया गया। इस कानून के द्वारा यह घोषणा की गयी कि भारत में रहने वाला कोई भी व्यक्ति केवल धर्म, जन्म या स्थान, अपने परिवार या रंग के कारण किसी भी पद या नौकरी से वंचित नहीं किया जा सकता। इस प्रावधान में भारतीय संविधान के मौलिक अधिकारों की आहट सरलता से सुनी जा सकती है। मैकॉले द्वारा संसद में इस विषय पर दिया गया व्याख्यान इतना प्रभावोत्पादक था कि अत्यन्त वरिष्ठ सांसद चार्ल्स ग्रांट ने

उसे संसद के इतिहास में दिये गये सबसे अच्छे व्याख्यानों से बेहतर बताया। उदारवादी विचारों के इस दौर में गुलामी प्रथा के खिलाफ आन्दोलन तेज और सशक्त हुआ। उसके पक्ष में वातावरण बना और उदारवादी व्हिग सरकार ने इसके लिए कानून प्रस्तुत किया जो बहुत अच्छा था। परन्तु गुलामी समाप्त करने के आन्दोलन के समर्थकों की आकांक्षाओं के अनुरूप नहीं था। इनमें मैकॉले भी शामिल था। अपने सिद्धान्त पर अडिग रहते हुए मैकॉले ने अपना पद त्याग करने का निर्णय लिया और उसने अपना इस्तीफा भेज दिया। यह और बात है कि बाद में उसकी बात मान ली गयी और इसलिए वह अपने पद पर वापस लौट आया। अपने सिद्धान्तों को पद से अधिक महत्ता देने के इस गुण को भारत की शिक्षा नीति सम्बन्धी उसके 2 फरवरी 1835 के मिनिट में भी देखा जा सकता है। मैकॉले ने उसके अन्तिम अंश में लिखा है कि यदि उसकी राय नहीं मानी गयी और भिन्न नीति को लागू किया गया तो लोकशिक्षण समिति के अध्यक्ष पद त्याग करने की अनुमति दी जाये क्योंकि वह अपनी आस्था और सिद्धान्तों की विपरीत नीति को लागू नहीं कर पायेगा।

ईस्ट इंडिया कम्पनी के पुनर्गठन कानून में यह प्रावधान किया गया था कि उसके उच्चतम परिषद् में एक व्यक्ति ऐसा रखा जाएगा जो कम्पनी का कर्मचारी नहीं है। इस पद पर मैकॉले की नियुक्ति हुई। भारतवर्ष के लिए रवाना होने के पहले उसे एक जाँच में गवाह के रूप में बुलाया गया जहाँ उससे अपने सहयोगी के साथ हुई व्यक्तिगत बातचीत के सम्बन्ध में जानकारी चाही गयी। उसने फिर दृढ़ सैद्धान्तिक दृष्टिकोण का परिचय दिया। उसने साफ कह दिया कि निजी बातचीत को किसी भी जाँच कमेटी के सामने प्रस्तुत नहीं करेगा चाहे इस वजह से उसे कुछ भी कितना-बुरा फल भुगतना पड़े। उसके इस सिद्धान्त को स्वीकार करते हुए अन्ततः जाँच को ही समाप्त करना पड़ा (पृष्ठ 331-332)।

भारतवर्ष के इतिहास का उसने गहरा अध्ययन कर लिया था। स्वतन्त्रता, समानता, न्याय जैसे लोकतांत्रिक एवं उदारवारी विचारों को उसने भारतवर्ष में उसी निष्ठा से लागू किया जैसे वह अपने देश में करता था। शिक्षा सम्बन्धी उसके मिनिट पर आने के पहले इस विषय में दो उदाहरण प्रस्तुत करना जरूरी है। 1835 तक भारतवर्ष में प्रेस पर सेंसरशिप लागू था। मैकॉले ने सेंसरशिप को समाप्त करने की जोरदार वकालत की और इस सम्बन्ध में एक महत्त्वपूर्ण मिनिट लिखा। उसने तर्क दिया कि सेंसरशिप के कानूनी प्रावधानों के बावजूद वास्तव में प्रेस को बहुत स्वतन्त्रता है और सेंसरशिप लागू नहीं किया जाता है। यह गुनाह बेइज्जत की स्थिति है। कानूनी तौर पर तो सेंसरशिप है पर वास्तव में

नहीं है। इसको ध्यान में रखते हुए सेंसरशिप पूरी तरह कानून से समाप्त किया जाना चाहिए। कुछ लोगों ने इसका विरोध किया और यह तर्क प्रस्तुत किया कि अचानक युद्ध की आपातकाल की स्थिति में सेंसरशिप लागू करने की जरूरत पड़ सकती है। इसके उत्तर में मैकॉले ने लिखा कि इंडिया एक्ट के मुताबिक गवर्नर जनरल की कौंसिल को, जिसमें गिने-चुने लोग हैं, यह अधिकार है कि वे जब चाहे कानून बना सकते हैं। इंग्लैण्ड की तरह संसद के जरिए कानून बनाने का किसी लम्बी और समयसाध्य प्रक्रिया का पालन जरूरी नहीं है। इसलिए यदि सच में ऐसी कोई स्थिति आती है जिसमें सेंसरशिप का औचित्य होगा तो गवर्नर जनरल इन गिने-चुने लोगों के साथ बैठकर कुछ मिनिटों में सेंसरशिप का कानून पारित कर सकते हैं। मैकॉले के सुझाव को अन्ततः स्वीकार किया गया और 1835 में प्रेस से सेंसरशिप हटा दी गयी। यह जानना दिलचस्प है कि उसके बाद प्रेस में मैकॉले की बड़ी आलोचना हुई। जार्ज ट्रेविलियन के मुताबिक प्रेस में मैकॉले पर इतने तीव्र और व्यापक आक्रमण हुए जो लोकसेवा में लगे हुए विरले लोगों को ही सहना पड़ते हैं। चूँकि प्रेस पर नियन्त्रण यूरोपियन लोगों का था जो अपने और भारतीयों के बीच में अन्तर मानते थे और चाहते थे कि सेंसरशिप का कानून लागू रहे ताकि भारतीयों द्वारा निकाले जा रहे पत्र-पत्रिकाओं में सेंसरशिप किया जा सके। इसके बावजूद 18 महीने बाद सितम्बर, 1836 में उसने प्रेस की स्वतन्त्रता की उतनी ही जोरदार वकालत की (पृष्ठ 363-366)।

यूरोपियन स्वामित्व वाली पत्र-पत्रिकाओं द्वारा मैकॉले की कटु आलोचना का वास्तविक कारण मैकॉले के सिद्धान्तवादी एवं उदारवादी विचार थे जिसके मुताबिक वह भारत में बसे हुए यूरोपियन और भारतीय लोगों को हर मुद्दे में समान मानता था और कानूनी स्थिति को उसके अनुकूल बनाना चाहता था। उस समय तक एक कानून लागू था जिसके मुताबिक कलकत्ता को छोड़ अन्य स्थानों में रहने वाले ब्रिटिश लोगों को भी यह अधिकार था कि वे कहीं भी रहते हों दीवानी अपील कलकत्ता के उच्चतम न्यायालय में कर सकते थे, जबकि शेष भारतीयों के लिए कम्पनी के सदर न्यायालय विभिन्न प्रान्तों में थे। यह भेदभाव मैकॉले को रास नहीं आया और उसने इस कानून को बदलने का प्रस्ताव रखा। उसने वकालत की कि जब भारतीय सदर न्यायालय में अपील कर न्याय पा सकते हैं तो वहाँ बसे अंग्रेजों में क्या सुर्खाब के पर लगे हैं कि उनके लिए कलकत्ता के सुप्रीमकोर्ट में अपील का प्रावधान रखा जाये। उसकी राय थी कि भारतीयों और अंग्रेजों के बीच इस तरह का भेदभाव यह दिखाता है कि आम आदमी के लिए कम्पनी की अदालत काफी है जबकि अंग्रेजों के लिए सरकारी उच्चतम न्यायालय

की जरूरत है। यह समानता के सिद्धान्त के विपरीत है। यदि हम कम्पनी के सदर न्यायालयों का विश्वास अंग्रेजों को न्याय देने के लिए नहीं कर सकते तो भला हम भारतीयों को न्याय देने के लिए उन्हें कैसे सक्षम मान सकते हैं।

मैकॉले के प्रस्ताव के विरोध में कलकत्ता के अंग्रेजों ने एक मुहिम चलाई थी। इसके सम्बन्ध में मैकॉले ने अपने मिनिट में लिखा कि ये मुट्ठीभर अंग्रेज इसका विरोध कर रहे हैं तथा उसे जनमत कह रहे हैं। सच कहा जाये तो यह उन पाँच सौ लोगों की राय है जो पाँच करोड़ भारतीयों के हित, भावनाओं और विचारों की जरा भी परवाह नहीं करते हैं। उनके लिए स्वतन्त्रता के प्रेम का मतलब है उनके पाँच सौ लोगों को स्वतन्त्रता दी जाये कि इन पाँच करोड़ लोगों के साथ जैसा चाहें व्यवहार कर लें। अखबार में जो उसके प्रस्ताव के विरोध में बातें छपती थीं वह इसलिए कि प्रेस इन पाँच सौ लोगों के द्वारा समर्थित है तथा उनकी कोई मंशा पाँच करोड़ लोगों के हित को देखने की नहीं है (पृष्ठ 365-366)।

इस सम्बन्ध में उस मिनिट का अन्तिम अंश बहुत महत्त्वपूर्ण है जिसमें उसने लिखा कि यह तो ज्ञात है कि हम भारतवर्ष में स्वतन्त्र सरकार की स्थापना नहीं कर सकते, परन्तु हमें उसके बाद जो सबसे अच्छी शासन-व्यवस्था हो सकती है, उसे अवश्य लागू करना चाहिए और जिसका मतलब है एक निष्पक्ष, स्वच्छ और न्यायपूर्ण प्रशासन की व्यवस्था करना। ये मुट्ठीभर अंग्रेज चाहते हैं कि उन्हें एक अलग प्रकार का प्रीविलेज्ड समूह मानें तथा आम भारतीय को गुलाम के रूप में देखें, यह हमें बिल्कुल स्वीकार नहीं है। जब संसद ने अंग्रेजों को यहीं बसने की स्वतन्त्रता दी उसी समय गवर्नर जनरल के परिषद् को यह भी अधिकार दिया कि हम समान और न्यायपूर्ण शासन की व्यवस्था कर सकें। यदि हम इन अधिकारों का उपयोग नहीं कर सकते तो हम शासन करने योग्य नहीं हैं, न इन अधिकारों को ब्रिटिश संसद से पाने योग्य हैं।

अब तो यह स्पष्ट हो गया होगा कि मैकॉले समानता, न्याय और स्वतन्त्रता के उदारवादी लोकतान्त्रिक सिद्धान्तों को पूरी तरह मानता था और उसी अनुसार अपनी राय व्यक्त करता था, नीति निर्धारण और शासन का संचालन चाहता था। शिक्षा के सम्बन्ध में उसके प्रसिद्ध मिनिट को इन्हीं मापदंडों की कसौटी में कसना उचित होगा। इस विमर्श के प्रारम्भिक अंश में ही हमने स्पष्ट कर दिया है कि नीति के निर्धारण को असंख्य तत्त्व अपने-अलग अलग ढंग से प्रभावित करते हैं। उनमें से कुछ की पड़ताल हम आगे करेंगे। मैकॉले के जीवन और व्यक्तित्व के प्रकाश में हमें केवल यह समझना है कि उसके द्वारा प्रतिपादित नीति उसके आदर्शों और विचारधारा के अनुकूल है, निरन्तरता को प्रगट करती है। यदि ऐसा

है तो जहाँ नीति हमें कितनी भी बुरी लगे, हम अपने लिए अहितकारी मानें, उसकी सदाशयता से इनकार नहीं कर सकते। देश का अहित करने के उद्देश्य से दुर्भावना की नीति वाला खलनायक नहीं मान सकते।

लगभग मुद्रित दस पृष्ठों में और 32 पैराग्राफ में लिखे गये अपने मिनिट में मैकॉले ने मुख्य रूप से केवल इतनी सी बात कही है कि पाश्चात्य ज्ञान और अंग्रेजी भाषा की शिक्षा देकर ऐसे वर्ग का निर्माण किया जाये जो अंग्रेजी सभ्यता और संस्कृति से सराबोर हो। चूँकि इस मिनिट के केवल कुछ अंशों को उद्धरण के रूप में पेश कर दिया जाता है इसलिए यह गलतफहमी पैदा हो जाती है कि मैकॉले ने दुर्भावना पूर्ण नीति का प्रतिपादन किया। दो उद्धरण हैं जो लगभग हमेशा दिये जाते हैं और इस गलतफहमी को पुष्ट करने में मददगार होते हैं। उन्हें ज्यों का त्यों दे देना उचित होगा। साथ ही जिस परिप्रेक्ष्य में ये वाक्य लिखे गये थे, उसे स्पष्ट करना मैकॉले के प्रति न्याय के लिए जरूरी है। उद्धरण निम्नानुसार हैं–

1. A single shelf of a good European library was worth the whole native literature of India and Arabia.
2. We must at present do our best to form a class who may be interpreters between us and the millions whom we govern; a class of persons Indian in blood and colour, but English in tastes, in opinions, in morals and in intellect.

उसके पूरे मिनिट को पढ़ने से यह स्पष्ट हो जाता है कि वह यूरोपीय ज्ञान और सभ्यता को पूर्वी देशों जिसमें मुख्य रूप से वह अरब और भारत की बात कर रहा है, बहुत बेहतर मानता है। उसको प्रमाणित करने के लिए उसने बहुत सारे तर्क दिये हैं जिनका ब्योरा देना आवश्यक नहीं है। हमने पहले देखा ही है कि वह ग्रीक और लैटिन भाषा का विद्वान था और ग्रीक भाषा में तो वह परीक्षा में प्रथम भी आया था। यूरोपीय ज्ञान का भंडार भी था इसलिए उसके पक्ष में पूर्वाग्रह अस्वाभाविक नहीं है। फिर भी उसने संस्कृत और अरबी भाषा की अपनी अज्ञानता को स्वीकार करते हुए अपने को तुलना करने में सक्षम न मानते हुए उक्त उद्धरण में दूसरों की राय उद्धृत की है जिसका सारा दोष हम मैकॉले पर मढ़ देते हैं। जिस पैराग्राफ से वह उद्धरण लिया गया है उसका पहला वाक्य है, "मैं संस्कृत और अरबी भाषाओं का ज्ञान नहीं रखता। परन्तु उनका सही आकलन करने के लिए जो कुछ सम्भव हो सकता है वह मैंने किया है। मैंने अरबी और संस्कृत की प्रसिद्ध पुस्तकों का अनुवाद पढ़ा है। मैंने यहाँ और अपने देश में पूर्वी भाषाओं के ज्ञाताओं से बातचीत भी की है। उनके

द्वारा जो आकलन किया गया है मैं उसे स्वीकार करने को तैयार हूँ। अभी तक मुझे उन लोगों में से एक भी व्यक्ति नहीं मिला है जो यह न माने कि यूरोप के एक अच्छे पुस्तकालय की एक अलमारी भारतवर्ष और अरब के सम्पूर्ण देशी साहित्य के बराबर है।" स्पष्ट है कि वह दूसरों की राय व्यक्त कर रहा है अपनी नहीं। स्वाभाविक है कि वह जिन लोगों से मिलता था, इस सम्बन्ध में बातचीत करता था, वे यूरोपीय सभ्यता के उत्पाद थे। वैसे भी उस समय संस्कृत और अरबी भाषाओं तथा इन देशों की पुरानी सभ्यता संस्कृति के सम्बन्ध में पर्याप्त जानकारी यूरोप में नहीं थी। पूर्वी देशों के साहित्य और इतिहास का अध्ययन तथा उसका बेहतर आकलन तो बहुत बाद में हुआ। इसलिए मैकॉले को इस गलत बयान के लिए जिम्मेदार ठहराते समय देश और काल का ध्यान रखना चाहिए। यदि वह बीसवीं शताब्दी में इस तरह का मिनिट लिखता तो गुन्नार मिर्डाल की तरह कहना पड़ता कि भारत में चार हजार साल से अधिक समय से अत्यन्त समृद्ध संस्कृति रही है (एशियन ड्रामा, पृष्ठ 1624) तथा यह भी कि दक्षिण एशिया हिन्दू, बौद्ध और इस्लाम धर्म का जन्मस्थान रहा है तथा हर धर्म ने अलग प्रकार की शिक्षा को बढ़ावा दिया, जिसने तक्षशिला और नालन्दा जैसे विश्वविद्यालय की रचना की।

यदि इस पूरे प्रसंग को ध्यान में रखा जाये तो मुझे लगता है कि भारतीय सभ्यता और संस्कृति के सीमित ज्ञान और आकलन के लिए मैकॉले की स्थिति को दयनीय कहा जा सकता है।

यह बात भी ध्यान देने योग्य है कि यदि उसे सही आकलन मिल भी जाता तो उस समय यूरोप के देशों की समझ उसके ऊपर छायी थी कि वे बहुत सभ्य और विकसित थे और उनका परम कर्तव्य उपनिवेशवासियों को सभ्य बनाना था। जहाँ एक ओर उदारवाद (liberalism) से प्रेरित राजनीतिक और सामाजिक आदर्शों पर गहरा विश्वास था, वहीं यह विश्वास भी सुदृढ़ था कि अंग्रेजी सभ्यता, साहित्य, संस्कृति और शान सर्वोत्तम है। इस स्वसमूह केन्द्रित (ethnocentrism) विश्व दृष्टि उसके रग रग में भरी थी। इसी मिनिट में उसने कई जगह इसे प्रगट किया है और केवल एशिया और अरब वरन् यूरोप के अन्य देशों से भी अपनी भाषा, ज्ञान और संस्कृति को बहुत बेहतर पूरे विश्वास और दृढ़ता के साथ बताया। इसके चलते मैकॉले शायद वही नीति बनाता यद्यपि उसके समर्थन में कुछ तर्क भिन्न देता। यहाँ रेखांकित करना जरूरी है कि वह शिक्षा को भारतीयों को सुसंस्कृत करने का माध्यम मान रहा था जिसमें सुसंस्कृत होने का अर्थ है अंग्रेजी या यूरोपीय सभ्यता के अनुरूप ढल जाना। अपने इस लम्बे मिनिट में

पश्चिमी शिक्षा से सुसंस्कृत होने के उदाहरण के रूप में तत्कालीन रूस का भी जिक्र किया है। इंग्लैण्ड के सम्बन्ध में भी वह स्वीकार करता है कि यदि रोमन साम्राज्य के जमाने में इंग्लैण्ड ने रोम और ग्रीस की शिक्षा व्यवस्था को स्वीकार न कर अपनी पुरातन भाषा और व्यवस्था को जारी रखा होता तो इंग्लैण्ड भी असभ्य रह जाता। सीधी सरल सी बात है मैकॉले ने शिक्षा के चरित्र को समझकर उसका इस्तेमाल करने की नीति सद्भावनापूर्वक बनाई यह समझते हुए कि यह नीति भारतीयों के हित में है।

यहाँ यह भी याद रखने योग्य है कि सभी यूरोपीय देशों ने अपने उपनिवेशों में पाश्चात्य शिक्षा देने की ही नीति अपनाई। उस युग में यही उचित बात मानी जा रही थी। यदि मैकॉले ने संस्कृत और अरबी की शिक्षा देने के सुझाव को स्वीकार कर लिया होता और वही नीति अपनाई गयी होती तो वह बहुत समय तक जारी नहीं रह सकती थी। 1854 में शिक्षा की स्थिति का सर्वेक्षण व आकलन कर जो नयी और अधिक व्यापक नीति बनाई गयी उसे कम्पनी के बोर्ड ऑफ कंट्रोल के अध्यक्ष चार्ल्स वुड के नाम पर वुडस् का परिपत्र (Wood's despatch) कहा जाता है। यह अनुमान लगाना गलत नहीं होगा कि तत्कालीन विचारधारा को देखते हुए उस नीति को बदलकर 1854 में पाश्चात्य शिक्षा देने की नीति अन्य उपनिवेशवादी शक्तियों की तरह जरूर अपना ली गयी होती।

दूसरे उद्धरण की एक और कारण से कटु आलोचना की जाती है उसके जरिए वर्ग विभाजन की नीति प्रतिपादित की गयी है; लोकशिक्षण अर्थात् सारी जनता को शिक्षा देने के खिलाफ सुझाव दिया गया है। यहाँ यह स्पष्ट करना जरूरी है कि यह केवल मैकॉले की राय नहीं थी वास्तव में लोकशिक्षण समिति जिसके अधिकांश लोगों के मत के खिलाफ मैकॉले ने मिनिट लिखा था, उस पूरी समिति की ही यह राय थी कि तत्कालीन वित्तीय स्थिति में कम्पनी भारत की पूरी जनता की शिक्षा की जिम्मेदारी नहीं ले सकती। मैकॉले ने अपने मिनिट में सारी जनता की शिक्षा की बात को नज़रअन्दाज़ नहीं किया था। उदारवादी विचारधारा का व्यक्ति भला यह कैसे कर सकता था। उसने इसके लिए अपनी रणनीति बताई थी कि कम्पनी के द्वारा शिक्षित वर्ग का काम है कि वह भारतीय भाषाओं को पुष्ट करे, उसमें यूरोपीय ज्ञान का भंडार तैयार करे और सर्वजन की शिक्षा में भूमिका अदा करे। इसे अधोगामी प्रवाह (downfiltration theory) कहा गया है और इसकी भीषण आलोचना अब तक होती है। केवल सीमित वर्ग को शिक्षा देने की नीति को 1854 की नयी नीति में बदल दिया गया था और यह स्वीकार कर लिया गया था कि लोकशिक्षण की जिम्मेदारी सरकार पर है। यह और बात

है कि 1854 से 1947 तक हर प्रतिवेदन में इस जिम्मेदारी और उसके निर्वाह में असफलता का जिक्र तो किया गया है परन्तु शिक्षा के लोकव्यापीकरण की कोई गम्भीर कोशिश ब्रिटिश सरकार द्वारा नहीं की गयी (इस सम्बन्ध में मेरा विस्तृत विश्लेषण देखें : कुमार ए. और सिंह ए.पी. (2009). *ऐलीमेण्टरी एजुकेशन इन इंडिया : इस्यूज एण्ड चैलेंजेज़*। यूनिवर्सलाइजेशन ऑफ ऐलिमेण्टरी एजुकेशन : रिटॉरिक लेजिटिमाईग स्टेटस, उप्पल पब्लिकेशन हाउस, न्यू देहली)। सार यह है कि लोकशिक्षण के उद्देश्य की निरन्तर घोषणा के बावजूद एक सीमित वर्ग को ही शिक्षा दी जाती रही। दूसरे शब्दों में अधोगामी प्रवाह की नीति जारी रही। यह उल्लेखनीय है कि हमारे देश में आज व्यापक विकास के सन्दर्भ में इसी प्रतिमान को स्वीकार किया गया है। भू-मंडलीकरण की विश्वव्यापी नव-पूँजीवादी, और नव-उदारवादी विचारधारा के प्रभाव में सारे विकासशील देश, कुछ अपवादों को छोड़, इसी रास्ते में चल रहे हैं या चलने को बाध्य हैं। अन्य उपनिवेशों की शिक्षा नीति के सन्दर्भ में देखा जाये तो मैकॉले और उसके उत्तराधिकारियों द्वारा शिक्षा के लोकव्यापीकरण की नीति को न लागू करना प्रतिगामी और अनुचित माना जा सकता है। फिलीपींस की स्पेनिश सरकार ने 1863 में शिक्षा संहिता बनाई जिसमें निम्न मुख्य बातें थीं–

1. 7 से 13 उम्र के सभी बच्चों को अनिवार्य और निःशुल्क शिक्षा मिलनी चाहिए।
2. हर गाँव में लड़कों के लिए एक और लड़कियों के लिए एक अलग स्कूल होना चाहिए।
3. स्पेनिश भाषा सभी स्कूलों में प्रारम्भ की जाये।

यद्यपि स्पेनिश शासन के अन्त होने तक इन उद्देश्यों की पूर्ति नहीं हो सकी। फिर भी फिलीपींस 'अन्य उपनिवेशों की तुलना में लोकशिक्षण में बहुत आगे रहा' (*एशियन ड्रामा,* पृष्ठ 1663)।

उच्च शिक्षा में भी फिलीपींस में स्पेन ने बहुत अधिक प्रगतिशील कदम उठाये थे। सत्रहवीं शताब्दी के मध्य में ही कुछ विद्यालयों को विश्वविद्यालयों का दर्जा दे दिया गया था। (जबकि भारत में पहले तीन विश्वविद्यालय दो शताब्दी बाद स्थापित हुए।) जहाँ कैथोलिक धर्म की शिक्षा के साथ-साथ लैटिन, ग्रीक, रोम और स्पेन के विधिशास्त्र, दर्शनशास्त्र, चिकित्साशास्त्र, गणित और विज्ञान की शिक्षा दी जाती थी। यहाँ यह ध्यान देने योग्य है कि यूरोपीय संस्कृति को फिलीपींस में लादने की कोशिश भारत की तुलना में बहुत पहले हो गयी थी।

दक्षिण एशिया में जहाँ-जहाँ पुर्तगाल का उपनिवेश स्थापित हुआ वहाँ भी

पाश्चात्य शिक्षा को भारत की तुलना में बहुत अधिक और बहुत पहले बढ़ाया गया। गुन्नार मिर्डाल कहते हैं कि, "शिक्षा के सम्बन्ध में पोर्चगीज़ लोगों की वही महत्त्वाकांक्षा और नीति थी जो स्पेनियर्डस की थी" (*एशियन ड्रामा*, पृष्ठ 1634)।

इंडोनेशिया में पोर्चगीज़ शासन ने शीघ्र ही प्राथमिक शालाएँ स्थापित कीं, जहाँ देशी शिक्षा व्यवस्था के अन्तर्गत कार्यरत शिक्षण संस्थानों ('पेसेन्ट्रेन्स') से अधिक व्यापक शिक्षा व कौशल विकास करने के साथ धर्म का इनड्रॉक्ट्रिनेशन भी होता था।

यहाँ पोर्चगीज़ लोगों के बाद डच लोगों का (नीदरलैण्ड्स) शासन हुआ। उनके साथ भी मिशनरी लोग आये परन्तु ईसाई धर्म के प्रचार में और शिक्षा को उसके लिए इस्तेमाल करने में उन्होंने खास रुचि नहीं दिखाई क्योंकि उन्हें इस्लाम धर्म-प्रचारकों से प्रतियोगिता करनी पड़ रही थी जो कई सदियों पहले आये थे और इस्लाम धर्म के प्रचार के मिशन को पूर्ण करने की कगार पर थे। अपने शासन में काम करने के लिए भी उन्हें स्थानीय लोगों की आवश्यकता नहीं थी क्योंकि उन्हें पर्याप्त संख्या में डच और अन्य यूरेशियन कर्मचारी मिल जाते थे। 1830 में स्थानीय लोगों की जरूरत पड़ने पर भारत की तरह ही, ऐसे वर्ग को तैयार करने की शिक्षा नीति लागू की गयी (*एशियन ड्रामा*, पृष्ठ 1835)।

श्रीलंका—तत्कालीन सिलोन—में सोलहवीं और सत्रहवीं शताब्दी में पोर्चगीज़ शासन रहा जब चर्च के साथ मिलकर धर्म-परिवर्तन के उद्देश्य से शिक्षा के प्रसार की नीति अपनाई गयी। फिलीपींस की तरह यहाँ भी हर गाँव में एक स्कूल की नीति को लागू करने के कदम उठाये गये। यहाँ बौद्ध धर्म का बोलबाला था, जो समानता आधारित धर्म है। उनके मोनेस्टरी की वजह से शिक्षा के लिए अनुकूल वातावरण भी था। मिशनरी ने स्थानीय भाषा सीखकर 1545 में ही सिंहली में स्थान बना लिया। स्थानीय पादरी बनाने के प्रयोजन से कोलम्बो और जाफना में कॉलेज भी सत्रहवीं शताब्दी में स्थापित किये गये। ऐसा पाठ्यक्रम भी तैयार कर लिया गया जो धार्मिक शिक्षा से अधिक व्यापक था। पोर्चगीज़ के बाद डच शासन श्रीलंका में आया। उन्होंने सत्रहवीं और अठाहरवीं सदी के अन्त तक शासन किया। प्रारम्भ में तो उन्होंने शिक्षा में कम ध्यान दिया परन्तु बाद में स्थानीय उच्च वर्ग के प्रभाव के चलते अपने सहायकों के पदों में काम करने के लिए शिक्षा पर ध्यान दिया जैसा ब्रिटिश शासन ने बाद में भारत में किया। यह ध्यान देने योग्य है कि दोनों में उद्देश्य कानून और प्रशासन करने वालों को बनाना था, और दोनों के लिए उच्च वर्ग की माँग थी।

श्रीलंका में अठारहवीं सदी के अन्त में ब्रिटिश शासन की शुरुआत हुई।

उन्होंने भी पहले शिक्षा पर ध्यान नहीं दिया, जैसे भारत में भी उनकी नीति रही। तीन शताब्दियों से मिशनरी के काम की वजह से शिक्षण संस्थाओं का अस्तित्व काफी संख्या में था। पढ़े-लिखे लोगों की दूसरी-तीसरी पीढ़ी वहाँ थी। उनके दबाव में ब्रिटिश सरकार को इन शिक्षण संस्थाओं को वित्तीय मदद देने को बाध्य होना पड़ा। ब्रिटिश अपने शासन के छोटे पदों पर काम नहीं करना चाहते थे। इसलिए स्थानीय शिक्षित लोगों को नियुक्त करने लगे और शीघ्र ही ऊँचे पदों पर भी उनके लिए दरवाजे खुल गये और इस उद्देश्य से माध्यमिक और उच्च शिक्षा पर ध्यान गया। ध्यान देने योग्य बात यह है कि श्रीलंका में भी ब्रिटिश शासन की शिक्षा में उदासीनता रही और स्थानीय सामाजिक परिस्थिति और मिशन संस्थाओं की ऐतिहासिक विरासत के कारण ही उन्हें शिक्षा में कुछ ध्यान देना पड़ा।

उन्नीसवीं शताब्दी में चाय बगानों की तेजी से स्थापना हुई और विकास हुआ। इससे व्यापारी वर्ग अस्तित्व में आया और उनकी माँग व दबाव के कारण माध्यमिक और उच्च शिक्षा में ब्रिटिश सरकार को ध्यान देना पड़ा। पोर्चगीज़ और डच शासन के समय से चल रहे मिशन स्कूलों और नये व्यापारी वर्ग की संयुक्त महत्त्वाकांक्षाओं के कारण स्थानीय शासन की संस्थाओं को अधिक अधिकार देना पड़ा और उनके दबाव और भूमिका से स्वास्थ्य एवं शिक्षा के क्षेत्र में सुधार हुआ (*एशियन ड्रामा,* पृष्ठ 1636-37)।

विभिन्न उपनिवेशों में उपनिवेशवादी यूरोपीय राज्यों की शिक्षा नीति के संक्षिप्त विवरण से स्पष्ट होगा कि बहुत सारे प्रभाव, दबाव, शक्तियाँ, माँगें, विचार, प्रयोजन, ऐतिहासिक विरासत मिलकर एक खास प्रकार की शिक्षा नीति तय करते हैं। उन्हें मैकॉले की तरह मूर्त्त रूप देने वाला मात्र एक अभिकरण होता है किन्तु प्रक्रिया में निश्चय ही उसके स्वयं के विचारों और आदर्शों का योगदान होता है।

धर्म प्रचार और शासन का साथ होना शिक्षा-नीति पर निर्णायक प्रभाव डालने वाला एक महत्त्वपूर्ण तत्त्व रहा है। उक्त विवेचन से सामान्य सिद्धान्त के रूप में कहा ज़ा सकता है कि कैथोलिक धर्म को मानने वाले यूरोपीय देश जहाँ-जहाँ उपनिवेशीय शासन स्थापित करते थे वहाँ कैथोलिक धर्म प्रचारक साथ जाते थे और वहाँ शिक्षा का मुख्य उद्‌देश्य ईसाई धर्म का प्रचार-प्रसार था। शिक्षा और स्कूल उसके माध्यम थे। इन देशों की सरकारों ने कैथोलिक धर्म के साथ मिलकर इस उद्‌देश्य से शिक्षा को बढ़ावा दिया। ईसाई धर्म प्रचारक प्रयत्नपूर्वक स्थानीय भाषा को सीखते थे, उसमें बाइबिल का अनुवाद करते थे और स्कूलों में उसे शिक्षा के माध्यम के रूप में इस्तेमाल करते थे। जहाँ इस रणनीति की वजह से शिक्षा का व्यापक प्रचार-प्रसार होता था वहीं ईसाई धर्म में परिवर्तन

भी बड़े पैमाने पर होता था। इसलिए स्पेन, पुर्तगाल, डच उपनिवेशों में ईसाई धर्मावलम्बियों की संख्या बहुतायत से है।

भारतवर्ष में इसके ठीक विपरीत ब्रिटिश शासन ने ईसाई मिशनों से दूरी बनाकर रखी और उन्हें प्रश्रय नहीं दिया। इस वजह से कम्पनी और उसके अधिकारियों में लोकशिक्षा के सम्बन्ध में कभी कोई विशेष उत्साह नहीं रहा। जो ईसाई मिशन शिक्षा के क्षेत्र में आगे बढ़े वे सरकार से अधिक से अधिक तटस्थता की उम्मीद कर सकते थे; बहुत बार उनकी गतिविधियाँ शान्ति में व्यवधान और राजनीतिक रूप से ऐसी खतरनाक मानी जाती थीं जिन्हें रोकना या दबाना सरकार जरूरी समझती थी (*एशियन ड्रामा*, पृष्ठ 1637)।

धर्म और राज्य के गठजोड़ से कुछ उपनिवेशों में शिक्षा और धर्म के साथ साथ प्रचार और भारत जैसे उपनिवेश में धर्म और शिक्षा को अलग करने की नीति से शिक्षा के प्रचार की रफ्तार कम होने को समझने के बाद शायद मैकॉले एवं ब्रिटिश शिक्षा नीति को स्वतन्त्र भारत में धर्मनिरपेक्षता और धर्मनिरपेक्ष शिक्षा की बुनियाद के रूप में देखा जा सकता है। भारतीय जनभाषाओं की शिक्षा को मैकॉले द्वारा अपनी नीति में सम्मिलित न करने के पीछे एक बड़ा कारण ईसाई मिशनरियों को इस बहाने धर्म प्रचार और धर्म परिर्वतन की गतिविधि से रोकना था। 1854 की वुड की नीति में स्थानीय भाषाओं को पढ़ाना सम्मिलित किया गया क्योंकि लोकशिक्षण के लिए वह अनिवार्य था। इस नीति के बाद धर्म प्रचारकों और शिक्षा का कैसा सम्बन्ध रहा यह अलग से समझने की बात है।

लोकशिक्षण में भारत में पिछड़ी नीति के पीछे एक और बड़ा कारण इंग्लैण्ड की तत्कालीन पिछड़ी शिक्षा नीति भी है। 1830 तक शिक्षा का मुख्य दायित्व इंग्लैण्ड में निजी दानशीलता पर था। उसके बाद सरकार के साथ जुड़ी और स्कूलों की संख्या बढ़ी। 1870 में कानून बनाकर यह व्यवस्था की गयी कि जो लोग निजी विद्यालयों में पढ़ाई नहीं कर सकते उन्हें सरकार द्वारा स्कूली शिक्षा दी जाएगी जबकि जर्मनी में 1763 में अनिवार्य हाजिरी का कानून बना था। अनिवार्य शिक्षा दस वर्ष उम्र तक के बच्चों के लिए 1880 में, ग्यारह वर्ष तक की उम्र के लिए 1893 में तथा चौदह वर्ष तक की उम्र के लिए 1918 में की गयी। इसे देखते हुए भारत में ब्रिटिश शिक्षा नीति की ढिलाई को माफ किया जा सकता है। (गिन्सबर्ग एम. (1959) में डी.वी. ग्लास। *लॉ एण्ड ऑपिनियन इन इंग्लैण्ड इन 20एथ सेन्चुरी*। लन्दन 320-321)। अन्य यूरोपीय देशों की तुलना से स्पष्ट होगा कि इंग्लैण्ड लगभग सबसे पिछड़ा देश था। 1818 में ब्रिटिश संसद की सिलेक्ट कमेटी ने राय दी कि 'इंग्लैण्ड शिक्षा के क्षेत्र में यूरोप में सबसे पिछड़ा

राज्य है।' 1909 में बेलफोर ने लगभग यही दुहराया और कहा कि 'इंग्लैण्ड शिक्षा में यूरोप के अपने सभी प्रतियोगियों से पीछे है।' हेनरी ब्राशम, सांसद, ने 1837 में शिक्षा विधेयक पर बहस के दौरान कहा कि जनता की शिक्षा में दुनिया के सभी सभ्य देशों से पीछे होने के दोष से उबरने की जरूरत है (एंडीग्रीन (2002) (*एजुकेशन एंड स्टेट फॉर्मेशन*। मेकमिलन प्रेस लिमिटेड पृष्ठ 10-11)। आंकड़े भी इस बात की पुष्टि करते हैं। 1830 में इंग्लैण्ड में केवल 7 प्रतिशत बच्चे स्कूलों में पढ़ते थे। 1850 में यह 8 प्रतिशत हुआ और 1881 में 15 प्रतिशत। जिस देश का यह हाल हो उससे उपनिवेश में भला क्या उम्मीद की जा सकती है (*एशियन ड्रामा,* पृष्ठ 14)।

मैकॉले की आम लोगों की शिक्षा के बजाय एक वर्ग की शिक्षा की नीति को इस परिप्रेक्ष्य में देखना चाहिए।

शिक्षा के सम्बन्ध में तत्कालीन विवादों और उनके बीच मैकॉले की शिक्षा नीति के विश्लेषण का एक दृष्टिकोण वर्गों के हितों के आधार पर हो सकता है। ब्रिटिश ईस्ट इंडिया कम्पनी के अधिकारियों और भारत में काम कर रहे प्रोटेस्टेंट ईसाई धर्म प्रचारकों के तनावपूर्ण सम्बन्धों का एक बड़ा कारण वर्गभेद भी है। प्रोटेस्टेंट मिशन अपने मूल देशों में समाज के निचले वर्गों के समर्थन से उन्हीं के बीच काम करते थे। न केवल इतना ही, वे भारत या अन्य उपनिवेशों में भी निचले तबके के साथ काम कर उनके धर्मपरिवर्तन की गतिविधियों में लगे रहते थे। इसके ठीक विपरीत सारे ब्रिटिश अधिकारी उच्च वर्ग से आते थे। इन अधिकारियों का मेलजोल और अच्छा सम्बन्ध भारत के राजा राममोहन राय जैसे उच्च वर्ग के लोगों से ही था। यह कहने की तो जरूरत नहीं है कि उस समय, और बहुत हद तक अभी भी, उच्च वर्ग और उच्च जाति लगभग समान है। भारतीय उच्च वर्ग को प्रोटेस्टेंट धर्म प्रचारकों की गतिविधियाँ नागवार थीं, केवल इसलिए नहीं कि वे धर्म परिवर्तन के काम में लगे रहते थे वरन् इसलिए भी कि वे जाति प्रथा को स्वीकार नहीं करते थे (*एशियन ड्रामा,* पृष्ठ 1637)।

जिस मुख्य विवाद में मैकॉले ने पाश्चात्य संस्कृति के पक्ष में निर्णायक भूमिका निभाई उस विवाद का मुख्य विषय संस्कृति ही तो था। कम्पनी के बहुत सारे वरिष्ठ विद्वान अधिकारियों ने भारतीय संस्कृति, इतिहास और भारतीय भाषाओं का, जिसमें संस्कृत, अरबी और फारसी शामिल हैं, अध्ययन किया था। वे चाहते थे कि भारतीय सांस्कृतिक विरासत को आगे बढ़ाने में शिक्षा की भूमिका हो। भारतीय उच्च वर्ग सरकार में ऊँचे ओहदों में प्राप्ति के उद्‌देश्य से पाश्चात्य शिक्षा और अंग्रेजी भाषा के पक्ष में थे। यह कोई नयी बात नहीं थी। मुगल शासन काल

में यह वर्ग फारसी पढ़कर ओहदों में पहुँचता था। इनके लिए शिक्षा शासक वर्ग का हिस्सा बने रहने का माध्यम था। उनके लिए अब फारसी के बजाय अंग्रेजी शिक्षा की माँग और समर्थन तो स्वाभाविक था। यह बड़ी दिलचस्प बात है कि भारत में कार्यरत विदेशी विद्वान तो भारतीय सांस्कृतिक विरासत जिसका मुख्य मतलब उच्च वर्ग की संस्कृति से है—बनाये रखना चाहते थे, जबकि भारतीय उच्च वर्ग के लोग इस संस्कृति के बदलाव के पक्ष में थे। उनके लिए शिक्षा की नौकरी के लिए उपयोगिता महत्त्वपूर्ण थी, संस्कृति को बचाने, बढ़ाने के माध्यम होना गौण और नज़रअन्दाज़ करने लायक था। आज भी मध्यम और उच्च वर्ग शिक्षा को मुख्य रूप से नौकरी के जरिये के रूप में देखता है, अन्य आदर्श जैसे अच्छे इनसान का विकास करना तो कोरे आदर्श हैं। इसी मुखर और वर्चस्व वाले वर्ग ने मैकॉले को पाश्चात्य शिक्षा के पक्ष में निर्णय लेने में मदद की। वास्तव में मैकॉले अपने मिनिट में इस नीति के तर्क में कहता है, "इसी शहर में ऐसे भारतीय हैं जो किसी भी राजनीतिक या वैज्ञानिक मुद्दे पर धाराप्रवाह और बारीकी से चर्चा अंग्रेजी भाषा में कर सकते हैं। जिस विषय में मैं अभी लिख रहा हूँ उसी विषय में बुद्धिमत्ता और विद्वत्ता से स्थानीय सज्जनों को इतनी अच्छी चर्चा करते सुना है जो हमारे लोकशिक्षण समिति के किसी भी सदस्य के समकक्ष है। यूरोपीय महाद्वीप के विदेशी भी अंग्रेजी में अपने आपको इतनी अच्छी तरह और शुद्धता से अभिव्यक्त नहीं कर सकते, जितना यहाँ के हिन्दू करते हैं।"

स्थानीय उच्च वर्ग के उस समूह का हित संस्कृत और अरबी शिक्षा में था जो इन भाषाओं के ज्ञाता थे और जिनके लिए यह आजीविका का जरिया था। मैकॉले ने अपने मिनिट में इनका भी जिक्र किया है और उनके हित-साधन के लिए पारम्परिक व्यवस्था को बनाये रखने में शासन की जिम्मेदारी से पल्ला झाड़ा।

उक्त विवेचन से यह निष्कर्ष तो निकलता है कि मैकॉले की शिक्षा नीति को व्यापक परिप्रेक्ष्य में देखना अनिवार्य है और ऐसा करने पर स्पष्ट होता है कि उस नीति को बहुत सारी बातों ने अपने अपने ढंग से प्रभावित किया। किसका कितना कम या अधिक प्रभाव था, ऐसा आकलन सम्भव नहीं है। बहुत संक्षेप में, उनमें से कुछ हैं :

- भारत की समृद्ध सांस्कृतिक विरासत, जिसमें विविध लोक भाषाओं और दो शास्त्रीय भाषाओं में शिक्षा की परम्परा
- ब्रिटिश शासन से पूर्व फारसी में अध्ययन और उसके आधार में ओहदों के द्वारा शासन में भागीदारी की परम्परा
- हिन्दू धर्म में जातिवाद के कारण शिक्षा में जाति विभेद

- इस्लाम में भी जाति का, धर्म के सिद्धान्त के विपरीत भी अस्तित्व
- यूरोप और विशेषकर अंग्रेजी शासकों की भारतीय समृद्ध साहित्य, इतिहास और संस्कृति की अज्ञानता
- देश में विभिन्न हित-समूहों के अपने हित संवर्द्धन के प्रयत्न और उसके लिए शासक वर्ग से सम्बन्ध की प्रगाढ़ता का स्तर
- उपनिवेशवाद का युग और उसकी विचारधारा, शासन-शैली
- उपनिवेशवादी शासन और चर्च के सम्बन्ध और उसकी उपनिवेशों में प्रगाढ़ता का स्तर
- कैथोलिक और प्रोटेस्टेंट ईसाइयों की धर्म-परिवर्तन की नीति और उत्साह में अन्तर
- ब्रिटिश और भारतीय उच्च वर्ग के आपसी सम्बन्ध
- प्रोटेस्टेंट ईसाइयों का भिन्न वर्ग आधार
- यूरोपीय देशों में शिक्षा की भिन्न नीतियाँ और असमान विकास
- इंग्लैण्ड में शिक्षा का पिछड़ापन और शासन की नीति
- दुनिया को 'सभ्य' करने का यूरोपीय देशों द्वारा स्वयं उठाया गया बीड़ा, स्व-निर्धारित कर्तव्य
- उपनिवेशों में सरकार की वित्तीय स्थिति, जैसे श्रीलंका में चाय बगानों के विकास से होने वाली आय के कारण सरकार द्वारा शिक्षा में तेजी लाना या भारत में वित्तीय स्थिति के चलते सीमित वर्ग की शिक्षा की व्यावहारिकता
- इंग्लैण्ड में उपयोगितावाद और उदारवाद का वर्चस्व

उक्त सामाजिक, राजनीतिक, सांस्कृतिक, ऐतिहासिक कारकों के अलावा मैकॉले के व्यक्तित्व, विश्व-दृष्टि और विश्वासों पर पड़े प्रभावों की भी भूमिका रही है, जिसे हम केवल सतही तौर पर 'मैकॉले' कहकर छुट्टी नहीं पा सकते हैं। सूक्ष्म विश्लेषण पर वे भी युगीन विश्व परिदृश्य और उसके जीवन के अनुभव की अन्तःक्रिया से उभरे सामाजिक, सांस्कृतिक कारक ही हैं। उनके जीवन का संक्षिप्त विवरण इसे समझने में हमारे लिए मददगार हैं। उनमें से कुछ का जिक्र यहाँ केवल उदाहरण के रूप में है :

- पिता जाकरी द्वारा धर्म में मानव-समानता की अवधारणा और गुलामी व्यापार के आपसी विरोध को संवेदनशीलता से समझना और जीवन में तदनुरूप कार्य। इससे मैकॉले द्वारा शासन और धर्म में दूरी रखने की प्रवृत्ति।

- पिता जाकरी द्वारा सियरालियान में 'सभ्य' करने के कार्य का प्रभाव—मैकॉले के द्वारा सभ्य बनाना, जिसे वह English in tastes, in opinions, in morals कहता है, जिसके लिए शिक्षा को माध्यम मानता है।
- उदारवादी राजनीतिक विचारधारा एवं प्रतिबद्धता।
- अपने सिद्धान्त पर दृढ़ जिसमें यह भी शामिल है कि वह लोगों के हित को बेहतर समझ सकता है, बजाय लोगों द्वारा समझा गया हित। याद किया जाये लीड्ज़ के मतदाताओं को लोक लुभावन वादे करने के बजाय यह कहना कि वह जो उनके हित में समझता है, वह करेगा।
- अंग्रेजी साहित्य में पकड़ और स्वयं साहित्यकार होने की वजह से अंग्रेजी साहित्य को सर्वोत्तम समझना।
- अति-राष्ट्रीयता अथवा स्वदेश-केन्द्रित विश्वदृष्टि (Ethnocentrism) जिसके चलते इंग्लैण्ड को विश्व में सबसे अधिक प्रगतीशील और ज्ञानवान समझना। अपने मिनिट में वह कहता है कि अंग्रेजी भाषा में विश्व के सबसे विद्वान देशों द्वारा 90 पीढ़ियों में संचित सम्पूर्ण ज्ञान भंडार उपलब्ध है और वही 300 वर्ष पहले दुनिया के सभी देशों में उपलब्ध ज्ञान से अधिक समृद्ध है। यह सच है कि उस समय इंग्लैण्ड में बहुत उच्च कोटि के ज्ञान का सृजन हो रहा था और विचारधाराएँ उठ रही थीं। फिर भी मैकॉले का दावा गलत है। फ्रांस, जर्मनी और कई यूरोपीय देशों में ही इंग्लैण्ड के मुकाबले का बौद्धिक वातावरण और सृजन हो रहा था। शिक्षा में इंग्लैण्ड के पिछड़ेपन को देखते हुए मैकॉले की समझ का खोखलापन स्पष्ट है। मुद्दे की बात है कि यह उसकी समझ थी, जिसने सदाशयता से राय पर प्रभाव डाला।
- संस्कृत, अरबी ज्ञान का अभाव। गैर प्रतिनिधि, इनेगिने लोगों की राय को इस सम्बन्ध में स्वीकार कर लेना उक्त स्वेदश-केन्द्रित दृष्टि का ही प्रभाव है।
- शिक्षा नीति में मैकॉले को केन्द्र-बिन्दु में रखने के कारण गवर्नर जनरल विलियम बेंटिक को ध्यान में नहीं रखा गया है। यद्यपि 1818 में ईस्ट इंडिया कम्पनी के बोर्ड ऑफ डायरेक्टर्स ने ब्रिटिश संसद के चार्टर 1813 की, जिसके आधार पर शिक्षा नीति का विवाद था, व्याख्या कर दी थी कि उसका तात्पर्य संस्कृत और अरबी की शिक्षा का बढ़ावा है (सुरेश सी. घोष (2007)। *हिस्ट्री ऑफ एजुकेशन इन इंडिया*। रावत पब्लिकेशन्स, न्यू देहली पृ. 298)। फिर भी बेंटिक ने मैकॉले की विपरीत राय को

मानकर हिम्मत से कार्यवाही कर दी, जबकि उच्च अधिकार सम्पन्न बोर्ड की राय को उनकी मंजूरी के बिना बदलने का अधिकार नहीं था। मैकॉले का गवर्नर जनरल की कौंसिल के विधि सदस्य के पद पर होने ने भी महत्त्वपूर्ण भूमिका निभाई थी। साथ ही बेंटिक, का जेम्स मिल के उपयोगितावाद पर दृढ़ विश्वास ने निर्णायक भूमिका अदा की। अंग्रेजी शासन में अंग्रेजी शिक्षा की उपयोगिता थी, संस्कृत या अरबी की नहीं। अधिक महत्त्वपूर्ण यह है कि बेंटिक जेम्स मिल की इस राय पर विश्वास करता था कि भारतीय समाज पतनोन्मुख है और उसका 'इलाज' या उद्धार, और प्रगति का रास्ता पाश्चात्य शिक्षा पर ही है (वही, पृ. 212-213)। उसने 9 जून 1834 को मैन्सी को पत्र में लिखा था कि, 'शिक्षा ही भारतीय पुनरुत्थान के लिए मेरी अक्सीर दवा है (वही, पृ. 313-214, वही)।' स्पष्ट है कि बेंटिक स्वयं इस नीति का पहले से पक्षधर था।

इस शिक्षा नीति में जेम्स मिल के उपयोगितावाद के कट्टर अनुयायी और उसके कट्टर आलोचक मैकॉले की सम्पूर्ण सहमति होना दिलचस्प संयोग है। यहाँ यह रेखांकित करना भी जरूरी है कि इस मामले में किसी व्यक्ति या व्यक्तियों की उपस्थिति के संयोग की अपनी महत्ता है, पर मुख्य बात है विचारधारा और उसका प्रभाव, उस काल में उसका बोलबाला है। मैकॉले और बेंटिक की जगह अन्य दो व्यक्ति होते तो भी इस परिदृश्य में—भारत और विश्व की—देर सवेर उसी शिक्षा नीति को या उसी तरह की नीति को प्रतिपादित करते।

उक्त विवेचन से जो मुख्य बात उभरकर आती है वह है कि शिक्षा नीति या शिक्षा व्यवस्था एक व्यक्ति नहीं बनाता। व्यक्ति तो बहाना है, माध्यम है, अभिकरण है। असली निर्माता तो समाज का चरित्र है जिसका प्रतिनिधित्त्व विभिन्न हित समूहों और उनकी अन्तःक्रिया में निहित है। शिक्षा व्यवस्था समाज की उपज है, किसी व्यक्ति की लेखनी तो गौण है। इस दृष्टिकोण से समाज और शिक्षा के अध्ययन का महत्त्वपूर्ण काम सबसे पहले मार्गरिट आर्चर ने किया। उसने रूस, डेनमार्क, फ्रांस और इंग्लैण्ड के समाजों का तुलनात्मक अध्ययन कर यही निष्कर्ष निकाला, इस सम्बन्ध में उसकी महत्त्वपूर्ण पुस्तक है—*द सोशियल ऑरिजिन ऑफ एजुकेशन सिस्टम*। पुस्तक सामाजिक समूहों की अन्तःक्रिया को केन्द्रीय कारक मानती है परन्तु उन पर सामाजिक और ढाँचागत मुद्दों का बहुत प्रभाव भी मानती है पर उन्हें निर्णायक नहीं मानती [ग्रीन एण्डी (2002)।

एजुकेशन एण्ड स्टेट फारमेशन : द राइज़ ऑफ एजुकेशनल सिस्टम इन इंग्लैण्ड, फ्रास एण्ड द यू.एस.ए.। द मैकमिलन प्रेस लिमिटेड, पृ. 68-69]। वह मानती है कि शिक्षा का चरित्र उस पर नियन्त्रण रखने वाले समूह के उद्देश्यों पर निर्भर करता है। जो चली आ रही व्यवस्था को बदल सकते हैं। उनके नये उद्देश्यों के कारण शिक्षा में परिवर्तन होता है। यदि विद्यमान संस्थाओं को वे नहीं बदल सकते तो वैकल्पिक संस्थाओं का गठन करते हैं और उन्हें वैधता दी जाती है (वही, पृ. 68-69)। भारत में यही हुआ। विद्यमान शिक्षा व्यवस्था और गाँवों के स्कूलों को बिना समाप्त किये सरकार ने वैकल्पिक ढाँचा पाश्चात्य शिक्षा का गढ़ा जिन्हें वित्तीय मदद और जिनके उत्पाद को ओहदे दिये।

हमारा मार्गरेट आर्चर की तरह कुछ-कुछ पर शायद उससे भी आगे बढ़कर मानना है कि समूहों के उद्देश्य व्यापक सामाजिक, राजनीतिक परिस्थितियों, विचारों, उद्देश्यों से निर्धारित होते हैं। विभिन्न या परस्पर विरोधी-हित समूह केवल इनके मूर्त्त स्वरूप (Manifestation) ही हैं।

हमारी यह मान्यता एक बहुत जटिल प्रश्न को उठाती है। क्या आज भी हमारे समाज की और उसके व्यापक विश्व-फलक की स्थिति और चरित्र वही है। यदि नहीं तो भारत में ब्रिटिश राजनीतिक सत्ता के अन्त हो जाने के बाद भी हमारी शिक्षा पद्धति की बुनियादी रूपरेखा लगभग वही क्यों है? ब्रिटिश शासन के दौरान गठन किये गये शिक्षा के आयोगों और समितियों को नज़रअन्दाज़ भी कर दें, तो भी स्वतन्त्र भारत में विश्वविद्यालय आयोग (डा. राधाकृष्णन आयोग), माध्यमिक शिक्षा आयोग (मुदलियार आयोग) और शिक्षा आयोग (कोठारी आयोग) ने तथा अन्य असंख्य समितियों ने इस शिक्षा पद्धति में आमूल-चूल परिवर्तन करने की जोरदार वकालत की है, फिर भी यह क्यों नहीं हो पाता? एक सीधा-सरल उत्तर हो सकता है कि अभी भी हम औपनिवेशिक मानसिकता से ग्रसित हैं और परिवर्तन की महत्त्वाकांक्षा व्यक्त तो करते हैं पर उस मानसिकता के चलते उस सोच के ढाँचे के बाहर जाकर सोच समझ ही नहीं पाते। इधर उत्तरआधुनिकता और उत्तरऔपनिवेशिक अध्ययन का बहुत चलन और जोर है। अलग-अलग ढंग से ये दोनों विचार समूह पूर्वउपनिवेशों में शिक्षा के द्वारा पैदा की गयी वैचारिक साम्राज्यवाद और सांस्कृतिक साम्राज्यवाद की बात बड़े सशक्त ढंग से रखते हैं। मार्टिन कारनॉए ने एक बहुत अच्छी पुस्तक लिखी है—*एजुकेशन एज़ कल्चरल इम्पीरियलिज्म*। दक्षिण एशिया के उपनिवेशों में यूरोपीय शिक्षा नीति के कुछ उदाहरणों से हमने इसी ओर

इशारा किया है। निःसन्देह शिक्षा को वैचारिक और सांस्कृतिक साम्राज्यवाद के अस्त्र के रूप में इस्तेमाल किया गया है। पर यहाँ यह नहीं भूलना चाहिए कि बारीकी से देखें तो शिक्षा बच्चों पर वयस्क साम्राज्यवाद का अस्त्र भी तो है। आज की पीढ़ी द्वारा नयी पीढ़ी को अपने वैचारिक और सांस्कृतिक साम्राज्य में बनाये रखने की कोशिश है। यदि शिक्षा का यही चरित्र है तो औपनिवेशिक शक्तियों को शिक्षा के इस तरह के उपयोग का दोष देकर हम क्या प्राप्त कर रहे हैं।

मार्गरेट आर्चर भी तो यही निष्कर्ष निकाल रही हैं। वर्चस्व रखने वाला समूह अपनी दृष्टि को थोपने वाली शिक्षा-व्यवस्था गढ़ता है। अन्टानियो ग्रामशी की मान्यता है कि वर्चस्व (hegemony) का हर रिश्ता शैक्षिक होता है, चाहे वह देश के अन्दर के समूहों के बीच, चाहे देशों या देशों के समूहों के बीच हो (रे क्यू. एंड स्मिथ जी.एन. (एड) (1976)। *सिलेक्शन फ्राम द प्रिज़न नोटबुक*। लन्दन, पृ. 350)। कहीं ऐसा तो नहीं है कि उपनिवेश बनाने वाले देश इंग्लैण्ड की भारत पर वर्चस्व बनाये रखने वाली शिक्षा पद्धति अब देश के अन्तर्गत शासक वर्ग का वर्चस्व बनाये रखने के काम आ रही है, इसलिए उपनिवेशी शिक्षा में परिवर्तन करने की घोषणाएँ तो होती हैं, पर वह ढोंग मात्र है, उस पर गम्भीरता से अमल करने का हर सम्भव प्रयास नहीं किया होता। इसके तह में जायें तो शायद वजह यह है कि हमारे समाज का बुनियादी चरित्र और विश्व परिदृश्य आज भी वही है, जो उन्नीसवीं शताब्दी में था। उदारवाद, साम्राज्यवाद और पूँजीवाद ने नव-उदारवाद, नव-साम्राज्यवाद और नव-पूँजीवाद का नया चोगा ओढ़ लिया है, पर आज भी मुख्य वर्चस्व वाली व्यवस्था वही है। वैश्वीकरण के नाम पर परोक्ष उपनिवेशवाद बरकरार है, उसमें उपनिवेशीय शिक्षा तो मौजूं होगी ही। तीन दशक पूर्व अंग्रेजी को भगाने का आन्दोलन था, आज अंग्रेजी को बढ़ाने की मौन या मुखर आम सहमति, वरन् आग्रह है। पाश्चात्य शिक्षा को तो आज वैश्विक प्रतियोगिता में सफलता की कुंजी के रूप में देखा जा रहा है। ऐसी स्थिति में शिक्षा में बुनियादी परिवर्तन की सम्भावना नगण्य हो जाती है।

एक ओर जहाँ समाज शिक्षा व्यवस्था का निर्धारक नियामक है, वहीं दूसरी ओर शिक्षा को सामाजिक परिवर्तन के प्रभावी माध्यम के रूप में माना जाता रहा है। इस विचार का संक्षिप्त पर बहुत उपयोगी विवेचन गैरी मेकलॉक ने अपनी पुस्तक द *स्ट्रगल फार द हिस्ट्री ऑफ एजुकेशन*

के द स्ट्रगल फार सोशियल चेंज शीर्षक अध्याय में किया है (रॉटलेज, 2011 के पृ. 26 एंड 40)।

समाज द्वारा शिक्षा-व्यवस्था बनाने और शिक्षा द्वारा समाज बदलने की परस्पर विरोधी महत्त्वाकांक्षाओं के संघर्ष में कब कैसे किसकी जीत होती है, हो सकती है, होनी चाहिए या होगी, इस उलझे हुए प्रश्न के उत्तर की तलाश समाज की चिन्ता रखने वाले सभी शिक्षा विचारकों को करनी होगी।

मैकॉले पर फतह कैसे पाएँ?

कालू राम शर्मा

मैकॉले का जिक्र सामान्यतया हम शिक्षा जगत में करते हुए कोसते रहते हैं। मैकॉले ने ऐसा क्या कर डाला जो आजादी पाने के छः दशक बीत जाने के बाद भी शिक्षा जगत छटपटाहट में है? अक्सर हम यह कहते नहीं थकते कि मैकॉले ने 'क्लर्क' बनाने की शिक्षा भारत में फैलाई? आखिर इसके मायने क्या हैं? क्या हम मैकॉले की उस शिक्षा प्रणाली से मुक्त हो पाने की दिशा में आगे बढ़ पा रहे हैं? साथ ही इस पर भी विचार करने की आवश्यकता है कि सर्वसाधारण की शिक्षा के दायरे में मैकॉले पर हम कैसे फतह पा सकते हैं?

दरअसल, मैकॉले के मिनिट्स से पता चलता है कि वे अंग्रेजी राज में भारत की काउंसिल ऑफ इंडिया के सदस्य व सार्वजनिक शिक्षा समिति के अध्यक्ष थे। तब भारत में सार्वजनिक शिक्षा के लिए कोई एक लाख रुपये की राशि ब्रिटेन की संसद ने अनुदान के रूप में दी थी। कहा जा सकता है कि उस दौर में यह राशि बड़ी भारी थी। तो मैकॉले ने ऐसा कुछ शिक्षा जगत में कर दिखाया जिससे हम आज भी पूरी तरह से पीछा नहीं छुड़ा पाये हैं। आज जब हम गुणात्मक शिक्षा या बेहतर शिक्षा की बात कर रहे हैं तो उसमें यह निहित है कि शिक्षा के उन दकियानूसी विचारों को त्याग कर प्रगतिशील विचारों को स्थापित करें। ऐसा नहीं कि मैकॉले अकेले ही जिम्मेदार हैं इस दकियानूसी विचारधारा के। अगर उस सन्दर्भ में देखें तो अंग्रेज तो हमारे यहाँ राज करने आये थे व उन्होंने अपने निजी सन्दर्भ को पुख्ता करने के लिए शिक्षा व्यवस्था रची थी। वे अपने निहित स्वार्थों को ध्यान में रखते हुए ऐसे नुमाइंदे बनाना चाहते थे जो उनकी हाँ में हाँ मिलाएँ व उनके काम आ सकें। तब एक बात काफी महत्त्व की थी वह ये कि भाषा। अंग्रेजों की अपनी भाषा अंग्रेजी थी। अतः उन्होंने शिक्षा में अंग्रेजी को सर्वोच्च स्थान दिया। भारतीय भाषाओं को तो मैकॉले ने भाषा भी सम्बोधित नहीं किया। मैकॉले कहते हैं कि भारत की बोलियाँ गँवारू हैं, इनमें साहित्यिक

पुट नहीं है। मैकॉले अपने 'मिनिट्स' में लिखते हैं कि यूरोपीय ज्ञान ही सर्वश्रेष्ठ है। अगर यूरोप की कुछ चुनिन्दा किताबें एक शेल्फ में रखी हों तो उनके सामने समस्त भारतीय साहित्य बौना दिखता है।

बहरहाल, मैकॉले ने जिस शिक्षा प्रणाली की नींव अंग्रेज भारत में रखी उसकी जड़ें इतनी गहरी थीं कि आज आज़ादी के बाद भी उन्हें उखाड़ नहीं पा रहे हैं। इस अवसर पर गाँधीजी याद आते हैं। गाँधीजी ने जिस आजाद भारत की कल्पना की थी उसमें महज़ अंग्रेजी राज को खत्म करना ही नहीं था बल्कि उनके द्वारा भारत में फैलाई शिक्षा प्रणाली को नेस्तनाबूद करते हुए एक ऐसी शिक्षा व्यवस्था को स्थापित करना था जो भारतीय सन्दर्भ के अनुकूल हो। गाँधी ने आग़ाज़ किया था कि हमें क्लर्क याने जी हुजूरी करने वाले नुमाइंदे तैयार नहीं करना है। हमें विवेकशील, तर्कशील व वैज्ञानिक दृष्टिकोण से लैस नागरिक तैयार करना है। गाँधीजी ने नयी तालीम का विचार रख शिक्षा का ताना-बाना बुना जिसमें इन सब गुणों के विकास पर जोर था। जो दूर दृष्टि मैकॉले ने रखी थी गुलाम भारत में शिक्षा की स्थापना की उसका तोड़ गाँधीजी ने दिया था नयी तालीम के रूप में। गाँधीजी ने मातृभाषा को तवज्जो दी थी। वे कहते हैं कि बच्चों को अपनी ही भाषा में विचारों को व्यक्त करने के अवसर मिलने चाहिए। वे अंग्रेजी के खिलाफ नहीं थे, उस अंग्रेजियत के खिलाफ थे जो अंग्रेजों ने अपने निहित स्वार्थों के बाबत रची थी। नयी तालीम का दूसरा अहम पहलू है—कार्य केन्द्रित शिक्षा। अर्थात् हाथों से किये जाने वाले कार्य को शिक्षण में केन्द्रीय भूमिका में लाना। इसके कई निहितार्थ हैं। एक अहम पहलू यह कि भारत में अगर सर्व साधारण के लिए शिक्षा को रचना है तो उनके सांस्कृतिक व भौगोलिक सन्दर्भों को शामिल करना होगा। इस बात को गाँधीजी ने बेहतरी से पकड़ा था जिसके बारे में कुछ वर्षों पूर्व प्रोब रिपोर्ट ने उल्लेख किया था। प्रोब रिपोर्ट बताती है कि हमारे यहाँ सर्व साधारण के बच्चे स्कूल जाते नहीं हैं और जो स्कूल में प्रवेश करते हैं वे बीच में ही छोड़ देते हैं तो इसकी वजह उनकी गरीबी नहीं है। इसकी खास वजहें हैं शिक्षा उनके सन्दर्भों से नहीं जुड़ती, और इस प्रकार वंचित समाज के बच्चे जो शिक्षा पाते हैं वह उनके किसी काम की नहीं रहती। समाज का हर तबका अपने बच्चों को शिक्षा दिलाना चाहता है और वह भी बेहतर शिक्षा। मगर जब शिक्षा वंचित समुदायों के सन्दर्भों से जुड़ती ही नहीं तो ऐसे में उनके बच्चे स्कूल क्यों जाएँ। ऐसा ही कुछ हमारे यहाँ पर हो रहा है। 1994 में शिक्षा के लोकव्यापीकरण की एक योजना बनाई गयी जिसे डीपीईपी के नाम से जानते हैं। इसी दौरान सर्व शिक्षा अभियान अस्तित्व में आया। इसका मकसद यही रहा

कि देश में हर किसी को शिक्षा मिले। सर्व साधारण को शिक्षा के दायरे में लाने की योजनाएँ तो बनीं मगर उनमें आम समाज की शिक्षा की खुशबू का अभाव ही रहा। इसकी वजह यह रही कि हमने गाँधी की नयी तालीम को तो आजादी पाने के पूर्व से ही दकियानूसी करार दे दिया। गाँधी ने जिस मकसद से नयी तालीम की रचना की थी उसमें सर्व साधारण की शिक्षा को प्रमुखता से स्थान दिया था। मातृभाषा में शिक्षा, कार्य केन्द्रित शिक्षा व अपने परिवेश से जोड़कर शिक्षा ये ऐसे तत्त्व हैं जो आपस में काफी गहराई से गुँथे हुए हैं। आजादी पाने के बाद हरेक शिक्षा नीति ने मातृभाषा में शिक्षा की पैरवी की मगर वे हकीकत में लागू नहीं कर सकी। इसकी वजहों को समझना भी आवश्यक है।

भाषायी सन्दर्भ जो स्थापित हो चुका था मैकॉले के दौरान ही वही हावी रहा। आजाद भारत में हिन्दी या प्रान्तीय भाषाओं यथा मराठी, गुजराती, तमिल आदि में शिक्षा का ताना-बाना बुना गया मगर ये भाषाएँ भी अंग्रेजी की माफिक ही कहर बरपाती रहीं। एक उदाहरण से समझने की कोशिश करते हैं—उत्तर भारत के कई राज्यों में हिन्दी भाषा में पाठ्यपुस्तकें तैयार की गयी व शिक्षण की व्यूह-रचना की गयी। लेकिन हिन्दी भाषा भी बच्चों के लिए बेगानी भाषा साबित हुई। जिस प्रकार की हिन्दी भाषा में पाठ्यपुस्तकें रची गयी वे बच्चों को रास नहीं आती। उनमें क्षेत्रीयता का पुट कम ही देखने को मिलता। बच्चे ही क्या शिक्षकों को भी समस्याओं का सामना करना पड़ता है।

हिन्दी या अन्य भारतीय भाषाओं में शिक्षा की रचना तो की गयी मगर उन तमाम क्षेत्रीय भाषाओं को स्थान ही नहीं मिल पाया। भारत जैसे विविधता वाले देश में पग-पग पर भाषाएँ बदल जाती हैं। ऐसे में स्कूल में प्रवेश करने वाले बच्चों के लिए अपने राज्य की भाषा भी अटपटी लगती है। दूसरी बात यह कि शिक्षण में सन्दर्भ सदा ही नदारद रहे। इस ओर ध्यान ही नहीं दिया गया। इसके चलते स्कूल महज जानकारियों व सूचनाओं के स्थानान्तरण के केन्द्र बन गये। शिक्षक प्रशिक्षणों में शिक्षकों के साथ भी यही जुल्म ढाया जाने लगा। शिक्षकों को सीखने-सिखाने को लेकर काबिल बनाने के बजाय उन्हें नीरस व उबाऊ सत्रों में बैठने को बाध्य किया जाता। शिक्षा नीतियों की अनुशंसाएँ दम तोड़ने लगीं। वे क्रियान्वयन के स्तर तक जा ही नहीं पातीं। हम जानते हैं कि कोठारी आयोग ने शिक्षक प्रशिक्षण को लेकर जो बातें कही थीं वे चालीस वर्षों के बाद भी केवल चर्चा के स्तर पर ही हैं।

शिक्षक प्रशिक्षण के सन्दर्भ में कोठारी आयोग में एक महत्त्वपूर्ण तथ्य की ओर इशारा किया गया है जो आज तक मुख्यधारा की शिक्षा में अमल में नहीं

आ सका। कोठारी आयोग के अनुसार "...अध्यापक पर जब तक किन्हीं अन्य तत्त्वों का प्रभाव न पड़े तब तक वह अध्यापन में उन्हीं पद्धतियों का अनुसरण करता जाता है जिनका अनुसरण उसके गुरुजन किया करते थे और यों वह अध्यापन की परम्परागत प्रणाली को ही प्रश्रय देता है।"

इसे विडम्बना कहें कि शिक्षक साथियों को उन अनुभवों को अर्जित करने और प्रक्रियाओं से गुजरने के अवसर प्रशिक्षणों में बहुत ही कम मिल पाते हैं जिनसे उन्हें बच्चों को गुज़ारना है। हमारे शिक्षक प्रशिक्षण संस्थान उन दकियानूसी विचारधाराओं को पोषित करने में जुट गये। एक उदाहरण है लैसन प्लानिंग का। लैसन प्लानिंग जैसी कवायद जिसमें शिक्षक बनने वाले प्रशिक्षार्थी अपना समय बर्बाद करते हैं उसका अंश मात्र भी शिक्षक बनने पर काम में नहीं आता। इस प्रकार के कक्षाई मसलों को प्रशिक्षणों में स्थान दिया भी जाता है तो वह निर्देशों के कर्मकांड में उलझकर रह जाता है।

पिछले कुछ वर्षों में शिक्षा की एक नीति और आयी जिसे हम *एनसीएफ*-2005 के नाम से जानते हैं। *एनसीएफ*-2005 कहता है कि बच्चों के अनुभवों को शिक्षण में शामिल किया जाये। साथ ही *एनसीएफ*-2005 महज़ जानकारियों के स्थानान्तरण को खारिज करते हुए ज्ञान के सृजन की पैरवी करता है। मगर आज अगर हम देखें तो ये बातें भी शिक्षक प्रशिक्षणों में शाब्दिक रूप से ही स्थान पा सकी हैं। इन पर असल काम करने के अवसर ही नहीं मिलते हैं शिक्षकों को। कोठारी आयोग ने शिक्षक प्रशिक्षण को लेकर जो सटीक बात कही थी वह अभी भी चर्चाओं के स्तर पर विराजमान है।

जब हम वंचित समाज की शिक्षा की बात करते हैं तो उनकी शिक्षा के केन्द्र स्कूल आज भी अनेक भौतिक सुविधाओं से वंचित हैं। अब शिक्षा का अधिनियम-2010 एक कानून के रूप में है। वर्तमान में *आरटीई* का बोलबाला है। मगर *आरटीई* में उल्लेखित शिक्षक-छात्र अनुपात का मामला सुलझते हुए नहीं दिखता है। *आरटीई* गुणात्मक शिक्षा की बात करता है। मगर गुणात्मक शिक्षा के मर्म को शिक्षक प्रशिक्षण संस्थान आत्मसात करने के बजाय मंत्रबाजी में बदलता हुआ दिखाई देता है।

गाँधी के द्वारा गुणात्मक शिक्षा का रास्ता दिखाने के बावजूद दकियानूसी विचार काफी जोर से फलने-फूलने लगे। खासकर प्राथमिक कक्षाओं में जब बच्चे स्कूल आना सीख रहे थे उन्हें वर्णमाला रटने के कर्मकांड में कुछ इस तरह से झोंक दिया जाने लगा कि असल सीखना दरकिनार हो गया। गाँधी ने तो पाठ्यपुस्तकों पर टीका की थी कि ये पर्याप्त नहीं है। पाठ्यपुस्तकें रचनात्मकता

का गला घोंटती हैं। इसके मायने यह हैं कि केवल पाठ्यपुस्तकें सीखना-सिखाने के लिए पर्याप्त नहीं हैं। पाठ्यपुस्तकें साधन भर हैं जो लक्ष्य को प्राप्त करने में मददगार हो सकती हैं। मगर हमारी शिक्षा व्यवस्था में पाठ्यपुस्तकें व पाठ्यक्रम तो साधन, साध्य बनकर रह गये।

उपसंहार में कहा जा सकता है कि मैकॉले के बाद जब शिक्षा का जो ताना-बाना हमें बुनना था वह मैकॉले की विचारधारा को ही प्रकारान्तर पोषित करता रहा। प्रगतिशील विचारों पर केन्द्रित शिक्षा के जो विचार चाहे वे होशंगाबाद विज्ञान, प्राथमिक शिक्षा कार्यक्रम के रूप में फलीभूत हुए उन्हें भी सरकार ने कुचलकर रख दिया। ऐसे ही और भी प्रयास देश के विभिन्न हिस्सों में पनपे मगर वे मुख्यधारा की शिक्षा के हिस्से बनने नहीं दिये गये। आज एक बार फिर से हमारे सामने बारहवीं पंचवर्षीय योजना में शिक्षक प्रशिक्षण को शामिल किया गया है। क्या हम शिक्षक प्रशिक्षण में उन दकियानूसी विचारधाराओं को जो चाहे मैकॉले या उत्तर मैकॉले के रूप में पनपीं उन्हें नेस्तनाबूद करने की दिशा में आगे बढ़ पाएँगे? यह तो साफ है कि समृद्ध परिवारों के बच्चे तो शिक्षण पाते ही रहे हैं और आगे भी पाते रहेंगे। मगर हाशियाकृत समुदाय के बच्चों को शिक्षा की धारा में लाने के लिए उनके सन्दर्भों से जोड़ते हुए शिक्षा की रचना करना आज की प्रासंगिकता व चुनौती है।

थॉमस बैबिंग्टन मैकॉले

अमन मदान

दरअसल भारतीय शिक्षा व्यवस्था और उसकी कमियों पर जब भी बहस होती है, तो उसका सारा दोष 'मैकॉले की शिक्षा' कह कर मैकॉले पर मढ़ दिया जाता रहा है। हकीकत यह है कि बहुत कम लोग ही मैकॉले के बारे में जानते हैं, यह सही है कि उसने अपने 'मिनिट्स' में भारत में अंग्रेजी उपनिवेश की जरूरत को पूरा करने के लिए अंग्रेजी शिक्षण व्यवस्था की सिफारिश की थी। लेकिन आज हम देखते हैं कि मैकॉले शिक्षा पद्धति चल रही है। आलेख में मैकॉले और उसकी शिक्षा के दूसरे पक्ष को प्रस्तुत किया गया है।

बैबिंग्टन मैकॉले (1800-1859) ने कुछ ब्रिटिश उपनिवेशवादियों की तरह ही भारतीयों की निन्दा और नाराजगी को आकर्षित किया है। राबर्ट क्लाइव इर्विन और वावेल को उस तल्खी से याद नहीं किया जाता, जैसाकि मैकॉले को। केवल जनरल डायर 'अमृतसर के कसाई' में इसी तरह के तिरस्कार को आकर्षित करने की क्षमता है। डायर को 'सैनिक जूते के बल पर कुचलने वाला' के रूप में देखा जाता है, तो मैकॉले भारतीय संस्कृति के विध्वंस का प्रतीक है। हालाँकि उसके जीवन और विचार के बारे में बहुत कम लोग ही जानते हैं, किन्तु उसके 'मिनिट', जिसके लिए उसका अपयश है, उसे उसकी सम्पूर्णता में बहुत ही कम पढ़ा गया है। होना तो यह चाहिए कि उसको और उसके शब्दों को उन्हीं सन्दर्भों में देखा जाये।

यह उपयोगी होगा कि उस समय को देखा जाये, जिसने मैकॉले को जन्म दिया। जब मैकॉले वयस्क हुआ, तो उसने उस समय के इंग्लैण्ड के सामाजिक और राजनीतिक बदलाव को देखा। यह फ्रांसिसी क्रान्ति की तरह खूनी और अकस्मात नहीं था, किन्तु यहाँ भी पुराने राजनीतिक तंत्र को उखाड़कर फेंक दिया गया था। मध्ययुगीन इंग्लैण्ड राजाओं द्वारा शासित था, जिन्हें शक्तिशाली जमींदारों, कुलीनतंत्र का समर्थन प्राप्त था। राजाओं और उनके शक्ति सम्पन्न समर्थकों के

बीच संघर्ष में क्रमिक रूप से कुलीनों की काउंसिल का विकास हुआ, जिसे राजा को सलाह देने का अधिकार था। यह हाउस ऑफ लॉर्ड्स और संसद का उद्भव है, जो शक्ति सन्तुलन के बदलाव की अभिव्यक्ति है, यह राजा से अधिक लॉर्ड्स के पक्ष में था। दूसरा प्रमुख बदलाव, 18वीं एवं 19वीं शताब्दी में व्यापारी और उत्पादक वर्ग के उदय से हुआ, जो सत्ता में अपनी साझेदारी की माँग करते थे। हाउस ऑफ कॉमंस एक ऐसी जगह के रूप में अस्तित्व में आया, जहाँ गैर-कुलीन एक साथ आकर ब्रिटिश सरकार के लिए नीतियाँ बनाना चाहते थे। यद्यपि मत देने का अधिकार, अत्यधिक सम्पन्न और जन्मजात कुलीनों तक ही सीमित था।

मैकॉले एक व्हिग था। व्हिग राजनेताओं का एक लचीला गठबन्धन था, जो इंग्लैण्ड में प्रजातंत्र के अधिक विस्तार के समर्थन में था। यह गठबन्धन उच्च मध्यम वर्ग को भी मताधिकार देना चाहता था। व्हिग, विवेकवादियों और उदारवादियों के आदर्शों से प्रभावित थे, वे बाजार की रचनात्मक भूमिका में विश्वास रखते थे और वे व्यक्तिगत सम्पत्ति तथा व्यक्तिगत अधिकारों को सुरक्षा देना चाहते थे। इनके भूस्वामियों एवं सामन्ती अभिजनों की पुरानी आस्थाओं के बारे में गहरे मतभेद थे। तर्क और विज्ञान व्हिगों में लोकप्रिय थे और वे पुनर्जागरण को इतिहास के एक महत्त्वपूर्ण मील के पत्थर के रूप में देखते थे। उनकी मान्यता थी कि इसने कई प्रकार के अन्धविश्वासों और कर्मकांडों से मुक्ति दिलवाई है। राजशाही की दैवीय उत्पत्ति की मान्यता और सुविधा प्राप्ति के वंशानुगत आधार, इनकी आलोचना के प्रमुख निशाने थे। क्षमता और योग्यता समाज के पदों को प्राप्त करने का आधार होना चाहिए न कि जन्म। इनकी विचारधारा का एक महत्त्वपूर्ण पक्ष यह भी था कि किसी भी प्रकार का सामाजिक भेदभाव नहीं होना चाहिए। वे इसी आधार पर इंग्लैण्ड में कैथोलिकों को सजा देने का विरोध भी कर रहे थे। थॉमस मैकॉले के पिता जेकरी मैकॉले दास प्रथा उन्मूलन के सशक्त प्रचारक थे। इंग्लैण्ड में दास प्रथा को समाप्त करने का कार्य लिंकन से बहुत पहले आंशिक रूप से व्हिग्स के प्रभाव में शुरू हो गया था।

मैकॉले उस वातावरण में बड़ा हुआ, जहाँ उदारवादी व्हिग विचार और व्यक्तित्वों की भरमार थी। पढ़ाकू झुकाव होने के कारण, मैकॉले की ख्याति जल्दी ही एक श्रेष्ठ निबन्धकार के रूप में हो गयी और यह रुचिकर था कि उसे इंग्लैण्ड में ऐतिहासिक लेखन के लिए जाना जाता है। वह विशेषरूप से यूरोपीय शास्त्रीय साहित्य के प्रति रुचिशील था। वह ग्रीक, लैटिन, स्पेनिश और इतालवी की पुस्तकें, अपनी अंग्रेजी भाषा के साथ बहुत चाव से पढ़ता था। भारत आने से पहले, मैकॉले इंग्लैण्ड में ऐसे पद पर था, जहाँ वह भारतीय राजाओं और

ब्रिटिशों के बीच राजनीतिक जोड़तोड़ के बारे में कुछ जानता था। भारत के पक्ष में अपनी राय बनाने के लिए उसके पास बहुत कम समय था। जब वह चार वर्षों के लिए भारत आया, तो उसकी आस्था ब्रिटिश और शास्त्रीय यूरोपीय संस्कृति के प्रति थी। उसकी यह आस्था भारत ही नहीं वरन् शेष दुनिया के बारे में भी यही थी। वह अपने साथ बड़ी संख्या में पुस्तकें लाया था और अपने घर व मित्रों से और पुस्तकें भेजने के लिए लिखता था। किन्तु लगता है कि भारतीय लेखन के बारे में उसकी जानकारी सतही स्तर की ही थी।

मैकॉले अपनी गवर्नर जनरल की सर्वोच्च समिति में सदस्य के रूप में नियुक्ति के पश्चात् 1834 में भारत आया। विलियम बेंटिक उस समय गवर्नर जनरल थे। उसने अपने पत्रों में यह स्वीकार किया है कि उसे इस पद को प्राप्त करने से काफी ज्यादा वेतन मिलेगा, जो उसके पिता के सारे कर्जों को चुकता करने में उसकी मदद करेगा। भारत पहुँचने के बाद उच्च शिक्षित और सुसंस्कृत मैकॉले ने बेंटिक के साथ अच्छे सम्बन्ध बना लिए और शीघ्र ही उसे लोक शिक्षण की जनरल समिति का और साथ ही साथ भारत में दंड प्रक्रिया बनाने वाली समिति का अध्यक्ष बना दिया गया। यह समिति पुरानी कानूनी व्यवस्था को बदलने के लिए बनी थी।

अब तक ब्रिटिशर्स ने भारतीय शिक्षा को अपनी ही रफ्तार से और अपने ही मार्ग पर चलने दिया। कुछ अंग्रेजों ने थोड़े प्रयास वैसे ही किये जैसे कि भारत के राजा और जमींदार कर रहे थे। जैसे कोई मदरसा एक स्थान पर, तो संस्कृत कॉलेज दूसरे स्थान पर खोल दिया। शुरुआती दौर में पाठ्यक्रम में बदलाव, सार्वजनिक शिक्षा के फैलाव या उच्च शिक्षा को अधिक लोगों को उपलब्ध करवाने में सरकार की अधिक रुचि नहीं थी। किन्तु जब मैकॉले यहाँ आया, तब कुछ शक्तियाँ एक जुट होने लगीं और यह आवाज उठने लगी कि भारत में ऐसी शिक्षा की शुरुआत हो, जो स्वभाव में अधिक इंग्लिश हो। इसके पक्ष में तीन तरह की आवाजें थीं (1) वे मिशनरी, जो भारतीयों को ईसाइयत में बदलना चाहते थे ताकि "उनकी आत्मा की रक्षा हो सके।" (2) स्वतन्त्र कारोबारी, जिनका विश्वास था कि अंग्रेजी शिक्षा ब्रिटिश माल में रुचि और माँग को प्रोत्साहित करेगी (3) उदारवादी, उपयोगितावादी और व्हिगूस जो यह मानते थे कि भारत सांस्कृतिक रूप से पिछड़ा है और उससे मुक्ति का तरीका यह है कि उसे विज्ञान, विवेक और मानववाद के आमने-सामने किया जाये। एक विचार यह भी था कि शिक्षित ब्रिटिश को भारत में काम के लिए लाने में बड़ी तनख्वाह देनी पड़ती है, जबकि शिक्षित भारतीय बहुत ही कम राशि में काम करने को तैयार हो जाएँगे।

मैकॉले ने जनरल समिति को उन पाँच सदस्यों के तीखे विरोध के कारण दुविधा में पाया, जो भारतीय शास्त्रीय भाषाओं और ज्ञान के पक्षघर थे और दूसरी ओर इतनी ही संख्या में सदस्य थे, जो ब्रिटिश शिक्षा के समर्थक थे। गवर्नर जनरल को इसमें अपना दृष्टिकोण स्पष्ट करना था, क्योंकि शिक्षा के प्रोत्साहन के लिए एक लाख रुपये की अनुमति जारी हो गयी थी और उसे उन्हें कहाँ खर्च करना है, यह निर्णय करना था। अन्ततः जब 2 फरवरी, 1835 को मैकॉले ने अपना प्रसिद्ध 'मिनिट' या 'टीप' लिखी, जो समिति के अध्यक्ष की हैसियत से नहीं वरन् सामान्य सदस्य के रूप में थी। इस समिति में कई कठोर प्रस्ताव अन्तिम निर्णय के लिए आये हुए थे।

मैकॉले के मिनिट की शुरुआत, इजिप्ट के साथ समानता दिखाते हुए हुई, जो एक जमाने में महान सभ्यताओं में से एक थी, किन्तु बाद में वह पतन के गर्त में चली गयी। मैकॉले ने कहा, यह तो प्रस्तावित नहीं किया जा सकता कि इजिप्ट के युवाओं की शिक्षा को इन्हीं शिकायतों के दौर में रखा जाये। इसके विपरीत उसने लिखा कि यह सलाह दी जा सकती है कि उन्हें अंग्रेजी और फ्रेंच में विज्ञान की शिक्षा दी जाये, क्योंकि विज्ञान की कुंजी ये दो भाषाएँ हैं। मैकॉले का मानना था कि भारत के लिए भी यही मार्ग है, उसने रूस का उदाहरण दिया, जो बहुत जल्दी ही उच्च बौद्धिक वर्ग में बदल गया, क्योंकि वह फ्रेंच और अंग्रेजी सीख कर सबसे अधिक विकसित ज्ञान से रूबरू हुआ। मैकॉले ने यह उदाहरण भी दिया कि कैसे ग्रीस और रोमन के शास्त्रीय अध्ययन ने यूरोपीय संस्कृति को ऊर्जावान बनाया।

मैकॉले का विश्वास था कि भारतीय संस्कृति में साहित्य को उच्च स्थान प्राप्त था, किन्तु वह यह बात मानने के लिए तैयार नहीं था कि वह यूरोपीय साहित्य के समकक्ष है। भारतीय विज्ञान, उसके अनुसार अनुपयोगी और हास्यास्पद है क्योंकि यहाँ इतिहास में अनेक राजा तीस फीट लम्बे और हजारों वर्ष शासन करने वाले थे एवं भूगोल में शीरे और मक्खन के समुद्र थे।

उसने कहा, ऐसा नहीं था कि भारतीय अरबी और संस्कृत पढ़ने की चाह रखते थे। शिक्षण संस्थानों में शास्त्रीय भाषाओं को पढ़ने वाले विद्यार्थी सरकार से यह सिफारिश करते थे कि वह उन्हें नौकरी दे, अन्यथा वे अपना जीवनयापन नहीं कर पाएँगे। इसके विपरीत उसने कहा, कि बहुत से लोग अंग्रेजी सीखने वाली किताबें खरीद रहे हैं और अधिक से अधिक अंग्रेजी में शिक्षा की माँग कर रहे हैं।

उसने दृढ़ता के साथ यह सिफारिश की, कि संस्कृत और अरबी शिक्षा को अब और प्रोत्साहित न किया जाये। अब से अंग्रेजी को ही शिक्षा का माध्यम

बना दिया जाना चाहिए। ऐसा नहीं था कि वह हर एक के लिए अंग्रेजी में ही शिक्षा चाहता था वरन् वह कम संख्या में लोगों को इस माध्यम से पढ़वाने के पक्ष में था और ये ही लोग आगे चलकर स्थानीय लोगों को शिक्षित करेंगे व देशीय भाषाओं को भी समृद्ध करेंगे। अंग्रेजी में शिक्षित ये लोग ही औपनिवेशिक शासकों के मध्यस्थ होंगे। 'रंग और रक्त में भारतीय, किन्तु स्वाद, राय, नैतिकता और बौद्धिकता में अंग्रेज।'

विलियम बेंटिक ने मैकॉले की सिफारिशों को जल्दी ही अपना समर्थन दे दिया और मुद्दा तय हो गया। इसके पश्चात् जो सिद्धान्त अपनाया गया, वह यह था कि भारत की ज्ञान परम्परा और भारतीय भाषाओं को पीछे धकेल दिया जाये और ज्ञान की अंग्रेजी पद्धति की अनुपालना की जाये। शिक्षा का माध्यम अंग्रेजी भाषा ही हो, तो अधिक श्रेष्ठ रहेगा।

सामान्यतया, यह सुना जाता है कि आधुनिक भारतीय शिक्षा के सभी दोषों के लिए मैकॉले ही जिम्मेदार है। लेकिन सम्भव है कि यह यश उसकी भूमिका से अधिक है। कोई अकेला व्यक्ति अकेले ही इतिहास के रुख को नहीं बदल सकता है। मैकॉले ने ऐसा बहुत कम कहा, जो भारत में अन्य ब्रिटिश शासकों ने न कहा हो। बेंटिक के भारत छोड़ने के बाद भी, लम्बे समय तक साफतौर पर इस नीति में कोई बदलाव नजर नहीं आया। यह भी नहीं था कि भारत को उपनिवेश बनाने के लिए ब्रिटिश शिक्षा का तेजी से विस्तार हुआ। मैकॉले के नेतृत्व में समिति ने, उन स्कूलों को प्रोत्साहित किया, जो मूलरूप से इंग्लैण्ड में संचालित हो रहे स्कूलों पर आधारित थे। परन्तु उनकी संख्या बहुत ही कम थी। इसके बाद पहले विश्वविद्यालय की स्थापना में बीस वर्ष लगे और एक पीढ़ी बाद, ब्रिटिश लोगों ने जन सामान्य को शिक्षा देने की बात कही। भारतीय उपनिवेशक शिक्षा के विस्तार से या तो लोगों को दास बनाते या फिर उदात्त ग्रीक दार्शनिक। इसके लिए उनको धन की आवश्यकता थी और वे इसे देशजों पर खर्च नहीं करना चाहते थे। इस बीच, 1838 में बहुत अधिक धन, जो उसने अपने वेतन से बचाया था, को लेकर खुद मैकॉले भारत से चला गया।

बाद में भारतीय शिक्षा में हुए कई विकास और अन्य औपनिवेशिक देशों में हुए विकास में बहुत समान विशेषताएँ थीं। सभी में स्थानीय सामाजिक विभाजनों के प्रति एक उपेक्षा का भाव था। उनकी शिक्षा पर 'खर्च करने में अकाल' था और ब्रिटिशर्स की प्राथमिकता उनके अपने ज्ञान के प्रति थी, न कि स्थानीय सांस्कृतिक ज्ञान के। यह बतलाना कठिन होगा कि भारतीय दंड व्यवस्था के प्रति मैकॉले का क्या महत्त्वपूर्ण योगदान रहा। सम्भवतः उसने अंग्रेजी को बढ़ाने

में मदद दी हो न कि हिन्दी को। हेनरी थोबे प्रिंसेप, जो सर्वोच्च काउंसिल के सदस्य थे, का तर्क था कि भारतीय भाषाओं के माध्यम से भारतीयों को अंग्रेजी और यूरोपीय संस्कृतियों से परिचित कराया जाये। प्रिंसेप का दृष्टिकोण शास्त्रीय भाषाओं में ही भारतीय संस्कृतियों पर बहस और उनकी आलोचना करना था। इसके फलस्वरूप ब्रिटिश शिक्षा के उत्पाद जनसामान्य से अलग नहीं होते, ऐसा उनका तर्क था।

हालाँकि हमारी शिक्षा की बहुत सारी कमियों को अन्य स्रोतों से भी जोड़ा जा सकता है किन्तु दोबारा सोचने पर हमें प्रिंसेप का पूर्वाभास बहुत प्रभावित करता है। मैकॉले जिसके लिए शायद जिम्मेदार है, वह चाहे यह अनचाहे में ही हुआ हो, वह है, उभरते हुए भारतीय बौद्धिक वर्ग और देश के अन्य लोगों के बीच की दूरी है। इसी दूरी के कारण शिक्षित लोगों के अलग-अलग धड़े एक-दूसरे पर मैकॉले की अवैध सन्तान होने का आरोप नियमित रूप से तब-तब लगाते रहते हैं जब-जब उन्हें दूसरे धड़े की कोई बात पसन्द नहीं आती। बहस की भाषाओं और पृष्ठभूमि की समझ ने बौद्धिक वर्ग के औचित्य में भी गहरी दरार उत्पन्न कर दी, जिससे वह कभी भी देशज संस्कृति को अपना निकट और अन्तरंग भाग नहीं कह सका। इसका निस्सन्देह हमारे देश के विकास पर गम्भीर प्रभाव पड़ा और कई स्वरूपों में आज भी लगातार पड़ रहा है।

भारतीय शिक्षा में ऐलफिन्सटन का दखल

हृदय कान्त दीवान / रमा कान्त अग्निहोत्री

शिक्षा के ढाँचे व उसकी प्राथमिकताओं की जो दिशा ऐलफिन्सटन के विचारों में दिखती है और जिनके बारे में हम कहते हैं कि उसी ने, उन्हें तय किया वे आज जारी हैं। वैसे तो उसके सिद्धान्तों से शब्दों में आज के ढाँचे का विरोध है, किन्तु व्यवहार में नहीं है। स्थानीय सामग्री, स्थानीय मसौदा, स्थानीय ज्ञान को बढ़ावा देने के स्थान पर शिक्षा का प्रमुख गैर-व्यावसायिक उद्देश्य मुख्यधारा में शामिल हो कर वर्तमान ढाँचे को सुदृढ़ करना है। फर्क सिर्फ यह है कि पारम्परिक, धार्मिक व रीति-रिवाजों के प्रतीक व उनकी मान्यताओं की जड़ जो ऐलफिन्सटन धीरे-धीरे हटाना चाहता था और सुदृढ़ ही हुई है। आज भी देश के शिक्षा महाविद्यालय हिन्दू उच्च जाति के प्रतीकों में ओत-प्रोत हैं और उनमें काम करने वाले अधिकांश प्राध्यापक ऊँची जातियों से ही हैं। शिक्षा के क्षेत्र में महाविद्यालयों में किये जा रहे अधिकतर शोध गैर-बराबरी को मुद्दे के रूप में नहीं स्वीकारते। वे यह नहीं मानते कि सीखना व न सीखना, न तो सिखाए जाने वाली सामग्री में निर्धारित होता है और न ही उपलब्ध साधनों की उपलब्धि से, वह तो सीखने वाले व शिक्षक की मेहनत का ही नतीजा है।

जैसे ऐलफिन्सटन शिक्षा के विकेन्द्रीकरण की बात करते-करते यह भी कहते जाते हैं कि स्थानीय स्तरों पर काबिल व निष्पक्ष लोग उपलब्ध नहीं हैं, वैसे ही आज शिक्षा के ढाँचे में विकेन्द्रीकरण का पुरजोर प्रचार करने के साथ-साथ यह गहरी समझ है कि शिक्षा के ढाँचे में काम करने वाले लोग ढाँचे को चलाने के लिए सक्षम नहीं हैं। इसी कारण हर स्तर पर उच्च अधिकारियों को खुश करने व उनके मन्तव्यों को भाँपकर उसके अनुसार काम करने का प्रयास लगातार होता रहता है। शिक्षकों व प्रधान पाठकों से चर्चा के दौरान जहाँ यह बात सामने आती है कि उनकी शिक्षा की तैयारी व समाज में बराबरी लाने की तैयारी अपर्याप्त है, वहाँ यह भी समझ में आता है कि उन्हें अपनी मान्यताओं को लागू करने

में निरीक्षणकर्ताओं के मत का लगातार ध्यान रखना पड़ता है। उनके लिए यह बहुत महत्त्वपूर्ण होता है कि निरीक्षणकर्ता क्या चाहेंगे और उन्हें हम क्या दिखा सकेंगे जिससे कि वह सन्तुष्ट हों।

स्थानीय लोगों व स्थानीय समझ के बारे में जो शक ऐलफिन्सटन को था वह शक आज भी बरकरार है। पूरी शिक्षा व्यवस्था में शिक्षा का सबसे प्रमुख उद्देश्य लोगों को मुख्यधारा में शामिल करने का ही है। हालाँकि इस मुख्यधारा की धारणा में प्रत्यक्ष तौर पर प्रसारित विचार भी कितने बहुसंख्यक लोगों की मान्यताओं से फर्क है।

ऐलफिन्सटन व मैकॉले कई बातों में समान थे। उनके द्वारा बनाए गये मिनिट्स उस समय की सोच पर आधारित थे। मिनट्स में दिये विचार जितने उनके हैं, उतने ही उस समय व्यापक स्तर पर काम कर रहे अन्य लोगों के भी। इन लोगों में भारतीय विचारक भी शामिल हैं। यह स्पष्ट है कि ऐलफिन्सटन व मैकॉले ने किसी साजिश के तहत सभी के लिए स्कूल शुरू करने का रास्ता प्रशस्त नहीं किया। शासन चलाना व उसके आधार बनाये रखना उनकी जिम्मेवारी थी और उसके लिए उन्हें ऐसे लोगों की जरूरत थी जो ढाँचा चलाने में योगदान दे सकें। ऐसी जरूरत आज भी है और हर देश में है। इंग्लैण्ड में भी उस समय स्कूल की वकालत हो रही थी और सबके लिए स्कूल बनाने का प्रयास जीवन्त था। अंग्रेज मिशनरियों व अन्य कुछ व्यक्तियों ने भारत में भी स्कूल खोलने का प्रयास शुरू कर दिया था। इन में से कुछ ने मिलकर शिक्षा के व्यापक प्रसार के लिए समितियाँ भी बना ली थीं।

यदि ऐसा है तो फिर समस्या क्या है, हमारा विमर्श इस भूमिका को लेकर इतना नकारात्मक क्यों है? क्या यह जायज है/था? क्या इसका कोई छोटा सा हिस्सा ही जायज है या फिर इस नकारात्मक दृष्टिकोण से निकलने की जरूरत है? लेकिन वहाँ तक जाने से पहले कुछ बातें जो ऐलफिन्सटन से मिलती हैं :

ऐलफिन्सटन और मैकॉले के मिनिट्स देखते समय कई बार दिमाग में यह कौंधा कि आज की हमारी शिक्षा व प्रशासन व्यवस्था में उपयोग किये गये आधारभूत सिद्धान्तों पर भी यही दृष्टिकोण फिट बैठते हैं। जिस तरह का दृष्टिकोण शिक्षा के ढाँचे में शामिल अलग-अलग व्यक्तियों के प्रति ऐलफिन्सटन का था वही आज भी दिखाई देता होता है। ऐसी व्यवस्थाएँ बनाने की कल्पना बढ़ ही रही है, जिसमें स्कूली स्तर पर किये गये कार्य का निरीक्षण व मानिटरिंग हो। गौर से देखें तो आज के ढाँचों की संरचना व कार्यपद्धति, पहल, अपने सोच, कार्य विधि पद्धति व लक्ष्य निर्धारण ऐलफिन्सटन की कल्पना से भी बहुत ज्यादा बन्धन लगाने

वाली है। ऐलफिन्सटन को तो शायद अविश्वास ही था पर आज के संचालकों में शिक्षकों व अन्य छोटे स्तर के अधिकारियों की निष्क्रियता, गैर-काबिलियत, उद्‌देश्य हीनता और हर तरह की गैर-ईमानदारी पर पक्का यकीन है। वह यही मानते हैं कि सभी कुछ तय करके दिया जाना चाहिए व अधिकांश लोगों की जिम्मेदारी सिर्फ जो तय करके दिया गया उसे जस का तस लागू करना है और काफी अन्य लोगों की जिम्मेदारी यह है कि वह जाँचे कि दिये गये निर्देशों व विस्तृत कार्य पद्धतियों के हिसाब से सब कुछ हो रहा है अथवा नहीं।

ऐलफिन्सटन यह बात कहते हैं कि हालाँकि शिक्षा के लिए मदद सरकार से आनी चाहिए लेकिन शिक्षा लोगों तक तभी पहुँच सकती है, जब इसमें जनमानस का स्वैच्छिक उत्साह शामिल हो। यह उत्साह सारे शिक्षार्थियों व शिक्षा की व्यवस्था बनाने वालों, चलाने वालों व शिक्षण करने वालों सभी में चाहिए। शिक्षा को ज़्यादा लोगों तक पहुँचाने के लिए जो भी आवश्यकताएँ हैं वह सरकार द्वारा कानून पास करने से नहीं पूरी की जा सकतीं। शिक्षा के इस तरह के जो हिस्से हैं वह शिक्षा के लिए गठित सोसायटियों को दिये जा सकते हैं। लेकिन कुछ और मसले हैं जिनके लिए एक व्यवस्थित ढाँचे व ज़्यादा नियमितता की जरूरत है। यह जिम्मेदारी सरकार को ही उठानी चाहिए। याने वह स्वैच्छिक उत्साह व जोश की बात करता है किन्तु मुख्य जिम्मेदारी सरकार की ही मानता है। इस मत में कई महत्त्वपूर्ण बिन्दु छिप गये हैं, पहला यह समझ की शिक्षा को लोगों तक ले जाने का ढाँचा बनाने व उसके संसाधनों की व्यवस्था सरकार को ही करनी चाहिए व उसे इसमें समितियों को शामिल करना चाहिए। साथ ही इन ढाँचों की आधारभूत मान्यताओं, नियमों व उन्हें लागू करने की जिम्मेदारी सरकार को ही लेनी चाहिए। दूसरा, इस कार्य में स्वैच्छिकता व जोश स्थानीय समितियों की भागीदारी से आएगा, किन्तु मूल जिम्मेदारी सरकार की है। इसीलिए स्कूलों के कार्य में सुधार व उनको ठीक से चलाये रखने का काम शैक्षिक समितियों पर छोड़ देना चाहिए (यहाँ वह एक ही समिति के बारे में बात कर रहा है किन्तु उसकी राय से यह सामान्य निष्कर्ष निकाला जा सकता है)। स्थानीय समिति की भागीदारी की जरूरत, शाला की नियमित मदद व उसके साथ सम्पर्क रखने की आवश्यकता के लिए है। यह ठीक से तभी हो सकती है जब सभी में एक ऐसी इच्छा हो कि शाला को अच्छे चलाये रखना महत्त्वपूर्ण है। अगर यही काम सरकार करे तो उसके लिए एक बहुत बड़े और महँगे ढाँचे की जरूरत होगी जिसके सफल होने की सम्भावना बहुत ही कम है। यही विचार स्वतन्त्रता के कई सालों बाद पुनः याद किये गये व फालोअप व मॉनिटरिंग पर ज़ोर भी पुनः शुरू

हुआ आजकल के इस नये रामबाण, कम्यूनिटी मॉनिटरिंग को समर्थन व कार्य सुगम बनाने में मदद के प्रयास के रूप में व्यक्त तो किया गया है, किन्तु व्यवहार में यह कहीं दिखाई नहीं देता। शिक्षा का केन्द्रीकृत और ज़्यादा केन्द्रीकृत होता ढाँचा निरीक्षण व अधिकार के दबाव से ओतप्रोत व्यक्तियों को निरीक्षणकर्ताओं के रूप में शाला में और ज़्यादा भेज रहा है। इस प्रयास में डर को संस्था सुधारने का प्रमुख यंत्र समझा जाता है।

ऐलफिन्सटन भी इसके साथ-साथ कई अन्य मसलों पर बेशक वही रवैया दिखाता है जो शायद उसके बाद के सभी प्रशासकों ने भी दिखाया होगा। वह यह कि इस सोसायटी की बैठकों के सारे दस्तावेज़ सरकार को उपलब्ध होने चाहिए। वह यह भी कहता है कि धर्म या अन्य ऐसी कोई विषयवस्तु जो लोगों में असन्तोष पैदा करें स्कूलों में और प्रकाशनों में शामिल नहीं होनी चाहिए। हमारी आज की व्यवस्था भी ठीक इसी तरह लोगों की जिन्दगी में शामिल असुरक्षा, गैर-बराबरी, अत्याचार, ताकतवर लोगों की दादागिरी और दलितों व दबे-लोगों के शोषण आदि पर चर्चा करना या उसका जिक्र करना उचित नहीं समझती। ऐसे किसी भी वाक्य पर बवण्डर उठ सकता है जो इस शोषण की जड़ को उजागर करे अथवा जिनके पास ताकत है और जो सत्ता पर काबिज है उनके रवैये और कार्यप्रणाली पर चर्चा करने का प्रयास करें। अंग्रेजों से तो हम अपने आपको स्वतन्त्र मानते हैं व उसका जश्न मनाते हैं, किन्तु हमारी ज्यादा बड़ी लड़ाई जिसमें गाँव के किसानों वगैरह सभी ने मदद की, वह असल में गरीबी, अन्याय, शोषण से बचाव व अपने ढंग से खाने, रहने, इबादत करने, इधर-उधर जाने, खुलकर जीने, सपने देखने के अधिकार की भी थी। अतः इन दस्तावेज़ों के सन्दर्भ में यह सवाल तो होगा ही कि हम उसमें कितना आगे बढ़ पाये हैं।

ऐलफिन्सटन की राय में शिक्षा के प्रसार के लिए रास्ता ज़्यादा स्कूल खोलना है। सरकार का योगदान जिन चीज़ों पर होना चाहिए उनमें प्रमुख हैं :

1. स्थानीय शालाओं में शिक्षण का बेहतर तरीका सम्भव बनाना, जिसका एक निहितार्थ शिक्षक की तैयारी भी है
2. पाठ्य पुस्तक उपलब्ध करवाना
3. गरीब और पिछड़े लोगों को वज़ीफों व नौकरी के अवसरों से पढ़ने के लिए प्रेरित करना
4. वो पढ़ाना जो लाभप्रद है और सीखने वाले की निगाह में उपयुक्त है

हालाँकि ऐलफिन्सटन मानता है कि सरकार को शिक्षा के लिए समर्थन देना चाहिए लेकिन वह यह भी कहता है कि अगर शिक्षा मुफ्त मिले तो उससे माँग

कम हो जाती है और उसको लेने की इच्छा रखने वाले लोगों की संख्या भी कम हो जाती है। हमारी तरह ही उसकी एक समस्या यह भी है कि शिक्षा की माँग कैसे बढ़ाई जाये। इसी तरह सरकारी पैसे से किताबें दी जाना यह मानसिकता पैदा कर सकता है कि यह तो मिल ही रही हैं और उससे लोगों में शिक्षा प्राप्त करने की इच्छा न रहे। उसको लगता है कि अगर लोग खुद पैसा दें तो उससे उनकी भागीदारी ज़्यादा सुनिश्चित होगी। हमारी आज की परिस्थिति में शिक्षा व उस पर हो रहे खर्चों के सवालों के सन्दर्भ में इन सभी विचारों को परखना उपयोगी है। ऐसा प्रतीत होता है कि उसके द्वारा की गयी समस्या की व्याख्या आज की किसी बैठक से मिले निष्कर्ष हैं। शिक्षा सीखने वालों व उनके पालकों की जरूरत व जिम्मेदारी बने यह मानने व फीस लेने पर ज़ोर देने के बावजूद वह यह मानता है कि जो लोग गरीब हैं उनके लिए शिक्षा का खर्चा सरकार को ही उठाना चाहिए। वह कहता है कि एडम स्मिथ तक भी इस बात को मानता है कि गरीब लोगों की शिक्षा का खर्चा सरकार को ही उठाना चाहिए। उसका यह भी कहना है कि जो धन राशि धार्मिक संस्थानों के लिए है उसे स्कूलों के लिए इस्तेमाल करना चाहिए। लोग राशि धार्मिक अनुष्ठानों व संस्थानों के लिए तो खर्च करेंगे किन्तु स्कूलों के लिए नहीं। इस तरह की बात अभी भी देखी जा सकती है और यह भी देखा जा सकता है कि लोग प्राइवेट स्कूलों में जाते समय या अपने बच्चों को भेजते समय तो खर्चा करने को तैयार हैं लेकिन सरकारी स्कूलों में खर्चा करने को या शिक्षा के लिए कर देने से कतराते हैं। इससे यह भी झलक मिलती है कि ऐलफिन्सटन ऐसी कोई बात नहीं कह रहा जिसमें साफगोई नहीं है।

इसके अलावा ऐलफिन्सटन यह भी कहता है कि स्थानीय भाषाओं में भौतिक विज्ञान व नैतिक विज्ञान की किताबें तैयार की जानी चाहिए और ऐसे भी स्कूल बनाये जाने चाहिए जिनमें यूरोपियन विज्ञान और उच्च शिक्षा उपलब्ध हो। वह अंग्रेज़ी सिखाने की भी वकालत करता है और यह मानता है कि इससे यूरोप की खोजों तक छात्र पहुँच सकेंगे। स्थानीय लोगों को भी अंग्रेज़ी भाषा व यूरोपियन खोजों के बारे में जानना चाहिए ऐसा उसका मानना है। उसका यह भी कहना है कि सरकार को यह सुनिश्चित करना चाहिए कि ब्राह्मण व अन्य उच्च जाति के लोगों में पढ़ने-लिखने का कार्य जारी रहे। अगर यह नहीं होगा तो लोग जिस हालत में पेशवा के शासन में रह रहे थे उससे भी बद्तर हो जाएँगे। उसका मानना है कि ज़्यादा से ज़्यादा अनुवाद होना चाहिए और सामग्री को स्थानीय भाषाओं में उपलब्ध होना चाहिए। उसका कहना है कि संस्कृत से बहुत कम किताबों का

अनुवाद हुआ है और स्थानीय भाषाओं में और ज़्यादा सामग्री की आवश्यकता है। लेकिन अनुवादकों की कमी के चलते अच्छे अनुवाद नहीं हो सकते। उसके लिए अंग्रेज़ी सीखाने की एक प्रमुख ज़रूरत अंग्रेज़ी में उपलब्ध ज्ञान को स्थानीय भाषा में उपलब्ध करवाना थी। यह बात सही नहीं लगती कि वह ज्ञान को लोगों तक पहुँचाने व स्थानीय भाषाओं में ज्ञान को बढ़ाने को रोकना चाहता था। यह स्पष्ट नहीं है कि यह सब क्यों नहीं हो पाया। स्वतन्त्रता के 70 साल बाद भी नहीं। आज भी हमारे पुस्तकालयों में स्थानीय भाषाओं में पुस्तकों की संख्या नगण्य है। और जो उपलब्ध हैं वह भी उस विषय के विमर्श को गहराई से तो क्या उचित तरीके से भी प्रस्तुत नहीं कर सकतीं।

ऐलफिन्सटन के लिए शिक्षा की आवश्यकता बहुत उलझी हुई है। उसके अलग-अलग जगह पर वक्तव्यों में तारतम्यता ढूँढ़ना सम्भव प्रतीत नहीं होता। एक जगह वह कहता है कि शिक्षा अच्छे हालचाल हासिल करने का एक तरीका है। वह यह भी कहता है कि गरीब लोगों की खुशी उनको प्राप्त शिक्षा पर निर्भर है और शिक्षा उन्हें समझदारी, स्वतन्त्रता व आत्म सम्मान देती है। उसको यह भी लगता है कि बाल विवाह, बढ़ती जनसंख्या, बचत का दुरुपयोग व साहूकारों के सामने असहायता का अहसास सभी शिक्षा से दूर किये जा सकते हैं। उसको यह भी लगता है कि गरीब लोग ना तो ज़्यादा अच्छे कपड़े चाहते हैं, ना अच्छा खाना और ना ही अच्छे घरों में रहना चाहते हैं। वे अपने हक में बने कानूनों से भी फायदा नहीं उठाते। इसीलिए उनको शिक्षा की जरूरत है। यह तर्क पिछले बीस साल में तो कई बार दिया गया होगा ही शायद आज भी यह तर्क सभी के लिए शिक्षा क्यों जरूरी है पर बहस के दौरान दिया जा सकता है। यह हर बार सोचने की जरूरत है कि ऐलफिन्सटन ने जो लिखा वह परिस्थिति के विवरण के रूप में, आज़ादी के 70 साल बाद भी क्यों आज भी इतना उपयुक्त लगता है? इस बिन्दु के बारे में ऐलफिन्सटन की राय एक और बात सामने लाती है। वह यह कि ऐलफिन्सटन आज के बाज़ार के हिमायतकारों की तरह आम लोगों की जरूरतों के दायरे के बारे में चिन्तित था। उसे यह फिक्र थी कि लोगों को ज़्यादा विलास व ज़्यादा उपभोग की इच्छा नहीं है। यही इच्छा पूँजीवादी विकास का ईंधन भी रही है और उस समय ऐलफिन्सटन का इसकी अनुपस्थिति के बारे में चिन्ता जाहिर करना महत्त्वपूर्ण है। यह इस बात को बल देता है कि शिक्षा की ज़्यादा माँग का विकास की दर बढ़ने से भी सम्बन्ध है। यह सोचना होगा कि शिक्षा के बढ़ने से या उसके साथ-साथ भारतीय समाज में क्या-क्या और परिवर्तन आये हैं।

ऐलफिन्सटन यह कहता है कि जो शिक्षा दी जानी चाहिए उसमें धर्म को शामिल नहीं किया जाना चाहिए। याने धर्म पर विमर्श व किसी एक धर्म पर चर्चा को शिक्षा से अलग रखना चाहिए। इसका मतलब यह नहीं है कि वह स्थानीय लोगों को बदलना नहीं चाहता था। किन्तु वह यह मानता था कि यह परिवर्तन ज्ञान बढ़ने से धीरे-धीरे आएगा, धर्म की शिक्षा से नहीं। उसका यह कहना है कि अगर लोग (ब्राह्मण) यह पहचान पाये कि अज्ञान पर आक्रमण से धीरे-धीरे लोगों के विचार में परिवर्तन होगा तो वह उस प्रयास का भी वैसे ही विरोध करेंगे जैसे कि धर्म के ऊपर किसी आक्रमण का। इसीलिए उसका मानना है कि ईसाई धर्म शिक्षा को स्कूली कार्यक्रम में नहीं शामिल किया जाना चाहिए।

शिक्षक के बारे में ऐलफिन्सटन ने कई बातें कही हैं। एक तो यह कि और ज़्यादा शिक्षकों की जरूरत है और उसे यह भी चिन्ता है कि ऐसे शिक्षक जो बच्चों को पढ़ाना चाहें कहाँ से आएँगे। उसकी चिन्ता यह भी है कि शिक्षकों को तार्किक व उदारपन्थी यूरोपीय विचारों के आधार पर शिक्षा देने की ओर कैसे मोड़ा जा सकता है। पुरोहित व ज्योतिषी जो शायद शिक्षित हैं, उन्हें शिक्षक के रूप में इस्तेमाल करने में कई समस्याएँ हैं। अन्य समस्याओं के अलावा एक समस्या यह भी है कि इससे शिक्षक का व्यवसाय वंशानुक्रमिक बन जाएगा और इसमें सभी प्रकार की पृष्ठभूमियों से लोग नहीं आ पाएँगे।

इस सब के लिए वह कोई समग्र रास्ता नहीं बताता। किन्तु, यह जरूर कहता है कि शिक्षक का पूरा का पूरा वेतन सरकार से नहीं आना चाहिए और उसका एक हिस्सा समुदाय से आना चाहिए। शायद आज भी हम में से कई इस बात को मानते हैं और कई बार सरकारों ने शिक्षक के वेतन को स्थानीय लोगों के हाथ में देने का प्रयोग भी किया है। शिक्षक की स्वतन्त्रता के बारे में वह कोई स्पष्ट बात नहीं कहता लेकिन कई जगह उसके द्वारा किये गये कार्य के मूल्यांकन की व मॉनिटरिंग की माँग करता है। वह यह कहता है कि स्कूल में शिक्षक का व्यवहार बराबर और पारदर्शक हो इसके लिए एक बाहरी मॉनीटर होना आवश्यक है। यह शक और अविश्वास आज भी बाकी है कि शिक्षक खुद ईमानदारी व पारदर्शिता से काम नहीं कर सकते। स्कूल में पढ़ाई न होने का एक प्रमुख कारण यही बताया जाता है कि अधिकारी आजकल निरीक्षण के लिए नहीं जाते।

शिक्षक की तैयारी के बारे में भी उस समय के परिप्रेक्ष्य में वह माँग करता है कि कम से कम एक ऐसा दस्तावेज़ बनाना चाहिए जो शिक्षक को यह बताये कि स्कूल कैसे चलाना है और पढ़ाना कैसे है। यह दस्तावेज़ बहुत संक्षिप्त होना चाहिए और उसमें थोड़े नियम होने चाहिए जो आधुनिक ढंग से स्कूल को चलाने

के लिए हों। आज भी ज़्यादा स्कूलों और ज़्यादा शिक्षकों की जरूरत के चलते इसी तरह के शिक्षक तैयारी के प्रस्ताव चर्चा में आते हैं और ऐसा स्पष्ट रूप से उभरता है कि वास्तव में शिक्षकों को बेहतर ढंग से तैयार होने के लिए समय देने की जरूरत महसूस नहीं होती और उसे दुरूह ही नहीं असम्भव व अव्यावहारिक माना जाता है।

ऐलफिन्सटन स्थानीय ज्ञान और स्थानीय भाषाओं के बारे में दोनों तरह की राय प्रस्तुत करता है। यह कहना मुश्किल है कि उसका यह पहलू किसी नीति के तहत है या उसकी वास्तविक समझ के तहत। वह एक जगह कहता है कि ज्ञान अपने आप बढ़ता ही रहता है। हमारा इरादा यूरोपियन विज्ञान को स्थानीय लोगों के साथ बाँटने का कारण यह नहीं है कि वह खुद यह ज्ञान हासिल नहीं कर पाएँगे। असल में तो वह धीरे-धीरे बाहरी उदाहरणों और किसी ज़्यादा विकसित राष्ट्र की स्पष्ट व सीधी मदद के बगैर भी ज्ञान को धीरे-धीरे स्वयं की खोजों के साथ आगे बढ़ा लेंगे और स्वयं अपने ज्ञान को बढ़ाकर पुराने कार्यों को बन्द करते रहेंगे। ऐसा सभी समूहों के साथ होता है, हमारा लक्ष्य तो यह है कि स्थानीय लोगों का ज्ञान थोड़ा तेजी से बढ़ सके।

ऐलफिन्सटन स्थानीय भाषाओं के प्रति भी काफी मान रखता है और कई बार यह कहता है कि लोगों में ज्ञान का विकास स्वयं उनकी अपनी भाषा में होना चाहिए। उसका यह भी मानना है कि नया ज्ञान पुराने ज्ञान के आधार पर ही बनाया जा सकता है और कोई भी नया ज्ञान पुराने ज्ञान को हटा कर थोपा नहीं जा सकता। इसीलिए वह हर एक छात्र के लिए यह भी निर्धारित करना चाहता है कि उसे मराठी या गुजराती और हिन्दुस्तानी में परीक्षा पास करनी होगी। हालाँकि आज भी स्थानीय भाषाओं और उनके विकास के बारे में हमारा विमर्श जारी है किन्तु जो आज की समझ है उसकी मुख्य बातें लगभग ऐसी ही हैं। हम आज भी ज़्यादा और ज़्यादा बेहतर अनुवादों को ढूँढ़ रहे हैं और यह भी ढूँढ़ रहे हैं कि ज़्यादा सक्षम लोग अपने विषयों के बारे में स्थानीय भाषाओं में लिखें या फिर उपलब्ध ग्रन्थों का अच्छे ढंग से पुनर्लेखन स्थानीय भाषा में करें।

ऐलफिन्सटन की राय में शिक्षा के लिए राशि कई अनुपयोगी अनुदानों को बन्द करके जुटाई जा सकती है। उसका यह भी कहना था कि यदि हम शिक्षा के लिए कर लगाएँगे तो हो सकता है कि स्कूल को लोग न चलने दें ताकि उन्हें कर न देना पड़े। इसलिए स्कूल का खर्चा अतिरिक्त कर लगाकर नहीं बल्कि सरकार द्वारा प्राप्त राशि में से ही निकाला जाना चाहिए। यह स्पष्ट है कि उस समय स्कूल की धारणा लगभग शुरू ही हो रही थी इसलिए उसके लिए स्कूल का अर्थ

मात्र एक शिक्षक और उसके इर्द-गिर्द कुछ बच्चे थे। यह कोई आग्रह नहीं था कि कुछ भी और तामझाम हो। इस मिनिट्स में शिक्षक के दर्जे व उसको प्राप्त होने वाली राशि में वह सब द्वन्द्व दिखता है जो आज भी प्रत्यक्ष है। जो लोग कहते हैं कि वाऊचर स्कीम लगानी चाहिए या शिक्षकों का भुगतान इस आधार पर होना चाहिए कि उन्होंने कितने बच्चों को पास करवाया, वे उसी तरह की बात करते हैं जो उस समय भी लोग कर रहे थे। हालाँकि ऐलफिन्सटन कहता है कि स्कूल मास्टर को उनके द्वारा पढ़ाये गये बच्चों के अनुपात में राशि दिया जाना उचित प्रतीत हो सकता है किन्तु हमारे अभी के ढाँचे और उसके नियन्त्रण के स्वरूप में इसमें फर्जीवाड़ा होने की सम्भावना है। इसकी तुलना में एक निश्चित राशि चाहे वह कम ही हो, उसे अपने काम से जोड़े रखेगी व उसको अपने छात्रों पर निर्भर नहीं बनाएगी, जिससे कि उसकी मेहनत बनी रहेगी। ऐलफिन्सटन का उन स्थानीय लोगों, जो शिक्षक बनेंगे पर अविश्वास अनुचित तो है किन्तु सांस्कृतिक अन्तर के चलते शायद कुछ हद तक समझा जा सकता है परन्तु, हमारे आज के सन्दर्भ में शिक्षा की हर स्तर की नौकरशाही व सरकारी मंत्रियों में शिक्षकों के प्रति कूट-कूट के भरा अविश्वास कम से कम गैर-तार्किक तो है ही।

सभी को शिक्षा मिले ऐलफिन्सटन के इस मत के बारे में तीन-चार बातें समझ में आती हैं। एक तो यह डर कि गरीबों और नीची जाति वालों को शिक्षित करने से अमीर और ऊँची जाति वाले लोग नाराज हो जाएँगे और उनके नाराज होने का जोखिम वह नहीं उठाना चाहता। वो कहता है कि ऊँची जाति वाले लोग बाकी लोगों को छात्रों के रूप में भी स्वीकार करने को तैयार नहीं होंगे, इसलिए इन लोगों के लिए अलग कक्षाएँ/वर्ग/स्कूल होने चाहिए। लेकिन साथ ही वह यह भी कहता है कि जो गरीब हैं पर योग्य हैं, वे अमीरों और उच्च समुदाय के लोगों के साथ पढ़ सकते हैं। लेकिन वह इनमें नीची जाति वालों को शामिल करने से कतराता है। हालाँकि एक और जगह वह नीची जाति वालों की क्षमता के बारे में एक रोचक बात कहता है। वह कहता है कि मिशनरी यह मानते हैं कि नीची जाति वाले बच्चे सबसे ज़्यादा सीखने को तैयार हैं परन्तु उसको डर है कि अगर शिक्षा की जड़ उनके बीच में रही तो वह औरों तक नहीं फैल पाएगी। जो समर्थ लोग हैं वह नीची जाति वालों से सीखने को तैयार नहीं होंगे और पूरे ज्ञान को ही निरर्थक करार दे देंगे। उसको यह भी लगता है कि नीची जाति वाले लोग शिक्षित होने के बाद अंग्रेजों के ज़्यादा पसन्दीदा हो जाएँगे और इस वजह से भी ऊँची जाति वाले लोग उनसे और ज़्यादा नफरत करेंगे।

आज की परिस्थिति में हम सार्वजनीकरण की बात करते हैं किन्तु द्वन्द्व

काफी हद तक वही हैं जिनका जिक्र ऐलफिन्सटन ने किया। अभी भी गरीबों और अमीरों के लिए अलग वर्ग, अलग स्कूल दिखते हैं। तथाकथित योग्यता का अमीरी व ऊँची जाति से एक अघोषित सम्बन्ध माना जाता है। अमीर और ऊँची जाति वाला बच्चा पैदायशी क्षमतावान माना जाता है और उसको क्षमता दिखाने के कई तरह के मौके उपलब्ध करवाये जाते हैं।

मैकॉले की तुलना में ऐलफिन्सटन के लेखन में विदेशी शासक होने का और भारतीयों के अज्ञानी व पिछड़े होने का एहसास ज़्यादा स्पष्ट रूप से उभरता है। उसका दृष्टिकोण एक ऐसे बाहरी व्यक्ति का है जो किसी प्रजा पर शासन कर रहा है। उसमें सत्ता व ताकत का एक गरूर है और उसके साथ-साथ ही अपने ज्ञान पर विश्वास भी। स्थानीय जीने के ढंग, रीति-रिवाज़ों और उनके ज्ञान के बारे में एक नकारात्मक मत भी स्पष्ट दिखता है। यह जगह-जगह दिखता है कि उसे विश्वास था कि स्थानीय लोग यूरोपियन विज्ञान, इतिहास पढ़ाने से ज़्यादा सक्षम बनेंगे और शासकीय कार्यों को लेने व पूरा करने में ज़्यादा प्रतिबद्ध होंगे। उसका यह भी कहना है कि इस शिक्षा से वह ज़्यादा विश्वसनीय भी बन जाएँगे। स्थानीय ज्ञान और स्थानीय लोगों के बारे में उसका रवैया बहुत ही नकारात्मक है। वह कहता है कि हम ऐसे लोगों के बीच काम कर रहे हैं जिसमें ज्ञान सिर्फ पुजारियों के पास रहा है और विज्ञान भी एक धर्म की शाखा के रूप में ही दिखता है। स्थानीय लोगों के बारे में वह यह मानता है कि वह भ्रष्टाचार के लिए खुले हैं और गलत निर्णय ले सकते हैं। वह उन्हें आलसी व ढीला मानता है और इसलिए हर संस्थान के शिखर पर उसे किसी यूरोपियन की आवश्यकता लगती है। जहाँ-जहाँ भी प्रमाण-पत्रों और पुरस्कारों की बात है वहाँ यह किसे मिलने चाहिए यह तय करने के लिए उसे किसी यूरोपियन का होना आवश्यक लगता है। हालाँकि आज हम इस तरह के आकलन के लिए यूरोपियन को आवश्यक नहीं मानते फिर भी यह शक अपने से नीचे वाले कार्यकर्ता के बारे में हर अधिकारी को रहता है। किन्तु यह एक महत्त्वपूर्ण प्रश्न है कि जो दम्भ व शक अंग्रेज़ होने की वजह से ऐलफिन्सटन में था वह आज भी हमारे बीच क्यों है?

ऐलफिन्सटन की तरह ही आज भी उच्च अधिकारी यही मानते हैं कि भारतीय प्रशासनिक सेवा की परीक्षा में सफल हुए लोग सबसे सक्षम व सभी के ऊपर निगरानी रखने के लिए उपयुक्त हैं। जिस तरह से अलग-अलग जगह पर नियुक्त इंग्लैण्ड से आये अधिकारी नीति बनाने में राय दे सकते थे वैसे ही आज भी इसी तरह से भारतीय प्रशासनिक सेवा के अधिकारी नीति के स्तर पर राय देने के लिए उपयुक्त समझे जाते हैं और वे ही इन नीतियों को लागू करने के लिए भी काबिल

समझे जाते हैं। हालाँकि इस बात से इनकार नहीं किया जा सकता कि ऐलफिन्सटन का नज़रिया स्थानीय लोगों के बारे में निन्दनीय था किन्तु अभी भी हमारा जिला प्रशासन कलक्टर के निर्देशन में चलता है और यह समझा जाता है कि वह बाकी सबसे सक्षम और सभी विषयों का ज्ञाता है। यह कुछ ऐसा ही है जैसा कि किसी यूरोपियन को शिखर पर होना चाहिए और बाकियों को उनके निर्देशानुसार व विचारानुसार चलना चाहिए। वही अविश्वास का नजरिया। कलक्टर प्रमुख रूप से कर इकट्ठा करने के लिए नियुक्त था। लेकिन आज भी उसे सबसे ज़्यादा सक्षम अधिकारी मानना ऐलफिन्सटन या मैकॉले की जिम्मेदारी नहीं कहा जा सकता।

शिक्षा की चर्चा सामाजिक व्यवस्था, आर्थिक हालात व उस समय के विचार ढाँचे को दरकिनार करके नहीं की जा सकती। चाहे हम ऐलफिन्सटन के मिनिट्स की बात करें, मैकॉले के मिनिट्स की बात करें या विभिन्न समयों पर पिछले 70 सालों में लिखी गयी नीतियों के बारे में बात करें। हर एक में उस समय की परिस्थितियों का असर दिखता है। एक और चीज़ जो दिखती है वह है नीति बनाने वाले, मिनिट्स लिखने वाले व्यक्ति का और जिस स्वार्थ समूह से वह आ रहा है, उसकी मान्यताओं का योगदान। इन सभी दस्तावेज़ों में जहाँ निर्धारित करने वालों की मान्यताएँ व विचार महत्त्वपूर्ण हैं वहीं उस समय की परिस्थितियाँ और उन परिस्थितियों से निपटने के लिए रणनीति भी महत्त्वपूर्ण है।

ऐलफिन्सटन कई जगह अपनी रणनीति को स्पष्ट रूप से बताता है। जैसा कि वह मानता है स्थानीय ज्ञान दकियानूसी, गैर-तार्किक और सड़ा-गला है फिर भी उसके आधार पर ही नया विज्ञान सीखा जा सकता है। इसलिए उसे बचाये रखना जरूरी है क्योंकि अगर वह नष्ट हो गया तो नया ज्ञान निर्माण करने में मुश्किल होगी। उसको यह भी अहसास है कि उसको एक बाहरी व्यक्ति की तरह देखा जाएगा और यह भी कि वह लोगों के जीवन को बेहतर बनाने के लिए न सिर्फ रणनीति के तौर पर उन्हें सिखाने के लिए परन्तु वास्तव में उन्हें सिखाने के लिए भी जिम्मेदार है। जैसा कि वह चाहता है कि पुरोहितों और ज्योतिषियों को दिया जाने वाला अनुदान बन्द कर दिया जाए, किन्तु सीधे-सीधे बन्द किये जाने के बजाय वह उसे इस बात से जोड़ना चाहता है कि यह अनुदान तब ही मिलेगा जब वह कुछ बच्चों को पढ़ाएँगे। उसे लगता है कि इससे धीरे-धीरे वह इनको ज़्यादा बेहतर व्यवसाय की तरफ मोड़ पाएगा। जो स्वयं को नहीं बदल पाएँगे वे इस अनुदान से बाहर हो जाएँगे, सीधे अनुदान बन्द करने से जो विरोध होगा उससे शिक्षा के प्रसार को नुकसान हो सकता है, याने एक तीर दो निशाने।

वह यह भी कहता है कि उन्हें इसलिए शिक्षा में नियोजन करना चाहिए

जिससे कि वे स्थानीय काबिलियत को नष्ट करने के उन आरोपों से बच सकें, जो उन पर लगाये जाएँगे। यह तय करना बहुत मुश्किल है कि उसका स्थानीय ज्ञान को बचाने का तर्क व स्थानीय ज्ञान को आगे बढ़ाने का तर्क एक रणनीति का तर्क है अथवा एक विश्वास का अथवा दोनों का मिलाजुला।

ऐलफिन्सटन के शिक्षा के बारे में विचार भी काफी उलझे हैं। यह समझ में नहीं आता है कि क्या यह सब वह सचमुच मानता था या उस समय की परिस्थिति में ऐसे कदम उठाना उसको उचित लगा है। वह ऐसी कार्य योजना की वकालत करता प्रतीत होता है जिसमें यूरोपियन ज्ञान की शाखा धीरे-धीरे हिन्दू ज्ञान की शाखा को अपने आप में समाहित कर लेगी और इसके लिए बने संस्थान उपयोगी विज्ञान को लोगों तक पहुँचाने का काम करेंगे। एक प्रकार से जब वह हर समाज के अपने आप रूपान्तरित होने व अपने ज्ञान को आगे बढ़ाने की बात करता है तो वह हिन्दू/स्थानीय ज्ञान व पश्चिमी ज्ञान के बीच किसी गहरे विभेद (डाईकोटमी) को नहीं देखता। अन्य जगह पर लेकिन वह स्थानीय ज्ञान के बारे में कई ऐसे कथन देता है जिनमें पश्चिमी और स्थानीय ज्ञान में खाई की भावना स्पष्ट झलकती है। लेकिन इस तरह के गहरे विभेद (डाईकोटमी) की बात हम अब भी क्यों करते हैं यह सोचने का विषय है। आज की परिस्थिति में ज्ञान का एक समाज से दूसरे समाज तक पहुँचना एक स्वाभाविक व निरन्तर प्रक्रिया हो गया है। भारत में तो जो भी ज्ञान आज बना है वह भारतीय विचारकों व अध्ययनकर्ताओं की मदद से ही बना है।

ऐलफिन्सटन शासन करने वाले समूह में एक प्रमुख पद पर था, इसी से उसके मतों में उसका दायित्व भी स्पष्ट रूप से उभरता है। वह अपने कथनों के माध्यम से एक कुशल प्रशासक की तरह दोनों पक्षों में सन्तुलन बनाने का प्रयास करता प्रतीत होता है। एक ओर वह ज्ञान का व्यापक फैलाव चाहता है पर दूसरी ओर उसे लगता है कि इससे ढाँचे के स्थायित्व को खतरा है। वह यह समझता है कि अंग्रेज शासकों व प्रशासकों पर आसानी से बाहरी, नासमझ व असंवेदनशील होने का आक्षेप लगाया जा सकता है और इसका प्रचार भी किया जा सकता है। एक अलग पृष्ठभूमि का होने के कारण स्थानीय सन्दर्भों, यहाँ के ज्ञान, लोगों के कार्य करने के ढंग व उसकी तत्परता आदि पर उसकी समझ सीमित होने के साथ-साथ, उस समय यूरोपियन ताकत व ज्ञान को ज्यादा बेहतर समझने के व्यापक दायरे के अन्दर ही उसके सुझाव और विचार हैं। उसके कार्य व उसके असर पर विचार करते समय यह जरूरी है कि हम उस समय की परिस्थितियों को मद्देनज़र रखें। उस समय मान्यताएँ, परिस्थितियाँ आदि लगातार बदली रही

थीं और (अभी भी ऊपर-नीचे होती रहती हैं) मुख्यतः सामाजिक व वैज्ञानिक नव जागरण से उपजी थीं। उसका जोश व उसकी समझ यूरोप के पुनरुत्थान की प्रक्रिया से विकसित हुई थी। हालाँकि बाद के दस्तावेज़ों में इस पर और गहरी चर्चा हुई है और कुछ दस्तावेज़ों में इसकी आलोचना भी हुई है। इस नव जागरण व पुनरुत्थान पर सांस्कृतिक उपनिवेशवाद व स्थानीय ज्ञान को विलोपित करने का आरोप भी लगा किन्तु यह उस समय न तो स्पष्ट था और न ही उसे ऐसे देखा जाता था। अतः ऐलफिन्सटन के दस्तावेज़ व उसके इस मसले पर मत को पूर्व नियोजित षड्यन्त्र के रूप में रखना अऐतिहासिक होगा। उसे समझने का कार्य ऐतिहासिक सन्दर्भों, उसकी पृष्ठभूमि, उस समय की शासन व शिक्षण व्यवस्था आदि के सन्दर्भ में ही हो सकता है। इन दस्तावेज़ों को समझने के लिए उस समय की शासन व्यवस्था की परिस्थिति व समझ को भी देखना आवश्यक है। साथ ही यह भी आवश्यक है कि हम इस बात का भी परीक्षण करें कि उसके द्वारा दिये गये विचार आज भी इतने सामयिक क्यों हैं? न सिर्फ नौकरशाह वरन् सत्तारूढ़ दल के मंत्री भी शिक्षकों व स्कूल व्यवस्था के निचले पद पर कार्य कर रहे लोगों को अविश्वास से देखते हैं। सभी यही मानते हैं कि हल सत्ता (चाहे राष्ट्र, राज्य अथवा जिले स्तर) की केन्द्रीकृत मॉनिटरिंग से ही निकलेगा और हमें शिक्षक प्रूफ व्यवस्था ही चाहिए, जिसमें बाहरी परीक्षण व निरीक्षण अंकुश बन कर शिक्षकों व अन्य से कार्य करवाएगा। अपने लोकतांत्रिक देश में भी प्रशासन व शासन को लोगों पर भरोसा नहीं है। वे उन्हें न तो जिम्मेदार मानते हैं और न ही सक्षम। एक सवाल यह है कि यह लोग तो विदेशी नहीं हैं फिर इनका मत ऐसा क्यों है? और वह भी आजादी के 68 साल बाद? ऐलफिन्सटन तो कई जगह यह कहता प्रतीत होता है कि असली शिक्षा तो तभी हो पाएगी जब सामान्य शिक्षक व विकेन्द्रित ढाँचा पढ़े-लिखे लोगों के साथ मिलकर स्कूलों को बेहतर ढंग में चला पाएगा। सवाल यह है कि ऐसा भी क्यों नहीं हो पाया?

ओरियंटलिस्ट : एंग्लिसिस्ट बहस; समृद्धता की पड़ताल

वरदराजन नारायण

"जब भी भारतीय शिक्षा की स्थिति की विवेचना होती है तब मैकॉले के मिनिट्स दिमाग में आते हैं। भारतीय ज्ञान के प्रति तिरस्कार पूर्ण रवैये और भारतीय परम्परा व संस्कृति के प्रति निरादर से लैस ये मिनिट्स आज भी व्यापक तौर पर भारत में अंग्रेजों की शिक्षा नीति के लिए मील का पत्थर माने जाते हैं।"

पेरसिवियल स्पीयर

उपर्युक्त बात पेरसिवियल स्पीयर ने वर्ष 1938 में लिखी थी। यह उस समय के शैक्षिक विमर्श को रचने वाले माहौल का सटीक आकलन था, और ऐसा लगता है कि आज भी शैक्षिक विमर्श में बहुत बदलाव नहीं आया है। शिक्षा नीति की रचना व शैक्षिक अनुभवों को अकसर उस ऐतिहासिक दस्तावेज़ से जोड़ दिया जाता है, जो 2 फरवरी 1835 को थॉमस बैबिंग्टन मैकॉले ने भारत के गवर्नर जनरल, लार्ड विलियम बेंटिक को सौंपा था। और उसी दिन, गवर्नर जनरल ने इस दस्तावेज़ को इन शब्दों के साथ मंजूरी दे दी थी–"मैं इस मिनिट में व्यक्त भावों को अपनी पूरी सहमति देता हूँ।"

लार्ड बेंटिक व कई अन्य लोगों के लिए यह एक बहुत लम्बे समय से चले आ रहे विवाद का ध्यान से रचित सुगठित निराकरण था। शिक्षा नीति कैसी हो और प्रशासन अपने सीमित संसाधनों का उपयोग कहाँ करे? इसके बारे में गहरे मतभेद थे और इनके कई महत्त्वपूर्ण प्रवक्ता थे। ये मतभेद 1823 में बनी लोक शिक्षण की समिति के सदस्यों के बीच उपजे थे। इसमें कुछ सदस्य कह रहे थे कि पुरातन शास्त्रीय भाषाओं व उनमें निर्मित ज्ञान के ढाँचों को प्रोत्साहन व आर्थिक समर्थन देते रहना चाहिए। हालाँकि वे साथ-साथ यह भी कह रहे थे कि यूरोपीय भाषाएँ व विज्ञान भी धीरे-धीरे शुरू किये जा सकते हैं। इन लोगों को ओरियंटलवादी कहा जाता था और इनका दावा था कि यह कार्य पद्धति, जिसे वे धीरे-धीरे नीति ही कहने लगे थे, वारेन हेस्टिंग्स द्वारा

कलकत्ता में मदरसों को दी गयी मदद व प्रोत्साहन से चली आ रही है। इसके विरोध में जो लोग थे वे अपने आपको सुधारवादी कहते थे और जिन्हें बाद में अंग्रेजदा (anglistic) कहा गया, वे इस मदद को बन्द करने पर अड़े थे। वे अंग्रेजी और यूरोपियन विज्ञान को बिना किसी समझौते के तत्काल शुरू करने की माँग कर रहे थे। अधिक परिष्कृत ढंग से कहें तो उनकी माँग यह थी कि वह ज्ञान, जिसे वे ओरियंटल ज्ञान कहते थे, को प्रदान करने वाले संस्थानों के लिए धन के आवंटन अथवा उन पर खर्चे की आवश्यकता नहीं है और उन्हें किसी प्रकार की मदद भी नहीं करनी चाहिए।

दोनों ही पक्ष कह रहे थे कि उनका विचार सही है और वह 1813 के चार्टर को ध्यान से पढ़ने पर समझ आता है। इस चार्टर की धारा 43 कहती है *"आगे यह निर्धारित किया जाता है कि गवर्नर जनरल कानूनन यह निर्देश दे सकते हैं कि कुछ आय जो किराये, अन्य आय और लाभ, जो कि अख्तियार किये क्षेत्रों से आती है, में से सेना, प्रशासन और अन्य व्यापारिक संस्थानों व लिए गये कर पर ब्याज यहाँ निर्धारित तरीके से सभी खर्चे पूरे करने के बाद, हर साल कम से कम एक लाख रुपये अलग रखे जाएँगे। इसका उपयोग साहित्य के पुनरुत्थान व सुधार के लिए, स्थानीय ज्ञानी लोगों को प्रोत्साहित करने व अंग्रेज शासित क्षेत्रों में रहने वाले लोगों के बीच विज्ञान के ज्ञान को बढ़ाने के लिए किया जाएगा। इन उद्देश्यों के लिए जो भी स्कूल, सामान्य जन के लिए भाषण, शृंखला या कोई अन्य संस्थान शुरू किये जाएँगे वे फोर्ट विलियम, फोर्ट सेंट जार्ज अथवा बाम्बे की प्रेसीडेंसी या फिर भारत के किसी भी अन्य अंग्रेज शासित क्षेत्र में स्थापित हो सकेंगे। इस एक्ट (चार्टर) के तहत वे उन्हीं नियमों के अन्तर्गत कार्य करेंगे जो तत्कालीन गवर्नर जनरल उनके संचालन के लिए बनाएँगे, उन शक्तियों के अलावा जो भारत के मामले देख रही कमिश्नरियों के बोर्ड को कॉलेज व सेमीनरी के सन्दर्भ में यहाँ दी गयी हैं। हालाँकि इन स्कूलों व अन्य संस्थानों में सभी नियुक्तियाँ, व्याख्याताओं का चयन आदि उन सरकारों के अधिकार के अन्तर्गत होगा, जिस क्षेत्र में यह संस्थान, व्याख्याता पद आदि स्थापित किये जाएँगे"* (इटेलिक मेरे हैं)।

1. अगर आप ओरियंटलिस्ट व अंग्रेजियत के हिमायतियों के बीच हुई बहस को समझना चाहते हैं तो मारटिन मोनर व लयन जस्तुपिल द्वारा सम्पादित अद्भुत संग्रह भारतीय शिक्षा की महत्त्वपूर्ण बहस, *ओरियंटलिस्ट-एंग्लिसिस्ट मतभेद से सम्बन्धित दस्तावेज़*, 1781-1843 (लैण्ड : कर्जन 1999) को संज्ञान में लाने से छोड़ा नहीं जा सकता।

इस पर्चे में सम्मिलित दस्तावेज़ों और लेख के विद्वत्तापूर्ण परिचय के लिए इस संग्रह का आभारी हूँ।

2. पेरसिवियल स्पीयर–"*बेंटिक व शिक्षा*" कैम्ब्रिज़ ऐतिहासिक जर्नल 6 (1938) 78-101
3. "*भारतीय शिक्षा की महत्त्वपूर्ण बहस*" 1881-1843, पृ. 172
4. "*भारतीय शिक्षा की महत्त्वपूर्ण बहस*" 1883, पृ. 90-91

बहस इस मुद्दे पर थी कि भाषाओं व विज्ञान से सम्बन्धित हिस्से को कैसे समझा जाये। दोनों दलों का अपना अनुभव था और दोनों ही यह दावा कर रहे थे कि उनकी सोच को आगे बढ़ाना ही चार्टर की मंशा थी। झगड़ रहे इन दोनों दलों के बीच वार्ता न तो किसी हल की स्थिति तक पहुँच पायी और न ही जी.सी.पी.आई. (गवर्निंग काउंसिल ऑफ पब्लिक इन्सट्रक्शन) की बैठक में इस पर कोई आपसी समझौता (compromise) हो पाया, इस मसले के हल के लिए गवर्नर जनरल ने मैकॉले से आग्रह किया। और मैकॉले के मिनिट से ही यह हल सम्भव हुआ। यदि हम ऐसे देखें तो यह समझ आता है कि अगर कोई बहस थी तो वह दो मतों–एंग्लिसिस्ट और ओरियंटलिस्ट के बीच की बहस थी। और यह भी कि यह जी.सी.पी.आई. सदस्यों के बीच एक आन्तरिक बहस भी थी, जो कम्पनी के अधिकारी व अन्य अंग्रेज ही थे।

बारीकी व करीब से देखने पर हमें पता चलता है कि जी.सी.पी.आई. की बहस न तो महज़ आंतरिक बहस थी और न ही यह उस व्यापक विमर्श की गहराई व पहलुओं को ठीक से व्यक्त अथवा उसका प्रतिनिधित्व करते थे, जिसकी वजह से यह दो पक्ष बने और जी.सी.पी.आई. में टकराये। एक ओर तो कम्पनी अधिकारियों के विचारों में बहुत बड़े-बड़े अन्तर थे और ओरियंटलिस्ट व एंग्लिसिस्ट की श्रेणियाँ इनकी विविधता को समाहित करने में अक्षम थीं। दूसरी बात कि कम्पनी अधिकारियों में पाये जाने वाले दृष्टिकोण पहले अन्य संस्थानों व अन्य सन्दर्भों में व्यक्त किये गये थे। इन विचारों में ऊपर बताये दोनों पक्षों में कम से कम कुछ पहलुओं में तो अन्तर था ही। आखिर में कई भारतीयों द्वारा इस मसले पर व्यक्त किये गये विचार ध्यान देने योग्य हैं। हालाँकि, ये भारतीय कभी भो जी.सी.पी.आई. के हिस्से नहीं थे। इन्होंने न तो कभी जी.सी.पी.आई. के शिक्षा सम्बन्धी मसलों पर कोई प्रतिक्रिया व्यक्त की और न ही किसी भी तरह से अलग-अलग मत/पक्ष वाले कम्पनी अधिकारियों के लिए किसी भी तरह का समर्थन जताया। इस लेख में मैंने इनमें से कुछ के बारे में बात की है। यह दिखाता है कि ओरियंटलिस्ट व एंग्लिसिस्ट की

काली-सफेद (बायनरी) श्रेणियाँ क्यों काम नहीं करतीं। इन पक्षों का लम्बा इतिहास है और इसे हम नज़रअन्दाज़ नहीं कर सकते। और यह भी सही है कि यह मत उस समय के अन्य विचारों के सन्दर्भ में व्यक्त किये गये थे। लेख की लम्बाई का ध्यान रखकर हम इन मतों के ऐतिहासिक स्रोतों पर कम ध्यान देंगे और शिक्षण की माध्यम भाषा और विषयवस्तु, इन दो पहलुओं पर ही ध्यान केन्द्रित करेंगे। हम देखेंगे कि इनका इन पक्षों/मतों के बनाने में क्या योगदान है। मैं, चार्ल्स ग्रांट, मार्शमैन और सिरेमपौर के मिशनरियों और उपयोगितावादियों (Utiliterians) द्वारा दिये विचारों की चर्चा करूँगा। ये सब तर्क देते थे कि शिक्षा में बदलाव की आवश्यकता इसलिए है क्योंकि स्थानीय लोगों में पुरातन ज्ञान व नैतिकता का काफी हद तक पतन हो चुका है और उन्हें यूरोप की संस्कृति और सांस्कृतिक उपलब्धियों से परिचित करवाने की जरूरत है। दूसरे भाग में भारतीयों के द्वारा व्यक्त विचारों की चर्चा है, ये विचार उन्होंने कम्पनी अधिकारियों द्वारा उठाये कदमों की प्रतिक्रिया में दिये या फिर एक-दूसरे द्वारा व्यक्त विचारों के बारे में। आखिरी हिस्सा एंग्लिसिस्ट व ओरियंटलिस्ट की प्रमुख चिन्ताओं व सरोकारों के बारे में है।

भाग-1

हालाँकि ईस्ट इंडिया कम्पनी का भारतीय शिक्षा में योगदान व समर्थन वारेन हेस्टिंग्स के 1781 के कलकत्ता में मदरसों की मदद और इसके एक दशक बाद 1792 के जोनाथन डान्कन की बनारस में संस्कृत महाविद्यालय खोलने की दरखास्त से शुरू माना जा सकता है। किन्तु इनमें से कोई भी एक व्यवस्थित योजनाबद्ध हस्तक्षेप की तरह से नहीं था। यह दोनों ही समझौते व प्रभुत्व वाले ऊपरी तबके के लोगों के विचारों व शासन से प्राप्त लाभों से छेड़छाड़ न करने के फ्रेमवर्क के तहत सोचे गये थे। इनकी, आर्थिक समर्थन देने से अधिक कोई मंशा नहीं थी और शिक्षा को अधिक लोगों तक पहुँचाने के लिए इनके कोई निहितार्थ नहीं थे। यह दूसरी बात है कि हेस्टिंग्स का यह कदम अगले कुछ दशकों तक, ओरियंटलिस्ट द्वारा शिक्षा नीति को लगभग उनके हाथ में सौंप देने के आग्रह व आधार के रूप में इस्तेमाल किया गया और इसी वजह से अन्य सभी पक्ष के लोगों द्वारा इसकी आलोचना की गयी।

क्या पढ़ाया जाना चाहिए व किस भाषा में? इस प्रश्न की अभिव्यक्ति के लिए सबसे पहले हमें चार्ल्स ग्रांट का 1792 के दस्तावेज़ ग्रेट ब्रिटेन के एशियाटिक अधीनस्थों में समाज की स्थिति का अध्ययन, विशेष तौर पर नैतिकता के सन्दर्भ

में, करने की आवश्यकता है। इवैंजलिक समूह के एक हिस्से क्लैपहैम सेक्ट के एक उत्साही सदस्य ग्रांट ने बिना किसी लाग-लपेट के माँग की कि अंग्रेजी के माध्यम से ईसाई धर्म और यूरोपियन ज्ञान को तत्काल शामिल करने की जरूरत है। उसने अपनी माँग को इस पर आधारित किया कि स्थानीय लोगों व व्यापक समाज में अज्ञानता व पशुता के हालात हैं। और ब्रिटिश सरकार की जिम्मेदारी है कि वह अपने मातहतों (अधीनस्थों) में नैतिकता को बेहतर बनाये। उसका तर्क था कि इस मसले का हल इस बात में ही है जिन गुणों (Features) के कारण यूरोप ने अन्य नस्लों व संस्कृतियों पर श्रेष्ठता हासिल की है, वे सब भारतीय राज्यों के लिए शुरू किये जाये। उसके हिसाब से इन लक्ष्यों तक पहुँचने के लिए अंग्रेजी भाषा अनिवार्य है क्योंकि इसी के माध्यम से स्थानीय अधीनस्थों के लिए बेहतर संस्कृति तक पहुँचने का दरवाजा खुलेगा और भारतीय समाज में जो विचार गहरी पैठ रखते हैं, उन्हें चुनौती मिलेगी।

जहाँ ग्रांट के लिए अंग्रेजी, स्थानीय लोगों को सभ्य बनाने का माध्यम था, वही कुछ बेपटिस्ट मिशनरी, जो दशकों से सिरेमपौर में काम कर रहे थे इसे पूरी तरह से नहीं मानते थे। यह विलयम कैरी, जोशुआ मार्शमैन और विलियम वार्ड की तिकड़ी थी। शिक्षा पर उनके मतों की सबसे तीखी अभिव्यक्ति मार्शमैन के 1816 के लेख *हिंटस रिलेटिव टू नेटिव्स* में है, जो स्पष्टतः 1813 के चार्टर एक्ट के सन्दर्भ में है, जो ईस्ट इंडिया कम्पनी से शिक्षा के लिए आर्थिक जिम्मेदारी उठाने की और विशेष तौर पर मिशनरियों को कम्पनी अधीनस्थ इलाकों में काम करने की इजाजत देने के लिए निर्देशित करता था। ग्रांट की तरह ही मार्शमैन व उसके साथी मानते थे कि हिन्दुत्व व उसके साथ जुड़े ज्ञान के ढाँचे अत्यधिक दोषपूर्ण थे व समाज को जंग लगा रहे थे। इस लिहाज से ईसाइयत व यूरोपियन विज्ञान को लाना ही स्थानीय लोगों को उनके अन्धविश्वासों व शर्मनाक रीतियों से निकाल सकते हैं।

ग्रांट की तरह ही मार्शमैन भी यह मानता था कि विज्ञान व ईसाइयत के सत्य में कोई मतभेद अथवा संघर्ष नहीं है। मार्शमैन के लिए प्रकृति व दर्शनशास्त्र का अध्ययन संसार के रचयिता की संसार रचने की मंशा व उसके दिमाग के कार्य को समझने का सबसे अच्छा तरीका था। और फिर प्राकृतिक विज्ञान को जानने के लिए स्थानीय लोग अपनी मान्यताओं के जाल व अन्धविश्वासों से निकल पाएँगे और इससे वह ईसाई धर्म के तर्कपूर्ण व सही होने की बात देख पाएँगे। हालाँकि मार्शमैन एक सावधानी बताता है जो कि एक शिक्षाशास्त्रीय (पैडागाजिकल) सीख है। वे कहते हैं विज्ञान जिन बातों को मानता है वे स्थानीय लोगों की मान्यताओं के बहुत फर्क या लगभग उलटे हो सकते हैं। इसके कारण

स्थानीय लोगों के लिए इन्हें समझना मुश्किल हो जाता है, यहाँ तक कि वे इस ज्ञान को नकार भी सकते हैं। अतः वे ये दलील रखते हैं कि भौतिकी (पदार्थ विज्ञान) व प्राकृतिक दर्शन (Natural Philosophy) में दिये गये यह पाठ बहुत सारे उदाहरणों व अवधारणाओं के साथ प्रस्तुत होने चाहिए और उस रूप में जो स्थानीय छात्रों को प्रचुर मात्रा में ज्ञात हो, ताकि वे जो पढ़ाया जा रहा है उससे रिश्ता बिठा सकें। लोगों के पास जो उपलब्ध है, उसके साथ बढ़ने की उसकी दलील, उसके भाषायी माध्यम से दृष्टिकोण पर भी असर डालती है। ग्रांट से इतर, मार्शमैन और कैरी देशीय भाषाओं के इस्तेमाल के पक्षधर थे, वे अंग्रेजी को पढ़ाने के प्रयासों को पूरी तरह बकवास बताते थे। उनकी देशीय भाषाओं के उपयोग की वकालत 3 खास दावों पर आधारित थी :

1. चूँकि पढ़ाई जाने वाली विषयवस्तु भी मुश्किल है, यदि पढ़ाने की भाषा भी विदेशी होगी तो यह नयी शिक्षा दुगुना अलगाव पैदा करने वाली होगी।
2. मार्शमैन का यह भी मानना था कि इस शिक्षा से सामाजिक ढाँचे को नहीं गड़बड़ाना चाहिए। वह यह खतरा भी व्यक्त करते हैं कि अंग्रेजी, छात्राओं/छात्रों को अपने आस-पास के माहौल से अलग-थलग कर देगी और वे अपने रोजमर्रा के जीवन व उसके लिए आवश्यक कार्यों से भी दूर हो जाएँगे। और
3. यूरोप के अनुभव को मद्देनज़र रखते हुए वे भारत में अंग्रेजी पढ़ाने को इंग्लैण्ड के ऐतिहासिक अनुभव से बेमेल मानते हैं। यूरोपियन पुनर्जागरण यदि नये विचारों के फैलने के लिए मुख्य रूप से जिम्मेवार है तो उसमें कौमी/देशी भाषा अंग्रेजी वहाँ की महत्त्वपूर्ण भूमिका की अनदेखी नहीं कर सकते। इसी तरह हमें यह भी समझना चाहिए कि भारतीय शास्त्रीय भाषाएँ (Classical language) और अंग्रेजी इस काम के लिए उतनी ही अग्राह्य व अनुपयुक्त हैं जितनी अधिकतर यूरोपियों के लिए लैटिन भाषा थी। इसलिए, हमारे पास इस बात को मानने के अलावा कोई चारा नहीं कि सिर्फ कौमी/देशी भाषाएँ ही शिक्षा के लिए जगह बना सकती हैं। यह ध्यान में रहना चाहिए कि कौमी भाषा व स्थानीय विषयवस्तु की वकालत के पीछे मार्शमैन व साथियों की यह मंशा स्पष्ट है कि शिक्षा को अधिक फैलाया जाये।

ग्रांट व सिरेमपौर के उपर्युक्त चर्चित मतों में यह साफ है कि दोनों के तर्क का आधार यह है कि स्थानीय लोगों का ज्ञान व परिस्थिति बहुत दयनीय है और

इसे मान्य समझ कर चलते रहने नहीं दिया जा सकता और उन्हें बेहतर मूल्य व ठोस ज्ञान से रूबरू करवाना आवश्यक है। लेकिन अंग्रेजी के उपयोग के प्रश्न पर इन दोनों में मतभेद हैं। इस चर्चा से मुझे उम्मीद है शायद यह स्पष्ट हो गया होगा कि हमें इवेंजलिस्ट दृष्टिकोण और स्थानीय लोगों के सुधार की मंशा से प्रेरित मतों को समझने के प्रयास में भी सावधानी बरतनी चाहिए। इसके बाद हम एक और मत की चर्चा करेंगे जो स्थानीय लोगों की परिस्थिति व विचार के ढंग (State of affairs) की तीव्र आलोचना करता है। यह स्पष्ट रूप से मानता है कि यूरोपियन विचारों व संस्थाओं को लाने से ही उपनिवेश में नैतिक उन्नति (Progress) व सुधार सम्भव है। यह विचार इसको कई दर्शनशास्त्रियों, राजनीतिक पक्ष समर्थकों, प्रवक्ताओं (Advocates) और प्रशासकों के हैं। इन सबको मिलाकर, इनके समूह को यूटिलिटेरियन (उपयोगितावादी) कहा जाता हैं। इस लेख में यूटिलिटेरियन दृष्टिकोण की चर्चा हेतु हम अपने आपको सिर्फ जेम्स स्टुअर्ट मिल के लेखों तक सीमित रखते हैं। मिल, ईस्ट इंडिया कम्पनी के लन्दन कार्यालय में एक महत्त्वपूर्ण अधिकारी थे और दर्शनशास्त्री जैरमी बेन्थम के अनुचर भी। मिल को भी अपने से पहले आये ग्रांट के समान ही हेस्टिंग्स द्वारा उठाये कदम से निर्देशित (Warranted) नीति रास नहीं आई। वह इसे भ्रामक और एक परिष्कृत राष्ट्र और एक ऐसे राष्ट्र जिसका समाज बर्बरतापूर्ण रीतियों में धँसा है, के बीच अनैतिक गठबन्धन मानता था। इसीलिए वह कहता था कि इस तरह के सारे ज्ञान व उसे बाँटने वाली सभी संस्थाओं को बन्द कर देना चाहिए जो ऐसे रीति-रिवाजों को बढ़ाते हैं। हालाँकि ग्रांट व अन्य लोग जो अंग्रेजी को पढ़ाने का माध्यम बनाना चाहते थे, से हट कर मिल भी कौमी भाषाओं के पक्षधर थे। अंग्रेजी व भारत की साहित्यिक भाषाओं, दोनों को नकारने के कारण वह सिरेमपौर मिशनरी के करीब आ जाता है। लेकिन एक ओर ग्रांट व सिरेमपौर मिशनरी से इतर और दूसरी ओर ओरियंटलिस्ट से भी अलग मिल उस ज्ञान को शामिल करने की बात करता है जिसे वह 'उपयोगी ज्ञान' कहता है। जी.सी.पी.आई. द्वारा प्रस्तुत संस्कृत कॉलेज खोलने की योजना के जवाब में पत्र (डिस्पेच) में मिल लिखते हैं यदि आप पढ़ाई का उपक्रम (Course of Study) उपयोगिता के सिद्धान्त को सोचकर बनाएँ तो वह पुराने किसी ढर्रे में नहीं जकड़ा होगा और आपके ज्यादा अधीन होगा। हालाँकि यह टिप्पणी ओरियंटलिस्ट के पुचकारने (प्रेट्रोनैज) के नजरिए पर आधारित है, किन्तु उपयोगिता के सिद्धान्त को आसानी से एंग्लिसिस्ट के द्वारा उठाये ईसाइयत फैलाने के तर्क पर भी लागू किया जा सकता है। यह धर्म को शासकीय ढाँचे में जगह देने के सन्दर्भ में मिल के अविश्वास को भी दिखाता है। उपनिवेशों की उन्नति के लिए संस्थाओं

के महत्त्व पर मिल के दृष्टिकोण को देखने पर इवेंजलिस्ट के साथ मतभेद का एक और बारीक बिन्दु (Subtle) दिखता है।

अभी जिन दृष्टिकोणों पर हमने चर्चा की वे तीनों इस बात पर आधारित हैं कि स्थानीय समाज जैसा वह उस समय था, में सुधार की जरूरत थी। इन तीनों मतों में स्थानीय लोगों की हालात सुधारने व उन्हें शिक्षित करने के लिए क्या करने की जरूरत है इसमें कुछ समानता तो है लेकिन यह एक-दूसरे से रोचक व महत्त्वपूर्ण पहलुओं में अलग हैं।

भाग-2

इस हिस्से में हम भारतीयों द्वारा व्यक्त दो तरह के मतों को पहचानेंगे। इन दोनों मतों की "क्या पढ़ाना चाहिए व किस भाषा में", पर अलग-अलग राय है। और अभी तक चर्चित मतों की तरह ही इनमें से प्रत्येक मत भी रोचक तर्कों के ढाँचे पर आधारित है।

1823 में राजा राममोहन राय ने गवर्नर जनरल लार्ड एमहर्स्ट को एक पत्र लिखा। इस पत्र की तात्कालिक वजह बंगाल के प्रान्तीय प्रशासन द्वारा कलकत्ता शहर में एक संस्कृत कॉलेज स्थापित करने का निर्णय था। बहुत सलीके व नीति से लिखे गये इस पत्र में उनके इस कदम के लिए इन शब्दों में आभार प्रदर्शित किया गया था, "कलकत्ता में संस्कृत महाविद्यालय की स्थापना का निर्णय सरकार की आज के लोगों को शिक्षा द्वारा सुधारने की प्रशंसनीय नीति दिखाता है। यह एक ऐसा वरदान है जिसके लिए उन्हें हमेशा आभारी रहना चाहिए और इनसानी नस्ल का फायदा सोचने वाला हर व्यक्ति यही चाहेगा कि शिक्षा को बढ़ाने वाले प्रयास रोशनवाद के सिद्धान्तों से प्रेरित (guided) हों ताकि विवेक (Intelligence) सबसे लाभकारी ढंग से बह सके। लेकिन जैसा कि पत्र आगे स्पष्ट करता है उनके लिए यह निर्णय स्वागत योग्य नहीं है और उनकी पीड़ा सबसे ज्यादा रोशनी फैलाने वाले अथवा बेहतरहीन सिद्धान्तों से प्रेरित (Guided) और 'लाभदायक रास्तों' जैसे कथनों में दिखती है। उन्हें डर था कि इस तरह की संस्थाएँ, जिसकी तुलना वह मध्यकालीन विश्वविद्यालयों से करते हैं, 'केवल युवाओं के दिमाग को व्याकरण की बारीकियों व ऐसी दैवी दार्शनिक (मैटाफिजिकल) विवेचनाओं से भरेंगे जिसका न तो समाज को फायदा होगा और न ही उन युवाओं को जिनमें यह सब भरा जाएगा। विद्यार्थी वही सीखेंगे जो इनसान 2000 साल पहले जानता था और उनमें दम्भपूर्ण व व्यर्थ की ऐसी बारीकियाँ और जुड़ी होंगी जो उसके बाद अन्दाजबाज़ (Speculative)

लोगों ने उत्पन्न की हैं। यह सब तो भारत में सभी जगह अभी भी पढ़ाया जा रहा है। चूँकि एक और संस्कृत महाविद्यालय खोलने से कुछ ज्यादा हासिल नहीं होगा और ज्ञान में कोई ज्यादा बढ़ोतरी नहीं होगी। अतः राय, लार्ड एमहर्स्ट को इस बात के लिए मनाते हैं कि कुछ और सम्भावनाओं को टटोला जाये। इस ओर बढ़ने के लिए एक रास्ता वे कुछ सवाल पूछ कर दिखाते हैं। वे पूछते हैं कि हम संस्कृत को क्यों पढ़ा रहे हैं, जबकि उससे छात्रों को अनेक परेशानियाँ होंगी और बहुत अधिक समय भी लगेगा। क्या इसलिए कि इस भाषा में इस तरह का ज्ञान लिखा गया है जो आगे की पीढ़ियों तक पहुँचाए जाने के काबिल है? वे कहते हैं कि जो थोड़ी बहुत राशि उपलब्ध है उसे एक नये संस्थान बनाने पर खर्च करने के बजाय कहीं और खर्च करके इस लक्ष्य को पाना क्यों सम्भव नहीं है। उनकी असली इच्छा क्या है उसे वह पत्र के लगभग अन्त में लिखते हैं : ‘‘संस्कृत शिक्षा तंत्र देश को अन्धकार में रखने का ही काम करेगी...पर यदि स्थानीय लोगों में सुधारात्मक परिवर्तन सरकार का लक्ष्य है तो, फिर वह एक खुले विचारों (Libral) वाली, रोशन ख्याली (enlighted) से ओतप्रोत शिक्षा व्यवस्था को बढ़ाएगी इसमें गणित, प्राकृतिक दर्शनशास्त्र, (Natural Philosophy) रसायन शास्त्र, शरीर रचना विज्ञान (Anatomy) व अन्य उपयोगी विज्ञान शामिल होंगे। ऐसा करने के लिए इस राशि से कुछ ऐसे काबिल लोगों को काम पर रखा जा सकता है जो यूरोप के किसी ऐसे महाविद्यालय में पढ़े हों, जो आवश्यक किताबों, औजारों व अन्य उपकरणों से युक्त है।’’

जहाँ यह स्पष्ट है कि राजा राममोहन राय उम्मीद करते हैं कि स्थानीय लोगों का परिचय यूरोपियन ज्ञान से करवाया जाएगा, वहीं यह स्पष्ट नहीं है कि उनका भाषा पर क्या रुख है। लार्ड एमहर्स्ट को लिखे इस पत्र मात्र को देखने से इस बात का पता नहीं चलता है। आमतौर पर यह माना जाता है कि वह अंग्रेजी शिक्षा की वकालत करते थे। किन्तु यह स्पष्ट नहीं है, यहाँ किसकी क्या बात हो रही है? अंग्रेजी भाषा में शिक्षा की या उस ज्ञान के भंडार की जिसके आधार पर यूरोप इतनी तेजी से आगे बढ़ा था, जिसे अक्सर गलत ढंग से अंग्रेजी से जोड़ दिया जाता है और पारम्परिक ज्ञान के बारे में उनका मत यह दिखाता है कि वह जितनी मात्रा में उपलब्ध है, ठीक है। उसके लिए नये संस्थान बनाने की जरूरत नहीं है। साथ ही यह भी कि इस स्थानीय ज्ञान के एक बड़े हिस्से का कोई भी उपयोगी प्रयोजन नहीं है। किन्तु यह स्पष्ट है कि वे इस सम्भावना के लिए कटिबद्ध थे कि यूरोप से आने वाले विचार देशी मान्यताओं व तौर तरीकों में सुधार लाएँगे। राय के मतों के विरोध में उनके दो समकालीनों रामचन्द्र सेन

और राधाकान्त देव ने प्रतिक्रियावादी पक्ष प्रस्तुत किया। ये आरोप लगाते हुए कि, राजा राममोहन राय के मत हिन्दू समाज की आवाज़ नहीं है और उनके विचार परेशान करने वाली परिस्थितियाँ प्रस्तुत करेंगे। सेन और देव ने एच.एच. विलसन का पक्ष लिया जो जी.सी.पी.आई. में, समझौतावादी नीति और सीखने के ओरियंटलिस्ट नजरिए का सबसे दमदार प्रतिनिधि था। इस तिकड़ी ने राय पर व्यवस्थित ढंग से हमले किये और उन्हें हिन्दू समाज की एकता बनाने वाले ढाँचों को कमजोर करने की कोशिश करने वाला बता दिया। इसमें प्राकृतिक विज्ञान को शुरू करने के राय के सुझाव पर आक्रमण सबसे तीखा था। एक बात जो चौंकाने वाली है, जिसका कोई सरल हल समझ नहीं आता, वह यह है कि सेन और देव कलकत्ता के हिन्दू कॉलेज को स्थापित करने व चलाने, दोनों में शामिल थे। और यह संस्थान अंग्रेजी भाषा को माध्यम के रूप में व यूरोपियन विज्ञान को विषय के रूप में शामिल करने वाले पहले कुछ संस्थानों में था। फिर भी उन्होंने कई तरीकों से हिन्दू धर्म के नाम पर चल रही बहुत सी पुरातन व्यवस्थाओं व तरीकों को बनाये रखने का प्रयास किया। इसलिए पश्चिमी पाठ्यचर्या को लागू करने के उनके इस कदम को बंगाल के यूरोपियन समुदाय के साथ आर्थिक व व्यापारिक सम्बन्ध बनाकर ऊँचा दर्जा हासिल करने व आर्थिक समृद्धि में हिस्सा प्राप्त करने के प्रयास के रूप में देखा जाता है। इन सभी के, युवाओं को अंग्रेजी भाषा व संस्कृति के बारे में पढ़ाने के अपने-अपने व्यावहारिक (Pragmatic) कारण थे। किन्तु यह कहना ठीक नहीं है कि इन्होंने अपने देश पर सांस्कृतिक विजय करवाने का रास्ता बनाया।

इस हिस्से में हमने प्रबुद्ध भारतीयों द्वारा व्यक्त दो तरह के विचारों पर चर्चा की। अंग्रेजी भाषा व यूरोपियन विज्ञान को सम्मिलित करते हुए हिन्दू कॉलेज की स्थापना करने में देव और सेन, राजा राममोहन राय द्वारा गवर्नर जनरल को लिखे खत में व्यक्त भावनाओं के बहुत करीब आ जाते हैं। लेकिन राय के प्रयोजनों को लेकर उनकी तीखी प्रतिक्रिया उन्हें उससे बहुत दूर भी ले जाती है। इससे हम उन ज्यादा व्यापक ढाँचों व पहलुओं को देख पाते हैं जिनके अन्तर्गत यह विचार व्यक्त किये गये थे और जिसके आधार पर इनके पक्ष में तर्क रखे गये थे। इसके साथ ही यह भी कि ये, जो कदम उठाये गये/जा सकते थे उनकी सीमाएँ भी दिखाते थे।

भाग-3

उपर्युक्त सभी मत अठारहवीं शताब्दी के आखिरी दशक व उन्नीसवीं शताब्दी के पहले तीन दशकों के दरम्यान विकसित हुए। ओरियंटलिस्ट दृष्टिकोण, जो इनमें

सबसे पुराना है, में कई तरह के रोचक परिवर्तन हुए। जैसा हमने कहा कि इस मत की शुरुआत वारेन हेस्टिंग्स द्वारा कलकत्ता में मदरसे शुरू करने व चालू रखने में लिए, व्यक्तिगत रुचि से हुई। हालाँकि यह कभी भी आधिकारिक तौर पर किसी नीति में व्यक्त नहीं हुआ, फिर भी यह उसी रूप में सामने आया। नीति में यह परिवर्तन तीन कारकों के कारण हुआ। पहला यह कि, प्रशासन के बहुत से लोग जिन्होंने इसमें रुचि ली स्वयं भी फोर्ट विलियम्स से पढ़े थे, जिसमें अधिकतर ओरियंटल पाठ्यचर्या ही लागू होती थी। दूसरा यह कि, अंग्रेजी राज्य के तेजी से विस्तार ने बहुत से गवर्नर जैसे माउंट स्टुअर्ट ऐलफिन्सटन को यह सोचने पर मजबूर किया कि उस समय के संस्थानों व सीखने-सिखाने की पद्धतियों को लगातार मदद देते रहना सबसे व्यावहारिक तरीका है (यह दो कारणों से, एक तो यह कि मदद के पहले से चल रहे तरीकों से लाभान्वित व्यक्ति वे थे जो किसी न किसी तरह की शिक्षा से जुड़े थे और इसे बन्द करने से वे नाराज भी होंगे और ज्ञान भी लुप्त हो जाएगा, और फिर इस वर्ग के लोगों को शामिल करने से शिक्षा का काम आगे बढ़ेगा)। नीति में परिवर्तन का तीसरा कारक यह था कि समझौतावादी नीति और सीखने के ओरियंटलिस्ट तरीके के प्रवक्ताओं के अलावा जी.सी.पी.आई. अपनी शुरुआत में ऐसे लोगों से भरी थी जो स्वयं ही संस्कृत व फारसी में विद्वत्तापूर्ण लेख लिखने व उनमें उपलब्ध सामग्री के अनुवाद में लगे थे।

ओरियंटलिस्ट विचारों के उद्भव व विकास का मोटा-मोटा खाका इस प्रकार है; इसकी शुरुआत इस तर्क के आधार पर हुई कि नये शासक को यह प्रयास करना चाहिए कि जिन प्रथाओं व सुविधाओं की प्रजा को लम्बे समय से आदत है उनसे वे वंचित न हों। ऐसा करने से प्रजा को यह संकेत मिलेगा कि उनका महत्त्व है और उनकी प्रथाओं को बनाये रखने का हर प्रयास किया जाएगा। उनके जैसे कुछ प्रशासक व चंद ओरियंटलिस्ट के वक्तव्यों में यह तर्क भी अकसर मिलता है कि इन परिष्कृत भाषाओं व इनमें व्यक्त ज्ञान को चलाए रखना व बढ़ाना अपने आप में लाभप्रद है। ऊपर की तरह कई स्रोतों से मिली आलोचना के आधार पर ओरियंटलिस्ट मत में कई बारीक (Subtle) परिवर्तन हुए, लेकिन इनमें भी आश्रयवादी या पुचकारवादी दृष्टिकोण के लिए प्रतिबद्धता को नहीं छोड़ा गया। उनके तर्कों में आये परिवर्तनों को हम इस तरह से समझ सकते हैं;

इस आरोप के जवाब में कि 'प्रशासन द्वारा स्थानीय लोगों को जल्दी शिक्षित करने का प्रयास नहीं रहा है', उनका कहना था कि हमें उच्च वर्ग को इस उम्मीद के साथ शिक्षा समर्थन देने से शुरू करना चाहिए कि उनसे यह धीरे-धीरे ज्यादा

लोगों तक फैलेगी, इसमें कोई अड़चन नहीं होगी और यह बढ़ती रहेगी, क्योंकि वह वर्तमान के सामाजिक विभाजनों व उनसे जुड़े ढाँचों से नहीं टकराएगी। उन्होंने शुरुआत में इस बात का तीखा प्रतिवाद किया कि यूरोपियन विज्ञान को पढ़ाना शुरू करना उचित कदम नहीं है क्योंकि लोग इसका विरोध इस वजह से करेंगे कि यह बाहरी योजना को थोपना है, लेकिन अंग्रेजी व यूरोपियन विज्ञान पढ़ाने के बढ़ते व लगातार दबाव के आलोक में उन्होंने अपने विचार पक्ष में शीघ्र ही संशोधन कर एक नया विचार ढाँचा जिसे रोपीकरण (engraftment) का सिद्धान्त कहते हैं, बना लिया। इसमें अंग्रेजी व विज्ञान को उच्च शिक्षा के स्तर पर ही शुरू करने की बात थी, तब नहीं जब बच्चों के दिमागों को शिक्षित करने की शुरुआत ही हो रही हो। इसको और सुदृढ़ करने के लिए यह तर्क दिया जाता था कि इससे छात्र पूरी तरह से अपनी तात्कालिक मान्यताओं, रीति-रिवाजों व ठोरों से विलग नहीं होंगे। लूथर द्वारा रोमन चर्च को सुधारने (mores) के प्रयास का हवाला देते हुए वे कहते थे कि लूथर यह प्रयास इसीलिए कर पाया क्योंकि वह उस चर्च की परम्परा व तौर तरीकों में पूरी तरह रँगा हुआ था। वह मानता था कि स्थानीय विद्यार्थियों को स्वयं भी अपनी परम्परा के बारे में बहुत कुछ और पता होना चाहिए जिससे वे उसमें आवश्यक व वांछनीय परिवर्तन ला पाएँ आखिर में यदि एक बहुत ही सरलीकृत ढंग से एक काफी समृद्ध व पेचीदे मत को व्यक्त करें तो यह कह सकते हैं कि ओरियंटलिस्ट ने यूरोपियन ज्ञान को लोगों तक पहुँचाने के लिए देशीय भाषाओं के एक सशक्त माध्यम बनने की सम्भावना को नकारा नहीं। किन्तु उन्होंने यह कहा कि देशीय भाषाओं की वर्तमान स्थिति ऐसी नहीं है कि वे ये कर पाएँ उनमें विज्ञान में नये विकसित हो रहे ज्ञान के लिए कोई सटीक शब्दावली नहीं है। उनके विचार से इन देशीय भाषाओं की समृद्धता बढ़ाने का एकमात्र तरीका उनका उन परिष्कृत भाषाओं से जो यहाँ की ऐतिहासिक समृद्ध धरोहर में शामिल है, से सम्बन्ध व अन्तःक्रिया करीबी व गहरी बनानी होगी।

ओरियंटलिस्ट के विपक्ष में खड़े एंग्लिसिस्ट का भी लम्बा इतिहास है। इसकी पहली अभिव्यक्ति ऊपर चर्चित ग्रांट की किताब में मिलती है। हालाँकि, ओरियंटलिस्ट पक्ष की तरह ही इस पक्ष में भी महत्त्वपूर्ण परिवर्तन आये कि मैकॉले तक आते-आते इस पक्ष के तर्क व बहस इन परिवर्तनों को समेटते हुए अपने चरम पर पहुँच गयी। यदि हम पहले हुई बात पर नजर दौड़ाएँ तो हम देखेंगे कि ग्रांट ने ईसाइयत फैलाने को स्थानीय लोगों की नैतिकता सुधारने का एक अनिवार्य हिस्सा माना और 1830 की जी.पी.सी.आई. में एंग्लिसिस्ट दल के

बहुत ही महत्त्वपूर्ण सदस्य चार्ल्स ट्रेवेलियन भी कुछ-कुछ इसके हक में था। किन्तु मैकॉले के लिए धर्म का प्रश्न निष्पक्षता के मुद्दे से जुड़ा है व इसे सामने लाता है और वह ईसाई धर्म के फैलाव की वकालत से बहुत दूर है, इसके साथ-साथ धार्मिक निष्पक्षता के इसी तर्क के आधार पर वे ओरियंटलिस्ट की तत्कालीन संस्थानों को मदद जारी रखने की नीति पर भी सवाल उठाते हैं, जो अन्धविश्वासों को भयानक ढंग से बढ़ाने को प्रोत्साहित करती है। ग्रांट के विचार को दोबारा देखें तो समझ आता है कि दृष्टिकोण व जो कदम उसने सुझाए, उनसे आने वाले नतीजों की स्पष्टता के बावजूद वह धैर्य की वकालत करते हैं और किसी ऐसे कदम का विरोध करते हैं जो जल्दी-जल्दी व जल्दबाजी में और हिंसात्मक तरीके से वह सब नष्ट कर दें, जो स्थानीय लोगों की जिन्दगी के केन्द्र में था। ग्रांट और ओरियंटलिस्ट, दोनों अंग्रेजी व यूरोपीय ज्ञान को धीरे-धीरे शुरू करने के मुद्दे पर सहमत थे, से विपरीत ट्रेवेलियन और मैकॉले कहते हैं कि रोपीकरण का सिद्धान्त काम करेगा, इस इन्तजार में बहुत समय व्यर्थ गया है। इसके साथ-साथ वे यह भी कहते हैं कि रोपीकरण वैसे भी एक उपयोगी ढंग नहीं है और स्थानीय लोगों की अंग्रेजी और यूरोपीय ज्ञान की माँग को देखते हुए इन्हें तत्काल चालू कर देना चाहिए। यह दूसरा दावा इस तर्क के साथ-साथ कि जहाँ पुचकारवाद व समझौते का प्रोजेक्ट एक गलती थी, फिर भी राज्य (empire) के बनने के शुरुआती दशकों में उससे शायद कुछ लाभ हुआ हो। लेकिन, उन्होंने कहा कि रोपीकरण से वांछित नतीजे नहीं मिले हैं, वास्तव में इसके बिना ही उच्च वर्ग के लोग अंग्रेजी माध्यम के स्कूलों में दाखिला लेने के इच्छुक प्रतीत होते हैं।

ट्रेवेलियन का लेख *ऑन दी स्कूल ऑफ दी पीपुल ऑफ इंडिया* (1838) भारतीय लोगों की शिक्षा पर, एंग्लिसिस्ट के विचार की मैकॉले के मिनिट्स में उपलब्ध सामग्री से ज्यादा समृद्ध व जटिल अभिव्यक्ति है और इसमें ज्यादा विस्तृत वकालत है। हम यहाँ उसकी दो नयी दलीलों की चर्चा करेंगे।

हम एक पैराग्राफ से शुरू करते हैं जो ऊपर वर्णित लेखन में से है। वे लिखते हैं कि "ज्ञान के यह प्राचीन ढाँचे इस तरह गठित हैं कि हालाँकि इनसे हमें कोई मदद की उम्मीद नहीं है, किन्तु साथ-साथ ही हमें इनके स्थानीय प्रोफेसरान से किसी विपक्ष का खतरा नहीं है। हिन्दूइज़्म के सिद्धान्त के अनुसार कानून, दर्शन और ईश्वरत्व व ईश्वरीय ज्ञान (Divinity) ब्राह्मणों का वंशानुत हक़ है, जबकि साहित्य की अन्य शाखाओं और विज्ञान का अध्ययन नीची जाति के लिए खुला है। संक्षेप में, हिन्दू ज्ञान का ढाँचा एक बन्द एकाधिपत्य (Monopoly) है जो ब्राह्मणों ने अपने आधिपत्य व प्रमुखता को सुरक्षित करने के लिए बनाया है, तो

फिर हम इस ज्ञान ढाँचे को उस सीमा से आगे क्यों ले जाएँ जो ब्राह्मणों की इच्छा से विलग है? उनका इस ज्ञान को सार्वजनिक करने का कोई इरादा नहीं है। उनका उद्देश्य इसे पुरोहित वर्ग तक सीमित रखना है। इसके विपरीत हम बहुत समय से ऐसा व्यवहार कर रहे हैं कि मानो हम ही सारे देश को इसमें डुबो देना चाहते हैं। ब्राह्मणों का एकमात्र लक्ष्य है कि उन्हें अपने विशिष्ट ज्ञान का लुत्फ बिना रुकावट अथवा दखल के उठाने दिया जाए। उनके ध्यान में सामान्यजन की शिक्षा नहीं आती। यह बड़ा क्षेत्र बिल्कुल खाली है, और इसलिए बिना किसी अन्य समूह के स्वार्थ से टकराए ही हम जन शिक्षण की अपनी व्यवस्था बना सकते हैं।''

ट्रेवेलियन से लिया यह पैराग्राफ दिखाता है कि वह शिक्षा के अपने दृष्टिकोण की वकालत क्यों और कैसे कर रहा था। उसके लिए शिक्षा के एंग्लिसिस्ट दृष्टिकोण का एकमात्र स्रोत यह नहीं था कि भारतीय शास्त्रीय भाषाओं व उनसे सम्बन्धित विज्ञान को सीखना बेकार है। इस बात के लिए तो वह प्रतिबद्ध है ही, पर इसके साथ-साथ शिक्षा की ओरियंटलिस्ट योजना उसे सीमित व कुछ ही लोगों को शामिल करने वाली लगती है। जिस ज्ञान को और जिस भाषा को वे प्रोत्साहन देना चाहते हैं वह हमेशा से ही ब्राह्मणों तक रही है और उन्होंने कभी न तो यह प्रयास किया और न ही इसे सही माना कि इस ज्ञान को ज्यादा बड़े समूह तक ले जाया जाए। उसके मत में इस योजना को प्रोत्साहन देने में ओरियंटलिस्ट स्वयं ही अतिविशिष्टता और अभिजनवाद (Exclusivity or elitism) के दोषी हैं। और फिर एक उपनिवेश के शासक होने की दृष्टि से एक ऐसे मत को समर्थन देना जो एक अमान्य व गलत व्यवस्था का पोषण व दोहराव कर रहा है, अनुचित है।

ट्रेवेलियन जो दूसरा तर्क रखते हैं वह अंग्रेजी को शिक्षा का माध्यम बनाने के बारे में है। एक तरफ तो वह मानते हैं कि स्थानीय प्रजा अंग्रेजी को शिक्षा के माध्यम के रूप में चाहती है। पर इससे ज्यादा उनके लिए यह बात महत्त्वपूर्ण है कि ओरियंटलिस्ट जिस अंग्रेजी भाषा को स्थानीय युवाओं के लिए कठिन मानते थे, वही बहुत स्वीकार्य थी और बहुतों के लिए सीखने में आसान भी और इसमें वे काफी निपुण भी हो गये थे। दूसरा बिन्दु जिस पर वह काफी समय चर्चा करते हैं, वह ओरियंटलिस्ट के इस दावे के बारे में है कि शास्त्रीय भाषाओं को उपयोग करते रहने से देशीय भाषाएँ भी ज्यादा समृद्ध हो जाएँगी। यूरोपीय भाषाओं के विकास के इतिहास से वह कई उदाहरण देकर यह कहते हैं कि यदि स्थानीय भाषा में उपलब्ध शब्द समूह बाहर से आये किसी नये विचार को आसानी से व्यक्त कर

सकते हैं, तो उन शब्दों अथवा शब्द समूहों को ले लिया जाता है। किन्तु, ऐसा न होने पर, शब्द और उसका अर्थ, दोनों ही उसी भाषायी स्रोत से आयात किये जाते हैं... भाषाओं को बढ़ाने व परिष्कृत करने के लिए, विद्वान अध्येता (Scholar) स्वाभाविक रूप से उन विदेशी शब्दों का उपयोग करने लगते हैं, जो उनके दिमाग को उत्साहित और उद्वेलित करते हैं, और जिनके बार-बार उपयोग के कारण, उन्हें लगता है कि वे उनकी बात को ज्यादा स्वाभाविक व बेहतर ढंग से अभिव्यक्त कर पाते हैं। इसी से शब्द भंडार की समृद्धता, विचारों को व्यक्त करने के लिए कई-कई मौखिक संकेतों के चुनने की सम्भावना बनती है, जो कि विकसित देशों की भाषाओं का लक्षण है। विदेशी भाषाओं का देशीकरण (Naturalization) बेशक सरल कार्य नहीं है, किन्तु इतिहास यह सिद्ध करता है कि "जितनी तेजी से नयी भाषा इस्तेमाल में आती है, उतनी ही तेजी से भरपूर मात्रा में उपयुक्त शब्द मिल जाते हैं, जो लोगों को आवश्यक सामग्री समझने में मदद करते हैं और इसके लिए किसी विशेष व्यवस्था की जरूरत नहीं होती।" इस दावे के साथ-साथ कि अंग्रेजी में शिक्षण चालू करने में ऐसी कोई दिक्कत नहीं होगी जैसा ओरियंटलिस्ट को डर है, ट्रेवेलियन यह भी संकेत देते हैं कि उनके हिसाब से न तो संस्कृत और न ही फारसी भारतीय प्रजा के लिए अंग्रेजी से ज्यादा करीब है। इसीलिए उसका दावा है कि अंग्रेजी अपने आप में कोई विशेष परेशानी पैदा नहीं करेगी। यह तर्क कुछ हद तक सिरेमपौर मिशनरियों की कलमें पहले भी लिख चुकी थीं। लेकिन, उनके तर्क कि, देशी भाषा में शिक्षा होनी चाहिए, से इतर ट्रेवेलियन अंग्रेजी के पक्ष में था। उसके अनुसार अंग्रेजी, देशी भाषाओं को मजबूत बनाएगी। इसके अलावा वह उम्मीद करता है कि यदि "अंग्रेजी भारत में शिक्षा की भाषा बनेगी, तो स्वाभाविक है कि धीरे-धीरे, वह यहाँ विज्ञान की भाषा भी बनेगी। साथ ही जिन विचारों के लिए सामान्य तौर से इस्तेमाल होने वाली स्थानीय भाषाओं/बोलियों में कोई शब्द अथवा संकेत नहीं है, उनके लिए शब्द अंग्रेजी से लिए जाएँगे। पढ़े-लिखे लोग, जिनसे होकर यूरोपीय ज्ञान सामान्य लोगों तक पहुँचेगा, अंग्रेजी से परिचित होंगे। वे उन अंग्रेजी शब्दों को, जिनसे वह परिचित हैं, इस्तेमाल करेंगे, और इसलिए स्पष्टतः फायदे में होंगे, जबकि बाकी लोग नुकसान में रहेंगे। अंग्रेजी शब्दों के देशी भाषाओं में उपयोग से वैज्ञानिक भाषा व साधारण उपयोग की भाषा के बीच की दूरी भी कम होगी।" इसके अलावा वह यह भी दावा करता है कि देशीय भाषाओं के अंग्रेजी के साथ रिश्ते इन भाषाओं को भी एक-दूसरे के करीब लाएँगे, चूँकि 'तरीके और विषय' दोनों के लिए, इन भाषाओं का स्रोत एक ही होगा। जैसा वह कहता है कि "एक ही स्रोत से संतृप्त, एक ही साँचे में ढाली

गयी, एक ही विज्ञान, एक ही गुणवत्ता के मापक से मपी, एक ही नामावली (nomenclature) के साथ, राष्ट्रीय भाषाएँ और राष्ट्रीय चरित्र संगठित होगा; हर समुदाय द्वारा अख्तियार किया हुआ वैज्ञानिक और साहित्यिक ज्ञान तत्काल ही सभी के फायदे के लिए सर्वत्र उपलब्ध सामग्री के रूप में आ जाएगा, और हमारे पास एक एकता युक्त रोशन विचारों वाला राष्ट्र होगा।" ओरियंटलिस्ट के जवाब में ट्रेवेलियन मानता है कि सरकार की यह जिम्मेवारी है कि वह शिक्षा की ऐसी योजना लागू करे जिससे कि विभाजन और विलगता की लम्बे समय से चल रही मानसिकता को बदला जा सके।

जी.सी.पी.आई. में इन दोनों पक्षों के बीच हुए विवाद से यह झलक मिलती है कि कई बार एक पक्ष द्वारा प्रस्तुत तर्क दूसरे पक्ष द्वारा दोहराए गये। हम यह भी पाते हैं कि 1830 के आते-आते दोनों पक्षों के प्रवक्ताओं के उपयोग के लिए व्यापक तरह के मत व भावनाओं का भंडार उपलब्ध था।

भाग-4

इस लेख में हमने सिर्फ उन विचारों के फैलाव क्षेत्र को पहचानने की कोशिश की है जो इस प्रश्न के जवाब में मिलेगी कि 'स्थानीय प्रजा को क्यों और किस चीजों में शिक्षित करना चाहिए?' यहाँ सभी तरह की मत विविधता को प्रस्तुत नहीं किया गया है। उदाहरण के लिए डब्ल्यू. एच.टिम. विलसन के द्वारा लिखे एक लेख के आलोक में जॉन स्टुअर्ट मिल ने अपने मत को बदला। उनका मत पहले उपयोगितावादियों के करीब था और उनका परिवर्तित मत ओरियंटलिस्ट के मत के बहुत करीब था। एक और मत जिस पर चर्चा की आवश्यकता है, ब्रायन एच. होजसन का है। उन्होंने देशीय भाषा व देशीय ज्ञान को शामिल करने की वकालत की, लेकिन यह देशीय ज्ञान संस्कृत व परशियन की उच्च परम्परा से अलग था। ये दोनों ही मत काफी विस्तृत व गहरे हैं और इन्हें संक्षेप में प्रस्तुत करना सम्भव नहीं है। इन पर कभी बाद में बात करेंगे। शुरुआत के लिए यह काफी है अगर हम यह समझ लें कि एंग्लिसिस्ट व ओरियंटलिस्ट के बीच की यह बहस एक बड़े दायरे में व्यक्त विचारों के सन्दर्भ में हुई और इन दोनों ही पक्षों ने विचारों के व्यापक दायरे में कैसे अपने काम के लिए तर्क चुने व उस व्यापक दायरे को भी समझने-समझाने की कोशिश की।

यह मैकॉलेवादी शिक्षा और वह गाँधीवादी शिक्षा यह क्यों नहीं छूटी और वह क्यों नहीं चली?

दयालचन्द्र सोनी

1. शिक्षा को न केवल विकृत किया गया है, बल्कि उसमें सुधार लाना भी दुष्कर बना दिया गया है।

स्थिति आज यह तो है ही कि हमारी सरकारें गलत शिक्षा से बँधकर बस उसी का तो गुणगान करती हैं, उसी का ढोल पीटकर प्रचार करती हैं, पर इसके साथ-साथ देश के जो प्रौढ़ लोग हैं, अथवा जो माता-पिता लोग हैं, उनके मन में भी शिक्षा की यही गलत अवधारणा जमकर बैठ गयी है। शिक्षा के विषय में जो अवधारणा पूरे देश पर छा गयी है, वह यह है कि शिक्षा मनुष्य का श्रमजीवी एवं निज-व्यवसायी वर्ग से उद्धार करके उसे शुद्ध बुद्धिजीवी तथा ऊँची तथा आश्वस्त आय प्राप्त कराने वाली नौकरी दिलाने के लिए है। आज की स्थिति में जो मछली है, कल की परिस्थिति में वही मछली, मछली वर्ग से त्राण पाकर बगुला वर्ग में कैसे प्रविष्ट हो, इस अरमान को जो पूरा करे उसका नाम आज के जनमानस में शिक्षा है। श्रमजीवी कैसे बुद्धिजीवी बने, शासित व्यक्ति कैसे शासक बने, शोषित व्यक्ति किस प्रकार शोषक बन सके, इस समस्या तथा इस आकांक्षा की जो प्रक्रिया पूरी करे उसको आज शिक्षा माना जाता है तथा शिक्षा के रूप में पहचाना जाता है। यदि शिक्षा पाकर भी कोई किसान ही या ग्वाला ही, या लोहार, कुम्हार, नाई, धोबी, मोची, जुलाहा, स्वर्णकार या तेली तम्बोली या दर्जी ही बना रहा तो शिक्षा व्यर्थ हो जाएगी। ऐसी मान्यता सारे समाज में फैल गयी है तथा रूढ़ हो गयी है अथवा जम गयी है। इतना ही नहीं है, बल्कि यह भी है कि शिक्षा पा लेने पर धोती कुर्ता त्याज्य हो जाना चाहिए, पैंट तथा टाई अनिवार्य हो जानी चाहिए, फर्श पर बैठकर काम नहीं किया जाना चाहिए, टेबल कुर्सी के बिना काम नहीं होना चाहिए, विवाहादि के निमंत्रण अंग्रेजी में दिये जाने

चाहिए, बधाई एवं शुभकामनाएँ अंग्रेजी में दिये जानी चाहिए। अपने घर पर अपनी नाम पट्टिका अंग्रेजी में लगनी चाहिए। हमारा सारा व्यवहार, हमारी सारी चाल-ढाल दुनिया को यह सन्देश देने वाली होनी चाहिए कि हम साधारण प्रजा वर्ग के देशी लोग नहीं हैं बल्कि हम तो देशी जन साधारण से अलग सुविशिष्ट लोग हैं। जैसे कुछ लोग 'धर्मान्तरण' करवाते हैं, उसी प्रकार आज की शिक्षा 'वर्गान्तरण', 'भाषान्तरण' तथा 'सांस्कृतिक अन्तरण' कराती है और सारे देश में शिक्षा का लक्ष्य, शिक्षा का पुरस्कार यही माना जाता है, शिक्षा की भूमिका यही मानी जाती है। जो माता-पिता अपने बच्चों को स्कूलों में नहीं भेज पाते हैं, वे भी शिक्षा की इस अवधारणा से मतभेद नहीं रखते, वे भी इस अवधारणा को चुनौती नहीं देते। वे भी बस चुपचाप अपनी मजबूरी को स्वीकार कर लेते हैं और अपने बच्चों को रोजी रोटी का जुगाड़ कराने में अपना सहायक बनाते हुए उन्हें स्कूलों से दूर रखते हैं।

सारांश यह है कि एक तरफ तो विशाल शासन तंत्र का शिकंजा समस्त शिक्षा पर इतनी मजबूती से जकड़ा हुआ है कि उसमें तनिक सा भी संशोधन करके शिक्षा के क्षेत्र में नये प्रयोग करना अत्यन्त दुष्कर हो चुका है और दूसरी तरफ पूरे देश की जनता ने मौन रूप से शिक्षा के वर्तमान ढाँचे को ही इतनी मान्यता दे रखी है कि स्कूल के वर्तमान ढर्रे में परिवर्तन करके स्कूल चलाना लगभग असम्भव हो गया है। सत्य तो यह है कि ब्रिटिश राज में भी तथा देशी रियासतों में भी शिक्षा के क्षेत्र में स्वतन्त्र एवं सुधारवादी प्रयोग करने की जितनी छूट तथा सुविधा थी, उतनी ही छूट तथा सुविधा आज आजाद भारत में नहीं है। हमारी सरकारें इस प्रदूषित शिक्षा में सुधार की तरफ तो रत्ती भर भी ध्यान नहीं दे रही हैं, पर इस शैक्षिक प्रदूषण को फैलाने, तथा और भी फैलाते जाने में ही लगी हुई हैं। मैं इसे देश का महान दुर्भाग्य मानता हूँ।

2. यह दोष मैकॉले का नहीं है कि भारत में मैकॉलेवादी शिक्षा ही आज भी चल रही है।

मैकॉले ने अथवा ब्रिटिश शासन ने बेशक ऐसी शिक्षा को भारत में स्थापित किया जो दैहिक श्रम से ग्लानि उत्पन्न करें, जो भारतवासियों की चमड़ी को यदि अंग्रेजी की चमड़ी जैसी गोरी नहीं भी बना सके तो कम से कम, मन, वचन और कर्म से भारत के निवासियों को अंग्रेज बना ही दें। अंग्रेजों ने शिक्षा के द्वारा भारत में अंग्रेजियत फैलाने का इरादा गोपनीय भी नहीं रखा था। यह उनकी ईमानदारी थी। इसके अलावा अंग्रेज लोगों की एक और बात भी प्रशंसनीय

थी। वह प्रशंसनीय बात यह थी कि उन्होंने कभी ऐसा नहीं कहा, न उन्होंने ऐसा माना कि जिस अंग्रेजी परस्त तथा अंग्रेज परस्त शिक्षा की वे स्थापना कर रहे हैं, वह शिक्षा भारतीय जनता की सार्वजनीन और अनिवार्य शिक्षा बनाई जा सकती है, या बनाई जानी चाहिए। समस्त भारतीय जनता के अंग्रेज़ियत में ढालने की बदनीयत तो अंग्रेजों की भी नहीं थी। वे तो कुछ गिनती के लोगों को ही अपनी अंग्रेज़ियत वाली शिक्षा देना चाहते थे ताकि उन्हें भारत में ही ऐसी नौकरशाही की उपलब्धि हो जाय तो ब्रिटिश राज के लिए भारतीय स्तम्भ या भारतीय शासन तन्त्र का काम दे सके। तो यदि आज आजाद भारत में भी वही मैकॉलेवादी शिक्षा न केवल कायम रखी जा रही है बल्कि सार्वजनीन बनाई जा रही है तो उसके लिए हम न तो मैकॉले को और न अंग्रेजों को भी कोई भी दोष दे सकते हैं। अंग्रेजों ने तो नहीं कहा और न उन्होंने यह माना था कि ब्रिटिश शासन की समाप्ति तथा आजादी की प्राप्ति के बावजूद भारत अपनी शिक्षा प्रणाली को मैकॉलेवादी बेड़ियों में ही जकड़े रखेगा तथा इसी शिक्षा को अनिवार्य सार्वजनीन शिक्षा बनाने की भी कोशिश करेगा। तो अंग्रेजों के जाने के बाद भी शिक्षा प्रणाली वही कायम रही तथा वही फैलाई जा रही है जो विदेशी हुकूमत के लिए अनुकूल थी एवं जो स्वाधीन भारत के लिए अनुकूल नहीं है।

3. यह दोष गाँधी जी का भी नहीं था कि देश में आज भी मैकॉलेवादी शिक्षा ही चल रही है।

जिस महात्मा गाँधी ने अपने अहिंसक सत्याग्रह की युद्ध विद्या से भारत को आजादी दिलाई थी, हम उस गाँधी को भी इस बात के लिए दोष नहीं दे सकते कि देश तो आज़ाद हुआ पर गुलामी के ज़माने की मैकॉलेवादी शिक्षा से देश को आज तक आज़ादी नहीं मिली। आजादी तो मिल कर रहेगी, ऐसा मानकर महात्मा गाँधी ने तो आजादी मिलने से दस वर्ष पूर्व ही देश के प्रत्येक नागरिक की आधारभूत तालीमी खुराक का स्वरूप बता दिया था। उच्चतर शिक्षा तो कुछ भी हो, पर प्रत्येक नागरिक की अनिवार्य और न्यूनतम आवश्यक (यानी बुनियादी) तालीम क्या होनी चाहिए यह उन्होंने स्पष्ट बता दिया था तथा सन् 1940 से पूर्व उसे पूरे देश में लागू भी करवा दिया था।

सौभाग्य से उदयपुर की विद्या भवन नामक शिक्षा संस्था ने मुझे सन् 1941 से सन् 1955 तक इस बुनियादी शिक्षा का प्रत्यक्ष काम करने का भी तथा जगह-जगह से उसका सबक सीखने का भी सुअवसर दिया था। तो डॉ. जाकिर हुसैन, सन्त विनोबा भावे, महात्मा गाँधी, नाना भाई भट्ट जैसे महानुभावों से भी

मेरा सम्पर्क हुआ तथा उनसे भी मैंने कुछ सीखा। इसके साथ ही डेनमार्क में लोक शिक्षा के लिए प्रसिद्ध 'फोक हाई स्कूल सिस्टम' को देखने तथा समझने का अवसर भी मुझे मिला। तो अपने अनुभव से मैंने महात्मा गाँधी द्वारा प्रवर्तित बुनियादी शिक्षा की जो विशेषताएँ समझीं मैं उनका उल्लेख यहाँ करना चाहता हूँ।

4. भारत में शिक्षा को वस्तुतः सर्वसुलभ बनाने के लिए बुनियादी शिक्षा से अंग्रेजी को बाहर रखा गया और छात्र की मातृभाषा को शिक्षा का माध्यम बनाया गया।

मैकॉलेवादी शिक्षा में और गाँधीवादी बुनियादी शिक्षा के बीच पहला फर्क यह था कि इस बुनियादी शिक्षा की जो सात वर्षों की अवधि निर्धारित की गयी थी, उसको अंग्रेजी भाषा की पढ़ाई से मुक्त कर दिया गया था। आज तो कितने ही रवानगी विद्यालय नर्सरी स्कूल से ही अंग्रेजी की शिक्षा शुरू करते हैं। कितने ही स्कूल ऐसे भी हैं जहाँ हिन्दी में बोलने पर विद्यार्थियों को दंडित भी किया जाता है। और, जो राजकीय स्कूल हैं उनमें भी कक्षा 3 से ही अंग्रेजी की शिक्षा शुरू हो जाती है। इस स्थिति पर यदि गहराई से विचार किया जाये तो सार तो यह निकलता है कि भारत में शिक्षा तभी सार्वजनीन हो सकेगी जब कि अंग्रेजी का ज्ञान तथा अंग्रेजी का उपयोग भी सार्वजनीन हो जाये। भारत के सौ करोड़ लोगों को यदि शिक्षित होना है तो इन सौ ही करोड़ लोगों को अंग्रेजी सीखनी होगी। "अंग्रेजी तथा शिक्षा पर्यायवाची हैं, अंग्रेजी के बिना शिक्षा सम्भव ही नहीं है।" इस मान्यता पर आज भारत में कॉन्वेंट तथा रवानगी स्कूलों के साथ-साथ हमारे सरकारी स्कूल भी चलाए जा रहे हैं। तो इसके विरुद्ध बुनियादी अथवा गाँधीवादी शिक्षा का सिद्धान्त यह है कि एक भारतीय नागरिक की जो मौलिक या आधारभूत प्राथमिक नागरिक शिक्षा है, उस शिक्षा को अंग्रेजी के अध्ययन अथवा अभ्यास के बोझ से मुक्त रखा जाना चाहिए। बुनियादी शिक्षा की मान्यता है कि अंग्रेजी भाषा का ज्ञान देश की शत प्रतिशत जनता को नहीं चाहिए। पर कॉन्वेंट स्कूलों के साथ-साथ आज हमारी सरकारें भी मानती हैं कि अंग्रेजी की शिक्षा कक्षा 3 से अवश्य शुरू हो जानी चाहिए। यानी हमारी सरकारें मानती हैं कि हर पढ़े-लिखे भारतीय को अंग्रेजी तो आनी ही चाहिए यानी सरकारें यह मानती हैं कि यदि अंग्रेजी नहीं तो शिक्षा ही नहीं। तो सहज ही ये प्रश्न उठता है कि हमारी सरकारें शिक्षा को सार्वजनीन बनाने के इरादे से और शिक्षा को सार्वजनीन बनाने की संविधान की धारा 45 की घोषणा में झूठी तथा बेईमान या धोखेबाज है या नहीं है!! मूल प्रश्न यह है कि क्या

अंग्रेजी भाषा का ज्ञान सार्वजनीन बनाना ज़रूरी है और क्या भारत में अंग्रेजी के ज्ञान को सार्वजनीन बनाना सम्भव है? जो लोग या जो सरकार यह कहती है कि भारत में शिक्षा को सार्वजनीन तो बनाना है, पर शिक्षा को अंग्रेजी से मुक्ति हरगिज़ भी नहीं देनी है, वे लोग तथा वे सरकारें बेईमान तथा धोखेबाज़ हैं। संविधान की धारा 45 ने भविष्यवाणी की थी कि संविधान के लागू होने के बाद केवल 10 वर्षों में शिक्षा सार्वजनीन हो जाएगी। पर आज 50 वर्ष बीत जाने पर भी शिक्षा सार्वजनीन होने से कोसों दूर है। इसका कारण क्या है? कारण यह है कि सार्वजनीन शिक्षा के पाँवों में अंग्रेजी भाषा की बेड़ी पड़ी हुई है जिसे काट कर शिक्षा के पाँवों को मुक्त करने के लिए हमारे शिक्षाविद्, हमारे समाज-सुधारक, हमारे माता-पिता तथा हमारी सरकारें बिल्कुल तैयार नहीं हैं। घोषणाएँ तो की जाती हैं और ढोल तो पीटे जाते हैं शिक्षा को भिक्षा के रूप में प्राप्त करके बहाया जाता है– शिक्षा को फैलाने के नाम पर। लेकिन शिक्षा के पाँवों में पड़ी हुई अंग्रेजी की बेड़ी काटी नहीं जाती। तो यह क्या है? क्या यह एक षड्यन्त्र नहीं है, क्या यह एक दम्भ नहीं है?

हम सुनते तथा पढ़ते हैं कि प्राचीन भारत में राजा महाराजा तथा उच्चवर्ण के लोग बिल्कुल स्पष्ट रूप से कह देते थे कि शूद्रों को पढ़ने-लिखने की तथा शास्त्र-वाचन की छूट नहीं मिलेगी और हम उन राजा महाराजाओं तथा उन उच्च वर्ण के लोगों की घोर निन्दा भी करते हैं तो यह निन्दा वाजिब है क्योंकि वे लोग तो निन्दनीय ही थे। पर एक बात में तो वे लोग आज की सरकारों तथा आज के कुलीन वर्गीय लोगों से बेहतर थे ही क्योंकि वे धोखेबाज तथा पाखंडी नहीं थे। वे बेशक भेदभाव रखते थे, पर उनका भेदभाव प्रच्छन्न नहीं था, स्पष्ट था। कहावत है कि *न तो नौ मन तेल होगा और न राधा नाचेगी*। तो इस कहावत के अनुसार न तो भारत के शत प्रतिशत लोग अंग्रेजीदां बनेंगे और न भारत के शत प्रतिशत लोग स्कूली कसौटी पर शिक्षित के रूप में खरे उतरेंगे।

महात्मा गाँधी ने कहा था कि बुनियादी शिक्षा का माध्यम छात्र की अपनी मातृभाषा होगी यानी शिक्षा प्राप्ति के लिए छात्र की उसी भाषा का प्रयोग होगा जिसे छात्र ने अपने घर में अपने माता-पिता से सीख लिया है तथा जिसमें वह सहज रूप से ग्रहण भी कर सकता है तथा जिसमें वह सहज रूप से अपने को अभिव्यक्त भी कर सकता है। गाँधी की यह बात नहीं मानी गयी क्योंकि इसे मानने पर तो शिक्षा वास्तव में सहज हो जाती तथा वास्तव में फैलने लग जाती जो हमारी छिपी हुई नीयत के विपरीत होता।

5. छात्र की मातृभाषा को शिक्षा के अभ्यास क्रम से निष्कासित करने का मैकॉलेवादी लक्ष्य था–छात्रों में अपनी भाषा एवं संस्कृति के प्रति हीनता की भावना पैदा करना।

जब छात्रों की सहज मातृभाषा की शिक्षालय में उपेक्षा होती है या उस सहज मातृभाषा को शिक्षा के अभ्यास क्रम से बाहर रखा जाता है अथवा उसे शिक्षा का माध्यम नहीं बनाया जाता तो इसके फलस्वरूप छात्रों में अचेतन रूप से अपनी मातृभाषा के प्रति एक हीनता की भावना अवश्य पैदा हो जाएगी। इसके साथ ही एक महत्त्वपूर्ण बात और भी है। वह बात यह है कि मनुष्य की सांस्कृतिक विरासत का अनमोल खजाना भी मनुष्य की मातृभाषा में ही सुरक्षित होता है। तो जब छात्रों की मातृभाषा शिक्षा के अभ्यास क्रम से बाहर धकेल दी जाती है तो उस मातृभाषा में जो गीत हैं, मुहावरे हैं, कहानियाँ हैं, वे सब भी बाहर धकेल दिये जाते हैं। इसके साथ-साथ छात्र की जो शक्ति या सामर्थ्य अपनी मातृभाषा में आत्माभिव्यक्ति की है यानी उसमें बोलने की, लिखने की, भाषण देने की या कविता करने की है, वह अभिव्यक्ति की शक्ति तथा सुविधा छात्र से छीन ली जाती है। नतीजा बस यही होता है कि छात्र अपने प्रति, अपनी भाषा के प्रति तथा अपनी सांस्कृतिक विरासत के प्रति एक हीनता की भावना से ग्रस्त हो जाता है जो कि मैकॉलेवादी शिक्षा का अभीष्ट लक्ष्य था। इस खोटे लक्ष्य में आज की शिक्षा सफल है।

6. बुनियादी शिक्षा की विषयवस्तु या उसके अभ्यास क्रम में उत्पादक हस्तशिल्प अथवा उद्यम को केन्द्रीय स्थान तथा सर्वाधिक महत्त्व दिया गया जिसके ठोस कारण समझने योग्य हैं।

ऊपर हमने यह समझा था कि सरलता से फैल सकने वाली शिक्षा को फैलने से रोकने के लिए मैकॉलेवादी शिक्षा में अंग्रेजी भाषा को अनिवार्य बना दिया गया और कुछ संस्थाओं ने तो अंग्रेजी को केवल एक अतिरिक्त विषय के रूप में ही अभ्यास क्रम में स्थान नहीं दिया बल्कि सभी विषयों की शिक्षा का माध्यम भी अंग्रेजी को बना दिया ताकि शिक्षा का फैलाव और भी ज्यादा मुश्किल और बाधाग्रस्त हो जाये।

पर शिक्षा का फैलाव रोककर उसे वर्ग विशेष तक ही सीमित रखने का केवल यह (अंग्रेजी की अनिवार्यता वाला) एक षड्यन्त्र ही नहीं रचा गया था, बल्कि एक षड्यन्त्र शिक्षा का फैलाव रोकने और शिक्षा को कठिन एवं दुःसाध्य

बना देने के लिए मैकॉलेवादी शिक्षा में और भी किया गया था और वह षड्यन्त्र यह था कि शिक्षा की विषयवस्तु या उसके अभ्यास क्रम में से उत्पादक श्रमोद्यम को बहिष्कृत कर दिया गया था। षड्यन्त्र यहीं तक सीमित नहीं रखा गया कि उत्पादक श्रमोद्यम को शिक्षा से बहिष्कृत मात्र कर दिया जाये बल्कि षड्यन्त्र यहाँ तक आगे बढ़ाया गया कि उत्पादक श्रमोद्यम को शिक्षा का बैरी या दुश्मन बताकर उसके प्रति समाज में तथा छात्रों में घृणा या ग्लानि के भाव भी भरे गये और श्रमिक जीवन को हीन तथा दुर्भाग्यपूर्ण बताया गया।

कहना नहीं होगा कि मैकॉलेवादी शिक्षा के ये दोनों षड्यन्त्र सफल हुए हैं और उसके फलस्वरूप देश में चारों ओर मातृभाषा कुचली जा रही है, त्यागी जा रही है और अंग्रेजी अपनाई जा रही है तथा पूजी जा रही है और इसके साथ 'नौकरी' को अथवा ख़ालिस बुद्धिजीवी होने की स्थिति को तो प्रतिष्ठा की बात माना जा रहा है और उत्पादक दैहिक श्रमोद्यम को हीन तथा दुर्भाग्यपूर्ण माना जा रहा है।

तो महात्मा गाँधी ने मैकॉलेवादी शिक्षा की इन दोनों गलतियों को अथवा मैकॉलेवादी शिक्षा के इन दोनों अपराधों अथवा उसके इन दोनों पापों, अथवा उसके इन दोनों षड्यन्त्रों से बुनियादी शिक्षा को मुक्त किया। इन दो षड्यन्त्रों में से अंग्रेजी के प्रभुत्व वाले षड्यन्त्र का वर्णन तो मैं ऊपर कर चुका हूँ। अतः अब मैं यह बताने का प्रयत्न करूँगा कि शिक्षा के अभ्यास क्रम से उत्पादक दैहिक श्रमोद्यम के बहिष्कार के पीछे मैकॉलेवादी शिक्षा का षड्यन्त्र क्या था जो कि आज तक दृढ़तापूर्वक चालू है।

7. मानव का मूल तथा वास्तविक गुरु या शिक्षक तो कर्म ही है, और ये शिक्षक तथा ये किताबें तो शिक्षा के उपकरण या सहायक मात्र हैं। शिक्षा को कर्म से काटना तो वृक्ष को उसकी जड़ से काटने के बराबर है।

हमें अपने से यह प्रश्न पूछना चाहिए कि मानव जाति में जो भी विकास ज्ञान अथवा विज्ञान का आज तक हुआ है, अथवा जो भी विकास कल या आज तक हुआ है, अथवा जो भी विकास कला या शिल्प का हुआ है, उसका मूल कारण क्या है और उसके मूल स्रोत कहाँ हैं? तो जवाब जो हमको मिलेगा वह यही होगा कि प्रकृति ने मानव जीवन ऐसा बनाया कि उसके निर्वाह के लिए कर्म में प्रवृत्त होना आदिकाल से ही अनिवार्य था। तो जब मनुष्य कर्म में प्रवृत्त हुआ, प्रश्न उठे, निराशा तथा विफलता भी आयी और आशा तथा सफलता भी आयी, हर्ष भी आया, विषाद भी आया, क्रोध भी आया शान्ति भी आयी। तो इन परिस्थितियों

ने मनुष्य की शिक्षा ही नहीं की, बल्कि उसके ज्ञान-विज्ञान का विकास भी किया, उसमें प्रश्न, समस्याएँ तथा जिज्ञासा पैदा की यानी ज्ञान-विज्ञान तथा कुछ नयी खोज, कुछ नये आविष्कार की आवश्यकता पैदा की। तो मानव जाति का मूल, वास्तविक तथा मुख्य गुरु या शिक्षक तो, कर्म है। शिक्षक एवं पुस्तकें तो शिक्षा के सहायक उपकरण मात्र हैं। हमारे प्राचीन गुरुकुल कर्माधारित शिक्षालय थे। खेती, गोपालन, ईंधन बटोरना, यह सब गुरुकुल में चलता रहता था और इस कर्म के प्रसाद के रूप में विद्यार्थी न केवल शिक्षित, बल्कि संस्कारित भी बनते थे। तो शिक्षा एक सहज एवं सीधी-सादी सरल प्रक्रिया थी। पर मैकॉलेवादी शिक्षा को तो, शिक्षा को जटिल, कठिन, भारी वजनदार तथा फैलने की क्षमता नहीं रखने वाली शिक्षा बना देना था। तो उसने शिक्षा को उसके सहज स्रोत तथा उसके मूल सहज वाहन से काट डाला ताकि शिक्षा में सरलतापूर्वक आगे बहने की तरलता न रहे और वह स्कूलों में, किताबों में, मास्टर लोगों में तथा परीक्षाओं एवं प्रमाणपत्रों में कैद हो जाये। शिशु को जन्म देने वाली माँ के स्तनों में प्रकृति ने स्वतः दूध दे दिया ताकि शिशु को उसकी खुराक बिल्कुल सुलभ रहे। पर मैकॉलेवाद ने ऐसी परम्परा शुरू कर दी कि माँ के स्तनों का दूध उसके शिशु के लिए वर्जित हो जाये तथा शिशु को सिंथेटिक दूध की बोतल पर पाला जाये। मनुष्य तो शिशु है और कर्म उस शिशु की माँ का दूध से भरा हुआ स्तन है। तो जो शिक्षाविद् छात्र को कर्म से काट कर उसकी शिक्षा करना चाहते हैं वे शिक्षा को उसकी सहजता एवं सरलता से वंचित करने के अपराधी हैं। मैकॉले ने यह अपराध अपने जातीय साम्राज्य के लाभ के लिए किया था। पर आजाद भारत में वह अपराध जारी क्यों है, समझ में नहीं आता।

मुख्य बात जो समझने की है वह यह है कि शिक्षा तो बस वही है जो मनुष्य को ठीक से काम करना सिखाए। गीता में कृष्ण ने कहा था—"योगः कर्मसु कौशलम्" अर्थात् "कर्म कैसे किया जाये, किस चतुराई किस निपुणता, किस तरकीब से किया जाये (ताकि वह बन्धनकारी न हो) उस तरकीब का नाम योग है। तो शिक्षा भी कर्म-कौशल ही है। अब जिस शिक्षा में कर्म ही नहीं, उस शिक्षा को शिक्षा कैसे माना जाये, वह शिक्षा सम्भव ही कैसे होगी? जब भूख एवं पाचनशक्ति हो तभी भोजन की सार्थकता है। तो इसी प्रकार जब प्रश्न, जिज्ञासा, संशय या कठिनाई सामने हो तभी शिक्षा की सार्थकता है। तभी शिक्षा ली जा सकती है और तभी शिक्षा को पचाया जा सकता है। यदि तैरना सीखना है तो पानी में उतरना होगा। इसी प्रकार, यदि शिक्षित होना हो तो पहले प्रश्नों में, जिज्ञासा में, कठिनाई में या संशय में खुद को पड़ना होगा और उसके लिए कर्म

में प्रवृत्ति आवश्यक है। आज की शिक्षा छात्र के प्रश्नों का उत्तर बनकर नहीं आती, उनकी जिज्ञासा का समाधान बनकर नहीं आती, उनके संशय का निवारण बनकर नहीं आती। वह तो उन पर जबरन थोपी जाती है। भोजन तभी पचता तथा सार्थक होता है, जब पेट में भूख हो और ज्ञान तभी सार्थक एवं सुपाच्य होता है जब वह किसी प्रश्न या जिज्ञासा के उठने पर दिया जाये। कृष्ण तथा अर्जुन तो साले बहनाई के रिश्ते से बँधे हुए बहुत पुराने मित्र थे। पर गीता का ज्ञान तो कृष्ण ने अर्जुन को तब ही दिया जब वह 'कुरुक्षेत्र' (अर्थात् कर्मक्षेत्र) में संशयग्रस्त होकर जिज्ञासु एवं प्रश्नातुर बन गया। तो जो स्कूल कुरुक्षेत्र यानी कर्मक्षेत्र बनने से ही परहेज करता हो उसमें यह संशयग्रस्तता, यह जिज्ञासा और यह प्रश्नातुरता कैसे आ सकती है कि जिससे ज्ञान के आदान-प्रदान की खरी भूमिका पैदा हो? तो महात्मा गाँधी ने विद्यालयों को ऐसा कुरुक्षेत्र अथवा कर्मक्षेत्र बनाने की योजना देश को दी थी कि जिससे वे विद्यालय शिक्षा तथा ज्ञान के आदान-प्रदान को सहज-स्वाभाविक एवं सरल बना सकें और शिक्षा एक निर्जीव कवायद या व्यायाम रहने के बजाय जीवन्त शिक्षा बन जाए।

8. भारत की वर्तमान मैकॉलेवादी शिक्षा जो या तो खरीद या फिर खैरात पर आश्रित है समाज में धनिक-निर्धन के वर्ग भेद को बाल्यकाल से ही पुष्ट करने वाली 'द्रोणवादी शिक्षा' है जब कि गाँधी द्वारा प्रतिपादित बुनियादी शिक्षा उत्पादक श्रम पर आश्रित होने से बाल्यकाल में ही वर्ग भेद को मिटानेवाली 'सांदीपनिवादी शिक्षा' की योजना थी।

मैकॉलेवादी शिक्षा जो आज देश में धड़ल्ले से चल रही है, या तो सरकारी धन पर पूर्णतया आश्रित है या कॉन्वेंट स्कूलों के मामले में तो सर्वथा छात्र के माता-पिता की जेब के धन पर आश्रित है। यानी सरकारी शिक्षा तो विद्यार्थियों को एक खैरात या भिक्षा के रूप में मिल रही है और इंग्लिश मीडियम के कॉन्वेंट स्कूलों में तो उसकी खरीद की जा रही है। यानी आज शिक्षा प्राप्ति के दो उपाय हैं जिनमें से एक उपाय है खैरात और दूसरा उपाय है खरीद। खैरात में शिक्षा प्राप्त करना स्वयं की कमजोरी का द्योतक है और शिक्षा को खरीद करके लेना खरीददारी की ताकत का द्योतक है। यानी आज की प्रचलित शिक्षा के मूल में ही वर्गभेद को सामाजिक एवं राजनीतिक मान्यता मिली हुई है। धनिक और शक्तिशाली लोगों के बच्चे अपने बाल्यकाल से ही देश के सामान्य जनों एवं निर्धनों के बच्चों से अलग-थलग पड़ जाएँगे। देश के बच्चों को अपने बाल्यकाल में ही विशिष्ट वर्गीय होने का अथवा सामान्य वर्गीय होने का भेद स्वीकार करके प्रौढ़ होना होगा। मैंने

इस स्थिति को शिक्षा में द्रोणवाद का नाम दिया है क्योंकि द्रोणाचार्य की शिक्षा में राजपरिवार के शिष्यों के साथ वनवासी शिष्यों (यानी एकलव्यों) की शिक्षा आज भी नहीं हो सकती है। तो आज की जो भी शिक्षा है वह द्रोणवाद पर आश्रित है जिसमें सामान्य जनता एवं विशिष्ट वर्ग का विभाजन मानव की शिशु अवस्था से ही शुरू हो जाता है और पूरी शिक्षा के दौरान यह विभाजन ठोस और पक्का हो जाता है। द्रोणाचार्य एक ऐसा शिक्षक था जो उस समय की सत्ता का गुलाम बन चुका था। इसीलिए भरी सभा में द्रोपदी के चीरहरण पर वह कुछ भी नहीं बोल सका और इसीलिए कौरवों के अधर्म-युद्ध में, वह पांडवों के धर्मपक्ष के विरुद्ध भी लड़ा। धन से खरीदे हुए शिक्षक का चरित्र कितना दुर्दशाग्रस्त हो सकता है, उसकी एक ज्वलन्त मिसाल है महाभारत काल का द्रोणाचार्य। कारण यह था कि द्रोणाचार्य के धनुर्विद्यालय में उत्पादक देह श्रम से प्राप्त होने वाला स्वावलम्बन या उससे प्राप्त होने वाला स्वावलम्बन या उससे प्राप्त होने वाली स्वायत्तता का तत्त्व बिल्कुल नहीं था। द्रोणाचार्य पूर्ण रूपेण सत्ता का वेतन भोगी चाकर था जैसा कि मैकॉलेवादी सरकारी स्कूल का टीचर आज भी है।

पर महाभारत काल में ही एक दूसरी मिसाल भी है, गुरु अथवा आचार्य सांदीपनि की। यह आचार्य किसी राजवंश का वेतनभोगी टीचर नहीं था। इसके गुरुकुल में महाधनिक एवं सुसम्पन्न कृष्ण के साथ ही महादरिद्र एवं दीन सुदामा भी शिक्षा पाता था और दोनों को एक साथ उत्पादक श्रम सेवा करनी पड़ती थी। यानी उत्पादक श्रम सेवा को सांदीपनि के शिक्षालय में शिक्षा के लिए बाधक नहीं माना जाता था, श्रम को शिक्षा में वर्जित और घृणित नहीं माना जाता था। सांदीपनि की शिक्षा में विशिष्ट कुलीन वर्ग तथा सामान्य जनता वर्ग के विद्यार्थियों के बीच कोई भेदभाव नहीं था। तो नतीजा यह था कि कृष्ण ने सुदामा को अपनी प्रौढ़ावस्था में गले लगाया। मतलब यह कि जब शिक्षालय में धनिक एवं निर्धन बच्चे एक साथ उत्पादक श्रम सेवा करते हुए शिक्षा पाने लगेंगे तभी समाज में ऐसे शिक्षित लोग पैदा होंगे जो ईमान पर दृढ़ रहने की क्षमता रखेंगे और समाज से शोषक-शोषित का वर्ग भेद मिटा सकेंगे।

9. जीवन निर्वाह की समस्या का भय मिटाने वाली शिक्षा ही समाज को शोषक एवं शोषित के वर्गभेद से मुक्त कर सकती है।

तो जब शिक्षा के दौरान ही विद्यार्थी उत्पादक श्रमपूर्ण उद्यम में लग जाता है तो उसके मन में अपने जीवन की आजीविका अथवा अपने जीवन के निर्वाह की चिन्ता या उसका भय मिट जाता है। उत्पादक श्रमपूर्ण उद्यम में जो अभ्यस्त हैं

उस व्यक्ति को इस बात का आत्मविश्वास हो जाएगा कि उसके हाथों में कमाने का बल भी है और कौशल भी है और उसे न तो बेरोजगारी का भय है और न किसी कम्पनी, संस्था या सरकारी बॉस या साहिब की गुलामी में रहने की कोई जरूरत है और यदि किसी जगह नौकरी कर भी ली तो अपनी अन्तरात्मा या अपने जमीर या अपने कांशंस को गिरवी रखकर या उसे बेचकर कोई नौकरी नहीं करनी है। "यदि नौकरी छूट गयी तो क्या होगा, यदि नौकरी नहीं मिली तो क्या होगा, यदि कल के लिए धन-संग्रह नहीं करेंगे तो क्या होगा, यदि दूसरे का शोषण नहीं करेंगे तो हमारे जीवन के ऊँचे स्तर को कैसे बचाया जा सकेगा, और यदि हमने अपने आपको अपने बॉस के शोषण का शिकार नहीं होने दिया तो हमारा क्या होगा", इस प्रकार के जिस भय से आज का तथाकथित शिक्षित वर्ग बुरी तरह ग्रस्त है, उसका मूल कारण है उसकी बाल्यकालीन उत्पादक श्रम की अनभुवहीनता तथा उसका अपने जीवन निर्वाह का तथा अपने जीवन के ऊँचे स्टैंडर्ड का भय। शोषण और भ्रष्टाचार जो आज के समाज का मुख्य रोग है उसका मूल कारण यह है कि शोषक भी स्वावलम्बन सिखाने वाली उत्पादक श्रमपूर्ण शिक्षा से वंचित रहा है। और शोषित भी स्वावलम्बन सिखाने वाली उत्पादक श्रमपूर्ण शिक्षा से वंचित रहा है। फलतः जीवन-निर्वाह की दृष्टि से दोनों ही भयभीत हैं। शोषक को इस बात का भय है कि शोषण किये बिना उसका निर्वाह नहीं होगा और शोषित व्यक्ति को इस बात का भय है कि शोषित होने से इनकार करने पर उसका निर्वाह नहीं होगा।

10. यदि राष्ट्र की शिक्षा नीति ही समाज में शोषक-शोषित के वर्गभेद को पुष्ट करती रहे तो राष्ट्र की राजनीति या न्यायनीति मात्र से वह भेद नहीं मिट सकता।

तो प्रश्न यह है कि जीवन के सम्यक् निर्वाह का भय या उसकी चिन्ता से शोषक को भी मुक्त किया जाये और शोषित को भी मुक्त किया जाये। इस समस्या का इलाज अकेली राजनीति में नहीं ढूँढ़ा जा सकता और न अकेली अदालती न्याय व्यवस्था में ही इस समस्या का इलाज ढूँढ़ा जा सकता है। जब शिक्षा ही वर्गभेद तथा शोषण को मान्यता देकर चलती हो तो केवल ऊपर की राजनीति और न्याय व्यवस्था में समाज में शोषण एवं वर्गभेद का इलाज नहीं हो सकता। समाज रूपी वृक्ष की जड़ तो उस समाज की शिक्षानीति में रहती है। यदि शिक्षानीति में वर्गभेद एवं शोषणवाद का संरक्षण जारी रहे तो समाज को वर्गभेद, भ्रष्टाचार, शोषण तथा नैतिक पतन से बचाया नहीं जा सकता। आजादी के

बाद भारत के साथ जो त्रासदी घटी है वह यही है कि भारत की नयी पीढ़ी को उसकी तालीमी अथवा शैक्षिक घुट्टी में ही शोषक एवं शोषित का वर्गभेद घोट कर पिलाया जाता रहा है और नतीजा यह है कि आज के भारतीय समाज का न्यायिक एवं नैतिक स्तर आजादी के पहले के भारतीय समाज के न्यायिक एवं नैतिक स्तर से निम्न एवं कमजोर हो चुका है। आज न तो शोषण करने वालों में कोई हया या मर्यादा की भावना बची है और न शोषण का शिकार होने वालों में कोई विद्रोह शक्ति बची है। इसका कारण है ब्रिटिश गुलामी के समय वाली मैकॉलेवादी शिक्षा को न केवल कायम रखना बल्कि उसका गुणगान करते हुए उसे ही अधिकाधिक फैलाना।

11. देश की वर्तमान गम्भीर आर्थिक दुर्दशा का मूल कारण–स्वाधीन हो जाने के बाद ब्रिटिश गुलामी वाली शिक्षा को ही न केवल कायम रखना बल्कि उसका ढोल पीटकर उसका अन्धाधुन्ध विस्तार करना।

जब अंग्रेज लोगों ने भारत की आजादी को स्वीकार करके भारत को छोड़ा था, तब भारतवर्ष न केवल विदेशी ऋणों से सर्वथा मुक्त था बल्कि इंग्लैण्ड पर भारत का कुछ चढ़ा हुआ कर्जा था और इंग्लैण्ड ने भारत का वह कर्जा उतार भी दिया। पर आज भारतवर्ष पर जो विदेशी एवं स्वदेशी ऋणों का भार है वह अत्यन्त अधिक है। हालत यह है कि उस ऋण का ब्याज चुकाने के लिए भी अधिक ऋण लेना पड़ता है। यही स्थिति हमारी केन्द्रीय सरकार की एवं हमारी राज्य सरकारों की भी है। हमारे संविधान में राज्य सरकारों को शराबबन्दी करने को कह रखा है। इसके बावजूद राज्य सरकारें शराब के ठेकों की नीलामी से करोड़ों रुपयों की आय करके अपना खर्चा चलाती हैं। संविधान कहता है कि सरकारें सरकारी खर्चे से ही शिक्षा को अनिवार्य, मुफ़्त एवं सार्वजनीन कर डालेंगी और यह कार्य दस वर्षों में ही हो जाना था। पर यह 50 वर्षों में भी पूरा नहीं हुआ। इसके लिए सरकार के पास स्वदेशी पैसा भी नहीं है। तो स्थिति यह है कि अनेक विदेशी सरकारों तथा विदेशी संस्थानों से करोड़ों रुपया प्रतिवर्ष दानानुदान के रूप में प्राप्त हो रहा है जिसका प्रयोजन भारत में शिक्षा एवं साक्षरता को फैलाना है। पर इसके बावजूद भारत में न शिक्षा सार्वजनीन हो रही है और न साक्षरता ही सार्वजनीन हो पायी है। तो देश की यह दयनीय एवं दिवाला निकलने जैसी आर्थिक स्थिति आख़िर क्यों हुई तथा कैसे हुई, यह बात केवल अर्थशास्त्रियों के लिए ही विचारणीय नहीं है, बल्कि वह तो शिक्षाकर्मियों के लिए भी विचारणीय है। मेरा अपना विचार यह है कि देश की इस आर्थिक बदहाली अथवा दुर्दशा का मूल

कारण आर्थिक दृष्टि से सर्वथा अनुत्पादक एवं कोरा व्यय ही कराने वाली अथवा केवल खर्चा ही खाने वाली हमारी मैकॉलेवादी शिक्षा प्रणाली का न केवल जारी रहना है, बल्कि उसका अन्धा विस्तार किया जाना भी है।

आज की शिक्षा के माध्यम से सरकार किस प्रकार इस तथाकथित स्वाधीन राष्ट्र का आर्थिक दिवाला निकाल रही है, इसको समझना जरूरी है जिसका प्रयत्न मैं यहाँ कर रहा हूँ।

देश के करोड़ों बच्चे जिनके पिताजी का अपना निजी व्यवसाय अच्छी तरह चल रहा था और जिस पैतृक व्यवसाय में वे बच्चे भी आराम से खप सकते थे, आज की मैकॉलेवादी शिक्षा पाकर उस शिक्षा के अभाव से अपने पैतृक व्यवसाय को अपनाने में अपनी हेठी मानकर किसी न किसी नौकरी के लिए लालायित हो गये। सिद्धान्त यह चल निकला कि यदि इतना पढ़-लिखकर भी बाप का व्यवसाय ही अपनाया तो इतनी पढ़ाई का फायदा क्या हुआ! तो निजी व्यवसायों का त्याग और नौकरी का अनुराग पैदा करने में उसी शिक्षा का हाथ है जिस पर सरकारी खजाने के अरबों रुपये और परिवारों के भी अरबों रुपये खर्च किये जाते हैं। यानी देश में बेरोजगारी तथा नौकरी वृत्ति की बीमारी पैदा करने वाली शिक्षा में ही सरकार के तथा जनता के अरबों रुपये खर्च हो रहे हैं। यानी समस्या को पैदा करने में भी हम देश की अपार पूँजी लगा रहे हैं और उसके बाद उसी समस्या को हल करने के लिए हमारी सरकारें नये-नये विभाग ही नहीं खोलती जाती हैं बल्कि जिस विभाग में पाँच व्यक्तियों का भी काम नहीं है उस विभाग में दस पढ़े-लिखे बेरोजगारों को काम पर लगा रही हैं तथा नौकरियाँ दे रही हैं। नतीजा यह है कि दफ्तरों का काम इसलिए बिगड़ रहा है कि दफ्तर में पाँच व्यक्तियों का काम दस व्यक्तियों द्वारा किया जा रहा है। पर बात यहीं समाप्त नहीं होती। सरकारी कर्मचारी लोग लगभग 65 वर्ष की आयु तक भी, यद्यपि भली प्रकार काम कर सकते हैं, फिर भी उन्हें 58 वर्ष की अवस्था में ही सेवानिवृत्त किया जाता है और उनकी पेंशन, उनसे बिना कोई भी काम लिए, चालू हो जाती है। 58 वर्ष पर रिटायरमेंट इसलिए करना पड़ता है कि बेरोज़गार नये युवावर्ग को भी तो नौकरी में खपना है। गत 50 वर्षों में यह गम्भीर स्थिति लगातार क्रमिक रूप से बढ़ती ही चली गयी है। यानी पहले तो गलत शिक्षा द्वारा श्रमजीवियों को बुद्धिजीवी बनने की तमन्ना पैदा करने में पैसा लगाओ और बाद में उन लोगों को बिना जरूरत भी नौकरियाँ देकर अपना काम भी बिगाड़ो और खर्चा भी बढ़ाओ तथा लोगों को जल्दी रिटायर करके उनसे बिना काम लिए ही उन्हें पेंशन देते रहो। तो ऐसी शिक्षा व्यवस्था तथा उसके ऐसे परिणामों से देश का

दिवाला क्यों नहीं निकलेगा और देश कर्ज़दार होकर अपनी स्वाधीनता की जड़ों को खोखली क्यों नहीं करेगा। अब आज नतीजा यह है कि सरकारों के सामने एक ओर तो कर्मचारियों को छुट्टी देकर उनकी संख्या घटाने की भयंकर समस्या है और दूसरी अपने कर्मचारियों की नयी-नयी माँगों को लेकर होने वाली हड़तालों से निपटने की समस्या है। पर इस बात पर कोई ध्यान नहीं दे रहा है कि यह सारी समस्या ब्रिटिश साम्राज्य द्वारा स्थापित गलत शिक्षा को, बिना संशोधन के, ज्यों का त्यों फैलाने का नतीजा है। ब्रिटिश सरकार के सामने तो यह समस्या इसलिए नहीं थी कि उसने इस शिक्षा को ज्यादा फैलाने पर ज़ोर नहीं दिया। उस ज़माने में इतनी सीमित संख्या में नवयुवक शिक्षा पाते थे कि वे नौकरियों में आसानी से खप जाते थे। तो सारी समस्या की जड़ यह है कि आज़ादी पा लेने के बाद तथा शिक्षा को सार्वजनीन बनाने के निर्णय तथा उसके प्रारम्भ से पहले हमने गाँधीजी के मत के अनुसार नौकरी-उन्मुख मैकॉलेवादी शिक्षा को तिलांजलि देकर बुनियादी शिक्षा को स्वीकार नहीं किया।

इसमें एक अन्य बात जो विचारणीय है वह यह है कि दैहिक श्रम से परहेज सिखाने वाली तथा नौकरी की लालसा जगाने वाली शिक्षा देने का काम जब सरकार ही खुद करती है तो ऐसी शिक्षा से निकलने वाले बेरोजगारों का एक छिपा हुआ अधिकार भी बन जाता है कि उन्हें सरकार ही नौकरी भी दे। सरकार भी किसी हद तक अपने इस दायित्व को स्वीकार करती है तथा सरकार के प्रबन्ध के तन्त्र को बिना जरूरत के भी फैला-फैलाकर इन पढ़े-लिखे बेरोजगारों को नौकरी में खपाती जाती है तथा फलस्वरूप अपना काम भी बिगाड़ती जाती है और दिवाला भी निकालती जाती है। गनीमत इस समय भी, यदि कुछ है तो यही है कि भारत की शत-प्रतिशत जनता ने तो इस मैकॉलेवादी शिक्षा को स्वीकार नहीं किया है। भारत में सामान्य तथा निर्धन जनता निरक्षर होते हुए भी इतनी मूर्ख नहीं है कि शत-प्रतिशत संख्या में वह इस गलत शिक्षा को स्वीकार कर ले। यदि शत-प्रतिशत लोग इसी शिक्षा में शिक्षित होकर सरकार से नौकरियाँ माँगते तो सरकार का तथा इस देश का कितना बुरा हाल होता।

12. देश की नैतिक एवं चारित्रिक शक्ति की पुष्टि की दृष्टि से बुनियादी शिक्षा और मैकॉलेवादी शिक्षा की तुलना।

जब महात्मा गाँधी ने बुनियादी शिक्षा की योजना को देश के सामने रख दिया तब उनसे एक प्रश्न यह पूछा गया कि इस शिक्षा में धार्मिक शिक्षा को कोई भी स्थान क्यों नहीं दिया गया है। तो इसके उत्तर में गाँधीजी ने यह बात समझाई

थी कि बुनियादी शिक्षा में जो स्थान उत्पादक श्रमपूर्ण उद्यम एवं स्वावलम्बन को दिया गया है, वह वास्तव में शिक्षा में धर्म ही का समावेश है। गाँधी जी के इस उत्तर से हमें धर्म की एक ऐसी विशिष्ट परिभाषा या रूपरेखा प्राप्त होती है जो आमतौर पर समाज में पायी नहीं जाती। आम तौर पर धर्म को हम मन्दिरों, मस्जिदों, गिरजाघरों अथवा गुरुद्वारों से बँधा हुआ आचरण मानते हैं और धर्म का प्रश्न उठते ही हम हिन्दू, मुस्लिम, सिक्ख, ईसाई, जैन तथा बौद्ध इत्यादि समुदायों में विभक्त हो जाते हैं। पर मूलतः यह बँटवारा तो पन्थों का, या सम्प्रदायों का है न कि धर्म का। मूलतः धर्म का अर्थ है 'निज दायित्व का निर्वाह' अर्थात् हम इस प्रकृति, इस समाज, या अपने परिवार या अपने विद्यालय या अपने मित्रों से जो कुछ भी प्राप्त करते हैं उसे अपने पर चढ़ा हुआ एक ऋण मानकर, उसे अपना 'दायित्व' मानकर उसका चुकारा करना होता है। सहायता, सहानुभूति एवं सहयोग की सहज प्राप्ति से ही हमारे जीवन का निर्वाह, उसका विकास तथा उसका रक्षण होता है तो जैसी प्राप्ति वैसा ही दायित्व निर्वाह भी होना चाहिए। बस मूल धर्म तो यही है।

हाँ, जब धर्म का सम्बन्ध पूजा पाठ, नमाज़ वगैरा से जोड़ा जाता है तो धर्म और धर्म के बीच भेद ज़रूर नज़र आने लगता है। पर मूलतः धर्म का तत्त्व यही है कि हमें जो भी सहायता सहयोग एवं सान्त्वना प्राप्त हुई है उससे हम कृतज्ञता पूर्वक उऋण होने के लिए खुद भी सहायता, सहयोग तथा सान्त्वना दूसरों को दें।

अब यदि शिक्षा का मूल कर्तव्य पूछा जाये तो उसका कर्तव्य मूलतः इतना ही है कि शिक्षा विद्यार्थी को उस पर चढ़े हुए ऋण या उपकार का बोध कराए, उसके लिए उसमें कृतज्ञता का एहसास पैदा करे तथा उसे उस ऋण से उऋण होने की योग्यता या कुशलता प्रदान करे तथा उसका प्रत्यक्ष अभ्यास भी कराए न कि उसका कोरा उपदेश देकर ही रह जाये। तो बुनियादी शिक्षा में उत्पादक श्रमपूर्ण उद्यम को केन्द्रीय स्थान दिया गया है वह 'प्राप्ति के साथ ही दायित्व' का प्रत्यक्ष एवं तत्काल अभ्यास है। गाँधीजी के जीवन तथा गाँधी के उपदेश में जो सबसे प्रमुख बात है, वह यह है कि हमारा साध्य तो शुद्ध होना ही चाहिए, परन्तु उसे प्राप्त करने का साधन भी शुद्ध होना चाहिए। तो बुनियादी शिक्षा क्या है? बुनियादी शिक्षा तो शिक्षा प्राप्ति में साधन शुद्धि की व्यवस्था है। मैकॉलेवादी शिक्षा भी शिक्षा तो है, पर उसकी प्राप्ति में साधनशुद्धि का ध्यान बिल्कुल नहीं है। "शिक्षा तो अच्छी चीज है, इसलिए इसे भिक्षा के रूप में भी ग्रहण कर लो।" और शिक्षा तो अच्छी चीज है, इसलिए उसे अपने बाप के धन से खरीद लो, ये सिद्धान्त शिक्षा प्राप्ति के साधन को अशुद्ध एवं भ्रष्ट कर देते हैं और

मैकॉलेवादी शिक्षा प्राप्त करने वाले पढ़े-लिखे, डिग्रीधारी, काबिल लोग यदि दफ्तरों की कुर्सियों पर आसीन हो जाने पर कामचोर साबित होते हैं, रिश्वतखोर साबित होते हैं, हरामखोर साबित होते हैं तो यह परिणाम शिक्षा का बस इसीलिए आता है कि जब ये लोग अपने बाल्यकाल में तथाकथित शिक्षा पा रहे थे तब ये लोग शत-प्रतिशत मुफ्तखोरी का अभ्यास कर रहे थे और उस मुफ्तखोरी को अपना अधिकार मानते थे। बस, यही कारण है कि देश की यह मैकॉलेवादी शिक्षा यद्यपि फैलाई तो गयी है और फैली भी है, परन्तु इसके साथ-साथ देश के लोगों का नैतिक पतन भी होता गया है तथा होता जा रहा है।

तो गाँधी की सबसे बड़ी देन बुनियादी शिक्षा के माध्यम से यही है कि शिक्षा की प्राप्ति बाल्यकाल में ही, अर्थात् शिक्षार्थी-जीवन में ही उत्पादक श्रमपूर्ण उद्यम करते हुए की जाये क्योंकि ऐसा करने से ही शिक्षा में कर्तव्यपालन का संस्कार जुड़ा हुआ रहेगा वरना शिक्षा का नैतिकता से या कर्तव्य के निर्वाह से तलाक हो जाएगा और शिक्षा देश के लिए शुभ के बजाय अशुभ और वरदान के बजाय अभिशाप साबित होगी। मैकॉलेवादी शिक्षा ने यह महा खतरनाक भ्रम इस देश में फैला रखा है कि विद्यार्थी के, विद्यार्थी जीवन में उत्पादक परिश्रम को स्थान देना विद्यार्थी पर अत्याचार करना है। बुनियादी शिक्षा को इन मैकॉलेवादियों ने जो खारिज कराया तथा उसे कूड़ेदान में फिंकवा दिया उसके पीछे यही भ्रामक प्रचार था कि बुनियादी शिक्षा तो शिक्षा के नाम पर सुकुमार बच्चों पर अत्याचार है, बुनियादी शिक्षा तो बालकों का श्रम शोषण है। (बुनियादी शिक्षा तो 'चाइल्ड लेबर एक्सप्लायटेशन' है)। मैकॉलेवादियों का यह भ्रामक प्रचार तो सफल हुआ पर देश को उससे जो क्षति हुई है वह अपूरणीय है।

सौभाग्य से, जामिया मिलिया इस्लामिया, दिल्ली में सन् 1941-42 में जब मैंने बुनियादी शिक्षा का प्रशिक्षण प्राप्त किया तो डॉ. ज़ाकिर हुसैन ने भी दस दिनों तक हमारी क्लास ली थी। हमने एक दिन उनसे पूछा कि बुनियादी शिक्षा में उद्यम को शिक्षा का माध्यम अथवा केन्द्र क्यों बनाया गया है। तो ज़ाकिर साहब का जवाब यह था कि "बच्चों का मनोविज्ञान कहता है कि उनकी आयु में उन्हें हाथों से कुछ न कुछ करने की जन्मजात रुचि एवं प्रवृत्ति होती है और शिक्षा का माध्यम या केन्द्र ऐसा ही होना चाहिए जो विद्यार्थी की आयु के अनुसार उसकी रुचि के अनुकूल हो। इसी कारण से बुनियादी शिक्षा में उद्यम अथवा दस्तकारी को शिक्षा का माध्यम या केन्द्र बनाया गया है।"

पर, इसके साथ ही हमने उनसे एक सवाल और पूछा था और वह सवाल यह था कि क्या बच्चों से आर्थिक लाभ या कमाई का काम लिया जाना चाहिए? तो

जाकिर साहब का जवाब यह था कि "यदि आपको बच्चों से होने वाली कमाई में कोई पाप दिखाई देता हो तो आप उनसे होने वाली कमाई को भले ही समुद्र में फेंक देना पर उनकी शिक्षा तथा उनके चरित्र निर्माण के लिए उनसे कमाई कराना बन्द मत करना क्योंकि यदि उद्यम से कमाई नहीं होगी तो उद्यम उद्यम नहीं रहेगा, दुरुद्यम हो जाएगा।"

डॉ. जाकिर के इन वचनों को हमें भूलना नहीं चाहिए। अत्याचार बच्चों को उद्यम सिखाने में नहीं है बल्कि अत्याचार तो बच्चों पर बस्ते का भारी बोझ लाद कर उस पर परीक्षा के भूत का हौवा खड़ा करके उसे लगातार भयभीत एवं चिन्तित रखने में हैं। आज न तो सरकार, न तो स्कूल वाले और न माता-पिता इस बात को देख रहे हैं कि शिक्षा के नाम पर ठेठ नर्सरी स्कूल से ही हमारे बच्चे बेचारे अपनी पढ़ाई तथा परीक्षा के 'टेंशन' में जी रहे हैं। उनकी बाल्यकालीन मस्ती खत्म कर दी गयी है। तो जो बच्चे बाल्यकाल में ही मुफ्तखोरी के अभ्यस्त हो जाएँगे, बचपन में ही जिनके हाथों को लकवा लगा दिया जाएगा और बचपन में ही जिन्हें परीक्षा के भूत के भय से चिन्तित एवं भयभीत रखा जाएगा वे आगे जाकर देश के किस प्रकार के नागरिक बनेंगे? वे किस हद तक अपने कर्तव्यों का समुचित पालन करेंगे तथा अपनी नैतिकता पर खरे उतरेंगे? इसे हम आज की अपनी सरकार तथा अपने समाज की नैतिक दुर्दशा में प्रयास देख रहे हैं।

13. ब्रिटिश शासन की विरासत से मिली सरकारी नौकरशाही ने बुनियादी शिक्षा को भारत में इसलिए नहीं चलने दिया कि यदि यह शिक्षा सचमुच सही ढंग से चल जाती तो इससे शिक्षक एवं शिक्षा सरकारी शिकंजे से मुक्त हो जाती और अन्त में स्वयं सरकार को भी अपना आकार तथा वर्चस्व बचाना पड़ता।

यदि मैं यह कहूँ कि शिक्षित व्यक्ति तो वह है जिसे ईमानदार कर्तव्य, परायण, अनुशासित, नियमपालक, न्यायी तथा सहृदय रखने के लिए किसी पहरेदार या निरीक्षक की कोई जरूरत नहीं होती, तो क्या मेरा यह कथन गलत होगा? मुझे उम्मीद है कि मेरे इस कथन को कोई भी व्यक्ति या कोई भी शिक्षाविद् गलत नहीं मानेगा। तो अब मेरा आगे का प्रश्न यह है कि यदि शिक्षा के फलस्वरूप वास्तव में देश के नागरिक ईमानदार एवं कर्तव्य परायण हो जाएँ, स्वावलम्बी, सहयोगी तथा सहृदय बन जाएँ तो देश में पुलिस की, न्यायालयों की, वकीलों की और जेलों की आवश्यकता घटेगी या बढ़ेगी? तो इसका भी स्पष्ट उत्तर यही होगा कि इससे पुलिस, वकील, न्यायालय तथा जेलों की आवश्यकता घटेगी। इसके बाद

यदि मैं यह प्रश्न करूँ कि यदि शिक्षा के फलस्वरूप लोग अपने दुर्व्यसन छोड़ दें तथा स्वास्थ्य के नियमों का स्वयं पालन करके आम तौर पर स्वस्थ रहें तो वैद्यों, हकीमों, डाक्टरों, हस्पतालों, औषधालयों की जरूरत घटेगी या बढ़ेगी, तो उत्तर यही होगा कि उस दशा में चिकित्सा, चिकित्सालयों की जरूरत घट जाएगी। अन्त में यदि प्रश्न यह हो कि यदि शिक्षित लोग ऐसे बन कर शिक्षालयों से निकलें कि जो निज व्यवसाय में स्वयं लग जाएँ और बेरोजगार बन कर सरकार से नौकरी नहीं माँगे तो कर्मचारियों पर जो खर्चा सरकार आज उठा रही है, वह घटेगा या बढ़ेगा? तो इसका जवाब भी यही होगा कि तब बहुत थोड़े कर्मचारियों से ही काम चल जाएगा, कर्मचारियों को जल्दी रिटायर करके उन्हें बिना काम पेंशन देने का भार भी घटेगा।

तो इस प्रश्नोत्तर से स्पष्ट है कि देश में यदि शिक्षा को सही कर दिया जाए, सुधार दिया जाए और यदि देश में शिक्षा सफल हो जाए तो देश में सरकार का कार्यभार तथा सरकार का दायित्व तथा सरकार का तंत्र-विस्तार भी बहुत घट जाएगा। तो महात्मा गाँधी की जो स्वराज की कल्पना थी, वह सरकार के वर्तमान कार्यभार, सरकार के वर्तमान दायित्व तथा सरकार के वर्तमान तन्त्र-विस्तार को घटाकर बहुत सीमित करने की थी। सरकार का अस्तित्व तो बेशक अनिवार्य है, पर सरकार पर जनता को सँभालने का कार्यभार क्या उतना ही होना जरूरी है जितना वह आज है? शिक्षा एवं शिक्षक का मूल प्रश्न बस यही है। प्राचीन भारतीय आदर्श भी यही था कि राज्य तथा राजा हों तो अवश्य पर उनका दायित्व उनका कार्यभार और उसका तन्त्र-विस्तार सीमित होना चाहिए और राज्य के कार्यभार का यह परिसीमन देश की आचार्य-शक्ति से, देश में सुस्थापित आचार्यानुशासन या आचार्य-सत्ता से ही सम्भव है। प्राचीन भारत में समाज दो टाँगों पर टिका हुआ था। एक टाँग थी आचार्य के रूप में और दूसरी टाँग थी राजा के रूप में। साथ ही इन दोनों टाँगों या समाज के दोनों स्तम्भों में समतापूर्ण सहयोग था। आचार्य सरकार से सम्मान तथा भेंट पूजा तो प्राप्त करता था पर वह गवर्नमेंट सर्वेंट नहीं था। आचार्य-सत्ता एक स्वायत्त सत्ता थी। सरकार किसी भी आचार्य का ट्रांसफर नहीं कर सकती थी। आचार्य तथा आचार्य की भार्या तो शिक्षार्थी के लिए पिता और माँ का रूप थी। तो जैसे छात्र के माता-पिता का ट्रांसफर अकल्पनीय था वैसे ही छात्र के आचार्य का ट्रांसफर भी अकल्पनीय था। तो गाँधीजी द्वारा प्रवर्तित बुनियादी शिक्षा में जो उद्यम की प्रधानता एवं स्वावलम्बन का आग्रह है वह अन्ततोगत्वा, तथा गहराई से देखने पर, समाज में एक नैतिक अथवा चारित्रिक उन्नयन का आग्रह है ताकि समाज अपनी सुव्यवस्था में अधिकाधिक आत्मनिर्भर

हो जाये और राज्य की सत्ता एवं उसका शासन तन्त्र अधिकाधिक सीमित एवं हलका बन जाये। गाँधी की स्वराज की कल्पना यही थी।

तो मैकॉलेवादी शिक्षा तथा बुनियादी शिक्षा के बीच जो मौलिक अन्तर अथवा बुनियादी फ़र्क है वह यही है कि मैकॉलेवादी शिक्षा का मकसद शिक्षक अथवा आचार्य को राज्याधीन करके शिक्षा को सरकारी तन्त्र का विस्तारक बनाना है, सरकारी तन्त्र को भारी बनाना है और बुनियादी शिक्षा का मकसद शिक्षक अथवा आचार्य को सरकारी गुलामी से निकालकर उसे उसकी स्वायत्तता तथा उसको उसकी विशिष्ट गरिमा पुनः भेंट करना है जो प्राचीन भारत में उसे प्राप्त थी। यानी बुनियादी शिक्षा वस्तुतः शिक्षा तथा शिक्षक को राजकीय गुलामी से (अर्थात् उस राजकीय गुलामी से जो उस घर पर ब्रिटिश राज में मैकॉले द्वारा थोपी गयी थी) मुक्त करना है। अब यदि ऐसी शिक्षा को ब्रिटिश राज्य द्वारा स्थापित भारतीय नौकरशाही ने नहीं चलने दिया तो यह कोई आश्चर्यजनक बात तो नहीं है इस नौकरशाही से दूसरी तरह की आशा की ही नहीं जा सकती थी।

पाठकों को याद होगा कि जब इन्दिरा गाँधी ने देश में आपातकाल अथवा अमरजेंसी लगा दी थी, तब विनोबा भावे ने देश के आचार्यों से अपील की थी कि वे देश की इस संकट की घड़ी में भारत के प्राचीन आचार्य की भूमिका का अब पुनः निर्वाह करें तथा जगह-जगह 'आचार्यकुल' नामक समितियों के रूप में संगठित होकर इस आपातकाल से निपटें। तो देश का शासन सीमित एवं हल्का फुलका रखने के लिए ही नहीं, बल्कि समाज को शासक की ज्यादतियों से बचाने के लिए भी देश में आचार्य शक्ति को स्थापित करने तथा पुष्ट करने की आवश्यकता है और इस कार्य के लिए बुनियादी शिक्षा में क्षमता भी थी। बुनियादी शिक्षा की यह क्षमता न केवल नौकरशाही के लिए प्रतिकूल है बल्कि देश की राजनीतिक पार्टीबाजी के लिए भी प्रतिकूल है। तो इसमें कोई आश्चर्य नहीं है कि नौकरशाही के साथ-साथ राजनीतिक पार्टियाँ भी बुनियादी शिक्षा को न तो प्रश्रय दें और न उसे पनपने दें।

14. बुनियादी शिक्षा का तीसरा महत्त्वपूर्ण आयाम–ज्ञान की प्राप्ति केवल ज्ञान के परिग्रह के लिए नहीं करना बल्कि स्थानीय देश काल पात्र की दृष्टि से प्रासंगिक एवं उपयोगार्थ ज्ञान ही प्राप्त करना ताकि छात्र की शिक्षा देश काल पात्र की संयुक्त शिक्षा का रूप ले ले।

बुनियादी शिक्षा में एक आयाम तो भाषा से सम्बन्ध रखता है और दूसरा आयाम उत्पादक देह श्रम एवं उद्यम से सम्बन्ध रखता है। मैंने इन दोनों आयामों की

व्याख्या एवं समीक्षा करने का यथाशक्ति प्रयास अब तक के पृष्ठों में किया है। पर बुनियादी शिक्षा का तीसरा आयाम अभी भी चर्चित होना शेष है और वह आयाम है शिक्षा में समवायी सिद्धान्त का, अथवा शिक्षा की विषय-वस्तु की विकेंद्रित प्रासंगिकता का। इस तीसरे आयाम को स्पष्ट करते हुए बुनियादी शिक्षा यह मानती है कि जो भी बौद्धिक ज्ञान विद्यार्थियों को दिया जाये वह विद्यार्थियों के निर्धारित स्कूली उद्यम के लिए अथवा स्कूल के प्राकृतिक परिवेश की दृष्टि से, अथवा स्थानीय समुदाय की दृष्टि से प्रासंगिक होना चाहिए। इसका अर्थ यह हुआ कि ज्ञान की प्राप्ति केवल इसलिए नहीं करनी है कि ज्ञान बहुमूल्य सम्पदा है, जिसका हमारे ज़हन में अधिकाधिक संग्रह होना चाहिए। वास्तविकता यह है कि ज्ञान सम्पदा तो अपार है। हम अनेक जन्मों में भी सर्वज्ञ नहीं बन सकते। पर राहत की बात यह है कि हमें ज्ञान को ज्ञान के लिए ही बटोरने की कोई जरूरत नहीं है। इस विषय में गीता के दूसरे अध्याय का छियालीसवाँ श्लोक बहुत सटीक है। इसमें कहा गया है—

यावानर्थ उदपाने सर्वतः सम्प्लुतोदके।
तावान् सर्वेषु वेदेषु ब्राह्मणस्य विजानतः॥

अर्थात्, "मान लो कि चारों तरफ पानी ही पानी छा गया है। पर क्या हमें उस समस्त पानी से कोई काम है। हमें तो इतने अधिक पानी में से भी उतना ही ग्रहण करना होगा जितना कि (चारों तरफ पानी नहीं होने की हालत में) हम किसी (रास्ते में स्थापित) प्याऊ से पीते"।

तो जिस प्रकार परिग्रह, धन सम्पदा का शुभ नहीं है, उसी प्रकार परिग्रह ज्ञान-विज्ञान का भी शुभ नहीं है। मैं यहाँ यद्यपि श्लोकों को उद्धृत तो नहीं कर रहा हूँ, पर ईशावास्य उपनिषद् में भी ज्ञान विज्ञान का परिग्रही बनने के विरुद्ध मनुष्यों को चेतावनी दी गयी है। तो बुनियादी शिक्षा का यह तीसरा आयाम भी इस लेख के शुरू में व्याख्यायित पहले तथा दूसरे आयामों से कम महत्त्वपूर्ण नहीं है।

आज की मैकॉलेवादी शिक्षा एक पूरे राज्य के हर कोने में चलने वाले विद्यालय के लिए बिल्कुल एक समान पाठ्यक्रम को निर्धारित कर देती है, जिसमें स्थानीय उद्यम या स्थानीय भौतिक, सामाजिक एवं सांस्कृतिक परिवेश के बारे में सर्वथा उदासीनता बरती जाती है। विद्यार्थी यूरोप, अमरीका, अफ्रीका बाबत भले ही कुछ जान लेगा, पर अपने परिवेश में जो भूगोल है, परिवेश के पीछे जो इतिहास है, परिवेश में जो खनिज या वनज सम्पदा है, परिवेश में जो अर्थ-व्यवस्था है उसके प्रति सर्वथा अनजान तथा उदासीन बना रहेगा तथा अपने परिवेश से कट कर केवल आत्मकेंद्रित बन जाएगा। यहाँ मेरे पड़ोस में एक शिक्षण संस्था है जिसका

मुख्य फाटक के बाहर एक गड्ढा एक लम्बे अर्से से एक ख़तरा बना हुआ है। पर उस शिक्षण संस्था के सिलेबस में तो उस गड्ढे को ढकने या भरने की बात 'प्रीस्क्राइब्ड' नहीं है। उस गड्ढे की दुरुस्ती के छात्रों को परीक्षा में नम्बर मिलने वाले नहीं हैं। तो हमारी बिल्कुल एक समान ही शिक्षा-क्रम पूरे राज्य के हर कोने के लिए प्रीस्क्राइब करने की नीति ने हमारे तथाकथित शिक्षित व्यक्ति को अपने परिवेश तथा उसमें घटने वाली घटनाओं के लिए सर्वथा संवेदनाहीन तथा सर्वथा आत्मकेन्द्रित बना दिया है। तो ऐसे शिक्षित व्यक्ति हमारे सामाजिक प्रदूषण, राजनीतिक प्रदूषण, सांस्कृतिक प्रदूषण तथा प्राकृतिक अथवा पर्यावरणीय प्रदूषण पर क्यों तो ध्यान देंगे, क्यों उसकी चिन्ता करेंगे और क्यों उसके इलाज से जुड़ेंगे? तो आज हमारे देश में जो सामाजिक, राजनीतिक, सांस्कृतिक तथा भौगोलिक अथवा पर्यावरणीय प्रदूषण बड़े आराम से और बड़े ठाठ से बढ़ता जा रहा है उसका मूल कारण है हमारी मैकॉलेवादी शिक्षा का अतिकेन्द्रीकृत तथा अति समान रूप शिक्षा क्रम जिसमें स्थानीय ज्ञान एवं स्थानीय समस्याओं की नितान्त उपेक्षा है।

तो बुनियादी शिक्षा का तीसरा आयाम जिसे हम समवाय एवं प्रासंगिकता का आयाम मान सकते हैं, शिक्षा में एक विकेन्द्रीकरण लाने पर बल देता है। इसका यदि पालन होने लगे तो स्कूल एक ऐसी संस्था बन जायेगा कि जो अपने आस-पास के समाज एवं भूगोल से सक्रिय एवं सजीव होकर जुड़ेगा। इससे शिक्षित व्यक्ति में अपने पड़ोस की समस्याओं के प्रति सजगता एवं संवेदनशीलता आयेगी। इससे एक सम्भावना यह भी बनती है कि स्कूल, संस्था अपने शिक्षक बल एवं छात्रबल का प्रयोग स्थानीय परिवेश के सुधार के लिए भी करे। मेरा स्वयं का इस तरह का प्रत्यक्ष अनुभव उन दिनों का है जब कि मैं अपने बुनियादी विद्यालय का प्रभारी था। पाठकों को यह जानकर प्रसन्नता होगी कि जिस बुनियादी विद्यालय में मैं काम करता था, उसमें सरकारी पाठ्यक्रम के बजाय सातों कक्षाओं में हमारा अपना पाठ्यक्रम चलता था जिसमें स्थानीय परिवेश का ज्ञान महत्त्वपूर्ण था। इस विद्यालय में छात्र ही नहीं सुधरता था, इसके सहयोग से स्कूल का भौतिक एवं सामाजिक परिवेश भी सुधरने लगा था, तो इसको समझकर मैंने बुनियादी शिक्षा की एक परिभाषा इस नाम से की थी—कि "बुनियादी शिक्षा तो देश-काल-पात्र की संयुक्त शिक्षा है।"

15. बुनियादी शिक्षा यानी जीवन द्वारा जीवन की आजीवन शिक्षा

पर जब हम अपने कर्म से ही, अर्थात् अपने उत्पादक श्रम एवं उद्यम से ही शिक्षा ग्रहण करने लग जाते हैं तो हम तो शिक्षा रूपी खाद्य को कर्मरूपी खेती

से स्वयं पैदा करने वाले बन जाते हैं। जो किसान अपने खेत से खाद्य को स्वयं पैदा कर लेता है वह अपनी आवश्यकता पूर्ति के बाद बचे हुए खाद्य को भले ही बेचे, पर स्वयं उसे किसी बाजार के भंडार से खाद्य खरीदना नहीं पड़ता। इसी तरह जिसके घर के साथ शुद्ध जल का स्रोत है, उसे बाहर से पानी नहीं लाना पड़ता। तो बुनियादी शिक्षा की ईमानदारी यह है कि वह शिक्षा का स्टोर या शिक्षा का विक्रय भंडार या वितरण केन्द्र नहीं है। वह तो शिक्षा के मूलस्रोत का, अर्थात् उत्पादक श्रम एवं उद्यम रूपी मानव के आदि गुरु, अथवा मानव के मूल गुरु का मिलन छात्र से करवा देती है। बुनियादी शिक्षा न तो शिक्षा का दूध बेचती है और न गरीब बच्चों को अमूल कम्पनी का दूध खरीद कर खैरात में बाँटती फिरती है। बुनियादी शिक्षा छात्र को ज्ञान की गाय ही सौंप देती है और गोपालन की विद्या ठीक से सिखा देती है। तो नतीजा क्या होता है? नतीजा यह होता है कि छात्र स्वयं ही शिक्षक से छुट्टी पाकर भी अपने कर्माचार्य से शिक्षा ग्रहण करने लग जाता है और आत्मशिक्षक बन जाता है। इस प्रकार बुनियादी शिक्षा छात्र के लिए जीवन द्वारा जीवन की आजीवन शिक्षा का रूप ले लेती है।

16. छात्र एवं शिक्षक की संयुक्त शिक्षा

अब अन्त में इस प्रश्न पर विचार कीजिए कि मानव जाति के आदिम, मूल तथा सनातन गुरु से एक शिक्षक यदि अपने छात्र को परिचित कर देता है तो क्या वह स्वयं भी उससे परिचित नहीं हो जाएगा और उसे भी अपने स्वयं के जीवन द्वारा, अपने स्वयं के जीवन की आजीवन शिक्षा करने की भाँति हमेशा नयी शिक्षा का ताजा दूध पाते ही रहने की क्षमता प्राप्त नहीं होगी? क्या इस तरह शिक्षा के काम से उसे ऐसा पुरस्कार एवं सन्तोष नहीं मिलेगा कि जिसके आगे उसके वेतन भत्ते, उसके बोनस तथा उसकी ग्रेज्युइटी तथा उसकी पेंशन का महत्त्व गौण हो जायेगा और उसे अपनी असन्तुष्टि मिटाने के लिए हड़ताल नहीं करनी पड़ेगी?

मैकॉले और भारतीय शिक्षा : एक विश्लेषण

डॉ. वेददान सुधीर

बीसवीं सदी के पाँचवें दशक के अन्तिम पहर में भारत को अंग्रेजी राज से मुक्ति मिली। वह एक ऐतिहासिक क्षण था। उस अवसर पर स्वर्गीय पं. नेहरू ने जो भावनात्मक अभिव्यक्ति दी वह आज भी हमें झंकृत करती है। उन्होंने कहा–

> "आधी रात को ज्योंही घड़ी की सूई 12 पर आएगी हमारे जीवन की नयी यात्रा प्रारम्भ होगी। सारा संसार सो रहा है लेकिन इसी घड़ी में भारत एक नया एवं स्वतन्त्र जीवन लेकर उदित हुआ है। इतिहास में ऐसा क्षण बहुत कम आता है जब हम एक पुराने युग से नये युग में प्रवेश करते हैं। ...ऐसे ऐतिहासिक क्षण में हम यह शपथ लेते हैं कि हम सब भारत राष्ट्र, इसके कोटि-कोटि जन और सम्पूर्ण मानवता के लिए पूर्ण समर्पण भाव से कार्य करेंगे।"

पंडितजी के इस अभिभाषण में स्वतन्त्र भारत और उसके भविष्य को लेकर एक सपना था। उस सपने को पूरा करने के लिए उनकी अपनी सोच थी। इसके साथ ही इस महादेश की अपनी आईडेंटिटी का प्रश्न भी उभर कर आया। स्वतन्त्र भारत की राजव्यवस्था, अर्थतन्त्र और शिक्षा प्रणाली जैसे ज्वलन्त प्रश्न सतह पर उभर कर आये। कतिपय लोग भारत की संस्कृति और पुरानी सभ्यता पर आधारित नयी व्यवस्था के सपने सँजोए हुए थे। उनका कहना था कि हमें पश्चिम के अनुकरण की अपेक्षा अपनी नयी शासन-प्रशासन और शिक्षा व्यवस्था में गौरवमय परम्पराओं की अवहेलना नहीं करनी चाहिए। लेकिन, यह गौरवमय परम्परा क्या थी, शिक्षा प्रणाली कैसी थी। समूचे भारत में शिक्षा व्यवस्था का स्वरूप कैसा था, इन प्रश्नों का कोई स्पष्ट उत्तर या समझ नहीं थी। कुछ लोग घिसी-पिटी, ब्राह्मणों द्वारा स्थापित आश्रमों की शिक्षा के बारे में बात कर रहे थे। तो गाँधीजी के अनुयायी ग्राम इकाई को केन्द्र में मानकर शासन व्यवस्था और बुनियादी शिक्षा जैसी शिक्षा प्रणाली को अपनाये जाने पर ज़ोर दे रहे थे।

भारत का परम्परागत एलीट अपनी खोई हुई परम्परागत प्रतिष्ठा, सामाजिक-धार्मिक और आर्थिक सत्ता पर पुनः प्रभुत्व की स्थापना हेतु ऐसी ही कुछ बिखरी- बिखरी बातें कह रहा था। लेकिन उसके पास कोई वैकल्पिक व्यवस्था, उसका ढाँचा या कोई सोच नहीं थी। ले-देकर ब्राह्मणी संस्कृति के दावेदारों के पास उन्हीं के द्वारा स्थापित वर्ण व्यवस्था और कुछ हारे हुए सम्राटों के गुणगान के अतिरिक्त कुछ भी नहीं था। इससे पहले कि हम भारतीय शिक्षा और मैकॉले द्वारा प्रायोजित अंग्रेजी शिक्षा की बात करें, स्वतन्त्रता के बाद स्थापित संसदीय प्रणाली का उल्लेख करना इस समूची बहस की दृष्टि से सन्दर्भगत होगा। अंग्रेजीराज के अन्तिम दिनों में उन्हीं की छत्रछाया में गठित संविधान सभा ने लम्बी चौड़ी बहस के बाद 'वैस्टमिनिस्टर मॉडल' को ही अपनाया। गाँवों के प्रति कतिपय महानुभावों में रूमानी मोह और उसकी ऐतिहासिक भूमिका का सटीक उत्तर संविधान के प्रारूप समिति के अध्यक्ष डॉ. अम्बेडकर ने दिया। इस सन्दर्भ में उसे उद्धृत करना भी उपयुक्त होगा। डॉ अम्बेडकर ने कहा :

> ''ग्रामीण समुदाय ने अपने देश के इतिहास में जिस तरह की भूमिका अदा की है, यह जानते हुए हम किस बात पर गर्व करें? वे समय के थपेड़ों में जीवित रहे, यह सत्य है। किन्तु केवल जीवित रहना ही अपने आप में मूल्य नहीं है। प्रश्न यह है कि वे किस धरातल पर जीवित रहे? निःसन्देह बहुत ही निम्न और स्वार्थ की धरोहर पर। मेरी यह धारणा है कि इन ग्रामीण गणतन्त्रों ने देश का सत्यानाश करवाया है। मुझे यह जानकर आश्चर्य होता है कि जो लोग प्रान्तीयवाद और सम्प्रदायवाद के घोर विरोधी हैं वे ही गाँवों की वकालत कर रहे हैं। गाँव एक बदबूदार संकीर्णता का खड्डा है। वह अज्ञान, अन्ध-विश्वास, संकुचित दृष्टिकोण तथा साम्प्रदायिकता की अँधेरी गुफा के अतिरिक्त और है ही क्या? मुझे प्रसन्नता है कि संविधान में गाँवों को इकाई न मानकर व्यक्ति को महत्ता दी है।'' (संविधान सभा बहस भाग 7)

भारत की तथाकथित गौरवमयी और कर्म विभाजन पर आधारित वर्ण व्यवस्था की शल्य चिकित्सा करने की कतई आवश्यकता नहीं है। यह व्यवस्था रचना ब्राह्मणों द्वारा, ब्राह्मणों के लिए और मात्र पण्डित वर्ग के लिए हितपोषक व्यूहरचना थी, जिसमें अन्य को झाँकने का भी अधिकार नहीं था। सारे शास्त्र, पुराण, स्मृतियाँ और धर्म-ग्रन्थ ब्राह्मण वर्ग को महामण्डित करने और समुचित समाज के संचालन का दायित्व उन्हीं के सुपुर्द करने के अतिरिक्त कुछ नहीं थे।

क्षत्रिय वर्ग जो शासन में था उसके लिए उनकी रक्षा करना तथा आशीर्वाद लेना पुण्य समझा जाता था। दलित और शूद्र कही जाने वाली जातियों को इन

शास्त्रों के पारायण की बात छोड़िये सुनने तक का अधिकार नहीं था। यदि किसी शूद्र ने शास्त्र सुन लिया तो उसके कानों में शीशा डालने की व्यवस्था थी। अछूत कही जाने वाली जातियों की परछाईं से पण्डित पुजारी परहेज करते थे। शूद्र का पण्डित या पुजारी के सामने पड़ने पर अपशगुन माना जाता था। मनुस्मृति के अनुसार उन्हें सम्पत्ति के नाम पर केवल गधे व कुत्ते ही रखने की इजाजत थी। प्रसंगवश बहुत संक्षेप में यही कहना उचित होगा कि दलित और अछूतवर्ग के लिए भारतीय अतीत के किसी भी पक्ष पर गर्व करने की कोई बात ही नहीं थी। जिस निर्लज्जता और निष्ठुरता से ब्राह्मणों ने समूचे भारत भूभाग में आतंक फैलाकर करोड़ों लोगों को नारकीय जीवन जीने के लिए अभिशप्त किया उसका उदाहरण और कहीं मिलना दुर्लभ है। हम सभी जानते हैं कि भारत की सामाजिक व्यवस्था शोषण, असमानता और अमानवीय मूल्यों पर ही आधारित रही है।

भारत का सवर्ण वर्ग यह जानते हुए भी कि इस देश के बाशिन्दों के एक बहुत बड़े समुदाय को शिक्षा, सम्पत्ति, शासन तथा सुविधा, इन सबसे अलग रखा गया था फिर भी मैकॉले की शिक्षा प्रणाली को निरन्तर गरियाता रहा है। जैसा कि डॉ. अम्बेडकर ने इंगित किया है "भारत के गाँवों में जातिवाद, सम्प्रदायवाद, अस्पृश्यता, संकुचित दृष्टि और अन्धी आस्थाएँ पसरी पड़ी हैं उसे कैसे नज़रअन्दाज़ किया जा सकता है।" भारतीय शिक्षा की बात करने वालों से कोई यह नहीं पूछता कि आखिर राष्ट्रीय स्तर पर शिक्षा का कौनसा मॉडल लागू किया जाये? भारत में जिस ऋषि परम्परा और गुरुकुल प्रणाली की बात कही जाती है इस सम्बन्ध में प्रश्न यह है कि उन गुरुकुलों और आश्रमों में किन्हें और किस प्रकार की शिक्षा दी जाती थी। हम सभी जानते हैं कि तत्कालीन इने-गिने आश्रमों में केवल ब्राह्मण वर्ग को ही प्रवेश दिया जाता था और अपनी जीविका के लिए कई ब्राह्मण राजाओं के यहाँ राजकुमारों को शस्त्रविद्या दिया करते थे। हम सभी लोग श्रीमनवर्ग के गुरु द्रोणाचार्य को उनके शस्त्र विद्या में पारंगत होने और उनके गुरुकुल का बखान करते अघाते नहीं हैं। यह बात सभी जानते हैं कि द्रोणाचार्य के विद्यालय में दानवीर कर्ण को भी प्रवेश नहीं दिया गया था। वह केवल क्षत्रिय राजकुमारों के लिए ही आरक्षित विद्यालय था। यह व्यवस्था कितनी अन्यायपूर्ण थी इसका उदाहरण महाभारत में भी देखने को मिलता है। एक आदिवासी बालक एकलव्य को द्रोणाचार्य ने धनुष-बाण की शिक्षा देने से मना कर दिया। आदिवासी बालक ने स्वतः जंगल में द्रोणाचार्य की मूर्ति को समक्ष रखकर धनुर्विद्या न केवल सीखी अपितु वह अपने समय का श्रेष्ठ धनुर्धारी बन गया। कहते हैं उसके सामने अर्जुन भी नहीं टिक सकता था। उस बालक ने

जब द्रोणाचार्य से आशीर्वाद माँगा तो उस ब्राह्मण ने दीक्षा के नाम पर आदिवासी बालक का अँगूठा ही माँग लिया। इस तरह उस वीर बालक को अपने द्वारा अर्जित विद्या से भी वंचित कर दिया। इसी तरह अन्याय का एक और उदाहरण है जिसका उल्लेख करना प्रासंगिक होगा। परशुराम ने अनजाने में कर्ण को शस्त्रों की शिक्षा दी। लेकिन जब परशुराम को मालूम हुआ कि कर्ण ब्राह्मण वर्ग का नहीं है तो उसे श्राप देकर शक्तिहीन कर दिया।

इन सब घटनाओं के बाद युग बीत गये। गंगा व जमुना का कितना पानी पुलों के नीचे से बह गया, उसका हिसाब लगाना कठिन है, लेकिन भारत की सामाजिक व्यवस्था में ब्राह्मणों का आतंक अनवरत रूप से बना रहा। जब तब भी भारत में राज व्यवस्था, शिक्षा व्यवस्था, अर्थव्यवस्था और बदलाव की बात आती है तो परम्परागत सत्ता, अभिजन, भारतीय संस्कृति, यहाँ की जड़ों और माटी की सुगंध की दुहाई देती है। पश्चिम की संस्कृति के विरुद्ध आग उगलती है। यह भी कहा जाता है कि अंग्रेजी शासन ने न केवल हमें आर्थिक दृष्टि से बल्कि हमारी सांस्कृतिक ऊर्जा और जीवन शैली को भी समाप्त कर दिया। उन्होंने हमें गुलाम बना दिया। 1857 में अंग्रेजों ने भारत की क्रान्ति को कुचल दिया और राष्ट्रीय जीवन की धारा को ही उलट पुलट कर दिया। सत्यानाश हो अंग्रेजों का जिन्होंने हमें कहीं का नहीं रखा वगैरा वगैरा। यह अलाप अब कुछ लोगों के लिए लोकगीत बन गया है। इससे पूर्व कि हम स्वतन्त्र भारत में विकसित हो रही अंग्रेजी शिक्षा की निरन्तरता की बात करें, भारत के शूरवीरों की गौरव-गाथा गाने वालों के समक्ष इस देश में घटी इस ऐतिहासिक घटना पर कार्ल मार्क्स द्वारा की गयी टिप्पणी को प्रसंग वश उद्धृत करना चाहेंगे।

1857 में भारत में उठे अंग्रेज विरोधी विप्लव विद्रोह और उसे कुचल कर अंग्रेजी राज्य की स्थापना के सम्बन्ध में कार्ल मार्क्स ने *न्यूयॉर्क डेली ट्रिब्यून* में भेजे डिस्पेच में लिखा :

> "जो देश सिर्फ हिन्दु-मुसलमानों में ही नहीं बँटा हो, बल्कि जहाँ एक कबीला दूसरे के खून का प्यासा हो, जहाँ एक जाति दूसरी की दुश्मन हो, और एक ऐसा समाज जिसकी पूरी बनावट एक अजीब अनमेल तालमेल पर टिकी हो, नतीजे में सब कहीं व्यापक घृणा का बोलबाला हो, जहाँ हर सदस्य अपने ही बनाये कानून का मालिक हो, वह देश और समाज क्या सुनिश्चित पराजय का शिकार होने के लिए अभिशप्त नहीं है? अगर हम भारत के पूर्व इतिहास को न भी जानते हों तो भी क्या अपने आप में यह एक अकाट्य तथ्य नहीं है कि आज इस क्षण यह देश स्वयं अपने ही खर्चों

से तैयार की गयी भारतीय सेनाओं की मदद से अंग्रेजों का बँधुआ गुलाम है? ऐसे में पराजित होने की भारतीय तकदीर से कहाँ तक बचा जा सकता था? वैसे भी भारत का इतिहास लगातार एक के बाद दूसरी पराजयों और पतन का ही इतिहास रहा है। जिसे इस देश का इतिहास कहते हैं, वह उन घुसपैठियों का इतिहास है जिन्होंने परिवर्तन और प्रतिरोध हीन निकम्मे समाजों पर बारबार साम्राज्य स्थापित किये। ऐसी स्थिति में सवाल यह नहीं कि अंग्रेजों को भारत पर शासन का अधिकार है या नहीं? बल्कि सवाल यह है कि तुर्कों, इरानियों या रूसियों के मुकाबले हम भारत पर अंग्रेजों की जीत को बेहतर मानते हैं या बुरा?"

कार्ल मार्क्स का यह कथन बड़ा चुभने वाला है। परन्तु इस सत्य को झुठलाया भी नहीं जा सकता। यह वह सच्चाई है जो इस तथाकथित महान परम्परागत समाज की वास्तविक तस्वीर प्रस्तुत करती है। इसी के साथ एक अन्य प्रश्न पर भी हमें ईमानदारी से गौर कर देखना चाहिए। यह प्रश्न केवल अनुमान पर ही आधारित है लेकिन इस विषय पर सांगोपांग विश्लेषण की दृष्टि से युक्ति संगत होगा। वह यह कि विद्रोह के पश्चात् यदि ईस्ट इंडिया कम्पनी हार जाती और भारत की विजय होती तो क्या स्थिति उभर सकती थी? झूठे आत्म-गौरव व अफीमी मानसिकता को छोड़कर यदि हम ईमानदारी से सोचें तो जहाँ तक जनसमुदाय का प्रश्न है, हम एक अति अमानवीय व्यवस्था में ही जी रहे होते। यह देश राजमहलों में सत्ता के लिए हो रहे संघर्ष, लूटमार और हत्याओं का केन्द्र बनता। इससे कोई इनकार नहीं कर सकता है कि भारत भी आज अरब देशों की तरह धर्मान्धता, अशिक्षा और पिछड़ेपन का ही शिकार होता। जैसा कि भारत के पुरोधा साहित्यकार स्व. राजेन्द्र यादव ने अपने लेख में इसका विश्लेषण करते हुए लिखा है :

"अंग्रेजों ने हमें एक कुशल और दृष्टि सम्पन्न शासन का स्वरूप दिया। अंग्रेजों ने इस देश के बादशाहों, सम्राटों, छोटे-मोटे महाराजाधिराजों की तरह निरकुंश, क्रूर और ईश्वरोवा, दिल्लीश्वरोवा के दैवी आशीर्वाद से सजे भगवानों की तरह व्यवहार नहीं किया बल्कि बड़े से बड़ा वॉयसराय भी अपने किये के लिए अपनी पार्लियामेंट के प्रति जवाबदेह था।" (*काश मैं देशद्रोही होता*, पृष्ठ122)।

यहाँ हमारा उद्देश्य केवल अंग्रेजी राज को गौरवान्वित करने का नहीं है लेकिन यह निर्विवाद सत्य है कि यहाँ के बाजीगरों, साधुओं और अय्याश महाराजाओं के शासन से अलग उन्होंने कानून के शासन का ताना-बाना बनाया। यह कहना

भी अतिशयोक्ति नहीं होगी कि भारत का जो वर्तमान स्वरूप है उसे राष्ट्र के रूप में परिणित करने का श्रेय भी हम अंग्रेजी राज को दे सकते हैं। इससे पूर्व हिन्दुस्तान छोटे-छोटे जमींदारों राजा-महाराजाओं और नवाबों की जागीर के रूप में बँटा हुआ था। ये शासक तुच्छ स्वार्थों और अहं की तुष्टि के लिए निरन्तर एक-दूसरे के प्रति युद्धरत थे। छः सौ तेईस रियासतों का यह देश वास्तव में एक राष्ट्र के रूप में अंग्रेजी राज में ही विकसित हुआ। अंग्रेजी राज ने ही रेल, डाकघर और आवागमन के साधनों से इसे एक देश की संज्ञा दी। इतना ही नहीं, भारत के संविधान में स्वतन्त्रता व समानता के जो अधिकार प्रदत्त किये गये हैं वे हमारे नहीं अपितु अंग्रेजी शासन की देन है। भारतीय समाज में समानता और स्वतन्त्रता अभारतीय हैं। डॉ. अम्बेडकर ने अस्पृश्य और अछूत कही जाने वाली जातियों के लिए अलग से कान्स्टिट्यूऐन्सी की माँग इसलिए की थी कि सवर्ण भारतीय समाज में उन्हें मानव होने के नाते न समानता मिली और न स्वतन्त्रता। वे जानते थे कि इस देश का सवर्ण तबका उन्हें बराबरी का दर्जा कभी नहीं देगा। इस पृष्ठभूमि को दरकिनार कर कोई भी विमर्श न्यायोचित नहीं होगा। अतः भारत के वर्तमान शैक्षिक अभिजन को भारत की शिक्षा प्रणाली में परिवर्तन करने और मैकॉले को गरियाने के बजाय ईमानदारी से विश्लेषण करना चाहिए और स्वीकार करना चाहिए कि यह बात केवल शिक्षा प्रणाली तक सीमित नहीं है।

एक और बिन्दु है जिसे हमें ध्यान में रखना चाहिए। मैकॉले को गरियाने या नासमझी से सभी बीमारियों की जड़ बताने वालों को यह बतला देना जरूरी है कि उपनिवेशों के गहरे और तल स्पर्शीय अध्ययन तथा उसके प्रतिरोध की विलक्षण दृष्टि फ्रेज फेनान् ने बहुत बाद में दी। इससे पहले ही उपनिवेश पर शासन करने का वैकल्पिक दर्शन मैकॉले ने ही तैयार किया था। मैकॉले बहुत ही विलक्षण प्रतिभा का धनी था जिसे शिक्षा से लेकर दण्ड विधान, आर्थिक कराधान जैसे विषयों पर महारत हासिल थी। दो सौ वर्षों में उसने हमें साम्राज्यवादी और उपनिवेशवादी का प्रतिरूप बना दिया। देश के जाने माने साहित्यकार और हंस के सम्पादक स्व. राजेन्द्र यादव ने ठीक ही कहा है—"क्या यह सच नहीं है कि गुलाम का रोल मॉडल (आदर्श और अनुकरणीय) हमेशा मालिक ही होता है। स्वतन्त्र होने पर गुलाम ठीक अपने मालिक की तरह होने को ही स्वतन्त्रता मानता है। और यह बात सभी पर लागू होती है।" (*काश मैं देशद्रोही होता,* पृष्ठ, 126)

भारत के शिक्षाविदों और शासकों के समक्ष प्रश्न यह नहीं है कि हमें मैकॉले की शिक्षा बदलनी है बल्कि मुद्दा यह है क्या हम इस शिक्षा और शासन की सम्पूर्ण प्रणाली को बदलने की क्षमता रखते हैं? मातृभाषा, श्रमसाध्य शिक्षा

प्रणाली और संस्कृति के थोथे नारों से देश की शिक्षा व्यवस्था को कोई दिशा नहीं मिल सकती। वैसे ये बातें करने वाला भारतीय अभिजन पाखंडी है। वह दोहरे मानदण्ड वाला है। इस अभिजन के अधिकांश लोगों के बच्चे अंग्रेजी स्कूलों में पढ़ते हैं और जो सक्षम हैं उनके बालक-बालिकाएँ उच्च-शिक्षा के लिए इंग्लैण्ड और अमेरिका के नामीगिरामी विश्वविद्यालयों में पढ़ रहे हैं। हमें मालूम नहीं वे किन लोगों के लिए बुनियादी शिक्षा या अपने परिवेश की शिक्षा की बात करते हैं। अपनी पेट भराई के लिए वे चाहे जितने एन.जी.ओ. या संस्थाएँ चलाएँ उनके हस्तक्षेप से इतिहास की धारा बदलने वाली नहीं है। हम यह क्यों भूल जाते हैं कि अंग्रेजी भाषा और सभ्यता के माध्यम से ही भारत में आधुनिकीकरण की प्रक्रिया चली जिसके कारण भारतीय समाज को ब्राह्मणी आतंक से मुक्ति मिली है। यही नहीं, शिक्षा के सार्वजनीकरण और स्वतन्त्रता तथा समानता पर आधारित संविधान का निर्माण भी उसी परम्परा की एक कड़ी है। आप इतिहास की धारा को बदलने के कितने ही दावे करें, मैकॉले और अंग्रेजों को गरियाएँ उनकी देन को भुलाना बड़ी भारी कृतघ्नता होगी। आश्चर्य यह है कि यह सब उसी तबके के लोग दे रहे हैं जो स्वयं अंग्रेजी शिक्षा के कारण उच्च पदों पर रहे और अपना धन्धा चला रहे हैं। वैसे अब प्रान्तीयता, साम्प्रदायिकता और जाति गौरव की बातें अपना अर्थ खो चुकी हैं। अंग्रेजी भाषा ने राष्ट्रीय सीमा को पार कर लिया है। अब इतिहास के इस बहाव और धारा की दिशा बदलने की क्षमता किसी में दिखाई नहीं देती। इतना ही कहना पर्याप्त होगा कि यदि मैकॉले नहीं होता तो डॉ. अम्बेडकर संविधान निर्माताओं की पंक्ति में कभी खड़े नहीं हो सकते थे।

मैकॉले बनाम भारतीय शिक्षा

सुधा चौधरी

जब हमारे जीवन, समाज एवं व्यवहार में घटती संवेदनशीलता, सहिष्णुता, सद्भावना, आत्मानुशासन, मानवीय बोध और बढ़ती मूल्यहीनता, अनैतिकता, विवेकशून्यता आदि सम्बन्धी मुद्दों को 'बौद्धिक विमर्श' का विषय बनाया जाता है तो उसके प्रधान कारण को मैकॉले की शिक्षा प्रणाली में नालबद्ध कर दिया जाता है। तर्क दिया जाता है कि अंग्रेजी दासत्व को स्थायित्व प्रदान के लिए जिस मानसिकता की दरकार थी उसके लिए उसके हितों को पोषित करने वाली शिक्षा आवश्यक थी। साम्राज्यवादी हितों के लिए जिस शिक्षा पद्धति को भारत में लागू करना अनिवार्य था, उसके लिए भारतीय शिक्षा प्रणाली को अप्रासंगिक करना जरूरी था। मैकॉले का उद्देश्य अंग्रेजी शिक्षा के द्वारा भारत में एक ऐसा वर्ग उत्पन्न करना था जो रंग और रूप में तो भारतीय हो परन्तु रुचियों, विचारों, नैतिक आदर्शों तथा आचार-व्यवहार में अंग्रेज हो। यह वर्ग शासन का भक्त बनकर भारत में अंग्रेजी साम्राज्य को सुदृढ़ करने में सहायता करेगा। 2 फरवरी 1985 को ब्रिटिश संसद में उसने सत्ता की शिक्षा जरूरत रेखांकित करते हुए कहा कि भारतीयों पर मानसिक व वैचारिक आधिपत्य के लिए जरूरी है कि उनकी आध्यात्मिक-मूल्यपरक शिक्षा व इससे जनित मानवीय सांस्कृतिक परम्परा की सशक्त रीढ़ तोड़ी जाये।

निःसन्देह परस्पर विरोधी हित सम्बन्धों की बुनियाद पर संरचित विद्यमान विश्वसमाज व्यवस्थाओं में ज्ञान की कोई भी विधा या अवधारणा सत्ता-निरपेक्ष नहीं होती। शिक्षा की उत्पत्ति, स्वरूप एवं उद्देश्य सदैव सत्ता की बौद्धिक जरूरतों को पूरा करने का माध्यम रही है। औपनिवेशिक शिक्षा भी इसका अपवाद नहीं थी। ब्रिटिशराज का यह तथ्य एवं सत्य दोनों था कि उसकी शिक्षा का उद्देश्य बेहतर स्वाधीन भारत बनाना न होकर विशुद्ध रूप से साम्राज्यवादी हितों को पोषित करना था। व्यापार करने व शासन चलाने के लिए जिस शिक्षातंत्र की

दरकार थी उसके लिए भारत में प्रचलित शिक्षा के स्वरूप, माध्यम व उद्देश्यों में मूलभूत परिवर्तन करना आवश्यक पूर्वशर्त था। इसलिए, बिना किसी हिचक, झिझक एवं पूर्वाग्रह के हमें मैकॉले की शिक्षा की सत्तापरक उद्देश्यात्मकता को चिन्हित करना चाहिए। अतः यदि स्वाधीन भारत में मैकॉले की शिक्षा को खारिज कर भारतीय शिक्षा प्रणाली को पुनः लागू करने की माँग होती है तो उसका स्वागत होना चाहिए।

किन्तु इस सन्दर्भ में गम्भीर एवं महत्त्वपूर्ण सवाल यह है कि जिन शक्तियों द्वारा मैकॉले की शिक्षा को जनविरोधी, मूल्यहीन एवं गुलाम वैचारिकी की जनक दिखाकर खत्म करने पर बल दिया जा रहा है और भारतीय शिक्षा को चरित्र निर्माण, सहिष्णुता, मानवता, मूल्यपरक व नैतिकता का पर्याय बताकर समस्त समस्याओं के निदान की रामबाण औषधि के रूप में प्रस्तुत किया जा रहा है, क्या वह अपने मूल स्वरूप, प्रयोजन एवं सामाजिक चरित्र में जनपक्षधर मूल्यों व नैतिक आदर्शों की पोषक रही है? क्या वह उस जनाभिमुख दुनिया व समाज के निर्माण का बौद्धिक अस्त्र नहीं रही है जो अभी भी बहुसंख्यक के लिए परलोक की चीज है, जिसको इस जीवन का यथार्थ बनाने के लिए वे अभी भी निरन्तर संघर्षरत हैं? क्या आदर्श भारतीय शिक्षा आमजन को अपने परिवेशीय जीवन में घटित होने वाली घटनाओं, स्थितियों, परिस्थितियों, परिघटनाओं एवं प्रक्रियाओं को समझने-जानने और उन्हें अपनी बेहतरी के लिए इस्तेमाल करने की सैद्धान्तिक क्षमता प्रदान करने का आधार रही है? हमारी शिक्षा जिस दृष्टिकोण एवं जीवन दर्शन की निर्माणक, नियामक एवं पोषक रही है क्या उसने जनगण को उसकी सामाजिक पराधीनता, वैचारिक दासत्व, सामन्ती जकड़बन्दी व वर्णीय कुरुपताओं के मूल कारणों को भेदने की दृष्टि प्रदान की है? क्या मूल्यबोधक शिक्षा मानव द्वारा मानव का किया जाने वाला उत्पीड़न, दमन एवं दासता को खारिज कर समानता, स्वतन्त्रता वाले जनतांत्रिक मूल्यों की पोषक रही है? आदर्श शिक्षा ब्रह्माण्ड की उत्पत्ति, यथार्थ की प्रकृति, मनुष्य नियति से लेकर इतिहास, विकास, परिवर्तन सम्बन्धी जिस विश्वदृष्टिकोण की संवाहक रही है, क्या वह समतामूलक सामाजिक रूपान्तरण का यथार्थवादी पथ-प्रदर्शक बन सकी? क्या आदर्श भारतीय शिक्षा अपनी सामाजिक एवं वैचारिक मुक्ति के लिए आमजन को 'सत्ता एवं सम्पत्ति' में भागीदारी के सवालों से जिरह करने वाली अन्तर्दृष्टि की निर्माणक रही है? भारतीय शिक्षा जिस पद्धतिशास्त्र एवं शिष्य की पात्रता केन्द्रित आग्रह की पोषक रही है क्या वह आमजन को शिक्षा का अधिकार व शिक्षा पाने का अवसर प्रदान करने वाली रही है?

इन तमाम प्रश्नों के परिप्रेक्ष्य में आदर्श भारतीय शिक्षा की मूलगामी दृष्टि व उसके सामाजिक व्यवहार की पड़ताल करना बेहद जरूरी है क्योंकि जाति, वर्ण, वर्ग, धर्म एवं लिंगाधारित जिस विभाजित एवं खण्डित सामाजिक यथार्थ में हम रहते व जीते हैं उसमें एक वर्ग के लिए आदर्श रही शिक्षा दूसरे वर्ग की वैचारिक गुलामी की पोषक होती है। शिक्षा भले ही एक स्वायत्त संज्ञानात्मक परिघटना प्रतीत होती हो किन्तु असली कार्यप्रणाली में वह सत्ता की वैचारिक जरूरतों का सैद्धान्तिक माध्यम रहती है। इसलिए, 'शिक्षा, सत्ता एवं व्यवस्था' के बीच विद्यमान अन्तःसम्बन्धों की गत्यात्मकता को समझना लाजिमी बन जाता है ताकि हम देख सकें कि मैकॉले की शिक्षा को नकारकर भारतीय शिक्षा को लागू करने की आग्रही शक्तियाँ जो शिक्षातन्त्र स्थापित करने की पक्षधर रही हैं वह अपनी मूल प्रयोजनमूलकता में बहुसंख्यक की बेहतर ज़िन्दगी की सैद्धान्तिक ताकत बनने का माध्यम है या ढीली पड़ती चतुर्वर्णीय सामन्ती जकड़बन्द को जीवन का शाश्वत सत्य व मानव नियति बना देने का बौद्धिक उपक्रमभर है?

मूलगामी भारतीय शिक्षा : ब्रह्मवाद की पोषक

किसी भी समाज की संज्ञानात्मक दुनिया जिसको शिक्षातन्त्र के माध्यम से संचालित एवं लागू किया जाता है उसके मापदण्ड का आधार मात्र स्कूल एवं विश्वविद्यालयों में पढ़ाई जाने वाली पाठ्यपुस्तकें ही नहीं होती हैं अपितु उसके वास्तविक एवं व्यापक स्वरूप का प्रतिबिम्बन उस समाज का दर्शन, संस्कृति एवं रोजमर्रे का सामाजिक आचार-व्यवहार होता है। उसकी सम्पूर्ण शिक्षा की अभिव्यक्ति जनमानस की सामाजिक घटनाओं के प्रति प्रतिक्रिया और हमारे जीवन एवं दुनिया को नियंत्रित एवं निर्देशित करने वाले आधारभूत नियमों की समझ में होती है। भारतीय संस्कृति, सामाजिक आदर्श, दार्शनिक प्रस्थापनाएँ, पुरुषार्थ, आश्रम इत्यादि जिस शिक्षाशास्त्र के उत्पाद हैं अथवा शिक्षा जिस मूल्यबोध व जीवनपद्धति की पोषक रही है उसमें साफतौर पर देखा जा सकता है कि वह प्रधानतः 'चेतना' प्रधान ब्रह्मवादी/चैतन्यवादी/भाववादी/ईश्वरवादी रही है। हमारी ज्ञानात्मक दुनिया व वैचारिक जीवन के आधार स्रोत–वेद, उपनिषद से लेकर महाकाव्य, श्रमण संस्कृति, भक्ति आन्दोलन एवं नवजागरण के प्रणेताओं के शिक्षा सम्बन्धी विचार इसके जीवन्त प्रमाण हैं।

वेदों में दो प्रकार की विद्या का उल्लेख मिलता है–परा और अपरा। परा का अर्थ अध्यात्म विद्या है और अपरा सांसारिक विद्या है। जिसमें परा विद्या ही मंगलकारी है। वेदांग में जिन छः विद्याओं–शिक्षा, कल्प, निरूक्त, छन्द, ज्योतिष,

व्याकरण को माना गया है उसमें विज्ञान विद्या की श्रेणी से बहिष्कृत है। सा विद्या या विमुक्तये अर्थात् विद्या वही है जो मुक्ति की ओर ले जाये। किन्तु किस तरह की मुक्ति? इसकी पूरी विवेचना उपनिषदों में गुरु-शिष्य के बीच हुए संवादों में मिलती है। कठोपनिषद में यम-नचिकेता संवाद, छान्दोग्यउपनिषद में नारद-सनत्कुमार संवाद, बृहदारयण्क उपनिषद में याज्ञवल्क्य-गार्गी संवाद, आरुणि-श्वेतकेतु संवाद, गीता में श्रीकृष्ण-अर्जुन संवाद, इसके प्रमाण हैं। भागवत कहती है : शिक्षा के द्वारा जीव को अपने वास्तविक स्वरूप 'आत्मन्' का बोध हो जाता है। तैतिरीय उपनिषद कहता है : तद्विज्ञानार्थः श्रोत्रियं ब्रह्मनिष्ठनम् अर्थात् उस नित्य आत्मतत्व को जानने के लिए श्रोत्रिय ब्रह्मनिष्ठ गुरु के पास जाना चाहिए। नान्यपंथा विधतेऽयनाय अर्थात् विद्या प्राप्त करने का दूसरा कोई रास्ता नहीं। उपनिषद निरन्तर इस जिज्ञासा को अभिव्यक्त करते हैं कि वह विद्या क्या है जिसका ज्ञान हो जाने पर शेष सब कुछ स्वतः ज्ञात हो जाता है। श्वेताश्वर उपनिषद उत्तर देता है– ब्रह्मत्व के ज्ञान से अमृतत्व की प्राप्ति। इस ब्रह्म को जानने वाला ही मुक्त पुरुष है। 'ब्रह्मसत्य जगत मिथ्या' के प्रतिपादक अद्वैतवेदान्ती शंकराचार्य के लिए शिक्षा आत्मानुभूति अथवा आत्मसाक्षात्कार का माध्यम थी।

यही शिक्षा दृष्टि नवजागरण के चिन्तकों का आदर्श रही। अरविन्द ने शिक्षा को अपनी आत्मा के भीतर की सर्वोत्कृष्ट शक्तियों को बाहर निकालने वाली प्रक्रिया बताया। उनका अतिमानस व एकात्म योग की अवधारणा इसी समझ की द्योतक है। रवीन्द्रनाथ ठाकुर के मत में यदि कोई भारतीय आत्मा को समझना चाहता है तो उसे विवेकानन्द के जीवन का अध्ययन करना चाहिए जिसकी शिक्षा व दर्शन का सम्बन्ध आध्यात्मिक अनुभूति से है। हमारा उद्देश्य यह होना चाहिए कि ईश्वर से आध्यात्मिक सम्बन्ध स्थापित करने के लिए विद्यालयों में प्रचुर साधन व अवसर जुटाएँ। अनन्त की गम्भीर चेतना से रहित जीवन जिस स्वतन्त्रता का सृजन करता है वह दिखावटी ही होता है।

राधाकृष्णन की शिक्षा सम्बन्धी दृष्टि उनकी पुस्तक *हिन्दू व्यू ऑफ लाइफ* में देखी जा सकती है। जहाँ राधाकृष्णन कहते हैं : "हम युद्ध में विजय प्राप्त करने वाले का जितना सम्मान करते हैं उससे कहीं अधिक सम्मान ऐसे व्यक्ति का करते हैं जो चिन्तन-मनन द्वारा अपने मनोभावों और क्षुधाओं पर पूर्ण नियन्त्रण प्राप्त कर लेता है। भारतीय शिक्षा का उद्देश्य इसी आत्मन् विद्धि अर्थात् आत्मा को जानो, का संज्ञानात्मक माध्यम है।"

बालगंगाधर तिलक ने धार्मिक शिक्षा को कर्तव्यपरायणता का पर्याय बताते

हुए कहा : वे मनुष्य जो कि यह विचार विकसित करते हैं कि धर्म शिक्षा में एक निरर्थक व हास्यास्पद तथ्य है, बाद में कर्तव्यपरायणता में अपूर्ण पाये हैं। विवेकानन्द के लिए शिक्षा मानव में पहले से विद्यमान पूर्णता की अभिव्यक्ति का माध्यम रही है। गाँधी *हिन्द स्वराज* में मशीनी सभ्यता की आलोचना के माध्यम से जिस शिक्षा दृष्टि के पोषक रहे हैं वह परलोकवाद से ओतप्रोत रही है, वे लिखते हैं : ''धार्मिक शिक्षा का प्रश्न बहुत कठिन है लेकिन हम इसके बिना रह भी नहीं सकते। भारत कभी भी ईश्वर के बिना नहीं रह सकता।''

भारतीय शिक्षा की ज्ञानात्मक पक्षधरता

ब्रह्मवादी शिक्षा की प्रमाण मीमांसा स्वाभाविक रूप से श्रद्धा, आस्था व विश्वासपरक ही हो सकती है जो मनुष्य को अपनी परिवेशीय जीवन स्थितियों के साथ सकारात्मक अन्तःक्रियात्मक एवं द्वन्द्वात्मक सम्बन्ध स्थापित करते हुए ज्ञान प्राप्त करने की वस्तुनिष्ठ पद्धति को खारिज कर निहायत मनोवाद में ले जाती है। बृहदारण्यक उपनिषद विद्या की प्राप्ति के सम्बन्ध में कहता है : आत्मा वाऽरे द्रष्टव्य : श्रोतव्यो, मन्तव्यो, निदिध्यासि तत्वः अर्थात् इस आत्मा को देखना, सुनना और मनन करना चाहिए और निदिध्यासन द्वारा इसका साक्षात्कार करना चाहिए। गीता के तीन योग, जैन दर्शन के त्रिरत्न, बौद्ध दर्शन के अष्टांग मार्ग, योग के अष्टांग योग, वेदांत के इहाभूत्रार्थ भोग विराग रामानुज की भक्ति और प्रपति, शंकराचार्य का आत्मनज्ञान दिखाते हैं कि मुख्यधारा के भारतीय चिन्तकों के अनुसार शिक्षा प्राप्ति के लिए अन्दर की यात्रा की जाये। यथार्थ का ज्ञान, मनन, चिन्तन, प्रेक्षाध्यान, विपश्यना एवं एकात्मयोग जैसी आत्मनिष्ठ विद्याओं से ही हो सकता है। 'तर्क से घृणा और आस्था से प्रेम' हमारी मूल्यपरक शिक्षा की अस्तित्वगत आवश्यकता रही है। तर्कशक्ति जो चेतना की वास्तविक रचनात्मक सम्भावनाओं को मूर्तरूप देती है, अपनी मूल भावना में ही वस्तुपरक वैज्ञानिक ज्ञानमीमांसा का पक्ष-पोषण करती है, जिसकी व्यावहारिक परिणिति पदार्थ की यथार्थता को सप्रमाण स्थापित करने में होती है। किन्तु वादे वादे जायते तत्वबोध के सिद्धान्तकारों ने व्यवहार में तर्क करने वालों को असुर तथा वितण्डावादी कहकर सामाजिक जीवन से बहिष्कृत कर दिया। 'यज्ञो वै श्रेष्ठतम कर्म' के पोषक आदर्श शिक्षकों ने अपनी पूरी ऊर्जा के साथ जहाँ तक हो सका, तार्किक चिन्तन को बेहतर मानवतापरक समाज के निर्माण के लिए अपर्याप्त घोषित कर उससे परहेज करने पर बल दिया। गीता 'सन्देह', जो तर्कवाद का प्रारम्भिक सोपान है, की निन्दा करती है—अज्ञश्च अश्रद्धानश्च संशयात्मा विनश्यति। नायं लोको अस्ति

न परो न सुखं संशयात्मनः... (4-40) अर्थात् अज्ञानी, श्रद्धा न करने वाला और संशय करने वाला नष्ट हो जाता है। उसके लिए इस दुनिया में भी जगह नहीं है, न ही दूसरी दुनिया का सुख वह पाएगा। जहाँ ऐसा सम्भव नहीं हुआ वहाँ तर्क और तथ्यों को ब्रह्मवाद की सेवा में लगा दिया (उपनिषद)। युक्तिवाद घोर त्याज्य एवं निन्दनीय बना दिया गया। किन्तु श्रुति सम्मत तर्क मान्य रहे। मनु स्मृति कहती है–श्रुतिस्तु वेदो विज्ञेया धर्मशास्त्रं तु वै स्मृति ते सर्वाथिष्वमीमांस्ये ताभ्या धर्मो हिनिर्वभौ स साधुभिर्बहिष्कार्यो नास्तिको वेदनिन्दकः अर्थात् श्रुति से वेद का बोध होता है और स्मृति से विधि संहिताओं का। ये दोनों धर्म के स्रोत हैं, इसलिए प्रतिकूल युक्तियों द्वारा इनका मूल्यांकन नहीं किया जाना चाहिए। तर्कशास्त्र में अधिक आस्था रखने वाला जो व्यक्ति वेदों और धर्मशास्त्रों की उपेक्षा करता है, उसे नास्तिक माना जाना चाहिए और उसे जाति बहिष्कृत कर देना चाहिए। हमारे ब्रह्मवादी आचार्य लौकिकता से डरते रहे हैं। इनका आयुर्वेदाचार्यों एवं चार्वाकों के साथ रहा व्यवहार इसका प्रमाण है। अनुभव के तर्कसंगत विश्लेषण से भी वह भयभीत होता है। पदार्थ आधारित लौकिकता को स्वीकारने का अर्थ ब्रह्मवादी शिक्षा को नकारना है। ब्राह्मण को ही ब्रह्म बना देने वाले शिक्षातंत्र के वैचारिक कर्मयोगियों के लिए भौतिकवाद गम्भीर चुनौती खड़ी करता है इसलिए चातुर्वर्ण्य शिक्षा तन्त्र भौतिक जगत की यथार्थता को विस्मृत कल्पना के रूप में दिखाने की कोशिश करता रहा है। याज्ञवल्क्य के अनुसार : 'परोक्ष प्रिया इव हि देवाः प्रत्यक्ष द्विषः' यानी देवगण परोक्ष प्रिय होते हैं उन्हें प्रत्यक्ष ज्ञान पसन्द नहीं है। यथार्थ केवल चेतना पुंज है। इसे न तो सामान्य ज्ञानेन्द्रियाँ ग्रहण कर सकती हैं और न सामान्य भाषा में इसका वर्णन किया जा सकता है। अनिर्वचनीय सत्ता को नेति-नेति से ही अभिहित किया जा सकता है।

ब्रह्मवादी शिक्षा की सामाजिक नियति

ब्रह्मवादी शिक्षा वर्णाश्रम सामाजिक व्यवस्था की उत्पाद थी। 'द्विज' और 'शूद्र' के रूप में मानव-मानव के बीच श्रेष्ठता-हीनता, सर्वोच्चता-अधीनता, अधिकार-अधिकारहीनता जैसी विषमतामूलक सामाजिक स्थितियों की पोषक चातुर्वर्ण्य व्यवस्था को एक ऐसे शिक्षातंत्र की दरकार रही है जो न केवल 'विचार और कर्म' को पृथक कर दे अपितु श्रम पर विचार की प्रभुता को भी स्थापित कर दे। यह कार्य ब्रह्मवादी शिक्षा ही कर सकती है। ब्रह्मवादी शिक्षा जिस मानसिक यूटोपिया में सैर करवाती है उसमें व्यक्ति अपनी असली एवं बुनियादी स्वाधीनता के सवाल व्यवस्था से करने की दृष्टि खो देता है। उसे एक ऐसे छद्म या आभासी दुनिया

में जीने के लिए राजी या विवश कर दिया जाता है जिसके आवरण के चलते उसे यह पता ही न चले कि उसके साथ क्या और कैसी व्यवस्थागत जकड़न, बन्धन व विवशता है। प्रकृति, समाज, इतिहास, संस्कृति एवं विकास को किसी 'चैतन्य' की ही स्थूल अभिव्यक्ति मानने वाली भाववादी जीवनदृष्टि वस्तुओं, घटनाओं एवं प्रक्रियाओं को परस्पर अन्तःसम्बन्धित न मानकर उन्हें अलग-थलग और एकांगी दृष्टि से देखने का नजरिया विकसित करती है। ऐसा खण्डित मनोगत नजरिया प्राकृतिक, सामाजिक एवं वैचारिक स्थितियों में बदलाव के कारण उनके द्वन्द्व त्मक चरित्र में ढूँढ़ने की दृष्टि को तिरोहित कर किसी आत्मिक शक्ति के बाह्य प्रकटीकरण के रूप में पेश करती है। यह जीवनदृष्टि यथास्थितिवाद का मार्ग प्रशस्त करती है जो सत्ता के लिए संजीवनी का कार्य करती है।

सिद्धान्त में 'वसुधैव कुटुम्बकम्' को आदर्श मानने वाला चातुर्वर्ण्य शिक्षातंत्र बहुसंख्यक जनगण को पशु से भी बदतर जीवन जीने को अभिशप्त करता रहा है। 'जैविकीय भिन्नता' को 'सामाजिक विषमता' में बदलने का विधान गढ़ने वाले और मनुष्य की क्षमता और योग्यता को एक ही सिद्ध करने वाली सामन्ती सत्ता के लिए शिक्षा जनता की वैचारिक गुलामी का अस्त्र रही है। चातुर्वर्ण्य सामाजिक व्यवस्था को ईश्वरीय न्याय और दिव्य जीवन का पर्याय मानने वाले राम, शम्बूक का वध तो कर सकते हैं किन्तु उसे शिक्षा का अधिकार नहीं दे सकते। आदर्श शिक्षक द्रोणाचार्य एकलव्य का अँगूठा तो ले सकते हैं किन्तु उसे अपना शिष्य नहीं बना सकते। जहाँ राम शस्त्र-विद्या के श्रेष्ठ गुरु विश्वामित्र के सामने विद्यार्जन की पात्रता सिद्ध करने हेतु एक बाण से ताड़का महिला का वध करते हैं और गुरु प्रसन्न होते हैं। वस्तुतः तथाकथित मूल्यपरक शिक्षा पुरोहितवाद का वैचारिक सुरक्षा कवच रही है। जहाँ अम्बेडकर, सावित्री बाई फुले बनने के तमाम रास्ते सख्ती से बन्द हैं। जिसके चलते व्यक्ति अपने उपनयन संस्कार के बिना शिक्षा प्राप्त करने का अधिकारी नहीं बन सकता और उपनयन संस्कार केवल द्विज का ही हो सकता है। शंकराचार्य ब्रह्मसूत्र भाष्य में कहते हैं : शूद्र व महिला को प्रज्ञा का अधिकार नहीं है। 'ज्ञान हि मनुष्य नेत्र तृतीयम्' ज्ञान के बिना जीवन व्यर्थ समझने वाली उदार, सहिष्णु शिक्षा के वाहक स्मृतिकार व्यवहार में श्रमजीवी जन के कान में वेदवाक्य सुनने पर गर्म तेल डाल देने के कानून बनाते रहे।। मैकॉले की शिक्षा के प्रति दलित समुदाय के कृतज्ञभाव की जड़ें यही हैं। अंग्रेजीराज ने चातुर्वर्ण्य शिक्षातंत्र की जातीय जकड़न को तोड़कर जिस गतिशीलता को सम्भव बनाया उसने दलितों को शिक्षा के अवसर प्रदान किये। मैकॉले ने वर्णीय अन्याय व अमानवीयता से त्रस्त श्रमजीवी जनता को

जहाँ अम्बेडकर बनने का अवसर प्रदान किया वहीं सहिष्णुता की पोषक भारतीय शिक्षा ने शम्बूक, जाबाल व एकलव्य बनने को मजबूर किया।

शिक्षा के क्षेत्र में जाति, धर्म, वर्ण और वर्ग से परे मैकॉले की शिक्षा ने समानता, स्वतन्त्रता, धर्मनिरपेक्षता जैसे जनतांत्रिक मूल्यों को पनपने व फैलने का सामाजिक यथार्थ तैयार किया। (भले ही अपनी सत्ता सम्बन्धी जरूरतों के चलते) किन्तु नैतिकतामूलक भारतीय शिक्षा में सीढ़ीनुमा स्तरभेद वाली चातुर्वर्ण्याश्रम व्यवस्था के लिए समानता, स्वतन्त्रता व समता परलोक की चीजें बनी रही।

ब्रह्मवादी शिक्षा अपने वास्तविक सामाजिक चरित्र में सवर्ण ताकतों के लिए दमनात्मक व्यवस्था को सुदृढ़ बनाने का शैक्षिक अस्त्र रही है। इसलिए व्यावहारिकता, हमारी जरूरत के अनुसार शिक्षा, चरित्र निर्माण वाली शिक्षा, राष्ट्रप्रेम एवं सहिष्णु शिक्षा के नाम पर प्रतिक्रियावादी दक्षिणपन्थी शक्तियाँ जिस गुरुकुलीय शिक्षा को स्थापित करने की कोशिश कर रही हैं, उसे सिरे से खारिज करने की दरकार है।

वर्तमान में शिक्षा जगत में अंग्रेजी भाषा का बढ़ता वर्चस्व व प्रतिष्ठा, स्थानीय भाषाओं का सिकुड़ता दायरा, शिक्षा में उपेक्षित होते सामाजिक सरोकार, स्वतन्त्रता के नाम पर सघन होती आत्मकेन्द्रित सोच, शिक्षा का निजीकरण, शिक्षा की सत्तापरक उद्देश्यात्मकता, महज कुशल मजदूर पैदा करने का माध्यम, महँगी शिक्षा के चलते आमजन का छीनता जा रहा शिक्षा का अधिकार, सामाजिक विषयों को हाशिये पर धकेलकर केवल तकनीकी व प्रबन्धकीय शिक्षा पर बल, जैसे शिक्षा पर छाये तमाम संकटों का विकल्प तथाकथित आदर्श भारतीय शिक्षा नहीं अपितु इसके मूल में काम कर रही पूँजीवादी बाजारी शक्तियों के शोषणकारी चरित्र को समझ कर उसके साथ मुठभेड़ करना है। मनुष्य के पहले मुनाफा, समाज से पहले बाजार, आवश्यकता से पहले लाभ जैसे विकासदर्शन पर काम करने वाले बाजारी तन्त्र के लिए शिक्षा बेहतर प्रबन्धन व उत्पादन हेतु केवल कुशल मजदूर तैयार करने का माध्यम व मुनाफा कमाने वाला उद्योग भर है। जहाँ शिक्षा का स्वरूप व दिशा के निर्धारक व नियामक शिक्षाविद् नहीं अपितु बिड़ला-अम्बानी जैसे पूँजीपति हैं जिनको नकारना बेहद जरूरी है।

जिसके लिए हमें जनता में यह समझ विकसित करनी होगी कि शिक्षा 'व्यवस्था' निरपेक्ष स्वायत्त विषय न होकर उनके साथ अन्तर्निर्भर व अन्तःसापेक्षित सम्बन्धों से नियंत्रित रहती है और जनता की वैचारिक ताकत बनने वाली शिक्षा समतामूलक मानवतावादी सामाजिक व्यवस्था का ही उत्पाद हो सकती है। इसलिए, 'कुछ व्यक्तियों' की बजाय 'मानवमात्र' के लिए कल्याणकारी शिक्षा के

लिए संघर्ष दरअसल ऐसी व्यवस्था के निर्माण के लिए संघर्ष है जहाँ व्यक्ति की पहचान व परिभाषा इनसान के रूप में होगी जहाँ उसका जीवन अपने आप में साध्य होगा, सत्ता का माध्यम भर नहीं।

शिक्षा पर संकट अपने मूल चरित्र में वस्तुतः जनविरोधी व्यवस्था का संकट है। सामन्ती, पूँजीवादी एवं साम्राज्यवादी शक्तियों का गठजोड़ इस संकट को और गहरा व सघन कर रहा है। जिसके खिलाफ बेहतर दुनिया के निर्माण का सपना लेकर चलने वाली सामाजिक ताकतों को चाहिए कि वे अपने कार्यक्रमों व योजनाओं में न केवल दक्षिणपन्थी आदर्श शिक्षा के प्रतिक्रियावादी चरित्र को जनता के सामने लाये अपितु पूँजीवादी लूटतन्त्र का माध्यम बना दी गयी शिक्षा के सत्ता स्वरूप को भी उद्घाटित करे। ताकि जनता वर्णीय सामन्ती मकड़जाल की पोषक प्राचीन भारतीय शिक्षा एवं बिड़ला, अम्बानी जैसे भारतीय मैकॉलों के कारण शिक्षा पर छाये संकटों के मूल सत्तासूत्रों की तलाश करने की दृष्टि विकसित कर सके। यही दृष्टि तमाम तरह के संभ्रमों से मुक्त कर जनता को इस चेतना से लैस करने की क्षमती रखती है कि शिक्षा पर संकट रोग नहीं, रोग का लक्षण है। रोग जनविरोधी सामाजिक व्यवस्था है। जिसके लिए सामाजिक व सांस्कृतिक जनआन्दोलनों को खड़ा कर संघर्ष करना अपरिहार्य है।

मैकॉले एवं आधुनिक शिक्षा पद्धति

श्रीश चौधरी

थॉमस बेबिंग्टन मैकॉले (1800-1859) ने भारतीय शिक्षा एवं संस्कृति को जितना गलत समझा, एवं तथापि उनके विचारों ने आधुनिक भारतीय शिक्षा पद्धति को जितना प्रभावित किया प्रायः उतना और किसी अभारतीय चिन्तक ने नहीं किया है। साथ ही यह भी कहा जाना चाहिए कि स्वार्थहीन अभिप्रायों के बावजूद भी भारत में जितना गलत मैकॉले को समझा गया है उतना प्रायः किसी अन्य अभारतीय को नहीं। आधुनिक शिक्षा पद्धति की सारी कमियों के लिए मैकॉले को जिम्मेदार माना जाता है, जबकि यदि इस पद्धति में कुछ भी अच्छा हो तो उसका श्रेय मैकॉले तक नहीं पहुँचता है। हम यह कहते तो नहीं थकते हैं कि व्यक्तित्वहीन बाबुओं की जो फौज आज भारत में खड़ी दिखाई देती है वह मैकॉले की शिक्षा पद्धति की देन है, परन्तु हम यह कभी नहीं कहते हैं कि भारत की शक्तिशाली फौज भी, जिसने भारत को आज़ादी दिलाई थी इसी शिक्षा पद्धति की एक देन थी। अनेक लोगों ने मैकॉले की टिप्पणियाँ/प्रस्ताव देखें भी नहीं हैं, फिर भी वे पूर्वाग्रहयुक्त बातें कहते रहते हैं। मैकॉले के उन ऐतिहासिक प्रस्तावों को आये एवं लागू हुए लगभग 170 वर्ष हो रहे हैं। एक बार उन्हें फिर से देखने तथा उनके मूल्यांकन की आवश्यकता है। इन प्रस्तावों में से जहाँ-तहाँ से निकाले हुए वाक्यों को काफी कुख्याति मिल चुकी है, उन्हें समेकित सन्दर्भ में देखने की आवश्यकता है।

मैकॉले निम्न-मध्यम वर्गीय परिवार में पैदा हुए थे, एवं अभाव तथा गरीबी की कम से कम एक झलक तो उन्होंने देखी ही थी। वह अच्छे विद्यार्थी भी थे, तथा केम्ब्रिज विश्वविद्यालय में उन्होंने प्राचीन यूरोपियन साहित्य, इतिहास एवं अर्थशास्त्र का अध्ययन भी किया था। वहीं वे उस समय के प्रख्यात अर्थशास्त्री जेरेमी बेन्थम के प्रभाव में भी आये। बाद में उन्होंने कानून की डिग्री भी ली तथा मात्र 33 वर्ष की आयु में ईस्ट इंडिया कम्पनी की सेवा में वह काफी ऊँचे

पद पर, कम्पनी में भारतीय गवर्नर जनरल की काउंसिल के कानून-सदस्य, आज की भाषा में कानून मंत्री बनकर कलकत्ता आये। वहाँ उनकी मुलाकात कम्पनी के तत्कालीन गवर्नर जनरल विलियम बेंटिक से हुई। बेंटिक स्वयं बेन्थम के शिष्य रह चुके थे। बल्कि इंग्लैण्ड से कलकत्ता आकर अपना पद ग्रहण करने के पहले, बेंटिक अपने गुरु से मिले थे तथा उनको वचन दिया था कि कम्पनी की धर्म-निरपेक्षता की नीति के बावजूद वह ईसाइयत के प्रचार-प्रसार के लिए यथा सम्भव प्रयास करेंगे। साथ ही, उन्होंने यह भी कहा था कि भारत में गरीबी हटाने, कम करने के लिए भी वह यथासम्भव प्रयास करेंगे।

जेरेमी बेन्थम एवं उनके दर्शन में विश्वास करने वाले लोगों को सामान्यतया 'बेन्थमाइट' अथवा 'युटीलिटेरियन' भी कहा जाता है। संक्षेप में कहें तो इनका मानना था कि "अधिकतम लोगों में अधिकतम प्रसन्नता (Greatest happiness of the greatest number)" ही सरकार की नीतियों का आधार हो। यद्यपि बेन्थम ने यह नहीं कहा, या इसकी व्याख्या नहीं की, कि 'प्रसन्नता' क्या है, इसकी परिभाषा क्या हो। अनेकों लोगों को मन्दिर जाने से आनन्द आता है, एवं अन्य अनेक को 'मधुशाला' जाने से। कइयों को कविता पाठ में मज़ा आता है, और करोड़ों लोग सिनेमा देखना ही आनन्द की उच्चतम सीमा मानते हैं। इसमें विवाद हो सकता है, एवं जेम्स मिल ने इसी आधार पर बेन्थम के दर्शन की आलोचना भी की थी। परन्तु मोटेतौर पर इस दर्शन का अर्थ ऐसा माना गया था कि सरकार को ऐसी नीतियाँ बनानी चाहिए जिससे लोगों को रोजी-रोटी मिले, सरकारी साधनों का समुचित तथा सार्थक उपयोग हो। मन्दिर या चर्च बनाने से अच्छा काम सरकारी धन की उपयोगिता, स्कूल, अस्पताल या बस अड्डा बनाना है। इसीलिए इन्हें 'युटीलिटेरियन', उपयोगितावादी भी कहते हैं। दार्शनिक एवं राजनीतिक यथार्थ जो भी हो, आज तक जैसा समाज एवं चिन्तकों के कुछ वर्ग पर मार्क्स का प्रभाव है, इसी तरह उन्नीसवीं-बीसवीं शताब्दी में बेन्थम का प्रभाव था, और इस प्रभाव ने भारत में ईस्ट इंडिया कम्पनी की नीतियों एवं प्रशासन को गहराई से प्रभावित किया था।

1833 में मैकॉले कलकत्ता आये। कलकत्ता, तत्कालीन कम्पनी प्रशासित भारतीय साम्राज्य की राजधानी थी। यहाँ गवर्नर जनरल रहता था, मद्रास तथा बम्बई में गवर्नर रहते थे। उस समय तक कम्पनी मेरठ से लेकर कलकत्ता होते हुए सम्पूर्ण पूर्वोत्तर भारत, सम्पूर्ण पूर्वीतट तथा पश्चिम में अरब सागर तट के अधिकांश भाग पर कब्ज़ा जमा चुकी थी। पंजाब का एक भाग, कई टुकड़ों में बँटा राजपूताना-कच्छ-गुजरात, मैसूर, हैदराबाद को छोड़कर मध्य भारत में भी

अंग्रेज अपने पाँव जमा चुके थे। कहने को वे मुगलों के नाम पर मालगुजारी वसूल रहे थे, परन्तु अब दिल्ली से ज्यादा महत्त्वपूर्ण शहर कलकत्ता हो गया था, मुगलों की फ़ौज से अधिक कारगर परन्तु अधिक बड़ी नहीं, कम्पनी की फ़ौज हो गयी थी, यहाँ तक कि ब्रिटिश भारत का सर्वोच्च न्यायालय भी कलकत्ता में ही स्थापित किया गया था। उस समय की एक लोकप्रिय कहावत थी "खल्क खुदा का, मुल्क बादशाह का, हुकुम कम्पनी बहादुर का" या मुगलों का उपहास अब आम जनता में यह कहकर किया जाता था कि "हिन्दुस्तान का शाह आलम, लाल किले से पालम"। भारत में ब्रिटिश साम्राज्य एक स्थापित तथ्य, सत्य था। पंजाब को छोड़कर और जो भी जहाँ भी राजा-नवाब थे वे इनकी दया से थे। वैसे ही अपवाद गोवा में पुर्तगाली तथा पोण्डिचरी तथा चन्दरनगर में फ्रांसिसी थे।

ऐसे समय में ब्रिटेन की संसद ने 1813 में एक कानून बनाया कि कम्पनी को अपने मुनाफे का एक भाग, जो कि सालाना लाख रुपये से कम नहीं होगा, प्रति वर्ष भारत के लोगों की 'शिक्षा' पर खर्च करना होगा। 1813 के इसी चार्टर एक्ट ने पहली बार कम्पनी के अधिकृत भारत में तथा कम्पनी के जहाजों पर ईसाई पादरियों को आने, रहने तथा ईसाइयत के प्रचार की अनुमति भी दी थी।

परन्तु चूँकि 'शिक्षा' के अर्थ की व्याख्या नहीं की गयी थी इसीलिए कम्पनी में जैसा 1813 तक किया था वैसी ही यथास्थिति बाकी नीति चलायी, संस्कृत तथा फारसी शिक्षा के लिए कलकत्ता, बनारस तथा दिल्ली में संस्थाएँ खुली थीं। परन्तु शिक्षा के नाम पर कम्पनी के पास काफी पैसे इकट्ठे हो गये थे, तथा खर्च नहीं हो रहे थे। 1823 में गवर्नर जनरल लार्ड एमहर्स्ट ने जब कलकत्ता में एक नयी पाठशाला खोलने की बात की तो कलकत्ता तथा तत्कालीन ब्रिटिश भारत में अंग्रेजी शिक्षा के समर्थक वर्ग की ओर से राजा राममोहन राय ने लार्ड एमहर्स्ट को भारत में अंग्रेजी शिक्षा आरम्भ करने का अनुरोध करते हुए एक लम्बा पत्र लिखा था।

यद्यपि राजा राममोहन राय के आग्रह को अस्वीकार कर दिया गया, तथा कलकत्ता में एक नया संस्कृत विद्यालय खोला गया, परन्तु राजा राममोहन राय का पत्र कम्पनी के बोर्ड के विचारार्थ लन्दन भेज दिया गया। इस पत्र पर विचार करने के लिए लन्दन में कम्पनी ने भारत की समस्याओं के अनुभवी-परिचित लोगों की दो समितियाँ बनायीं और उनकी राय माँगी। दोनों ही समितियों ने भारत में अंग्रेजी भाषा एवं विज्ञान की शिक्षा में पैसे लगाने की सिफारिश की तथा इस आशय का पत्र 1830 के मध्य तक गवर्नर जनरल के पास भारत पहुँच भी गया था। तथापि यहाँ इस पर कोई कार्यवाही नहीं हुई।

वस्तुतः भारत में नीति बनाने वाले उच्च पदस्थ अंग्रेज़ इस विषय पर उस समय दो खेमों में बँटे थे। जब से भारत में शिक्षा पर खर्च करने के लिए कम्पनी ने पैसे अलग रखने की नीति बनाई, उसके बाद ही कम्पनी के उच्च पदस्थ अधिकारियों की कमिटी फोर पब्लिक इन्स्ट्रक्शन (सी पी आई) के नाम से एक सलाहकार समिति भी बनाई गयी थी। समिति के अधिकांश सदस्य भारत में चल रही शिक्षा को भारत के उपयुक्त मानते थे तथा उसी को चलाने एवं उसके समर्थन के पक्ष में थे, हालाँकि संस्कृत-फारसी पाठशाला में इन्होंने अंग्रेजी भाषा साहित्य की पढ़ाई भी शुरू करायी थी। परन्तु कुछ अधिकारी इसे कम्पनी के साधन का दुरुपयोग मानते थे तथा अंग्रेजी शिक्षा लाना चाहते थे।

मैकॉले को भारत का कोई विशेष ज्ञान नहीं था। वह संस्कृत या फारसी भी नहीं जानते थे। वह तो कानून मंत्री थे और कम्पनी को भारत परक दंड संहिता, नागरिक संहिता, न्याय प्रक्रिया आदि के गठन एवं स्थापना में सहायता करने भारत आये थे। अच्छी अंग्रेजी लिखते बोलते थे, निर्भय थे एवं लार्ड बेंटिक के गुरु भाई थे, और इसीलिए सी पी आई की बैठकों में भी आमंत्रित होते थे। परन्तु 1833 से 1835 में भारत में रहते हुए एवं सी पी आई की बैठकों में भाग लेते हुए उन्होंने भारत तथा यहाँ के लिए उपयुक्त एक 'आधुनिक' शिक्षा प्रणाली के लिए अपने मन में कुछ धारणाएँ बनायीं, एवं इसी आधार पर इन्होंने 1834 में लार्ड बेंटिक को भारत में शिक्षा कैसी हो, इस विषय पर एक लम्बा प्रस्ताव लिख भेजा। बेंटिक ने अपने विशेषाधिकारों का प्रयोग करते हुए बिना सी पी आई अथवा अपने काउन्सिल की मीटिंग बुलाए हुए, मैकॉले के प्रस्ताव के आधार पर ही घोषणा कर दी कि अब से कम्पनी अंग्रेजी भाषा एवं साहित्य तथा इस माध्यम से यूरोपियन विज्ञान पढ़ाने वाली संस्थाओं को ही आर्थिक सहायता देगी।

मैकॉले ने क्या लिखा था?

उन दिनों टाइप राइटर नहीं था, कम्प्यूटर नहीं था। छापाखाना आदि थे, परन्तु अधिकतर पत्र एवं व्यापारिक-सरकारी कार्य हस्तलिखित ही होते थे। दवात में स्याही होती थी जिसमें कलम डुबो-डुबो कर जितना भी चाहो लिखते थे। फाउण्टेन पेन, या झरने सी स्वतः स्याही देने वाली कलम भी तब तक नहीं बनी थी। वैसी डुबो-डुबो कर लिखने वाली कलम से मैकॉले ने 14 साइज की 100 से अधिक पृष्ठों में बत्तीस छोटे-बड़े पैराग्राफों में अपना प्रस्ताव लिखा था। आज की किताबों एवं अक्षरों की साइज में भी यह पूरा प्रस्ताव करीब बीस पृष्ठ ले लेता है। इस पूरे दस्तावेज़ को दो एक पृष्ठों में समेट लेना कठिन काम है, परन्तु इन्हें

मैंने जैसा समझा है, निम्नांकित पंक्तियों में उनके अधिक महत्त्वपूर्ण अंशों को संक्षेप में, हिन्दी अनुवाद में प्रस्तुत कर रहा हूँ। बायें हाशिये पर दी गयी संख्याएँ मैकॉले के पैराग्राफ की संख्या दिखाती हैं। ईस्ट इंडिया कम्पनी के अधिकारी उन दिनों लम्बा प्रस्ताव या लेख ऐसे ही लिखते थे।

2. देश में साहित्य एवं विद्या के विकास के लिए तथा ज्ञान-विज्ञान के शुभारम्भ एवं तरक्की के लिए एक राशि निर्धारित की गयी है।

3. ध्यान देने की बात है कि सिर्फ 'विद्या एवं साहित्य के विकास के लिए' ही नहीं, बल्कि 'ज्ञान-विज्ञान के शुभारम्भ एवं तरक्की के लिए' भी 1813 के इस विधेयक में प्रावधान किया गया है।

4. प्रश्न यह है कि इस राशि का श्रेष्ठतम उपयोग कैसे हो?

5. इस बात से सभी लोग सहमत हैं कि भारत की आधुनिक भाषाओं में साहित्य तथा विज्ञान दोनों का अभाव है। जो लोग इस अभाव को दूर करना भी चाहते हैं वे भी जब तक कहीं किसी अन्य भाषा से स्वयं ऐसा ज्ञान-विज्ञान नहीं अर्जित करते हैं, अपनी भाषा को समृद्ध नहीं कर पायेंगे।

9. मूल प्रश्न यह है कि वह कौन सी भाषा हो—अरबी एवं संस्कृत या अंग्रेजी?

10. मैं अरबी या संस्कृत नहीं जानता हूँ। लेकिन मैंने इनके साहित्य एवं शास्त्रों के सही मूल्यांकन के लिए जो भी करना चाहिए वह किया है। मैंने इनके अंग्रेजी अनुवाद देखे हैं। मेरे मित्रों ने जो इन भाषाओं तथा इसके साहित्य एवं शास्त्रों के जानकार हैं उनसे मैंने इस विषय पर चर्चा-परिचर्चा भी की है तथा इन शास्त्रों का, इनके साहित्य का मेरे ये मित्र जैसा मूल्यीकरण करते हैं मैं बिना विवाद उसे मानने को भी तैयार हूँ। तथापि मुझे ऐसा आधार नहीं मिला है जिससे कि मैं अपना निष्कर्ष बदल सकूँ—मुझे तो यही लगता है कि सम्पूर्ण भारतीय तथा अरबी साहित्य एवं वाङ्मय मिलकर भी किसी अच्छे यूरोपियन पुस्तकालय के एक तख्ते पर भी रखी सारी किताबों से अधिक महत्त्वपूर्ण नहीं है।

11. और जब हम कल्पना-जन्य साहित्य के क्षेत्र से निकल कर तथ्य-परक साहित्य के क्षेत्र में आते हैं तो यूरोपियन साहित्य निःसन्देह आकलन के परे दिखता है।

12. हमारी भाषा के वर्चस्व का वर्णन निरर्थक प्रतीत होता है। जो भी यह भाषा जानता है उसे पिछली नब्बे पीढ़ियों में अर्जित-सृजित मनुष्य के सम्पूर्ण साहित्य का भण्डार स्वतः मिल जाता है। आज भारत में जितनी विदेशी भाषाएँ उपलब्ध हैं, अंग्रेजी उन सबों से अधिक समृद्ध एवं उपयोगी है।

13. भारत का चिकित्सा शास्त्र जादू-टोने का शास्त्र है, यहाँ का ज्योतिष शास्त्र किसी भी अंग्रेज़ी कन्या पाठशाला की लड़कियों के लिए भी परिहासपद होगा, इतिहास यहाँ ऐसे राजाओं से भरे पड़े हैं जो 30 फीट से भी अधिक लम्बे थे तथा जिन्होंने 30 हजार वर्षों तक राज किया, एवं यहाँ का भूगोल दूध तथा मक्खन के समुद्रों में भरा पड़ा है।

17. कहा गया है कि हमें स्थानीय जनता की सहायता तथा सहानुभूति प्राप्त करनी चाहिए एवं ऐसा करना मात्र संस्कृत तथा अरबी शिक्षा से सम्भव है।

18. वस्तुतः अभी हम उनकी बौद्धिक रुचि की चिन्ता कर रहे हैं, उनके बौद्धिक स्वास्थ्य की नहीं। हम उन्हें अभी अविद्या सिखा रहे हैं।

19. संस्कृत तथा अरबी सिखाने के लिए हमें सीखने वालों को पैसे देने पड़ रहे हैं, जबकि अंग्रेजी सीखने वाले हमें ही पैसे दे रहे हैं।

20. हमारे अरबी पाठशाला में अभी 77 विद्यार्थी हैं तथा पिछले (दिसम्बर, 1833 के) महीने में हमने उन्हें 500/- रुपये भत्ते के तौर पर दिये हैं। जबकि इसी पाठशाला को अंग्रेजी कक्षाओं से 103/- रु. की आय इसी महीने में हुई है।

21. संसार में ऐसा कहीं नहीं देखा गया है कि जो काम रुचिकर एवं उपयोगी है, उसे करने के लिए पैसे दिये जा रहे हों। भारत भी इस नियम का अपवाद नहीं है। अभी भी गाँवों के बच्चों को जो थोड़ा सा गणित एवं थोड़ी सी भाषा वह सीखते हैं, उसे सीखने के लिए भत्ता नहीं मिलता है, उनके शिक्षक को यह सिखाने के लिए वेतन मिलता है। फिर हम संस्कृत तथा अरबी सीखने वालों को क्यों पैसे दे रहे हैं?

22. अभी हाल ही में संस्कृत पाठशाला के कुछ पुराने विद्यार्थियों ने समिति को आवेदन दिया था कि उनकी जीविका के लिए समिति कुछ प्रबन्ध करे। यदि पैसे देकर पढ़ा देने के बाद भी ये व्यक्ति जीविका के लिए सहायता की याचना कर रहे हैं तो इनकी शिक्षा की उपयोगिता निश्चय ही संदिग्ध है।

23. आज तक मैंने देखा है कि लोग क्षतिपूर्ति के लिए मुआवजे की माँग करते हैं। परन्तु यह पहला उदाहरण है जहाँ उपकार के लिए मुआवजा माँगा जा रहा है परन्तु सच पूछें तो जो पढ़ाई इन्होंने की है उससे इनकी क्षति ही हुई है। जीवन के अमूल्य वर्ष अर्थहीन अलाभकारी विद्या के अर्जन में नष्ट हुए हैं। अतः इनकी माँग जायज है।

25. समिति ने एक लाख से अधिक रुपये संस्कृत तथा अरबी पुस्तकों के प्रकाशन में व्यय किये हैं। परन्तु इन्हें खरीदने वाला कोई नहीं है। ये हमारे गोदामों की शोभा बढ़ा रही हैं। फिर भी समिति 20 हजार रुपये प्रतिवर्ष ऐसी ही अन्य पुस्तकों के प्रकाशन में व्यय कर रही है। पिछले तीन वर्षों में इन पुस्तकों पर हुए साठ हजार रुपये के व्यय पर एक हजार रु. भी वापस नहीं आया है। इसी अवधि में स्कूल बुक सोसायटी द्वारा प्रकाशित अंग्रेजी किताबों की आठ हजार से अधिक प्रतियाँ हर वर्ष बिकी हैं। इन किताबों पर लागत के साथ-साथ 20 प्रतिशत का मुनाफा भी आया है।

28. कई लोग यह मानते हैं कि भारत के लोगों को अंग्रेजी सिखाना असंभव होगा। परन्तु स्वयं इस शहर में भी कितने ही ऐसे लोग हैं जो अच्छी अंग्रेजी लिख-बोल सकते हैं, एवं अनेक वैज्ञानिक-राजनीतिक मुद्दों पर अंग्रेजी में अपने विचार प्रभावशाली ढंग से रख सकते हैं।

30. हमें हर सम्भव प्रयास करके एक ऐसे वर्ग का गठन करना चाहिए जो रक्त एवं वर्ण में भारतीय होगा, किन्तु रुचि में, बुद्धि एवं विचारों में अंग्रेज होगा। यही वर्ग हमारे विचारों को भारत के शेष लोगों तक पहुँचायेगा। और यह इसी वर्ग की जिम्मेदारी होगी कि वह अपनी भाषा साहित्य को ऐसा सुधारेगा कि उससे ज्ञान-विज्ञान की चर्चा, स्थापना की जा सके।

31. मैं यह विचार दूँगा कि संस्कृत तथा अरबी की पुस्तकों का प्रकाशन तुरन्त बन्द हो जाना चाहिए, मैं कलकत्ता के मदरसा तथा संस्कृत कॉलेज को तुरन्त बन्द करने की राय भी दूँगा। काशी संस्कृत विद्या का केन्द्र रहा है, इसी तरह दिल्ली में अरबी, ज्ञान-विज्ञान की पढ़ाई होती रही है। यदि हम यहाँ संस्कृत तथा अरबी कॉलेज बनाये रखते हैं तब भी इनके प्रति हम अपने कर्तव्य के निर्वाह से अधिक कर रहे होंगे। परन्तु आज के बाद यहाँ पढ़ने वाले किसी भी विद्यार्थी को कोई भत्ता नहीं मिलेगा। और इस प्रकार से बचे हुए पैसों को, हम कलकत्ता के हिन्दू कॉलेज तथा ब्रिटिश सीमा के भीतर अन्य बड़े शहरों के कॉलेजों में अंग्रेजी भाषा की समुचित पढ़ाई पर व्यय करेंगे। लोगों को यह विकल्प होगा कि वह संस्कृत-अरबी सीखें या अंग्रेजी सीखें, परन्तु जो वह नहीं सीखना चाहते हों उसे सीखने के लिए उन्हें रिश्वत नहीं दी जायेगी।

मैकॉले के इसी प्रस्ताव को गवर्नर जनरल विलियम बेंटिक ने अपने विशेषाधिकार से विधेयक में बदल दिया एवं यह अधिघोषणा 7 मार्च 1835 को की कि–

- भारत के वासियों में यूरोपियन साहित्य एवं विज्ञान का प्रचार-प्रसार अंग्रेजी सरकार का मुख्य उद्देश्य होना चाहिए और समिति के पास उपलब्ध सारा कोष अंग्रेजी शिक्षा के प्रचार-प्रसार मात्र में लगाया जायेगा।
- ऐसा ज्ञात हुआ है कि समिति ने प्राच्य साहित्य के प्रकाशन पर काफी रुपये व्यय किये हैं। आज के बाद ऐसे सभी व्यय बन्द हो जायेंगे।
- इस प्रकार समिति के पास जितने भी कोष उपलब्ध होंगे उन्हें भारत में अंग्रेजी साहित्य एवं विज्ञान की शिक्षा में लगाया जायेगा। समिति से आग्रह किया जाता है कि इस उद्देश्य की पूर्ति के लिए वह शीघ्र सरकार को एक प्रस्ताव भेजे।

भारत में अंग्रेजी शिक्षा को सरकारी समर्थन का युग इस दिन से शुरू हो गया।

लार्ड मैकॉले की अंग्रेज़ी शिक्षा और भारत का विकास

डॉ. धर्मवीर चंदेल

लार्ड मैकॉले ने गवर्नर जनरल के रूप में अंग्रेज़ी शिक्षा का प्रचलन भारत में कर यहाँ के लोगों को सोचने, समझने, जानने और विरोध करने की ताकत दी थी। अंग्रेज़ी शिक्षा के कारण ही, ना सिर्फ दुनिया के अन्य देशों में हो रहे नवजागरण की जानकारी भारत के अवाम को मिली बल्कि हिन्दुस्तान में अंग्रेज़ी शिक्षा का अध्ययन कर विद्यार्थी जब विदेशों में पढ़ने गये तो वहाँ पर गुलाम भारत की दुर्दशा का पता चलने पर वे शर्म से डूब गये। विदेशी धरती पर आजादी के महत्त्व का ज्ञान हुआ और उनके दिल में खुली हवा के सपने तैरने लगे। फ्रांस की राज्य क्रान्ति, अमेरिका का स्वतन्त्रता संग्राम और रूस की क्रान्ति ने उन्हें आज़ादी का झंड़ा लेकर चलने के लिए प्रेरित किया। हालाँकि, मैकॉले का अंग्रेज़ी शिक्षा शुरू करने के पीछे मुख्य ध्येय भारत में ऐसे अफसरों की पौध तैयार करना था, जो ब्रितानी हुकूमत की जड़ों को भारत में और गहरा कर सकें। अंग्रेजों ने अंग्रेज़ी शिक्षा का प्रसार अपने हितों को साधने के लिए किया था लेकिन कालान्तर में भारत के लिए यह वरदान साबित हुआ। आज भी भारत में बोली–भाषा की दृष्टि से जबरदस्त भिन्नता है। हर दस कोस पर व्यक्ति की भाषा बदल जाती है। भाषा की भिन्नता के चलते ही उस दौर में आन्दोलन परवान नहीं चढ़ पाते थे लेकिन जब सम्पर्क भाषा के रूप में अंग्रेज़ी सामने आयी तो उत्तर और दक्षिण भारत में बसे लोग अंग्रेज़ी के माध्यम से एक-दूसरे के विचारों को जानने व समझने लगे। विदेशी भाषा से लोगों को आधुनिक शिक्षा मिली। वे चिकित्सा और तकनीक के विकास में भागीदार बनने लगे। कानून का निर्माण अंग्रेज़ी में होने से भारतीयों को वास्तविक स्थिति का आकलन होने लगा। रॉलट एक्ट के विरोध में यदि देश की जनता सड़क पर उतरी तो इसके पीछे सबसे बड़ा कारण यह माना जा सकता है कि आंग्ल भाषा की जानकारी से उन्हें एक्ट की खामियों का पता चला। साइमन कमीशन की टीम में भारतीयों के नहीं होने की जानकारी

भी उन्हें आंग्ल भाषा से ही मिल पायी। स्वतन्त्रता सेनानियों ने अंग्रेज़ी भाषा में अनेक समाचार-पत्रों का प्रकाशन शुरू कर दिया। इससे देश में क्रान्ति की लहर सी उठने लगी।

अंग्रेज़ी पढ़े-लिखे होने के कारण ही राजा राममोहन राय ने उस दौर में अंग्रेज़ी शिक्षा को अनिवार्य रूप से लागू करने की बात कही थी। यह अंग्रेज़ी की ही ताकत थी कि राय ने सती प्रथा पर प्रतिबन्ध अंग्रेज़ों से लड़-झगड़कर सन् 1829 में लगवा दिया था। समाज में उस दौर में सती प्रथा के चलते ही वे उस दंश से गुजरे थे, जब उनके बड़े भाई की मौत के बाद उनकी भाभी को सती के रूप में आग में झोंक दिया गया था। सन् 1885 में बम्बई में कांग्रेस की स्थापना भी उन लोगों ने की थी, जो अंग्रेज़ी में पले-बढ़े थे। हालाँकि, उस समय कांग्रेस की सदस्यता उन्हीं लोगों को दी जाती थी, जो संगठन को एक निर्धारित राशि चुकाते और पढ़े-लिखे होते थे। कांग्रेस जो अभिजात्य वर्ग का संगठन माना जाता था, तिलक व गाँधी के युग में प्रवेश के साथ आम जनता का संगठन बन गया था। कांग्रेस के उदारवादी आन्दोलन का संचालन भी अंग्रेजी भाषा में दक्ष लोग ही किया करते थे। हालाँकि, यह भी एक ऐतिहासिक सच है कि लार्ड मैकॉले ने अंग्रेज़ी शिक्षा को भारत में लागू नहीं किया होता तो कांग्रेस की स्थापना शायद ही हो पाती। कांग्रेस का संगठन जनता के सामने नहीं आता तो देश की जनता एक ढाँचे में शामिल नहीं हो सकती थी। इसके पीछे बड़ा कारण यह समझा जा सकता है कि कांग्रेस की स्थापना की बात चन्द पढ़े हुए लोगों को बताई, इसके बाद कांग्रेस रूपी संगठन की नींव लगी थी। तथ्यों से यह स्पष्ट है कि अंग्रेजी हुकूमत को लम्बे समय तक बनाये रखने के लिए ही कांग्रेस की स्थापना की गयी थी लेकिन बाद में अंग्रेजी के कमाल के कारण ही देश में स्वराज की माँग को पंख लगने लगे थे। कांग्रेस के उदारवादी नेता गोपालकृष्ण गोखले, बी.सी. बनर्जी सहित अन्य नेता आंग्ल भाषा के चलते ही अपनी माँगों को नरम लहजे में उठाते थे। बाद में लाल, बाल और पाल की त्रयी ने स्वराज की माँग गर्म लेबर के साथ बुलन्द की जो बाद में एक आन्दोलन के रूप में सामने आयी।

दुनिया के विभिन्न देशों को भारत के अध्यात्म व संस्कृति की जानकारी सन् 1892 में अमेरिका के शिकागो शहर में हुए विश्व धर्म सम्मेलन से हुई। स्वामी विवेकानन्द ने यहाँ अंग्रेज़ी के माध्यम से अपनी बात रखकर सभी का दिल जीत लिया था। मानवाधिकार व सामाजिक न्याय की बात की जाये तो सदियों से उपेक्षित व हाशिए पर रह रहे लोगों को अपने अधिकारों की जानकारी व सम्मानपूर्वक जीवन गुजारने की प्रेरणा भी अंग्रेज़ी भाषा ने ही दी थी। डॉ.

अम्बेडकर ने उपेक्षित वर्ग के हितों की बात उठाकर अंग्रेज़ों को यह सोचने के लिए विवश कर दिया था कि समाज में दलित व पिछड़ों की स्थिति बदतर बनी हुई है। यदि देश में अंग्रेज़ी शिक्षा का प्रचलन नहीं होता तो वंचित लोग अपने अधिकारों के प्रति जागरूक नहीं हो पाते। शिक्षा का ही महत्त्व है कि जब संविधान सभा की पहली बैठक 9 दिसम्बर, 1946 को हुई तो तय हुआ कि एक ऐसे संविधान का निर्माण करना है, जिसमें समानता, स्वतन्त्रता और बन्धुत्व का समावेश हो। संविधान की प्रारूप समिति के अध्यक्ष डॉ. अम्बेडकर ने विश्व के विभिन्न संविधानों का अंग्रेज़ी में अध्ययन कर उनकी अच्छी-अच्छी बातों का भारतीय संविधान में समावेश किया। बहरहाल, यह कहा जा सकता है कि गुलामी से लेकर आजादी तक का जो सफर भारत ने तय किया है, उसमें अंग्रेजी का बड़ा योगदान है लेकिन दुनिया में कई ऐसे देश हैं, जो अपनी मातृ भाषा में उन्नति कर विकास के नये अध्याय लिख रहे हैं। अपनी मातृ भाषा को भी समृद्ध बनाकर इसके द्वारा भी नयी पगडंडियाँ तैयार की जा सकती हैं।

अंग्रेज़ी का आतंक

नन्द चतुर्वेदी

अंग्रेज़ी के 'आतंक' की प्रभावशीलता और क्रमशः विस्तार की गति समझने के लिए एक सौ अठहत्तर (178) वर्ष पीछे जाना होगा- 2 फरवरी, 1835 तक। मैकॉले ने सबसे पहले भारत की पुरानी शिक्षा पद्धतियों और पुरानी भाषाओं को नये ज्ञान की भाषाएँ मानने से इनकार किया और उन्हें लगभग मृत भाषाओं की कोटि में डाल दिया। उन्होंने बड़ी चतुराई से यह प्रमाणित किया कि पूर्व की ज्ञान-परम्परा को वे किन्हीं पूर्वाग्रहों अथवा किन्हीं दुर्भावनाओं के कारण ऐसा नहीं कह रहे हैं और न ही वे अकेले ही हैं, जो ऐसा कह रहे हैं बल्कि भारत के 'बौद्धिकों' का एक बड़ा समुदाय भी यह कह रहा है ''कि यूरोप के एक अच्छे पुस्तकालय की एक अलमारी भारतवर्ष और अरब के सम्पूर्ण देशी साहित्य के बराबर है।'' देखने की बात है कि यह प्रभावशाली 'बौद्धिक समुदाय' कौनसा है जिसका हवाला देकर मैकॉले सम्पूर्ण भारतीय-ज्ञान परम्परा को यूरोपीय पुस्तकालय की एक अलमारी में आधी जगह देने को भी राज़ी नहीं हैं? ये कौनसे 'ज्ञानी लोग' हैं जो उनके सम्पर्क में आते हैं और जनता के भी? ज़ाहिर है ये वे ही 'प्रभु वर्ग' के लोग हैं जो यूरोपीय सभ्यता के 'उत्पाद' हैं और कम्पनी बहादुर के हितों के साथ अपने/हितों की पतंग उड़ाते हैं।

यह भी ध्यान देने जैसा तथ्य है कि मैकॉले भारतीय ज्ञान-परम्परा की व्यर्थता की चर्चा कैसे समय करते हैं? ऐसे समय जब देश निरन्तर आक्रमणों से विचलित हुआ अपनी खंडित परम्पराओं को फिर से ढूँढ़ने में लगा था। ज़ाहिर है कि हताशा के ऐसे समय में देशवासियों ने किसी प्रकार की प्रतिक्रिया न की हो। हो सकता है कि ऐसे समय मैकॉले का यह हस्तक्षेप देश की अस्तव्यस्त हुई सामाजिक, शैक्षिक व्यवस्था को तरतीब, गति और रोशनी देने लगा हो। रही बात भारत के उस बौद्धिक समूह की जो मैकॉले का समर्थन कर रहे थे वे तो उस गरीब, शोषित वर्ग के थे ही नहीं जिन्हें अंग्रेज़ी-शिक्षा से पैदा हुई विसंगतियों, विषमता

और शोषण की अकथनीय त्रासदी भोगनी पड़ी हो।

यह भी गौरतलब है कि वे केवल अपने समय के इर्द-गिर्द फैले तात्कालिक ज्ञान और शिक्षा की बिखरी गतिविधियों को देखकर उन सब काल-खंडों के विज्ञान, कला, साहित्य, स्थापत्य को सर्वथा झुठला देते हैं जिन्हें इतिहास 'स्वर्णयुग' कहता है। वास्तव में यह आलोचना और उसके साथ शिक्षा के नवाचार के स्थापना की भाषा भारत के शुभचिन्तक अथवा मित्र की नहीं बल्कि 'राजपुरुष' और 'प्रभु' की आतंकित करने वाली भाषा लगती है। यह 'वैकल्पिक शिक्षा' योजना या भारतीय प्रज्ञा के उन्नयन की तलाश करती कोई ज्ञान-विधि नहीं है। यह दरअसल उन ईसाई मिशनरियों जैसी भाषा है जो यह मानते हैं कि वे एशिया महाद्वीप की जनता को उनके देवी-देवताओं और अन्ध-विश्वासों से मुक्त कराने आये हैं।

इस तरह के अन्धकार की मनोग्रन्थि से घिरे होने के कारण मैकॉले जल्दी से यह निष्कर्ष निकाल लेते हैं जो उनके भाषण 'मिनिट्स' में इस प्रकार दर्ज है "A single shelf of a good European Library was worth the whole native Literature of India and Arabia." यानी यूरोप की किसी भी एक अच्छी लायब्रेरी की अलमारी भारत तथा अरब के सम्पूर्ण देशज साहित्य के समतुल्य है। मैकॉले की यह दर्पोक्ति दरअसल पश्चिमी साम्राज्यवादियों और गोरी दुनिया का जाना-माना मुहावरा है जो वे तीसरी दुनिया के अधीनस्थ काले लोगों में हीनता बोध पैदा करने के लिए काम में लेते रहे हैं।

यह मुहावरा कार्ल मार्क्स तक ने काम में लिया है जो साम्राज्यवादियों का प्रबल विरोध करते हुए भी भारतीय प्रगति और आर्थिक समृद्धि के लिए अंग्रेजों के हस्तक्षेप को अनुचित नहीं मानता।

बहरहाल अब जरा 'मिनिट्स' की उन टिप्पणियों को भी देख लें जो ईसाई धर्म का भारत में प्रचार करने वाले मिशनरियों, पादरियों के वक्तव्यों से मिलती-जुलती हैं। मैकॉले लिखते हैं, ''यह बार-बार सिद्ध हो चुका है कि इन भाषाओं में कोई विशेष ज्ञान नहीं है। इनके द्वारा हम जो पढ़ाते हैं उनसे घोर अन्ध-विश्वास फैलाते हैं। हम एक झूठे धर्म का साथ देते हैं, झूठा इतिहास, झूठा खगोल विज्ञान और झूठा चिकित्सा-शास्त्र पढ़ाते हैं।''

भाषण में आगे चलकर मैकॉले यह साबित करने की कोशिश करते हैं कि अंग्रेज़ी सीखना-पढ़ना सहज और ज्ञान-वाहक है। वे बताते हैं कि ''हम भली-भाँति जानते हैं कि हर देश के विद्वान् हमारी भाषा सफलतापूर्वक सीखते हैं और हमारे कठिन से कठिन लेखकों को पढ़ते हैं व समझते हैं। हमारे साहित्य की मुहावरेदार भाषा और सौन्दर्य का आनन्द उठाते हैं।''

मैकॉले, जो एक प्रभावशाली, प्रतिभाशाली राजपुरुष भी बन गये थे, की इस पक्षधरता ने उन भारतीय प्रबुद्धों को शक्ति दी जो पहले ही शिक्षा के 'देशज ढुलमुल, लक्ष्यहीन ढाँचे' की निन्दा कर रहे थे। इस तरह मैकॉले की साहसिक आलोचना और अंग्रेज़ी शिक्षा के वैकल्पिक अंग्रेज़ी मॉडल ने अंग्रेज़ी भाषा शिक्षण के लिए उर्वरा भूमि तैयार कर दी।

मैकॉले की शिक्षा-नीति भाषण का दूसरा बिन्दु और भी महत्त्वपूर्ण है जो भाषायी-साम्राज्यवाद फैलाने की केन्द्रीय धुरी है। यह इस तथ्य को मजबूत करता है कि भाषा जो संस्कृति का सहज हिस्सा थी, निष्कलुष लगती है, कैसे 'वर्ग' का निर्माण करती है और शोषक वर्ग का मददगार प्रचार-साधन बनती है।

डॉ. राममनोहर लोहिया ने भारतीय 'वर्ग-चरित्र' की बुनावट को लक्षित करते हुए कहा है कि भारत में पूँजी ही नहीं, जाति और भाषा भी 'वर्ग' का निर्माण करती है और उत्पादन का साधन बनती है। भाषा का वर्चस्व 'समता' के दावों को भोंथरा और निष्प्रभ करता है।

मैकॉले की शिक्षा नीति का दूसरा आग्रह इस प्रकार है—"We must at present do our best to form a 'class' who may be interpreters between us and millions whom we govern, a class of persons Indian in blood and colour, but English in tastes, in opinions in morals and in intellect." (इस समय हमें यथा सम्भव एक ऐसा 'वर्ग' (क्लास) तैयार करना चाहिए जो हमारे मन्तव्यों को हमारी प्रजा तक पहुँचाने वाला भाष्यकार हो, एक ऐसा 'वर्ग' जो केवल 'रक्त और रंग' से हिन्दुस्तानी हो अन्यथा अभिरुचियों, विचारों, बौद्धिक प्रखरता और नैतिक निष्ठाओं से अंग्रेज़)।

मैकॉले का यह वक्तव्य दुस्साहसिकता पूर्ण था और हर तरह से 'भाषाई साम्राज्यवाद' फैलाने के लिए उत्साहित करने वाला तो था ही। उसने प्रबुद्ध वर्ग के मन में हीनता की ऐसी ग्रन्थि और नौकरी की ऐसी लालची जमीन तैयार कर दी कि जिससे आज तक देशवासी मुक्त नहीं हो सके हैं। मैकॉले का वक्तव्य अपने समय की चौपट हुई सामाजिक, शैक्षिक व्यवस्था का कोई 'भारतीय विकल्प' नहीं ढूँढ़ता बल्कि एक ऐसा वर्ग बनाने की हिमायत करता है जो आचार-विचार, विवेक व्यवहार, शील-संस्कृति से अंग्रेज़ हो जाये। मैकॉले की इस स्थापना को एक कल्पनाशील समूह ने लपक लिया और धीरे-धीरे अंग्रेज़ी शिक्षा के प्रचार को अपना ध्येय बना लिया। एक ऐसी सुव्यवस्थित शिक्षा-व्यवस्था नज़र आने लगी जो नौकरी दिलाने वाले भविष्य के साथ जुड़ी हुई थी और उस शासन-तंत्र के साथ भी जिसका सूर्य चौबीस घंटे चमकता था। बौद्धिकों का यह वर्ग मैकॉले के

हस्तक्षेप से इतना प्रभावित हुआ कि वह उसकी स्थापनाओं का मुखर प्रचारक हो गया। वह इस प्रचार में लग गया कि अंग्रेज़ी राज न आया होता और अंग्रेज़ी भाषा के माध्यम से ज्ञान और रोशनी न फैली होती तो भारतीय समाज कभी भी अपने सामन्ती अँधेरों से मुक्त न हो पाता।

यह 'वर्ग' इसका भी प्रचार करने लगा कि अंग्रेजों की कृपा से ही रेल, डाक, न्याय-व्यवस्था, अस्पताल, स्कूल, अख़बार और अन्य साधनों से देश का आधुनिकीकरण सम्भव हुआ। किंचित अचरज की बात यह भी थी कि इस प्रगति को अंग्रेज़ी के साथ जोड़ कर देखा जाने लगा। एक खास वर्ग के लोग इंग्लैण्ड जाकर शिक्षित होने तथा भारत में ऊँचे-ऊँचे प्रशासनिक पद पाने लगे जिससे अंग्रेज़ी हुकूमत को दो लाभ हुए। एक तो यह कि उन्हें इंग्लैण्ड से महँगे अधिकारी नहीं लाने पड़े और यहीं देशी, चतुर, अपेक्षाकृत सस्ते अधिकारी मिल गये। दूसरा यह कि वे अधिक स्वामिभक्त साबित हुए। वे मैकॉले की उस स्थापना के अनुकूल थे जो यह माँग करती थी कि 'केवल रक्त और रंग से हिन्दुस्तानी रह जाएं अन्यथा सब तरह से विवेक, विचार, बौद्धिक-प्रखरता, नैतिक निष्ठाओं से अंग्रेज़।' ध्यान से देखें तो वे अधिक ऊर्जा और अधिक उग्रता से अंग्रेज़ीराज के प्रचारक हो गये। देखते-देखते देशी भाषाओं की पढ़ाई और देशी ज्ञान-मीमांसा की गरिमा सहज ही समाप्त हो गयी।

दरअसल वह पहले से ही अव्यवस्थित और बिखरी हुई थी। निरन्तर होने वाले आक्रमणों, जाति-व्यवस्था की अहंकारी भावना और सामन्ती लालसाओं की राजनीति से आहत देश में शिक्षा या भाषा का कोई रूप बचा भी नहीं सकता था तब सहसा एक सुनियोजित शिक्षा का संकल्प बरबादी बचाने वाला लगा। यह बात अलग है कि उस 'विकल्पहीनता' ने एक ऐसी निराशा की जमीन तैयार कर दी जिसमें फिर दूसरी किसी प्रकार की फसल उगाना मुश्किल हो गया।

धीरे-धीरे शिक्षा के सीमान्तों को पार करता हुआ सम्पूर्ण शासन-तंत्र अंग्रेज़ी भाषा के दबाव में आ गया। जिस 'क्लास' की बात मैकॉले कर रहे थे उसके बनने में ज्यादा देर नहीं लगी। यह जमात 'बाबू' कहलाने लगी। उस समय की कहानियों के चरित्र नायक 'बड़े बाबू' 'छोटे बाबू' की तरह पहचाने जाने लगे। उनकी वेशभूषा, बोल-चाल, रहन-सहन, आचरण-अन्दाज़, सामान्य भारतीय गृहस्थ से सर्वथा अलग नज़र आने लगे। इतने अलग और आतंककारी कि ब्रजभाषा के एक कवि ने लिखा 'हाबू ज्यों डरात, देशवासिन को जाबू फाड़ काबू में न आवे बात बाबू के दिमाग की'। (बाबू के दिमाग की बात हमारे समझ में नहीं आती, वह हमें किसी डरावने कीड़े की तरह आतंकित करती हैं)।

बाबुओं की इस देशज-जमात को यह आर्थिक-बदलाव इतना पसन्द आया कि वे इस व्यवस्था के दीर्घकालीन प्रभावों, बरबादियों, पराधीनता और शोषण को भूल कर 'अंग्रेज़-बहादुरों' का कीर्तन करने लगे। देखते-देखते और चुपचाप न्यायालयों, कोर्ट-कचहरियों, पोस्ट-टेलीग्राफ ऑफिसों, तथा सार्वजनिक दफ्तरों का काम अंग्रेज़ी भाषा में होने लगा। भारतीय भाषाओं को 'वर्नाक्यूलर लेंग्वेज़ेज' कह कर दोयम दर्जे के भाषा खाँचे में डाल दिया गया जिन्हें अंग्रेज़ी के मुकाबले में आज तक भी गरिमामय स्थान नहीं मिला है। भारतीय भाषाओं की इस अवमानना पर विषादग्रस्त मन से बाबू हरिश्चन्द्र ने लिखा :

निज भाषा उन्नति अहै, सब उन्नति को मूल।
बिन निज भाषा ज्ञान कै, मिटे न हिय को शूल॥

देखने की बात है कि ज्यों-ज्यों अंग्रेज़ी-भाषा का दायरा फैलता गया है शासक-वर्ग और जनता के बीच का फासला चौड़ा होता गया, एक संवाद-हीनता की स्थिति बनती गयी है जो अन्त में अविश्वसनीयता और आतंक में बदल गयी। एक तरफ अंग्रेज़ी कवियों, लेखकों और उपन्यासकारों की लोकतंत्रात्मक दृष्टियाँ तो दूसरी तरफ गाँवों से कच्चा माल ले जाने वाला अंग्रेज़ी लूट-तंत्र। इसी तरह राज में दो प्रतिशत अंग्रेज़ी जानने वालों का प्रभु-वर्ग बन गया।

अपनी सुशासन व्यवस्था और सभ्यता के दावों के बावजूद 'अंग्रेज़ी राज' का शोषक-चरित्र साफ-साफ नजर आने लगा। तभी यह भी नज़र आने लगा कि विषमता और शोषण की इन दरारों के अधिकाधिक फैलते जाने का एक मुख्य कारण विदेशी भाषा है जिसने अमीर हिन्दुस्तान और गरीब हिन्दुस्तान बना दिये हैं। इसे समझते हुए 'स्वराज्य' की माँग कर रहे गाँधीजी ने उसे ही 'राष्ट्रभक्त' कहा और उसके लक्षणों में सबसे पहले नम्बर एक पर रखा 'जो अंग्रेज़ी भाषा का उपयोग लाचारी से करेगा।'

प्रसंगवश यह कहना आवश्यक है कि यह उल्लेख *हिन्द स्वराज* के आखिरी 20वें अध्याय में है जहाँ सच्ची *हिन्द स्वराज्य* के खुमारी के उन्तीस लक्षण बताये हैं।

हिन्द स्वराज के अठारहवें अध्याय में गाँधीजी ने अपनी शिक्षा नीति का खुलासा किया है। पाठक पूछता है कि "क्या मेरा यह समझना ठीक है कि आप स्वराज के लिए अंग्रेज़ी भाषा का कोई उपयोग नहीं मानते?"

गाँधी उत्तर में कहते हैं—"करोड़ों लोगों को अंग्रेज़ी की शिक्षा देना उन्हें गुलामी में डालने जैसा है। मैकॉले ने शिक्षा की जो बुनियाद डाली वह सचमुच गुलामी की बुनियाद थी उसने इसी इरादे से अपनी योजना बनाई थी, ऐसा मैं नहीं सुझाना चाहता। लेकिन उसके काम का यही नतीजा निकला है। यह कितने

दुख की बात है कि स्वराज की बात भी हम परायी भाषा में करते हैं।...आपको समझना चाहिए कि अंग्रेज़ी शिक्षा लेकर हमने अपने राष्ट्र को गुलाम बनाया है? अंग्रेज़ी शिक्षा से दम्भ, राग, ज़ुल्म वगैरह बढ़े हैं। अंग्रेज़ी शिक्षा पाये हुए लोगों ने प्रजा को ठगने में, उन्हें परेशान करने में कुछ भी कसर नहीं उठा रखी।

"...यह क्या कम ज़ुल्म की बात है कि अपने देश में मुझे इन्साफ पाना हो तो अंग्रेज़ी का उपयोग करना चाहिए। बेरिस्टर होने पर मैं स्वभाषा में बोल ही नहीं सकता। दूसरे आदमी को मेरे लिए तरजुमा कर देना चाहिए।"

गाँधीजी जहाँ अंग्रेज़ी सीखने की बात कहते हैं वहाँ भी इस आग्रह के साथ "भले ही वे (पक्की उम्र के बालक) अंग्रेज़ी शिक्षा पायें पर उसे मिटाने के इरादे से न कि उसके ज़रिए पैसे कमाने के इरादे से।"

गाँधीजी की यह पक्की राय है कि "सारे हिन्दुस्तान के लिए जो भाषा चाहिए वह तो हिन्दी ही होनी चाहिए। पश्चिम की सभ्यता को निकाल बाहर करने की ही हमें कोशिश करनी चाहिए। दूसरा सब अपने आप ठीक हो जायेगा।"

गाँधीजी परायी भाषा के आतंककारी अनेक आयामों को समझते थे जिनके कारण न केवल भावनात्मक रिश्ते, उलझते-टूटते हैं बल्कि एक अमीर-गरीब 'फ्रेक्चर्ड' खंडित, डरा हुआ देश बचा रह जाता है। इसलिए उनके राष्ट्र-निर्माण के 'एजेण्डा' में अंग्रेज़ी के आतंक से मुक्त होना सबसे महत्त्वपूर्ण और सबसे पहला बिन्दु नज़र आता है।

यह महज़ संयोग ही नहीं था कि स्वतन्त्रता-दिवस पर ब्रिटिश ब्रॉडकास्टिंग कॉरपोरेशन (बी.बी.सी.) के संवाददाता से गाँधी ने कहा कि "उनसे कह दें कि गाँधी अंग्रेज़ी भूल गया है।" यह सन्देश भावुकतापूर्ण ही नहीं था बल्कि नये राष्ट्र निर्माताओं को यह याद दिलाने के लिए था कि 'पार्लियामेण्टरी डिमोक्रेसी' के लिए अंग्रेज़ी के कारण बनी संवादहीनता को तोड़ने और आत्म-विश्वास तथा सृजनात्मक प्रतिभा की वापसी के लिए अपनी भाषाओं को लौटाना प्राथमिक और आवश्यक कर्तव्य है। गाँधीजी यह भी जानते हैं कि अंग्रेज़ी ने जल्दी ही मानसिक-दासता, असमानता और हीनता की जो दुर्लंघ्य दीवार बना दी है उनका गिरना तभी सम्भव है जब अंग्रेज़ी भाषा का आतंक और गुलामी खत्म होगी। यह भी नज़र आता है कि अंग्रेज़ी के आतंक ने आर्थिक समृद्धि के तमाम अवसर और रास्ते इतने सँकरे कर दिये कि उन पर कुछ ही भाग्यशाली चल सकें।

लेकिन आजादी के बाद भी अंग्रेज़ी के आतंक से मुक्त होने की जो उम्मीद थी वह पूरी नहीं हुई बल्कि उसे एक दुराग्रही संकीर्ण 'भाषा विवाद' में बदल दिया गया। अंग्रेज़ी की दासता से मुक्त होने के बज़ाय वह हिन्दी की दूसरी भारतीय

भाषाओं के साथ प्रतिस्पर्धा और प्रतिद्वन्द्विता में बदल दिया गया। सर्वाधिक बोली और समझी जाने वाली भाषा को 'राजभाषा' बनाये जाने की अभिलाषा और माँग को 'हिन्दी साम्राज्यवाद' फैलाने की साजिश कहा जाने लगा। प्रभुवर्ग की 'इंग्लिश लॉबी' यह कहने लगी कि अंग्रेज़ी ही देश की अखंडता 'इंटीग्रिटी' कायम रख सकती है। इस तरह 'अंग्रेज़ी का आतंक' अंग्रेज़ी पढ़े-लिखे लोगों की प्रभुता, नौकरियाँ, आर्थिक असमानता की सम्भावनाएँ यथावत् बनी व बची रहीं।

गाँधीजी के संकल्पों को रूपाकार देने के प्रयत्नों को 'समाजवादी पार्टी' ने फिर लक्ष्य बनाया। डॉ. राममनोहर लोहिया ने भारतीय भाषाओं की अवमानना के सवाल को 'गैर-बराबरी' कायम रखने की पूँजीवादी साजिश के रूप में देखा-जाँचा और परखा। उन्होंने लक्षित किया कि दो या तीन प्रतिशत अंग्रेज़ी-दाँ लोगों ने देश की वृहत् जनसंख्या की नौकरियाँ कब्जे में कर ली हैं।

1946 से लेकर लोहिया जब तक रहे थे अंग्रेज़ी भाषा के सार्वजनिक प्रयोग के खिलाफ नाराज़गी प्रकट करते रहे। भाषा के सवाल को उन्होंने 'मामूली आदमी' के जीवन से जनतन्त्र और समाजवाद, बराबरी और विकास से जोड़ कर देखा। 'अंग्रेज़ी हटाओ' आन्दोलन खड़ा किया। उन्होंने कहा अंग्रेज़ी ज़ुबान अब सार्वजनिक जीवन से खत्म हो जानी चाहिए। इसमें देर करना न केवल भाषा के मसले को उलझा और बिगाड़ देगा बल्कि दूसरे मसलों को भी बिगाड़ देगा क्योंकि भाषा से देश के सभी उसूलों का सम्बन्ध है। किस ज़ुबान से सरकारी कामकाज चलता है इससे समाजवाद प्रजातंत्र तो छोड़ ही दो–ईमानदारी और बेवफाई का सवाल भी जुड़ा है। अगर सार्वजनिक और सरकारी कामकाज ऐसी भाषा में चलाया जाये जिसे देश के करोड़ों आदमी न समझ सकें तो क्या होगा?

"...हिन्दी को केन्द्र भाषा बनाने के खिलाफ जो लोग थे उनको लोहिया ने चुनौती दी कि पहले 'अंग्रेज़ी मुर्दाबाद' कहो बाद में आप 'हिन्दी मुर्दाबाद' का नारा लगा कर किसी भी देशी भाषा को केन्द्रीय स्थान देंगे तो मुझे चिन्ता नहीं है। असल में लोहिया मानते थे कि सारी देशी भाषाओं में एकता है।" (लोहिया : इन्दुमती केलकर)

लोहिया ने 'अंग्रेज़ी हटाओ' को जैसा सैद्धान्तिक रूप दिया वैसा ही उन्होंने उसके लिए उग्र आन्दोलन चलाया। लोहिया जी ने जैसा आन्दोलनकारी रूप 'अंग्रेज़ी हटाओ' आन्दोलन को दिया वैसा ही किसी 'हिन्दी या देशी भाषाओं' का समर्थन करते किसी देशभक्त या देशभक्ति का स्वाँग करने वाली पार्टी ने जताया हो इसका मुझे स्मरण नहीं आता।

दुर्भाग्य से लगभग दो सौ वर्षों से फैला 'अंग्रेज़ी आतंक' यथावत् है। अब

'विकास' की नयी पूँजीवादी शक्तियों और अवधारणाओं ने जो मोहक और अप-संस्कृति का रूप लिया है उसके चलते न केवल लोकभाषा लेकिन लोक-भवन, लोकभोजन, पूरी लोकसंस्कृति बदलने जा रही है। हिन्दी के अंग्रेज़ी शुभचिन्तक सरल हिन्दी को भी सहन नहीं कर पा रहे हैं, या तो वे उसे विज्ञापन-भाषा बनाने में लगे हैं या 'हिंगलिश'। हिन्दी के लोकरूप और प्रजातन्त्र का श्रद्धापूर्वक बखान 14 सितम्बर—एक दिन के लिए बचा है बाकी 364 दिन अंग्रेज़ी के हैं। अंग्रेज़ी के आतंक के साथ रहने का अब हमें अभ्यास हो गया है। अंग्रेज़ी माध्यम से शिक्षा देने वाले असंख्य स्कूलों, कॉलेजों और सूचना प्रौद्योगिकी के चलते 'अंग्रेज़ी साम्राज्यवाद' को फैलाने के लिए अन्य उपायों की आवश्यकता नहीं है।

उपनिवेशवाद, औपनिवेशिक शिक्षा और मैकॉले

मनीष जैन

"...एक अच्छे यूरोपीय पुस्तकालय की एक अलमारी भारत और अरब के समूचे देशज साहित्य से बेहतर होगी।"

"आज के वक्त में हमें एक ऐसा वर्ग बनाने की कोशिश करनी चाहिए जो हमारे और उन लाखों जिन पर हम शासन करते हैं, के बीच दुभाषिये का काम कर सके, एक वर्ग जो खून और रंग में तो भारतीय हो, लेकिन अपनी रुचियों, राय, नैतिकता और बुद्धि में अंग्रेज़।"

भूमिका

आम तौर पर, लॉर्ड मैकॉले के मशहूर/बदनाम 1835 के 'शिक्षा पर प्रारूप' से शिक्षा के विद्यार्थियों का परिचय उक्त दो उक्तियों तक सीमित रहता है। भारतीय ज्ञान, संस्कृति और परम्पराओं के प्रति नस्ली हिकारत और अंग्रेजी पढ़े-लिखे समूहों को एक दलाल की भूमिका देते, मैकॉले के यह उद्धरण बी.एड. की कुंजियों का अभिन्न हिस्सा हैं। शिक्षा के औपनिवेशिक चरित्र की चर्चाओं, भारतीय शिक्षा व्यवस्था में अंग्रेज़ी की केन्द्रीय भूमिका और वैचारिक आधिपत्य पर होती बहसों में मैकॉले और उनका लिखा 1835 का प्रारूप प्रमुख चरित्र हैं। कहा जाता है कि शिक्षा पर मैकॉले के इस नोट ने प्राच्यवादी-आंग्लवादी बहस को, आंग्लवादियों के पक्ष में निर्णायक रूप से मोड़ दिया। भारतीय शिक्षा के इतिहास का यह आख्यान 'महान-पुरुषों' द्वारा अपने समय, सन्दर्भ और शक्तियों से परे जा उस वक्त और भविष्य को मनचाहा रूप देने के विचार से संचालित है। प्रश्न उठता है कि क्या बिना मैकॉले और उनके प्रारूप के भारतीय औपनिवेशिक शिक्षा का यह रूप और चरित्र बना होता या नहीं।

यह निबन्ध मैकॉले, उनके प्रस्तावों के प्रारूप और विचारों को उपनिवेशवाद और उसकी उस वक्त की अवस्था के सन्दर्भ में समझने की कोशिश करता है।

इस निबन्ध में निम्न मुख्य प्रश्न उठाये गये हैं :

मैकॉले के विचारों और प्रारूप का भारतीयों के प्रति, औपनिवेशिक भारतीय राज्य की जिम्मेदारियों के बारे में बदलती मान्यताओं से क्या रिश्ता था? क्या मैकॉले एक खास ऐतिहासिक काल में इन बदलती मान्यताओं का प्रतिनिधित्व कर रहे थे? हम उनके प्रस्तावों को औपनिवेशिक शिक्षा के विकास और बहसों, भूतकाल और भविष्य के सन्दर्भ में कहाँ रखें? क्या मैकॉले का प्रारूप उन औपनिवेशिक आलेखों-भाषणों-पाठों में एक पाठ था, जहाँ गुलाम भारतीयों के बारे में रूढ़िबद्ध धारणाओं, औपनिवेशिक शासकों की श्रेष्ठता, 'राज' के फायदे और देशज कमजोरियों की सांस्कृतिक राजनीति खेली जाती थी? मैकॉले के प्रस्ताव किस हद तक लागू किये गये? क्या प्राच्यवादी और आंग्लवादी समूह के बीच मतभेदों के अलावा सहमतियाँ भी थीं? क्या यह दोनों समूह औपनिवेशिक शासन के सिक्के के दो पहलू थे? इस पूरी बहस में भारतीय चुप बैठे दर्शक थे या सक्रिय भागीदार? इस बहस में शामिल भारतीय बुद्धिजीवी, विद्यार्थी और नये उभरते वर्ग कौन थे? इस बहस के प्रमुख मुद्दे और सवाल क्या थे?

इन विभिन्न सवालों का जवाब देने के लिए जरूरी है कि हम उपनिवेशवाद, औपनिवेशिक भारतीय राज्य और 1835 तक औपनिवेशिक भारतीय शिक्षा पर थोड़ी चर्चा कर लें।

उपनिवेशवाद और औपनिवेशिक भारतीय राज्य

उपनिवेशवाद की परिभाषा अपने-आप में बहस का विषय है। हम आम तौर पर उपनिवेशवाद को एक राष्ट्र-राज्य (आम भाषा में कहें तो देश) के द्वारा किसी अन्य राष्ट्र राज्य पर शासन के रूप में परिभाषित करते हैं। राष्ट्र-राज्य की भौगोलिक सीमाओं पर केन्द्रित यह परिभाषा जीते गये क्षेत्र के लोगों, उनके श्रम और संसाधनों के शोषण और दोहन तथा राजनीतिक भागीदारी में उनका हिस्सा न होने की ओर हमारा ध्यान दिलाती है।

लेकिन यह परिभाषा भूल जाती है कि उपनिवेशवाद ने, उसके विस्तार ने, उससे उपजे देशान्तरगमन ने देशों की सीमाओं, उन सीमाओं में रहने वाले लोगों के आपसी रिश्तों और पहचानों को भी बदला है और उन्हें नये अर्थ दिये। ऑस्ट्रेलिया, कनाडा, संयुक्त राज्य अमरीका आदि देशों में जहाँ यूरोपीय उपनिवेशवाद के साथ वहाँ के मूल नागरिकों को बड़ी संख्या में मार दिया गया या कुछ हिस्सों में सीमित कर दिया गया और गोरे लोग बड़ी संख्या में बस गये, वहाँ

ब्रिटिश उपनिवेशवाद से इन देशों की आज़ादी, इन गोरों की आज़ादी थी। उस आज़ादी के साथ वहाँ के मूल निवासियों के साथ औपनिवेशिक रिश्तों का अन्त नहीं हुआ था। इसी तरह 19वीं शताब्दी में अफ्रीका के नक्शे पर अपने-अपने उपनिवेशों को बाँटकर, औपनिवेशिक शासन ने राष्ट्र, राष्ट्रीय पहचान, राष्ट्रीय सीमाएँ परिभाषित करने में महत्त्वपूर्ण भूमिका निभाई।

उपनिवेशवाद की बात करते समय यह याद रखना भी ज़रूरी है कि पन्द्रहवीं शताब्दी के बाद उभरा आधुनिक उपनिवेशवाद यूरोप में पूँजीवाद के उदय के साथ जुड़ा है। वह एक तरफ तो यह पूँजीवाद की कच्चे माल और बाज़ार की ज़रूरत को पूरा कर रहा था और दूसरी ओर, इस उपनिवेशवाद ने पराधीन बनाये दोनों, देशों और लोगों को लूट कर, पूँजीवाद के विकास को बढ़ावा दिया। इस उपनिवेशवाद ने गुलाम बनाये समाजों की अर्थव्यवस्था का पुनर्गठन किया। अब औपनिवेशित किसानों, गुलाम समाजों के मेहनतकश लोगों का श्रम, विश्व के महानगर केन्द्रों और परिधि के बीच के लोगों और प्राकृतिक संसाधनों का आवागमन अन्तर्राष्ट्रीय बाज़ार और माँग के उतार-चढ़ाव में बन्धा था।

औपनिवेशिक शासन केवल एक आर्थिक और राजनीतिक ही नहीं, सांस्कृतिक परियोजना और अनुभव भी था। गुलाम बनाये समाजों, लोगों, उनकी संस्कृतियों और परम्पराओं को समझने के लिए, औपनिवेशिक शासकों ने विभिन्न प्रकार के ढाँचे पैदा किये ताकि वे भारत को बेहतर तरीके से प्रशासित एवं नियंत्रित कर सकें। इस प्रक्रिया में अंग्रेज़ों ने अपने तरीकों और शब्दावलियों में भारत और भारतीयों को परिभाषित, व्याख्यायित, श्रेणीबद्ध और व्यवस्थित किया।

रोनाल्ड इन्डन का मानना है कि भारतीय समाज के बारे में ब्रिटिश औपनिवेशिक ज्ञान की जड़ें इस अवधारणा में निहित थीं कि सभी इनसानी प्रयत्नों का मूल तत्त्व पश्चिम में, उसकी तार्किक और प्रगतिशील संस्थाओं, उसकी वैज्ञानिक सोच, उदारवादी लोकतन्त्र और पूँजीवाद में पाया जा चुका था। इस तर्कानुसार भारतीय सभ्यता का मूल तत्त्व पश्चिम के बिल्कुल उल्टा था और उपनिवेशवाद ने विलोम युग्मों को जन्म दिया—वयस्क/अवयस्क, सभ्य/बर्बर, वैज्ञानिक/अन्धविश्वासी, विकसित/विकासशील, प्रगतिशील/आदिम (गाँधी 1999 : 32) इन छवियों ने औपनिवेशितों के दिमाग को गुलाम बनाने, उनकी स्व-अवधारणा और उनकी सांस्कृतिक प्राथमिकताओं को बदलने में मदद की। इस तरह उपनिवेशवाद एक शैक्षणिक उद्यम भी था और शिक्षा उपनिवेशवाद की सांस्कृतिक परियोजना का एक हिस्सा थी।

उपनिवेशवाद और औपनिवेशिक भारतीय राज्य के बारे में बात करते हुए

कुछ और चीज़ों पर ध्यान देना श्रेयस्कर होगा। एक, लगभग दो सौ साल के औपनिवेशिक शासन में, उपनिवेशवाद का अर्थ, उसके उद्देश्य, कार्य-प्रणाली और प्रभाव एक ही नहीं था। 1757 में बंगाल के एक हिस्से पर स्थापित कम्पनी राज, 1857 के विद्रोह के समय के कम्पनी राज से छोटा और अलग था। 1857 के बाद अंग्रेजी 'क्राउन' और संसद भारत पर शासन कर रहे थे और 20 वीं शताब्दी में आज़ादी के आन्दोलन ने अंग्रेजी राज पर अनेक दबाव डाले। इन दो शताब्दियों में शोषण के मुख्य तरीके व्यापार से औद्योगीकरण सम्बन्धी ज़रूरतों और वित्तीय पूँजी के रूप में बदले।

दूसरी बात ध्यान रखने की यह है कि इन दो सौ सालों में खुद इंग्लैण्ड में परिवर्तन हुए। औपनिवेशिक शासन और नीतियाँ किसी खाली द्वीप पर स्थापित नहीं हुई थीं। भारत की अपनी राजनीतिक पद्धतियों, परम्पराओं, रिवाजों, संस्कृति सम्भावित जवाब आदि के साथ अनुक्रिया, बदलते इंग्लैण्ड , उसकी साम्राज्यवादी आवश्यकताओं– इन सभी के आपसी प्रभावों से भी औपनिवेशिक शासन बदला। औपनिवेशिक शिक्षा नीतियों की बात करते हुए हम आगे देखेंगे कि भारत, भारतीयों और अपनी ऐतिहासिक जिम्मेदारियों में आये बदलावों ने भी शिक्षा नीतियों को प्रभावित किया।

तीसरे, औपनिवेशिक शासक और गुलाम भारतीय भी समरूपीय समूह नहीं थे। औपनिवेशिक अधिकारियों और मिशनरियों में अनेक आवाज़ें थीं और समय के साथ उनके दृष्टिकोण में बदलाव हुआ। इन समूहों के बीच और समूहों के अन्दर भी शिक्षा के उद्देश्यों तथा भूमिका; शिक्षा का इस्तेमाल धार्मिक विश्वासों और पहचानों को पुख़्ता करने या उन पर प्रश्न उठाने के बारे में मतभेद थे। इसी तरह, भारतीय समाज में भी वर्ग, जाति, स्त्री/पुरुष विषमता और धार्मिक पहचानों के अन्तर थे और औपनिवेशिक शासन और शिक्षा का इस्तेमाल देशज आभिजात्य वर्ग का प्रभुत्व स्थापित करने, उसे वैधता देने या चुनौती देने के लिए भी हुआ।

चौथे, भारत के अलग-अलग हिस्से अलग-अलग वक्त पर अंग्रेजी औपनिवेशिक शासन का हिस्सा बने। 1837 तक मराठाओं को हराया जा चुका था पर पंजाब पर अंग्रेज़ी शासन 1840 के अन्त तक हुआ। साथ ही, 1947 तक भी भारत का बड़ा हिस्सा भारतीय रजवाड़ों के अधीन था और इन राज्यों की शिक्षा नीतियों और शिक्षा की स्थितियों में भी काफी अन्तर था।

इसलिए औपनिवेशिक शासन और शिक्षा नीतियों की बात करते समय इन विभिन्नताओं को ध्यान में रखकर ही हम किसी खास समय काल की शिक्षा नीति का किसी विशिष्ट क्षेत्र के किसी सामाजिक समूह पर असर, उनकी प्रतिक्रिया

और भविष्य में आये बदलावों को समझ सकते हैं। साथ ही साथ यह जान लेना भी ज़रूरी है कि किसी भी साम्राज्यवादी ताकत ने—इंग्लैण्ड, फ्रांस या डच, अपने सभी उपनिवेशों में एक सी नीतियाँ नहीं अपनायीं और कई बार यह नीतियाँ उनके अन्य उपनिवेशों या अन्य देशों के अनुभवों और उदाहरणों के आधार पर बनीं।

औपनिवेशिक भारतीय शिक्षा : प्राच्यवादी दृष्टिकोण और नीतियाँ

1757 में प्लासी में विजय के साथ ईस्ट इंडिया कम्पनी को बंगाल के दीवानी अधिकार मिल गये। लेकिन ईस्ट इंडिया कम्पनी एक व्यापारी कम्पनी थी, राज्य नहीं। उसे अपने राज को चलाने, भारत में औपनिवेशिक राज्य व्यवस्था को स्थापित करने का अनुभव नहीं था। ऐसे में एक सुदूर उपमहाद्वीप में, जहाँ ब्रिटिश सत्ता की निरन्तरता अनिश्चित थी और राज-काज के खर्चों को कम रखने के लिए देशज संसाधनों का अधिकतम इस्तेमाल जरूरी था, वहाँ बंगालियों की परिचित न्यायिक और कर प्रथाओं को अंग्रेजी राज के शुरुआती दौर में जारी रखा गया। अंग्रेजों ने सोचा कि अगर वे हिन्दुस्तानी राजाओं की तरह व्यवहार करेंगे, स्वयं को भारतीय कानूनों, राय, परम्पराओं और रवैयों के अनुकूल ढालेंगे तो नयी सत्ता के प्रति भारत/बंगाल के प्रभावशाली वर्गों की वफादारी स्थापित की जा सकेगी।

इस साम्राज्यवादी दृष्टिकोण के तहत भारतीय संस्कृति में रुचि दिखाई गयी। कला और साहित्य की खोज की गयी। इस पुरातन संस्कृति, कला और साहित्य की खोज और शोध के लिए भारतीय और अंग्रेज विद्वानों को राज्य का संरक्षण और मदद दी गयी। 18 वीं शताब्दी के उत्तरार्द्ध और 19 वीं शताब्दी के आरम्भिक वर्षों में कलकत्ता मदरसा और संस्कृत कॉलेज खोले गये जो संस्कृत, अरबी और फारसी में प्राच्यवादी ज्ञान को बढ़ावा देने पर केन्द्रित थे। इस दौरान अंग्रेजी-भाषा की शिक्षा का इस आधार पर विरोध किया गया कि पश्चिमी ज्ञान और विचार परम्परागत भारतीय समाज को नष्ट कर देंगे, मिशनरियों को भी शिक्षा में दखल देने से रोका गया।

19 वीं शताब्दी के आरम्भिक दो दशकों तक ब्रिटिश शिक्षा नीति का चरित्र मुख्यतः प्राच्यवादी था। लेकिन प्राच्यवादी होने का अर्थ, ऐतिहासिक जड़ें और असर क्या था?

यूरोप में ज्ञानोदय और पुनर्जागरण के प्रभाव में मध्यकालीन यूरोप को अन्धायुग माना गया और यूरोपीय इतिहास, संस्कृति और ज्ञान की उपलब्धियाँ प्राचीन ग्रीस और रोमन काल में ढूँढ़ी गयी। भारत में ब्रितानी शासन के आरम्भिक दौर में यही यूरोपीय अनुभव भारत पर भी लागू किया गया। भारतीय इतिहास

की इस प्राच्यवादी व्याख्यानुसार प्राचीन भारत महानता, उपलब्धियों और ख्याति का शास्त्रीय युग था। और मध्ययुग, इस महानता से पतन की कहानी। अंग्रेजों के आने के साथ इस पतनशील मध्ययुग का अन्त माना गया। प्राच्यवादी मानते थे कि भारतीय सभ्यता का मूल ग्रन्थों में छुपा था। उसके अनुसार इस खो गये भूतकाल को खोजा जाना था। न्यायिक-धार्मिक ग्रन्थों, साहित्य का अनुवाद कर उसके सार-तत्व को समझना था और अंग्रेज अधिकारियों को अपने इस ज्ञान और भारतीय संस्थाओं व कानूनों-परम्पराओं के प्रति सहानुभूतिपूर्ण रवैये के साथ, परम्परागत भारतीय शासकों की तरह राज करना था।

पहली नज़र में, यह प्राच्यवादी नज़रिया मैकॉले की ऊपर दी गयी टिप्पणियों के मुकाबले, भारतीयों के प्रति कहीं सहानुभूतिपूर्ण लगता है। ऐसा लगता है कि वह उपनिवेशवाद के साथ जुड़ी बुराइयों से दूर है। लेकिन क्या यूरोपीय इतिहास के काल-खंड को भारत पर आरोपित करना भी उपनिवेशवादी मानसिकता का एक रूप है? क्या अपने राज को भारतीयों में लोकप्रिय, स्वीकार्य बनाने की कोशिश भारत की राजनीतिक परतन्त्रता पर परदा डाल देती है? क्या इस्लामी दुनिया की तरह, परम्परा को बनाये रखने, सँजोने और पोषित करने की प्राच्यवादी औपनिवेशिक सदिच्छा, उपनिवेशवाद के सत्ताई पहलू के जरिए ही सम्भव और व्यक्त होती है?

इन प्रश्नों को पूछने और उनका जवाब देने के साथ-साथ यह भी ध्यान में रखना ज़रूरी है कि मैकॉले और आंग्लवादियों के भारतीय ज्ञान-परम्परा और समाज को अस्वीकार करने और उसे समूचा बदलने की मंशा के बरअक्स प्राच्यवादियों का रवैया भारतीय पेड़ में अंग्रेज़ी-पश्चिमी पेड़ की कलम लगा, उसे तरोताज़ा करने और बदलने का था। इसी नीति के तहत कलकत्ता मदरसा और बनारस संस्कृत कॉलेज में आधुनिक विज्ञान और अंग्रेजी को लाया गया और कलकत्ता, आगरा तथा दिल्ली में नये कॉलेज स्थापित किये गये, जिनका पाठ्यक्रम भारतीय और पश्चिमी ज्ञान का सम्मिश्रण था।

औपनिवेशिक भारत में आंग्लवाद

भारत में अंग्रेजी साम्राज्यवाद की शुरुआत से ही साम्राज्य के प्रति एक अन्य वैचारिक दृष्टिकोण भी विद्यमान था जिसने प्राच्यवाद को चुनौती दी। आरम्भ में ईसाई धर्म प्रसार विचार से प्रेरित इस विकल्प ने बाद में मुक्त व्यापार, उदारवाद और उपयोगितावाद के धर्मनिरपेक्ष विचार सूत्रों में अभिव्यक्ति पाये। ये विचारधाराएँ भारतीय उपमहाद्वीप में ब्रिटिश सत्ता के सुरक्षित बने रहने के 19 वीं सदी के

आरम्भ से उपजते आत्मविश्वास के साथ ईस्ट इंडिया कम्पनी, अंग्रेजी संसद और ब्रिटिश जनता में अधिकाधिक समर्थन और स्वीकृति पाने लगीं। ब्रिटिश सत्ता, संस्कृति और धर्म की सर्वोच्चता में विश्वास रखने वाला यह साम्राज्यवादी दृष्टिकोण भारत में ब्रिटेन की श्रेष्ठ संस्थाओं, विचार और विश्वासों का आयात करना चाहता था। आधुनिकता का घमंडी, उत्सव मनाती यह साम्राज्यवादी गर्जना, 'पिछड़े' 'आदिम', 'गतिहीन', 'रुके हुए' भारतीय समाज को झकझोर कर बदल देना चाहती थी। पिछड़े औपनिवेशित समाजों को 'सभ्य' बनाने की अपनी और दैविक नियमित जिम्मेदारी पूरा करने के विचारों से प्रेरित इस कोशिश में केवल शिक्षा ही नहीं वैज्ञानिक ज्ञान, बाज़ार, रेलवे और कानून का शासन भी शिक्षा देने के औज़ार थे। और इस उपनिवेश में नयी व्यवस्था के मूल्यों, नियमों और प्रतीकों में भारतीयों का समाजीकरण करने का काम शिक्षा को करना था। शिक्षा के जरिए एक नये सामूहिक सहज बोध को बनाया जाना था।

ईसाई धर्म प्रचार प्रसारक चार्ल्स ग्रांट का मानना था कि हिन्दू धर्म इस तरह की सामाजिक और भौतिक उन्नति में बाधक था उसके अनुसार, अगर ईसाई धर्म का सच्चा ज्ञान हिन्दुओं के सामने रखा जाये तो वे स्वयं ही हिन्दू धर्म की कमियाँ पहचान लेंगे और यह ज्ञान उन्हें उनकी अनैतिक अव्यवस्था के अँधेरे से बाहर निकाल लेगा। ग्रांट की तरह उपयोगितावादी भी भारतीय सभ्यता को एक जड़, भ्रष्ट और विकृत हो चुकी तथा अधोन्मुख सभ्यता मानते थे। उनके अनुसार राज्य का कर्तव्य था कि वह ज्यादा से ज्यादा लोगों की खुशी और नैतिक सुधार पर ध्यान दे और ऐसा करने के लिए यूरोपीय विचारों, व्यवहारों व दस्तूरों को भारत में ला, भारतीय समाज को बदल डाले।

लेकिन भारत को बदलने का तरीका क्या हो? भारत को बदलने की प्राच्यवादी रणनीति और नज़रिये को हम देख चुके हैं। इसके बरअक्स, चार्ल्स ग्रांट अंग्रेजी माध्यम में शिक्षा के हिमायती थे। उनका कहना था कि अंग्रेजी माध्यम के जरिए भारतीय जनता की पश्चिमी साहित्य और विज्ञान के श्रेष्ठ विचारों तक सीधी पहुँच हो सकती थी जो अन्ततः अधिक तार्किक, वैज्ञानिक और ईसाई दृष्टिकोण को जन्म देती। ग्रांट की तुलना में उपयोगितावादी, जो ग्रांट की ही तरह भारत को एक जड़ समाज मानते थे, भारतीय भाषाओं में यूरोपीय ज्ञान-विज्ञान का अनुवाद कर भारतीयों को नये विचारों से परिचय करवा, भारत को बदलने का रास्ता खोज रहे थे। इन दोनों समूहों का मानना था कि भारतीय विचारों और रिवाजों को पुनर्जीवित करने की प्राच्यवादी कोशिश, एक गलती पर और गलती करने का काम थी। यहाँ यह नोट कर लेना उचित होगा कि अंग्रेजी माध्यम में शिक्षा

का ग्रांट का विचार भारतीय उपमहाद्वीप के पूर्व अनुभव से प्रभावित था। मुगलों द्वारा फारसी भाषा और तहज़ीब भारत में लायी गयी थी और मुगल साम्राज्य के पतन के दौर में भी वह राजनीतिक सम्प्रेषण और सूचना की भाषा बनी रही थी।

19वीं शताब्दी के दूसरे दशक में इन नये विचारों और ताकतों की बढ़ती स्वीकृति के साथ एक और बदलाव भी हुआ। सन् 1793 में मिशनरियों द्वारा भारत में ईसाई धर्मान्तरण और शैक्षणिक गतिविधियाँ आरम्भ करने के प्रस्ताव को ब्रिटिश संसद ने नकार दिया था। पर 20 साल बाद, 1813 में ईस्ट इंडिया कम्पनी के चार्टर पर बहस में एक ऐसा प्रावधान जुड़ा जिसमें एक साथ कई विचार और हिन्दू-मुस्लिम परम्परा, साम्राज्यवादी ज़रूरतों, प्राच्यवादी विद्वत्ता और ईसाई धर्म प्रसार मिशन ताकतों का गड्डमड्ड प्रभाव दिखता है। इसी प्रावधान पर हुई आंग्लवादी-प्राच्यवादी बहस। यह प्रावधान क्या था?

1813 का चार्टर एक्ट और शिक्षा का प्रावधान

1813 चार्टर पर बहस में अनेक मुद्दों के अलावा दो महत्त्वपूर्ण शैक्षणिक मुद्दों पर चर्चा हुई। क्या कम्पनी द्वारा नियंत्रित क्षेत्र में मिशनरियों को भारतीयों के बीच शिक्षा और ईसाई धर्म-प्रसार की अनुमति दी जाये? क्या कम्पनी भारतीयों की शिक्षा की जिम्मेदारी ले और अगर हाँ तो उसकी शैक्षणिक गतिविधियों की प्रकृति और सीमा क्या हो?

चार्टर एक्ट के तेरहवें प्रस्ताव में कहा गया कि भारत में ब्रिटिश अधिकार-क्षेत्र में 'देशज निवासियों के हितों और खुशी' को बढ़ावा देना ब्रिटेन की जिम्मेदारी है और उनमें 'उपयोगी ज्ञान के परिचय और नैतिक सुधार' लाने के कदम उठाये जाने चाहिए। और जो लोग इन 'परोपकारी' उद्देश्यों के लिए वहाँ रहने के इच्छुक हों, उन्हें कानूनन पर्याप्त सुविधाएँ दी जाएँगी। इस प्रावधान से ब्रिटिश भारत में मिशनरी काम का रास्ता खुला और वैधता मिली।

दूसरे मुद्दे पर कम्पनी के निदेशकों ने विरोध किया क्योंकि उन दिनों इंग्लैण्ड में भी शिक्षा राज्य का दायित्व नहीं मानी जाती थी। दूसरे, कम्पनी लाभ कमाने के लिए भारत में राज कर रही थी, न कि लोक हितैषी उद्देश्यों के लिए। लेकिन 13 वें प्रस्ताव और मिशन वाक्यांश के विरोधी चाहते थे कि मिशनरी उद्यम के प्रभावों के विरोध और सामना करने के लिए एक शक्तिशाली और प्रतियोगी एजेंसी बनाई जाये और वे 43वें प्रस्ताव पारित करने में सफल हुए, जिसमें कहा गया था कि, ''गवर्नर जनरल को यह अधिकार होगा कि भौगोलिक अधिग्रहणों में सैन्य, असैनिक और व्यापारिक खर्चों और कर्ज़े पर ब्याज चुकाने के

बाद बचे हुए किराये, करों और लाभ से हर साल कम से कम एक लाख रुपये भारत के साहित्य के पुनर्जीवन और सुधार तथा विद्वत्त निवासियों को प्रोत्साहित करने और भारत में ब्रिटिश क्षेत्रों के निवासियों में विज्ञान के ज्ञान का परिचय करवाने और बढ़ावा देने के लिए किया जाएगा।"

इस प्रावधान ने किन तीखी बहसों को जन्म दिया और उसमें किसने भाग लिया?

1813 का शिक्षा प्रावधान : बदलाव, बहस और भागीदार

अगर हम इस प्रावधान को पढ़ें तो कई महत्त्वपूर्ण मुद्दे उभरते हैं। भारत का साहित्य क्या है? उसको पुनर्जीवित करने का क्या अर्थ है? और उनका क्या महत्त्व है? क्या भारतीय भाषाएँ/बोलियाँ भारत में बौद्धिक सुधार लाने में सक्षम हैं? अगर ये बोली-भाषाएँ वैज्ञानिक सूचना-ज्ञान, साक्षरता से सम्पन्न नहीं हैं तो यह पुनर्जीवन अन्दर से होगा या किसी बाहरी प्रभाव से होगा? वह बाहरी प्रभाव कौन सा हो– क्या यह संस्कृत हो या अंग्रेजी? साहित्य के सुधार का क्या अर्थ है? किन पहलुओं को सुधारने की ज़रूरत है और क्यों? क्या पुनर्जीवन और सुधार एक साथ हो सकते हैं या उनमें आपस में कोई टकराव भी सम्भव है?

भारतीय विद्वत्त जन कौन हैं? क्या वह पंडित और मौलवी हैं या यूरोपीय ज्ञान-विज्ञान से परिचित बुद्धिजीवी? जो धर्मशास्त्र और पारम्परिक मिथकों, रहस्यों के ज्ञाता हैं।

इस प्रस्ताव पर हुई बहसों में यह भी मुद्दा उभरा कि 'पुनर्जीवन' प्रमुख शब्द है या विज्ञान का परिचय करवाना और बढ़ावा देना, यह बहस हमें शिक्षा नीति को पढ़ते वक्त यह तय करने को कहती है कि मुख्य वाक्यांशों को आपस में जोड़कर पढ़ा जाये या अलहदा।

इस प्रावधान पर हुई बहस के मुद्दों और उसमें भाग लेने वाले लोगों को देखने पर यह भी सवाल उठता है कि अगर भारतीय राय एक नहीं थी और उनमें अंग्रेज़ी शिक्षा के समर्थक और विरोधी तथा संस्कृत-अरबी-फारसी शिक्षा के समर्थक और विरोधी दोनों थे, तो 'भारत' का 'प्रतिनिधि' कौन था, यह किस आधार पर तय करें। अगर कोई एक या कुछ व्यक्ति बहुमत के विचारों के विरोधी हों तो क्या वह आदरणीय और समझदार निवासियों के प्रतिनिधि हो सकते हैं? साथ ही क्या अंग्रेजी शिक्षा के सभी समर्थक अंग्रेजों के दलाल थे और भारत पर सांस्कृतिक विजय का रास्ता बना रहे थे? या वे अपने हितों को भी सोच रहे थे? वे हित क्या थे? क्या अंग्रेजी शिक्षा के समर्थकों में सती प्रथा के समर्थकों (जैसे

रामकमल सेन और राधाकान्त देव) और विरोधियों (राजा राममोहन राय) की एक साथ उपस्थिति अंग्रेजी-आधुनिकता-प्रगतिशीलता के युग्म पर प्रश्न उठाती है?

1813 के इस प्रावधान को लागू करने की कोशिशें 1823 में सार्वजनिक शिक्षा समिति के गठन से आरम्भ हुईं। हालाँकि 1820 के इस दशक के शुरुआती सालों में बम्बई प्रैसीडेंसी के गवर्नर ऐलफिन्सटन (1819-1827), मद्रास के गवर्नर मुनरो (1820-1826) और उनके उत्तराधिकारी गवर्नर मैल्कम, गवर्नर जनरल हेस्टिंग की भारतीयों के साथ मेलमिलाप (Conciliation) की नीति थी और वे प्राच्यवादी विचारों के समर्थक थे, लेकिन पश्चिमी सांस्कृतिक, आर्थिक और राजनीतिक श्रेष्ठता में विश्वास रखने वाले समूह, सुधार और बदलाव का दबाव बना रहे थे। पश्चिमी शिक्षा को बढ़ावा देने की माँग करने वाले भारतीय बम्बई काउंसिल के महत्त्वपूर्ण प्रशासकों, जिनमें गवर्नर ऐलफिन्सटन भी शामिल थे, की सहानुभूति पाने में सफल हो रहे थे। वे दिन जब अंग्रेज केवल पुराने विद्वत्तजनों से सलाह-मशवरा करते थे, खत्म हो रहे थे।

बंगाल में बदलाव के दबाव और उनका विरोध कहीं तीखा था। 1820 के बाद से भारतीय जनता प्रिंट मीडिया का अपने उद्देश्यों के लिए इस्तेमाल करने लगी थी और इस तरह एक नये सार्वजनिक क्षेत्र का निर्माण हो रहा था जिसमें सामाजिक और राजनीतिक मुद्दों पर चर्चा और बहस होती। इस प्रक्रिया में एक महत्त्वपूर्ण घटक मुंशियों का नया वर्ग था जो फारसी से कहीं ज्यादा अंग्रेजी भाषा और संस्कृति में पारंगत था, हालाँकि वह अभी भी अंग्रेजी अफसरों के सहायकों तथा अंग्रेजी शासकों और भारतीय जनता के बीच सांस्कृतिक दुभाषिये का काम करता था। बंगाली समाज की हिन्दू उच्च जातियों या भद्रलोक और कुछ महाजनी तथा व्यापारी जातियों ने भी ईस्ट इंडिया कम्पनी के सूर्योदय के अनुरूप अपने को ढाल, अंग्रेजी सीखकर अपने भविष्य को सुरक्षित करने का प्रयास किया था। 1816 में अमीर हिन्दुओं के एक समूह जिसने बंगाल में यूरोपीय समुदाय के साथ नवधनाढ्य हैसियत या नया रुतबा हासिल किया था, कलकत्ता के युवाओं को अंग्रेजी और बांग्ला में पश्चिमी ज्ञान देने के लिए हिन्दू कॉलेज की स्थापना की थी।

बंगाल में 1823 में बनी सार्वजनिक शिक्षा की जनरल कमेटी में भी परम्परागत ज्ञान पर पश्चिमी ज्ञान की कलम रोपने की नीति (Policy of engraftment) के समर्थक एच.एच. विल्सन 1833 तक प्रभावशाली भूमिका में रहे। संस्कृत के विद्वान विल्सन बंगाल की या एशियाटिक सोसायटी के बीस साल से भी ज्यादा सचिव रहे थे। 1823 में राजा राममोहन राय ने कलकता में नये संस्कृत कॉलेज बनने पर उसके विरोध में एक चिट्ठी लिखी लेकिन सार्वजनिक शिक्षा कमेटी

ने न तो उसका जवाब दिया और न ही उन्हें हिन्दुओं और देशवासियों का प्रतिनिधि ही माना। लेकिन इस कमेटी को ईस्ट इंडिया कम्पनी के पत्रव्यवहार के परीक्षक जैसे ऊँचे पद पर नियुक्त जेम्स मिल की आलोचनाओं का जवाब देना पड़ा। जेम्स मिल का तर्क था कि अंग्रेजों को अपनी शक्ति का इस्तेमाल आधुनिक यानी यूरोपीय विचारों और व्यवहारों से लोगों को अवगत कराने के लिए करना चाहिए उसे भारतीय विचारों-व्यवहारों को पुनर्जीवित करने की गलती नहीं करनी चाहिए। कमेटी का विचार था कि पश्चिमी ज्ञान को स्थापित करने का काम उनके सहयोग और हिन्दुओं-मुसलमानों के बीच पश्चिमी ज्ञान के प्रति उनके दुराव को दूर करके धीरे-धीरे ही हो सकता था।

लेकिन 1830 के दशक में कई बदलाव हुए जिन्होंने भारत के लिए नयी शिक्षा नीति निर्माण को प्रभावित किया। बंगाल के भद्रलोक और बम्बई के पारसियों में पश्चिमी शिक्षा की माँग बढ़ी। राममोहन राय ने स्कॉटलैंड के चर्च को बंगाल में अंग्रेजी स्कूल खोलने के लिए आने को प्रेरित किया। 1830 में आये स्कॉटिश मिशनरी एलैक्जैंडर डफ की बनायी नयी अंग्रेजी पाठ्यचर्या, अपने ईसाई सन्देश के बावजूद भारतीय विद्यार्थियों को आकर्षित करने में सफल रही। भारत के नये गवर्नर जनरल विलियम बेंटिक (1828-1835) के शासन काल में अंग्रेजी शासन कहीं ज्यादा सुरक्षित महसूस कर रहा था और भारतीयों के समर्थन की जरूरत पर ज़ोर कम हुआ। साथ ही इस दौरान फारसी की जगह अंग्रेजी को राज-काज की भाषा बनाने और पश्चिमी शिक्षा पाये भारतीयों के लिए ज्यादा से ज्यादा सरकारी नौकरियों की सम्भावना ने भी अंग्रेजी की माँग को बल दिया। और अंग्रेजी की इस बढ़ती माँग को मैकॉले और अन्य सुधारकों ने शिक्षा नीति में बदलाव की जरूरत के एक सबूत की तरह इस्तेमाल किया।

सन् 1833 में विल्सन सेवानिवृत्त हो इंग्लैण्ड चले गये और बेंटिक ने शिक्षा नीति में सुधार के हिमायती लोगों को सार्वजनिक शिक्षा की कमेटी में शामिल किया। चार्ल्स ट्रेवेलियन (जो मैकॉले के नजदीकी रिश्तेदार भी थे) ने विल्सन की प्राच्यवादी नीतियों को उलटने की मुहिम चलाई और 1834 में संस्कृत कॉलेज में पाठ्यचर्या बदलने व कलकत्ता मदरसे में अंग्रेजी लाने और हिन्दू ग्रन्थों-पुस्तकों की छपाई पर रोक लगाने का निर्णय लिया। प्राच्यवादियों ने इन कदमों का भारी विरोध किया। सहमति के अभाव में यह मामला गवर्नर जनरल विलियम बेंटिक तक पहुँचा जिसने इसे अपने परिषद् कानून सदस्य मैकॉले के सुपुर्द किया। 2 फरवरी 1835 को मैकॉले ने भारतीय शिक्षा पर अपना प्रपत्र (Minute) लिखा और अगले महीने बेंटिक ने अधिकतर प्राच्यवादी कार्यक्रमों पर रोक लगाते हुए

आंग्लवादी सुधारकों के पक्ष में प्रस्ताव पारित कर दिया। इस प्रस्ताव में कहा गया कि इसका उद्देश्य भारत के निवासियों के बीच यूरोपीय साहित्य और विज्ञान को बढ़ावा देना होना चाहिए और शिक्षा हेतु रखी गयी हमारी निधि का सबसे बेहतर इस्तेमाल केवल अंग्रेजी शिक्षा के लिए किया जाए।

इस प्रस्ताव के विरोध में कुछ प्राच्यवादियों (जिनमें प्रमुख प्राच्यवादी जेम्स प्रिन्सेप शामिल थे) ने सार्वजनिक शिक्षा समिति से इस्तीफा दिया। मैकॉले इसके नये अध्यक्ष बने। मैकॉले की अनुशंसा पर दो भारतीयों को इस समिति में शामिल किया गया और सरकार ने हिन्दू कॉलेज व कलकत्ता के मैनेजरों से दो लोगों को मनोनीत करने को कहा। मनोनीत किये गये ये दोनों लोग, राधाकान्त देव और रासमॉय दत्त रूढ़िवादी और धर्मसभा के प्रमुख सदस्य थे। राममोहन राय की जगह इनका मनोनयन कलकत्ता के अपेक्षाकृत कम परिवर्तनवादी-सुधारवादी तबकों का समर्थन पाने की रणनीतिक चाल थी। लेकिन अखबार और एक महत्त्वपूर्ण याचिका के जरिए भारतीयों ने फारसी की जगह अंग्रेजी को सरकारी भाषा बनाने में अपना सहयोग दिया।

कलकत्ता में विकसित अंग्रेजी पर ध्यान के मुकाबले आगरा क्षेत्र में स्थानीय अधिकारियों ने देशी भाषा में प्रारम्भिक शिक्षा पर अधिक ध्यान दिया। बम्बई में जिला स्तर पर देशी भाषा शिक्षा सुधारने और अनेक केन्द्रीय विद्यालयों में विकसित अंग्रेजी शिक्षण की शुरुआत करने की ऐलफिन्सटन की नीति जारी रही। मद्रास में गाँव स्तर पर प्रारम्भिक शिक्षा को पुनर्जीवित करने की नीति 1839 तक जारी रही जब नये गवर्नर ने सार्वजनिक शिक्षा समिति की अंग्रेजी उच्च शिक्षा पर ध्यान देने की नीति को मद्रास में भी क्रियान्वित करने के लिए ज़ोर डाला। 1840-50 के दशकों में रूढ़िवादी हिन्दुओं ने मिशनरी स्कूलों के असर का विरोध करने के लिए स्वयं अंग्रेजी स्कूल खोले ताकि विद्यार्थी बिना अपना धर्म खोए, पैसा कमाने वाला ज्ञान सीखते रह सकें।

दूसरी ओर, अंग्रेजी शिक्षा के बेंटिक के प्रस्ताव का कलकत्ता के 3000 मुसलमानों ने एक याचिका पर हस्ताक्षर कर विरोध किया। इसके तुरन्त बाद संस्कृत कॉलेज, कलकत्ता के 76 विद्यार्थियों ने भी एक विरोध याचिका भेजी। इन याचिकाओं का असर बंगाल के अधिकारी पर दिखता है। बेंटिक के 7 मार्च के प्रस्ताव में मैकॉले की कलकत्ता मदरसा और संस्कृत कॉलेज खत्म करने की माँग को शामिल नहीं किया गया। सरकार के केवल अंग्रेजी शिक्षा के प्रति नयी वचनबद्धता पर ज़ोर देते हुए भी इस प्रस्ताव में कहा गया कि 'देशज ज्ञान' के विद्यमान संस्थानों के अध्यापकों व विद्यार्थियों को मिलने वाले वेतन व वजीफे

जारी रहेंगे। ब्रिटिश औपनिवेशिक शिक्षा नीति के इस ऐतिहासिक सन्दर्भ के साथ हम मैकॉले के शिक्षा प्रपत्र के मुख्य बिन्दुओं और उनके वैचारिक आधार पर चर्चा कर सकते हैं।

मैकॉले का शिक्षा प्रपत्र

मैकॉले ने 'ज्ञानी देशज' की परम्परागत परिभाषा पर प्रश्न उठाया, मिस्र से तुलना करते हुए उसने कहा कि अगर अरबी और संस्कृत का साहित्य अन्धविश्वासों पर आधारित हो, अतार्किक हो, तो ऐसे पुराने सिद्धान्त को क्यों सिखाया जाये। अगर इसकी जगह सभी तरह के विज्ञान की चाबी—अंग्रेजी और फ्रेंच भाषा, पढ़ाई जाए तो उसमें क्या हर्ज है? उनका कहना था कि भारतीय भाषाएँ इतनी गरीब और अपरिष्कृत थीं कि उनमें किसी मूल्यवान काम का अनुवाद सम्भव नहीं था। मैकॉले द्वारा इस्तेमाल किया गया यह विभाजन पश्चिमी-यूरोपीय ज्ञान के तथ्यपरक एवं वैज्ञानिक तथा भारतीय ज्ञान-साहित्य के कल्पना आधारित मिथकीय और हँसने लायक होने की मान्यता पर आधारित था। साथ ही 19 वीं शताब्दी का उदारवादी दम्भ कि यूरोप भारत से श्रेष्ठ है, इस विभाजन को ताकत देता था। इसके बरअक्स प्राच्यवादी देशज ज्ञान के पुनर्जीवन पर बल देते थे ताकि भारतीय लोग ब्रिटिश संस्कृति, मूल्यों, नैतिकता के प्रति अधिक ग्राह्य हो सकें। मैकॉले का मानना था कि यूरोपीय वैज्ञानिक ज्ञान भारतीयों को पिछड़ेपन और अतार्किकता की बेड़ियों से आज़ादी देगा। यह कोशिश औपनिवेशिक पितृसत्तात्मक सोच से जुड़ी थी। औपनिवेशिक दृष्टिकोण में औपनिवेशित लोग, बच्चे थे, सभ्यता के सोपान की निचली सीढ़ी पर खड़े बच्चे और औपनिवेशिक शासक वयस्क थे, सभ्यता और विकास की सबसे ऊँची सीढ़ी पर खड़े वयस्क और अविकसित औपनिवेशित बच्चे का बुरा-भला क्या है, यह औपनिवेशिक पिता से बेहतर कौन जान सकता था।

यह वयस्क-बच्चे का रिश्ता अनेक औपनिवेशिक सन्दर्भों, नीतियों और अनुभवों में व्यक्त हुआ था। मैकॉले इसी औपनिवेशिक परिप्रेक्ष्य से प्रेरित थे और अपनी इस औपनिवेशिक समझ और जिम्मेदारी को व्यक्त कर रहे थे। साथ ही यह गुलाम बनाये समाजों में सुधार लाने और उनको प्रशिक्षित करने के साम्राज्यवादी औचित्य की अभिव्यक्ति था।

अपने इस प्रपत्र में मैकॉले ने प्राच्यवादियों के इस तर्क को भी खारिज किया कि देशज शिक्षा संस्थाओं को वित्तीय संरक्षण और सहयोग से हाथ खींचना, भारतीयों को अंग्रेज़ों द्वारा किये गये वायदे को तोड़ना था। मैकॉले ने कहा कि अगर ऐसा कोई वायदा किया भी गया था और उसकी मान्यताएँ और परिणाम

बेकार थे तो ऐसे वायदे पर टिके रहना ज़रूरी नहीं था। साथ ही नयी खोज के साथ पुराने वायदे को जारी रखने का क्या तुक है? इसके मुकाबले अगर किसी अन्य 'उपयोगी' चीज़ के लिए पैसे का इस्तेमाल हो सकता है, तो वह बेहतर होगा। अंग्रेजी सीखने के लिए फीस देकर दाखिला लेने वाले विद्यार्थियों की बढ़ती संख्या का उदाहरण देकर मैकॉले ने तर्क दिया कि बाज़ार किसी चीज़ की बहुमूल्यता या व्यर्थता होने की निर्णायक परीक्षा था। प्राच्यवादी किताबों के न बिकने से भरे गोदाम और अंग्रेज़ी किताबों की बिक्री से लाभ कमाती छपाई कम्पनियाँ भी अंग्रेजी को भारतीय समर्थन का द्योतक मानी गयी।

उपयोगितावाद और बाज़ारी अर्थव्यवस्था की अवधारणाओं व सन्दर्भों का मैकॉले द्वारा इस्तेमाल उपनिवेशवाद के इस ख़ास दौर में प्रभावशाली होते विचारों का प्रमाण हैं। बाज़ार में क्या चीज़ खरीदने/सीखने को उपभोक्ता/विद्यार्थी तैयार हैं, वह भविष्य में उसका क्या लाभ देखते हैं और उन्हें कौन सा ज्ञान (अरबी/संस्कृत) सिखाने के लिए छात्रवृत्ति का सहारा चाहिए, खुले व्यापार के युग में बाजार के किसी भी वस्तु (ज्ञान की वस्तु है) का मूल्य तय करने के आधार क्या हैं? ऐसे व्यर्थ ज्ञान को सिखाना उनके बौद्धिक स्वास्थ्य को बिगाड़ना है और क्योंकि वह पहले ही बिगड़ा हुआ है, ऐसे में ब्रिटिश शासन को चलाने के लिए उनका सहयोग ढूँढ़ना और सलाह माँगना और भी बुरा होगा। जैसा कि हमने पहले कहा कि 1820-30 के दशकों में ब्रिटिश साम्राज्य की भारत में सलामती बने रहने का आत्मविश्वास और भारतीयों के प्रति अपनी जिम्मेदारी के दृष्टिकोण में बदलाव, मैकॉले के इन तर्कों में स्पष्टतः उपस्थित है। अब भारतीय देशज ज्ञान के समर्थन-पोषण को मैकॉले ने पूर्वाग्रहों, झूठ का समर्थन माना और कहा कि यह समर्थन उस बुराई को ही और मजबूत करेगा जिसका अंग्रेज विरोध करते थे।

प्राच्यवादियों के साथ एक मुद्दे पर मैकॉले ने सहमति व्यक्त की। वह मुद्दा था सीमित संसाधनों को ध्यान में रखकर एक छोटे समूह को शिक्षा देना। नीचे की ओर रिसाव के सिद्धान्त पर आधारित इस प्रस्ताव में समाज के उच्च वर्ग को शिक्षा पाकर उसे आम जनता तक पहुँचाना था। यह शिक्षा क्या हो, इस पर प्राच्यवादियों और मैकॉले में मतभेद ज़रूर था लेकिन यह शिक्षा भारतीय उच्च वर्ग-अभिजन तक सीमित हो, इस पर दोनों में सहमति थी। भारतीय जनता ब्रिटिश राज को स्वीकार्य करे, इस उद्देश्य पर दोनों ही एकमत थे, मतभेद यह कैसे हो इस पर था। भारतीय देशज भाषाओं को समृद्ध करने की जरूरत दोनों ने महसूस की लेकिन वह समृद्धि अरबी-संस्कृत से आये या अंग्रेजी से, इस पर उनकी अलग राय थी।

उत्तर-कथा और निष्कर्ष

हमने देखा कि 1820-30 के दशकों में मैकॉले के विचारों की जमीन और समर्थन बन रहा था। एक ओर ग्रांट, ट्रेवेलियन और मैकॉले ने नये राजनीतिक अर्थशास्त्र के तर्कों का इस्तेमाल किया और दूसरी ओर अनेक भारतीयों ने भी समर्थन के अलावा कई विचार और सुबूत मुहैया कराये। इस बहस में संस्कृत किस वर्ग और जाति की भाषा थी, किस संस्कृति परम्परा-भाषा को भारतीय संस्कृति-परम्परा-भाषा मानें और क्यों जैसे सवाल उभरते हैं जो आज तक प्रासंगिक हैं। साथ ही अंग्रेजी के समर्थक भारतीयों में भी अंग्रेजी राज से उपजती आर्थिक और सांस्कृतिक चिन्ताएँ यह दिखाती हैं कि औपनिवेशिक अनुभव और शिक्षा की कहानी केवल एक रंग से नहीं लिखी जा सकती। इस कहानी में भले ही भारतीय कलाकार भी हैं पर अर्थ लगाने, निर्णय लेने की ताकत अंग्रेज़ों के हाथ में थी और 19वीं शताब्दी के उत्तरार्द्ध में अंग्रेजों द्वारा परम्परा, संस्था, कानून पर अपने अर्थ, परिभाषाएँ और व्याख्याएँ लागू की जाने लगीं।

सन् 1839 में नये गवर्नर जनरल लॉर्ड ऑकलैंड ने बेंटिक-मैकॉले के प्रस्तावों को उलट एक समझौते का रास्ता अपनाया। पारम्परिक संस्थाओं को बनाये रखने की वचनबद्धता कहीं ज़ोर से दोहराई गयी। प्राच्यवादी संस्थानों को निधि-छात्रवृत्तियाँ लौटाई गयीं। साथ ही अंग्रेजी शिक्षा के लिए पैसा मुहैया कराया गया। साथ ही एक नये नाम से, योग्यता के आधार पर ब्रिटिश नियन्त्रण के सभी संस्थानों में छात्रवृत्तियाँ आरम्भ की गयीं। इस तरह मैकॉले के प्रस्तावों को औपनिवेशिक भारतीय शिक्षा में जगह मिली लेकिन अकेली-खुली-एकाधिकारता नहीं। औपनिवेशिक शिक्षा कई अन्य पड़ावों से गुजरी। लेकिन इस यात्रा में मैकॉले, आंग्लवादी-प्राच्यवादी बहस एक महत्त्वपूर्ण पड़ाव ज़रूर थी, भले ही निर्णायक नहीं।

मैकॉले बाधा और हिन्दी

अपूर्वानन्द

भारतीय शिक्षा और भारतीय भाषाओं की दुर्दशा के लिए 1835 के मैकॉले-क्षण को जिम्मेदार माना जाता रहा है। फरवरी,1835 में थॉमस बैबिंग्टन मैकॉले ने विलियम बेंटिक के कहने पर, जो तब तक ईस्ट इंडिया कम्पनी के प्रभुत्व को लगभग स्वीकार कर चुके भारत के गवर्नर जनरल थे, अपनी रिपोर्ट लिखी। इस रिपोर्ट ने भारत की शिक्षा की दिशा इस तरह तय कर दी कि अब तक उसके विरुद्ध सभी सांस्कृतिक, शिक्षा शास्त्रीय और भाषा वैज्ञानिक तर्कों के बावजूद हम दूसरा रुख नहीं कर पाये हैं। यूरोपीय सभ्यता की श्रेष्ठता के सिद्धान्त की खुद यूरोप में बौद्धिक रूप से प्रतिष्ठा नहीं रह गयी है। मैकॉले इस श्रेष्ठता में विश्वास रखने वाले अधिकारी थे। भारत आने के बाद यहाँ के राजे-रजवाड़ों का दीनतापूर्ण व्यवहार देखकर, जिसका जिक्र वे अपने पत्राचार में करते हैं, उनका यह यकीन और पक्का हो गया। यहाँ के ईसाइयों में जाति आधारित भेदभाव देख कर भी वे इस नतीजे पर पहुँचे कि यहाँ की सामाजिक संरचना में ही कोई बुनियादी खोट है और उसे दूर करना अंग्रेज़ शासकों का फर्ज है। हालाँकि इसे लेकर बहस रही है कि क्या मैकॉले के मिनट ने ही अंग्रेज़ी के पक्ष में पासा पलट दिया या उसके पहले ही बेंटिक यह फैसला कर चुके थे और मैकॉले ने मात्र उन्हें एक तरह का बौद्धिक सहारा दिया क्योंकि खुद बेंटिक, जैसा इतिहासकार कहते हैं कोई बहुत पढ़े-लिखे न थे जबकि मैकॉले बहुभाषाविद् शिक्षा और अन्य मामलों के अधिकारी विद्वान के रूप में पहले ही मशहूर थे।

मैकॉले का हस्तक्षेप महत्त्वपूर्ण ज़रूर था। भारत में शिक्षा को लेकर राजकीय रुख 1813 के ब्रिटिश कानून से तय होता था जिसने पूर्वी (ओरिएंटल) शिक्षा को राजकीय समर्थन का प्रावधान किया था। बाद में शिक्षा नीति के क्रियान्वयन के लिए बनाई गयी समिति में इसे लेकर मतभेद हो गया कि राजकीय संसाधन अंग्रेज़ी शिक्षा पर खर्च किया जाये या पूर्वी शिक्षा पर। पूर्वी शिक्षा का अर्थ यहाँ

संस्कृत और अरबी में दी जाने वाली शिक्षा से है। समिति में दोनों मतों के पक्ष में बराबर का बँटवारा होने से गतिरोध पैदा हो गया था जिसे तोड़ने के लिए गवर्नर जनरल ने मैकॉले की मदद माँगी।

इस संक्षिप्त आलेख में उस ऐतिहासिक क्षण की पड़ताल करने का उद्देश्य नहीं है। इसके ऊपर काम किया गया है और इससे सम्बंधित साहित्य में भारत के लिए इस निर्णायक क्षण के नाटक को देखा जा सकता है। इसके अभिनेताओं में मैकॉले की छवि प्रायः खलनायक की तरह की पेश की गयी है। मैकॉले का तर्क साम्राज्य की सांस्कृतिक श्रेष्ठता और उसके चलते उसके बड़े दायित्व-बोध के सिद्धान्त पर टिका था। साम्राज्य का काम हीनतर अवस्था में पड़े पूर्वी समाज को प्रकाश दिखाना था और इसके लिए अंग्रेज़ी शिक्षा के अलावा और उपाय नहीं था।

मैकॉले के मुताबिक अंग्रेजों का फर्ज था उस ज्ञान-विज्ञान से भारतीयों को परिचित कराना जिसके आधार पर वह उनसे उन्नत होने का दावा करते थे। यह काम इतना पवित्र था कि अगर इस शिक्षा के चलते एक दिन भारतीय उन्हें ही चुनौती देने लगे तो वह जोखिम भी उठाया जा सकता था। मैकॉले में एक इतिहास-बोध भी है यह इससे पता चलता है कि वह याद दिलाते हैं कि अंग्रेज़ी हमेशा से इस पद पर नहीं थी और इसके लिए उसे संघर्ष करना पड़ा था। वे भारतीयों के एक परायी भाषा न सीख पाने के तर्क को यह कह कर खारिज करते हैं कि उनके लिए यह अंग्रेजों के लैटिन सीखने से अधिक मुश्किल नहीं होना चाहिए।

संस्कृत और अरबी की शिक्षा पर सरकारी खर्च किसी तरह जायज़ नहीं ठहरता क्योंकि समाज के बहुलांश के लिए ये परायी थीं। लोगों के इस्तेमाल की जबानों में ज्ञान-विज्ञान न था। राज्य का काम था समाज में शिक्षा के लिए उत्सुक मेधावी लोगों को प्रोत्साहित करना और वह सबसे कारगर तरीके से किया जा सकता था उन्हें अंग्रेज़ी में दीक्षित करके। अंग्रेजी मैकॉले के लिए सभ्य और सुसंस्कृत का पर्याय था। इसलिए जब वे अपना उद्देश्य बताते हैं काले दिखने वाले लोगों को दिल-दिमाग से अंग्रेज बनाना तो दरअसल अपने हिसाब से वे अपना ईश्वरीय कर्तव्य ही पूरा कर रहे होते हैं। मैकॉले अपनी इस समझ को भी लागू करना चाहते थे कि अंग्रेज़ी साम्राज्य जोर-ज़बरदस्ती और हिंसा की जगह शिक्षा और संस्कृति की अपनी उच्चता के सहारे ही चलता है।

ध्यान रहे कि मैकॉले से बारह साल पहले राजा राममोहन राय जैसे सुधारक अंग्रेज हुक्मरान से यह प्रार्थना कर चुके थे कि भारत में अंग्रेज़ी की शिक्षा का प्रावधान किया जाये और उनके तर्क मैकॉले से बहुत अलग न थे। संस्कृत पर

पैसा खर्च करना उनकी निगाह में हानिकर ही था। हिन्दी अभी उस रूप में पैदा न हुई थी जिसमें हम उसे पहचानते हैं। यह कहना बहुत गलत न होगा कि मैकॉले के ध्यान में द्वन्द्व संस्कृत-अरबी और अंग्रेज़ी के बीच था। संस्कृत और अरबी या फारसी के अलावा स्थानीय भारतीय भाषाओं की ओर से वकालत के प्रमाण इस बहस में नहीं मिलते हैं।

हिन्दी का जन्म मैकॉले के गुजर जाने के काफी बाद हुआ। भारतीय स्वाधीनता-आन्दोलन में हिन्दी का आन्दोलन राष्ट्रीय भावनाओं के प्रचार के साथ जुड़ा था। इस पर अभी काम होना शेष है कि साहित्य के अलावा अन्य विधाओं में सक्रिय लोग भाषा के बारे में क्या सोच रहे थे। राष्ट्रीय आन्दोलन के दौरान जो विश्वविद्यालय स्थापित हुए उन्होंने भारतीय भाषाओं में विज्ञान और अन्य विधाओं के सृजन को लेकर क्या बहस की, इस पर भी काम कम हुआ है। राष्ट्रवादी वैज्ञानिकों और समाज वैज्ञानिकों ने हिन्दी जैसी 'ज्ञानहीन' भाषा का प्रयोग कैसे और कितना किया, यह भी विचारणीय है।

इस आलेख में सिर्फ इस पर चर्चा की जाएगी कि हिन्दी क्यों मैकॉले-बाधा को दूर नहीं कर पायी है। हिन्दी या अन्य भारतीय भाषाओं और राजकीय संसाधनों के बीच के रिश्ते की समझ के लिए अलग अध्ययन की आवश्यकता होगी। स्वयं वैज्ञानिक और समाज वैज्ञानिक निकायों या संस्थानों में कोई भाषा चेतना रही भी है या नहीं, इसे भी अलग से समझना पड़ेगा। यह इसलिए भी ज़रूरी है कि जब ये राज्य से साधनों की माँग करते हैं तो भाषा और ज्ञान को लेकर कुछ कहते भी हैं या नहीं, हमें पता नहीं। हिन्दी को लेकर जो भी माँग है वह भावना की दुहाई देकर की जाती है।

हिन्दी और भावना के सम्बन्ध के पीछे गलतफहमी यह रही है कि इस देश की बहुलांश आबादी की मातृभाषा हिन्दी है। खड़ी बोली हिन्दी उन लोगों के लिए अभी भी सीखी जाने वाली और कामकाजी भाषा है जो घरों और गाँव या मोहल्लों में ब्रज, अवधी, भोजपुरी, मैथिली, बुन्देली, राजस्थानी, हो, मुंडारी, संथाली आदि बोलते हैं। हिन्दीवादी मन ही मन इन सारी भाषाओं की मृत्यु की कामना करते आये हैं जिससे हिन्दी का मार्ग निष्कंटक हो जाए लेकिन वह अब तक नहीं हो पाया है। इस परिस्थिति ने हिन्दी के लिए राजकीय संसाधनों पर एकाधिकार के प्रश्न को, कम से कम उन प्रदेशों में जिन्हें हिन्दी प्रदेश कहते हैं, जटिल बना दिया है। एक लम्बे समय तक शिक्षा और ज्ञान की निगाहों से ओझल आदिवासी भाषाएँ भी राजकीय साधनों पर अपना दावा पेश करने लगी हैं।

पिछले कुछ बरसों से यह अहसास गहरा हुआ है कि हिन्दी की दावेदारी

तब तक मजबूत नहीं होगी जब तक उसमें ज्ञान-विज्ञान का सृजन नहीं होगा। हिन्दी का यह दावा कि वह करोड़ों लोगों द्वारा बोली और समझी जाती है, व्यर्थ है क्योंकि उसमें ज्ञान का कोई महत्त्वपूर्ण काम नहीं होता। अगर गूगल के सहारे खोज करें तो विज्ञान की पत्रिका के नाम पर 'विज्ञान प्रगति' के अलावा कुछ भी नहीं हाथ आता। 'विज्ञान प्रगति' विज्ञान को लोकप्रिय बनाने के मकसद से निकाली जाती है। उसी तरह कृषि विज्ञान जैसे विषय में भी एकाध पत्रिका को छोड़कर हिन्दी में कुछ भी नहीं। समाजशास्त्र, राजनीति शास्त्र, नृतत्वशास्त्र, मनोविज्ञान हो या दर्शन, हिन्दी में स्तरीय शोध पत्रिकाएँ या जर्नल नगण्य हैं। यहाँ तक कि भाषा विज्ञान के क्षेत्र में भी हिन्दी में उल्लेखनीय काम नहीं हुआ है। इस स्थिति को क्या हम इन क्षेत्रों में सक्रिय विद्वानों के इरादों और फैसलों का नतीजा मानें या किसी और तरीके से इसे समझने का प्रयास करें?

अक्सर शिकायत की जाती है कि हमारे वैज्ञानिकों, इतिहासकारों, समाजशास्त्रियों, आदि ने आत्मोत्थान के लिए हिन्दी का साथ छोड़ दिया। अध्येता, विद्वान या शोधकर्ता अपनी नयी खोज या व्याख्या को उन लोगों के बीच ले जाना चाहते हैं जो उनके ज्ञान-क्षेत्र में काम कर रहे हैं। उनके द्वारा अपने काम की स्वीकृति या उनके भीतर उसके चलते नये विचार-विमर्श की शुरुआत की अपेक्षा करना किसी भी शोधार्थी या विद्वान के लिए स्वाभाविक है। यह भी याद रखा जाना चाहिए कि ज्ञान-व्यापार किसी एक भाषाई या राष्ट्रीय सीमा के दायरे में बँधकर नहीं किया जा सकता। भौतिकशास्त्र की भाषा अलग है और रसायनशास्त्र की अलग, भले ही दोनों अंग्रेज़ी या फ्रेंच में लिखे जा रहे हों। भारत के एक समाजशास्त्री की इच्छा चीन, श्रीलंका, ब्राजील, अमरीका या फ्रांस के समाजशास्त्र के संसार में पहचाने जाने की हो तो इसमें गलत क्या है? फिर उपाय क्या है? क्या वह ऐसी भाषा में लिखे जो उसके देश या समाज में तो समझी जाती है लेकिन उसकी विधा अथवा अनुशासन के व्यापक संसार में नहीं समझी जाती? ऐसा करके वह गुमनामी का वरण कर रहा होगा जिसमें शहादत की बहादुरी तो है लेकिन उसके जीवन भर के ज्ञानाभ्यास के अनपहचाने रह जाने से पैदा हुआ निरर्थकता बोध भी है। यह दुविधा सिर्फ भारत जैसे देश में काम करने वाले बौद्धिकों की नहीं है।

हिन्दी का मुकाबला इस प्रसंग में भारतीय भाषाओं से नहीं अंग्रेज़ी से है। लेकिन अंग्रेज़ी ने तो ज्ञान और अकादमिक क्षेत्र में जर्मन, फ्रेंच, स्वीडिश आदि भाषाओं को भी उनकी पूर्व स्थिति से अपदस्थ कर दिया है। कोई सवा सौ साल पहले मृत्यु के ठीक पहले प्रूशिया के चांसलर ओटो वोन बिस्मार्क से एक पत्रकार

ने इंटरव्यू के दौरान पूछा कि वे किसे अपने समय की सबसे निर्णायक घटना कहेंगे। बिस्मार्क ने जवाब दिया, 'यह बात कि उत्तरी अमरीका अंग्रेज़ी बोलता है।' यूनिवर्सिटी ऑफ मिशिगन के प्रोफेसर जॉन एम. स्वेल्स ने एक निबन्ध में बिस्मार्क के इस वक्तव्य को भविष्य कथन बताते हुए लिखा है जिस वक्त वह यह कह रहे थे उस समय जर्मन भाषी विज्ञान और मेधा, जर्मन टेक्नोलॉजी और उद्योग और जर्मन भाषी विश्वविद्यालय बाकी दुनिया के मुकाबले बहुत-बहुत आगे थे। जर्मन के ऊपर अंग्रेज़ी की जीत के कारण दो विश्व युद्धों में जर्मनी की भूमिका और हिटलर के शासन काल में श्रेष्ठ जर्मन वैज्ञानिकों और बौद्धिकों के अमरीका जैसे अंग्रेज़ी भाषी देश की ओर पलायन में खोजे जा सकते हैं। द्वितीय विश्व युद्ध के बाद अमरीका ही ऐसी महाशक्ति था जिसकी अर्थव्यवस्था और बौद्धिक और भौतिक ढाँचा लगभग युद्ध से अप्रभावित रहा था।

अंग्रेज़ी ने सिर्फ जर्मन को ही नहीं धीरे-धीरे ज्ञान के इलाके से अन्य भाषाओं को, जिनमें अकादमिक विचार-विमर्श की समृद्ध परम्परा और अभ्यास था, किनारे कर दिया है। स्वेल्स ने मेक्सिको के *जर्नल ऑफ एनाटोमी एंड एम्ब्रायोलोजी* की, जो अभी सिर्फ अंग्रेज़ी में प्रकाशित होता है की यात्रा कथा बताई है। 1876 में यह केवल स्पेनिश में छपता था, 1974 से यह स्पेनिश और अंग्रेज़ी में छपने लगा और 1983 आते-आते यह सिर्फ अंग्रेज़ी में प्रकाशित होने लगा। भौतिक शास्त्र हो या अर्थशास्त्र, मौलिक शोध कार्य को सिर्फ और सिर्फ अंग्रेज़ी में ही स्वीकार करने की नीति अब प्रायः हर जगह आम होती जा रही है। यह अंग्रेज़ी के प्रभुत्व का कारण है लेकिन उस भाषा के किसी ऐसे आन्तरिक गुण में नहीं है जो उसे सहज ही ज्ञान की भाषा बना देती है। अंग्रेज़ी के प्रसार को समझने के लिए एक पाकिस्तानी व्याख्याकार का यह कथन पर्याप्त है, 'पूरी दुनिया में अंग्रेज़ी पढ़ाना अरबों डॉलर का धन्धा बन गया है जिसकी तुलना सिर्फ नशीले पदार्थों के व्यापार के प्रसार से की जा सकती है।'

इस बात पर कोई विवाद नहीं है कि अंग्रेज़ी का यह मारक प्रसार विश्व के सांस्कृतिक स्वास्थ्य के लिए और खुद अंग्रेज़ी के लिए भी शुभ नहीं है। जैव-विविधता की तरह भाषाई विविधता की अवधारणा अब लोकप्रिय हो चुकी है। लेकिन उसके साथ ही ध्यान दिलाया गया है कि किसी एक भाषा के स्वास्थ्य के लिए स्वयं उसके भीतर प्रयुक्तिगत वैविध्य अनिवार्य है। यानी यह सम्भव होना चाहिए कि हिन्दी या उर्दू या बांग्ला में एक रसायनशास्त्री, रसायनशास्त्री की ही तरह बात करे। भूगर्भशास्त्री अपने अनुशासन की भाषा में बात कर सके। अंग्रेज़ी को सिर्फ शेक्सपीयर ने नहीं चार्ल्स डार्विन ने भी बनाया है। इस

समस्या के अध्येता इसलिए फ्रेंच, स्वीडिश, जर्मन, स्पेनिश जैसी भाषाओं में पहले से मौजूद अकादमिक प्रयुक्तियों के संरक्षण के उपाय खोजने का प्रयत्न कर रहे हैं। अकादमिक भाषा और आमफहम भाषा के बीच भी लेनदेन का रिश्ता होता है। अगर अकादमिक भाषा से शब्द और मुहावरे बोलचाल की ज़बान में नहीं आ पा रहे हैं तो भी भाषा के समृद्ध होने में सन्देह है। अंग्रेज़ी में भौतिकी, रसायनशास्त्र, जीव-विज्ञान और अन्य विधाओं के पारिभाषिक शब्द अखबारी ढंग से भी इस्तेमाल किये जाते हैं।

हिन्दी और ज्ञान-विज्ञान की बात आते ही सबसे ज़्यादा राजकीय चिन्ता अनुवाद को लेकर व्यक्त की जाती है। अनुवाद एक तरीका है किसी भी भाषा को समृद्ध करने का लेकिन वह उस भाषा में अलग-अलग विषयों पर मौलिक लेखन की जगह नहीं ले सकता। किसी भी भाषा को अकादमिक तब तक नहीं माना जा सकता जब तक विषय विशेष को लेकर उसमें ताज़ा सूचनाएँ नहीं मिलतीं। ज्ञान की सूचनाएँ, जो अनुवाद के जरिए उस तक पहुँचती हैं, स्वयं ज्ञान निर्माताओं के लिए नयी नहीं रह जातीं, उस भाषा के सामान्य पाठकों के लिए भले ही हों। ज्ञानात्मक सूचना का नयापन बड़ी शर्त है ज्ञान की दुनिया में किसी भी भाषा की प्रतिष्ठा के लिए। हिन्दी या अन्य भारतीय भाषाओं में अनुवाद के लिए तो साधन मुहैया कराया जाता है, हालाँकि वह भी अत्यन्त ही कृपाभाव से और संकोच के साथ। लेकिन भाषाओं में मौलिक शोध या लेखन के लिए राजकीय योजनाएँ अलग से कोई प्रावधान नहीं करतीं। विज्ञान को तो छोड़ ही दें, इतिहास, राजनीतिशास्त्र, समाजशास्त्र, मनोविज्ञान या दर्शन में भी मौलिक शोध या लेखन के लिए विश्वविद्यालय अनुदान आयोग, न इतिहास परिषद, न समाजविज्ञान शोध की परिषद् और न दर्शन में शोध की परिषद, आदि में से किसी ने कभी इस विषय पर गम्भीर चिन्तन किया हो, इसका प्रमाण नहीं है।

मैकॉले को ही क्या इसका दोषी ठहराया जाए कि भारतीय राज्य ने और उसके बौद्धिकों ने कभी उत्तर मैकॉले भाषा-स्थिति पर विचार नहीं किया?

हिन्दी में एक तरह से अभी ज्ञान-सृजन का काम शुरू किया जाना है। अब तक हमारा ध्यान मात्र शब्दों की खोज पर रहा है जबकि ध्यान अलग-अलग अनुशासन में सम्पूर्ण अकादमिक प्रयुक्ति के सम्पूर्ण अभ्यास पर दिया जाना चाहिए। इसमें हमारी सहज द्विभाषिकता एक बड़ा सहारा हो सकती है। हिन्दी में अनुशासन विशेष में संवाद के लिए आवश्यक उत्सुक समूह का होना भी ज़रूरी है। एक दूसरा तरीका विज्ञान जैसे विषयों के अध्ययन के साथ हिन्दी को सम्बद्ध करने का हो सकता है। ये फैसले लेकिन जितने अकादमिक संसार के भीतर

के हैं, उससे कहीं ज़्यादा विकास की राजनीति के हैं। ऐसी शिक्षा व्यवस्था जो माध्यमिक स्तर पर ही आबादी के बहुलांश को बाहर कर देती है, श्रेष्ठता की भ्रामक समझ पर आधारित है। यह विपन्न श्रेष्ठता है। खून जला कर अंग्रेज़ी सिखाने और न सीख पाने वालों को अवाक् कर देने की राजनीति विकास की जिस समझ पर आधारित है, उससे लड़े बिना हिन्दी में ज्ञान निर्माण के प्रश्न का हल नहीं निकल सकता। ज्ञान संसार में उत्तरी वर्चस्व के यथार्थ से कैसे निबटें, यह एक अलग प्रश्न है।

जब तक इस पर बहस नहीं होगी कि हिन्दी में ज्ञानात्मक भाषा न होने का मामला मात्र हिन्दी की न्यूनता से नहीं, ज्ञानानुशासनों की विपन्नता से भी जुड़ा हुआ है, बात आगे नहीं बढ़ेगी। जो ज्ञान अपने समाज से बात नहीं कर सकता वह ज्ञान ही क्योंकर है, यह प्रश्न ज्ञानमीमांसा का है। हिन्दी का संघर्ष इसलिए वास्तविक ज्ञानमीमांसात्मक संघर्ष के साथ राजनीतिक संघर्ष से भी जुड़ा हुआ है। लेकिन यहाँ तक लिखते हुए मुझे यह लगने लगा है कि कोई नयी बात तो कही नहीं मैंने। आखिरकार चाहिए वह साहस जो अज्ञेय ने बहुत पहले किया था और जिसके बारे में कहा था कि हिन्दी में लिखने का फैसला अपने आप में साहस का काम है। अज्ञेय ने मैकॉले-क्षण का अतिक्रमण एक नये मिजाज के हिन्दी गद्य का निर्माण करके किया। कथात्मक गद्य में वर्णन मात्र नहीं, चिन्तन सम्भव है और उसे आयत्त करना प्रयत्न साध्य है, यह उन्होंने दिखाया। सहजता भी दीर्घ प्रयास के बाद ही आ पाती है। कठिनता से पलायन भाषा को विपन्न करता है। अंग्रेज़ी में सहजता की यह साधना की गयी। हमारे विद्वानों में से अनेक ने, जैसा सतीश देशपांडे कहते हैं खुद पर भयंकर अत्याचार करके यह साधना की। साधना का यह साहस, जो अज्ञेय ने किया, हमारे विश्वविद्यालय कर पाएँगे, इसमें मुझे सन्देह है लेकिन इसे लेकर कोई दुविधा नहीं कि अगर ऐसा वे कर पाये तो स्वस्थ और समृद्ध ही होंगे।

मैकॉले की शिक्षा : एक विमर्श

हृदय कान्त दीवान / रमा कान्त अग्निहोत्री

मैकॉले का नाम भारत की शिक्षा में बहुत लिया जाता है। उसे एक तरफ तो भारत में शिक्षा के स्वरूप के लिए जिम्मेदार माना जाता है और दूसरी तरफ यह माना जाता है कि ऐसा स्वरूप देने के पीछे भारत की शिक्षा के प्रति उसकी दुर्भावना थी। यह भी कहा जाता है कि उसने जानबूझ कर भारत की शिक्षा को नष्ट किया ताकि वह अंग्रेज़ी शिक्षा को लागू कर सके व भारत के लोगों की विचारधारा को प्रभावित कर सके। शिक्षा की गोष्ठियों में अक्सर यह दावा किया जाता है कि यदि मैकॉले की शिक्षा नीति नहीं होती तो हमारी शिक्षा व्यवस्था बहुत अच्छी होती। यह भी कहा जाता है कि मैकॉले की शिक्षा की वजह से हमारे देश में पश्चिमी संस्कृति व विचारधारा का आगमन हुआ और हमने अपने पूर्व निर्दिष्ट कार्यों व व्यवसायों को भुला दिया। असल में कई बार इस विमर्श से ऐसा लगता है मानो मैकॉले की शिक्षा व भारत में विकास का आपस में अन्तरंग सम्बन्ध है और मैकॉले की शिक्षा ही औद्योगीकरण, तकनीकी विकास व शोषण के लिए जिम्मेदार है। इन सभी पहलुओं को एक साथ एक ही डिब्बे में रखना शायद सभी विमर्शों का प्रमुख आधार नहीं है। किन्तु कहीं न कहीं यह मान्यता है कि मैकॉले ने ऐसा ठोस कदम उठाया जिससे भारत की शिक्षा में कई प्रमुख निर्णय तय हुए। जैसा कि कहा गया है यह मान्यता है कि यह कदम उठाने का प्रमुख कारण उसकी भारत के लोगों के प्रति दुर्भावना थी।

अक्सर माना जाता है कि मैकॉले, मात्र ईस्ट इंडिया कम्पनी के व्यापारिक मकसदों को पूरा करने के लिए व उसकी जड़ें जमाने के लिए कार्य कर रहा था। यह भी आरोप लगता है कि अंग्रेजी साहित्य को प्रसारित करने व इंग्लैण्ड की चीज़ें ज्यादा उपभोग में आये इस कारण भी वह अंग्रेजी शिक्षा को समर्थन देना चाहता था। बहुत से लोगों के अनुसार इंग्लैण्ड साम्राज्यवाद की भारत में जड़ें फैलने की शुरुआत उसके मिनिट्स से ही है। यह सवाल पूछे जाने योग्य

है कि क्या मैकॉले के पूरे दृष्टिकोण व उसके कार्य करने के ढंग के आधार पर इन दोनों आरोपों को सही माना जा सकता है अथवा बारीकी से देखने पर यह दोनों ही आरोप निराधार हैं? क्या यह कहना उचित होगा कि मैकॉले को ठीक से समझा नहीं गया है और उसका भारतीय शिक्षा व भारत के वैचारिक विकास में एक अलग तरह का योगदान है? और क्या यह कहना भी सही होगा कि उसके विचार का बहुत सारे भारतीय उदारवादी नेताओं ने भी समर्थन किया या यह कहें कि वह बहुत से भारतीय सुधारवादी विचारकों के मतों को ही ज्यादा प्रभावी रास्ते से ब्रिटिश कम्पनी व शासकों तक पहुँचा रहा था? उसने भारत में दकियानूसी विचारों व सीमित दायरों व सीमित वर्ग के लोगों तक सिमटी शिक्षा को ज्यादा खुली करवाने के बारे में पहले से चले आ रहे अन्य प्रशासकों के विचारों को आगे बढ़ाया? क्या यह कहना उचित होगा कि मैकॉले के कुछ एक कथनों को जरूरत से ज्यादा तूल दिया गया है व उसकी असली भूमिका को ठीक से विश्लेषित नहीं किया गया है? अगर भारत में उस समय उपलब्ध शिक्षा की व्यवस्था व सामग्री, गैर-बराबरी को स्थापित करने व आगे बढ़ाने में योगदान देती थी और अधिकांश लोगों को शिक्षा से वंचित रखती थी तो यह कहना कहाँ तक उचित है कि मैकॉले के शिक्षा पर विचारों ने भारतीय शिक्षा को अवरुद्ध किया है? इस बात के भी और ज्यादा पुख्ता प्रमाण चाहिए कि मैकॉले द्वारा व्यक्त विचारों से ही पूँजीवाद व अन्य सभी परिस्थितियों का भारत में निर्माण हुआ है।

मैकॉले के मिनिट्स पर कई टिप्पणियाँ लिखी गयी हैं और शायद बहुत से लोगों ने उसे ध्यान से पढ़ा भी होगा। मैकॉले के मिनिट्स का विश्लेषण करने से पहले उस समय के सन्दर्भ को समझना उपयोगी होगा। इस सन्दर्भ के दायरे में शिक्षा की उपलब्धता व उसके प्रकार का आकलन करना आवश्यक है। स्वास्थ्य व तकनीकी के सन्दर्भ में स्थापित मान्यताओं के आधार को समझना भी जरूरी है। यह तर्क कि मैकॉले की वजह से एक खास प्रकार का विकासात्मक ज्ञान दुनियाभर में हावी हो गया, मैकॉले के दर्जे को बहुत बड़ा कर देना है। मैकॉले द्वारा उठाये गये ठोस कदम के प्रस्ताव सरकार के द्वारा खर्ची जाने वाली राशि के सन्दर्भ में थे। यह कदम थे—संस्कृत और अरबी पाठशालाओं में पढ़ने वाले विद्यार्थियों के वज़ीफ़े को बन्द करके उस राशि को अंग्रेज़ी में शिक्षा के लिए लगाना। इसके साथ-साथ धार्मिक सामग्री के प्रकाशन के लिए दिये जाने वाले अनुदान को बन्द करना।

मैकॉले के तर्कों को उसी सन्दर्भ में देखने की जरूरत है जिस सन्दर्भ में वो दिये गये थे। यह सन्दर्भ मात्र इतना था कि अंग्रेजी सरकार का पैसा जो कि अरबी

और संस्कृत शिक्षा पर खर्च हो रहा था वह उस राशि का वाजिब उपयोग है कि नहीं। उसके तर्कों में प्रमुख यह बात थी कि यह राशि साहित्य के पुनरुत्थान व उसे व्यापक करने के लिए और भारत के मूल नागरिकों में विज्ञान की समझ को शुरू करने व आगे बढ़ाने के लिए उपयोग होनी चाहिए। यह मानना गलत है कि ज्ञान को आगे बढ़ाने का और साहित्य को आगे बढ़ाने का अर्थ मात्र अरबी और संस्कृत के अध्यापन को व इन भाषाओं में पुस्तकों की छपाई करवाने तक सीमित है।

भाषा के सन्दर्भ में सोचते समय जो सवाल चर्चा में था वह अरबी और संस्कृत व अंग्रेजी के बीच चुनाव का था। यह तीनों भाषाएँ ही अधिकांश भारतीय लोगों के लिए परायी थीं। परायी इस मायने में कि सामान्य लोग जो भाषाएँ इस्तेमाल करते थे वे ना तो इन भाषाओं के करीब थी और ना ही वे इन्हें समझ सकते थे। यह सवाल पूछना उचित होगा कि क्या संस्कृत और अरबी का दर्जा ग्रीक और लैटिन जैसा नहीं है और फिर यह भी सोचना होगा कि अगर इग्लैण्ड में ग्रीक और लैटिन पढ़ाते रहते तो क्या वहाँ भी उस तरह का विकास हो पाता जैसा अभी हुआ? मैकॉले यह भी कहने की कोशिश कर रहे थे कि जो ज्ञान एक समय में पथ-प्रदर्शक था वह अब बाकी जगह उत्पन्न ज्ञान को दरकिनार नहीं कर सकता।

जहाँ मैकॉले का यह मानना कि अंग्रेज़ी ज्ञान भारतीय ज्ञान की अपेक्षा बहुत समृद्ध है और अंग्रेज़ी में जितना ज्ञान उपलब्ध है, भारतीय भाषाओं में उतना ज्ञान उपलब्ध नहीं है बुरा लग सकता है। वहाँ यह भी मानना आवश्यक होगा कि किन्हीं कारणों से अंग्रेज़ी भाषा में ज्ञान का सँजोया जाना बढ़ता गया है। जिस समय मैकॉले अपनी बात कह रहा था उसके सामने जो विकल्प थे उन विकल्पों के पक्ष में बहुत सारे प्रभावशाली भारतीय भी नहीं थे। इस प्रश्न पर भी बहुत विवाद है कि भारत में गरीबों और पिछड़ी जातियों के लिए शिक्षा के साधन उपलब्ध थे या नहीं। सामान्य तौर पर निचली जाति वाले और गरीबों को वह अधिकार उपलब्ध नहीं थे जो तथाकथित सम्भ्रान्त समाज में रहने वाले को थे। यह तर्क दिया जा सकता है कि मैकॉले को भारतीय ज्ञान और उसकी गहराई की समझ नहीं थी। किन्तु यह भी स्पष्ट है कि पिछले 100 सालों में ऐसा कोई भी अप्रत्याशित ज्ञान भारतीय स्रोतों से नहीं मिला है जिसने हमारी समझ को बहुत आगे बढ़ाया हो। यह जरूर कहा जा सकता है कि आज का विकास व ज्ञान का दर्शन वह गुंजाइशें नहीं रखता जो कि समझ को बढ़ाने के लिए आवश्यक है लेकिन यह भी नहीं कहा जा सकता कि भारतीय ज्ञान में इस

तरह के पहलू निहित हैं। यह नहीं कह सकते कि भारत में इनसानों की बराबरी व हमारे और भौतिक जीवन को समझने के बेहतर यन्त्र उपलब्ध थे। मैकॉले ने अंग्रेजी शुरू किये जाने के फायदे व नुकसान के बारे में बहुत कुछ लिखा है और अन्य लेखकों ने भी लिखा है किन्तु यह सवाल महत्त्वपूर्ण है कि अक्सर विमर्शों में उसके फायदे को नहीं गिनाते।

रूस का उदाहरण लेकर मैकॉले यह बताने की भी कोशिश करते हैं कि उनके हिसाब से शिक्षा का उद्देश्य इनसानों में बराबरी स्थापित करना व अन्धविश्वासों और बेबुनियाद मान्यताओं से उन्हें निकालना है। शिक्षा का मतलब बहुत सी बातें जानना व दोहरा पाना नहीं है वरन् दुनिया को एक बेहतर जगह बनाना है। मैकॉले कहते हैं कि ऐसी शिक्षा का क्या फायदा जो अर्थव्यवस्था के लिए उपयोगी ना हो। वे यह भी बताते हैं कि अरबी और संस्कृत पढ़ने वाले छात्र वज़ीफ़ा माँगते हैं और पढ़ाई खत्म होने के बाद यह अपेक्षा करते हैं कि सरकार उन्हें बगैर किसी कार्य के हर महीने अनुदान देती रहेगी। यह सवाल महत्त्वपूर्ण है कि यदि उनकी शिक्षा का समाज में कोई मूल्य नहीं है तो फिर क्या हमें उन्हें ऐसा ज्ञान देना चाहिए? ऐसा ज्ञान देना उनके भविष्य व सम्भावनाओं के साथ अत्याचार है।

मैकॉले यह भी कहते हैं कि अरबी और संस्कृत महाविद्यालयों में जो पढ़ाया जा रहा है वह आज के ज्ञान की दृष्टि से सही नहीं है। यानी यहाँ खर्च होने वाला धन न सिर्फ निरर्थक है वरन् वह दकियानूसी व अन्धविश्वासों को बनाये रखने के प्रयास को बल देगा। उसका यह भी कहना था कि लोगों का यह तर्क कि भारतीय, अंग्रेजी नहीं सीख सकते गलत है। चूँकि अंग्रेजी में ज्यादा ज्ञान उपलब्ध है और आज की परिस्थिति में ज्यादा उपयोगी मानी जाएगी अतः सत्य की राह में आगे बढ़ने के लिए व नये ज्ञान तक पहुँचने के लिए अंग्रेजी शिक्षा आवश्यक है।

मैकॉले के तर्कों में यह बात आती है कि उस ज्ञान को लोगों तक पहुँचाने की जरूरत है जो उन्हें नये विचारों से अवगत करवाये और नये विचार हासिल करने के लिए सक्षम बनाये। उसका यह भी कहना था कि स्थानीय ज्ञान व भाषाओं में स्कूल का विचार, अमूर्तता का विचार और गणित व विज्ञान जैसे क्षेत्र उपलब्ध नहीं हैं। नये ज्ञान को सिर्फ इस वजह से लोगों से दूर रखना कि कुछ ताकतवर लोगों को बुरा लगेगा, अच्छे प्रशासन की नीति नहीं हो सकती। उसका यह कहना कि जिन भाषाओं में नये ज्ञान का सृजन नहीं हुआ और जिन विचारों पर नयी खोज नहीं हो रही उन्हें लगातार उसी जड़ अवस्था में हस्तान्तरित करते रहना उपयुक्त नहीं है।

उसका यह कहना सटीक ही प्रतीत होता है कि शिक्षा पर खर्च के नाम पर जो अभी चल रहा है उसे चलाए रखना जनता के पैसे को बर्बाद करना ही है। इससे गलत इतिहास, गलत दर्शन, गलत भौतिक शास्त्र आदि प्रसारित किये जा रहे हैं। ये सब समाज में टकराव व भेदभाव को बढ़ावा देते हैं। इस तरह की शिक्षा का लाभ प्राप्त किये हुए लोग अन्य लोगों की प्रगति के लिए कुछ नहीं कर सकते और समाज में कुछ ऐसा कार्य भी नहीं कर सकते हैं जिससे कि किसी भी तरह का परिवर्तन अथवा विकास हो सके। यह लोग परिवर्तन व विकास की राह में सबसे बड़े रोड़े व रूढ़िवादी विचारों को सुदृढ़ करने के सबसे बड़े नेताओं के रूप में सामने आएँगे। यह विडम्बना ही होगी कि हम नये खुले विचारों का विरोध करने वाले लोगों को एक तरफ से प्रोत्साहन दें और दूसरी तरफ उनके द्वारा प्रसारित विचारों का तोड़ ढूंढ़ें, जिससे कि परिवर्तन व विकास के द्वार खुल सकें।

शिक्षा की स्थिति सिर्फ भारत में ही नहीं वरन् सभी देशों में एक मायने में एक जैसी है। वह है—स्थानीय लोगों के ज्ञान, उनकी भावनाओं व उनके प्रश्नों का पाठ्यक्रम में नियोजन नहीं है। भारत में इस अलगाव का कारण मैकॉले को माना जाता है और यह माना जाता है कि अंग्रेजी शिक्षा को थोपने के कारण यह हुआ है। किन्तु यही प्रश्न जब इंग्लैण्ड में लोग पूछते हैं और शिक्षा को सार्थक बनाने के लिए अपनी शिक्षा प्रणाली के दोषों को उल्लेखित करते हैं तो यह सवाल वाजिब बन जाता है कि कहीं हम गलत प्रतीक पर तो अपना गुस्सा नहीं व्यक्त कर रहे हैं?

जिस चीज़ की कोई जरूरत नहीं है उसे यह मानकर किसी व्यक्ति पर थोपना कि वह उसे उपयोगी पाएगा व उसका स्वागत करेगा, गलत है। हम आज भी इसी समस्या से ग्रसित हैं कि सभी सुविधाएँ देने के बावजूद, सभी व्यवस्थाएँ करने के बावजूद, हम सभी बच्चों को पढ़ने-लिखने के व अन्य स्कूल के पहलुओं में शामिल नहीं कर पाते। यह सोचना आवश्यक है कि हम जिस शिक्षा की बात कर रहे हैं, क्या वह उनके लिए अर्थपूर्ण भी है अथवा नहीं। हम यह भी मानेंगे कि ऐसी शिक्षा देना जो सार्थक हो सम्भव है और आवश्यक भी। अतः मैकॉले का यह तर्क कि चूँकि लोग संस्कृत और अरबी शिक्षा पाने के पश्चात् समाज के लिए उपयोगी नहीं है और उनके अध्ययन का एकमात्र उद्देश्य सरकार से वज़ीफ़ा लेते रहना माना जा सकता है और दरअसल उन्हें इस पढ़ाई से कोई फायदा नहीं है, दरकिनार नहीं किया जा सकता। वह यह भी कहता है कि अंग्रेजी पढ़ने वाले छात्र फीस भी देते हैं और नौकरी के लिए भी आग्रह नहीं करते। अतः मैकॉले

के संस्कृत शिक्षा व अरबी शिक्षा के खिलाफ तर्क, भारतीयों के लिए इन भाषाओं की शिक्षा की उस समय अनुपयोगिता की उसकी समझ पर आधारित थे।

मैकॉले के तर्कों को अगर संक्षेप में देखें तो वे हैं–

1. अरबी और संस्कृत में नया ज्ञान नहीं बन रहा है, नया ज्ञान अब अंग्रेजी और फ्रेंच में उपलब्ध है।
2. अरबी और संस्कृत में विज्ञान और गणित की समझ का पर्याप्त पुट नहीं डाला जा सकता क्योंकि इन भाषाओं में इस पर सामग्री उपलब्ध नहीं है।
3. हमें शिक्षा के उद्देश्यों को ध्यान में रखकर ही कल्पना करनी पड़ेगी कि क्या पढ़ाया जाये। पुराने ज्ञान को वैसे ही स्वीकार करना शिक्षा के उद्देश्यों का सही प्रत्यक्षीकरण नहीं है।
4. क्या ऐसी चीज़ पढ़ाना उचित है जिससे कि पढ़ने वाला अपने आस-पास उपलब्ध आर्थिक व सामाजिक सन्दर्भों में अपने आपको उपयोगी ना पाये।

इसमें कोई शक नहीं कि भारतीय साहित्य व विमर्श में बहुत से दकियानूसी विचार भी सम्मिलित थे, और यह भी विचारणीय है कि स्वतन्त्रता के 70 साल बाद आज भी भारतीय भाषाओं की शिक्षा व उनमें शिक्षा, अंग्रेजी भाषा की व अंग्रेजी भाषा में शिक्षा से, तुलना में कम उपयोगी समझी जाती है और शायद कम उपयोगी पायी भी जाती है। यदि उस समय अंग्रेजी की अधिक उपादेयता का ठीकरा मैकॉले के सर फोड़ भी दें, हालाँकि यह भी एक अतिशयोक्ति है, फिर भी आज की परिस्थिति में अंग्रेजी के अधिक उपयोगी व प्रिय होने का जिम्मेदार मैकॉले को किसी सूरत में नहीं ठहराया जा सकता।

अनूदित दस्तावेज़

माउंटस्टूअर्ट ऐलफिन्सटन**
शिक्षा पर 'मिनट' (टिप्पणी) मार्च, 1824

(1) मैं गर्व सहित बोर्ड के समक्ष, शिक्षा सोसायटी के सचिव का एक पत्र प्रस्तुत कर रहा हूँ, जिसके साथ उस संघ की विशेष समिति की एक रिपोर्ट संलग्न है।

(2) क्योंकि शिक्षा सोसायटी ने मुख्य रूप से मेरी अनुशंसा के कारण सरकार से अनुदान प्राप्त करने की इच्छा प्रकट की है, इसीलिए मैं उनकी इस प्रार्थना का हर तरह से समर्थन जो मैं कर सकता हूँ, करने को बाध्य हूँ। किन्तु मैं, समिति के सुझावों के अतिरिक्त कुछ और सुझाव प्रस्तुत करना चाहता हूँ। बोर्ड ऑफ डायरेक्टर (निदेशक मण्डल) के हाल में बम्बई में देशी महाविद्यालय खोलने के खिलाफ दिया गया आदेश मुझे उन विषयों पर भी ध्यान दिलाने के लिए विवश करता है जिन्हें मैं सोसायटी के इन मुद्दों के साथ जोड़ना नहीं चाहता था और हमारे सामने जो पत्र है उसकी चर्चा के क्षेत्र को और अधिक विस्तृत नहीं करना चाहता था।

(3) जब से मैं बम्बई में हूँ, जहाँ तक मुझसे सम्भव हुआ, मैंने मूल निवासियों के लिए शिक्षा को प्रोन्नत किया। पत्र व्यवहार अवलोकन एवं बातचीत से मुझे यही समझ आया कि बगैर सरकार के अनुदान के इस महत्त्वपूर्ण उत्तरदायित्व में कोई प्रगति नहीं हो सकती। बंगाल की शिक्षा समिति ने इस सम्बन्ध में बहुत काम किया है, और इसीलिए यह आशा की जा सकती है कि इस प्रेसीडेन्सी द्वारा भी उन्हीं तरीकों का इस्तेमाल कर उसी तरह के नतीजे पाये जा सकते हैं। लेकिन यहाँ यूरोपियनों की संख्या इतनी कम है और मूल निवासियों से हमारे सम्बन्ध भी इतने नये हैं कि इंडिया

** *माउन्टस्टूअर्ट ऐलफिन्सटन (1779-1859) स्कॉटलैंड के जाने-माने राजनीतिज्ञ व इतिहासकार थे। 1819 से 1827 तक वे बम्बई के गवर्नर रहे और उन्होंने वहाँ अनेक शैक्षिक संस्थाएँ खोलीं। यह कहा जाता है कि राजकीय शिक्षा प्रणाली की नींव उन्होंने रखी।*

के इस हिस्से में दूसरे हिस्से से बहुत ज्यादा प्रयासों की आवश्यकता है।

(4) यह बात कि हमने हाल में ही एक ब्राह्मण सरकार से सत्ता हासिल की है और साथ-साथ मिशनरी के कार्यों के इस्तेमाल को खतरनाक बनाने से, शिक्षा के कार्य को मिशनरियों, जो कि शिक्षा के लक्ष्य हासिल करने में यूरोपियों में सबसे जोशीले हैं और जिनके पास सबसे अधिक समय भी है, की सेवाओं से वंचित कर दिया है।

(5) अगर यह मान लिया जाये कि सरकार की सहायता आवश्यक है, तो अगला प्रश्न है, इसे किस तरीके से उपलब्ध करवाया जाये? हमारे सामने सोचने के लिए दो तरीके हैं। सरकार मूलवासियों की शिक्षा की जिम्मेदारी स्वयं अपने ऊपर ले, अथवा इस कार्य के लिए बनाई गयी सोसायटी के साधनों को बढ़ाये और उनके प्रयासों को उत्प्रेरित करे। यदि इन दोनों तरीकों को मिलाकर कार्य किया जाय तो शायद सबसे उत्तम परिणाम प्राप्त हो सकते हैं। शिक्षा के प्रसार के लिए अनेक आवश्यक उपाय, व्यक्तियों के स्व उत्साह पर ही निर्भर होते हैं और यह सरकार के किन्हीं भी प्रस्तावों व आदेशों द्वारा प्रभावित नहीं किये जा सकते। इसीलिए उन प्रयासों को प्रोन्नत करने के लिए, इन्हें सोसायटी को सौंप देना चाहिए। लेकिन अन्य प्रयासों के लिए एक संगठित कार्यप्रणाली की आवश्यकता है। इसमें जितनी नियमितता और स्थायित्व की आवश्यकता होती है, वह किसी व्यक्ति विशेष के व्यक्तिगत गुणों पर निर्भर नहीं हो सकती। इसीलिए यह आखिरी हिस्से के काम की जिम्मेदारी सरकार की है।

(6) अगर सरकार, सोसायटी को इतनी बड़ी जिम्मेदारी सौंपती है तो यह आवश्यक है कि इस संस्था की सारी महत्त्वपूर्ण कार्रवाइयों की सरकार को जानकारी उपलब्ध हो। इस बात को भी स्पष्ट रूप से समझा ज.ना चाहिए कि स्कूलों में या प्रकाशनों में न तो धर्म और ना ही किसी ऐसे अन्य विषय का उल्लेख हो जिससे मूलवासियों में असन्तोष भड़के।

(7) मूलवासियों में ज्ञान के प्रसार के लिए निम्नलिखित मुख्य उपायों की आवश्यकता है—पहला—मूल पाठशालाओं में शिक्षा के तरीकों में सुधार तथा स्कूलों की संख्या में बढ़ोतरी। दूसरा—स्कूलों में स्कूली-पुस्तकें उपलब्ध कराना। तीसरा—निम्न वर्ग के मूलवासियों को ऐसे प्रोत्साहन देना जिनसे वे पढ़ने की इन सुविधाओं का लाभ उठा पायें। चौथा—यूरोपियन विज्ञान तथा शिक्षा की उच्च शाखाओं के सुधार के लिए शिक्षा के स्कूलों की स्थापना। पाँचवा—मूलभाषा में नैतिक व भौतिक विज्ञान की किताबों की

तैयारी तथा प्रकाशन के लिए धन उपलब्ध कराना। छठा—उन लोगों के लिए अंग्रेजी शिक्षा के स्कूलों की स्थापना जो इसे प्रतिष्ठित (संस्थापित) भाषा के रूप में सीखना चाहते हैं और यूरोपियन खोजों को ज्ञान प्राप्त करने का माध्यम बनाना चाहते हैं। सातवाँ—ज्ञान की इन शाखाओं तक पहुँचने के लिए मूलनिवासियों को प्रोत्साहित करना।

(8) सबसे पहले स्कूलों के सुधार का जिम्मा शिक्षा की सोसायटियों को पूर्णरूप से सौंप देना चाहिए और इसके लिए सरकार को यथासम्भव जितना वह कर पाये आर्थिक सहयोग देने पर विचार करना चाहिए। देश के हर भाग में खुले स्कूलों पर निरन्तर व सूक्ष्म पर्यवेक्षण की आवश्यकता है, यह तभी हो पाएगा यदि सामान्य लोगों में भी इस लक्ष्य को आगे बढ़ाने व प्राप्त करने की ललक होगी अगर यह काम सरकार खुद करना चाहे तो उसे एक वृहत् तथा खर्चीले प्रतिष्ठान की आवश्यकता होगी। और उसके बाद भी इसके सफल होने की बहुत कम सम्भावना है।

(9) समिति द्वारा अनुशंसित स्कूल के अध्यापकों की शिक्षा के लिए किसी व्यवस्था को स्वीकृत करना चाहिए। इसमें योग्य व्यक्ति मिलने में शायद कुछ समय लगे लेकिन सरकार की तरफ से उनको नौकरियाँ उपलब्ध कराने में किसी प्रकार की लापरवाही नहीं दिखनी चाहिए। इसके साथ-साथ समिति को इस समय यह भी सन्देश पहुँचा देना चाहिए कि उचित यह होगा कि सरकार को समय-समय पर प्रगति का आलेख प्राप्त हो, और यह पता रहे कि कितने स्कूल अध्यापकों का प्रशिक्षण सम्भव हुआ है।

जब तक यह प्रशिक्षण हो पाये तब तक ऐसा लगता है कि शिक्षा की उन्नत विधियों को प्रसारित करने का प्रयास प्रिंटिंग प्रेस द्वारा छपी सामग्री वितरित कर किया जाय तो इसके लाभदायक परिणाम प्राप्त हो सकते हैं। इस उद्‌देश्य के लिए प्रत्येक मूल भाषा में एक संक्षिप्त पुस्तक तैयार की जा सकती है, या जैसा फारिश महोदय ने कहा दो पुस्तकें, जिसमें स्कूलों के आधुनिक तरीके से प्रबन्धन के कुछ नियम सम्मिलित हों। इसके साथ ही संक्षिप्त रूप से यह भी कि इन्हें इस्तेमाल करने से शिक्षकों व विद्यार्थियों को क्या-क्या लाभ होंगे। इसी पुस्तिका में उन व्यक्तियों की भी सूची होनी चाहिए जिनसे स्कूल की किताबें प्राप्त की जा सकती हैं। और यह भी इंगित हो कि इस स्तर की शिक्षा पर कार्य कर रहे लोग किस प्रकार पुरस्कार प्राप्त कर सकते हैं। इन पुस्तिकाओं के संचार से, और इसी प्रकार की कुछ अंग्रेजी पुस्तिकाओं की मदद और उन चन्देक भद्र लोगों

की मदद व निरीक्षण से जो स्वेच्छा से पूरे देश में यह काम करना चाहेंगे व टीका लगाने वाले कार्यकर्त्ताओं जिसका अभी उल्लेख किया जाएगा की मदद से सामान्य स्कूलों को बेहतर बनाया जा सकता है। इससे उन स्कूल अध्यापकों को रोजगार मिलने का मार्ग प्रशस्त होगा, जिन्होंने समिति द्वारा प्रस्तावित संस्थानों में प्रशिक्षण प्राप्त किया है।

(10) स्कूलों की संख्या में वृद्धि करने का सबसे अच्छा ढंग, जो सरकार कर सकती है वह सीधे-सीधे उनकी संख्या बढ़ाने का उद्यम है। मेरी राय है कि इसमें किसी भी प्रकार की कमी नहीं आनी चाहिए। इस समय देश की हालत ऐसी है कि इस प्रकार का प्रयास ही अत्यधिक कारगर साबित होगा। व्यक्तियों का बहुत बड़ा समूह अशिक्षित है, लेकिन एक ऐसा विशेष वर्ग भी है जिसके लोग, बाकी लोगों को पढ़ाने, लिखाने तथा सिखाने के लिए निर्देश देने की योग्यता रखते हैं। इनकी संख्या आवश्यकता या उस संख्या से अधिक है, जिन्हें रोजगार प्राप्त हो सकता है। इस प्रकार की स्थिति बहुत लम्बे समय तक नहीं चल सकती।

आज इन शिक्षित व्यक्तियों की इतनी भरमार का कारण मराठा सरकार में ऐसे व्यक्तियों की माँग थी। अब ये कारण समाप्त हो गया है, और इसका परिणाम शीघ्र सामने आएगा। यदि सरकार कोई विशेष प्रयास नहीं करती है, तो देश की मौजूदा परिस्थिति में हमारे राज की स्थिति पेशवाओं के राज की तुलना में कहीं और ज्यादा खराब होगी। मेरा यह अवलोकन प्रचलित ज्ञान-अर्जन तक ही सीमित नहीं जो हमारे राज्य में खत्म होना चाहिए। मैं तो पढ़ने व लिखने की बात कर रहा हूँ। शिक्षा का कार्य ब्राह्मणों में कम होने लगेगा और इसकी वृद्धि दूसरी जातियों में भी नहीं होगी।

(11) वर्तमान समय का फायदा केवल यही नहीं है कि शिक्षक मिलेंगे, इस समय में वित्तीय सहायता भी ज्यादा आसानी से उपलब्ध है (आगे आने वाले समय की तुलना में)। ग्राम खर्च, (पुराने जिलों को छोड़कर) पर अभी तक किसी प्रकार का नियन्त्रण नहीं है, और अनेक वारशासन्स[1], नेमनुक[2], तनख्वाह या पेन्शन तथा फकीरों आदि के भत्तों को इन उपयोगी कार्यों के लिए लिया जा सकता है। वरना हम पूरी बाजी ही हार जायेंगे।

(12) श्री चेपलिन ने पहले यह सुझाव दिया था कि ग्राम खर्च में से तीन से दस रुपये तक सही प्रकार से शिक्षित अध्यापक को भत्ते के रूप में प्रदान किये

1. एक वार्षिक भत्ता या (वृती) जो परोपकारी उद्देश्य से महन्तों, पंडितों आदि को दिया जाता है।
2. सरकारी नौकरों को दिया जाने वाला भत्ता या निश्चित रसद।

जायँ जो गाँव में पढ़ाने की जिम्मेदारी ले। यदि यह राशि सबसे गरीब गाँव में पढ़ाने के लिए कम हो तो इसमें वृद्धि करने के लिए आस-पास के गाँव को जोड़कर उन सब की धन राशि को इकट्ठा किया जा सकता है। लेकिन यह नीति संगत नहीं होगा (जैसा कि श्री चेपलिन ने अपनी टिप्पणी में कहा है) कि इन सारे खर्चों का भार प्रत्यक्ष रूप से गाँव पर पड़े। इसके कारण शिक्षा तथा टैक्स में बहुत अधिक निकटता स्थापित होगी, और रैयत यह कोशिश कर सकते हैं कि स्कूल असफल हो जायें जिससे वह इस भार से मुक्त हो सकें। इसीलिए स्कूल के लिए राशि को गाँव की संकलित आय से सरकारी अंश अलग करने से पहले ही ले लेना चाहिए और इस राशि को ग्राम खर्च कम करके ही पूरा करना चाहिए। यदि बचत से इन खर्चों को पूरा न भी किया जा सके, तो भी यह हानि सरकार या रैयत के लिए होने वाले लाभ से बहुत कम होगी।

(13) स्कूल अध्यापक अपने भत्ते के अलावा छात्रों से सामान्य शुल्क लेने के लिए अधिकृत होने चाहिए और इन्हें छपी हुई तालिकाएँ व सस्ती पुस्तकों के रूप में भी सहायता मिलनी चाहिए।

(14) स्कूलों के रख-रखाव के लिए उपलब्ध साधनों को बढ़ाने के लिए अन्य उद्‌देश्यों पर खर्चों से निकाल कर सरकारी कोष से अतिरिक्त धन दिया जा सकता है, यह खर्च गाँवों पर नहीं पड़ना चाहिए। यह कमी उन खर्चों से पूरी की जा सकती है जिनसे गाँव को कोई लाभ नहीं और जिनका सरकार को भी कोई लाभ नहीं। अनेक बार बहुत से ऐसे लोगों को जिनके वास्तविक दावे पर संशय है, मानवीय आधारों पर या नीतिअनुसार बगैर किसी शर्त के हक (Haks), वर्षासन (Warshasan), इनाम (Inam), आदि भत्ते और अन्य जमीनें तथा भत्ते दिये जाते रहे हैं। इन सभी स्थितियों में प्राप्तकर्ता से स्कूलों के रख-रखाव के लिय लघु वार्षिक भुगतान लिया जाना आवश्यक किया जा सकता है। ऐसे अनेक धार्मिक भत्ते भी हैं, जिनका बनाये रखना नीतिगत होगा, परन्तु उपयुक्त प्रबन्धन के द्वारा उनको इन उद्‌देश्यों के लिए दिया जा सकता है। जमीन और भत्ते भी धार्मिक अथवा अन्य सेवाओं के लिए रखे जाते हैं यदि हम सरकार के लाभ के लिए इन्हें लेंगे तो यह बहुत अप्रिय लगेगा, लेकिन इसको किसी ऐसे उद्‌देश्य के लिए वसूलना, जो स्वयं जनता के लिए लाभकारी हो, सम्भव हो सकता है। लेकिन अधिकांश स्थितियों में, भत्ते में की जा रही कटौती के प्रयोजन को छुपा कर रखना चाहिए जिससे हमारी शिक्षा योजना के खिलाफ आवाज न उठे। पहले मुझे

यह व्यावहारिक लगता था कि गाँवों के पुजारियों, ज्योतिषियों आदि को जो भत्ता दिया जाता है, उसमें कुछ अल्प वृद्धि कर दी जाय लेकिन इसके साथ यह शर्त हो कि वो कुछ लड़कों को पढ़ायेंगे ताकि वे एक उपयोगी रोजगार प्राप्त कर सकें जो उनके अभी के कार्य का शनैः शनैः स्थान ले सकें, लेकिन इस व्यवस्था पर बहुत से विपरीत तर्क सामने आये हैं, जिनमें सबसे प्रमुख यह है कि ऐसा करने पर जहाँ-जहाँ यह तरीका लागू होगा वहाँ-वहाँ स्कूल अध्यापक का कार्य आनुवांशिक हो जायेगा।

(15) अगर स्कूलों को चलाने के लिए धन उपलब्ध करवा भी दिया जाये तो भी उनके लिए योग्य रोजगार प्राप्त करने में हमें फिर भी मुश्किलों का सामना करना होगा। यदि हम किसी तरह से स्कूल अध्यापक का विवेकपूर्ण चयन कर लें और उनका सावधानी से सन्तुलित पर्यवेक्षण करते रहें तो इसमें कोई शक नहीं है कि यह प्रस्तावित उपाय सफल होगा। लेकिन यूरोपियनों के इसमें अभी भी अत्यधिक काम करने और मूल निवासियों की उदासीनता तथा अकर्मण्यता से यह दोनों ही प्राप्त करना बहुत मुश्किल होगा। पर हमारा उद्‌देश्य इतना महत्त्वपूर्ण है कि हम इसे बगैर प्रयास किये नहीं छोड़ सकते। जिलाधीश के पास उन सभी शालाओं का जो सरकार से अनुदान प्राप्त करते हैं, सामान्य प्रभार दिया जा सकता है व उन सभी संस्थाओं जहाँ काम बिल्कुल ठीक न हो के भत्ते रोकने का उन्हें अधिकार होगा। उन स्थलों पर जहाँ अनेक यूरोपियन निवास करते हैं, उनमें से कुछ आस-पास के स्कूलों का प्रभार लेने को तैयार हो सकते हैं। शिक्षा समिति शायद कुछ लोगों को इस कार्य को करने व प्रभारी बनाने के लिए प्रेरित कर सकती है। सभी प्रकार के अफसरों, जिनका स्कूलों के प्रबन्धन से कुछ लेना-देना है को सोसायटी के सम्पर्क में रह कर कार्य को सुधारने व आगे बढ़ाने के लिए प्रेरित करना चाहिए।

(16) छोटे-छोटे गाँवों में टीका लगाने वालों से शायद सबसे अधिक अपेक्षा की जा सकती है। यदि ये भद्र जन उत्साह से शिक्षा की प्रोन्नती के लिए आगे आयें, तो इस कार्य में उनसे ज्यादा कोई और मदद नहीं कर सकता। वे एक ज्ञान वाले और उदार जन कल्याण के पेशे से सम्बन्धित हैं और उनका चयन उनकी सक्रियता तथा मानवता के लिए होता है। उनके कार्यों में ठीक उसी तरह के दौरों की आवश्यकता है जैसे स्कूलों के अधीक्षकों के लिए आवश्यक है। इन दौरों में वे जनता के हर वर्ग के लोगों के सम्पर्क में भी आते हैं। हर स्थान पर काम करने के बाद (जो कि शीघ्र ही हो

जाता है) उनके पास काफी समय बच जाता है जिसका उपयोग इस प्रकार के रोजगार के लिए हो सकता है जिसकी यहाँ अनुशंसा की गयी है। इस अतिरिक्त कार्य के लिए उन्हें कुछ पारिश्रमिक दिया जाना चाहिए, शायद 150 रुपये, व इसके साथ उन्हें पुस्तकें ले जाने का वास्तविक खर्चा देना पर्याप्त होगा। प्रत्येक व्यक्ति का क्षेत्र ठीक से रेखांकित होना चाहिए जिससे उन सभी गलतियों को रोका जा सके जिनसे उत्साह कम हो सकता है। प्रत्येक टीका लगाने वाले को उस क्षेत्र में, जिसका उसको प्रभार दिया गया है, काफी हद तक स्वतन्त्र होना चाहिए और साथ ही जिलाधीश से भी निवेदन किया जाना चाहिए कि वह अपने इलाके के स्कूलों से सम्बन्धित सभी बिन्दुओं पर आये सुझावों पर ध्यान दे। जो भी व्यक्ति स्वेच्छा से एक स्कूल का प्रभारी बनना स्वीकार करता है, उसे भी इसी प्रकार की मदद मिलनी चाहिए और जब वह उस जगह (गाँव/शहर) छोड़े तो छोड़ने से पहले उसे अपना उत्तराधिकारी ढूँढ़ने के लिए प्रोत्साहित करना चाहिए। लेकिन इस विषय पर शिक्षा समिति ही सबसे वांछनीय कार्यवाही के तरीकों के सुझाव दे सकती है।

(17) अध्यापकों के वेतन के लिए ग्राम खर्च अथवा उसमें कुछ और राशि जोड़ कर भी और इसी तरह किसी भी और धार्मिक अथवा मराठा अनुदान के पैसे के इस्तेमाल की सम्भावना के बारे में सारी पूछताछ तत्काल जिलाधीशों से (दक्षिण में कमिश्नर से) की जानी चाहिए। जिलाधीशों से यह भी निवेदन करना चाहिए कि वे ऐसा विवरण भेजें, जिसमें उनके जिले के गाँवों और प्रत्येक गाँव में स्कूलों की संख्या व स्कूलों के हालात पर, जिस हद तक पता करना उनके लिए सम्भव हो, एक सामान्य रपट भी शामिल हो। उदाहरण के लिए, प्रत्येक स्कूल में पढ़ने वाले लड़कों की संख्या का अनुमान, उन्होंने किस प्रकार की योग्यता प्राप्त की है, तथा स्कूल में कौन-कौन सी कक्षाएँ हैं और उनमें कौन पढ़ते हैं। क्या यह केवल वो हैं जिनके व्यवसायों/धन्धों में सीधे-सीधे पढ़ने-लिखने की आवश्यकता है या फिर और भी हैं। इसी प्रकार उनसे यह भी पूछा जाये कि किन व्यक्तियों को अध्यापक बनाना सबसे अधिक उचित होगा और इसी प्रकार अन्य प्रकार के कालोचित कदम, जिनसे इन उद्देश्यों को अल्प खर्च में प्रोन्नत किया जा सके। मैं इस बात से अवगत हूँ कि इस प्रकार का निर्देश प्रस्तावित सुधार के लिए अक्सर घातक होता है। एक अफसर का समय उसके तत्काल के कार्यों से इतना घिरा रहता है कि उसके पास इस तरह की सामान्य पूछताछ

के लिए समय नहीं होता। वे अक्सर इस प्रकार के पत्र को जवाब न दे पाने की हताशा में अलग पटक देते हैं, तथा उसका उत्तर नहीं दे पाते। जबकि हम भी अपने तात्कालिक कार्यक्रमों व कार्यों के बोझे तले इस तरह के मसलों को दोबारा नहीं उठाते, जिन्हें हमने उपरोक्त तरीके से निर्देश देकर निपटा दिया हो। वर्तमान दृष्टान्त में किन्तु एक महत्त्वपूर्ण प्रश्न और है—स्कूल तथा विद्यार्थियों की संख्या का—जिसका आकलन कोमाविसदार (Commavisdars) तथा शेकदार (Shekdars) की सहायता से बहुत आसानी से किया जा सकता है और दूसरी ओर हम कुछ विवेकपूर्ण जिलाधीशों से उनकी रपट की अपेक्षा कर सकते हैं।

सचिव भी सबसे पहले प्रश्नों को स्पष्ट व सरल करके व देरी होने पर इस माँग को कभी-कभी दोहरा कर, इस तरह के महत्त्वपूर्ण अनुसन्धान के सामान्यतः शनै-शनै खत्म होने को रोक सकते हैं। मुझे इस बात से अत्यधिक सन्तुष्टि है कि इस कार्यवृत्त का मसौदा समाप्त होने के बाद मेजर राबर्टसन ने भी इसी प्रकार के प्रस्ताव की एक योजना रखी। जिसमें उन्होंने उसकी वित्तीय व्यवस्था के लिए आर्थिक स्रोतों को भी इंगित किया है। एक अनुभवी जिलाधीश के स्वेच्छा से व्यक्त किये गये मत को मैं अत्यन्त मूल्यवान मानता हूँ और अनुशंसा करता हूँ कि उनके इस प्रस्ताव को बिना किसी विलम्ब के स्वीकृत किया जाये। इसके साथ ही, इस कार्यवृत्त की प्रतिलिपि, यदि सब इससे सहमत हों तो, उनको भेजी जाये।

2. स्कूल में किताबें

(18) वर्तमान में स्कूल-पुस्तकों के प्रकाशन का खर्च सरकार को उठाना चाहिए। प्रकाशन तथा इसके वितरण के अधीक्षण का जिम्मा (विशिष्ट स्थितियों को छोड़कर) सोसायटी का होना चाहिए।

3. स्कूलों को प्रोत्साहन

(19) मूल स्थानीय स्कूलों को किस ढंग से प्रोत्साहित करें यह बिन्दु बहुत जटिल किन्तु अत्यन्त महत्त्वपूर्ण है। यह ही नीचे के स्तर तक शिक्षा में सामान्य उन्नति सुनिश्चित करने के लिए पर्याप्त होगा। प्रत्येक परगना के मुख्य कस्बे या गाँव में परीक्षा की शुरुआत इसका प्रथम चरण होगा और हर कक्षा में सबसे अधिक उत्कृष्टता दिखाने वाले को पुरस्कार देना उसका हिस्सा। सामान्य उत्कृष्टता के लिए, सरकार अथवा सोसायटी के अधीक्षण

में छापी गयी पुस्तक उपयुक्त पुरस्कार होंगी। जबकि उच्च स्तर की उत्कृष्टता के लिए पदक देना चाहिए। उन लोगों को सर्टिफिकेट दिया जा सकता है जो लेखन या कुलकर्णी (Kulkarnis) का कार्य करने में सक्षम हैं। इस सर्टिफिकेट की महत्तता इस बात पर निर्भर करेगी कि उसे किस सतर्कता से दिया गया है, ताकि सरकारी अफसर लोग जिनको उस तरह के कार्यकर्त्ताओं की जरूरत है ऐसे लोगों को वरीयता दें जिन्हें सर्टिफिकेट मिला हुआ है। कार्य के लिए आवश्यक योग्यता सुनिश्चित करने का यह सबसे अच्छा सुरक्षित तरीका होगा। इसी प्रकार उन स्कूल अध्यापकों को भी पुरस्कार देने चाहिए जो सबसे अधिक संख्या में योग्य छात्रों को तैयार करते हैं। इन पुरस्कारों के बारे में निर्णय करना आसान नहीं होगा, क्योंकि भारतीयों की कुशाग्रता का निर्णय करने वाले योग्य अंग्रेज विद्वानों की संख्या कम है। मूल स्थानीय निवासियों को इस काम में लगाने से भ्रष्टाचार बढ़ेगा। किसी भी प्रेरणा से, उनके द्वारा किये गये गलत फैसलों से परीक्षा का प्रभाव या तो कमजोर होगा या नष्ट हो जाएगा।

शिक्षा की शुरुआत में फिर भी, इसका प्रभाव सबसे कम महसूस होगा। लेकिन यदि पहला-दूसरा स्थान लेने की योजना को शुरू किया गया, तो पुरस्कार देने में कम मुश्किल होगी, क्योंकि विभिन्न स्कूलों के 3 या 4 लड़के ही प्रथम श्रेणी के लिए प्रतियोगी होंगे। उच्च योग्यता के पुरस्कारों के सन्दर्भ में जिनका जिक्र हम आगे करेंगे, जो महानुभाव इसकी प्रक्रिया की अध्यक्षता कर रहे हैं अपनी सहायता के लिए कुछ सीमित संख्या में मूल स्थानीय निवासियों का चयन कर सकते हैं। भ्रष्टाचार और पक्षपात से बचने के लिए वे हर दिन नया चयन कर सकते हैं। जिस व्यक्ति को यह काम करना है उसे इस बात की कोई पूर्व सूचना नहीं होनी चाहिए। मुख्य बड़े स्थानों पर एक निर्णायक अथवा एक कमेटी, जिसमें जिलाधीश तथा निर्णायक दोनों हों, को समय निकालकर, सावधानी से वार्षिक परीक्षा करवानी चाहिए जबकि छोटे कस्बों में यह कार्य टीका लगाने वाले अच्छी तरह से कर सकते हैं। टीका लगाने वाले स्वयं लड़कों को पुरस्कार दे सकते हैं। स्कूल अध्यापकों को पुरस्कार देने की अनुशंसा को वह औपचारिक तौर पर जिलाधीश से कर सकते हैं। जिलाधीश को निर्देशित किया जाए कि वो इस प्रकार के प्रार्थना पत्र पर तुरन्त ध्यान दे। इन पुरस्कारों में सम्मानी वस्त्र अथवा कुछ ऐसे अन्य उपहार जो स्थानीय लोगों (मूलवासियों) को स्वीकार्य हो सकते हैं दिये जा सकते हैं। इनके साथ-साथ जिलाधीश या

टीका लगाने वाले प्रकाशित पुस्तकें या सारणियाँ, जो स्कूल में अध्यापन में उपयोगी हो, भी दे सकते हैं। टीका लगाने वालों को सभी प्रकार की पुस्तकें काफी संख्या में उपलब्ध करानी चाहिए जिन्हें वे अपने स्वविवेक से बाँट सकें। वर्तमान में टीका लगाने वालों से इसका प्रभार लेने की प्रार्थना करनी चाहिए व इस कार्य के लिए उनकी नियुक्ति बगैर सहमति के नहीं होनी चाहिए। आगे से ऐसी नियुक्तियों में दोनों चीजें अनिवार्यतः शामिल होनी चाहिए।

(20) प्रत्येक परगना के लिए निम्न पुरस्कार वांछनीय स्तर के हो सकते हैं। लेकिन इनमें किसी को भी सहूलियत के लिए बदला जा सकता है।

श्रेणी	पदकों की संख्या	प्रत्येक पदक का मूल्य	पुस्तकों की संख्या	प्रत्येक पुस्तक का मूल्य
प्रथम	1	5 रु.	1	10 रु.
द्वितीय	3	2 रु.	3	6 रु.
तृतीय	3	2 रु.	6	6 रु.
चतुर्थ	3	2 रु.	10	3 रु.

स्कूल अध्यापकों को पुरस्कार (हर दो परगनों में एक) एक शैला (Shela) और साफा (Turban) या अन्य उपहार जिनकी कीमत 30 रु. हो।

4. यूरोपियन विज्ञान के लिए स्कूल

(21) यूरोपियन विज्ञान पढ़ाने के लिए स्थापित स्कूलों के सन्दर्भ में, हम उनकी नींव रखने से ज्यादा कुछ नहीं कर सकते हैं, यदि हम वास्तव में उनकी योजना की रूपरेखा से आगे बढ़ कर कुछ भी कर सकते हैं, तो वर्तमान में हम किसी भी व्यक्ति को जो एक निर्धारित परीक्षा पास कर ले एक विशेष वजीफा दे सकते हैं। इस वजीफे को बढ़ाया जा सकता है, यदि वो व्यक्ति एक निर्धारित संख्या में विद्यार्थी एकत्रित कर लेता है, शुरू में ये वजीफे काफी उदार व आकर्षक होने चाहिए, क्योंकि इस प्रोत्साहन के बगैर हम अध्यापक प्राप्त करने की बहुत आशा नहीं कर सकते हैं। हमें यह याद रखना चाहिए कि इस प्रकार के लाभप्रद रोजगार अन्य विभागों में भी उन व्यक्तियों को उपलब्ध होंगे जो इस तरह के कार्यों के लिए योग्य है। एक ऐसे व्यक्ति को, जिसका अंग्रेजी का ज्ञान वैसा है जैसी हमें आवश्यकता है, आसानी से 150 या 200 रु. पर किसी व्यापारी के यहाँ क्लर्क की नौकरी मिल जाती

है। श्री कयूमिन ने जिन शिक्षार्थियों का प्रभार लेने की कृपा की है, और कुछ जो इंग्लैण्ड से प्रकृतिवेदाओं से इसी प्रकार शिक्षित होकर आने वाले हैं, वे इन पदों के लिए शायद प्रथम प्रार्थी हो सकते हैं। बम्बई के अंग्रेजी स्कूल में शिक्षित इनमें से कुछ नौजवान, जिनके बारे में और बात करेंगे, इन रोजगारों के लिए अपने आपको योग्य पा सकते हैं। अच्छे बड़े वजीफे की सम्भावना उन लोगों के लिए एक शक्तिशाली प्रोत्साहन हो सकता है जिनके सफल होने का अवसर है। लेकिन प्राध्यापकों के चयन में, पुरस्कार वितरण या अन्य किसी प्रकार के प्रोत्साहन देने में, किन्हीं विशिष्ट स्कूलों में शिक्षित हुए लोगों को किसी भी प्रकार की वरीयता देना आवश्यक नहीं है। प्रवीणता के आधार पर ही ये सब मिलना चाहिए। यह स्पष्ट है कि विज्ञान सक्रिय यूरोपियन अधीक्षण के बगैर नहीं पढ़ाया जा सकता। इसलिए, जैसे ही, काफी संख्या में मूल स्थानीय प्राध्यापक मिल जाएँगे तो उन पर एक यूरोपियन महानुभाव को रखना आवश्यक हो जायेगा। इन्हें किसी भी ऐसी सेवा से चयनित किया जा सकता है जिनमें इसके लिए आवश्यक क्षमता वाले लोग आवश्यक रूप से उपलब्ध हैं। हालाँकि उसे दिये जाने वाले भत्तों में किफायत के चलते इनका चयन सैनिक (Military) और चिकित्सा सेवा के कनिष्ठ पदों से ही हो सकेगा।

(22) जब चीजें इस स्थिति तक पहुँच जायें (जो काफ़ी दूर की बात लगती है), तब पूना के महाविद्यालय को भी उसी अफसर के प्रभार में रखा जा सकता है तथा यूरोपियन व स्थानीय संस्थानों को मिलाया जा सकता है। इस व्यवस्था से उन लोगों के लिए उन्नति का मार्ग खोला जा सकता है जो ज्ञान की खोज में पहले से ही तत्पर हैं। यह आशा की जा सकती है कि यूरोपियन शाखा, अंन्तोगत्वा हिन्दू ज्ञान की शाखा को निगल जाएगी, इससे पूना महाविद्यालय के समस्त वित्तीय साधनों को उपयोगी विज्ञान के प्रसारण के लिए काम में लगाया जा सकेगा। वर्तमान में किन्तु इस प्रकार का जुड़ाव दोनों ही शाखाओं के लिए घातक होगा। ब्राह्मणों का द्वेष, विदेशी सिद्धान्त को अस्वीकार करेगा और नये आने वाले प्रभारी व उनके स्वयं की तनख्वाह के बीच अपने वेतन को कम पाने से उनके विद्वेष में वृद्धि होगी, तथा वे महाविद्यालय को जल्दी ही छोड़ने को तत्पर होंगे।

(23) एक ऐसा विज्ञान है जिसमें तुरन्त प्रभाव से अत्यधिक उन्नति की सम्भावना है। अब तक, पूना के चिकित्सा महाविद्यालय के लिए कमिश्नर एक प्राध्यापक की सेवा प्राप्त नहीं कर सके थे, क्योंकि उनको दी जाने वाली

तनख्वाह के मुकाबले उनकी निजी प्रेक्टिस ज्यादा लाभकारी है। इस कमी को आसानी से पूरा किया जा सकता है, क्योंकि ऐसे कुछ विज्ञान हैं जिनमें मूल निवासियों के पास ज्ञान सीमित है या जिनमें हमें बहुत कुछ पढ़ाना है और हमारे पास शिक्षण की काफी सुगमता व अधिक क्षमता है। यदि हम अपने चिकित्सा संस्थानों का ध्यान इस ओर आकर्षित करें तो हम लगभग बगैर किसी प्रयास के मूलवासियों को सशक्त व उपयोगी ज्ञान संप्रेषित कर सकते हैं। एक छोटा या पुरस्कार (200 या 250 रु. के मूल्य का) किसी भी मूलवासी को तब प्रदान किया जा सकता है जब वह किसी भी विषय यथा शरीर रचना, चिकित्सा, रसायन शास्त्र का कुछ तय ज्ञान प्राप्त कर ले। जो भी शल्य चिकित्सक किसी सीमा तक इस ज्ञान को उपलब्ध कराता है उसकी सरकार गर्मजोशी से इज्जत कर सकती है। सिविल सर्जन के पद को सामान्य तौर पर वांछनीय समझा जाता है और इसको किसी विशिष्ट योग्यता की आवश्यकता नहीं है। मेडिकल बोर्ड को इससे अवगत कराना अत्यन्त लाभदायक होगा कि इन नियुक्तियों में पहला रिक्त पद ऐसे सहायक सर्जन को दिया जाना चाहिए, जिसने या तो अपने विषय से सम्बन्धित किसी विज्ञान में एक शुरुआती स्तर की पुस्तक स्थानीय भाषा में लिखी हो अथवा वह किसी ऐसे स्थानीय निवासी को लाये जिसे उसने किसी स्तर तक इनमें से किसी विज्ञान को पढ़ाया हो। एक चिकित्सक को, जो वर्तमान में सिविल सर्जन है, पूना, सतारा या कच्छ में इन्हीं शर्तों पर और उच्च पद पर प्रोन्नत करने का भी इसी प्रकार आश्वासन दिया जा सकता है। क्योंकि वही काबिलियत जो इन शर्तों को पूरा करने के लिए आवश्यक है यथा स्थानीय निवासियों की मनःस्थिति और ज्ञान का पता होना, वही उसमें इन कार्यों के लिए आवश्यक गुण होना सुनिश्चित करेगी। प्रत्येक शल्य चिकित्सक को उसके द्वारा किये गये समस्त खर्चों का पुनर्भरण करना चाहिए जो उसने स्थानीय मूलवासियों को सिखाने में खर्च किये हैं। लेकिन इसके लिए सिखाये गये व्यक्ति के पास आवश्यक ज्ञान का होना जरूरी है। मेडिकल बोर्ड की यह जिम्मेदारी होनी चाहिए कि वो पुस्तक किस प्रकार की हो इसकी स्पष्टता को निश्चित करे और यह भी तय करे कि स्थानीय निवासी को इस वजीफे के लिए विषय का कितना ज्ञान व समझ होना जरूरी है। इस प्रकार से शिक्षित, स्थानीय विद्यार्थियों को उच्च वर्ग के मूल चिकित्सक सहायकों के रूप में रोजगार दिया जा सकता है और महाविद्यालयों को इनसे एक या दो प्राध्यापक भी मिल सकते हैं।

(24) हमें बंगाल से प्रेरणा लेनी चाहिए जहाँ एक संस्थान है जिसका अध्यक्ष एक चिकित्सक है जिस को 1600 रु. महीने भत्ता मिलता है और वहाँ अनेक विद्यार्थी हैं जिन्हें अध्ययन काल में रखरखाव के लिए खर्च दिया जाता है।

5. किताबें

(25) इस बात से कोई ज्यादा फायदा नहीं होगा यदि पढ़ना-लिखना सीखने के बाद, लोगों का अध्ययन हिन्दू देवताओं की कथाओं तक ही सीमित रह जाये। और प्रथम दृष्टि में लगता है कि बहुत आसानी और थोड़े ही खर्चे से स्थानीय मूलवासियों के हाथों में अभी उपलब्ध कुछ यथार्थहीन तथा महँगी पाण्डुलिपियों को, छापाखानों की मदद से सरल तथा यथार्थवादी प्रकाशनों को पर्याप्त मात्रा में उपलब्ध करवा कर बदल दिया जाये। लेकिन उस बात में आने वाली दिक्कत उतनी कम नहीं है जितना पहले सोचा गया था। चार वर्षों में हम केवल दो स्थानीय मूल पुस्तकों का प्रकाशन करने में सफल हुए हैं और ये भी संस्कृत भाषा में लिखी पुस्तकों का अनुवाद है। इनको छापने का कारण इन पुस्तकों में निहित ज्ञान नहीं था वरन् यह था कि लोग छपी हुई किताबें इस्तेमाल करने लगें। इसमें कोई शक नहीं है कि इस विलम्ब का मुख्य कारण भारत में अत्यन्त धीमी प्रकाशन क्रिया है, खास तौर से बम्बई में। किन्तु यदि प्रकाशन की धीमी गति ने हमें नहीं रोका होता तो भी हम छापने योग्य अनुवादों की कमी के कारण यहीं आकर ठहरते। इसके लिए सोसायटी द्वारा सुझाया समाधान सबसे उत्तम है—चुनी हुई पुस्तकों के सबसे अच्छे अनुवाद अथवा विशिष्ट विषयों में लिखी उत्तम सरल पुस्तकों के लिए विज्ञापन देना। कमेटी द्वारा अधिकांश अनुशंसित किताबों (सूची 1) के अच्छे चुनाव हैं किन्तु अंकगणित करने के तंत्र (सिस्टम) पर जो पुस्तक अभी हमारे हाथ में है, इसके बाद मैं चाहता हूँ कि ज्यामिती के तत्त्वों पर एक पुस्तक, जिसका उपयोग क्षेत्रमिति (नापने) की क्रियाओं आदि में हो, वांछनीय है। एक मूल्यों व नीति विषयक ढाँचे पर पुस्तक का सुझाव भी अच्छा अवश्य है, किन्तु इसको कार्यान्वित करना मुश्किल है। इस बीच, कुछ पुस्तिकाएँ या एक पुस्तिका जिनमें उन विवेकपूर्ण नीति वचनों का उल्लेख हो, जो गरीबों के लिए अत्यन्त महत्त्वपूर्ण हैं और जिनका इंडिया में अल्प ज्ञान है, बहुत उपयोगी हो सकती हैं। इनमें दी बातें उनकी जड़ मान्यताओं यथा बाल विवाह, महँगे जाति भोज आदि के खिलाफ होनी चाहिए। किन्तु इनकी प्रस्तुति का

ढंग ऐसा हो कि इन के प्रति हर प्रकार के विरोध को निष्क्रिय किया जा सके। लेकिन इन पुस्तकों का सफलतापूर्ण रूप से प्रस्तुतीकरण इस पर भी निर्भर करता है कि इस कार्य का जिम्मा वही लोग उठाएँ जो सच्चे मन से इनमें विश्वास करते हों और अन्धविश्वासों का निवारण करने के लिए उत्सुक हैं।

(26) जब हम इन अनुवादों को करने के लिए आवश्यक श्रम पर विचार करते हैं, और इस बारे में सोचते हैं कि इसके लिए किस प्रकार के पूर्व ज्ञान की जरूरत है, तो यह स्पष्ट है कि इसके लिए पारिश्रमिक उदार होना चाहिए और इसके लिए हमें योग्य दावेदार कम ही मिलेंगे। शिक्षा समिति द्वारा अनुशंसित, प्रत्येक पुस्तक को सरकार द्वारा नियुक्त किसी कमेटी या व्यक्ति के समक्ष प्रस्तुत करना चाहिए। वे इसके प्रकाशन योग्य होने की घोषणा करेंगे। इस कार्य के लिए पुरस्कार के दो स्तर होना व्यावहारिक होगा, एक यह कि किताब प्रकाशन के लिए हर तरह से योग्य है, और दूसरे, इस किताब को साधारण संशोधनों के साथ प्रकाशन हेतु स्वीकृत किया जा सकता है। मैं प्रस्तावित करना चाहता हूँ कि स्कूल पुस्तकों के लिए पारिश्रमिक 100 से 300 या 400 रु. के बीच होना चाहिए। उच्च कोटि के उत्पाद के लिए 4000 से 5000 रु.। इन भुगतानों का निर्णय कमेटी का होगा, लेकिन इन दरों से ज्यादा राशि देय नहीं होगी। असाधारण परिस्थितियों, जहाँ पारिश्रमिक को ऊँची दर पर देना उचित लगे, वहाँ कमेटी सरकार के समक्ष इस दावे को पेश कर सकती है।

6. अंग्रेजी स्कूल

(27) यदि अंग्रेजी किसी भी तरह से उन लोगों के बीच फैलाई जा सके जिन्हें चिन्तन के लिए बहुत कम समय मिलता है, तो ज्ञान की प्रगति दस गुना तेज हो जाएगी क्योंकि हर व्यक्ति जिसने अंग्रेजी के माध्यम से किसी विज्ञान को थोड़ा बहुत सीखा है, वो इसे अपने देशवासियों को अपनी भाषा में संप्रेषित कर सकेगा। लेकिन, वर्तमान में इस दृष्टिकोण के लिए अंग्रेजी सीखने की बहुत कम इच्छा है। इस इच्छा के सृजन के लिए प्रथम चरण में बम्बई में एक स्कूल की स्थापना आवश्यक है, जहाँ अंग्रेजी को शास्त्रीय ढंग से पढ़ाया जाए और जहाँ अंग्रेजी में ही इतिहास, भूगोल तथा विज्ञान भी पढ़ाये जायें। शिक्षा सोसायटी द्वारा ही इसे स्कूल का प्रबन्धन किया जा सकता है। मैं समझता हूँ कि इसके लिए एक

शिक्षक को 50 रु. की तनख्वाह पर लगाया जा सकता है। मराठी परीक्षा उत्तीर्ण करने के बाद उसका ये वेतन दुगुना किया जा सकता है तथा यदि वो गुजराती की परीक्षा में उत्तीर्ण होता है तो भी उसके वेतन में मूल वेतन के बराबर वृद्धि की जा सकती है। वो उन छात्रों से भी फीस ले सकता है जो उसकी कक्षा में आते हैं। कमेटी इस फीस की रकम तय कर सकती है। यह निश्चित करने के लिए कि स्कूल आने वाले बच्चों की पृष्ठभूमि का मिश्रण ऐसा न हो जाये जिससे उच्च समूह के बच्चे स्कूल का उपयोग न करें यह आवश्यक है कि किसी भी लड़के को कमेटी की स्वीकृति के बगैर प्रवेश नहीं दिया जाये। प्रवेश प्रक्रिया में धनी स्थानीय मूल निवासियों को वरीयता देनी चाहिए तथा उन लड़कों को भी जो विशिष्ट योग्यता दिखाते हैं। जब स्कूल का फैलाव अधिक हो जाये तो निम्न जातियों के लिए एक अलग कक्षा स्थापित की जानी चाहिए। कमेटी वर्ष में दो परीक्षाएँ ले सकती है। इस कार्य के लिए वह एक या अधिक महानुभवों का स्वयं चयन कर सकती है। इन अवसरों पर किताबें तथा पदक पुरुस्कार स्वरूप वितरित किये जाने चाहिए।

(28) यदि हम कभी अंग्रेजी स्कूलों को दूरस्थ जगहों तक ले जा सकें तो उनमें प्रवेश ले कर बच्चे अन्य विषय भी अंग्रेजी में पढ़ सकेंगे और इसका उन्हें लालच होगा। इस तरह इनमें प्रवेश पाना काबिलियत का पुरस्कार होगा यह महत्त्वाकांक्षी लक्ष्य नहीं बना तो भी कम से कम मूल निवासियों के मन से यह संशय हटा देगा कि हम अपनी मान्यताएँ उन पर थोपना चाह रहे हैं।

7. प्रोत्साहन

(29) यदि विज्ञान की उच्च शाखाओं में पढ़ाने के मौके उपलब्ध कराना मुश्किल है, तो इससे भी ज्यादा इन्हें प्राप्त करने के लिए पर्याप्त प्रेरणा दे पाना मुश्किल है। चूँकि स्थानीय मूल निवासियों के लिए अपने ही देश में उच्च रोजगार के अवसर बन्द हैं। अतः उन्हें अपने ज्ञान में कोई कमी नहीं लगती। उनका ज्ञान सामान्य कारोबार चलाने के लिए पर्याप्त है। उन्हें लगता है कि किसी भी प्रकार की दक्षता प्राप्त करने के बाद उनके पास आगे बढ़ने की सम्भावनाएँ होंगी। यह अवरोध तभी हटाये जा सकते हैं जब हम जिन सुधारों की योजना बना रहे हैं वे उन्हें जनसेवा के प्रभार लेने के योग्य तथा उनके कार्यान्वयन में ईमानदारी से कार्य करने हेतु साथ-साथ तैयार कर पायें। इसके लिए उनकी प्रगति कुछ हद तक दबाव में व अस्वाभाविक

ढंग से होगी। अतः इसके लिए सरकार की तरफ से और अधिक सहायता की आवश्यकता है, उससे कहीं अधिक जितनी एक ज्यादा बेहतर समाज में जरूरत पड़ती है।

(30) इस चरण के पहले कदम में भी पुरस्कार देना शामिल होगा। इन्हें अभी अनुशंसित पुरस्कारों से अधिक मूल्यवान और अधिक सतर्कता से बाँटा जाना चाहिए। पुराने रिवाजों के कारण 'दक्षिणा' में पुरस्कार का कुछ हिस्सा उन व्यक्तियों के लिए निश्चित वार्षिकी के रूप में दिया जाता है, जिन्होंने सालों-साल (लगातार) इसे उत्तम योग्यता के कारण अर्जित किया है। लेकिन इसका बचा हुआ हिस्सा बड़ी सावधानी से, अब इसी तरह योग्यता के आधार पर ही दिया जाये। यदि इस रकम का कोई भाग यूरोपियन विज्ञान को प्रोत्साहित करने के लिए आज के समय दिया जाता है तो इससे निश्चित ही अत्यधिक नाराजगी उत्पन्न होगी। लेकिन हिन्दू ज्ञान की कुछ अधिक लाभदायक शाखाओं को पहले से ही वरीयता दी जा चुकी है, इनमें पुरस्कार बढ़ा सकते हैं और वार्षिकी न दिये जाने से बची राशि से इनमें भी दिये पुरस्कारों में धीरे-धीरे वृद्धि की जा सकती है। इसके अलावा दक्षिणा से हट कर कुछ निश्चित पुरस्कार उन व्यक्तियों के लिए शुरू किये जाने चाहिए, जिन्होंने यूरोपियन ज्ञान की किसी विशेष शाखा की परीक्षा देने का बीड़ा उठाया है। इस बारे में विज्ञान की किसी भी सुनिश्चित शाखा के लिए जिद करना उचित नहीं होगा, किन्तु ज्यामिति, बीज गणित, अंक गणित की उच्च शाखाएँ, भूगोल और नक्षत्र तंत्र का हमारा ज्ञान इसमें शामिल किया जा सकता है। मुख्य पुरस्कार काफी अच्छी कीमत का होना चाहिए। क्योंकि इसका दावेदार शायद कई सालों तक कोई नहीं होगा अतः इसे एकत्रित होने देना चाहिए जब तक यह राशि अपने आप में दमकदार बनकर, विज्ञान के तत्त्वों की पढ़ाई के लिए प्रलोभन न बन जाये। इस बीच छोटे पुरस्कार दिये जा सकते हैं ताकि जो लोग कुछ प्रयास भी कर रहे हैं, उन्हें भी इनाम दिया जा सके।

(31) आम आदमी तक शिक्षा पहुँचाने का एक तरीका यह है कि सभी पदों पर चयन के लिए एक निश्चित परीक्षा देना आवश्यक हो। लेकिन विशिष्ट सेवाओं के लिए उन्हीं व्यक्तियों की आवश्यकता होती है जो उसके लिए उपयुक्त हों। उनको किसी भी बाहरी परिस्थितियों के आधार पर चयन करके लज्जित करना अलाभकारी होगा। लेकिन, ऐसे उदाहरण मौजूद हैं जहाँ बगैर किसी अनुकूल काम के वजीफों का फायदा दिया जाता है।

इन प्रकरणों में यह अनुचित नहीं होगा कि भोक्ता को स्वयं व जनता के फायदे के लिए अपने समय का कुछ हिस्सा अध्ययन में लगाने के लिए बाध्य किया जाये। इसलिए, भविष्य में किसी समय यह घोषणा की जा सकती है कि किसी भी वरशासन (Warshasan), नेमनुक (Nemnuk) या अन्य धार्मिक अनुदान या पेंशन पाने वाले के किसी उत्तराधिकारी को तब तक यह राशि नहीं दी जायेगी, जब तक उन्होंने पहले निर्धारित परीक्षा उत्तीर्ण नहीं की हो। जिन भत्तों को रोका जाना है उनके सम्बन्ध में अधिसूचना इस प्रकार जारी की जा सकती है जिससे यह भत्ते चिरस्थायी न बन सकें। जहाँ विशेष तरह के दावे हों वहाँ उनको निपटाने के लिए उस अधिसूचना में एक व्यवस्था (अधिकार) को सुरक्षित रखा जा सकता है, जिससे उन लोगों को परीक्षा देने की आवश्यकता न पड़े। यह एक प्रश्न हो सकता है कि यह शर्त क्या इमाम जैसे भत्तों जो वर्तमान में धार्मिक उद्देश्यों की पूर्ति के लिए दिये जा रहे है पर भी लागू हो क्या उनको भी परीक्षा के साथ जोड़ा जाय? और क्या यह पक्के तौर पर पेंशन या जागीरों से भी जोड़ा जा सकता है जिनको वंशगत (Hereditary) करना उपयोगी होगा, उन अनुदानों को छोड़ कर जो महान परिवारों (Great families) के प्रतिनिधियों के रखरखाव के लिए दिये जाते हैं। क्योंकि इन भत्तों के बहुत से दावेदार यूरोपियन रिहायश के स्थानों से बहुत दूर रहते हैं और स्थानीय मुख्य/मूल कस्बों/शहरों से भी दूर हैं, इसलिए यह आवश्यक है कि किसी भी भारतीय विज्ञान का कोई भी सामान्य लाभकारी ज्ञान इन व्यक्तियों को अनुदान के लाभ के लिए योग्य बना दे। किन्तु जहाँ पर शिक्षा के अवसर मौजूद हैं, वहाँ किसी न किसी प्रकार के यूरोपियन विज्ञान के ज्ञान को आवश्यक किया जा सकता है, या कम से कम यूरोपियन ज्ञान के एक छोटे भाग को स्थानीय विज्ञान की अधिक विस्तृत योग्यता के समकक्ष माना जा सकता है। यह सब भविष्य में विचार के लिए है अभी हमें उन सब चीजों को सतर्कता से टाल देना चाहिए जिनके कारण एक बड़ा वर्ग शिक्षा पर हमारे दृष्टिकोण के खिलाफ हो सकता है।

तुरन्त उठाये जाने वाले कदम

(32) हमें अब यह देखना है कि कौन से कदम तुरन्त उठाये जायें। मैंने जिलाधीशों को वर्तमान में स्कूलों की संख्या के बारे में, और ग्राम खर्च तथा सरकार के अलावा अन्य कोषों से इनकी संख्या में वृद्धि करने की सम्भावना के

बारे में निर्देशित कर दिया है। इसलिए यह जरूरी होगा कि हम उनकी रपट का इन्तजार करें और इसके बाद इन बिन्दुओं पर कोई फैसला करें।

(33) टीका लगाने वालों को (यदि वे इस पद को स्वीकारें) अधिकृत कर दिया जाये कि प्रायोगिक तौर पर वह स्कूल अध्यापकों को उन-उन गाँवों में भत्ते देना शुरू कर दें जहाँ-जहाँ उनके पढ़ाने की कद्र हो और जहाँ वे देख पायें कि अध्यापक अपने कार्यों की उपेक्षा नहीं कर रहे हैं।

(34) शिक्षा के उत्कृष्ट तरीकों के लिए स्कूल सोसायटी को एक पुस्तिका तैयार करने के लिए कहा जा सकता है। यदि इस 'मिनट' पर सहमति हो तो उन्हें यह अभी ही बताया जा सकता है।

(35) सचिव, जो कि मूल निवासी हैं, के लिए प्रस्तावित भत्ता स्वीकृत किया जा सकता है। इसी प्रकार प्रयोग के तौर पर अध्यापक बनने वाले छात्रों के निर्देशकों को भी वेतन देने पर विचार किया जा सकता है। इन खर्चों को पूरा करने के लिए उन लोगों को हटाया जा सकता है जो संस्कृत की सामग्री का अनुवाद कर रहे हैं।

(36) चिकित्सक बोर्ड को टीका लगाने वाले लोगों के अतिरिक्त काम के बारे में सूचना दे देनी चाहिए। तथा चिकित्सा विज्ञान के प्रसार के तरीकों के बारे में भी सुझाव दिये जाने चाहिए। टीका लगाने वालों से भी प्रस्तावित कार्यों का प्रभार लेने की व्यवस्था के लिए सलाह ली जाय।

(37) सोसायटी द्वारा सुझाई गयी स्कूल-पुस्तकों के प्रकाशन की तुरन्त स्वीकृति देनी चाहिए। सोसायटी को अनुवाद आमंत्रित करने हेतु विज्ञापन के लिए अधिकृत करना चाहिए जिसमें वह अनुवाद के लिए भुगतान की दरों (जिनका उल्लेख किया जा चुका है) के बारे में भी बतायें।

(38) पुरस्कारों के लिए सोसायटी से कहा जा सकता है कि वे कुछ पदक तैयार करें व फारसी भाषा के सचिव को कहा जा सकता है कि उनके अधीक्षण में कुछ पुस्तकें जिनका प्रकाशन हो चुका है को संकलित करे, कुछ सुन्दर और कुछ पर साधारण जिल्द चढ़ा कर पुरस्कार के लिए दें। लेकिन उनमें से किसी पर भी खर्चा पिछले अनुच्छेद में दी गयी कुल राशि से अधिक नहीं होना चाहिए। इसमें पुस्तक का मूल्य भी सम्मिलित होगा। जो जिलाधीश और टीका लगाने वाले इस अभिकल्पना में सम्मिलित हों उन्हें यह पुरस्कार सौंपे जा सकते हैं। उनसे निवेदन किया जा सकता है कि वे जैसा उचित समझें, उन्हें साधारणतः धीरे-धीरे और यथोचित तरीके से वितरित करें।

(39) इसी प्रकार, सोसायटी अपने अधीक्षण में कुछ सस्ते प्रकाशन भी करवा

सकती है। सरकारी खर्च पर इन छपे हुए प्रकाशन को समुचित रूप से बन्ध (Bound) कराकर पुरस्कार के लिए वितरित किया जा सकता है। स्कूल अध्यापकों को पुरस्कार देने के खर्च को भी स्वीकृत किया जाना चाहिए।

(40) बम्बई के अंग्रेजी स्कूल के खर्चे को तुरन्त स्वीकृत किया जाना चाहिए और स्कूल सोसायटी को इसका प्रबन्धन करने के लिए निवेदन करना चाहिए। इस खर्च की वार्षिक सीमा 2500 रु. होगी।

(41) माननीय निदेशकों के कोर्ट की अनुमति के बगैर अंग्रेजी विज्ञान के आचार्यों के पद देने का वादा नहीं किया जा सकता। इस प्रश्न को उनके समक्ष प्रस्तुत करना चाहिए, यदि धार्मिक उद्देश्यों के लिए आवंटित राशि का कुछ हिस्सा उपलब्ध हो तो इस प्राप्त राशि से उतने वजीफे तथा पुरस्कार दिये जा सकते हैं, जितने पैसे उपलब्ध हों। पूना के कमिश्नर को यह आग्रह किया जाना चाहिए कि वे ऐसे अवसर मिलने पर उनका फ़ायदा उठाएँ।

(42) इन योजनाओं के बहुत से विस्तृत विवरणों को भरने के लिए मुझे सचिव की सहायता की आवश्यकता होगी क्योंकि इस सबका पत्र व्यवहार मुख्यतः जिलाधीश से होता है, इसीलिए इसके क्रियान्वयन को भी अन्य विभाग के स्थान पर राजस्व विभाग को ही सौंप देना चाहिए। इस अवसर पर मैं यह इसलिए कह रहा हूँ चूँकि इस बात पर श्री फारिश ने पहले ही बहुत ध्यान दिया है। इसके अलावा मुझे विश्वास है कि इस प्रस्तावित योजना की व्यवस्था पर कोई महत्त्वपूर्ण प्रगति कर पाने के पहले ही श्री हेन्डरसन को बीच में ही रोक लिया जाएगा।

(43) मैं इन प्रस्तावों पर किसी भी एतराज की कल्पना नहीं कर सकता सिवाय इसके कि इन पर अत्यधिक खर्च होगा। जिसके सामने मैं इस विषय के विशेष महत्त्व को रखूँगा। ऐसी और किसी जिम्मेदारी की कल्पना करना मुश्किल है जिससे हमारे सभी कार्य, हमारे हित और हमारा सम्मान ज्यादा जुड़े हों। सभी देशों में अब यह अच्छी तरह से समझा जाता है कि गरीबों की खुशी बहुत हद तक उनकी शिक्षा पर निर्भर करती है। वे सिर्फ इसके द्वारा ही बुद्धिमानी और स्व-सम्मान की आदतें प्राप्त कर सकते हैं जिनसे अन्य उत्तम गुण उत्पन्न होते हैं। यदि कोई ऐसा देश है जिसे इन आदतों की आवश्यकता है, तो वह यह है। हमने अक्सर बाल विवाह तथा उमड़ती जनसंख्या की बुराइयों के बारे में सुना है, जैसे उत्सव के किसी अवसर पर अपनी जिन्दगी भर की कमाई को खर्च करना, और हमें रैयतों की और मजबूरियाँ भी मालूम हैं जिनसे वे साहूकारों के शिकार बन जाते हैं। उनकी

अच्छे कपड़ों अथवा मकानों के लिए उदासीनता, जिसे कई बार उन पर लगे सरकारी कर को कम करने के तर्क के रूप में रखा जाता है और अन्त में उनकी रक्षा के लिए बनाये गये कानूनों का बेअसर होना क्योंकि किसी भी व्यक्ति में इतनी हिम्मत नहीं होती कि वो उनका फ़ायदा उठा सके। इस सब का केवल एक ही इलाज है और वो है शिक्षा।

(44) यदि भारत में आत्मदाह और शिशु-हत्या के भयानक अन्धविश्वासों तथा अन्ततः सभी अन्धविश्वासों के उन्मूलन की इच्छा हो, तो अब इस बात में कोई शक नहीं कि केवल ज्ञान के प्रसार से ही इसमें सफलता प्राप्त की जा सकती है।

(45) इस बीच, मूल निवासियों के धर्म के संवेदनशील पक्ष, हमारी सरकार और प्रजा के बीच पूर्ण अलगाव के कारण सरकार की फिसलन भरी नींव, के खतरे स्पष्ट हैं। इन खतरों को प्रभावहीन करने के लिए कुछ उपाय करना आवश्यक है और इसका सिर्फ एक ही तरीका है कि हम उनके पूर्वाग्रहों को समाप्त करें और अपने सिद्धान्तों तथा विचारों पर आधारित तार्किक शिक्षा का प्रसार करें।

(46) हमारी इंडियन सरकार के खिलाफ यह आरोप है कि हमने पूर्व के राज्यों की व्यवस्था को भंग कर दिया है, और उन सभी स्रोतों को समाप्त कर दिया है जिससे इस देश की भव्यता बनी थी और हमने स्वयं भी ऐसा कुछ नहीं बनाया है जिसका कोई उपयोग हो या जो भव्यता का प्रतीक हो। यह आरोप ज्यादा न्यायोचित है कि हमने मूलवासियों की प्रतिभा के स्रोत को सुखा दिया है। हमारी विजय की प्रकृति से हमने ज्ञान की उन्नति के सभी प्रोत्साहनों को न केवल वापिस ले लिया है बल्कि इससे राष्ट्र का वास्तविक ज्ञान भी लुप्त हो सकता है और पूर्व में कुशाग्रों द्वारा किये निर्माणों को भी भुला दिया जा सकता है। इस भर्त्सना को समाप्त करने के लिए हमें वाकई कुछ करना चाहिए।

(47) कुछ इसी तरह के विचारों के कारणों ने विधानसभा को मजबूर किया है कि वह इंडियन सरकार को आदेश दे कि वे अपने राजस्व का एक भाग शिक्षा की प्रोन्नति पर खर्च करने के लिए निर्धारित करे। लेकिन चाहे इस आदेश के पीछे कोई भी मंशा रही हो परन्तु इसने हमारे सामने हमारे विषय पर पुनः ध्यान देने की आवश्यकता के लिए एक नया तर्क भी रखा है। यह ज़ोर दिया जाना चाहिए कि ये खर्च, कितने भी अच्छे से किया जाये फिर भी इसका बोझ सरकार पर नहीं पड़ना चाहिए। जिन लोगों को शिक्षा से

फायदा होगा उन्हें स्वयं इस खर्च का वहन करना चाहिए। इसको किसी और शर्तों पर शुरू करने से असफलता ही मिलेगी, क्योंकि फिर इसके प्रति अध्यापकों की उदासीनता होगी और उन लोगों जिनको इसका लाभ मिलना है में इसकी तैयारी की कमी होगी। ये उन लोगों पर भी लागू होगा जो शिक्षा की उच्च शाखाओं से सम्बन्धित हैं और जिन्होंने गहराई से ज्ञान प्राप्त करने के लिए निवेदन किया हुआ है। लेकिन इंडिया में हमारे लिए सबसे बड़ी चुनौती ज्ञान की मांग को उत्पन्न करना है, जिसके अस्तित्व की कल्पना पर ही मेरी आपत्ती है।

(48) समाज की सभी अवस्थाओं में गरीबों की शिक्षा मुख्य तौर पर सरकार का ही जिम्मा होनी चाहिए। ऐडम स्मिथ (राजनीतिक लेखक—जिन्होंने सरकार के हस्तक्षेप खासतौर पर शिक्षा के क्षेत्र में अन्य सभी से अधिक कठोर सीमाएँ लगाई हैं) भी स्वीकार करते हैं कि सरकार को गरीबों की शिक्षा के आवश्यक खर्च को उठाना चाहिए। हालाँकि वे किसी अन्य प्रकार के खर्चे की अनुमति नहीं देते सिवाय राष्ट्रीय सुरक्षा तथा न्याय के प्रशासन के लिए।

(49) इसीलिए मेरा विश्वास है कि इन खर्चों को प्रसन्नता से किया जाएगा, चाहे वे स्थायी तथा काफी ज्यादा हैं। लेकिन गाँवों को स्कूल का खर्चा वहन करना चाहिए। पुरस्कारों तथा आचार्यों की राशि पहले निरूपित स्रोतों से आयेगी, पुस्तकों की माँग में बढ़ोतरी होने से छापेखाना को अपने खर्च का स्वयं भुगतान करने के लिए छोड़ सकते हैं। जब मेरे द्वारा प्रस्तावित यह योजना पूरी तरह से व्यवस्थित हो जाय, तो मैं आशा करता हूँ कि समस्त कार्यक्रम, जो जनता के लिए लाभकारी है, कम्पनी के किसी आर्थिक खर्चे के बगैर पूरा हो सकेगा।

(50) तुरन्त प्रभावी खर्चों पर मेरे सुझावों अनुसार विभिन्न शाखाओं में विचार करना होगा।

(51) मूल सचिव तथा प्रधान स्कूल अध्यापक पर खर्च का कुछ हिस्सा उन व्यक्तियों के भत्तों में से उसी मात्रा में कटौती द्वारा किया जाए, जिन्हें मूल प्रकाशन के अधीक्षण हेतु नौकरी दी गयी है। इस पर काफी कुछ किया जा चुका है। इसके बाद भुगतान के लिए प्रति माह 350 रु. कम पड़ेंगे।

(52) चार टीका लगाने वालों का भत्ता, यदि वह मान्य हो, तो 7200 रु. प्रतिवर्ष होगा। पुरस्कार मुख्यतः किताबों के रूप में है, उनका हिसाब-किताब प्रकाशन में ही होगा। पदक देने के लिए बहुत ज्यादा राशि की आवश्यकता

नहीं होगी। स्कूल अध्यापकों को पुरस्कार देने का अनुमानित खर्च 2000 रु. प्रतिवर्ष होगा।

(53) मैं नहीं सोचता कि प्रथम वर्ष में भी हमें छपवाने में उससे अधिक खर्च करने की आवश्यकता होगी जितना इस कार्य के लिए हम अब खर्च करते हैं। यद्यपि अनुवाद करने का पारिश्रमिक काफी होगा। मैं सोचता हूँ कि इस कार्य को करने की माँग बहुत कम होगी। शायद साल में तीन-चार अनुवाद। हम आशा कर सकते हैं कि कुल मिलाकर यह खर्च लगभग 4000 से 5000 रु. हो सकता है। हमें इस बात का सन्तोष होना चाहिए कि खर्च में आगे होने वाली वृद्धि वर्तमान योजना की सफलता और उपयोगिता के बिल्कुल आनुपातिक होगी। इस खर्चे को भी किसी भी समय ऐसे विज्ञापन द्वारा रोका जा सकता है, जिसमें कहा हो कि एक निश्चित समय के पश्चात किसी भी प्रकार कोई उपहार नहीं दिया जायेगा। छः महीने का समय देकर उन लोगों से अनुवाद का कार्य पूरा कराया जा सकता है जिन्होंने उसे शुरू किया था।

(54) मैंने सर्वोच्च सरकार की उदारता का एक उदाहरण पहले भी दिया है। अब मैं इसमें जोड़ता हूँ कि पूरे प्रश्न के सन्दर्भ में शिक्षा समितियों को अनुदानों के अलावा होने वाले खर्चों का; गवर्नर जनरल ने समिति में, कस्बों में तमाम सेवाओं के लिए लगभग छः लाख रु. की राशि आवंटित की है। मैं जिक्र करूँगा कि इसमें स्कूल एक अत्यन्त महत्त्वपूर्ण भाग है। यह राशि शिक्षा समितियों को दिये गये पैसे के अलावा है।

श्री फारिश के नोट पर चर्चा

(55) मेरे निवेदन पर श्री फारिश ने कृपा कर एक स्मरण-पत्र तैयार किया है जो कि संलग्न है। इसमें बहुत सी सूचनाएँ हैं तथा अनेक मूल्यवान सुझाव हैं। मैंने स्वयं इनमें से अनेक विचारों का उपयोग किया है। लेकिन, इनमें से कुछ बिन्दुओं पर ध्यान देना और अनुशंसित करना बाकी है—

- टंकण (टाइप) की किस्मों को आयात करना और उन्हें सस्ती दर पर बेचना जिससे छपाई प्रोत्साहित हो सके।
- इंडिया की देशी भाषाओं में निबन्धों के लिए पुरस्कार आबंटित करना, तथा विज्ञान की प्रोन्नति के लिए भी।
- स्कूलों की स्थिति पर जिलाधीश की वार्षिक रपट।
- किताबों की पहली खेप देने के बाद गाँवों को दूसरी और आगे की किताबों

के लिए भुगतान करने को कहना; अथवा (कहीं ऐसा न हो कि वे किताबें माँगना ही बन्द कर दें) नष्ट हुई अथवा खो गयी पुस्तकों का भुगतान करना।

(56) इसके अलावा सुझाई गयी बहुत सी योजनाओं पर मुझे सन्देह है। अध्यापकों को पढ़ने वाले लड़कों की संख्या के अनुपात में भुगतान करना अपने आप में एक उपयुक्त नीति लगती है; लेकिन वर्तमान की हमारी अधीक्षण व्यवस्था में इसमें धोखाधड़ी होगी, इसकी जगह थोड़ा सा निश्चित वजीफा स्कूल के अध्यापकों को अपने पेशे से जोड़े रखेगा और विद्यार्थियों द्वारा दिये गये चंदे से उनका, बाकी रखरखाव होगा और उनकी कार्य तत्परता बनी रहेगी।

(57) ऐसा देखने में आता है कि मिशनरी निम्न जाति के छात्रों को सबसे श्रेष्ठ पाते हैं। लेकिन हमें ध्यान रखना है कि हम इस प्रकार के लोगों को किसी प्रकार का विशेष प्रोत्साहन न दें। वे समाज के अनेक विभाजनों में से एक नीचे का हिस्सा हैं और इन्हें सबसे अधिक तुच्छ दृष्टि से देखा जाता है। यदि हमारी शिक्षा का तन्त्र सबसे पहले उनमें अपनी जड़ें जमाता है तो इस बात का डर है, कि उसका आगे प्रसार नहीं होगा। और हम स्वयं को एक नये उपयोगी ज्ञान वाले वर्ग के शीर्ष पर पायेंगे, लेकिन दूसरी जातियाँ उनसे घृणा करेंगी और उन्हें तुच्छ मानेंगी, क्योंकि इनके द्वारा हासिल की गयी काबिलियत से यह हमें बाकी लोगों से बेहतर लगेंगे। इस तरह की स्थिति तभी वांछनीय होगी, यदि हम अपनी सत्ता को अपनी फौज के बल पर चला कर या जनसंख्या के एक छोटे भाग से जुड़कर ही सन्तुष्ट हो जायें। लेकिन इस तरह का प्रयास सत्ता को ज्यादा व्यापक आधार देने की हर कोशिश से असंगत है।

(58) मैं इस बात का सख्त विरोध करता हूँ कि हमारी शिक्षा की योजना में धर्म का किसी भी प्रकार से कोई मिश्रण हो। मैं किसी अतिरिक्त मुश्किल को इस योजना में अड़ंगा लगाने नहीं दे सकता, क्योंकि इसे पहले ही अनेक अवरोधकों को पार करना है। मैं आश्वस्त हूँ कि मूलनिवासियों में परिवर्तन उनमें ज्ञान के प्रसार से ही होगा। भाग्यवश, वे इन सभी सम्बन्धों से परिचित नहीं हैं, वरना वे अपने अज्ञान पर हुए हमलों का जबरदस्त विरोध करते मानो कि वे उनके धर्म पर हों। हमारे स्कूलों में ईसाई धर्म के प्रवेश का असर खतरे की घंटी ही होगा और ब्राह्मणों को आने वाले खतरे की चेतावनी मिल जाएगी। यह चेतावनी भी शायद तब तक नज़र अन्दाज़ हो जाये जब तक कोई धर्म बदलने की बात नहीं होती। लेकिन

इस योजना के खिलाफ यही तर्क काफी है कि वह तभी तक सुरक्षित है जब तक कि यह अप्रभावी है। और इस मसले में खतरा न सिर्फ हमारी शिक्षा की योजना को है परन्तु हमारा साम्राज्य भी खत्म हो सकता है।

पूना में महाविद्यालय

(59) मैं यहाँ माननीय निदेशकों के कोर्ट द्वारा पूना में महाविद्यालय स्थापित करने के समय दी गयी टिप्पणियों का जवाब देना चाहूँगा। इस प्रश्न की सामान्य चर्चा करने से पहले मैं उन तीन एतराजों के बारे में बात करना चाहूँगा जो माननीय कोर्ट ने पाये, मेरा मानना है कि मैं उन्हें दूर कर सकूँगा।

(60) माननीय कोर्ट ने पैराग्राफ 20 व 21 में कहा है कि हमने बगैर किसी पड़ताल के यह मान लिया है कि पूना में महाविद्यालय की स्थापना से मूलनिवासियों के मस्तिष्क पर अनुकूल प्रभाव पड़ेगा लेकिन अन्य स्थानों पर, उनका अनुभव बताता है कि इसका कोई प्रभाव नहीं पड़ा है। इससे, लेकिन एक सन्देह होता है। यदि यह उन संस्थानों की ओर संकेत करता है जैसे कि बनारस तथा कलकत्ता के महाविद्यालय। तो शायद उनके परिणाम आज कुछ विशेष अधिक अच्छे न हों। पर जब हमारी सरकार ने उन्हें पहले स्थापित किया था, तो क्या यह कहना सही होगा कि उस समय इनका कोई लाभ नहीं हुआ। पूना के महाविद्यालय के प्रकरण में इस तथ्य पर कोई विवाद नहीं हो सकता। पेशवा राज्य का एक मुख्य उद्देश्य ब्राह्मणों को सहारा देना था। माननीय कोर्ट को यह मालूम है कि दक्षिणा के नाम पर पेशवा राजा पाँच लाख रुपये का ही वार्षिक वितरण करते थे। लेकिन यह याद रखना पड़ेगा कि ब्राह्मणों को दिये गये कुल दान का ये दक्षिणा बहुत छोटा हिस्सा है। हिन्दू धर्म और उसके ज्ञान के प्रति समर्पित व्यक्तियों की संख्या, जो इस की मदद से जीवन यापन करते थे, उस संख्या से कहीं अधिक है जो हम कल्पना करते हैं। हमने पेशवा पर निर्भर जितने भी लोगों की जितनी भी मदद की है उसके बावजूद उसमें से अधिकांश अत्यन्त परेशानी में जी रहे हैं। वे अब उन शाल तथा अन्य सामान बेचकर जीवन यापन (गुजारा) कर रहे हैं, जो उन्हें अच्छे समय में मिले थे। उसमें से कई अभाव के आखिरी पड़ाव पर पहुँच गये हैं क्योंकि उनके द्वारा पूर्व में इकट्ठे किये गये सभी सामान काम में लाये जा चुके हैं। इस प्रकार के लोगों की संख्या तथा उनके प्रभाव को देखते हुए ये ख़याल महत्त्वहीन नहीं हो सकता कि उनके रख-रखाव के लिए जो भी राशि

निकाली जा सके वह उन्हें दे दी जानी चाहिए। इसमें कोई शक नहीं कि ये लोग आम जनता की राय पर असर डालते हैं क्योंकि हमारे दुश्मनों का उद्‌देश्य है कि वे लोगों के मन में यह विचार बैठा दे कि हम हिन्दुओं के धर्म तथा रीति-रिवाजों को बदलना चाहते हैं। इसीलिए ये लोकप्रिय तथा विवेकपूर्ण होगा कि इस राशि का कुछ हिस्सा उनको विद्या प्राप्त करने के लिए प्रोत्साहित करने में खर्च किया जाय।

(61) माननीय कोर्ट ने इन आधारों पर सहर्ष दक्षिणा की आंशिक निरन्तरता की स्वीकृति दी है। लेकिन श्री प्रेन्डेरग्रास्ट द्वारा महाविद्यालय के अनुमोदन पर खर्चे के कारण जो ऐतराज व्यक्त किया गया है (पैराग्राफ 32), उससे माननीय कोर्ट को यह प्रतीत होता है कि इस संस्थान के कारण हमारे खर्चे में बढ़ोतरी हो सकती है। लेकिन, वास्तव में महाविद्यालय का सारा खर्च दक्षिणा के खर्चे में हुई बचत से पूरा हो जाता है तथा पढ़ाने को प्रोत्साहित करने के लिए एक रुपये का भी अधिक खर्चा नहीं होगा, जो अभी जनता के असन्तोष[3] को रोकने के लिए किया जा रहा था।

(62) मैं यहाँ कहना चाहता हूँ कि मैंने शायद अपनी रिपोर्ट में स्वयं इसका जिक्र ठीक ढंग से न किया हो, क्योंकि आदरणीय कोर्ट ने यह समझा कि मेरे विचार में यह संस्थान नहीं होना चाहिए। पैराग्राफ 33 के परिच्छेदों में मैं यह कहना चाहता था कि धार्मिक प्रभार, जिसमें दो महाविद्यालय सम्मिलित हैं, पर दो लाख रुपये खर्च करने के बजाय दक्षिणा पर 50,000 आवंटित करने चाहिए। इसमें जहाँ तक सम्भव हो सकेगा उन लोगों को पुरस्कार दिया जायेगा जिन्होंने कानून, गणित आदि में महारथ हासिल की है। इसमें आचार्यों की निश्चित संख्या जो उन विज्ञानों को पढ़ाते हैं, तथा कुछ चयनित पुस्तकों को उपलब्ध करवाना भी शामिल है। इस योजना में सिर्फ ये ही परिवर्तन हुआ है कि प्राचार्यों को दक्षिणा के लिए आवंटित राशि में से भुगतान किया गया है और आचार्यों में से कुछ की नियुक्ति हिन्दू धर्म और पुराण पढ़ाने के लिए की गयी है। इस बात से इनकार नहीं किया जा सकता है कि यह व्यवस्था का अलाभकारी हिस्सा है। ये वही शाखाएँ हैं जिसकी चर्चा श्री चेपलिन करते हैं जब वे कहते हैं कि इनमें से कुछ निरर्थक से भी ज्यादा बदतर है। लेकिन हमें यह नहीं भूलना चाहिए हम धर्मान्ध लोगों के बीच एक गुरुकुल को स्थापित कर रहे हैं (समुचित परिवर्तनों को शामिल करते

3. संलग्न विवरण में बताया गया है कि जब यह महाविद्यालय पूर्ण होगा, तब 15,320 रु. के वार्षिक खर्चे में 19 आचार्यों का रखरखाव होगा तथा 100 विद्यार्थियों को वजीफे मिलेंगे।

हुए)। इन लोगों में ज्ञान हमेशा से पुजारियों के हाथ में रहा है और जहाँ यह माना जाता रहा है कि विज्ञान धर्म की एक शाखा है। इन परिस्थितियों में धार्मिक उद्देश्यों के लिए दी गयी खर्चों की राशि से पूरी तरह समर्थन लेकर, मेरे विचार से, धार्मिक आचार्यों को बिल्कुल ही किसी तरह की मदद से अलग रखना सम्भव नहीं होगा, क्योंकि यह हिन्दू विश्वास की खिलाफत का दृष्टान्त समझा जाएगा जिससे हम बचना चाहते हैं। इससे उन व्यक्तियों के पूर्वाग्रह तिलमिलायेंगे जिसको हटाना तथा शान्त करना ही इस संस्थान की घोषित परिकल्पना थी। मेरा विश्वास है कि आदरणीय कोर्ट इन तर्कों से सन्तुष्ट होगा। लेकिन इन सब घटनाओं के बारे में, मैं यह भी विश्वास दिलाना चाहता हूँ कि ये सुझाव पूर्ण पड़ताल के बाद ही दिये गये हैं। मुझे इस बात का भय है कि मेरी इस पड़ताल से, जबकि मैं दक्षिण में कमिश्नर था, मराठों के मन में ऐसी आशाएँ जाग्रत हो गयी हों कि उनके देश के विद्वानों के पक्ष में कुछ महत्त्वपूर्ण निर्णय किये जाने वाले हैं, जो उससे अधिक हैं जितना करना सम्भव व उपयोगी पाया गया।

(63) मैं अब उस प्रश्न पर आता हूँ कि क्या बगैर लोगों की सन्तुष्टि को ध्यान में रखते हुए भी महाविद्यालयों की स्थापना अपने आप में वांछनीय है? देश में शिक्षा को प्रोत्साहित करने के लिए यह स्पष्ट रूप से समझ लेना चाहिए कि प्रश्न यह नहीं है कि हम ब्राह्मणों की शिक्षा को प्रोत्साहित करें अथवा यूरोपियन शिक्षा को। प्रश्न यहाँ यह है कि हम ब्राह्मण शिक्षा को प्रोत्साहित करें या फिर किसी भी शिक्षा को नहीं। इस मिनट के पहले भाग में दर्शाया गया है कि यूरोपियन विज्ञान की शुरुआती बातों को पढ़ाने के लिए भी हमारे पास स्थानीय भाषाओं में क्षमता उपलब्ध नहीं है, और यदि ये हमारे पास होती भी तो हमें कुछ ही या फिर नहीं के बराबर ऐसे स्थानीय निवासी मिलते जो हमारी शिक्षा को प्राप्त करना चाहते हों और जिनमें इसे प्राप्त करने की क्षमता होती। इसीलिए हमारे पास विमर्श के लिए सिर्फ यह बिन्दु है कि क्या जो ज्ञान अभी मौजूद है उसे बचाया जाये या नष्ट होने दिया जाये। यह बात कही जा सकती है कि हिन्दू शिक्षा इससे पहले भी हमारी सहायता के बगैर चल रही थी और वो अब भी जारी रहेगी, हमारे महाविद्यालय के खर्च भुगतने के बगैर भी, लेकिन यह निष्कर्ष बिल्कुल गलत होगा। दक्षिणा (जिसका पहले ही जिक्र किया जा चुका है) कि अभिकल्पना शिक्षा को प्रोत्साहित करने के लिए की गयी थी। इसके लिए पहले आठ से दस लाख रु. की राशि

थी, हालाँकि बाजीराव ने इन खर्चों को कम किया, लेकिन फिर भी उसने 50,000 ब्राह्मणों में से प्रत्येक को थोड़ी बहुत राशि दी। इसके अतिरिक्त उन सबको बड़े पुरस्कार दिये गये जिन्होंने अपनी शिक्षा में ख्याति प्राप्त की। वह तथा उसके समस्त सरदार तथा मन्त्री, हिन्दू रीति-रिवाजों से सम्बन्धित विभिन्न कार्यों में ब्राह्मणों की नियुक्ति करते थे। और इसके अलावा धार्मिक सिद्धान्त के आधार पर कई और लोगों को भी वजीफे तथा जमीनें देते थे, जिनकी सेवाओं की उन्हें कोई जरूरत नहीं थी। इसमें यदि यह भी जोड़ें कि शिक्षा महान लोगों की पहचान का व लोगों के आदर का एक हिस्सा थी, तो हम इसे हासिल करने से होने वाले फायदों का अन्दाजा लगा सकते हैं, जो सब हमारी विजय के कारण खत्म हो गये हैं। यह सच है कि ये प्रोत्साहन सही दिशा में नहीं थे, किन्तु कुल मिलाकर इनका प्रभाव लाभकारी था। इसीलिए मैं यह सोचे बगैर नहीं रह सकता कि इनको संरक्षित रखना वांछनीय है। इससे व्यक्तियों के एक ऐसे समूह का रख-रखाव किया गया जिन्होंने अपना समय अपने ज्ञान के संवर्धन के लिए लगाया। इनका ज्ञान पुराना विकृत अथवा सड़ा हुआ कहा जा सकता है किन्तु फिर भी उसका नाता वास्तविक विज्ञान से किसी न किसी तरह रहा है। और इसलिए इसमें धीरे-धीरे सुधार हो सकता है ताकि यह हमारे विज्ञान जैसा बन जाये। वे उन मठवासियों की तुलना में भी इतने अधिक हीन नहीं हैं, जिनमें पुराने यूरोपियन ज्ञान के बीज लम्बे समय तक जीवित रखे गये। उनके लुप्त होने से यदि वर्तमान ज्ञान खत्म न भी होता, तो भी भविष्य के लिए सारी उम्मीदें समाप्त होने की आशंका थी।

(64) ये तर्क इस परिकल्पना पर आधारित हैं कि पूना महाविद्यालय सदा ही अपरिवर्तित रहेगा। लेकिन यह इस संस्थान का कोई तय निहितार्थ नहीं है। एक बार यह महाविद्यालय ब्राह्मणों के लिए आश्रय का एक स्थापित स्थल बन जायेगा, तो शिक्षा के तंत्र में कुछ मात्रा में धीरे-धीरे सुधार आसानी से प्रारम्भ किये जा सकते हैं। इससे संस्थान को सभ्यता के प्रसार का एक शक्तिशाली साधन बनाया जा सकता है। इस मिनिट में कुछ ऐसे ही परिवर्तनों के सुझाव दिये गये हैं, और कुछ अन्य समय के साथ-साथ सामने आयेंगे, लेकिन हम यह सब तब तक नहीं कर सकते जब तक कि हमारे पास शिक्षा देने के बेहतर साधन तथा उसको पाने के लिए बेहतर ढंग से तैयार लोग नहीं होंगे।

(65) लेकिन, मैं यह बिल्कुल नहीं चाहता कि पाठ्यक्रम के विशुद्ध हिन्दू भाग का सम्पूर्ण परित्याग कर दिया जाये। यकीनन, एक देश के बौद्धिक खजाने में कुछ जोड़ने का यह एक बेतुका तरीका होगा कि जोड़ने की शुरुआत वहाँ के देशज ज्ञान व साहित्य का नाश करके हो। मेरे विचार में मूलवासियों के ज्ञान की मात्रा तथा विविधता में वृद्धि होगी, यदि नया ज्ञान उनके स्वयं के पूर्व में प्राप्त ज्ञान से मिलकर रोपित किया जाये, यह उनके अपने स्वयं के खास गुण व नवीनताओं से सराबोर हो।

(66) सम्माननीय कोर्ट ने अन्य आचार्यों के साथ-साथ कविता के आचार्य की नियुक्ति की ओर हमारा ध्यान आकर्षित किया है। इस बात को बिना ज्यादा सोच विचार के मान लिया गया क्योंकि यह वैसा है जैसा कि सभी हिन्दू महाविद्यालय में पहले से होता है। पहले पहले तो इसकी व्यावहारिक उपयोगिता बहुत कम दिखाई देती है, लेकिन इसके गहन परीक्षण से प्रतीत होता है कि इसको शायद सहानुभूति के साथ देखना अधिक फायदेमन्द होगा। सम्माननीय कोर्ट अवगत है कि हिन्दू साहित्य का एक बहुत बड़ा हिस्सा संस्कृत काव्य से निर्मित है। यही वह भाग है जिसमें सबसे अधिक मूलभूत खूबी दिखती है। हम में से कुछ अच्छे आलोचकों ने इसकी भूरि-भूरि प्रशंसा की है। यह भाग उपयोगी तथा सबसे अधिक वांछनीय है, इसे संरक्षित करना जरूरी है। किसी अन्य सभ्य राष्ट्र के ज्ञान से उदाहरण और सहायता लिए बिना भी, प्रत्येक समुदाय में विज्ञान का ज्ञान बेहतर व विकसित होता जाता है, उनकी स्वयं की खोजों से शनैः-शनैः नया ज्ञान पुराने ज्ञान को हटा कर उसका स्थान ले लेता है, और उनका पहले का ज्ञान बेकार हो कर विस्मृत हो जाता है। काव्य के साथ ऐसा नहीं है। प्रत्येक काल का स्तरीय काम अपनी प्रतिष्ठा को बगैर कम किये बनाये रखती है। वे सृजन का प्रतिमान और प्रतिष्ठित भाषा का स्रोत बन जाते हैं। पिछड़ी से पिछड़ी संस्कृति से भी उन्हीं लेखकों का योगदान सराहनीय होता है जिन्होंने भावी पीढ़ियों में से सबसे बेहतर व्यक्तियों को प्रसन्नता दी तथा सुसंस्कृत होने में मदद की।

(67) माननीय कोर्ट ने कलकत्ता तथा बनारस की असफलताओं के कारण पूना के महाविद्यालय के बारे में भी प्रतिकूल पूर्वानुमान बनाये हैं। लेकिन मैं इस बात से आश्वस्त नहीं हूँ कि यदि इस बात को पूरा का पूरा मान भी लिया जाय तो भी वह अपनायी गयी योजना के खिलाफ तर्क है। समय के साथ प्रत्येक संस्थान का पतन हो सकता है और इसमें सबसे बड़ा खतरा उनको

होता है जिनको लक्ष्य सीखने को बनाये रखना होता है। बाकी संस्थान सामान्य के लिए प्रतिबद्ध जनजीवन से सम्पर्क व कार्य से सम्बन्धित होने से अपने लिए शक्ति व जीवन्तता प्राप्त करते रहते हैं, किन्तु जो साहित्य पढ़ने-लिखने व ज्ञान के संवर्धन से जुड़े हैं उन्हें इस प्रकार का कोई समर्थन नहीं मिलता। इसीलिए उनको जीवित रहने के लिए सरकारी अनुदान की आवश्यकता होती है। इस समय आसानी से हताशा के कारण यह मान लेना क्योंकि बंगाल के महाविद्यालय में कुछ गड़बड़ियाँ हुई हैं, अतः न तो पहले या अभी न तो अब बाद में उनकी कोई उपयोगिता हो सकती है अनुचित है। यूरोपियन्स में अवकाश की कमी के कारण इन संस्थानों का सतर्कतापूर्ण अधीक्षण नहीं हो पाता, इसीलिए ऐसे संस्थानों को अस्थिरता का जोखिम उठाना ही पड़ता है। किसी सरकार में उन पर ध्यान नहीं दिया जाएगा पर दूसरी में उनमें सुधार होगा और कुल मिला कर वे चलते रहेंगे तथा समृद्ध होंगे। वे उस महान् व्यक्ति की प्रतिभा के स्मारक की तरह हैं, जिसने अनेक मुश्किलों और खतरे के बीच इनकी योजना बनाई, इसके अलावा ये सम्माननीय कोर्ट की उदारता के कारण हैं, जिसने इन महाविद्यालयों को मदद दी है, क्षणिक असफलताओं व कभी-कभी निरुत्साहित करने के बावजूद।

युवा सिविल सेवकों के लिए महाविद्यालय

(68) क्योंकि अभी तक मैं माननीय निदेशकों के कोर्ट द्वारा भेजे प्रेषण पर विचार कर रहा था इसीलिए मैं अब उस भाग की ओर अग्रसर हूँ जो उस महाविद्यालय से सम्बन्धित है जो सिविल सेवकों की शिक्षा के लिए रेसीडेन्सी में स्थापित करना है। कोर्ट ने इसकी इज़ाजत नहीं दी है। मैं इसका एक विकल्प, जो मुझे समझ आता है, प्रस्तावित करूँगा।

(69) एक महाविद्यालय का सबसे बड़ा फायदा यह है कि वहाँ पढ़ने वालों को यूरोपियन आचार्य तथा मूलवासी स्थानीय मुंशियों, दोनों से पढ़ने के बेहतरीन अवसर मिलते हैं। यहाँ पुस्तकें उपलब्ध होती हैं, तथा यहाँ पर युवा व्यक्तियों के चाल-चलन की थोड़ी-बहुत अधीक्षण करने की सुविधा है। इससे काहिलपन तथा दुर्व्यसनता को शुरू में ही रोका जा सकता है, इससे पहले कि उसको इतना समय मिले कि वह एक आदत बन कर व्यक्तियों के लिए खतरा बने। परीक्षा, पुरस्कार, सम्माननीय डिग्रियाँ महाविद्यालय तन्त्र की बाकी और उपयोगिताएँ हैं।

(70) इसके नुकसान यह हैं कि यह युवाओं को इकट्ठा करता है, तथा उन्हें प्रेसीडेन्सी में रोके रखता है और इसके अलावा युवाओं के अध्ययन पर नजर रख व नियंत्रित करके वे विद्यार्थी से उसकी चेतना से उत्पन्न संदीपन को खत्म कर देते हैं जिससे वह यह समझ सकता था कि उसकी सफलता या असफलता उसके अपने हाथ में है।

(71) फायदे इतने अधिक हैं कि जहाँ तक सिविल अफसरों की शिक्षा का सवाल है मुझे उस प्रस्तावित महाविद्यालय के निरस्त हो जाने पर उतना दुख नहीं है।

(72) हमें प्रयास करना चाहिए, जहाँ तक सम्भव हो हम अपने फायदे एकत्रित करें और शिक्षा की दोनों तरह की योजनाओं के सम्भव नुकसान को टालें।

(73) इसमें कोई शक नहीं कि हमें यूरोपियन आचार्यों की जरूरत को कम करना होगा। लेकिन मूल निवासी मुंशियों की संख्या में वृद्धि करने के लिए हमें कुछ करना चाहिए। लेकिन इसमें इतनी बड़ी वृद्धि भी नहीं हो जिससे उनके व्यवसाय से प्राप्त आमदनी भली प्रकार शिक्षित व पर्याप्त काबिल व्यक्तियों के स्तर से कम हो जाये। अगर ऐसे लोग यहाँ नहीं मिलते, तो हर प्रकार की आवश्यक योग्यता वाले व्यक्ति कलकत्ता से आसानी से आ सकते हैं। इसके लिए हम उन लोगों की मदद लेने से अच्छा कुछ और नहीं कर सकते, जिन्होंने ऐसे छात्रों को पढ़ाया है। वे यह भी बता सकते हैं कि उनकी नजर में युवा छात्रों के लिए कौन-सी पुस्तकें उत्तम हैं, और क्या उन्हें कलकत्ता से उपयुक्त संख्या में प्राप्त किया जा सकता है या क्या उन्हें यहाँ छपाया जा सकता है। परीक्षा में निरीक्षण व अधीक्षण की जरूरत नहीं होगी यदि हम यह सुनिश्चित कर सकें कि हम उस भावना जो आज मौजूद है, को सुरक्षित रख पायें। आज सभी युवा उस ज्ञान को हासिल करने को महत्त्वपूर्ण समझते हैं, जिसकी उन्हें परीक्षा देनी है और पास करनी है। यदि यह युवा जान लें कि अपने धन्धे से जुड़ने से पहले इस तरह के परीक्षण से गुजरने में उन्हें फायदा होगा और इस प्रक्रिया में उन्हें अपनी मेहनत पर ही भरोसा रखकर आगे बढ़ना है, तो यह अपेक्षा रखना मुश्किल नहीं है कि यह क्षमताएँ परिलक्षित होंगी।

(74) मेरी यह समझ है, कि कलकत्ता के मुकाबले में, वर्तमान परीक्षाएँ काफी आसान हैं। हम परीक्षा को थोड़ा और कठिन बना सकते हैं। लेकिन यह इतना ज्यादा कठिन नहीं होना चाहिए जिससे विद्यार्थी निराश हो जायें या प्रेसीडेन्सी के प्रलोभन में बहुत लम्बे समय तक फँस जायें, और वह सेवा के सक्रिय रोजगार से दूर रहें।

(75) भाषा के व्याकरण वाले हिस्से पर विशेष ध्यान दिया जाना चाहिए। यदि इस पर एक दफे पूर्ण दक्षता हासिल कर ली जाय तो बाकी का अभ्यास स्वयं से हो जायेगा।

(76) कैप्टन रडल, जो फोर्ट विलियम महाविद्यालय के परीक्षकों में से एक हैं की संलग्न टिप्पणी में इस योजना का पूरा ब्योरा है।

(77) इस सम्पूर्ण योजना का आधार परीक्षा है। इसीलिए यह आवश्यक है कि सतर्कता से इसे प्रभावी बनाया जाये। हम अब तक इस विषय पर उन महानुभावों की स्वैच्छिक सहायता प्राप्त करते रहे हैं जो कि प्रेसीडेन्सी में हैं और जिनके पास आवश्यक योग्यता है। लेकिन इतने महत्त्वपूर्ण मसलों पर इस प्रकार की अनियमित सहायता से मुश्किल ही गुजारा किया जा सकता है। खासतौर पर उसके बाद जब नियमन कमेटी को समाप्त कर दिया जायेगा।

(78) सबसे अच्छा यह रहेगा कि एक कनिष्ठ सदस्य को सचिव भी नियुक्त कर दिया जाये। उसकी तनख्वाह इतनी हो कि वह एक प्रख्यात भाषाविद् की सेवाएँ प्राप्त कर सके। यह महानुभाव, फारसी (परशियन) सचिव के साथ, यह सुनिश्चित करेगा कि हमारे पास सदा दो काबिल सदस्य हों ही और कभी-कभी तीसरे भी।

(79) वर्तमान में परीक्षा समिति नियमित रूप से हर तीन महीने में संयोजित होती है। यही व्यवस्था चलती रहनी चाहिए और हर विद्यार्थी के लिए यह आवश्यक होगा, कि अपने आने के पश्चात, वो बैठक में बताये कि क्या वो अगली बैठक में परीक्षा देने की इच्छा रखते हैं। यदि उसकी यह इच्छा न हो, तो उसे तुरन्त देश के किसी स्थान पर नियुक्त कर देना चाहिए, जैसा कि निदेशकों के कोर्ट ने आदेश दिया है। किन्तु यदि इस युवा व्यक्ति का मन्तव्य अध्ययन से है तो यह अच्छा होगा कि वह प्रेसीडेन्सी से पहले निवृत्त हो जाये, और फिर अपने कार्य में जुड़े, क्योंकि निदेशकों के कोर्ट के आदेश को शब्दशः लागू करने से उस व्यक्ति को देश के दूसरे सिरे तक भेजने में, काफी समय और पैसा लगेगा।

(80) मुझे ऐसा आभास हुआ है कि प्रत्येक विद्यार्थी को मराठी या गुजराती की तथा हिन्दुस्तानी की परीक्षा पास करनी चाहिए। अनुभव हमें दर्शाता है कि बगैर इस नियम के, इन भाषाओं को कोई नहीं पढ़ेगा। किन्तु चूँकि मैं प्रेसीडेन्सी में इन युवा व्यक्तियों को लम्बे समय तक रखने की इच्छा नहीं रखता, इस कारण मुझे यह प्रस्ताव छोड़ना पड़ेगा और मैं इसके बजाय यह

अनुशंसा करना चाहता हूँ कि यह नियम प्रकाशित किये जायें कि कोई भी युवा व्यक्ति आज के बाद से तब तक अपने पदांकन क्षेत्र की दूसरी पायदान पर प्रोन्नत नहीं होगा (चाहे सहायक-कुलसचिव से कुल सचिव या तृतीय सहायक जिलाधीश से द्वितीय जिलाधीश), जब तक उसने, जिस जिले में उसे नियुक्त किया गया है उसकी भाषा की परीक्षा उत्तीर्ण न कर ली हो। लेकिन इस द्वितीय परीक्षा को एक कमेटी द्वारा उसी स्थान पर आयोजित किया जा सकता है, जहाँ वह युवा है।

(81) इन सभी तरीकों का डिज़ाइन ऐसा है कि इनसे वे उतना ज्ञान प्राप्त कर लें जितना उनके सामान्य प्रभार की सेवाओं को अंजाम देने के लिए चाहिए। उच्च योग्यता प्राप्त करने के लिए अन्य उपाय किये जाने की जरूरत होगी। इस उद्‌देश्य के लिए, मेरी जानकारी में, कलकत्ता में पहले से उपयोग में आ रहे उपहार देने के ढंग से बेहतर और कोई नहीं हो सकता। इस विषय में मैं अधिनियम की प्रतिलिपि संलग्न कर रहा हूँ और मैं यह चाहता हूँ कि यह समझ लिया जाये कि प्रत्येक भाषा पर एक अलग पुरस्कार दिया जायेगा। इसके कारण यदि कोई व्यक्ति तीन भाषाओं में योग्यता प्राप्त करता है तो उसे 800 रु. के बजाय 2400 रु. मिलेंगे।

(82) यह मेरी गहरी इच्छा है कि फौजी लोग भी इस पुरस्कार के लिए योग्य माने जायें। ये पुरस्कार प्राच्य (ओरियंटल) शिक्षा को प्रोत्साहित करने के लिए हैं न कि किसी व्यवसाय को सम्पादित करने के लिए। सरकार का यह उद्देश्य नहीं हो सकता है कि वह किसी भी मजदूर (व्यक्ति) को उस क्षेत्र से अलग कर दे, जिसका फैलाव जितना हम ढो सकते हैं उससे बहुत अधिक है।

(83) निदेशकों की कोर्ट के उच्च सरकार को दिये गये सुझाव फौजी व्यक्तियों के प्रवेश के इतने खिलाफ हैं कि, मैं यहाँ माननीय कोर्ट से केवल ऐसा निवेदन कर सकता हूँ, जो कि उन्हें इसको लागू करने की स्वीकृति देने के लिए प्रेरित करे।

थॉमस बैबिंग्टन मैकॉले[1] का मिनट

(1) चूँकि सार्वजनिक शिक्षा समिति के कुछ सदस्यों की राय है कि भारत में अभी तक प्रचलित शिक्षा प्रणाली ब्रिटिश संसद के 1813 के आदेशानुसार थी और यदि यह बात सही है तो इसको बदलने के लिए एक वैधानिक बदलाव की आवश्यकता होगी, इसलिए मैंने यह उचित समझा कि मैं इसके विपरीत हो रहे संवाद में कोई हिस्सा न लूँ। और अपने मत को तब तक व्यक्त न करूँ जब तक यह मामला मेरे सामने भारतीय परिषद् के सदस्य के रूप में नहीं आता।

(2) मुझे ऐसा भी नहीं लगता कि संसद द्वारा पारित कानून को, चाहे इसे कितना भी तोड़ा मरोड़ा जाये, उससे ऐसे अर्थ निकाले जा सकते हैं जैसे कि लोगों ने निकाले हैं। इस कानून में ऐसा कोई जिक्र नहीं है जिससे यह निर्धारित किया जा सके कि कौन-सी भाषाएँ या विज्ञान पढ़ा जाना है। केवल ''साहित्य के पुनर्जागरण एवं उत्थान, भारतीय विद्वानों के प्रोत्साहन एवं अंग्रेजी राज्यों में विज्ञान की शुरुआत एवं प्रोत्साहन'' के लिए एक राशि अलग से रखी गयी है। यह मान लिया जाता है या यह तर्क दिया जाता है कि संसद का साहित्य से तात्पर्य अरबी या संस्कृत साहित्य तक ही सीमित था। और वे 'स्थानीय विद्वान' के रूप में उसे नहीं स्वीकारते जो मिल्टन की कविता या लॉक के तत्वज्ञान या न्यूटन के भौतिक शास्त्र में माहिर हो। यह मान लिया जाता है कि ''स्थानीय ज्ञानी से उनका तात्पर्य केवल उन लोगों से था जिन्होंने हिन्दुओं के पवित्र ग्रन्थों का अध्ययन किया है और जो कुश घास के सभी उपयोगों का और अपने भगवान में विलीन हो जाने के रहस्यों में प्रवीण हो। यह कोई बहुत अच्छी व्याख्या नहीं लगती। इस बात को समझने के लिए हम एक ऐसा ही और उदाहरण लेते हैं। हम सब जानते हैं कि एक समय था जब ज्ञान के क्षेत्र में मिस्र, यूरोप के देशों से कहीं आगे था पर अब वह उनसे बहुत पिछड़ गया

है। मानो, आज मिस्र के साहित्य के पुनर्जागरण एवं उत्थान के लिए व मिस्र के स्थानीय विद्वानों को प्रोत्साहन देने के लिए वहाँ का शासक कुछ राशि उपलब्ध करवाए तो क्या कोई यह कह सकता है कि उनका इससे प्रायोजन यह है कि उनके शासन के युवा अपना समय मिस्र की चित्रलिपि को पढ़ने व समझने में लगाएँ, ओसरिस की कहानियों में छिपे सभी जीवन सिद्धान्तों को ढूँढ़ने में लगाएँ और यह बिल्कुल ठीक-ठीक पता लगाने में कि प्याज या/और बिल्ली की आराधना के लिए क्या-क्या किया जाता था। इसके बजाय यदि मिस्र का बादशाह अपनी युवा प्रजा को अंग्रेजी व फ्रेंच सीखने का आदेश दे तो क्या उसे दोषी ठहराना उचित होगा? और यदि वह उनसे यह भी कहे कि वे आधुनिक विज्ञानों का अध्ययन करें जिसके लिए ये भाषाएँ चाबियाँ हैं तो क्या यह गलत होगा?

(3) पुरानी व्यवस्था के समर्थक जिन शब्दों का सहारा लेते हैं वे उनके तर्कों के आधार के रूप में खरे नहीं उतरते। और उन शब्दों के बाद जो अन्य शब्द आते हैं वे पक्के तौर पर दूसरे पक्ष के तर्कों के लिए हैं। यह एक लाख रुपया जो अलग से रखा है, वह केवल भारतीय साहित्य के पुनर्जागरण के लिए ही नहीं है। पुरानी व्यवस्था के समर्थकों के सभी तर्क केवल इसी एक जुम्ले पर आधारित हैं। यह पैसा अंग्रेजी साम्राज्य के देशों में अलग-अलग विज्ञानों की शिक्षा शुरू करने तथा उसे फैलाने के लिए भी है। केवल इतने ही शब्द उन परिवर्तनों को, जिनका मैं समर्थन कर रहा हूँ तर्कसंगत साबित करने के लिए काफी हैं।

(4) यदि परिषद् मुझसे सहमत हो तो किसी नये कानून की आवश्यकता नहीं पड़ेगी। यदि सहमत नहीं होती तो फिर मैं एक छोटा कानून पेश करूँगा जिसमें से 1813 के चार्टर का वह खण्ड निकाल दिया जाएगा जिससे कठिनाई आ रही है।

(5) जिन दलीलों पर मैं विचार कर रहा हूँ, उनका असर केवल कार्यवाही के तरीके पर पड़ता है। परन्तु ओरियंटल (पूर्वी) शिक्षा के समर्थकों ने एक और तर्क दिया है। यदि हम उस तर्क को वैध मान लें तो फिर किसी भी बदलाव की कोई सम्भावना ही शेष नहीं बचती। वे मानते हैं कि आम जनता का विश्वास प्रचलित प्रणाली से बन्धा है। यदि अरबी व संस्कृत के अध्ययन के प्रोत्साहन के लिए दी जा रही राशि को रोका गया तो यह सरासर गलत होगा। यह समझना बड़ा कठिन है कि तर्क की कौनसी राह से वे लोग इस निष्कर्ष पर पहुँचते हैं। एक सार्वजनिक पूँजी है, उस में से

साहित्य के अध्ययन के लिए अनुदान दिया जाता है, वह उन सभी अन्य योजनाओं के लिए दिये अनुदान से किसी मायने में अलग नहीं है जो लोगों के लाभ के लिए चल रही हों या जिनके चलने की सम्भावना हो। मानिए हम एक सेनीटोरियम का निर्माण करते हैं ताकि लोगों के स्वास्थ्य की देखभाल हो सके। फिर हमें लगता है कि वह सेनीटोरियम काम नहीं कर रहा। क्या हम फिर भी उसे चलाये रखने के लिए मजबूर हैं? हम एक सेतुबन्ध का निर्माण आरम्भ करते हैं और हमें यह अहसास होता है कि उससे कोई लाभ नहीं होगा तो क्या उस पर काम रोक देना लोगों के साथ विश्वासघात होगा? सम्पत्ति का अधिकार निश्चित रूप से पवित्र है। लेकिन उस अधिकार को सबसे बड़ा खतरा उन्हीं कार्यवाहियों से होता है, जैसी आज हो रही हैं, जो उस अधिकार को उनको देती हैं, जिनका वह वास्तव में नहीं है। इस तरह के दुरुपयोग को सम्पत्ति के अधिकार का दर्जा देकर, वास्तव में उस अधिकार के दुरुपयोग व उसकी स्वीकार्यता कम करने को और बढ़ावा देते हैं। यदि सरकार ने किसी व्यक्ति को औपचारिक तौर पर आश्वासन दिया है या उसके मन में कोई ऐसी उम्मीद भी जगाई है कि उसे एक शिक्षक या संस्कृत व अरबी के विद्यार्थी के रूप में कुछ सरकारी मदद मिलेगी तो मैं उस व्यक्ति के आर्थिक हितों की इज्जत करता हूँ। उन्हें आर्थिक हानि नहीं होनी चाहिए। उन व्यक्तियों के सन्दर्भ में सरकार की विश्वसनीयता पर प्रश्न लगे इसकी जगह मैं ज्यादा उदार बनने की गलती करूँगा लेकिन यह बात मुझे बिल्कुल निरर्थक लगती है कि सरकार कुछ विशेष भाषाओं एवं ज्ञान-विज्ञान को ही पढ़ाने का वायदा करे। खासकर उन परिस्थितियों में, जब वे भाषाएँ बेकार हो चुकी हों, वह ज्ञान-विज्ञान गलत साबित हो चुका हो। भारतीय शिक्षा पर खर्च करने के लिए एक निश्चित राशि उपलब्ध है। सरकारी दस्तावेज़ों में कहीं भी यह नहीं लिखा गया है कि इस राशि का उपयोग अपरिवर्तनशील रहेगा। मान लीजिए ऐसा होता भी तो भी मैं पुराने निर्णय कर्ताओं को यह अधिकार कदापि नहीं देता कि वे हमें ऐसे किसी वचन के लिए बाध्य कर दें। मान लीजिए कि एक सरकार सोच-समझ कर यह निर्णय लेती है कि हर व्यक्ति को चेचक का टीका लगना चाहिए। क्या यह उचित है कि जेनर की खोज के बाद भी सरकार इस कार्य में लगी रहे? ये ऐसे वायदे हैं जिनसे कोई निजात नहीं और जिन्हें निभाने के लिए कोई जिम्मेदार नहीं; ऐसी सम्पत्ति है जिसका कोई मालिक नहीं, ऐसी लूट है जिससे कोई गरीब नहीं होता; इन सबको

शायद मुझसे अधिक बुद्धिमान लोग ही समझ सकें। मेरे लिए तो यह तर्क केवल एक शब्द जाल है जिसका इस्तेमाल इंग्लैण्ड व भारत दोनों में होता है हर उस दुरुपयोग के पक्ष में जिसके लिए लोगों के पास कोई और तर्क नहीं होता।

(6) मेरा मानना है कि 'कौंसिल में गवर्नर-जनरल' को पूरा अधिकार है कि वह इस एक लाख रुपये का इस्तेमाल जैसे उचित समझे, भारत में शिक्षा की उन्नति के लिए करे। जिस प्रकार गवर्नर-जनरल को पूरा अधिकार है कि वह मैसूर में शेरों के शिकार पर दिये जाने वाले पुरस्कार को कम कर दे या चर्च में मन्त्र गाने पर खर्च होने वाले पैसे को कम कर दे; ठीक उसी तरह उसे यह भी अधिकार है कि वह इस पैसे का अरबी व संस्कृत की पढ़ाई के प्रोत्साहन के लिए खर्च करना बन्द कर दे।

(7) अब हम मुद्दे की बात पर आते हैं। हमारे पास एक राशि है। हम चाहते हैं कि उसका उपयोग भारत के लोगों के बौद्धिक विकास के लिए हो। सीधा-साधा सवाल यह है : इस पैसे का सबसे अधिक उचित प्रयोग क्या हो सकता है?

(8) कम से कम एक बात पर सभी लोगों की सहमति है। सब मानते हैं कि भारत में आमतौर पर बोले जाने वाली बोलियों में न तो साहित्य है और न ही वैज्ञानिक जानकारी। वे गँवारू हैं, और पिछड़ी हुई भी। जब तक वे अन्य तरीकों से समृद्ध नहीं हो जातीं, तब तक किसी भी अच्छी पुस्तक का अनुवाद इनमें सम्भव नहीं। यह आमतौर पर सभी मानने लगे हैं, उन लोगों का बौद्धिक विकास जिनके पास उच्च शिक्षा प्राप्त करने के साधन हैं, उसी भाषा में हो सकता है, जो उनके बीच की नहीं है याने स्थानीय नहीं है।

(9) फिर वह भाषा कौन-सी होनी चाहिए? समिति के आधे सदस्य यह मानते हैं कि वह भाषा अंग्रेजी होनी चाहिए। दूसरे आधे लोग मानते हैं कि वह अरबी व संस्कृत होनी चाहिए। असली सवाल यही है कि कौनसी भाषा सबसे अधिक उपयुक्त होगी? मेरे लिए सवाल है कि कौनसी भाषा सबसे अधिक सीखने योग्य है?

(10) मुझे अरबी व संस्कृत का कोई ज्ञान नहीं है, लेकिन अपनी क्षमतानुसार उनके मूल्य को समझने के लिए जो मैं कर सकता था वह मैंने किया। मैंने अरबी व संस्कृत की सबसे अधिक जानी-मानी किताबों का अनुवाद पढ़ा है। इंग्लैण्ड व भारत दोनों में मैंने पूर्वी भाषाओं में प्रवीण विद्वानों से

संवाद किया है। मैं पूर्वी साहित्य के पूर्वी विद्वानों के मूल्यांकन को ही पूरी तरह से स्वीकार करने को तैयार हूँ। मुझे उनमें एक भी ऐसा विद्वान नहीं मिला जो इस बात से इनकार करे कि एक अच्छे यूरोपियन पुस्तकालय का एक शैल्फ भारत एवं अरब के, सम्पूर्ण देशज साहित्य से अधिक मूल्यवान है। यहाँ तक कि समिति के जो सदस्य पूर्वी शिक्षा-प्रणाली के समर्थक हैं वे भी पाश्चात्य साहित्य की अन्तस्थ श्रेष्ठता को कबूल करते हैं।

(11) शायद इस बात को लेकर कोई विवाद न हो कि काव्य में पूर्वी साहित्य का स्थान बहुत ऊँचा है। पर मैं कभी किसी ऐसे पूर्वी विद्वान को नहीं मिला जिसने यह कहने की हिम्मत की हो कि पूर्वी काव्य की तुलना यूरोपियन काव्य से की जा सकती है। लेकिन जब कल्पना एवं काव्य की दुनिया से बाहर उस ज्ञान की तरफ आते हैं जहाँ तथ्यों को रिकार्ड किया जाता है और व्यापक सिद्धान्तों का निरीक्षण किया जाता है, तो यूरोपीय देशों की श्रेष्ठता निश्चित अतुलनीय हो जाती है। मुझे लगता है कि यह कहने में कोई अतिशयोक्ति नहीं होगी कि संस्कृत भाषा में लिखी गयी सारी ऐतिहासिक जानकारी को यदि इकठ्ठा कर दिया जाये तो भी वह इंग्लैण्ड के प्राथमिक स्कूल में पढ़ाई जाने वाली किसी पुस्तक से कम ही मूल्यवान होगी। यदि भौतिक, नैतिक दर्शन के किसी भी हिस्से को देखें तो यह तुलना कुछ ऐसी ही होगी।

(12) तो बात कहाँ तक पहुँची? हम उन लोगों को पढ़ाना चाहते हैं, जिनकी शिक्षा अभी उनकी मातृभाषा में सम्भव नहीं। हमें उन्हें कोई विदेशी भाषा पढ़ानी ही पड़ेगी। इस उद्देश्य के लिए हमारी अपनी भाषा के दावे के तर्कों को दोहराने की जरूरत नहीं। पश्चिमी देशों की भाषाओं में भी अंग्रेजी सर्वोपरि है। कल्पना, ज्ञान, इतिहास व विज्ञान के क्षेत्रों में हमारी भाषा में उपलब्ध सामग्री का कोई मुकाबला नहीं। कल्पना के क्षेत्र में अंग्रेजी की रचनाएँ शायद उतनी ही खूबसूरत हैं जितनी कि वे जो हमें यूनान (ग्रीस) से मिली हैं, इसमें हर तरह की उत्कृष्ट अभिव्यक्ति के प्रादर्श हैं। ऐसी ऐतिहासिक रचनाएँ हैं जिन्हें हम मात्र कथानक की दृष्टि से देखें तो भी शायद उन्हें कभी मात नहीं दी गयी। और न ही कभी एक नैतिक व राजनीतिक शिक्षा सामग्री के ग्राहक के रूप में भी। इनमें की जिन्दगी एवं उसके स्वभाव का वास्तविक एवं जीवन्त चित्रण है और तत्व-मीमांसा, नैतिकता, सरकार, कानून व न्याय एवं व्यापार पर गहरा मनन है। हर प्रयोग आधारित विज्ञान के बारे में अंग्रेजी में सम्पूर्ण व सही जानकारी उपलब्ध है।

इसी से हम समाज में स्वास्थ्य की रक्षा कर सकते हैं, आराम के नये तरीके खोज सकते हैं एवं बुद्धि के विकास को सुनिश्चित कर सकते हैं। जो भी इस भाषा को जानता है उसके पास उस सारी बौद्धिक सम्पत्ति की चाबी है जिसे संसार के सर्वाधिक विद्वान देशों ने पिछली 90 पीढ़ियों में बनाया और एकत्रित किया है। यह कहने में कोई अतिशयोक्ति न होगी कि 300 साल पहले संसार भर की भाषाओं में जो ज्ञान उपलब्ध था, उससे कहीं अधिक मूल्यवान ज्ञान आज अंग्रेजी में उपलब्ध है। बात केवल इतनी ही नहीं। भारत का शासक वर्ग भी अंग्रेजी का ही प्रयोग करता है। सरकार में पदस्थ उच्च वर्ग के स्थानीय लोग भी इसे बोलते हैं। पूर्व के सारे समन्दरों में हो रहे व्यापार की भाषा भी सम्भवतः अंग्रेजी ही होगी। दिन पर दिन अधिक महत्त्वपूर्ण बनते जा रहे दो समुदायों, और इनका हमारे भारतीय साम्राज्य के साथ गहरा सम्बन्ध है यथा दक्षिण अफ्रीकी एवं आस्ट्रेलियाई समुदाय की भाषा भी अंग्रेजी ही है। चाहे हम अपने साहित्य के अन्तस्थ मूल्य को देखें या इस देश की विशेष परिस्थिति को, इसमें कोई शक नहीं कि सभी विदेशी भाषाओं से भारत में स्थानीय लोगों के लिए सर्वाधिक उचित भाषा अंग्रेजी ही है।

(13) अब हमारे सामने जो प्रश्न है वह बहुत ही सरल है। जब हम इस भाषा को पढ़ा सकने की स्थिति में हैं तो क्या हम उन भाषाओं को पढ़ाएँ जिनमें किसी भी विषय पर कोई ऐसी किताब नहीं जिसकी तुलना हमारी किताबों से हो सके। जहाँ हम यूरोपीय विज्ञान पढ़ा सकते हैं तो क्या हम लोगों को उन प्रणालियों के बारे में पढ़ाएँगे जो सभी लोग मानते हैं कि हमारे विज्ञान से हर पहलू में पिछड़ी हुई हैं। जब हम ठोस दर्शन व इतिहास पढ़ा सकते हैं, तो क्या हम चिकित्सा के वो सिद्धान्त पढ़ाएँगे जिससे एक अंग्रेजी किसान भी शर्मिन्दा महसूस करेगा और उनका मजाक उड़ाएगा, क्या हम ऐसा इतिहास पढ़ाएँगे जो इस तरह की कहानियों से भरा हो, जिनमें तीस फुट लम्बे राजा हैं, जो तीस हजार साल तक राज्य करते हैं? क्या हम ऐसा भूगोल पढ़ाएँगे जिसमें शहद और मक्खन के समुद्र होंगे, या ऐसा खगोल शास्त्र जिसे पढ़कर अंग्रेजी छात्रावास की लड़कियाँ हँसने लग जाये?

(14) ऐसा नहीं है कि इस मामले को लेकर हमें कोई अनुभव नहीं हैं। इतिहास में कई ऐसे उदाहरण उपलब्ध हैं और वे सब हमें वही सबक सिखाते हैं। अधिक पीछे जाने की आवश्यकता नहीं। आधुनिक इतिहास में ही दो उदाहरण उपलब्ध हैं जहाँ पुनर्जागरण की लहर से चारों तरफ रोशनी

हो गयी। ज्ञान का प्रसार हुआ, पूर्वाग्रह खत्म हुए, एवं कला, विज्ञान एवं संस्कृति में निखार आया—उन देशों में जो पहले अज्ञानी व बर्बर थे।

(15) पहला उदाहरण पन्द्रहवीं-सोलहवीं शताब्दी में उन पश्चिमी देशों का है, जहाँ साहित्य का पुनर्जागरण हुआ। उस वक्त जो भी वास्तव में पढ़ने योग्य सामग्री थी वह ग्रीक व रोमन विद्वानों की कृतियों में थी। मान लीजिए हमारे पूर्वज भी वही रवैया अपनाते जो आज शिक्षा समिति अपना रही है। वे भी थ्यूसीडाईड्स एवं प्लेटो की भाषा को नज़रअन्दाज़ कर देते और फिर सिसरो व टेसीटस की भाषा को भी। वे अपना ध्यान इंग्लैण्ड की पुरानी बोलियों पर ही रखते। कुछ नया नहीं करते एवं अपने विश्वविद्यालयों में वही एंग्लो-सेक्सन विवरण तथा रूमानी नार्मन-फ्रेंच कहानियाँ पढ़ाते रहते तो क्या इंग्लैण्ड आज वह होता जो है? मूर और एशम के युग के लिए जो काम ग्रीक व लेटिन ने किया ठीक वही काम अंग्रेजी आज भारत के लोगों के लिए कर सकती है। प्राचीन क्लासिकल साहित्य की अपेक्षा आज अंग्रेजी साहित्य कहीं अधिक मूल्यवान है। मुझे शक है कि संस्कृत साहित्य हमारे सेक्सन व नार्मन साहित्य से भी अधिक मूल्यवान है। कुछ विषयों में जैसे इतिहास में तो निश्चित ही संस्कृत साहित्य पिछड़ा है।

(16) एक और उदाहरण लेते हैं जो हाल ही की बात है। पिछले 125 सालों में एक अन्य देश, जो उसी ही तरह असभ्य था जैसा हमारा देश क्रूसेडरस के प्रयासों से पहले था। धीरे-धीरे वह देश अब सभ्य देशों के समुदाय में शामिल हो गया। मैं रूस की बात कर रहा हूँ। अब उस देश में अनेक पढ़े-लिखे लोग हैं, जो राज्य के बड़े-बड़े ओहदों पर काम करने में सक्षम हैं। ये लोग किसी भी दृष्टिकोण से पेरिस या लन्दन के सर्वाधिक सक्षम लोगों से कम नहीं जो बेहतर से बेहतर समूहों में उठते-बैठते हैं। आज यह उम्मीद करना तर्कसंगत होगा कि वह विशाल राज्य जो हमारे पूर्वजों के समय में शायद पंजाब से भी पिछड़ा हुआ था, वह हमारे पोते-पोतियों के समय तक फ्रांस व ब्रिटेन की बराबरी कर रहा होगा। और यह बदलाव कैसे आया? राष्ट्र में प्रचलित अन्धविश्वासों की खिदमत व तारीफ करने से तो नहीं, न ही युवा मोस्को निवासियों के दिमाग में वो बूढ़ी महिलाओं द्वारा सुनाई जाने वाली (दादी-नानी) कहानियाँ भरने से जो उनके गँवार माता-पिता सुनते आये थे व सही मानते थे, न ही सेंट निकोलस के बारे में प्रचलित झूठी कहानियाँ दोहराने से, न ही इस बात के लिए प्रोत्साहन देने से कि वे शोध करके पता करें कि संसार का निर्माण 13 सितम्बर को

हुआ था या नहीं, और न ही उन्हें 'विद्वान देशवासी' सम्बोधित करने से हुआ, जब उन्होंने ऊपर लिखी सब बातों पर महारथ हासिल कर लिया। बदलाव हुआ, उन्हें वे विदेशी भाषाएँ सिखाने से जिनमें सारी जानकारी उपलब्ध है ताकि वे इस सब तक पहुँच सकें। पश्चिमी यूरोप की भाषाओं ने रूस को सभ्य बनाया। मुझे इस बात में कोई शक नहीं कि जो काम उन भाषाओं ने तातांरो के लिए किया वे यहाँ वह काम हिन्दुओं के लिए भी करेंगी।

(17) तो जिस राह पर चलना सैद्धान्तिक व व्यावहारिक दृष्टि से उचित लगता है उसके खिलाफ आखिर तर्क क्या हैं? हमसे कहा जा रहा है कि हमें आम जनता का सहयोग लेना होगा। और यह सहयोग तभी सम्भव है जब हम संस्कृत व अरबी की पढ़ाई जारी रखें।

(18) मैं यह कभी नहीं मान सकता कि जब कोई ऐसा देश जिसकी बौद्धिक उपलब्धियाँ उत्कृष्ट हों वह एक तुलनात्मक दृष्टि से कम ज्ञान वाले देश की शिक्षा की देखभाल कर रहा हो तो क्या उस समय सीखने वाले छात्र निर्धारित करेंगे कि शिक्षकों को क्या पढ़ाना चाहिए। किन्तु इस विषय में वास्तव में कुछ कहने की आवश्यकता ही नहीं है। चूँकि यह बात कि हम इस वक्त भारत के देशवासियों का सहयोग नहीं पा रहे हैं के लिए अकाट्य प्रमाण हैं। उनके बौद्धिक विकास को नकार कर उनकी बौद्धिक रुचियों के अनुसार चलना काफी खराब होगा, लेकिन हम तो वह भी नहीं कर रहे। जो ज्ञान उनको प्रिय है, हम उन्हें उसे ही प्राप्त करने से रोक रहे हैं। जिस झूठी शिक्षा से शायद उनको मतली आती है, उन पर थोप रहे हैं।

(19) यह बात तथ्यों से सिद्ध है कि अरबी व संस्कृत के छात्रों को तो हमें पैसा देना पड़ता है लेकिन जो छात्र अंग्रेजी पढ़ते हैं वे अंग्रेजी सीखने के लिए पैसा देने को तैयार हैं। किसी भी निष्पक्ष व्यक्ति के मन मे स्थानीय लोगों द्वारा अपनी भाषा के प्रति प्यार व इज्जत के दावों का वजन इस तथ्य के सामने कोई मायने नहीं रखेगा। कि हमारे इस विशाल साम्राज्य में शायद एक भी ऐसा विद्यार्थी न मिले जो अपनी इच्छा से अपनी पवित्र बोली में पढ़ना चाहे जब तक हम उसे इसके लिए पैसा न दें।

(20) मेरे सामने इस वक्त मदरसे का खाता है। यह दिसम्बर 1833 के माह का खाता है। इसमें 77 विद्यार्थी अरबी पढ़ते हैं। सबको वजीफा मिलता है। कुल मिलाकर उन पर हर माह 500 रुपये खर्च होते हैं। उसी खाते में

दूसरी तरफ यह बात दर्ज है, इस खर्चे में से वे 103 रुपये कम कर दिये जाये जो मई, जून व जुलाई में अंग्रेजी पढ़ने वाले बच्चों ने दिये।

(21) मुझे कहा जाता है कि मुझे इस विषय से हैरानी इसलिए होती है क्योंकि मुझे स्थानीय हालात का अनुभव नहीं है, और यह भी समझाया जाता है कि भारतीय बच्चों को अपने खर्चे पर पढ़ने की आदत नहीं। इन सब बातों से मेरा अपने विचारों में विश्वास और गहरा होता है। इस बात से अधिक और कोई बात पक्की नहीं कि संसार भर में लोग जो अपने मन से करना चाहते हैं (जो उन्हें अच्छा लगता है और उनके लिए लाभप्रद है) उसके लिए उन्हें पैसे देने की कोई आवश्यकता नहीं होती। भारत भी इस मामले में कोई अपवाद नहीं। भारत के लोगों को चावल खाने के लिए पैसे देने की आवश्यकता नहीं पड़ती। जब उन्हें भूख लगती है तो वे स्वयं चावल खाते हैं। यही बात ठंड में गर्म कपड़े पहनने के बारे में सच है। इसी प्रकार गाँव में जो बच्चे अपने अध्यापक से लिखना-पढ़ना व गणित सीखते हैं उन्हें कोई पैसे नहीं दिये जाते। इसके विपरीत जो अध्यापक उन्हें पढ़ाता है, उसे पैसे दिये जाते हैं। फिर लोगों को अरबी या संस्कृत पढ़ने के लिए पैसे देना क्यों आवश्यक है? स्पष्ट है कि सब लोग जानते हैं कि जितनी मेहनत अरबी व संस्कृत पढ़ने में लगती है उसकी भरपाई समाज नहीं कर पाता। ऐसे हर सवाल के बारे में बाजार के निर्णय को मान लेना चाहिए।

(22) यदि और प्रमाण की आवश्यकता हो तो अन्य प्रमाणों की कोई कमी नहीं है। पिछले वर्ष संस्कृत महाविद्यालय के पुराने छात्रों ने समिति के सामने एक याचिका रखी। इसमें उन्होंने कहा कि उन्होंने संस्कृत महाविद्यालय में 10-12 साल पढ़ाई की, हिन्दू साहित्य एवं विज्ञान का ज्ञान हासिल किया और उन्हें प्रवीणता के प्रमाण-पत्र भी मिले। लेकिन इस सबसे क्या फायदा हुआ? उनका कहना था कि "इन सब प्रमाण-पत्रों के रहते भी हमारे देशवासी हमारे प्रति उदासीन हैं और हमें उनसे कोई मदद या प्रोत्साहन नहीं मिलता। इस आदरणीय समिति की मदद के बिना हमें अपनी हालत सुधारने की कोई सूरत नज़र नहीं आती।" इसलिए वह गुजारिश करते हैं कि गवर्नर-जनरल से अनुशंसा की जाये कि उन्हें सरकार में नौकरी दे दी जाये ताकि वे कम से कम ज़िन्दा तो रह सकें। उन्होंने कहा, "हम इज्जत से जीना चाहते हैं। अपना निरन्तर विकास चाहते हैं। और यह सब उस सरकार की मदद के बिना सम्भव नहीं जिसने स्वयं हमें शिक्षा दी और

बचपन से ही भरण-पोषण किया।" अपनी याचिका का अन्त वे बहुत ही दयनीय शब्दों के साथ करते हैं। वे कहते हैं कि उन्हें विश्वास है कि उन्हें बचपन से शिक्षा देते वक्त सरकार की यह मंशा कभी नहीं होगी कि उन्हें बाद में गरीबी व अभाव में छोड़ दिया जाये।

(23) मुआवजे के लिए सरकार को दी गयी याचिकाओं को देखने का मुझे काफी अनुभव है। ये सभी याचिकाएँ, चाहे वे कितनी भी बे-बुनियाद हों, कम से कम इस आधार पर तो टिकी होती हैं कि कुछ नुकसान हुआ है या कहीं न कहीं कोई भूलचूक हुई है। निश्चित रूप से यह पहली ऐसी याचिका है जो मुफ्त पढ़ाये जाने के लिए मुआवजा माँग रही है। बारह वर्ष तक जनता ने उनकी शिक्षा का बोझ उठाया मुफ्त शिक्षा दी और उन्हें साहित्य व विज्ञान के साथ समाज में भेजा। वे समझते हैं कि सरकार ने उन्हें जो निःशुल्क शिक्षा दी है वह एक ज़ख्म सी है और अब सरकार को उनके उस नुकसान की भरपाई करनी चाहिए और शिक्षा के दौरान उन्हें जो छात्रवृत्ति दी गयी वह उनके नुकसान का वाजिब मुआवजा नहीं है। और मुझे कोई शक नहीं कि उनकी यह बात बिल्कुल सच है। उन्होंने अपनी ज़िन्दगी के सबसे अधिक कीमती साल ऐसी शिक्षा ग्रहण करने में लगाये जिससे न तो उन्हें रोज़ी-रोटी मिलती है और न ही समाज में इज्जत। अच्छा ही होता अगर हम इन छात्रों को गरीबी व बेकारी से बचा सकते और सरकार के लिए भी कुछ बचत कर पाते। इससे बहुत कम खर्च करके भी हम ऐसे लोगों को तैयार कर सकते हैं जो अपने पड़ोसियों की घृणा का पात्र बनें और जनता पर एक बोझ हों। पर क्या करें हमारी नीति ही ऐसी है। हम तो सच और झूठ की लड़ाई में तटस्थ भी नहीं रहते। हम भारतवासियों को उनके परम्परागत पूर्वाग्रहों पर भी नहीं छोड़ते। पूर्वी देशों में सही विज्ञान की प्रगति के रास्ते में जो स्वाभाविक अड़चनें हैं उसमें हम अपनी ओर से कुछ और जोड़ रहे हैं। सही ज्ञान के प्रचार के लिए भी जितनी पूँजी नहीं लुटाई जानी चाहिए उतनी हम असत्य ग्रन्थों एवं झूठे दर्शन पर खर्चते हैं।

(24) इस प्रकार के व्यवहार से हम उसी बुराई का प्रचार करते हैं जिससे हम डरते हैं। हम उस विरोध को गढ़ रहे हैं जो वास्तव में कहीं नहीं दिखता। जो पैसा हम संस्कृत व अरबी महाविद्यालयों पर खर्च करते हैं वह न सिर्फ पूरी तरह बर्बाद हो जाता है बल्कि वह असत्य के प्रचारकों की जमात खड़ी करने के लिए निस्सहाय लोगों को प्रचुर पैसा देने जैसा है। इससे न केवल निस्सहाय पद ढूँढ़ने वाले लोगों का झुंड तैयार होता है वरन् ऐसे कट्टरपन्थी

खड़े होते हैं, जो अपने स्वार्थ व लालसा के लिए शिक्षा में बदलाव की हर नीति का पुरज़ोर विरोध करते हैं। जो बदलाव मैं आपके सामने रख रहा हूँ, यदि उनका कोई विरोध होगा तो हमारी व्यवस्था से होगा। उन्हीं भारतवासियों की तरफ से ही होगा, जिन्हें हम विशेष प्रोत्साहन दे रहे हैं। उसका नेतृत्व वो लोग करेंगे जिन्हें हम छात्रवृत्ति देते हैं और अपने कॉलेजों में पढ़ाते हैं। जितनी अधिक देर तक हम इस मदद को बनाये रखेंगे यह परिस्थिति उतनी ही अधिक भयावह होती जाएगी। इस सेवा में हर साल वे सिपाही जुड़ते जाएँगे जिनके प्रशिक्षण का खर्च हम लोग ही उठा रहे होंगे। स्थानीय लोगों से हमें किसी दिक्कत का डर नहीं। सारी चू...चू...उसी स्वार्थ से आएगी जिसे हमने कृत्रिम पोषण से खड़ा किया और निरन्तर पोषण से उसे ताकत दी।

(25) एक और तथ्य है। अकेले उससे ही यह साबित हो जाता है कि देशवासियों का हमारे सुझाव के प्रति विरोध उतना गहरा नहीं है जितना पुरानी व्यवस्था के समर्थक समझते हैं। समिति ने यह उचित समझा है कि अरबी व संस्कृत की किताबों की छपाई के लिए एक लाख रुपये से अधिक की राशि दी जाये। लेकिन उन किताबों कों खरीदने वाला कोई नहीं है। बहुत कम ऐसा होता है कि एक भी किताब वास्तव में बिके। तेईस हजार किताबें इस भवन के पुस्तकालय या यूँ कहिए कबाड़खाने में पड़ी हैं। पूर्वी साहित्य के इस विशाल भंडार से मुक्ति पाने के लिए समिति बहुत सी किताबें मुफ्त बाँट देती है। पर वे उतनी तीव्र गति से दे नहीं सकते जितनी तीव्र गति से छापते हैं। हर साल लगभग बीस हजार रुपये खर्च किये जाते हैं उस ढेर में रद्दी जोड़ने के लिए, जो मैं समझता हूँ पहले से ही काफी बड़ी है। अरबी व संस्कृत की किताबों की बिक्री से पिछले तीन सालों में एक हजार रुपये भी इकट्ठा नहीं हो पाये। इसी समय में स्कूल बुक सोसायटी हर साल अंग्रेजी की सात या आठ हजार रुपये तक की किताबे बेचती है। वह केवल किताबों की छपाई का ही खर्चा नहीं निकालती अपितु लागत पर 20 प्रतिशत लाभ भी कमाती है।

(26) यह कहा जाता है कि हिन्दू कानून मुख्यतः संस्कृत किताबों से व इस्लामी कानून मुख्यतः अरबी किताबों से सीखना होगा। इस बात पर बहुत ज़ोर दिया गया है परन्तु इसका हमारी बात से कोई सरोकार नहीं। हमें संसद की ओर से आदेश है कि हम भारत के कायदे कानून को समझें व आत्मसात करें। कानूनी आयोग का सहयोग इस मामले में हमें मिल रहा है। जैसे ही

एक नये कोड का निर्माण हो जाएगा, शास्त्र व अल हेदेया, कचहरी के काम के लिए बेकार हो जाएँगे। यह तो सचमुच एक बहुत ही बेहूदा बात लगती है कि हम नयी पीढ़ी को ठीक उसी विधान में शिक्षित करें जिसे हम उनके जवान होने तक बिल्कुल बदलना चाहते हैं।

(27) एक और तर्क दिया जाता है जो और भी अधिक बेहूदा है। यह कहा जाता है कि करोड़ों लोगों की पवित्र किताबें संस्कृत व अरबी में लिखी हुई हैं, इसलिए उन्हें विशेष प्रोत्साहन मिलना चाहिए। अंग्रेजी सरकार का निश्चित रूप से यह कर्तव्य है कि वह सभी धर्मों के प्रति केवल सहनशील ही नहीं अपितु निरपेक्ष रहे। यह बात बिल्कुल तर्क संगत नहीं लगती कि हम ऐसे साहित्य को प्रोत्साहन दें, जिसका कुछ भी अन्तस्थ मूल्य नहीं है, सिर्फ इसलिए क्योंकि उसमें लगभग ज्ञान के हर क्षेत्र में गम्भीर त्रुटियाँ सम्मिलित हैं, न ही यह बात नैतिक लगती है और न ही हमारे निष्पक्ष रहने की नीति से मेल खाती है, जिसे हम सब पवित्र मान कर बढ़ाना चाहते हैं। यह बार-बार सिद्ध हो चुका है कि इन भाषाओं में कोई विशेष ज्ञान नहीं है। हमें इन्हें इसलिए पढ़ाना है क्योंकि इसमें घोर अन्धविश्वास शामिल हैं। हमें झूठा इतिहास, झूठा खगोल विज्ञान, झूठा चिकित्सा शास्त्र पढ़ाना है क्योंकि यह एक झूठे धर्म का हिस्सा है।

हम सरकार की ओर से उन लोगों को बिल्कुल कोई समर्थन नहीं देते और उम्मीद है आगे भी नहीं देंगे जो भारतीयों को ईसाई बनाना चाहते हैं। और जब हम ऐसा कर रहे हैं तो क्या यह तर्कसंगत और सभ्य लगता है कि हम लोगों को इसलिए रिश्वत/छात्रवृत्ति दें कि वे यह सीख सकें कि उन्हें एक गधे को हाथ लगाने के बाद कैसे स्वयं को पवित्र करना है या फिर किसी बकरी को मारने के बाद वेदों के कौन से मंत्रों को दोहरा कर वे प्रायश्चित् कर पाएँगे?

(28) पूर्वी शिक्षा के हिमायती यह मानकर चलते हैं कि कोई भी भारतवासी टूटी-फूटी अंग्रेजी से बेहतर अंग्रेजी नहीं सीख सकता। वे बराबर यह बात कहते रहते हैं, इंगित करते रहते हैं पर कभी इसे सिद्ध करने की कोशिश नहीं करते। जिस शिक्षा की उनके विरोधी सिफारिश करते हैं उसे वे वर्तनी मात्र याद करने का ज्ञान कहते हैं। वह मान लेते हैं कि इस बात को कोई नहीं नकार सकता है कि प्रश्न मात्र यह है कि क्या हिन्दू व अरबी साहित्य और शुरुवाती ज्ञान और विज्ञान का गहरा ज्ञान दिया जाये अथवा अंग्रेजी का केवल कुछ सतही ज्ञान। हम भली-भाँति जानते हैं कि हर देश के

विद्वान हमारी भाषा सफलतापूर्वक सीखते हैं और सबसे कठिन ज्ञान तक भी पहुँच पाते हैं। वे हमारे कठिन से कठिन लेखकों को पढ़ते हैं व समझते हैं और हमारे साहित्य की मुहावरेदार भाषा एवं सौन्दर्य का आनन्द उठाते हैं। इसी शहर में ऐसे कई भारतीय हैं जो अंग्रेजी में धारा-प्रवाह व सटीक ढंग से राजनीतिक व वैज्ञानिक विषयों पर चर्चा करने में सक्षम हैं। मैंने इस प्रश्न पर भी, जिस पर आज हम बातचीत कर रहे हैं, कई भारतीय विद्वानों को सुना है जो ऐसे खुलेपन एवं समझदारी से अपनी बात करते हैं जिससे शायद इस समिति का कोई सदस्य भी गौरवान्वित महसूस करेगा। असल में जिस सहज व सटीक ढंग से एक अंग्रेजी पढ़ा-लिखा हिन्दू अपनी बात अंग्रेजी में कह सकता है, वैसा विदेशी विद्वान पूरे यूरोप महाद्वीप के साहित्यिक दायरों में भी न मिले। मेरे ख़याल से कोई भी यह नहीं कहेगा कि एक हिन्दू के लिए अंग्रेजी उतनी ही मुश्किल होगी जितनी एक अंग्रेज के लिए ग्रीक होगी। जिस पर भी जितने समय में अभागे छात्र संस्कृत महाविद्यालय से उत्तीर्ण होते हैं उससे कहीं कम समय में एक अंग्रेजी छात्र ग्रीस के महान लेखकों को पढ़ना व समझना सीख लेता है। उसे उन्हें पढ़ने में मज़ा आने लगता है। और वह ग्रीस के लेखकों का अनुकरण कर उनके जैसे लेख लिखना भी शुरू कर देता है। जितने समय में एक अंग्रेज छात्र सोफोक्लीज व हेरोडीरस को पढ़ना सीखता है उससे आधे समय से भी कम में ही एक हिन्दू छात्र को ह्यूम व मिल्टन को पढ़ना सीख लेना चाहिए।

(29) संक्षेप में मैं यह कहना चाहता हूँ यह स्पष्ट है कि 1813 का कानून हमारे लिए कोई बन्धन नहीं है। हम किसी भी ऐसे वायदे से नहीं बँधे हैं जो उसमें अभिव्यक्त हो या निहित। हमें इस बात की पूरी आज़ादी है कि हम अपना पैसा जैसे चाहें खर्च करें। अरबी या संस्कृत सीखने से कहीं अच्छा है कि छात्र अंग्रेजी सीखें। हमारा कर्तव्य है कि हम वही पढ़ाएँ जो पढ़ाने योग्य है। भारतीय भी चाहते हैं कि उन्हें अंग्रेजी ही पढ़ाई जाये। उन्हें संस्कृत व अरबी पढ़ने की कोई विशेष इच्छा नहीं है। संस्कृत व अरबी हमारे प्रोत्साहन की हकदार नहीं है, न तो धर्म की भाषाओं के रूप में और न ही कानून की भाषाओं के रूप में। इस देश के वासियों को अंग्रेजी में निपुण बनाया जा सकता है और इसी लक्ष्य को सामने रख कर हमें प्रयास करने चाहिए।

(30) एक बात को लेकर मैं अपने विरोधियों से पूरी तरह से सहमत हूँ। हमारे साधन सीमित हैं और यह असम्भव है कि हम उनसे इस देश की विशाल

जनसंख्या को शिक्षित करें। इस वक्त तो हमारा केवल यही प्रयास होना चाहिए कि हम कुछ लोगों के एक ऐसे वर्ग का निर्माण कर सकें, जो हममें और हमारे द्वारा शासित करोड़ों लोगों के बीच बातचीत का माध्यम बन सके। एक ऐसा वर्ग जो रंग रूप में तो भारतीय हो पर रुचि, विचार, नैतिकता एवं बौद्धिकता की दृष्टि से पूरी तरह अंग्रेज। शेष करोड़ों लोगों की शिक्षा का काम यही वर्ग करेगा। वही यहाँ की स्थानीय बोलियों को समृद्ध करेगा, उनमें पश्चिमी संस्कृति से उधार ली वैज्ञानिक शब्दावली का समावेश करेगा और धीरे-धीरे ये भाषाएँ आम आदमी तक ज्ञान पहुँचाने का सशक्त माध्यम बन जाएँगी।

(31) मैं तहेदिल से उन सब वायदों को पूरा करने की कोशिश करूँगा जो लोगों के हित में लिए गये। जिन व्यक्तियों को आर्थिक लाभ मिल रहा है उनके प्रति भी मैं उदार रहूँगा। लेकिन मैं एक सड़ी हुई शिक्षा प्रणाली को जड़ से उखाड़ दूँगा जिसे हम अब तक पोषित करते रहे हैं। मैं अरबी व संस्कृत की किताबों की छपाई एकदम बन्द कर दूँगा। मैं कलकत्ता के संस्कृत व अरबी महाविद्यालयों को बन्द कर दूँगा। बनारस ब्राह्मणवादी हिन्दू ज्ञान का महान गढ़ है और दिल्ली अरबी ज्ञान का। यदि हम बनारस के संस्कृत कॉलेज व दिल्ली के अरबी कॉलेज को चलाते रहें तो यह पूर्वी भाषाओं के लिए काफी ही नहीं काफी से अधिक ही होगा। यदि बनारस और दिल्ली के कॉलेज चलाये रखे जाते हैं तो मेरा अनुरोध होगा कि जो छात्र कहीं और से वहाँ आते हैं उन्हें कम से कम कोई छात्रवृत्ति न दी जाये। लोगों को यह स्वतन्त्रता होनी चाहिए कि वे जैसी शिक्षा पाना चाहते हैं वैसी शिक्षा पायें। हम लोगों को ऐसी चीज़ों को पढ़ने के लिए रिश्वत नहीं दें जो वे पढ़ना ही नहीं चाहते। यह नीति अपनाने से हमारे पास जो राशि बचेगी उससे हम कलकत्ता के हिन्दू कॉलेज को और प्रोत्साहन दे सकते हैं। हम फोर्ट विलियम एवं आगरा के क्षेत्रों में भी ऐसे स्कूल खोल सकते हैं जहाँ अंग्रेजी की पढ़ाई अच्छी तरह से हो सके।

(32) यदि गवर्नर जनरल का फैसला वैसा ही हुआ जैसा मैं उम्मीद करता हूँ तो मैं पूरी श्रद्धा एवं उत्साह के साथ अपना कर्तव्य निभाने की तैयारी करूँगा। यदि सरकार का निर्णय इसके विपरीत रहा तो मैं गुजारिश करूँगा कि मुझे समिति के अध्यक्ष पद से निवृत्त कर दिया जाये। मेरे वहाँ रहने से फिर कोई फायदा नहीं। मैं नहीं चाहता कि मैं एक छलावे को अपना समर्थन दूँ। मेरा गहरा विश्वास है कि प्रचलित शिक्षा प्रणाली सत्य का प्रचार नहीं

कर रही। वह केवल बीमार गलतियों का पोषण कर रही है और उसकी स्वाभाविक मृत्यु को टाल रही है। हमें स्वयं को एक सार्वजनिक शिक्षा बोर्ड कहने का कोई हक नहीं। हम तो केवल प्रजा का पैसा बर्बाद करने वाले बोर्ड के सदस्य हैं। हम ऐसी किताबें छापते हैं जिनका मूल्य उस कोरे कागज़ से भी कम है जिस पर वे छपी हैं। हम ऊट-पटाँग इतिहास, तत्व मीमांसा, भौतिक विज्ञान एवं धर्म विज्ञान को प्रोत्साहित करते हैं। हम ऐसे विद्वानों के झुंड को पालते हैं जो अपनी छात्रवृत्ति को एक बाधा तथा एक दाग मानता है। वे आम जनता के पैसे से शिक्षा पाते हैं और जब उनकी शिक्षा खत्म हो जाती है तो उसे वे इतना निरर्थक पाते हैं कि या तो वे भूखे मरें या शेष जिन्दगी भी जनता के पैसे पर जिन्दा रहें। यदि यह सब सच है तो यह समझना स्वाभाविक है कि मैं इस तरह के बोर्ड की किसी जिम्मेदारी का हिस्सा नहीं बनना चाहता। यदि यह बोर्ड पूरी तरह से अपने काम करने के तरीके को नहीं बदलता तो मैं इसे केवल निकम्मा ही नहीं अपितु विनाशकारी भी समझूँगा।

(भारतीय शिक्षा पर एक व्याख्यान)

तिथि : फरवरी 2, 1835

सन्दर्भ

1. मैकॉले के नाम से शायद सभी लोग परिचित हैं। भारत में अंग्रेजी व अंग्रेजियत से उनका नाम जोड़ा जाता है। वे एक जाने-माने लेखक व राजनेता थे जो सवैधानिक प्रजातंत्र का समर्थन करते थे।
2. यह सामग्री ब्यूरो ऑफ एजुकेशन शैक्षिक रिकॉर्ड से चुनी हुई सामग्री खण्ड 1 (1781-1839) से ली गयी है जिसे एच. शर्मा ने सम्पादित किया है। अधीक्षक सरकारी प्रेस कलकत्ता, 1920 द्वारा छापा गया यह खंड नैशनल आर्काइव ऑफ इंडिया द्वारा 1965 (107-117) में पुनः प्रकाशित हुआ। इस मिनिट के मूल पाठ का कई बार प्रकाशन हुआ है और कई प्रकाशनों में बीच में हैडिंग व सब हैडिंग भी डाले गये हैं, यहाँ हमने नैशनल आर्काइव के पाठ को लिया है।

वुड डिस्पेच

कोर्ट ऑफ डायरेक्टर्स के 1854 के प्रेषण को भारत में अंग्रेजी शिक्षा का 'मेग्ना कार्टा' कहा जाता है। लॉर्ड डलहौजी ने अपने मिनिट में यह घोषणा की कि इसमें प्रस्तुत शिक्षा की योजना इतनी सम्पूर्ण, व्यापक और विस्तृत है कि, कोई भी स्थानीय अथवा सर्वोच्च सरकार ऐसी योजना नहीं सुझा पाती। इसका तात्कालिक परिणाम 1857 के तीन विश्वविद्यालय अधिनियमों का पारित होना था (128-130)।

(126) ईस्ट इंडिया कम्पनी के कोर्ट ऑफ डायरेक्टर द्वारा गवर्नर जनरल ऑफ इंडिया इन काउंसिल को प्रेषण- (संख्या 49, 19 जुलाई 1854)।

(1) हमें ऐसा लगता है कि आज, जब एक साम्राज्यीय व्यवस्थापिका के अधिनियम के तहत भारत सरकार को चलाने की जिम्मेदारी विश्वासपूर्वक सरकार ने फिर से हमारे हाथों में सौंप दी है, तो यह बिल्कुल उपयुक्त है कि हम उस प्रगति की समीक्षा करें जो हमने अभी तक की है, मौजूद कमियों को दूर करें और इस तरह के सुधारों को स्वीकारें जो हमारे अधीन कार्यरत लोगों के अधिकाधिक लाभ को निश्चित करे।

(2) कई महत्त्वपूर्ण विषयों में से, शिक्षा को हमने जितना महत्त्वपूर्ण माना है उतना किसी अन्य को नहीं। यह हमारा पुनीत कर्तव्य है कि हम हमारी क्षमतानुसार भारत के निवासियों को उन अनेक नैतिक व भौतिक लाभों को उपलब्ध कराने का माध्यम बन सकें जो उपयोगी ज्ञान के फैलाव से प्राप्त होते हैं और जो भारत, इंग्लैण्ड के साथ, किस्मत से बने सम्बन्ध के कारण प्राप्त कर सकता है।

यद्यपि बहुत सी विशिष्ट परिस्थितियों में, बड़ी ऊर्जा व सफलता के साथ ब्रिटिश प्रभाव हतोत्साहित करने वाली प्रथाओं और यहाँ तक कि गहरे अपराध जो लम्बे समय से भारत के निवासियों में प्रचलित रहे हैं उनको उखाड़ फेंकने के लिए प्रयोग हुआ, उन प्रयासों के बेहतर परिणामों के लिए, उन्हें स्थायी बनाने के लिए जरूरी है कि स्थानीय निवासियों के

दिमाग में आम सहमति हो, जो कि केवल उच्च शिक्षा द्वारा ही सुनिश्चित की जा सकती है।

(3) इसके अलावा, हमने हमेशा ही शिक्षा के प्रोत्साहन को खास तौर पर महत्त्वपूर्ण माना है, क्योंकि विचार था कि ''न केवल उच्च श्रेणी की बौद्धिक क्षमता तैयार करनी है, अपितु जो इसके फायदों को लेना चाहते हैं उनका नैतिक चरित्र भी ऊपर उठाना है और इस तरह आपको ऐसे कार्यकर्ता उपलब्ध होंगे जिनके सच्चेपन/ईमानदारी को देखते हुए आप ज्यादा विश्वास के साथ उन्हें कार्य सौंप सकेंगे'' उस भारत में, जहाँ लोगों की खुशहाली का गहरा सम्बन्ध, राज्य के सभी विभागों के सभी वर्गों के ऑफिसर की सत्यनिष्ठा व योग्यता से है।

(4) जबकि इंग्लैण्ड के चरित्र का गहरा सम्बन्ध शिक्षा को बढ़ावा देने हेतु हमारे द्वारा किये गये प्रयासों की सफलता है ना ही उसके भौतिक हित भारत में यूरोपीय ज्ञान के विकास से सर्वथा अप्रभावित रहते हैं, यह ज्ञान भारत के निवासियों को श्रम और पूँजी नियोजन के शानदार प्रभावों के बारे में बताएगा, उनके देश के असंख्य संसाधनों को विकसित करने के लिए हमारा अनुकरण करने को प्रेरित करेगा, उनके प्रयासों का मार्गदर्शन करेगा और धीरे-धीरे, किन्तु निश्चित तौर पर उन्हें सभी तरह के लाभ उपलब्ध होंगे जो पूँजी और व्यापार के बढ़ने के साथ आते हैं। साथ ही साथ हमारे उत्पादकों व हमारी जनसंख्या के सभी वर्गों द्वारा अधिकाधिक उपभोग किये जाने वाली जरूरी वस्तुओं की बड़ी मात्रा में व ज्यादा विश्वसनीय आपूर्ति को सुनिश्चित करेगा। साथ ही साथ ब्रिटिश श्रमिकों के उत्पाद के लिए कभी समाप्त न होने वाली माँग भी।

(5) शिक्षा के विस्तार के लिए किये गये प्रयासों पर हमने समय-समय पर सचेत ध्यान व प्रोत्साहन दिया है और हमने गहरी रुचि के साथ उन अलग-अलग व्यवस्थाओं के व्यावहारिक परिणामों को देखा जिनके द्वारा वे सभी प्रयास निर्देशित थे। विभिन्न काउन्सिलस तथा शिक्षा बोर्डों के नियत अन्तराल पर आने वाले प्रतिवेदनों, इसी विषय पर हुए अन्य दफ्तरी संप्रेषणों के फलस्वरूप हमें उन सभी शिक्षा संस्थानों के बारे में पूरी जानकारी है जो सरकार के सीधे नियन्त्रण में हैं। जहाँ संसद के दोनों सदनों की भारतीय मामलों की समितियों में उपलब्ध कराए जाने वाले प्रमाणों ने हमें इस उद्देश्य के सम्बन्ध में एक सी ही जानकारी प्राप्त करने का सुअवसर दिया। वे लोग जो सरकार से असम्बन्धित थे उनके

द्वारा किये गये प्रयासों के सम्बन्ध में, और साथ ही हमें उन लोगों के विचारों के ज्ञान का भी लाभ मिला जो सामान्यतौर पर शिक्षा के सवाल के बारे में ठोस निष्कर्षों पर पहुँचने में बहुत सक्षम हैं।

(6) अतीत में हुए पर्याप्त अनुभव और भविष्य की सर्वाधिक योग्य सलाह के माध्यम से हम अब यह निर्णय लेने की स्थिति में हैं कि किस तरह से सरकारी सहायता अधिक व्यापक और व्यवस्थित तरीके से सामान्य शिक्षा की भारत में उन्नति के लिए दी जाये और इस उद्देश्य की प्राप्ति के लिए कौन से कदम तुरन्त उठाये जायें।

(7) आगे बढ़ने से पहले हम प्रभावी तौर पर घोषणा करें कि भारत में हम जिस शिक्षा को आगे बढ़ाना चाहते हैं, उसका उद्देश्य यूरोप की कला, विज्ञान, दर्शन और साहित्य के परिष्कृत रूप को फैलाना है; संक्षिप्त में यूरोपियन ज्ञान का फैलाव।

(8) विज्ञान और दर्शन की प्रणालियाँ जो पूर्व के ज्ञान को आकार देती है, बनाती हैं उनमें प्रचुर मात्रा में गम्भीर गलतियाँ हैं और आधुनिक खोज व उन्नति की दृष्टि से वे बहुत अपूर्ण हैं। इसलिए एशियाई ज्ञान चाहे जितना भी फैला हो हमारे उद्देश्यों को थोड़ा ही आगे बढ़ा पाएगा। हम उन अवसरों को कम नहीं करना चाहते जो आज हमारे विशिष्ट संस्थानों में संस्कृत, अरेबिक और परशियन साहित्य के अध्ययन के लिए अथवा उन भाषाओं के संवर्धन के लिए जुटाए गये हैं, जिन्हें भारत की शास्त्रीय भाषाएँ कहा जा सकता है। इन भाषाओं में समाविष्ट कार्य से परिचय ऐतिहासिक व पुरातात्वविक उद्देश्यों की दृष्टि से बहुमूल्य है, इन भाषाओं का ज्ञान हिन्दू और मुस्लिम कानून के अध्ययन के लिए आवश्यक है और भारत की देशज भाषाओं के समीक्षात्मक संवर्धन व बेहतरी के लिए भी ये बहुत महत्त्वपूर्ण हैं।

(9) अनेक प्रसिद्ध प्राच्यवादियों की सफलताओं से हम अनभिज्ञ नहीं हैं। जिनके प्रशंसनीय प्रयासों ने हिन्दू दर्शन के अंशों में नैतिकता और उच्च स्तरीय विज्ञान का बीज रोपित किया। इस वजह से भारत के पढ़े-लिखे वर्गों पर जो अच्छा प्रभाव पड़ा है हम उसे कम नहीं आँक सकते। ये उन प्राचीन भाषाओं की परम्परागत तौर पर इज्जत करते हैं और शिक्षा के विकास में इनकी सहायता बहुत महत्त्वपूर्ण है, उस सम्मानित व प्रभावी स्थान की वजह से जो उन्होंने देशवासियों के बीच बनाया है। ऐसा हो कि वे मिलकर उपयोगी काम करें पर इस तरह की चेष्टाओं को सिर्फ सहायक

ही माना जा सकता है, और भारतीय शिक्षा की किसी भी व्यापक स्कीम के लिए यह एक कमजोर बुनियाद होगी।

(10) हाल ही के वर्षों में कुछ भारतीयों द्वारा अंग्रेजी साहित्य और यूरोपियन विज्ञान में उच्च उपलब्धियों के भी हमें सन्तोषजनक प्रमाण मिले हैं। किन्तु यह सफलता बहुत थोड़ी संख्या तक ही सीमित है; हम उच्च कोटि से कम (less high order) पर इस तरह के सामान्य यूरोपियन ज्ञान जो भारत के लोगों को अपने जीवन के विभिन्न क्षेत्रों में व्यावहारिक तौर पर उपयोगी लगे उस ज्ञान को प्राप्त करने के विभिन्न जरियों को फैलाने के इच्छुक हैं। इस लक्ष्य को प्राप्त करने के लिए आवश्यक है; जिस कारण हमने ऊपर उल्लेख किया है कि उन्हें यूरोपीय लेखकों के कार्यों से परिचित कराया जाय, उन्हें उन सभी विषयों के बारे में बताया जाय जिनका ज्ञान उन्हें दिया जाना है व यूरोपियन द्वारा इन विषयों पर किये गये श्रम व विचारों से भी अवगत कराया जाय; इस ज्ञान को देने के तरीकों का विस्तार करना ही किसी भी सामान्य शिक्षा व्यवस्था का उद्‌देश्य है।

(11) आगे हमें यह विचार करना है कि किस तरह हम अपने उद्‌देश्य को पूरा कर सकें, और यह हमें *माध्यम* के प्रश्न की ओर ले जाता है जिसके द्वारा भारत के लोगों को ज्ञान दिया जाएगा।

भारत की देशज भाषाओं में यूरोपियन ज्ञान के अनुवाद और रूपान्तरण की कमी की वजह से और पूर्वी ज्ञान की भाषाओं में उपलब्ध यूरोपीय ज्ञान की दोषपूर्ण प्रस्तुति को देखते हुए आज यह आवश्यक है कि जो उदार शिक्षा प्राप्त करने की इच्छा रखते हैं वे अंग्रेजी भाषा में महारत हासिल करने से शुरुआत करें क्योंकि यही यूरोप के साहित्य की कुंजी है, और अंग्रेजी का ज्ञान हमेशा ही उन भारतीय निवासियों के लिए जरूरी होगा जो उच्च श्रेणी की शिक्षा की अभिलाषा रखते हैं।

(12) भारत के कुछ हिस्सों में, विशेषकर प्रेसीडेंसी शहरों के पास के इलाकों में जहाँ निजी व सार्वजनिक दोनों ही क्षेत्रों में अन्यों के मुकाबले उन लोगों को प्राथमिकता दी जाती है, जिन्हें अंग्रेजी का ज्ञान है, यहाँ अंग्रेजी भाषा में थोड़ी बहुत प्रवीणता हासिल करने को ही स्कूली शिक्षा प्राप्त करने वालों द्वारा शिक्षा का उद्‌देश्य व मंजिल माना जाता है ना कि उनके सामान्य ज्ञान को बेहतर करने हेतु एक आवश्यक कदम। हम इससे इनकार नहीं कर सकते कि कई मायनों में महज अंग्रेजी बोलना व लिखना भी मूल्यवान

है, लेकिन हमें डर है कि इन जिलों में देशज भाषाओं के अध्ययन की उपेक्षा की प्रवृत्ति अनावश्यक रूप से निर्मित की जा रही है।

(13) देश की स्थानीय भाषाओं के एवज में अंग्रेजी को जगह देना ना तो हमारा उद्‌देश्य है ना ही हमारी इच्छा। भारत की अधिकांश जनसंख्या द्वारा समझी जाने वाली भाषाओं के उपयोग को लेकर हम हमेशा बहुत संवेदनशील रहे हैं। न्यायिक व्यवस्था हेतु और सरकारी अफसरों तथा जनता के बीच पारस्परिक व्यवहार के लिए परशियन की जगह इन भाषाओं को रखा गया है ना कि अंग्रेजी को। इसलिए, यह परम आवश्यक है, कि शिक्षा की किसी भी सामान्य व्यवस्था में सोच समझकर व दृढ़ता से इन पर ध्यान दिया जाय। और परिष्कृत यूरोपियन ज्ञान से थोड़ा बहुत परिचय जो कि अधिकांश लोगों को संप्रेषित करना है–उनको जिनकी स्थितियां उनको उच्च स्तर की शिक्षा प्राप्त करने से रोकती हैं, और जो विदेशी भाषा की कठिनाइयों से पार पाने की अपेक्षा नहीं कर सकते–उन्हें यह ज्ञान केवल अथवा अन्य देशज भाषाओं के माध्यम से बताया जा सकता है।

(14) शिक्षा की किसी भी सामान्य व्यवस्था में, जहाँ अंग्रेजी की माँग हो वहाँ पढ़ाई जानी चाहिए; लेकिन इस तरह के निर्देश हमेशा उस बात से जुड़े कि जिलों की स्थानीय भाषाओं के अध्ययन पर भी चौकस ध्यान दिया जाय और ऐसे सामान्य निर्देश जो कि उस भाषा द्वारा बताये जा सकते हों दिये जायें; और जबकि अंग्रेजी भाषा उन लोगों की शिक्षा का सबसे बढ़िया माध्यम बनी हुई है जिन्होंने सामान्य निर्देशों को ग्रहण करने के लिए इसका पर्याप्त ज्ञान प्राप्त किया है। स्थानीय भाषाएँ उस बड़े वर्ग को पढ़ाने के काम ली जानी चाहिए जो अंग्रेजी से अनजान हैं व इसका त्रुटिपूर्ण ज्ञान रखते हैं। और इसको प्रभावशाली ढंग से करने का एकमात्र तरीका, उन अध्यापकों व प्रोफेसर की मदद लेना है जो स्वयं अंग्रेजी जानते हैं और इसलिए प्रत्येक तरह के ज्ञान में हुई नवीनतम उन्नति तक उनकी पहुँच है और इस तरह से उन्होंने जो जानकारी हासिल की हैं वे अपने साथी देशवासियों को उनकी मातृभाषा के माध्यम से दे सकते हैं। इसी के साथ, और जैसे-जैसे देशज भाषाओं का महत्त्व लोगों को समझ आएगा, यूरोपियन पुस्तकों के अनुवाद व उन लोगों जिन पर यूरोपियन प्रगति की आत्मा का रंग चढ़ा है उनकी मौलिक रचनाओं से देशज भाषाओं में उपलब्ध साहित्य भी समृद्ध होगा ताकि इस तरह यूरोपियन ज्ञान धीरे-धीरे लोगों के सभी वर्गों तक पहुँच पाएगा।

इसलिए हम, अंग्रेजी भाषा और भारत की देशज भाषाओं दोनों को साथ-साथ यूरोपियन ज्ञान के फैलाव के लिए एक *मीडिया* (*साधन*) के रूप में देखते हैं, और हमारी इच्छा है कि हम इन दोनों भाषाओं को भारत के सभी स्कूलों में साथ-साथ संवर्धित होता देखें, और जो आवश्यक योग्यताएँ रखने वाले स्कूल, अध्यापक को भी पोषित कर सकें।

(15) अब हम उस मशीनरी की तरफ बढ़ते हैं जिसकी स्थापना का प्रस्ताव हम शिक्षा के अधीक्षण व निरीक्षण हेतु रखना चाहते हैं। हमारे बंगाल, मद्रास व बाम्बे प्रान्तों में यह कार्य अभी तक बोर्ड व शिक्षा परिषदों द्वारा किया जाता है। इन परिषदों में यूरोपियन और स्थानीय सज्जन सम्मिलित हैं जिन्होंने ज्ञान व सभ्यता की प्रगति में सहायता करने की इच्छा की वजह से बिना किसी पारिश्रमिक के इस कर्तव्य के लिए अपने आपको समर्पित कर दिया है। साथ ही उनके द्वारा प्रदर्शित काबिलियत व गम्भीरता के प्रति भारतीय लोगों की कृतज्ञता होनी चाहिए व भारत व मानवजाति के उपकारी लोगों की सूची में इनमें से कुछ को उच्च स्थान मिलना चाहिए।

(16) उत्तर-पश्चिमी प्रान्तों के शैक्षिक संस्थानों के बंगाल से विलग हो जाने के बाद, आगरा के लेफ्टिनेण्ट गवर्नर ने उनके प्रबन्धन का कार्य स्वयं ले लिया; हम इस पर टिप्पणी करने का अवसर गँवाना नहीं चाहते कि इस कार्य में जैसा कि उनके प्रशासन के संचालन में रही अन्य शाखाओं में भी हुआ, श्रीमान थॉमसन को उनके अधीन कार्यरत लोगों की परिस्थितियों व जरूरतों के बारे में एकदम सही जानकारी थी और लोगों के कल्याण के लिए सबसे उपयुक्त व व्यावहारिक तरीकों का उन्हें स्पष्ट व सहज बोध था। इस वजह से उनकी मृत्यु होना भारत के लिए बड़ा नुकसान है। हमें इस बात पर गहरा अफसोस है और ज्यादा अफसोस इसका है कि उनकी अत्यधिक मेहनत ने ही उनके उपयोगी कार्यकाल को छोटा कर दिया।

(17) वर्तमान बोर्ड और शिक्षण परिषदों को उनके द्वारा किये जाने वाले कार्यों के लिए हार्दिक आभार व्यक्त करते हैं, हम यह भी आशा करते हैं कि उनमें कार्यरत सज्जनों की हमें अपनी वर्तमान योजना के सबसे महत्त्वपूर्ण हिस्से को आगे बढ़ाने में मदद मिलेगी। लेकिन हमारे प्रयासों के दायरे को एक हद तक बढ़ाने के दृढ़ निश्चय जिसमें कई भिन्न एजेन्सियाँ एक समय पर जुड़ेंगी, उनमें से कुछ अभी तक पूरी तरह से उपेक्षित थी और कुछ का सरकार ने पूरी दक्षता में उपयोग नहीं लिया था, हमारी यह

राय है कि यह उचित होगा कि शिक्षा के अधीक्षण और निर्देशन को और अधिक व्यवस्थित आधार पर किया जाय और इसलिए, हम भारत के कुछ प्रान्तों में हमारी सरकार की मशीनरी के एक हिस्से के रूप में शिक्षा विभाग निर्मित करने के लिए कृत संकल्पित हैं। तदनुसार हम प्रस्तावित करते हैं कि हरेक प्रान्त के लिए एक अफसर और लेफ्टिनेण्ट गवर्नरशिप नियुक्त किया जाये जिसे शिक्षा से सम्बन्धित कार्यों के प्रबन्धन का विशेष जिम्मा दिया जाय और इसकी स्थिति के लिए वह सीधे सरकार के प्रति जवाबदेह होगा।

(18) निरीक्षण की पर्याप्त व्यवस्था भी भविष्य के लिए हमारी शिक्षा व्यवस्था का जरूरी अंग होगा; हम पर्याप्त संख्या में योग्य निरीक्षकों की नियुक्ति की इच्छा रखते हैं; जो उन स्कूलों व कॉलेजों का निरीक्षण करेंगे व समय-समय पर उनका प्रतिवेदन देंगे जो अब राज्य द्वारा संचालित व पोषित हैं और ऐसी अन्य संस्थाओं का भी जिन्हें भविष्य में सरकार द्वारा निरीक्षण के क्षेत्र में सम्मिलित करने का प्रस्ताव हम ला रहे हैं। वे इन संस्थाओं के विद्वानों की परीक्षा करवायेंगे या उसे पूरा करवाने में सहयोग करेंगे। और अपनी सलाह से वे पूरे भारत में हर तरह के स्कूलों व कॉलेजों में, प्रबन्धकों व स्कूली अध्यापकों की इन संस्थाओं के संचालन में मदद करेंगे। जिन संस्थाओं का वे निरीक्षण करेंगे उनके उच्च व प्राथमिक स्तर को देखते हुए वे निश्चित रूप से अलग-अलग वर्गों के होंगे और हो सकता है उनकी समझ भी अलग-अलग हो लेकिन हमें शायद ही यह कहने की जरूरत है कि प्राथमिक स्कूलों के उपयुक्त निरीक्षण के लिए और उनकी प्रभावी उन्नति के लिए इस तरह के कार्य के लिए बहुत ध्यान से अच्छे चरित्र व सही निर्णय देने वाले व्यक्ति को चुना जाय।

इसके अलावा शिक्षा विभागों के लिए पर्याप्त लिपिक स्टाफ और अन्य अफसर भी होने चाहिए।

(19) निरीक्षकों की रिपोर्ट की प्रोसिडिंग्स समय-समय पर बनाई जानी चाहिए और फिर ये शिक्षा विभाग के प्रमुख की वार्षिक रिपोर्ट में भी सम्मिलित हो, जो सांख्यिकी सूचना (भारत के सभी भागों में एक ही स्वरूप में बनाई जाय) और शिक्षा से सम्बन्धित अन्य सामान्य जानकारियों के साथ हमें भेजी जाय।

(20) हम इस प्रेषण की प्रतियाँ फोर्ट सेण्ट जॉर्ज और बाम्बे की सरकार को भेजेंगे और उन्हें अपने-अपने प्रान्तों में शिक्षा के अधीक्षण व निरीक्षण हेतु

अल्पकालिक व्यवस्था बनाने के लिए निर्देशित करेंगे। वे जब इस तरह की व्यवस्था करेंगे तो उसकी स्वीकृति के लिए आपको सूचित करेंगे। आप बंगाल और आगरा के लेफ्टीनेण्ट गवर्नर से बातचीत में इसी तरह के उपायों की चर्चा करेंगे और जो प्रान्त नियमन के क्षेत्र से बाहर हैं उनके लिए भी आवश्यकतानुसार इस सन्दर्भ में जो आपको उचित लगे आप उपलब्ध कराएँगे। हम चाहेंगे कि इस मामले में आपकी कार्यवाहियों को बिना किसी विलम्ब हमें बताया जाय और आपको इस उद्देश्य के लिए, जितना आवश्यक लगता है उतना व्यय स्वीकृत करने के लिए हम तैयार हैं।

(21) शिक्षा विभागों के प्रमुखों, निरीक्षकों और अन्य अफसरों के चयन में सबसे महत्त्वपूर्ण होगा उन व्यक्तियों की सेवाएँ लेना जो ना केवल हमारे उद्देश्यों को प्रभावी रूप से प्रसारित करने में अपने चरित्र, पद व कौशल की दृष्टि से सबसे योग्य हैं बल्कि जो भारतवासियों के विश्वास को भी हासिल कर सकते हैं। शायद यह उपयुक्त होगा कि, शिक्षा विभागों के प्रथम प्रमुख, साथ ही साथ कुछ निरीक्षक हमारी सिविल सेवाओं के सदस्य हों, क्योंकि पहले ही चरण में इन ऑफिसर की ऐसी नियुक्तियाँ, इनके पदों से जो अपेक्षाएँ हैं उन्हें बढ़ा देंगी और उस महत्त्व को दर्शाएँगी जो हम शिक्षा के विषय को देते हैं और साथ ही उनके बीच सम्भवतया आपको ऐसा व्यक्ति भी मिल जाये जो इस कार्य को करने के लिए सबसे अधिक काबिल हो। लेकिन हम चाहते हैं कि ना तो इन कार्यालयों में ना ही शिक्षा से जुड़ी किसी अन्य में उक्त पदों को आवश्यक रूप से इस सेवा के सदस्यों द्वारा ही भरा जाय व दूसरे यूरोपियन व भारतवासियों को छोड़ दिया जाय जो कि इन पदों के लिए ज्यादा योग्य हैं, और यह कि किसी भी स्थिति में उनका वेतन इस तरह निर्धारित किया जाय ताकि खुले तौर पर सबको उनके द्वारा किये जाने वाले महत्त्वपूर्ण कार्यों के बारे में पता चले।

(22) अब हम उन तरीकों की सामान्य स्कीम की रूपरेखा प्रस्तुत करने की ओर बढ़ते हैं जिन्हें अपनाने का प्रस्ताव हम रखना चाहते हैं। हमने स्वयं उस ज्ञान को हासिल करने के प्रयत्न किये हैं जो शिक्षा के प्रोत्साहन के लिए भारत के विभिन्न भागों में किये गये विभिन्न प्रयोगों से प्राप्त हुए हैं; और हम आशा करते हैं कि उन योजनाओं को जो विशेष जिलों में सफलतापूर्वक निष्पादित की गयी हैं, उन्हें ज्यादा व्यापक तौर पर लागू करने से और साथ ही साथ कुछ अन्य तरीकों को शुरू करने से जिनकी

अभी कमी है; इस तरह की, व्यवस्था की स्थापना के लिए आवश्यक होंगे जो पूरे भारत में लागू होगी और इस तरह अलग-अलग प्रान्तों में, वर्तमान में हो रहे शैक्षिक प्रयासों में ज्यादा एकरूपता और बेहतर फायदा होगा।

(23) हम इस बात से पूरी तरह अवगत हैं कि हमारे भारतीय इलाकों के सभी हिस्से एक-दूसरे से बहुत से महत्त्वपूर्ण मायनों में बुनियादी रूप से इतने अलग-अलग हैं कि कोई भी व्यापक स्कीम सभी जगह पूरी तरह से लागू नहीं की जा सकती। इसके अलावा, वे लोग जो किसी जिले की मौजूदा व्यावहारिक स्थिति से परिचित नहीं हैं उनके लिए उन भावनाओं, विचारों व प्रभावों के महत्त्वों को सराह पाना कठिन है जो कि प्रत्येक जिले में उपस्थित हैं; और इसलिए, हमने अपनी बात को सामान्य तौर पर जो हम होते हुए देखना चाहते हैं विवरण तक ही सीमित रखा है कुछ स्थानीय सरकारों से बातचीत करते हुए कुछ उपायों को आवश्यकतानुसार स्थितिनुसार लागू करने के लिए और यदि आवश्यकता हो तो कुछ विशेष तरीकों को बदलने ताकि उनको भारत के विभिन्न भागों में लागू किया जा सके यह जिम्मेदारी हम आप पर छोड़ते हैं।

(24) कुछ वर्षों पहले हमने, आपकी सरकार द्वारा अनुशंसित एवं आप द्वारा प्रेषित कलकत्ता में विश्वविद्यालय की स्थापना के शिक्षा परिषद् द्वारा प्रस्तुत प्रस्ताव को अस्वीकार कर दिया था और उस समय से भारत के स्थानीय लोगों के बीच उदारवादी शिक्षा का तेजी से विस्तार हुआ, स्थानीय छात्रों और निजी संस्थाओं के भारतीय छात्रों द्वारा सरकारी छात्रवृत्तियों के लिए प्रदर्शित उच्च उपलब्धियों, मेडिकल कॉलेजों की सफलताओं और यूरोपियन तथा एंग्लो इंडियन जनसंख्या की बढ़ती हुई जरूरतों ने हमें इस निष्कर्ष पर पहुँचने में मदद की है कि अब भारत में विश्वविद्यालयों की स्थापना का समय आ चुका है; जो कला तथा विज्ञान की विभिन्न शाखाओं में, उपलब्धियों के प्रमाण-पत्र के रूप में अकादमिक डिग्री प्रदान करेंगे व जो छात्र विशेष योग्यता हासिल करने के इच्छुक हैं लेकिन पुरस्कार नहीं लेना चाहते उन्हें सम्मान सूचक चिह्न देकर शिक्षा के नियमित व उदारवादी पाठ्यक्रम को प्रोत्साहित करेंगे।

(25) शिक्षा परिषद् ने उस प्रस्ताव जिसका हमने जिक्र किया है, में लन्दन विश्वविद्यालय को अपना आदर्श माना है; हम इससे सहमत हैं कि उस विश्वविद्यालय का स्वरूप, सरकार व कार्यों (जिनके शासन पत्र व

नियमावलियों की प्रतियाँ आपकी टिप्पणी के लिए संलग्न हैं) को भारत की माँग के अनुसार सर्वोत्तम रीति से संशोधित कर अपनाया जाय, और उनके अनुकरण से फायदा हो सकता है यद्यपि पूरे विवरण में कुछ तबदीली करना जरूरी होगा।

(26) इसी के अनुरूप भारत के विश्वविद्यालयों में कुलाधिपति, उपकुलपति तथा फैलोज़ होंगे जो एक सीनेट का गठन करेंगे। सीनेट विश्वविद्यालय की निधि का प्रबन्धन करेंगी, आपके अनुमोदन के लिए नियमावलियों की रूपरेखा बनाएगी जिसके अन्तर्गत कला व विज्ञान की विभिन्न शाखाओं की समय-समय पर परीक्षाएँ होंगी और इस हेतु परीक्षक इन्हीं संगठनों द्वारा चयनित अथवा मनोनीत किये जायेंगे।

(27) विश्वविद्यालयों का कार्य ऐसे लोगों को डिग्री प्रदान करना होगा, जो इस सन्दर्भ में निर्धारित नियमों के अनुसार विद्यार्थी के रूप में प्रवेश लेंगे और किन्हीं भी 'सम्बद्ध संस्थाओं' जो विश्वविद्यालयों की स्थापना के समय सूचीबद्ध की गयी हैं या समय-समय पर सरकार द्वारा उस सूची में जोड़ी गयी हैं, उनसे, सही आचरण और उन्होंने निर्धारित समय के नियमित पाठ्यक्रम का अध्ययन किया, अपेक्षित परीक्षाएँ विश्वविद्यालय से उत्तीर्ण की हैं के प्रमाण-पत्र उपलब्ध करवाएँगे। यह उचित होगा कि मैट्रिकुलेशन की परीक्षा में बैठने हेतु आवश्यक लन्दन विश्वविद्यालय में उपस्थिति की शर्त को समाप्त कर दिया जाय और उसकी एवज में एक ऐसी प्रवेश परीक्षा शुरू की जाय जो अन्तिम परीक्षा से पहले, विश्वविद्यालय में उनकी उपस्थिति को गैर-जरूरी मानते हुए उनके डिग्री के लिए आवश्यक पूर्वज्ञान की जाँच करे।

(28) डिग्री हेतु परीक्षा में, धार्मिक आस्था से सम्बन्धित कोई भी विषय नहीं होगा; और सम्बद्ध संस्थाओं का प्रबन्धन हर प्रकार के धर्मों को मानने वाले व्यक्तियों के पास होगा। जैसा कि इंग्लैण्ड में, चर्च ऑफ इंग्लैण्ड से नजदीकी सम्बन्ध रखने वाली विभिन्न संस्थाएँ—केरमासथन के प्रेसबिटेरियन कॉलेज, ऑसकाट का रोमन कैथोलिक कॉलेज, शेफील्ड का वेसलियन कॉलेज, ब्रिस्टल का बेपटिस्ट कॉलेज, चेस्टनट का कांउटेस ऑफ हटिंगडन कॉलेज, ये उन संस्थाओं में से हैं जिनसे लन्दन विश्वविद्यालय, प्रमाण-पत्र प्राप्त कर डिग्री दे सकता है; इसलिए भारत में, सभी मतों के ईसाइयों, हिन्दुओं, मुसलमानों, पारसियों, सिक्खों, बौद्धों, जैनों व किसी अन्य धर्म को मानने वाले/द्वारा संचालित संस्थाओं को विश्वविद्यालय

द्वारा सम्बद्ध किया जा सकता हैं, यदि वे अपेक्षित पाठ्यक्रम को चलाने के योग्य हैं और जो आचरण प्रमाण-पत्र आवश्यक होगा वह उपलब्ध करा सकते हो।

(29) सम्बद्ध संस्थाओं के सभी वर्गों को ध्यान में रखते हुए डिग्री की परीक्षाओं हेतु विस्तृत नियम बनाये जाने चाहिए, और हम इस विषय पर सिर्फ यही टिप्पणी करेंगे कि जो डिग्री सभी के लिए होगी उसके मानक स्तर निर्धारित करने हेतु बहुत विवेक की आवश्यकता होगी। ऐसे बहुत से लोग हैं जो उदारवादी शिक्षा के जानकार के रूप में अकादमिक डिग्री का गौरव हासिल करने की पर्याप्त योग्यता रखते हैं। लेकिन यदि परीक्षाएँ उतनी कठिन हों जितनी कि उच्च सरकारी छात्रवृत्तियों की होती हैं वे यह डिग्री नहीं पा सकेंगे। अपेक्षित मानक स्तर ऐसे हों जो काबिल छात्रों के प्रयासों को हतोत्साहित ना करते हुए डिग्री के प्रति इज्जत का भाव पैदा करे। ऐसा नहीं होना विश्वविद्यालयों की सफलता के लिए एक बहुत बड़ा रोड़ा होगा। उच्च सम्मानों की होड़ में, जैसा कि लन्दन विश्वविद्यालय में होता है, डिग्री हेतु परीक्षाएँ होंगी, इस तरह के मानक स्तर को बनाये जाने में ध्यान रखा जाना चाहिए जो उच्च योग्यता और मूल्यवान उपलब्धियों की गारंटी सुनिश्चित करेंगे परीक्षा हेतु विषयों का चयन इस प्रकार हो जिनमें सम्बद्ध संस्थाओं में पढ़ाई जाने वाली अलग-अलग अध्ययन योजनाओं के सबसे बेहतरीन हिस्सों को सम्मिलित किया जाय।

(30) विश्वविद्यालयों में ज्ञान की विभिन्न शाखाओं में व्याख्यान देने हेतु आचार्यों के पद स्थापित करना उचित होगा। इस तरह की सुविधा कम से कम उच्च स्तर की डिग्रियों के लिए इंडिया के किसी संस्थान में उपलब्ध नहीं है। इनमें से सबसे महत्त्वपूर्ण विषय विधि है और यह अब आपके विचार के लिए है कि जैसा शिक्षा परिषद् द्वारा प्रस्तुत रिपोर्ट, जिसका जिक्र हमने पहले किया है, में प्रस्तावित तरीके यथा कुछ व्याख्यानों में उपस्थिति के बाद विधि में डिग्री हासिल करने को भविष्य में मुंशी व वकील बनने के लिए अनिवार्य कर दिया जाए। यह अभी की परीक्षा उत्तीर्ण करने की अनिवार्यता के विकल्प के रूप में हो सकता है या फिर उसके अतिरिक्त एक और आधार। लेकिन फिर भी अभी की परीक्षा को उन स्थानों पर तो जारी रखना ही पड़ेगा जो विश्वविद्यालय की आसान पहुँच में नहीं हैं।

(31) सिविल इंजीनियरिंग एक और महत्त्वपूर्ण विषय है जिसका व्यावसायिक महत्त्व स्थानीय इंडियनस को अब धीरे-धीरे पता चल रहा है। हालाँकि,

हमारा झुकाव इस मान्यता की ओर है कि थामसन कॉलेज ऑफ इंजीनियरिंग, रुड़की में जो व्यावहारिक शिक्षा दी जा रही है वह किन्हीं भी व्याख्यानों से अधिक उपयोगी हो सकती है। फिर भी सिविल इंजीनियरिंग का आचार्य पद शायद विश्वविद्यालय में स्थापित व सम्बद्ध होना चाहिए और सिविल इंजीनियरिंग की डिग्री इनकी (विश्वविद्यालय) सामान्य शिक्षण योजना का हिस्सा होनी चाहिए।

(32) इसके अलावा आप शायद ज्ञान की कुछ अन्य शाखाओं के नाम सोच पायें, जो सीखने हेतु उपयोगी हैं। इनमें यह उचित होगा कि व्याख्यान हों और विशेष प्रकार की डिग्रियाँ प्रदान की जायें। और अगर स्थानीय भाषाओं में कुछ आचार्य पद स्थापित होते हैं तो उससे इन भाषाओं को बहुत प्रोत्साहन मिलेगा। शायद संस्कृत, परशियन व फारसी के लिए भी आचार्य पद होने चाहिए। संस्कृत, इंडिया की बहुत सी स्थानीय भाषाओं की जड़ में है अतः इसका ज्ञान इन स्थानीय भाषाओं में नया रचने के लिए विशेष तौर पर जरूरी है। जबकि अरबी, परशियन के माध्यम से उर्दू भाषा जो कि हिन्दुस्तान के बड़े हिस्से में व्याप्त है का एक भाग है। और हमें बताया गया है कि उर्दू का काफी विकास हो सकता है। इन आचार्यों का विशेष ध्यान मुख्य तौर पर इन भाषाओं के व्याकरण और उसके देश की बोली जाने वाली भाषाओं में इस्तेमाल पर केन्द्रित होना चाहिए। उनके कार्य के लिए हिन्दू और मुस्लिम धर्म के सिद्धान्तों की शिक्षा को छोड़ते हुए और उनसे पूरी तरह असम्बन्धित काफी बड़ा क्षेत्र होगा। हम किसी भी ऐसे शिक्षण की अनुमति नहीं देंगे जो कि धार्मिक तटस्थता के उस सिद्धान्त जिसका हमने हमेशा पालन किया है के ठीक विपरीत है।

(33) हमारी यह इच्छा है कि आप बम्बई और कलकत्ता में विश्वविद्यालयों की स्थापना के बारे में विचार करें; उन सामान्य सिद्धान्तों के मद्देनज़र जो हमने आपको स्पष्ट किये हैं। और हम चाहते हैं कि आप हमें वह सबसे बेहतर तरीका बताएँ जिससे कि उन्हें लेजिस्लेटिव काउंसिल के अधिनियम (एक्ट) द्वारा अंगीकृत व संस्थापित किया जा सके। स्वाभाविक है कि कुलपति व उप कुलपति के पद उन उच्च दर्जों के लोगों द्वारा भरे जाएँगे जिन्होंने शिक्षा के ध्येय में रुचि दिखाई है। हम विश्वविद्यालयों के सन्दर्भ में ही अभी कार्य कर रही कलकत्ता की शिक्षा परिषद् और बम्बई के बोर्ड ऑफ एजुकेशन की सेवाओं का उपयोग करना चाहते हैं। हम उन भद्रजनों

को ऐसे पद देना चाहते हैं जो न सिर्फ उनके द्वारा शिक्षा को आगे बढ़ाने के लिए की गयी मेहनत पर हमारी भावना का चिह्न होंगे, बल्कि उस कार्य को उस विषय पर उनके पिछले अनुभव का लाभ भी मिलेगा। इसलिए हम प्रस्तावित करते हैं कि कलकत्ता की शिक्षा परिषद् और बम्बई का बोर्ड ऑफ एजुकेशन, कुछ सरकार द्वारा मनोनीत अतिरिक्त सदस्यों के साथ, इन दोनों प्रेसिडेंसियों पर स्थापित विश्वविद्यालयों की सीनेट होंगे।

(34) नये अतिरिक्त सदस्यों का चुनाव इस प्रकार हो कि विश्व विद्यालय से सम्बद्ध संस्थानों में हो रहे उन सभी शिक्षा के कार्यक्रमों जिन्हें अंजाम दिया जा रहा है को प्रतिनिधित्व मिल सकें। इसमें इंडिया के स्थानीय समुदायों में से हर धार्मिक मान्यता के लोग जिन्हें स्थानीय समुदाय के लोगों का विश्वास हासिल है सम्मलित हो जिससे उन्हें सीनेट में न्यायसंगत आवाज मिल सके। हमें यह टिप्पणी करने की जरूरत इसलिए हुई क्योंकि हमने देखा है कि शिक्षा परिषद् द्वारा 1845 में प्रस्तावित कलकत्ता विश्वविद्यालय की सीनेट की रचना के लिए बनाई योजना पर्याप्त रूप से सर्वग्राही नहीं थी।

(35) हमें मद्रास अथवा भारत के किसी भी अन्य भाग में जहाँ ऐसी संस्थाएँ जिनसे डिग्री हेतु यथायोग्य अर्हता वाले छात्र पर्याप्त मात्रा में उपलब्ध हो सकें, वहाँ विश्वविद्यालय स्थापित करने के लिए तैयार रहना चाहिए। हमारी राय में जैसे ही हम यह दिखा पायें की उदार शिक्षा के विकास से स्थानीय लोगों को लाभ होगा। उचित होगा कि भारत में यूरोपियन सरकार तथा सभ्यता के सभी बड़े केन्द्रों में वैसे ही विश्वविद्यालय हों जैसा हम अभी स्थापित करने जा रहे हैं।

(36) शिक्षा के सामान्य अधीक्षण एवं विश्वविद्यालयों की स्थापना, स्वयं शिक्षण देने वाली संस्थाओं के रूप में नहीं वरन् अन्य जगहों पर दी जा रही शिक्षा की जाँच के लिए व्यवस्था के रूप में; के बारे में बात करने के पश्चात् अब हम सबसे पहले विभिन्न श्रेणी के महाविद्यालयों व स्कूलों की बात करेंगे जिन्हें साथ-साथ ही पोषित किया जाना है। यह इस लक्ष्य से कि इंडिया के सभी वर्गों के स्थानीय लोगों तक उनके जीवन की विविध स्थितियों के लिए उपयोगी ज्ञान प्राप्त करने की व्यवस्था उपलब्ध करवाई जा सके। और दूसरी बात करेंगे उन तरीकों की जिनसे सरकार हर वर्ग के संस्थानों को सबसे प्रभावी तरीके से मदद पहुँचा सकती है।

(37) विश्वविद्यालयों की डिग्री प्राप्त करने के अभ्यार्थी सम्बद्ध कॉलेजों से मिलेंगे।

इनमें वे सब संस्थाएँ शामिल होंगी जिनमें, उन कला व विज्ञान की विभिन्न शाखाओं में विश्वविद्यालय की डिग्रियाँ प्रदान कीं, पर्याप्त उच्च श्रेणी की शिक्षा दिये जाने की सक्षमता है। दी हिन्दू, हुगली, ढाका, किशनगढ़ और बैरमपुर के सरकारी एंग्लो वर्नाकुलर महाविद्यालय, संस्कृत कॉलेज, मुस्लिम मदरसा और बंगाल का कॉलेज, ऐलफिन्सटन संस्थान, पूना कॉलेज और मुम्बई का ग्रांट मेडिकल कॉलेज, दिल्ली, आगरा, बनारस, बरेली और उत्तर-पश्चिम प्रान्तों का थॉमपसन कॉलेज; सेमीनरी जैसे कि कलकत्ता की ओरियंटल सेमीनरी जिन सब की स्थापना उच्च शिक्षित स्थानीय लोगों ने की है, ऐसे वर्ग की शिक्षण संस्थाएँ हैं जिनकी संख्या और कार्य कुशलता हम हर्ष के साथ कहना चाहते हैं, दिन-प्रतिदिन बढ़ रही है, और इसी तरह पेरेन्टल एकेडेमी जो पूर्वी भारतीय संचालित है, बिशप कॉलेज, सामान्य परिषद् के संस्थान (जनरल एसेम्बली इंस्टिट्यूशन), डॉ. डफ का कॉलेज, सीरैमपुर का बिशैप कॉलेज तथा अन्य संस्थाएँ जो विभिन्न धार्मिक व मिशनरी के अधीक्षण में चल रही हैं, तुरन्त बड़ी संख्या में संस्थाएँ उपलब्ध करवा देंगी जो विश्वविद्यालय से सम्बद्ध होने के काबिल हैं और व्यापक सामान्य शिक्षा की सीढ़ी के सबसे ऊँचे पायदान तक जाने में सक्षम हैं।

(38) सम्बद्ध संस्थाओं का समय-समय पर सरकारी निरीक्षकों द्वारा निरीक्षण किया जाएगा। इनमें कार्यकुशलता के स्तर को बनाये रखने के लिए ईमानदार होड़ की भावना को प्रोत्साहित किया जाएगा। यह कुशलता स्तर व होड़ इनके सबसे विलक्षण छात्रों के बीच विश्वविद्यालय के पदक व अन्य सम्मानों के लिए हो रही प्रतिस्पर्धा से भी पोषित होगी। इन संस्थानों के लिए कुछ छात्रवृत्तियाँ तय कर दी जाएँगी जिससे निचली कक्षाओं वाले स्कूलों के बेहतरीन छात्रों को ये मिल सकें। और इनमें पढ़ाई की योजना इस प्रकार की हो कि वह एंग्लो वर्नाकुलर कॉलेजों में देशी भाषाओं को सावधानीपूर्वक और ओरियंटल महाविद्यालयों में देशीय भाषाओं व अंग्रेजी में पर्याप्त शिक्षण को सुनिश्चित करे, जिससे कि प्रत्येक के अध्ययन में यूरोपियन ज्ञान का धीरे-धीरे फैलना हो सके, जो कि इंडिया में शिक्षा का प्रमुख लक्ष्य है।

(39) यह उन्हीं संस्थाओं का वर्ग है जिन पर अभी तक सरकार का मुख्य रूप से ध्यान रहा है और ये शिक्षा पर खर्च किये जा रहे सार्वजनिक कोष के बड़े भाग का उपयोग करते हैं। स्थानीय शिक्षा के सन्दर्भ में पूर्व की शास्त्रीय भाषाओं को यूरोपियन ज्ञान को पढ़ाने का माध्यम बनाने के

त्रुटिपूर्ण निर्णय का बुद्धिमत्तापूर्ण स्थगन और उसके साथ वह छोटी सी राशि जो उस समय इंडिया के वित्तीय हालात के कारण आपको उपलब्ध थी, का हमें लगता है कि नतीजा यह हुआ है कि सरकार के प्रयास बहुत ही संकीर्ण दायरे में केन्द्रित हो गये, जिसमें एक बहुत छोटी संख्या में स्थानीय इंडियन्स को, जो ज्यादातर, जिन्हें हम उच्च वर्ग कहेंगे उससे ही थे, को उच्च श्रेणी की शिक्षा उपलब्ध करवाने के तरीके स्थापित हुए।

(40) यह अच्छी बात है कि इन वर्गों को उदार यूरोपियन शिक्षा प्राप्त करने का हर अवसर दिया गया, जिसका असर धीरे-धीरे ऐसे होने की अपेक्षा है कि यह ज्ञान उनके बाकी साथी देशवासियों तक भी पहुँचेगा और अन्त में पूरे देश में शिक्षा की रंगत को बेहतर बनाएगा। इसलिए हम इस तरफ दिये गये प्रयासों के महत्त्व अथवा सफलता को कम आँकने से बहुत अलग सोच रहे हैं। लेकिन उच्च वर्ग के बहुत से लोग सक्षम भी हैं और इच्छुक भी कि वे कम से कम अपनी शिक्षा के बड़े हिस्से का आर्थिक भार उठाने को तैयार हैं, और यह स्पष्ट है कि भारत के कई क्षेत्रों में अब किसी कृत्रिम प्रेरणा की, शिक्षा की माँग पैदा करने के लिए जरूरत नहीं है, जैसा कि सरकारी एंग्लो वर्नाकुलर कॉलेजों से पता चला है। हमने इन महाविद्यालयों की स्थापना व मदद से वह राह दिखा दी है जिससे उदारवादी शिक्षा तक पहुँचा जा सकता है। हमने इसे काफी हद तक सार्वजनिक पूँजी से भी मदद दी है। इसके अतिरिक्त हम शिक्षा के ऐसे सर्वश्रेष्ठ विषयों (कोर्स) के सम्पूर्ण विकास, जिनकी इंडिया के मूल निवासी और फिर किसी भी और देश के निवासी अभिलाषा रख सकते हैं, के लिए विश्वविद्यालयों की स्थापना की अनुमति देने के लिए तैयार हैं, इसके अलावा विश्वविद्यालय की डिग्रियों और विशेष योग्यताओं के विभिन्न शाखाओं में बँटने से उच्च शिक्षा प्राप्त लोगों की मेहनत उन अध्ययनों की ओर जाएगी, जो अलग-अलग सक्रिय व्यवसायों में सफलता के लिए आवश्यक है। इससे हमने वह सब कर लिया होगा जो कोई भी सरकार इंडिया के उच्च वर्ग के सामने शिक्षा के लाभ स्पष्ट और व्यावहारिक रूप से रखने के लिए कर सकती है।

(41) यदि सम्भव हो तो अब हमारा ध्यान इस पहल पर केन्द्रित होना चाहिए, जो कि अत्यन्त महत्त्वपूर्ण है, और हमें यह मानना पड़ेगा कि अभी तक उसकी अवहेलना हुई है। वह पहलू मुख्य रूप से यह है कि उपयोगी और व्यावहारिक ज्ञान, जो जीवन के हर मोड़ पर आवश्यक है, सभी लोगों

तक कैसे पहुँचाया जाय? जब कि उस मूल्यवान कही जाने वाली शिक्षा को अपने आप, बिना किसी सहायता के पाने में अक्षम हैं। हमारी यह इच्छा है कि भविष्य में इस उद्देश्य को प्राप्त करने के लिए सरकार कुछ ज्यादा सक्रिय कदम उठाये, और इसके लिए हम व्यय में पर्याप्त वृद्धि करने को तैयार हैं।

(42) स्कूल–जिसका उद्देश्य केवल कुछ युवाओं को उच्च शिक्षण देना नहीं है वरन् अभी जो अवसर है उनसे अधिक सुधरी हुई शिक्षा जो जीवन की हर स्थिति में उन लोगों को समाज का अधिक उपयोगी सदस्य बनायेगी के अवसर सभी को प्रदान करना है। ऐसे स्कूल भारत के हर जिले में होने चाहिए। इन स्कूलों का लगातार और सतर्कतापूर्ण निरीक्षण होना चाहिए। और इनके विद्यार्थियों को अन्य संस्थानों में पढ़ने जाने के लिए छात्रवृत्तियों द्वारा प्रोत्साहित करना चाहिए, जो कि इनमें से सबसे श्रेष्ठ के हुनर (ment) के लिए होंगी।

(43) हम इन संस्थाओं की श्रेणी में जिन्हें सम्मिलित करना चाहते हैं, वे हैं जिला स्कूल बंगाल, जिला सरकारी एंग्लो वर्नाक्यूलर स्कूल, बम्बई तथा वे स्कूल जिनकी स्थापना वर्द्धमान के राजा और अन्य देशी लोगों ने भारत के अलग-अलग हिस्सों में की है, जहाँ अंग्रेजी, भाषा पढ़ाने का प्रमुख माध्यम है, और इसके साथ वे स्कूल भी जो इनसे कम स्तर के हैं जैसे उत्तरी पश्चिमी प्रान्त के तहसीली स्कूल और बम्बई के सरकारी वर्नाकूलर स्कूल, जिनका उद्देश्य देशीय भाषाओं द्वारा सबसे उत्कृष्ट दर्जे की शिक्षा देना है, हालाँकि अभी यह ठीक ढंग से हो नहीं पा रहा है।

(44) हम एंग्लो वर्नाकूलर और वर्नाकूलर स्कूलों को एक ही वर्ग में रख रहे हैं क्योंकि शिक्षा देने के माध्यम में अन्तर की इस विभाजन रेखा को नहीं बनाये रखना चाहते जो वर्तमान में है। इसमें सन्देह नहीं है कि वर्तमान समय में जो ज्ञान एंग्लो वर्नाक्यूलर स्कूलों में दिया जा रहा है वह वर्नाक्यूलर स्कूलों से काफी अधिक ऊँचा है। किन्तु यह अन्तर कम हो जाएँगा और बाद में खत्म हो जाएगा जब देशीय भाषाओं में शिक्षण सामग्री ज्यादा समृद्ध होने से उसमें शिक्षा के प्रोग्राम भी ज्यादा व्यापक हो जाएँगे और जैसे-जैसे कई तरह के ऐसे स्कूल मास्टर जो ज्यादा बेहतर शिक्षा दे पाएँ, बनते जाएँगे।

(45) यह अपरिहार्य है कि हमारे विचारों को पूरी तरह और कुशलता से स्कूलों तक ले जाने के लिए इन स्कूलों के अध्यापकों को अंग्रेजी का ज्ञान हो

जिससे वे ज्ञान प्राप्त कर सकें और देशी भाषा का ज्ञान हो जिससे वे उस उपयोगी ज्ञान को छात्रों तक पहुँचा सकें, किन्तु हम यह जानते हैं कि वर्तमान में इस तरह के सुयोग्य लोगों को पर्याप्त संख्या में जुटाना असम्भव है। इस तरह के लोगों को धीरे-धीरे ही एकत्रित किया जा सकता है और प्रशिक्षित किया जा सकता है, जिसके बारे में हम बात कर रहे हैं। तब तक हमें जो साधन उपलब्ध हैं, उन्हीं का अच्छे से अच्छा उपयोग करें।

(46) अन्त में जिन स्कूलों को हमने देशज स्कूल कहा है, उन्हें बुद्धिमत्ता से पूर्ण प्रोत्साहन दिया जाना चाहिए। इन्हें थॉमसन ने उत्तर पश्चिमी प्रान्तों में संगठित किया है। इनका एच.एस. रीड के अत्यधिक व्यावहारिक नेतृत्व में आठ जिलों में संचालन हो रहा है और इनसे बहुत से लोगों को सही प्राथमिक शिक्षा देने की राह में अच्छे परिणाम मिलने की उम्मीद है। इनमें से सबसे अधिक प्रतिभाशाली छात्रों को और बेहतर शिक्षण संस्थानों में पढ़ने के लिए छात्रवृत्ति प्रदान की जा सकती है।

(47) इस तरह की व्यवस्था, जिसमें हर डिग्री के लिए अधिक प्रभावी निरीक्षण है, जो सबसे शुरुआत के प्रारम्भिक स्तर से जिसका आरम्भ सबसे आरम्भिक स्तर से लेकर विश्वविद्यालय की लिबरल शिक्षा की परीक्षा तक जाय और इनमें प्रत्येक कक्षा के सबसे होशियार छात्रों को प्रोत्साहन स्वरूप मदद दी जाय जिससे कि वो ज्यादा बेहतर शिक्षा प्राप्त कर सकें। मेरिट पहचान कर इस तरह स्कूल छात्रों को छात्रवृत्ति देने की व्यवस्था जिसका हमने वर्णन किया है, से हमारा विश्वास है कि भारत की शिक्षा को ऊर्जा और जीवन मिलेगा, और इसके मन्दगति किन्तु स्थिरता से प्राप्त होने वाले लाभों का सभी वर्गों में विस्तार होगा।

(48) जब हम भारत की व्यापक जनसंख्या के सन्दर्भ में ब्रिटिश शिक्षा और उस पर किये गये खर्चे के बारे में सोचते हैं, तो यह लगता है कि यह प्रयास कितने भी सफल रहे हों किन्तु हम अभी उससे बहुत कम लोगों तक पहुँचे हैं, जितने सीखने की उम्र तक आ चुके हैं। हम यह सोचे बिना नहीं रह सकते कि अभी की शिक्षा को पूरी तरह सरकार की मदद से चल रहे स्कूलों व कॉलेजों द्वारा सभी तक पहुँचाने के काम में किस-किस तरह की मुश्किलें आएँगी। यह इतनी बड़ी कमी है जिसे पूरा करना है और जिस तरह की व्यवस्था की बात हमने की है और जिसे हम पाँव पर खड़ा करना चाहते हैं, के बनाने में कितने संसाधन लगाना पर्याप्त होगा।

(49) न ही यह आवश्यक है कि हम सरकार में सीधे प्रयासों पर ही पूर्णरूप से निर्भर करें, हमें यह देख पाने में प्रसन्नता है कि सिर्फ यूरोपियन सभ्यता के बड़े केन्द्रों के आसपास ही नहीं वरन् दूरस्थ जिलों के स्थानीय लोगों में भी अच्छी शिक्षा पाने की इच्छा बढ़ती हुई नजर आती है। और हमारे पास प्रमाण हैं उनके कई बार अपनी इस इच्छा के व्यावहारिक उदाहरण प्रस्तुत करने के जब वह खूब उदारता के साथ आर्थिक योगदान देते हैं। समय के हर काल खण्ड में विद्वान हिन्दू और मुसलमानों ने बहुत ही कम पारिश्रमिक, जो केवल जीवनयापन के लिए ही पर्याप्त था पर, शिक्षण देने का कार्य किया है और उदार अनुदान व वसीयतें आमतौर पर शिक्षण संस्थाओं के स्थायी अनुदान के रूप में बहुत ही कम दी गयी हैं।

(50) इसी के साथ सभी प्रकार के व सभी मतों के ईसाई संगठनों ने स्थानीय भारतीयों को धार्मिक सत्य की राह पर दिशा दिखाने के नेक प्रयास किये हैं और असभ्य जातियों को जो आसाम, कोसिया, गारीओ और राजमहल की पहाड़ियों तथा मध्य और दक्षिण भारत के विभिन्न जिलों में मिलती हैं (जो कि अज्ञान के निम्नतम स्तर पर हैं और या तो बिल्कुल ही किसी धर्म को नहीं मानते या फिर बर्बर किस्म के अन्धविश्वासों के गुलाम बने हुए हैं) को अपनी शिक्षण संस्थाओं में पढ़ा कर और उनमें बेहतर ज्ञान को फैला कर शिक्षा के उस कार्य में योगदान दिया है, जिसे आगे बढ़ाना हमारा भी उद्देश्य है।

(51) सरकार के लिए अकेले सभी कार्य करना असम्भव है, यह विचार स्थानीय भारतीयों की शिक्षा के लिए पर्याप्त साधनों की व्यवस्था से भी जुड़ा होना चाहिए और ऐसे प्रयासों के लिए आसानी से उपलब्ध मदद को अभी तक राज्य ने बहुत ही कम प्रोत्साहन दिया है। यह हमें इस स्वाभाविक नतीजे पर पहुँचाता है कि इंडिया की जरूरतों के लिए साधन इकट्ठा करने का सबसे प्रभावी तरीका है सरकार के अनुदानों की पहल के साथ-साथ उस मदद को जोड़ा जाये जो स्थानीय शिक्षित और सम्पन्न लोगों की उदारता और प्रयासों से प्राप्त होंगे व और अन्य दानियों से प्राप्त होंगे।

(52) इसलिए हमने यह तय किया कि भारत में अनुदान देने की व्यवस्था लागू की जाय, जो इस देश में काफी सफलता के साथ कार्य कर रही है। हम विश्वासपूर्वक यह अन्दाज़ लगा सकते हैं कि सरकार के योगदान के साथ-साथ स्थानीय संसाधनों की मदद जुटा कर शिक्षा का विकास केवल सरकार द्वारा अपने व्यय में वृद्धि करने मात्र की तुलना में बहुत अधिक

तेजी से होगा इससे यह लाभ भी होगा कि स्थानीय प्रयासों पर निर्भरता और स्थानीय सहयोग की भावना का जुड़ जाना अपने आप में राष्ट्र के भले के लिए कम महत्त्वपूर्ण नहीं है।

(53) अनुदान व्यवस्था (Grant-in-aid) जो हम भारत में स्थापित करने जा रहे हैं उसमें यह निहित है कि जिन स्कूलों को अनुदान मिलेगा वे धार्मिक शिक्षण से परहेज रखेंगे। सहायता सभी स्कूलों को दी जायेगी (जहाँ तक एक खास जिले की अन्य जिलों की तुलना में जरूरत है और जहाँ तक सरकार के पास उपलब्ध धन राशि इसे सम्भव बनाती है), जो अच्छी धर्मनिरपेक्ष शिक्षा देंगे। शर्त यह है कि वे (स्कूल) उपयुक्त स्थानीय प्रबन्धन के अधीन हैं। ('स्थानीय प्रबन्धन' से हम समझते हैं एक या उससे अधिक व्यक्ति निजी संरक्षक, स्वैच्छिक नियमित सहयोग करने वाले या दान राशियों के न्यासी जो स्कूल के सामान्य अधीक्षण के भार को स्वीकार करते हैं और जो स्कूल के कुछ निश्चित समय के लिए उत्तरदायी होंगे) और इसके साथ-साथ स्कूल के व्यवस्थापक को सहमति देनी होगी कि वे सरकार द्वारा निरीक्षण के लिए सहमत हैं और सरकार अनुदान को नियमित चलाने के लिए जो भी शर्त लगायेगी वे उसे मानेंगे।

(54) अनुभव से यह पाया गया कि यहाँ भी और अन्य देशों में भी न सिर्फ पूर्ण रूप से मुफ्त शिक्षा पाने वालों के लिए, जो शिक्षा वे पा रहे हैं बहुत कम मूल्य की होती है, उनकी तुलना में जब वह कुछ भुगतान करें चाहे वह कितना भी कम क्यों न हो, किन्तु भुगतान का असर उनकी नियमित हाजरी और छात्रों के अधिक प्रयासों के रूप में भी मिलता है। इसी कारण से स्कूल की फीस चाहे हर छात्र के लिए कम लगती हो, किन्तु सब को मिलाकर जब ज्यादा बेहतर कक्षा शिक्षकों के पोषण के लिए काफी महत्त्वपूर्ण हो जाएगी। हमारी यह इच्छा है कि अनुदान, सामान्य सिद्धान्त के रूप में उन्हीं स्कूलों को दिया जाये (साधारण स्कूलों के अपवाद को छोड़कर) तो कुछ फीस वह कितनी भी कम क्यों न हो पढ़ने वाले छात्रों से लें।

(55) अनुदान व्यवस्था के संचालन के लिए, सावधानीपूर्वक नियम बनाने की आवश्यकता है और भारत में वही रास्ता अपनाया जाना चाहिए जो यहाँ परिषद् की समिति (committee of council) ने अपनाया और जिससे काफी फायदा भी हुआ है। इसमें अनुदान को निश्चित कार्यों के लिए चिह्नित कर दिया गया है (शायद, सामान्य स्कूलों को अपवादस्वरूप छोड़ कर) और उनका उपयोग स्कूल के सामान्य खर्चों को पूरा करने के लिए नहीं

किया जा सकता। भारत में भी शायद यहाँ की तरह ही प्रधान पाठकों के वेतन में बढ़ोतरी और कनिष्ठ अध्यापकों की अतिरिक्त उपलब्धता, सबसे महत्त्वपूर्ण मद होगा जिसके लिए अनुदान दिया जा सकता है। अनुदान के उपयोग का एक और उचित उद्देश्य प्राथमिक स्कूलों के छात्रों के लिए वजीफों को शुरू करना या शुरू करने में मदद करना होगा। कुछ स्थितियों में स्कूल भवन को बनाने अथवा उसकी मरम्मत करने अथवा पर्याप्त संख्या में पाठ्यपुस्तकें उपलब्ध करवाने की जरूरत हो, किन्तु अनुदान किस मद के लिए हो यह प्रत्येक स्कूल व प्रत्येक जिले की परिस्थिति द्वारा निर्धारित होना चाहिए।

(56) अनुदान की राशि एवं उसे जारी रखना निरीक्षणकर्त्ताओं के समय-समय पर दिये जाने वाले प्रतिवेदनों पर निर्भर करेगा, निरीक्षणकर्त्ताओं के रूप में उनका चयन होगा जिन पर स्थानीय समुदायों को विश्वास है। उनके निरीक्षण में स्कूल में धार्मिक सिद्धान्तों की पढ़ाई की ओर कोई ध्यान नहीं दिया जाएगा। निरीक्षकों का कर्तव्य केवल यह है कि वह यह जाँचे कि क्या वहाँ दिया जा रहा धर्म निरपेक्ष ज्ञान ऐसा है, जो अनुदान के वितरण की राशि में शामिल होने योग्य है। वे जहाँ-जहाँ ऐसे मौके आयें वहाँ स्कूलों की स्थापना में भी अपनी सलाह द्वारा मदद कर सकते हैं।

(57) हम अनुदान (grant in aid) के लिए सामान्य सिद्धान्तों के व्यावहारिक रूपान्तरण को आपके विचाराधीन रख रहे हैं। इनमें हर प्रान्त के शिक्षा विभाग का सहयोग होगा। हमारे विचार सभी स्कूलों व संस्थानों पर, चाहे वे पुरुषों के लिए हों, चाहे महिलाओं के लिए, एंग्लो-वर्नाकूलर हों या वर्नाकूलर, एक समान रूप से लागू होंगे। हमारे विचारों को लागू करने के लिए यह अति महत्त्वपूर्ण है कि वे शर्तें जिनके तहत स्कूलों को मदद की जाएगी खुले रूप में, सार्वजनिक तौर पर इंडिया के स्थानीय लोगों के सामने रखा जाये। इस उद्देश्य हेतु सरकारी अधिसूचनाएँ विभिन्न देशज भाषाओं में तैयार की जायें व जारी की जायें। यह उचित होगा कि इनमें यह स्पष्ट रूप से बता दिया जाये कि अनुदान पूर्ण धार्मिक निरपेक्षता के आधार पर ही दिये जाएँगे और इस तरह की कोई भी उम्मीद देने से बचना होगा जिससे बाद में लोगों को न मिलने की निराशा हो।

(58) उन उच्च शिक्षा के संस्थानों में जहाँ अभी अंग्रेजी माध्यम में शिक्षा हो रही है, इस योजना को लागू करने में कोई मुश्किल नहीं होगी।

(59) अनुदान उन सभी एंग्लों वर्नाकूलयर और वर्नाकूलयर स्कूलों को अच्छी

प्राथमिक शिक्षा प्रदान करने के लिए तुरन्त मदद देगा, किन्तु हमें भय है कि इस तरह के स्कूलों की संख्या बहुत कम है और जो हैं भी उनमें भी बड़े सुधारों की आवश्यकता है।

(60) 'देशज स्कूलों' के लिए अनुदान की सामान्य व्यवस्था से अधिक सूक्ष्म ढंग से और लगातार निरीक्षण की आवश्यकता होगी जिससे उनकी प्रकृति को बेहतर किया जा सके। आज यह स्कूल न केवल गुणवत्ता में कमजोर हैं किन्तु उनके चलते रहने की समयावधि भी बहुत कम है। यह बात श्री एडम द्वारा बंगाल व बिहार में एकत्रित किये गये आँकड़ों से भी स्पष्ट उभरती है और हाल के वर्षों में उत्तर-पश्चिमी प्रान्तों से प्राप्त अत्यन्त महत्त्वपूर्ण सूचना में भी यही बात सामने आयी है। इस तरह की व्यवस्था के निर्माण के लिए हम श्री रीड की कार्य प्रणाली के उत्तर पश्चिम प्रान्तों में इस्तेमाल से बेहतर कोई सन्दर्भ नहीं दे सकते। जिसमें वे निर्देश शामिल हैं जो उन्होंने जिलों व परगनाओं के विजिटर को दिये। यह सब इस दस्तावेज़ के साथ संलग्न उनकी रिपोर्ट में दिया गया है।

(61) हम यह देखना चाहते हैं कि स्थानीय प्रबन्धन के अन्तर्गत और सरकारी निरीक्षण के साथ जहाँ-जहाँ सम्भव हो अनुदान का लाभ उठाया जाये और भविष्य में ऐसे जिलों में जहाँ सरकार की मदद से स्थानीय शिक्षा की माँग को पूरा करने के लिए पर्याप्त संख्या में संस्थान मौजूद हैं, वहाँ कोई भी नये सरकारी स्कूल अथवा कॉलेज खोले जायें। किन्तु हमारे द्वारा व्यक्त विचारों को पूरे देश में पूरी तरह लागू करने के लिए, शायद अगले कुछ वर्षों के लिए यह जरूरी होगा कि हर कक्षा की शिक्षा के लिए किसी अस्थायी व्यवस्था की स्थापना व प्रबन्धन के लिए मदद हर ऐसे जिले में की जाये जहाँ इस उद्‌देश्य के लिए पर्याप्त स्थानीय प्रयास किये जाने की सम्भावना नहीं है और वहाँ इस तरह के कार्य की तत्काल आवश्यकता है।

(62) हम उस समय की ओर देख रहे हैं जब पूरी सामान्य शिक्षा को सरकार द्वारा दिये जाने की व्यवस्था को समाप्त किया जा सके और उसका स्थान क्रमिक रूप से बढ़ती अनुदान व्यवस्था ले, और आज कार्यरत अधिकतर राजकीय संस्थाएँ, विशेषकर जो उच्च स्तर की हैं, उन्हें बिना परेशानी बन्द कर दिया जाये या उनके प्रबन्धन को राजकीय नियन्त्रण व सहायता के अन्तर्गत स्थानीय समितियों के प्रबन्धन को हस्तान्तरित कर दिया जाय। परन्तु हमारी यह बिल्कुल इच्छा नहीं है कि शिक्षा के विस्तार को क्षणिक मात्रा में भी रोका जाये और किसी भी स्कूल को अपक्षय के लिए छोड़

दिया जाय, इसलिए हम आपके और अन्य अधिकारियों के विवेक पर पूरी तरह यह छोड़ रहे हैं, यह बात ध्यान रखते हुए कि हमें एहतियात से काम करना है और भारत की विशेष स्थिति जो अलग-अलग जिलों में शिक्षा की माँग को प्रभावित करती है, के सन्दर्भ से दिशा निर्देश लेते हुए आगे बढ़ना है।

(63) निःशुल्क और वजीफों द्वारा छात्रवृत्ति की व्यवस्था में, जिसके सन्दर्भ में हमने एक बार से अधिक कहा है कि यह विभिन्न स्तरों की संस्थाओं के बीच कड़ी का कार्य कर सकती है, हमारी व्यापक शिक्षा योजना के अन्तर्गत कुछ संशोधन और विस्तार आवश्यक है। हम चाहते हैं कि लार्ड आकलैण्ड द्वारा 1839 प्रस्तावित उद्देश्य कि "जिला स्कूलों को केन्द्रीय महाविद्यालय से छात्रवृत्ति के माध्यम से जोड़ा जाय। इसके लिए स्कूल के श्रेष्ठ छात्रों को महाविद्यालय में छात्रवृत्ति प्राप्ति के पात्र माना जाएगा और योजना को पूरी तरह से लागू किया जाय," साथ ही साथ हम अब यह प्रस्तावित करते हैं कि इसे प्राथमिक स्कूलों के स्तर पर भी लागू किया जाय। जिससे इन स्कूलों के श्रेष्ठ छात्र उच्च स्तर के स्कूल में छात्रवृत्ति के माध्यम से अध्ययन कर सकें और इस तरह हर कक्षा की श्रेष्ठ प्रतिभा को वैसा प्रोत्साहन मिल सके, जिसकी वे हकदार हैं। छात्रवृत्ति की राशि इस तरह निर्धारित की जाय कि वह, उसका प्राप्तकर्त्ता जिस भी महाविद्यालय अथवा स्कूल में पढ़ रहा है, चाहे वह उसके घर से दूर ही हो, में उसके भरण पोषण के लिए पर्याप्त हो। हम यह मानते हैं कि छात्रवृत्ति की व्यवस्था न केवल शिक्षा के उन स्थानों पर लागू हो जो सरकार के अधीक्षण में है वरन् उन सभी शैक्षिक संस्थानों में जो अब हमारी सामान्य व्यवस्था में शामिल होंगे।

(64) किन्तु इसी के साथ हमारी राय है कि हमारे द्वारा चर्चित छात्रवृत्तियों के अलावा बाकी और सभी वजीफे, जिन पर आजकल बहुत खर्च हो रहा है, को धीरे-धीरे घटाया जाना चाहिए परन्तु ऐसा करते समय वर्तमान में वजीफों को पाने वालों के दावों पर उपयुक्त ध्यान दिया जाये। वे युवा लोग जो योग्य हैं, किन्तु अध्ययन को चालू रखने के लिए उनके पास बहुत ही कम साधन हैं, के लिए यह उपयोगी और उदार योजना है और हमारी निजी वृत्तियों में, जो इस प्रशंसनीय उद्देश्य के प्रति समर्पित है, में हस्तक्षेप का विचार नहीं है, इसके अलावा हमने इन वृत्तियों में जो जोड़ा है उन्हें घटाने का भी हमारा विचार नहीं है, किन्तु सरकार के पास

सीमित राशि ही है, हमें इसका औचित्य नज़र नहीं आता कि उनको ज्ञान की प्राप्ति के लिए इतनी छात्रवृत्ति दे दी जाय, जो न केवल उन छात्रों के भरण के लिए आवश्यक राशि से बहुत अधिक है वरन् उस राशि से भी अधिक है जिनकी वह सरकारी सेवा अथवा किसी अन्य व्यवसाय में प्राप्त करने की आशा कर सकते हैं।

(65) हम शिक्षा के प्रोत्साहन के लिए जो प्रस्ताव दे रहे हैं वह उन वजीफों से अधिक व्यावहारिक परिणाम देगा। जिन लोगों के पास पढ़ाने की अभिवृत्ति और आवश्यक योग्यता है तथा जो स्कूल अध्यापक का कार्य करना चाहते हैं को उपयुक्त निश्चित मासिक भत्ता तब तक दे कर जब तक उन्हें वह सामान्य स्कूलों अथवा कक्षाओं में उत्तीर्ण हो कर शिक्षक बनने का प्रशिक्षण लेने के लिए चाहिए, हम बहुत से काबिल छात्रों को एक व्यावहारिक रोजगार के लिए अर्हता प्राप्त करने में मदद करेंगे, जो उन्हें उमर भर के लिए इज्जतदार सक्षमता देगा। हमारा यह भी मत है कि चिकित्सा (मेडिकल) व अभियांत्रिकीय (इंजिनियरिंग) की तरह उन सभी शिक्षण संस्थानों में, जो राज्य द्वारा इसलिए चलाए जाते हैं कि सरकार के अन्तर्गत विशेष रोजगार के लिए लोगों को शिक्षा देने के लिए चलाए जा रहे हैं, प्रवेश मेहनत और योग्यता को पुरस्कार के रूप में दिया जाये। और इससे सामान्य शिक्षा को वास्तव में व्यावहारिक प्रोत्साहन मिलेगा, वैसा ही जैसा कि शिक्षा सेवा से मिलेगा।

(66) विश्वविद्यालयों की स्थापना, उच्च दक्षता प्राप्त करने के लिए और भी अधिक प्रोत्साहन देगी और वरिष्ठ छात्रवृत्ति की जगह ले लेगी। इससे यह अतिरिक्त लाभ होगा कि उन विषयों की संख्या बढ़ेगी जिनमें और अधिक विशेष योग्यता हासिल की जा सकती है, और यह सब छात्रों को पढ़ने को मिलेंगे। इन सभी को फिर इकट्ठा कर छात्रवृत्तियों के लिए एक समान परीक्षा शामिल कर सकते हैं। और फिर उनका अध्ययन उन धाराओं की ओर व्यावहारिक रूप से जाएगा जो उन्हें बाद में उनके द्वारा लिए जाने वाले व्यवसायों में मदद करेंगी।

(67) इंग्लैण्ड में जब शिक्षा में सुधार के व्यवस्थित प्रयास किये गये तब एक मुख्य दोष यह सामने आया कि अर्हता प्राप्त स्कूल अध्यापकों की संख्या कम है तथा उस समय चल रही पढ़ाने की पद्धति भी त्रुटिपूर्ण है। इसने और अध्यापकों के प्रशिक्षण हेतु नार्मल आदर्श विद्यालयों की स्थापना को आगे बढ़ाया। इनका एक और उद्देश्य शिक्षा में श्रेष्ठ संगठन, संयोजन,

अनुशासन एवं अध्यापन के उदाहरण बनना था। यह कमी भारत में और भी स्पष्ट रूप से महसूस की गयी है, क्योंकि पढ़ाने के काम के लिए सही तरीके से शिक्षित व्यक्तियों का ढूँढ़ पाना और भी ज्यादा कठिन है। और इसीलिए हर प्रान्त में बिना समय गँवाये अध्यापकों के लिए प्रशिक्षण स्कूल और कक्षाएँ शुरू की जायें। शायद ऐसा हो कि कुछ वर्तमान में कार्यरत संस्थाओं को पूरी तरह अथवा आंशिक रूप से, इस कार्य के लिए उपयोग किया जा सके यह हो सकता है पूरी तरह से नये स्कूल स्थापित करने से सरल हो।

(68) हम इससे अच्छा कुछ और नहीं कर सकते कि इस उद्देश्य के लिए ग्रेट ब्रिटेन में लागू की जा रही योजना, जो हमें लगता है भारत में भी आसानी से अपनाई जा सकती है का सन्दर्भ आपको दें। इसका मुख्य हिस्सा, जैसा कि आप कॉमेटी ऑफ कौंसिल के संलग्न मिनिट से देख सकते हैं, छात्र-शिक्षकों के लिए वजीफे (जिन स्कूलों में ये अपने शिक्षण के लिए कार्य कर रहे हैं, उनके अध्यापकों को स्कूली समय के पश्चात इन्हें पढ़ाने के एवज में कुछ भुगतान) और अगर वह सक्षम पाये जायें तो उन्हें वहाँ से पूरी तरह हटा कर नार्मल स्कूल में रखना, नार्मल स्कूल में अध्ययन पूरा करने पर उन्हें प्रमाण-पत्र देना, और बाद में जब वे स्कूल-अध्यापक के पद पर कार्य के लिए जायें तो उन्हें पर्याप्त वेतन दिलवाना। यह व्यवस्था भारत में भी सभी सरकारी महाविद्यालयों व स्कूलों में व उन सब संस्थानों में जो ग्रांट इन एड (अनुदान) के कारण सरकारी निरीक्षण में हैं, लागू की जानी चाहिए। नार्मल स्कूल के प्रशिक्षु-शिक्षकों और छात्रों को दी जाने वाली छात्रवृत्तियों को ध्यान से निर्धारित किया जाना चाहिए। प्रशिक्षु-शिक्षकों को परिनियमित भत्ते मिलने चाहिए उस राशि से कुछ ज्यादा जो उन्हें स्कूल छोड़ कर बाहर मिल सकती है और छात्रों को दी जाने वाली छात्रवृत्तियाँ उन्हीं सिद्धान्तों से विनियमित हों जो हमने वजीफों के लिए निर्धारित किये हैं।

(69) इन उपायों को लागू करते समय आप से माँग होगी कि आप सभी वर्ग के स्थानीय इंडियन जो अपने साथी देशवासियों की शिक्षा का बीड़ा उठाने के लिए तैयार हैं उनकी स्थिति, पद और सम्भावनाओं का ध्यान रखें। इस सन्दर्भ में 1831 के पेंशन नियमों का शिक्षा सेवा के लिए हुए विस्तार को, इस विषय के लिए बन रहे नियमों में शामिल करने की आवश्यकता हो सकती है; और हमारी इच्छा है कि स्कूल-अध्यापक का व्यवसाय भविष्य

में स्थानीय इंडियन को उसी तरह आकर्षित करे जैसा सरकारी सेवा की अन्य शाखाओं के लिए होता है। जिस श्रेणी के स्कूल-अध्यापक हम देखना चाहते हैं उन्हें उपलब्ध करवाना एक लम्बे समय का काम है। और अभी स्थानीय स्कूलों को प्रोत्साहित करने में हमें, जो शिक्षक अभी हैं उन्हीं में सुधार करना होगा। हमें यह भी ध्यान रखना होगा कि हम इस वर्ग के लोगों जिनका नीचे के वर्गों के लोगों पर बहुत ही अधिक प्रभाव है की बातों को वहाँ भी पूरी तरह से काट कर जहाँ उससे बचना सम्भव है नाराज न कर दें। इसके अलावा इस वर्ग के शिक्षकों को नार्मल स्कूल और उनके लिए शुरू की जाने वाली कक्षाओं में भाग लेने के लिए प्रोत्साहित करना चाहिए।

(70) स्कूल के अध्यापकों के बराबर महत्त्व है स्थानीय भाषाओं में स्कूल की किताबें उपलब्ध करवाने का, इनसे छोटी कक्षाओं में यूरोपियन जानकारी पढ़ाई का विषय बन सकेगी। हाल के वर्षों में बेशक इस ओर कुछ किया गया है लेकिन अभी बहुत कुछ करना बाकी है। हमें लगता है इस कमी को पूरा करने का सबसे आसान और तेज तरीका होगा श्री एम. ऐलफिन्सटन द्वारा 1825 में सुझाये गये तरीके पर अमल करना। यह तरीका है, ''चुनी गयी पुस्तकों के सबसे बेहतर अनुवादों या फिर विशेष भाषाओं में लिखे गये सबसे बेहतर निबन्धों के लिए विज्ञापन देना और उदारता से पुरस्कृत करना।''

(71) इस कार्य का लक्ष्य मौलिक रचना और पहले से उपलब्ध लेखन का संकलन होना चाहिए। (श्री एडम की बंगाल में शिक्षा की स्थिति पर लिखी मूल्यवान रिपोर्ट से उद्धृत करते हुए) ''यूरोपियन ज्ञान को स्थानीय भाषाओं के शब्दों और मुहावरों में अनूदित करने के स्थान पर, यूरोपियन ज्ञान के सारांश को स्थानीय सोच के ढंग और भावनाओं के साथ जोड़ना, जिससे स्कूल की पुस्तकें आकर्षक एवं उपयोगी बन सकें।'' इस बिन्दु पर हम हर्ष के साथ श्री रीड के कुछ मूल्यवान अवलोकनों का भी सन्दर्भ देना चाहेंगे जो उन्होंने अपनी रिपोर्ट, जिसका उल्लेख हमने पहले भी किया है, खास तौर पर भूगोल के सन्दर्भ में, लिखे हैं। यह जाहिर है कि इंडिया के विभिन्न हिस्से की स्थानीय विशिष्टताएँ यह आवश्यक बना देती हैं कि हर कक्षा में उपयोग की जाने वाली किताबों को विशेष तौर पर लोगों की भावनाओं, संवेदनाओं और इतिहास के अनुरूप बनाया जाये। और आगे हम इस विषय में सिर्फ इतना जोड़ना चाहते हैं कि जैसा हमने पहले भी

कहा है ओरियंटल कॉलेज का उपयोग स्थानीय भाषाओं को पोषित कर सम्पन्न बनाने के अलावा, हम सोचते हैं, बहुत अच्छा उपयोग विज्ञान की पुस्तकों व दस्तावेज़ों का अनुवाद करने में हो सकता है। ऐसा कुछ हद तक दिल्ली, बनारस व पूना के कॉलेज में हुआ भी है।

(72) हम हमेशा इस मत के रहे हैं कि भारत में शिक्षा का विस्तार प्रशासन की हर शाखा में अधिक दक्षता प्रदान करेगा, क्योंकि इससे आपको हर विभाग के लिए ज्यादा होशियार, बुद्धिमान व विश्वास-योग्य व्यक्ति मिल पाएँगे। दूसरी ओर हमारा यह भी विश्वास है कि अलग-अलग तरह के खाली पदों के लगातार भरे जाने के कारण शिक्षा को भी प्रोत्साहन मिलेगा। पहला उद्‌देश्य तो यही होना चाहिए कि ऐसे व्यक्तियों का चयन हो जो पद भरने के लिए आवश्यक अर्हताएँ रखते हैं, दूसरा उद्‌देश्य यह हैं कि उनका वितरण किस प्रकार किया जाये कि जन सामान्य की शिक्षा को प्रोत्साहन मिल सके।

(73) हमारे गवर्नर जनरल की परिषद् के 10 अक्टूबर 1844 के प्रस्ताव में सार्वजनिक सेवाओं के शिक्षित लोगों को अशिक्षित लोगों पर प्राथमिकता की बात कही गयी है। हम अत्यधिक सन्तोष के साथ यह देख पा रहे हैं कि इस वर्ष से बंगाल के राजस्व विभाग और भारत में विभिन्न भागों से जो सूचनाएँ आ रही हैं उसमें बड़ी संख्या में शिक्षित लोगों को सरकारी नौकरियों में लिया गया है। हम यह समझते हैं कि इंडिया के कई भागों में आज की परिस्थिति में सरकारी नौकरियों की उपलब्धता की कमी की बजाय सरकारी नौकरियाँ पाने योग्य व्यक्तियों की कमी नजर आती है।

(74) हम उन कारणों पर नहीं जाएँगे जिनके कारण, जैसा हमारा पूर्वानुमान भी था, प्रस्तावों का वह हिस्सा जिसके अनुसार हर वर्ष सरकार को विशेष योग्यता वाले छात्रों की सूची मिलनी चाहिए थी, विफल हुआ। हमारे अभी के उद्‌देश्य के लिए यह टिप्पणी पर्याप्त है कि अभी तक बंगाल में सिर्फ 46 व्यक्ति चुने गये हैं, यह सब सरकारी महाविद्यालयों के छात्र थे। पिछले वर्ष (1852) के जो आँकड़े हमारे पास हैं उसके अनुसार केवल दो लोग इस दक्षता सूची में हैं। हम बंगाल के राजस्व मण्डल के सचिव की बात को आसानी से मान सकते हैं कि वे युवा जिन्होंने गणित और दर्शन की सर्वोच्च व कठिन परीक्षा पास की है, वे स्वाभाविक तौर पर उस तरह का कार्य नहीं करना चाहते हैं जैसा कि उन्हें सार्वजनिक सेवा की शुरुआत में मिलता है।

(75) इस तरह की किसी भी सूची की आवश्यकता, विश्वविद्यालयों की स्थापना के साथ समाप्त हो जायेगी, क्योंकि डिग्री की प्राप्ति, उससे भी ज्यादा विश्वविद्यालय की सम्मान सूची, उच्च स्तरीय योग्य युवाओं को सरकार के ध्यान में ले आयेगी, इसलिए जो प्रस्ताव विचाराधीन हैं, उनमें संशोधन की आवश्यकता है, जिससे कि हमारे विचार व्यवहारिक रूप से क्रियान्वित हो सकें। हम यह चाहते हैं, कि यदि किसी उम्मीदवार की योग्यताएँ सरकारी नियुक्ति के अनुरूप हैं तो जिसने उच्च शिक्षा प्राप्त की है चाहे वह किसी भी स्थान या तरीके से प्राप्त की है उसे प्राथमिकता दी जाये, और नीचे के पदों में भी जिसे पढ़ना और लिखना आता है उसे उसकी जगह प्राथमिकता मिले जिसे पढ़ना लिखना नहीं आता यदि वे अन्य तरीके से अर्हताओं में समान हैं।

(76) हम जैसा बम्बई प्रेसीडेंसी में हुआ, उसी तरह की परीक्षाएँ शुरू करने से सहमत हैं, जहाँ ये व्यावहारिक हैं और वे सरलता से उन पूरी दक्षताओं की जो विभिन्न विभागों के विशेष कार्यों के लिए आवश्यक हैं और जहाँ ये प्रार्थी नियुक्तियाँ चाह रहे हैं, को जाँच सकते हैं। हम आश्वस्त हैं कि शिक्षितों को अशिक्षितों की जगह प्रोत्साहन दिया जाना चाहिए। यह उन सब अधिकारियों को स्पष्ट हो जो उनके चयन के लिए उत्तरदायी है। हम इससे अधिक नियमों द्वारा उनके द्वारा किये जा रहे स्वतन्त्र चयन में हस्तक्षेप नहीं कर सकते, जिसकी जिम्मेदारी उन्हीं की है।

(77) हम पर्याप्त आशावादी हैं यह मानने के लिए कि भारत में सुधारी हुई शिक्षा के प्रभाव सार्वजनिक सेवाओं में नजर आने लगे हैं। स्थानीय न्यायाधीशों जिन पर नागरिक न्याय का भारत में अधिक जिम्मा है, की योग्यता और सत्यनिष्ठा के विस्तार और उनकी संख्या में वृद्धि हुई है, अपने देशवासियों के मन में जो इनका सम्मान बढ़ा है, उसका श्रेय हमारे मत में इन अधिकारियों में शिक्षा के विस्तार को दिया जा सकता है। इसका श्रेय शिक्षा के साथ-साथ उनके यूरोप के सामान्य साहित्य में उपलब्ध उच्च नैतिक आदर्शों को अंगीकृत करने के कारण है। शिक्षित लोगों की नियुक्ति से जनता को जो लाभ मिलता है, उसका सीधा प्रमाण केवल उच्च अधिकारियों में ही नहीं है। हम ढाका कॉलेज के पिछले प्रतिवेदन से हर्ष के साथ उद्धृत करना चाहते हैं, क्योंकि हम इसे जानते हैं कि भारत में लोगों की खुशी पुलिस अधिकारियों की ईमानदारी पर निर्भर है। "हमें इसका सर्वश्रेष्ठ सम्भव प्रमाण मिला है" यह एक स्थानीय समिति ने

लिखा है कि, ''ढाका कॉलेज के कुछ पूर्व छात्रों ने पूरी सफलता से दरोगा के पद के कठिन दायित्वों को निभाया है। कृष्ण चन्दर दत्त, जो हावड़ा के न्यायाधीश के अधीन दरोगा के पद पर कार्य कर रहा था। उसकी पदोन्नति की सिफारिश की जाती है क्योंकि उसने सभी वर्गों का सम्मान और प्रशंसा प्राप्त की, जो अभी न तो यह जानते हैं और न ही व्यवहार में उपयोग कर पाते हैं कि पक्की ईमानदारी और कर्तव्यपरायणता क्या है।

(78) सरकार में नियुक्तियों की संख्या कितनी भी बड़ी क्यों न हो, स्थानीय भारतीयों के विचार उन ज्यादा महत्त्वपूर्ण पहलू यथा उदार शिक्षा की व्यापक उपयोगिता और लाभ की तरफ जाने चाहिए, जो ऐसी शिक्षा से उन्हें मिलेंगे, और ऐसे व्यवहारिक फायदे, जो परिष्कृत ज्ञान से प्राप्त होते हैं, की बात उन लोगों के द्वारा लगातार बतायी जानी चाहिए जिनका इन भारतीयों पर प्रभाव है और वे तो ऐसे पदों पर हैं जहाँ से वे उन्हें सलाह अथवा निर्देशन दे सकते हैं। हम इस सन्दर्भ में हर्ष परन्तु साथ ही साथ दुख के साथ दिवंगत श्री बैथुन, जो उस समय शिक्षा परिषद् के अध्यक्ष थे, के कृष्णधर तथा ढाका कॉलेज के छात्रों को दिये आकर्षक सम्बोधन की ओर ध्यान दिलाएँगे।

(79) भारत में शिक्षा के सामान्य विषय से जुड़े कुछ अन्य बिन्दु पर हम संक्षिप्त टिप्पणी करना चाहेंगे। हमने हमेशा भारत के उन शैक्षिक संस्थानों, जो स्थानीय भारतीयों को विशेष व्यवसायों के लिए तैयार करते हैं, जिससे वे सरकारी कार्य में उपयोगी सेवा करें या जीवन में लाभकारी धन्धे चलाएँ, की ओर विशेष ध्यान से देखा है। भारत के विभिन्न भागों में चल रहे मेडिकल कॉलेज यह बात सिद्ध करते हैं कि पहली, उन तक पहुँचने की कठिनाइयाँ कितनी भी मुश्किल क्यों न लगे, किन्तु औषध और शल्य चिकित्सा में सर्वोच्च उपलब्धियाँ प्राप्त करना शिक्षित भारतीयों की पहुँच में है। हम कलकत्ता और बम्बई मेडिकल कॉलेज जैसे संस्थानों की भारत के अन्य भागों में भी स्थापना व चलाये रखने के लिए मदद करने को तैयार हैं। हमने पहले से ही इस बात का संकेत दे दिया है कि इन कॉलेजों में छात्रों की भर्ती कैसे हो और सिविल इंजीनियरिंग के प्रशिक्षण के लिए कैसे प्रवेश दिया जाय।

(80) थॉमसन कॉलेज ऑफ सिविल इंजीनियरिंग, रुड़की की सफलता ने यह बतलाया है कि ऐसे योग्य व्यक्तियों का प्रशिक्षण, जो कि सरकार के नेतृत्व में भारतीय विकास के सारे काम कर रहे हैं, और भारत के निवासियों

को इस व्यवसाय के लिए तैयार करके, रेलवे और सार्वजनिक निर्माण के तेजी से विस्तार के कारण, बहुत से लोगों के लिए नये व्यावसायिक पद खोल देगा। यह समयोचित है कि इस तरह के व्यावहारिक शिक्षण के लिए सिविल इंजीनियरिंग में भारत के अन्य क्षेत्रों में भी संस्थान स्थापित किये जायँ। मद्रास प्रेसीडेंसी में इसकी विशेष आवश्यकता है, जहाँ सिंचाई के कार्य आवश्यक है न केवल देश की सम्पन्नता के लिए ही वरन् अकाल और अभावों की स्थिति में लोगों के अस्तित्व को बनाये रखने के लिए भी। यह विषय कई प्रेसीडेंसी के सार्वजनिक निर्माण आयुक्तों ने अपने प्रतिवेदन में प्रमुखता से उल्लेख कर आपके ध्यान में लाया है। हम यह विश्वास करते हैं कि तुरन्त ऐसे कदम उठाये जायेंगे जो उस कमी को पूरा करेंगे जो आज साफ नज़र आती है।

(81) इन दो तरह की मुख्यतः व्यावहारिक संस्थाओं जो उद्योग व डिजाइन के लिए हैं के सन्दर्भ में हम यह देखते हैं कि इसकी स्थापना भी भारत के अलग-अलग हिस्सों में की गयी है। हमें हाल ही में एक प्रोत्साहित करने वाला प्रतिवेदन मद्रास से डॉ. हंटर द्वारा स्थापित संस्था के बारे में मिला है, इसी तरह हमें सूचना मिली है कि सर जमसेदजी जीजीभाई, जो अपनी दानशीलता के लिए परिचित हैं, इसी तरह के शिक्षण संस्थान की बम्बई में स्थापना के लिए बड़ी राशि देना चाहते हैं। इस तरह की संस्थाएँ अन्ततः आत्मनिर्भर ही होंगी, किन्तु हम इनकी स्थापना में अनुदान के माध्यम से मॉडल्स उपलब्ध करवाने के लिए सहायता देने को तैयार हैं और अन्य सहायता भी देने को तैयार हैं जो वह उन पर आगे के वर्षों में दिये जाने वाले अतिरिक्त ध्यान से प्राप्त कर सकते हैं। हम आपके लिए रेडग्रेव के प्रतिवेदन की प्रतिलिपि भेज रहे हैं जो उन्होंने मद्रास स्कूल की प्रगति के बारे में भेजा है। यह भारत में इस तरह की अन्य संस्थाओं की स्थापना करने वालों के लिए उपयोगी सिद्ध होंगे। हम सन्तोष के साथ यह भी देख रहे हैं कि कलकत्ता में शिक्षा परिषद् ने हर जिला स्कूल को व्यावहारिक कृषि विषय पढ़ाने के लिए निर्देशित किया है, इसके लिए डॉ. माऊसेट ने अत्यधिक सटीक टिप्पणी कि है : कोई भी एक लाभ जो कि भारत की बड़ी ग्रामीण जनसंख्या को दिया जा सकता है कृषि व्यवस्था के सुधारे हुए रूप को शुरू करने के बराबर नहीं हो सकता।

(82) मुस्लिम जनसंख्या में यूरोपीय ज्ञान के प्रति बढ़ती हुई इच्छा हमारे लिए अधिक सन्तोष का विषय है। हम देख रहे हैं कि बंगाल की शिक्षा परिषद्

इस विषय पर सोच रही है और हम उसके किसी भी ऐसे प्रस्ताव का स्वागत करेंगे जिससे आपके अनुसार भारत के स्थानीय निवासियों की बड़ी आवश्यकता की पूर्ति हो सके।

(83) भारत में महिला शिक्षा की आवश्यकता व महत्त्व का अति आकलन नहीं किया जा सकता, हमने हर्ष के साथ यह देखा है कि बहुत से स्थानीय भारतीय अपनी बेटियों को अब बढ़े अनुपात में अच्छी शिक्षा देने के ज्यादा इच्छुक हैं, इससे यह अर्थ है कि शिक्षा प्राप्त करने की इच्छा और नैतिकता को पुरुषों की शिक्षा की अपेक्षा प्रोत्साहन मिलेगा। हमने यह पहले भी कहा है कि महिलाओं के लिए स्कूलों को अनुदान दिया जा रहा है और इस दिशा में किये जाने वाले प्रयासों के प्रति हमारी मित्रतापूर्ण सहानुभूति है। हमारे गवर्नर जनरल इन काउंसिल ने, अपनी एक घोषणा में बंगाल सरकार को यह कहा है कि वह स्थानीय महिला शिक्षा को अपना स्पष्ट और मित्रतापूर्ण समर्थन प्रदान करे। हम इससे पूरी हार्दिक सहमति व्यक्त करते हैं तथा स्थानीय भद्रजन, राय बहादुर मेघुबाई करमचंद, जिन्होंने अहमदाबाद में दो स्थानीय महिला स्कूलों की स्थापना के लिए बीस हजार रुपये दिये हैं, उनको दिये सम्मान के चिह्न को पूर्णतः सही मानते हैं क्योंकि इन तरीकों से महिला शिक्षा के विस्तार की हमारी इच्छा के बारे में ज्यादा लोगों को पता चलेगा।

(84) हमारी सरकारी संस्थाओं में धार्मिक शिक्षा को लेकर कई तरह के डर नज़र आते हैं। इन संस्थाओं की स्थापना भारत की सम्पूर्ण जनता के लाभ के लिए हुई है। अपनी स्थापना के उद्देश्य को पूरा करने के लिए यह पहले भी अनिवार्य था और आज भी है कि जो शिक्षा प्रदान की जाये वह हर हालत में पूरी तरह से धर्मनिरपेक्ष हो। हमें पता हैं कि बाईबल को कॉलेज और स्कूलों में पुस्तकालयों में रखा जाता है और छात्र स्वतन्त्र रूप से इसे पढ़ सकते हैं। इसे इस तरह ही रहना चाहिए और हमारी यह कोई इच्छा नहीं है कि हम इसे रोकें या कि छात्रों को इसके लिए हतोत्साहित करें कि वे अपने अध्यापकों से ईसाई धर्म के बारे में कोई भी स्पष्टीकरण माँगे, किन्तु यह तब तक जब तक यह सूचना स्कूल समय के बाद दी जाये। चूँकि यह शिक्षण दोनों पक्षों के लिए पूर्णतः स्वैच्छिक होगा, अतः यह आवश्यक है कि जरा-सा भी सन्देह न हो कि हम सरकारी प्रभाव का उपयोग धर्म प्रचार के लिए कर रहे हैं, और इस पर सामयिक दौरों के दौरान निरीक्षकों द्वारा कोई ध्यान नहीं दिया जायेगा।

(85) अब तक हमने भारत में शिक्षा के प्रोत्साहन के लिए अपनी रूपरेखा प्रस्तुत कर दी है, जिसे हम धीरे-धीरे व्यवहार में आते देखना चाहते हैं, अब हम बहुत से प्रेसीडेंसी (प्रान्तों) में शिक्षा की स्थिति पर टिप्पणियाँ करना चाहते हैं और बताएँगे कि इनमें से हरेक के सन्दर्भ में हमारी योजना में क्या कमी है।

(86) बंगाल में अंग्रेजी माध्यम से शिक्षा भारत के अन्य भागों के मुकाबले में जल्दी आयी। हम प्रसन्न हैं कि हमारे पास इसके निरन्तर प्रमाण हैं कि इस तरह की शिक्षा की माँग बढ़ रही है और विभिन्न जिलों के स्थानीय निवासी इसको प्राप्त करने के लिए मेहनत करने को तैयार हैं, अब पाँच सरकारी एंग्लो वर्नाकूलर कॉलेज हैं और लगभग हर जिले में जिला स्कूल स्थापित कर दिये गये हैं। हम इस बात से आश्वस्त हैं कि अनुदान व्यवस्था के आरम्भ होने पर उच्च कोटि के स्कूलों की संख्या में बहुत बढ़ोतरी होगी, और हम आशा करते हैं कि जल्द ही देश के बहुत से हिस्सों में माध्यमिक और उच्च कक्षाओं की शिक्षा के लिए सरकार से अलग हटकर समूची व्यवस्था के लिए साधन मिल जाएँगे जिससे धीरे-धीरे अभी कार्य कर रही सरकारी संस्थाओं को बन्द कर दिया जा सकता है जैसा कि वर्धमान में हो चुका है, जहाँ राजा के उदार आचरण के फलस्वरूप यह हो पाया है या फिर इन संस्थाओं को स्थानीय प्रबन्धकों को सौंप दिया गया।

(87) लेकिन सामान्य लोगों की शिक्षा के लिए बंगाल में अब तक बहुत ही कम कार्य हुआ है, विशेषकर स्थानीय भाषा में पढ़ाने के बारे में। कुछ स्थानीय भाषा के स्कूलों की सरकार द्वारा 1844 में स्थापना की गयी थी, उनमें से केवल 33 अब बाकी बचे हैं जिनमें 1,400 छात्र पढ़ रहे हैं और 1852 अप्रेल में, राजस्व मण्डल से इनके शिक्षा परिषद् में हस्तान्तरण के बाद यह लगता है कि "वे दयनीय स्थिति में हैं और जिस उद्देश्य से उनकी स्थापना हुई थी उन्होंने वह पूरा नहीं किया है।"

(88) हमने बहुत ही रुचि के साथ श्री राबिनसन, जो आसाम के स्कूल निरीक्षक हैं, के प्रतिवेदन को पढ़ा है यहाँ 74 स्कूल हैं और उनमें 3000 से अधिक छात्र हैं। श्री राबिनसन ने उनकी प्रबन्धकीय व्यवस्था सुधारने के लिए जो सुझाव दिये हैं वे हमें विचार योग्य लगते हैं और ये उन सिद्धान्तों के बहुत करीब हैं जिन पर, उत्तर पश्चिमी प्रान्त में शिक्षा को देशज भाषा में आगे बढ़ाया गया है। हम उन उपायों को स्वीकृति देने के लिए तैयार, जो आप श्री राबिनसन के विचारों को लागू करने के लिए स्वीकार करें।

(89) किन्तु बंगाल सरकार का ध्यान गम्भीर रूप से किसी ऐसी योजना पर केन्द्रित होना चाहिए, जिसके अन्तर्गत देशज स्कूलों को और निम्न वर्ग की शिक्षा को प्रोत्साहन दिया जाए। जैसा कि थामसन ने उत्तरी पश्चिमी प्रान्त में किया, जिससे शिक्षा के व्यावहारिक लाभ उन्हें स्पष्ट दिखें व उनके प्रयासों में मदद भी करें व दिशा भी दिखाएँ। हम यह जानते हैं कि आगरा सरकार द्वारा शिक्षा को सुधारने के लिए शुरू की गयी कृषि की कक्षाएँ शिक्षा जैसे उद्‌देश्य बंगाल में नहीं हो सकते हैं, किन्तु हमें यह विश्वास है कि प्रारम्भिक ज्ञान प्राप्त करने का कोई अन्य और भी अधिक मजबूत लाभ ढूँढ़ निकाला जा सकेगा, जिसको स्पष्ट और व्यावहारिक रूप से बंगाल के निचले वर्ग के लोगों को दिखाया व उसके लाभ को उन्हें समझाया जा सकेगा।

(90) हम यह देखते हैं कि प्राच्य महाविद्यालय बंगाल में उपयोग की जा रही अध्ययन की योजना, शिक्षा परिषद् के विचाराधीन है, और यह लगता है कि यह अभी काफी असन्तोषजनक स्थिति में है। हमनें इन महाविद्यालयों को लेकर अपने मत को पहले ही व्यक्त कर दिया है और उनके व्यावहारिक रूप से अधिक उपयोगी बना पाने से हमें खुशी होगी। आपने अपने 5 मई के पत्र में प्रेसीडेंसी कॉलेज कलकत्ता की स्थापना का जो प्रस्ताव हमारे विचारार्थ भेजा है, वह एक अलग पत्र का विषय है।

(91) उत्तर पश्चिमी प्रान्तों में शिक्षा की माँग परिस्थितियों के कारण इतनी सीमित है, जैसा कि लेफ्टिनेंट जनरल ने अपनी पहली किसी रिपोर्ट में विस्तार से बतलाया है कि अभी निजी प्रयासों को इतना शक्तिशाली होने में लम्बा समय लगेगा जिसके बाद ही उनमें इतनी ऊर्जा होगी कि वे जिन स्थानों पर जरूरत हो वहाँ सरकार की जगह उच्च्व शिक्षण संस्थानों की स्थापना, सहयोग और प्रबन्धन के लिए तैयार होंगे।

(92) इसके साथ ही निरीक्षण और देशज शालाओं को प्रोत्साहन के कारण सामान्य शिक्षा को आगे बढ़ाने की व्यवस्था बन गयी है जिससे पूरे देश में निचले वर्ग की शिक्षा में बड़े विस्तार की आधारशिला रख दी गयी है। श्री थॉमसन ने सांख्यिकी आँकड़ों के अध्ययन से यह पता लगाया है कि लोग कितना अधिक अज्ञानता की स्थिति में डूबे हुए हैं, हालाँकि उनको लगता है कि भूमि का पंजीकरण, जो कि उत्तर पश्चिमी प्रान्तों में राजस्व विभाग द्वारा अनिवार्य कर दिया है, से कम से कम उतना ज्ञान हासिल करने को बल मिला है जिससे कि वह अपने अधिकारों को सुरक्षित कर

सके। इसके लिए थोड़ा-बहुत पढ़ना लिखना गणित के सामान्य नियम और जमीन नापने के ढंग को जानना आवश्यक है।

(93) इसलिए उन्होंने देशज स्कूलों को प्रोत्साहित करने के लिए एक व्यवस्था बनाई जिसमें जिला और परगना निरीक्षकों के द्वारा एक विजिटर जनरल के अधीक्षण में, समय-समय पर निरीक्षण किया जाना है। जबकि प्रत्येक तहसीलदार के मुख्यालय पर एक ऐसा स्कूल स्थापित किया गया जो देशज भाषा में लिखना और पढ़ाना सिखाता है तथा हिन्दी और उर्दू में हिसाब और भूमि की पैमाइश सिखाता है। स्कूल भवन सरकार द्वारा दिया गया है, तहसील के स्कूलों के अध्यापकों को थोड़ा सा वेतन तथा छात्रों द्वारा दिया जाने वाला शिक्षण शुल्क मिलता है। यहाँ कोई भी मुफ्त नहीं पढ़ता है। प्रत्येक जिले के लिए एक निश्चित धन राशि आवटित की जाती है जिससे योग्य अध्यापकों और छात्रों को पुरस्कृत किया जा सके। विजिटर जनरल का ध्यान स्पष्ट रूप से इस बात की ओर है कि देशज भाषाओं में प्राथमिक शिक्षा की पुस्तकें तैयार हों और इनकी बिक्री जिला एवं परगना विजिटर द्वारा की जाय। हम इसी तरह की किसी व्यवस्था को आगरा प्रान्त के अन्य जिलों में फैलाने की स्वीकृति के लिए तैयार हैं। और इस उदाहरण का जिक्र हमने पहले ही उस प्रारूप (मॉडल) के रूप में किया है, जिसका उपयोग अन्य प्रान्तों में इसी तरह के काम के लिए मार्गदर्शक के रूप में किया जाये।

(94) बम्बई प्रेसीडेंसी में जो पढ़ाई एग्लो वर्नाकूलर कॉलेजों में हो रही है, वह लगभग बंगाल के बराबर है। जिस तरह से ऐलफिन्सटन संस्था अनुदान प्राप्त कॉलेज के उदाहरण के रूप में, चलने वाला एक संस्थान है, हम वैसे और व्यापक स्तर पर करना चाहते हैं। बम्बई में देशज भाषा के माध्यम से पढ़ाई पर भी काफी ध्यान दिया जा रहा है। ऐसा लगता है कि 216 वर्नाकूलर स्कूल शिक्षा बोर्ड के अन्तर्गत कार्य कर रहे हैं, जिनमें 12000 से ज्यादा छात्र पढ़ रहे हैं। जिला स्कूलों के लिए तीन पर्यवेक्षक हैं, जिनमें से एक (महादेव गोविन्द शास्त्री) भारतीय मूल के ही हैं। जिले के स्कूलों में सुधार हो रहा है, तथा सरकारी कॉलेज में प्रशिक्षित अध्यापकों की हाल ही में नियुक्ति की गयी है, जिसके प्रसन्नतादायक परिणाम हैं। ये परिणाम बम्बई प्रान्त के लिए सम्मान की बात हैं। हमारा विश्वास है कि प्रत्येक सरकारी स्कूल को अब एक ऐसा केन्द्र बना दिया जायेगा जहाँ से पास के जिलों के देशज स्कूलों का निरीक्षण हो और उन्हें प्रोत्साहन मिले।

(95) अब जबकि नयी राजस्व जमाबन्दी का विस्तार बम्बई प्रेसीडेंसी में भी किया जा रहा है, हमें लगता है कि जिस तरह परिस्थिति का लाभ श्री थॉमसन ने लिया, उसी तरह का लाभ यहाँ भी लिया जा सकता है। कृषि की कक्षाओं में इस तरह का आकर्षण उत्पन्न हो जाये कि वे गाँव के लेखाधिकारियों के बही-खाते जाँचने योग्य ज्ञान प्राप्त कर लें। हमें यह जान कर हर्ष हुआ है कि धीरे-धीरे कुछ शैक्षिक योग्यताएँ को वंशानुगत पदों को हासिल करने के लिए आवश्यक बनाना बम्बई सरकार के विचाराधीन है और व्यावहारिक शिक्षा की परीक्षा को भी बम्बई सरकार के कुछ कार्यालयों में आवश्यक माना जाता है।

(96) मद्रास में जहाँ जनता में शिक्षा के विस्तार के लिए सरकार ने बहुत कम काम किया है हम सन्तोष के साथ सिर्फ यह टिप्पणी कर सकते हैं कि ईसाई मिशनरीज द्वारा तमिल जनसंख्या की शिक्षा के लिए किये गये प्रयास भारत के अन्य भागों के मुकाबले ज्यादा सफल रहे हैं तथा मद्रास प्रान्त, हमारी शिक्षा योजनाओं को पूर्ण रूप में लागू करने का उचित क्षेत्र है, यहाँ सरकार एंग्लो वर्नाकूलर संस्थाएँ को केवल वहाँ स्थापित करे जहाँ वर्तमान में ऐसी कोई संस्थाएँ नहीं है, अनुदान और अन्य सहायता के माध्यम से लोगों की शिक्षा की माँग को पूरा किया जा सकता है। हम सन्तोष के साथ यह भी देखते हैं कि श्री डेनियल इलियट ने हाल में शिक्षा के विषय पर बहुत सक्षम टीप दी, में कहा है कि मद्रास प्रान्त में देशज स्कूलों के प्रोत्साहन के लिए श्री थॉमसन की योजना को लागू कर दिया जाय क्योंकि यहाँ भी रैयतबारी जमाबन्दी व्यवस्था के लागू होने से लोगों को प्रारम्भिक ज्ञान प्राप्त करने के लिए उसी तरह का व्यावहारिक अभिप्रेरण मिलता है।

(97) अब हमने अपने सारे अवलोकन जो हम आपको भारत में स्थानीय लोगों की शिक्षा के विषय में बताना चाहते थे दे दिये हैं। हमने यह घोषित कर दिया है कि हमारा उद्देश्य यूरोपीय ज्ञान को हर वर्ग तक फैलाने का है। हमने यह भी स्पष्ट किया कि यह उद्देश्य विशेषकर उच्च शिक्षा की संस्थाओं के लिए अंग्रेजी भाषा के माध्यम से ही पूरा किया जाएगा और भारत की स्थानीय जनता के लिए स्थानीय भाषाओं में। हमने यह भी निर्देशित किया है कि निरीक्षण व अधीक्षण की एक सर्वव्यापी व्यवस्था बनाई जाए। जिसे यदि सही ढंग से लागू किया जाये तो आपके प्रयासों में एकरूपता और सम्पूर्णता आ सकेगी। विश्वविद्यालयों की स्थापना के

प्रस्ताव से हम उच्चतम परीक्षण और उदार शिक्षा को प्रोत्साहन देंगे। निजी प्रयासों के अनुदान स्वीकृत करने से हमें यह आशा है कि सरकार के प्रयासों को और निजी उदार योगदान व मेहनत को भी जोड़ सकें। उच्च वर्ग से यह आग्रह होगा कि वे धीरे-धीरे अपने आप पर अधिक निर्भर करें। आपका प्रयास तो मध्यम और भी निचले वर्गों की शिक्षा पर ही विशेष तौर से केन्द्रित रहा है, उपयुक्त स्कूलों की स्थापना और जो स्थानीय स्कूल चल रहे हैं, और बहुत पहले से हर गाँव में चलते रहे हैं, उनके सतर्कतापूर्ण प्रबन्धन से इनमें से कोई भी स्कूल ऐसा नहीं है जिसे किसी न किसी रूप में हम जिस उद्देश्य (शिक्षा के विस्तार) के लिए काम कर रहे हैं, उसमें उपयोग न हो सके। हमने शिक्षा से जुड़े खास बिन्दुओं का देखा है तथा विभिन्न प्रान्तों में इन पहलुओं के सन्दर्भ में परिस्थितियों का आकलन किया है, इस इच्छा के साथ कि हम प्रत्येक के बारे में यह इंगित कर पाये कि उनमें से किस की नकल की जा सकती है और किस में बदलाव की आवश्यकता है।

(98) हमें निष्कर्ष में केवल यही जोड़ना है कि हम इस विषय को इस विश्वास के साथ सौंप रहे हैं कि आप सहृदयतापूर्वक जो उद्देश्य हमारे हाथ में है उसे पूरा करने के प्रयास में सहयोग करेंगे। हमारी यह इच्छा है कि इसे भारत के हर जिले के मुख्य अधिकारी को आधिकारिक रूप से कहा जाय कि अबसे वे इसे अपने कर्तव्य का महत्त्वपूर्ण हिस्सा मानें। न सिर्फ स्थानीय भारतीयों से अपने सामाजिक सम्पर्क बढ़ा कर, जैसा कि हमें हर्ष के साथ ज्ञात हुआ है वे बनाये रखते हैं, बल्कि अपने उच्च पदों के प्रभाव का उपयोग करते हुए शिक्षा के विस्तार में और स्कूल के निरीक्षकों की हर तरीके से, जो उनकी शक्ति में है, मदद करके।

(99) हमारा मानना है कि हमने जो तरीके तय किये हैं वे सारे भारत में शिक्षा के लाभों को फैलाने के लिए उचित हैं, किन्तु इसी के साथ हम यह भी जोड़ना चाहते हैं कि हम इतने भी आशावादी नहीं हैं कि हम यह उम्मीद रखें कि इनके अपनाने से एकाएक या बहुत शीघ्रता के साथ परिणाम आने लगेंगे। एक बड़े और अज्ञानी जन समूह में ज्ञान प्राप्त करने की सामान्य इच्छा पैदा करना, और इस इच्छा के पैदा होने का लाभ उठाने के लिए उन तक शिक्षा पहुँचाने के तरीके तैयार करना अनेक वर्षों का काम है, जो ईश्वरीय संयोग से स्थानीय भारतीयों की बहुल जनसंख्या का नैतिक और बौद्धिक सुधार करेगा।

(100) सरकार के रूप में हम जनता के प्रयासों को निर्देशित करने से अधिक कुछ नहीं कर सकते। और उन्हें उसमें सहायता दे सकते हैं जहाँ इसकी उन्हें सबसे अधिक आवश्यकता लगे। परिणाम तो उन्हीं पर ज्यादा निर्भर है न कि हम पर। हालाँकि हम जानते हैं कि जिन सुधारों को अब हम अंगीकृत कर रहे हैं, वे अन्त में शिक्षा के लिए भारत के राजस्व में से आज के व्यय की तुलना में बहुत बड़े व्यय की माँग करेंगे, या दूसरे शब्दों में भारत के करदाताओं से लिए कर का एक बड़ा हिस्सा; फिर भी हम आश्वस्त हैं, कि जो शब्द सर थामस मुनरो ने बहुत वर्षों पहले कहे थे कि कोई भी व्यय जो इस उद्देश्य (शिक्षा) के लिए किया जाएगा, उससे बहुत बड़ा पुनर्भरण देश के सुधार के रूप में हो जाता है। यह इसलिए क्योंकि ज्ञान का सामान्य वितरण, जो इसके साथ जुड़ा है। अधिक व्यवस्थित आदतें, बढ़ा हुआ श्रम, जिन्दगी की सुविधाओं का स्वाद, उन्हें प्राप्त करने का अधिक प्रयास एवं जनता की बढ़ती हुई सम्पन्नता।

हम हैं,

जे. ओलिफेन्ट
ई. मेकनेगथन
सी. मिल्स
आर. इलसी
टी.डब्ल्यू. हाब
डब्ल्यू. जे. ईस्टविक
आर.डी. मेगलेस
जे.पी. विलोभी
जे.एच. एसटेल
एफ. क्यूरी

सार्जेण्ट योजना पर जे.पी. नायक की टिप्पणी

(यह आलेख जे.पी. नायक की पुस्तक *एजुकेशनल प्लानिंग इन इंडिया*, एलाइड पब्लिशर्स प्राइवेट लिमिटेड, 1965 से लिया गया है। सम्पादक प्रकाशक के आभारी हैं।)

राष्ट्रीय शिक्षा नियोजन समिति, जो एक आधिकारिक एजेन्सी थी, के साथ ही साथ सेंट्रल एडवाइजरी बोर्ड ऑफ एजुकेशन (जिसकी सर्व प्रथम स्थापना 1921 में की गयी थी, उसे 1923 में भंग कर दिया गया था और 1933 में पुनः जीवित किया गया) ने भी भारत में शैक्षिक पुननिर्माण का प्रश्न उठाया। 1938 और 1943 के बीच शैक्षणिक पुननिर्माण से जुड़े विभिन्न पदों के परीक्षण के लिए कई समितियों का गठन उसके द्वारा किया गया। इनमें यह समितियाँ थीं : बुनियादी शिक्षा, प्रौढ़ शिक्षा, स्कूली छात्रों का कल्याण, स्कूल भवन, भर्ती, प्रशिक्षण और सेवा शर्तें तथा तकनीकी शिक्षा। शुरू में शैक्षणिक विकास के लिए किसी व्यापक योजना को बनाने का कोई विचार नहीं था, किन्तु जब 1943 में भारत के गवर्नर जनरल की परिषद ने शिक्षा समेत सभी क्षेत्रों में युद्ध के पश्चात योजनाएँ बनाये जाने का निर्देश दिया, तब यह अध्ययन उपयोगी सिद्ध हुए। इसके लिए मुख्यतः सर जान सार्जेण्ट, जो भारत सरकार में तत्कालीन शिक्षा आयुक्त थे की कल्पनाशीलता, पहल और मुहिम के फलस्वरूप ये अलग-अलग अध्ययन एक सूत्र में पिरोये जा सके और जो सभी कमियाँ रह गयी थीं उन्हें भली-भाँति दूर किया जा सका। इस प्रकार भारत के शैक्षणिक विकास की व्यापक योजना तैयार की गयी और जनवरी 1944* में सेंट्रल एडवाइजरी बोर्ड ऑफ एजुकेशन को प्रस्तुत की गयी। बोर्ड ने भी इसे कुछ संशोधनों के साथ स्वीकार लिया और यह दस्तावेज़ सार्जेण्ट योजना के नाम से लोकप्रिय है। यह देश में शैक्षणिक विकास के लिए तैयार की जाने वाली पहली सम्पूर्ण योजना है। हालाँकि यह दस्तावेज़ सर जान सार्जेण्ट

*और विस्तार के लिए देखें पोस्टवार एजुकेशनल डिवलपमेंट इन इंडिया, मिनीस्टरी ऑफ एजुकेशन नयी दिल्ली, 1944

और उनके सहयोगियों के अच्छे काम को दर्शाता है, किन्तु यह दुर्भाग्यपूर्ण है कि बीस वर्ष बीत जाने पर भी यह इस विषय पर उपलब्ध एक मात्र दस्तावेज़ है।

इस योजना की मोटी रूपरेखा को संक्षिप्त में बतलाया जा सकता है। इसमें यह प्रस्तावित है कि भारत में शिक्षा व्यवस्था के विकास का एक ऐसा राष्ट्रीय ढाँचा बनाया जाये जो ब्रिटेन और अन्य पश्चिमी देशों में युद्ध से पूर्व हासिल स्तर के मानकों के समकक्ष हो।

इस व्यवस्था के निचले छोर पर 3-6 वर्ष आयु के बच्चों के लिए पूर्ण प्राथमिक शिक्षा व्यवस्था होनी थी, जो कुल मिलाकर 10 लाख बच्चों तक यानी इस आयु वर्ग के बच्चों में प्रत्येक 21 में से 1 बच्चे तक पहुँचेगी। शहरी क्षेत्र में अलग से नर्सरी स्कूल स्थापित किये जाने थे जबकि ग्रामीण क्षेत्र में नर्सरी कक्षाओं को प्राथमिक स्कूलों में ही जोड़ा जाना था। सभी पूर्व प्राथमिक स्कूल (pre primary school) निःशुल्क होंगे और उन्हें यथासम्भव आकर्षक बनाने की हर कोशिश की जानी थी ताकि अभिभावक स्वेच्छा से ही बच्चों को स्कूल भेजने को तैयार हों।[1] अगले चरण, यानि प्रारम्भिक शिक्षा के लिए यह प्रस्तावित था कि बुनियादी शिक्षा जैसी अनिवार्य निःशुल्क शिक्षा 6-14 वर्ष के सभी बच्चों को प्रदान की जाये। प्रत्येक अध्यापक दसवीं पास और दो वर्ष का प्रशिक्षण लिए हुए होना चाहिए था और उसे सम्माननीय वेतन शृंखला और वृद्धावस्था के लाभ दिये जाने थे। कल्याणकारी सेवाओं के लिए पर्याप्त स्तर का आवंटन रखा जाना था, जिसमें स्कूल में भोजन, स्कूल में स्वास्थ्य, भवनों और यंत्रों की आपूर्ति हो। यह अनुमान लगाया गया था कि ये सुविधाएँ 360 लाख विद्यार्थियों के लिए जुटानी होंगी जो जूनियर प्रारम्भिक स्कूल में भर्ती होंगे (I-V कक्षा तक) तथा 156 लाख बच्चे, जो सीनियर प्रारम्भिक स्कूल (VI से VIII कक्षा तक) में भर्ती होंगे।[2] माध्यमिक स्तर के लिए योजना में हाई स्कूल प्रस्तावित किये गये थे जिनमें 6 वर्ष का पाठ्यक्रम था (छठी से ग्यारहवीं तक और 11-17 वर्ष उम्र के छात्र)। यह स्कूल दो प्रकार के क्रमशः अकादमिक और टेक्नीकल होने थे। इन संस्थाओं में प्रवेश कठिन चयन प्रक्रिया के आधार पर होगा और प्रत्येक पाँच बच्चों में जो बुनियादी प्राथमिक पाठ्यक्रम पूरा करेंगे, में से एक को क्षमता और

1. ये व्यवस्थाएँ उन स्कूलों के लिए सुझायी गयी हैं, जिन्हें सार्वजनिक क्षेत्र में संचालित किया जायेगा। इसके अतिरिक्त, यह भी सोचा गया था कि काफी बड़े स्तर पर निजी क्षेत्र के उद्यम पूर्व प्राथमिक शिक्षा प्रदान करेंगे।
2. इसमें वे 39 लाख बच्चे सम्मिलित नहीं हैं (यह 25 प्रतिशत इस आयु वर्ग के बच्चे) जिनके माध्यमिक शिक्षा के मिडिल विभाग में स्थानान्तरण किये जाने की सिफारिश थी।

प्रतिभा के आधार पर माध्यमिक स्तर पर प्रवेश मिलना था। इस क्रम में कि कोई भी योग्य गरीब छात्र इससे वंचित न रह जाय इसके लिए मुफ्त स्थान, वजीफा और मासिक खर्च 50 प्रतिशत छात्रों को उपलब्ध करवाया जाना था। प्रारम्भिक स्तर पर उचित रूप से योग्य, अच्छे वेतन प्राप्त और अच्छे प्रशिक्षित अध्यापक नियुक्त करने, भवन सामग्री और बच्चों के कल्याण की योजना की व्यवस्था की जानी थी। यह अनुमान लगाया गया था कि यह व्यवस्था 7.25 मिलियन छात्रों के लिए बनानी होगी, जिसमें 3.91 मिलियन माध्यमिक स्तर और 3.34 मिलियन हाई स्कूल स्तर के होंगे।

उच्च शिक्षा के क्षेत्र में भी इसी चयन आधारित प्रवेश के सिद्धान्त को स्वीकारा गया था और यह सिफारिश की गयी थी कि प्रत्येक 15 छात्र जो माध्यमिक स्तर पर शिक्षा पूरी करते हैं, में से 1 को विश्वविद्यालय स्तर पर प्रवेश दिया जाये। यह भी सुझाव दिया गया कि विश्वविद्यालय स्तर पर जो 4 साल का पाठ्यक्रम था, उसे 3 वर्ष का कर दिया जाय, और इंटरमीडिएट के 1 वर्ष के पाठ्यक्रम को हाई स्कूल के साथ जोड़ दिया जाये।[3] क्योंकि माध्यमिक स्तर पर योग्य किन्तु गरीब छात्रों के लिए वित्तीय सहायता की व्यवस्था की गयी थी, वैसी और उच्च स्तर पर बनाये रखने के लिए विश्वविद्यालय अनुदान आयोग भी प्रस्तावित किया गया। अनुमान लगाया गया था कि 240,000 छात्रों को विश्वविद्यालयी स्तर पर दाखिल करने की व्यवस्था बनाई जाएगी, जिसमें सामान्य और व्यावसायिक शिक्षा दोनों सम्मिलित हैं। योजना में माध्यमिक और विश्वविद्यालयी स्तर दोनों पर तकनीकी शिक्षा की पर्याप्त व्यवस्था के लिए प्रावधान किये गये थे; जिससे कि उद्योग और व्यापार की दक्ष कारीगरों और मध्य स्तरीय जनशक्ति की आवश्यकता को पूरा किया जा सके। प्रौढ़ शिक्षा के क्षेत्र में योजना की कल्पना थी जन साधारण में व्याप्त निरक्षरता को 25 वर्ष तक चलने वाले कार्यक्रम द्वारा उन्मूलित कर दिया जाएगा, जिसमें लगभग 90 मिलियन लोगों को साक्षर बनाने का कार्य होगा। इसमें पुस्तकालयों को विकसित करने की सिफारिश भी की गयी थी और इस सम्भावना को ध्यान से परखने की बात कही गयी, कि सभी विश्वविद्यालय में पढ़ने वाले छात्रों के लिए एक निश्चित अवधि के लिए सामाजिक सेवा अनिवार्य की जाय। योजना में शिक्षक प्रशिक्षण पर दिये गये ज़ोर का स्वाभाविक निहितार्थ सभी स्तर पर उच्च स्तरीय प्रशिक्षण संस्थाओं की स्थापना था। इसके अलावा

3. यह बहुत स्पष्ट नहीं है कि इस बदलाव के परिणामस्वरूप हाई स्कूल की अवधि 12 वर्ष की हो जाती। रिपोर्ट में केवल यह टिप्पणी है कि हाई स्कूल के अन्त में उपलब्धि को इंटरमीडिएट के बराबर होना चाहिए।

इसमें विकलांगों की शिक्षा के लिए पर्याप्त प्रावधान का प्रस्ताव था, समाज सेवा एवं मनोरंजन की पर्याप्त सुविधाओं के लिए प्रावधान, युवा कल्याण कार्यक्रमों के आयोजन नियोजन कार्यालयों की स्थापना और राज्य शिक्षा विभाग को मजबूत बनाने व उनमें सुधारों के लिए भी व्यवस्थाएँ की गयीं।

भारत के लिए यह असामान्य था कि शिक्षा की रिपोर्ट में उसकी सिफारिशों के लिए आवश्यक लागत का भी उल्लेख हो अन्यथा आम तौर पर यही रवैया होता है कि शिक्षाशास्त्रियों का सरोकार तो केवल यह है कि वे यह बतला दें कि शिक्षा के लिए क्या अच्छा है, इस आशा में कि कोई, किसी दिन, किसी तरह उन्हें लागू करने के लिए धनराशि जुटा देगा। सार्जेण्ट योजना ने इस लम्बे समय से चली आ रही कार्य शैली से अलग हटकर, सिफारिशों को लागू करने के लिए आवश्यक लागत की गणना की, जो निम्न तालिका में दी गयी है–

क्र. सं.	अनुमानित कुल वास्तविक व्यय (रुपये)	अनुमानित सार्वजनिक व्यय के अलावा अन्य स्रोतों से प्राप्त आय (रुपये)	अनुमानित शेष व्यय जो सार्वजनिक राशि से होगा (रुपये) (हजारों में)
1. प्राथमिक एवं माध्यमिक शिक्षा	2000000	–	2000000
2. पूर्व प्राथमिक शिक्षा	32000	-	32000
3. हाई स्कूल शिक्षा	790000	290000	500000
4. विश्वविद्यालय शिक्षा	96000	29000	67000
5. तकनीकी, वाणिज्य और कुल शिक्षा	100000	20000	80000
6. प्रौढ़ शिक्षा	30000	-	30000
7. शिक्षक प्रशिक्षक	62000	17000	45000
8. स्कूली स्वास्थ्य सेवा	-	-	-
9. मनोरंजन एवं सामाजिक गतिविधियाँ	10000	-	10000
10. नियोजन ब्यूरो	6000	-	6000
11. प्रशासन	-	-	-
योग	3126000	356000	2770000

इन अनुमानों को सही परिप्रेक्ष्य में समझने के लिए कुछ स्पष्टीकरण आवश्यक हैं। ये द्वितीय विश्व युद्ध से पहले की कीमतों पर आधारित हैं, जिनमें बाद में कीमतों के सम्भावित बढ़े स्तर के अनुसार बदलाव आवश्यक है। दूसरा, यह सम्भावित जनसंख्या 290 मिलियन मान कर बनाये गये हैं, जिसमें बलुचिस्तान और देशी रियासतों को छोड़कर सारा भारत सम्मिलित है, और जनसंख्या वृद्धि के लिए इसमें कोई प्रावधान नहीं किया गया है, हालाँकि योजना का क्रियान्वयन 40 वर्षों में होना माना गया है। इसलिए यह अनुमान केवल 290 मिलियन जनसंख्या के लिए ही वैध है, इसका निहितार्थ यह भी है कि यदि इस योजना को पूरी तरह से लागू किया जाय तो उसका दूसरे विश्व युद्ध से पूर्व की कीमतों पर प्रति व्यक्ति खर्च 11 रुपया होगा। यह इंगित करना आवश्यक है कि इस अनुमानित व्यय में केवल नियमित रूप से किया जाने वाला खर्चा ही सम्मिलित है, हालाँकि इनमें 5 प्रतिशत की ऋण शोधन निधि है, जो नियम विरुद्ध है। किन्तु शैक्षिक संसाधन विकास के लिए जो भारी पूँजी निवेश होता है, वह नहीं जोड़ा गया है।

इस योजना की दो अन्य विशेषताओं की चर्चा आवश्यक है, क्योंकि उनका प्रभाव उन मूलभूत प्रश्नों पर पड़ता है जो शैक्षिक नियोजन में शामिल हैं। पहला तो यह है कि शैक्षिक विकास के जो लक्ष्य इसमें निर्धारित किये गये, उन्हें प्राप्त करने हेतु कोई विस्तृत कार्यक्रम नहीं तैयार किया गया इसमें केवल इतना सुझाकर सन्तोष कर लिया गया है कि पहले 5 वर्ष नियोजन व तैयारी, प्रचार-प्रसार व शिक्षक प्रशिक्षण के लिए जरूरी संस्थाओं की व्यवस्था करने का काम किया जाएगा। और उसके पश्चात सारी योजना को 7 पंचवर्षीय योजनाओं में बाँटा जाय, जिसमें से प्रत्येक में एक या फिर पर्याप्त रूप से बड़े इलाके के लिए कई क्षेत्र चुनकर पूरी तरह से विकसित किया जाय। यह रास्ता असाम्य है जिसमें किसी एक क्षेत्र में सघन विकास करने के बाद ही दूसरे क्षेत्र की ओर जाने में स्पष्ट प्रशासकीय कमजोरियाँ हैं। और यह राजनीतिक दृष्टि से बहुत मुश्किल है खास तौर पर एक लोकतन्त्र में। इसका शैक्षिक आधार भी मजबूत नहीं था। किन्तु योजना ने किसी भी और ढंग के क्रियान्वयन के चरणों को निरूपित करने का प्रयास नहीं किया। दूसरी खास बात यह है कि योजना के वित्तीय पहलुओं पर पर्याप्त ध्यान नहीं दिया गया था। हालाँकि जैसा पहले कहा गया, योजना में अपने खर्चे की गणना करने का प्रयास अपने आप में, आगे की ओर एक बड़ा कदम था, किन्तु इस पर आगे और विस्तार से बातचीत होना आवश्यक था। और योजना को यह भी सुझाना व बताना चाहिए था कि उसकी अनुशंसाओं को पूरा करने के लिए आवश्यक इतनी बड़ी धन राशि कहाँ से जुटाई जाएगी।

और इसके खर्चे केन्द्र व राज्यों के बीच (स्थानीय जन निकायों के शामिल करके) किस प्रकार विभाजित होंगे योजना में इन सब का कोई विस्तार नहीं किया गया है और केवल यह टिप्पणी है कि जैसे-जैसे अर्थ व्यवस्था में सुधार होगा वैसे-वैसे शिक्षा के लिए अतिरिक्त राशि उपलब्ध होती जाएगी। यह भी है जिन आधारों पर शिक्षा के लिए पूँजी जुटाई जाती है उनमें आमूल चूल संशोधन की आवश्यकता है और केन्द्र व राज्यों के बीच शिक्षा के खर्चे का बँटवारा करते समय अलग-अलग क्षेत्रों की राजस्व प्राप्त करने की क्षमता का ध्यान रखना होगा। ऐसा लगता है कि वित्तीय समस्या जो कि पूरी योजना की सफलता के लिए बहुत जरूरी है पर ज्यादा ध्यान दिया जाना चाहिए था।

योजना का टलना

सार्जेण्ट योजना ने सारे देश में अत्यधिक ध्यान आकर्षित किया। जहाँ इसके साहसिक दृष्टिकोण और सम्पूर्ण स्वरूप का सामान्यतौर पर स्वागत हुआ वहीं इसकी मुख्य आलोचना यह थी कि इस की अवधि बहुत अधिक थी। केन्द्रीय शिक्षा सलाहकार बोर्ड द्वारा नियुक्त, खेर समिति ने इस योजना का परीक्षण किया और इसकी अवधि को 40 वर्षों से घटाकर 16 वर्ष कर दिया, किन्तु इस बदलाव के बावजूद भी सार्जेण्ट योजना को राष्ट्र के शैक्षिक विकास के आधार के रूप में कभी स्वीकार नहीं किया गया। इसके कई कारक हैं। पहला, तो द्वितीय विश्व युद्ध पश्चात सभी विकास योजनाओं के प्रति इस आधार पर एक स्वाभाविक दुर्भाव कि यह सब विदेशी सत्ता द्वारा किये गये थे जिसकी राष्ट्रीय आकांक्षाओं के प्रति सहानुभूति नहीं है। दूसरा यह कि यह योजना ब्रिटिश शिक्षा प्रणाली और केवल इसी पर बहुत बड़ी मात्रा में आधारित थी। स्वतन्त्रता के बाद के समय में ब्रिटिश शिक्षा नियोजन के मॉडल को अपनाने की प्रवृत्ति जो कि शुरू के वर्षों में बहुत प्रबल थी बाद में बहुत ही कम हो गयी थी और देश में जनमत अमेरिकी शिक्षा प्रणाली को भविष्य के विकास के आधार के रूप में अपनाने के पक्ष में था। तीसरा और शायद सबसे प्रमुख कारण यह था कि सार्जेण्ट योजना की मूलभूत सिफारिशें व कार्य पद्धतियाँ जन भावनाओं व जन आकांक्षाओं के इस कदर विरोध में थीं कि ये न तो सरकार को ही मनवाई जा सकती थी और न ही सामान्य जन को उदाहरण स्वरूप इस योजना की यह सिफारिश थी कि पहले पाँच वर्ष कार्यक्रम की तैयारी के लिए रहेंगे और शैक्षणिक विकास का कार्य छठवें वर्ष में आरम्भ होगा। 1947 में स्वतन्त्रता प्राप्ति के कारण लोगों का उत्साह बहुत अधिक बढ़ गया था और वे चीज़ों की माँग तभी की तभी करने

लगे थे, और नयी चुनी सरकारें भी व्यग्र थीं कि वे सामाजिक सुविधाएँ, जिनसे लोगों को लम्बे समय तक वंचित रखा गया है जल्दी उपलब्ध हों, उस समय इस 5 वर्ष तक टालने वाली सिफारिश को फेंक दिया गया। योजना में अपेक्षा थी कि प्रारम्भिक शिक्षा में, शैक्षिक स्तर को बनाये रखने के लिए प्रत्येक अध्यापक का दसवीं पास होना और दो वर्ष का प्रशिक्षण लिए होना अनिवार्य है, उसके बाद ही वह नये स्कूल की स्थापना कर सकता है अथवा किसी चल रहे स्कूल में काम कर सकता है। स्वतन्त्रता के पश्चात के उत्साह में यह सलाह भी स्वीकार्य नहीं थी, लोगों का आग्रह था कि शिक्षा के ढाँचे का तुरन्त विस्तार हो, गुणवत्ता के साथ यदि सम्भव हो तो और यदि आवश्यक है तो उसके बिना भी। ठीक इसी प्रकार माध्यमिक स्कूलों और महाविद्यालयों में चयन पर आधारित प्रवेश नीति मंजूर नहीं थी, विशेष कर उस समाज में जहाँ लोगों में शिक्षा की भूख बहुत गहरी हो गयी थी, जहाँ कमजोर वर्ग जिसे माध्यमिक और उच्च शिक्षा तक लम्बे समय से पहुँचने नहीं दिया गया था, पहली बार इसमें आ रहे थे और जहाँ अमेरिकी विचार 'सभी के लिए माध्यमिक शिक्षा' और अधिकतम लोगों के लिए महाविद्यालय शिक्षा, लोगों को चुने हुए लोगों के लिए उच्च शिक्षा के ब्रिटिश विचार से ज्यादा पसन्द आ रहा था। इन्हीं और अन्य कारणों से सार्जेण्ट प्रतिवेदन की सिफारिशें स्वतन्त्रता के पश्चात् शैक्षिक नियोजन के विकास में पूरी ही तरह टाल दी गयीं। इसलिए इस दस्तावेज़ का आज केवल ऐतिहासिक और अकादमिक महत्त्व है।

शैक्षिक नियोजन के लिए सबक

इसलिए भारतीय शिक्षा के विद्यार्थी के लिए सार्जेण्ट योजना का महत्त्व उसकी उपलब्धियों में न होकर उन सीखों में है, जो वह शैक्षणिक नियोजन के लिए देती है। इनकी विस्तृत पड़ताल करना उचित होगा।

शैक्षिक योजना निर्वात में नहीं बनायी जा सकती इसे आवश्यक तौर पर सामाजिक, आर्थिक, राजनीतिक और सांस्कृतिक पृष्ठभूमि से अभिन्न रूप से जुड़ा होना होगा। इसलिए, शैक्षणिक नियोजनकर्ता को सबसे पहले यह सुनिश्चित करना होगा कि राष्ट्रीय विकास के लक्ष्य क्या हैं, और तब शैक्षिक कार्यक्रम की रूपरेखा बनानी होगी, जो इन लक्ष्यों को प्राप्त करने में प्रभावी और किफायती हो—समय और धन दोनों के हिसाब से।

इसलिए, सबसे पहले जरूरी था कि वे उस नयी सामाजिक व्यवस्था के बारे में इंगित करते जो वे निर्मित करना चाहते थे और तब राष्ट्रीय लक्ष्यों के प्रकाश

में वे उनके शैक्षिक प्रस्ताव का प्रारूप बनाते। लेकिन जाहिर सी बात है कि यह उस अनजानी/परदेशी (alien) सरकार द्वारा नहीं किया जा सकता था जो उस वक्त सत्ता में थी। उदाहरण के लिए, योजना में राष्ट्र भाषा की समस्या पर बिल्कुल भी चर्चा नहीं है; ना ही यह गरीबी के उन्मूलन हेतु आधुनिक विज्ञान और तकनीकी और तेजी से हो रहे औद्योगिकरण की चर्चा करती है। इस व्यापक पृष्ठभूमि की अनुपस्थिति में, जिसके सन्दर्भ में इसको अपनी दिशा निर्धारित करनी थी, योजना ने जो प्रस्ताव दिया वो 1985 तक, भारत में एक ऐसा शैक्षणिक ढाँचा निर्मित करने का था जो कि "युद्ध से पहले ग्रेट ब्रिटेन और अन्य पश्चिमी देशों में बने ढाँचों" के तुल्य हो। जाहिर है यह एक प्रेरित करने वाला तरीका नहीं था। इसके विपरीत, कोई विश्वविद्यालय शिक्षा आयोग (1948-49) की रपट का उद्धरण दे सकता है जो इस ओर प्रवृत्त करता है कि अपने सारे प्रस्तावों को नयी सामाजिक व्यवस्था बनानी है जिसकी कल्पना संविधान करता है। एक और बात जो दिखाई देती है वो है सार्जेण्ट योजना की रूपरेखा बनाने वालों के पास उपलब्ध आँकड़ों की अपर्याप्तता। उनके पास जनसंख्या वृद्धि का कोई प्रक्षेपण नहीं था, किस तरह के आर्थिक विकास हेतु प्रयास किये जाएँगे, और राष्ट्रीय आय और लाभांश की सम्भावित वृद्धि के बारे में अनुमान लगाने (विजुअलाइजेशन) का उनके पास कोई आधार नहीं था। उन्हें विकास हेतु आवश्यक मानवशक्ति के बारे में भी कोई अन्दाजा नहीं था। शिक्षा की लागत को, राष्ट्रीय आय अथवा सरकारी खर्च के सम्बन्ध में देखने हेतु उनके पास मुश्किल से कुछ आँकड़े थे। इन आँकडों के अभाव में, योजना में बहुत सी कमियाँ रह गयी।

यह दूसरा सबक है जो हम सीखते हैं—शैक्षणिक योजना बनाने हेतु बड़ी संख्या में शैक्षिक, जनसांख्यिकीय, आर्थिक, व्यावसायिक और अन्य आँकड़ों की जरूरत होती है और यह कि एक देश जो गम्भीरता से शिक्षा की योजना बनाने का इच्छुक हो उसे सफल योजना के लिए जरूरी सभी आँकड़ों को एकत्रित करने हेतु तुरन्त उपयुक्त एजेन्सियों की स्थापना करनी चाहिए। ऐसे हम योजना के लेखकों पर इस कमी का आरोप नहीं लगा सकते। अभी हाल ही में हमने इन आँकड़ों के महत्त्व को समझा है और इन्हें प्राप्त करने हेतु उपयुक्त एजेन्सियों की स्थापना की है। यह पश्चदर्शिता का एक सामान्य उदाहरण है जिससे योजना बनाने के बाद के प्रयास अधिक सफल होंगे किन्तु उस दृष्टि की अनुपस्थिति में हम शिक्षा योजना बनाने के इस प्रथम प्रयास को दोष नहीं दे सकते।

एक तीसरा महत्त्वपूर्ण सबक भी सीखने के लिए है। भारत जैसे बड़े देश में योजना बनाना जहाँ शिक्षा की जिम्मेदारी इतने सारे स्तरों पर बँटी हुई है जहाँ ऐसी

सम्पूर्ण योजना नहीं बन सकती जिसमें समस्या के सारे पहलुओं को पूरी तरह से नियंत्रित कर लिया जा सके, बल्कि वह कुछ प्रमुख क्षेत्रों में जोड़-तोड़ का *सीमित उद्यम* होगी। सोर्जेण्ट योजना के लेखकों ने इस पहलू को उचित महत्त्व नहीं दिया और एक सम्पूर्ण योजना बनाई जो कि कदाचित ही कार्यान्वित हो सकती थी। उदाहरण के लिए, योजना द्वारा नामांकन हेतु निर्धारित नपी-तुली संख्या किसी भी स्थिति में लागू नहीं हो सकती थी। इस तरह की बारीक जोड़-तोड़ रूढ़िवादियों को सन्तुष्ट कर सकती है और सटीकता का भ्रम पैदा कर सकती है; लेकिन वे सीमित लोकतांत्रिक योजना बनाने में लाभ नहीं उपलब्ध करा सकती।

लेकिन अब तक योजना का सबसे महत्त्वपूर्ण सबक यह है कि, कुछ परिस्थितियों में, गुणवत्ता तभी हासिल हो सकती है जब हम कुछ तरह का विस्तार कर पायें। सार्जेण्ट योजना ने गुणवत्ता पर विशेष ध्यान दिया उदाहरण के लिए—अच्छे शिक्षकों की तैयारी और शुरुआत से ही मानक स्तरों पर ध्यान देना।

वास्तव में, शिक्षक और गुणवत्ता पर ज़ोर ही सार्जेण्ट योजना की विशेषता है और भारतीय स्थिति जहाँ मानक स्तर पहले से ही बहुत नीचे हैं इसकी विशेष प्रासंगिकता है। लेकिन जिस तरह का विस्तार हुआ वह इतना कम था और शिक्षा की भूख इतनी अधिक थी कि शुरुआती वर्षों में विस्तार की उपेक्षा से लोगों ने सार्जेण्ट योजना को ठुकरा दिया।

शब्दावली
(Glossary)

अध्येता	Scholars
अधिकार	Authority
अधीन	Subservient
अनुचर/सहायक	Acolyte
अनुचित	Repugnant
आभिजात्य भाषा	Classical languages
अभिज्ञान	Perception
अनुभूति	Perception
अलगाव पैदा करने वाली/वाला	Alienating
अलौकिक	Metaphysical
अक्षय निधि	Endowment
अवनति	Retrogression
अन्तर्निहित शक्ति	Potentiality
आंग्लवादी	Evangelist
आंग्ल-देशी भाषा	Anglo-vernacular
आध्यात्मिक	Metaphysical
आधारभूत	Pivotal
आधिपत्य/प्राधान्य	Hegemony
आमूल-परिवर्तनवादी साहित्य	Radical literature
आश्रय	Patronage
इतिहास लेखन	Historiography
उग्रसुधारवादी	Radical
उत्पीड़न	Tyranny

उद्यम	Enterprise
एकउदाहरणीय	Iconic
ऐतिहासिक अध्ययन	Historiography
कानूनी	Canonical
कानून के खिलाफ	Repugnant
कानून व्यवस्था	Law and order
कुलीन वर्ग	Gentry
केन्द्रीय	Pivotal
कौमी भाषा	Vernacular
क्रूर	Ruthless
गुहार	Clamour
गूढ़	Subtle
घिनौना	Repugnant
घोंटना	Stifle
चेतावनी	Caveat
चन्दा	Endowment
छनाई का सिद्धान्त	Downward filtration Theory
जन्माया	Engendered
ज़ोर	Thrust
ज़ोरदार माँग	Clamour
ठौर	Immediate mores and beliefs
तर्क संगतता	Reasonableness
तत्कालीन मान्यता	Immediate mores and beliefs
तीव्रता	Trenchant
दरखास्त	Petition
दबाना	Stifle
देशज भाषा	Vernacular
दैवीय	Metaphysical
धक्का	Thrust
धर्म सम्बन्धी	Canonical
धुरी	Pivotal
निर्मम	Ruthless

निर्देशित	Guided
निरंकुशता	Tyranny
नियतात्मक	Deterministic
नैतिक उन्नति	Moral progress
पहल	Agency
परस्पर व्याप्त	Overlapping
परिष्कृत भाषा	Classical languages
पक्ष समर्थन	Advocacy
पुचकार	Patronage
पुरोहितीय	Sacerdotal
पेचीदा	Convoluted
पैदा किया/जन्माया	Engendered
पोषक शाला	Feeder School
प्रखरता	Trenchant
प्रतिगमन	Retrogression
प्रतिपालन	Patronage
प्रतिष्ठित/चिह्नात्मक/अनुप्रतीकात्मक	Iconic
प्रतिबन्धित	Abolished
प्रकृति विज्ञान	Natural Sciences
प्राकृतिक दर्शनशास्त्र/भौतिकी	Natural philosophy
प्राधान्य	Hegemony
प्रामाणिक	Canonical
प्रस्तुत करना/प्रस्तावना	Forward
प्रश्रय	Patronage
प्राच्यवादी	Orientalist
प्रेरित	Guided
फिसलन	Retrogression
फुसलाना	Proselytize
बचाव	Defense
बोली	Idiom
बन्द	Abolished
भद्रजन	Elitist

भद्रजन	Gentry
माकूलता	Reasonableness
मार्गदर्शित	Guided
मुहावरा	Idiom
मंडली	Association
याचिका	Petition
राज प्रतिनिधि	Regent
राजनीतिक पक्ष समर्थक	Political advocates
रीतियाँ	Immediate mores and beliefs
रूढ़ि	Dogma
रुझान	Thrust
रोपना-लोगों के बीच फर्क विचार रोपना	Engraftment
लाभदायक रास्तों	Useful channels
लिखित	Scriptural
लिपटा	Convoluted
वकालत	Advocacy

□□